HISTORISCHE GRIECHISCHE INSCHRIFTEN
IN ÜBERSETZUNG

# HISTORISCHE GRIECHISCHE INSCHRIFTEN IN ÜBERSETZUNG

## Studienausgabe in einem Band

Herausgegeben, eingeleitet und übersetzt
von
KAI BRODERSEN,
WOLFGANG GÜNTHER und HATTO H. SCHMITT

Die Deutsche Nationalbibliothek verzeichnet diese Publikation
in der Deutschen Nationalbibliografie;
detaillierte bibliografische Daten sind im Internet über
http://dnb.d-nb.de abrufbar.



Studienausgabe 2011
Überarbeitete Sonderausgabe der 1992–1999 bei der WBG
erschienenen drei Bände
I. Die archaische und die klassische Zeit
II. Spätklassik und früher Hellenismus [400–250 v. Chr.]
III. Der griechische Osten und Rom [250–1 v. Chr.]
in einem Band

Die Herausgabe des Werkes wurde durch
die Vereinsmitglieder der WBG ermöglicht.
Umschlaggestaltung: schreiberVIS, Seeheim
Gedruckt auf säurefreiem und alterungsbeständigem Papier
Printed in Germany

Besuchen Sie uns im Internet: www.wbg-wissenverbindet.de

ISBN 978-3-534-23997-9

Elektronisch sind folgende Ausgaben erhältlich:
eBook (PDF): 978-3-534-71444-5

INHALT

Vorwort zur Studienausgabe . . . . . . . . . . . . . . . . XXV

Zur Anlage der Studienausgabe . . . . . . . . . . . . . . XXXVII

*Inschriften*

I
DIE ARCHAISCHE UND KLASSISCHE ZEIT
(bis 403/402 v. Chr.)

1 Pithekussai: Der Nestorbecher (um 700 [?]) . . . . . . . 3
2 Dreros: Verfassungsgesetz (650–600) . . . . . . . . . . . 3
3 Thasos: Denkmal für Glaukos, einen Freund des Dichters Archilochos (625–600) . . . . . . . . . . . . . . . . . 3
4 Korkyra: Denkmal für Menekrates (625–600) . . . . . . 4
5 Delphi: Argivische Weihung („Kleobis und Biton") (um 610–580) . . . . . . . . . . . . . . . . . . . . . . . 4
6 Kyrene: Eidesvereinbarung der Siedler (um 600) . . . . 4
7 Korkyra: Grabmal des Arniadas (um 600) . . . . . . . . 6
8 Abu-Simbel: Griechische Söldner in ägyptischen Diensten (593/2 [?]) . . . . . . . . . . . . . . . . . . . . . . 6
9 Priene: Griechische Söldner in ägyptischen Diensten (593/2 [?]) . . . . . . . . . . . . . . . . . . . . . . 7
10 Chios: Gesetz (575–550) . . . . . . . . . . . . . . . . . 7
11 Sigeion: Denkmal für Phanodikos (575–550) . . . . . . . 8
12 Olympia: Bündnis der Anaiter und Metapier (575–550 [?]) 8
13 Nemea: Weihung des Athleten Aristis (um 560) . . . . . 9
14 Ephesos: Weihung des Kroisos (um 550) . . . . . . . . . 9
15 Samos: Weihung eines Spartaners im Hera-Heiligtum (um 550) . . . . . . . . . . . . . . . . . . . . . . . . 9
16 Olympia: Bündnis zwischen Sybaris und den Serdaiern (550–525 [?]) . . . . . . . . . . . . . . . . . . . . . 10
17 Athen: Archonten-Liste (vor 548/7 – nach 522) . . . . . 10
18 Kyzikos: Ehrung mit Verleihung von Privilegien (525–500) 10
19 Naupaktos: Regelungen für Neusiedler (525–500 [?]) . . 11

20 Didyma: Weihung des Histiaios (525–500) . . . . . . . . 12
21 Athen: Weihung des Peisistratos (522/1) . . . . . . . . . . 12
22 Magnesia: Brief des Dareios I. an Gadatas (522–486) . . 12
23 Athen: Volksbeschluß über Salamis (510–500) . . . . . . 13
24 Athen: Weihung einer Bronzequadriga nach dem Sieg über Boiotien und Chalkis (um 506) . . . . . . . . . . . 13
25 Delphi: Weihung der Athener für einen Sieg (506 oder 480) . . . . . . . . . . . . . . . . . . . . . . . . . 14
26 Lyttos: Vertrag einer kretischen Stadt mit einem Schreiber (um 500) . . . . . . . . . . . . . . . . . . . . . . . . . . . 14
27 Berezan: Privatbrief (um 500) . . . . . . . . . . . . . . 15
28 Samos: Weihung des Aiakes (um 500) . . . . . . . . . . 16
29 Olympia: Bündnis zwischen Elis und Heraia (um 500 [?]) 16
30 Chaleion: Gesetz der hypoknemidischen Lokrer über die Kolonie in Naupaktos (500–475) . . . . . . . . . . . . 16
31 Athen: Weihung des Kallimachos (490) . . . . . . . . . 18
32 Delphi: Weihung Athens für den Sieg bei Marathon (490) 19
33 Olympia: Weihung der Lakedaimonier (490–480 oder 460) 19
34 Athen: Ostraka (487/6) . . . . . . . . . . . . . . . . . 19
35 Troizen: Das Themistoklesdekret (480) . . . . . . . . . 20
36 Athen: Grabmal für die bei Salamis gefallenen Korinther (480) . . . . . . . . . . . . . . . . . . . . . . . . . . . 21
37 Delphi: Weihung Gelons für seinen Sieg bei Himera (480) 21
38 Thasos: Gesetzliche Regelung des Weinhandels (480–460) 22
39 Athen: Weihung des Athleten Phayllos von Kroton (um 479) . . . . . . . . . . . . . . . . . . . . . . . . . . 22
40 Acharnai: Der Eid von Plataiai (479) . . . . . . . . . . 22
41 Athen: Epigramme auf den Perserkrieg (479) . . . . . . 24
42 Delphi: Weihung der Griechen für die Siege im Perserkrieg (479/8) . . . . . . . . . . . . . . . . . . . 24
43 Megara: Denkmal für die im Perserkrieg Gefallenen (479) 25
44 Olympia: Revisionsurteil elischer Behörden (476–472) . 25
45 Argos: Proxenie-Verleihung (um 475) . . . . . . . . . . 26
46 Delphi: Kultgesetz (475–450) . . . . . . . . . . . . . . 26
47 Teos: Bürgereid zur Wahrung des „Grundgesetzes" (sog. Teiorum Dirae) (475–450) . . . . . . . . . . . . 26
48 Chaleion: Vertrag mit Oiantheia und Gesetz (475–450) . 28
49 Olympia: Weihung Hierons für den Sieg über die Etrusker bei Kyme (Cumae) (474) . . . . . . . . . . . 29
50 Milet: Politische Vertreibungen (470–440) . . . . . . . . 29
51 Athen: Volksbeschluß über die Rechtsbeziehungen mit Phaselis (469–450) . . . . . . . . . . . . . . . . . . . 30

52 Halikarnassos: Gesetz über umstrittenen Besitz (465–450 [?]) . . . . . . . . . . . . . . . . . . . . . 30
53 Athen: Gefallenenliste der Phyle Erechtheis (460/59 oder 459/8) . . . . . . . . . . . . . . . . . . 31
54 Athen: Grabmal des athenischen Proxenos Pythagoras aus Selymbria (460–440) . . . . . . . . . . . . . 33
55 Samos: Samier als Kämpfer in Ägypten (460–454) . . . . 33
56 Selinus: Weihinschrift anläßlich eines Sieges (nach 460) . . . . . . . . . . . . . . . . . . . . . . 33
57 Athen: Volksbeschluß über ein Bündnis mit der delphischen Amphiktyonie (458 oder später) . . . . . . 34
58 Athen: Volksbeschluß über ein Bündnis mit Segesta (458/457 [?]) . . . . . . . . . . . . . . . . . . . . 34
59 Olympia: Weihung der Lakedaimonier für den Sieg bei Tanagra (458 [?]) . . . . . . . . . . . . . . . . . 35
60 Athen: Grabmal für die bei Tanagra gefallenen Argiver (458 [?]) . . . . . . . . . . . . . . . . . . . . 35
61 Athen: Volksbeschluß mit Erwähnung des Kapitulationsvertrags zwischen Athen und Aigina (457–445) . . . . . 36
62 Athen: Tributliste (sog. lapis primus) (454/3) . . . . . . . 36
63 Athen: Volksbeschluß über die Regelungen für Erythrai (453/2 [?]) . . . . . . . . . . . . . . . . . . . . . 39
64 Athen: Volksbeschluß über Ehrung für Acheloion (450/449 [?]) . . . . . . . . . . . . . . . . . . . . 40
65 Athen: Volksbeschluß über die Regelung der Verhältnisse in Milet (450/49) . . . . . . . . . . . . . . . . . . 41
66 Athen: Volksbeschluß über ein Bündnis mit Hermione (um 450) . . . . . . . . . . . . . . . . . . . . . . 43
67 Rhamnus: Abrechnung der Nemesis (um 450–440) . . . 43
68 Athen: Volksbeschluß über die Vereinheitlichung von Maßen und Gewichten (450–446 [?]) . . . . . . . . . . 44
69 Athen: Volksbeschluß mit Ehrungen für Karpathos (450–430) . . . . . . . . . . . . . . . . . . . . . . 46
70 Athen: Weihung des Athleten Kallias (450–440) . . . . . 47
71 Tylissos: Vertrag mit Knossos (um 450) . . . . . . . . . 48
72 Argos: Vertrag zwischen Knossos und Tylissos nach Schiedsspruch von Argos (um 450) . . . . . . . . . . . 48
73 Tegea: Private Bankeinlage im Tempel (450–425) . . . . 50
74 Athen: Volksbeschluß über den Modus der Tributzahlung im Attischen Seebund (448/7) . . . . . . . . . . . . 50
75 Athen: Volksbeschluß über die Einrichtung eines Kults für Athena Nike (um 448) . . . . . . . . . . . . . . . 52

76 Athen: Volksbeschluß über den Status von Kolophon (447/6 [?]) . . . . . . . . . . . . . . . . . . . . . 53
77 Athen: Gefallenenliste (447 [?]) . . . . . . . . . . . . . 54
78 Athen: Volksbeschluß über die Beziehungen zu Eretria auf Euboia (446/5) . . . . . . . . . . . . . . . . . . . 55
79 Athen: Volksbeschluß über die Beziehungen zu Chalkis auf Euboia (446/5) . . . . . . . . . . . . . . . . . . . 55
80 Athen: Grabepigramm für Pythion aus Megara: Athenischer Einfall in die Megaris (446) . . . . . . . . . 57
81 Athen: Volksbeschluß über Bauauftrag an den Architekton Kallikrates (um 445) . . . . . . . . . . . 58
82 Athen: Volksbeschluß über die Kolonie in Brea (um 445) 58
83 Olympia: Weihung Tarents für den Sieg über Thurioi (um 443–433) . . . . . . . . . . . . . . . . . . . . 59
84 Athen: Volksbeschluß über öffentliche Brunnen (440–432) . . . . . . . . . . . . . . . . . . . . . . 59
85 Athen: Volksbeschluß über Ehren für Leonidas von Halikarnassos (440–425) . . . . . . . . . . . . . . . 60
86 Athen: Kultgesetz über den Nymphenkult (440–430) . . 61
87 Athen: Kultgesetz über Reinhaltung des Flusses Ilissos (440–430) . . . . . . . . . . . . . . . . . . . . . . 61
88 Athen: Die Kosten der nach Samos entsandten Einheiten (440/39) . . . . . . . . . . . . . . . . . . . . . . . 61
89 Athen: Abrechnung über die Materialien für die Athenastatue des Phidias (440/39) . . . . . . . . . . . 62
90 Athen: Volksbeschluß über die Kapitulation von Samos (439/8 [?]) . . . . . . . . . . . . . . . . . . . . . 63
91 Athen: Abrechnung über die Materialien für die Athenastatue des Phidias (438) . . . . . . . . . . . 63
92 Athen: Volksbeschluß über die Verwaltung der Gelder der Athena und der anderen Götter (sog. Kallias-Dekret) (434/3) . . . . . . . . . . . . . . . . . . . . . . . 64
93 Athen: Abrechnung der delischen Tempel (434/3 [oder 433/2]) . . . . . . . . . . . . . . . . 66
94 Athen: Rechenschaftsbericht über den Parthenon-Bau (434/3) . . . . . . . . . . . . . . . . . . . . . . . 67
95 Athen: Rechenschaftsbericht über den Propyläen-Bau (434/3) . . . . . . . . . . . . . . . . . . . . . . . 68
96 Athen: Volksbeschluß über ein Bündnis (?) mit Halikyai (433/2) . . . . . . . . . . . . . . . . . . . . . . . 68
97 Athen: Die Kosten der nach Korkyra entsandten Einheiten (433/2) . . . . . . . . . . . . . . . . . . . 69

98 Athen: Grabmal von Gesandten aus Korkyra (433/2 [?]) 69
99 Athen: Volksbeschluß über die Erneuerung eines Bündnisses mit Rhegion (433/2) . . . . . . . . . . . . 70
100 Athen: Volksbeschluß über die Erneuerung eines Bündnisses mit Leontinoi (433/2) . . . . . . . . . . . 70
101 Athen: Grab für einen Gesandten aus Rhegion (um 432) 71
102 Athen: Grabepigramm auf die bei Poteidaia gefallenen Athener (432) . . . . . . . . . . . . . . . . . . . . 71
103 Athen: Volksbeschluß über die Tribut-Einziehung (430) . 72
104 Athen: Volksbeschlüsse über die Beziehungen zu Methone und Makedonien (430/29–424/3) . . . . . . . . 73
105 Athen: Denkmal über die Wiederbesiedlung von Poteidaia (429) . . . . . . . . . . . . . . . . . . . . 75
106 Athen: Volksbeschluß über Regelungen bezüglich des Seebundmitglieds Aphytis auf der Chalkidike (428/7) . . 75
107 Athen: Volksbeschluß über Regelungen bezüglich des Seebundmitglieds Aphytis auf der Chalkidike (um 427/6) 76
108 Athen: Volksbeschluß über ein Abkommen mit Mytilene bezüglich athenischer Kleruchen auf Lesbos (427/6) . . . 76
109 Athen: Vertrag mit Mytilene (?) mit Verbot des Seeraubs (427/6) . . . . . . . . . . . . . . . . . . . . 78
110 Sparta: Beiträge zum Kriegsfonds im Peloponnesischen Krieg (427 [?]) . . . . . . . . . . . . . . . . . . . 78
111 Athen: Volksbeschluß über die Bestallung der Tributeinzieher (sog. Kleonymos-Dekret) (426/5) . . . . 79
112 Athen: Auszahlungen aus dem Tempelschatz der Athena und der anderen Götter (426/5–423/2) . . . . . . . . . . 80
113 Athen: Volksbeschluß über die Neufestsetzung des Tributs (sog. Kleonschatzung) (425/4) . . . . . . . . . . 85
114 Olympia: Weihung der Messenier und Naupaktier (425 oder um 421) . . . . . . . . . . . . . . . . . 91
115 Thasos: Gesetz über den Weinhandel (425–400) . . . . . 91
116 Delphi: Regelung der von Phaseiis zu entrichtenden Orakelgebühr (425–400) . . . . . . . . . . . . . . . . 92
117 Xanthos: Denkmal des lykischen Dynasten Kherei (sog. Stele von Xanthos) (425–400) . . . . . . . . . . 93
118 Athen: Volksbeschluß über ein Bündnis mit Halieis in der Argolis (424/3) . . . . . . . . . . . . . . . . . 93
119 Athen: Volksbeschluß über Ehrungen für Herakleides von Klazomenai (424/3). . . . . . . . . . . . . . . . 94
120 Athen: Volksbeschluß über die Priesterin der Athena Nike (424/3) . . . . . . . . . . . . . . . . . . . . 95

121 Athen: Volksbeschluß über ein Bündnis mit Perdikkas II. von Makedonien und Arrhabaios dem Lynkesten (423/2 [?]) . . . . . . . . . . . . . . . . . . . . . 96
122 Athen: Volksbeschluß über ein Bündnis mit den Bottiaiern (422) . . . . . . . . . . . . . . . . . . 97
123 Athen: Volksbeschluß über die Aparchai von Eleusis (um 422 [?]) . . . . . . . . . . . . . . . . . . . 98
124 Athen: Volksbeschluß über Brückenbau an der Heiligen Straße nach Eleusis (422/1) . . . . . . . . . . . . . 101
125 Athen: Volksbeschluß über ein Bündnis mit Argos, Mantineia und Elis (420) . . . . . . . . . . . . . . . . 101
126 Athen: Bericht der Schatzmeister der Athena über das Inventar im Parthenon (419/8) . . . . . . . . . . . . 103
127 Athen: Inventar der Schätze im Hekatompedos (418/7) . 104
128 Athen: Auszahlungen aus dem Tempelschatz (418–414) . 105
129 Athen: Volksbeschluß über ein Bündnis mit Argos (416) 108
130 Athen: Volksbeschluß über die Proxenie für Proxenides von Knidos (um 415) . . . . . . . . . . . . . . . . . 109
131 Athen: Volksbeschlüsse zum Sizilienfeldzug (415) . . . . 110
132 Athen: Eingezogenes Eigentum der Hermokopiden (sog. Attische Stelen) (414) . . . . . . . . . . . . . 111
133 Athen: Inventar der Schätze im Pronaos des Parthenon (414/3 und 413/2) . . . . . . . . . . . . . . . . . . 116
134 Athen: Beschluß über Ehrungen durch das oligarchische Regime (411) . . . . . . . . . . . . . . . . . . . . . 118
135 Athen: Abrechnung der Schatzmeister der Athena unter dem oligarchischen Regime (411) . . . . . . . . . . . 118
136 Eretria: Ehrung eines am Abfall Eretrias von Athen Beteiligten (411) . . . . . . . . . . . . . . . . . . . 119
137 Thasos: Denunziationsprämien gegen Hochverräter (nach 411) . . . . . . . . . . . . . . . . . . . . . . 119
138 Paros: Vertrag zwischen Thasos und Neapolis (Schiedsspruch der Parier) (nach 411) . . . . . . . . . 120
139 Oreos: Bündnis zwischen Eretria und Histiaia (nach 411) 121
140 Athen: Volksbeschluß über die Ehrung der Mörder des Phrynichos (410/09) . . . . . . . . . . . . . . . . . . 122
141 Athen: Volksbeschluß über heilige Gelder (410/09) . . . 123
142 Athen: Abrechnung der Schatzmeister der Athena (410/09) . . . . . . . . . . . . . . . . . . . . . . . . 123
143 Delos: Abrechnung der athenischen Verwalter (410/09) . 126
144 Athen: Volksbeschluß über Ehrungen für Neapolis in Thrakien (409–407) . . . . . . . . . . . . . . . . . . . 127

145 Athen: Volksbeschluß mit Wiederveröffentlichung von Drakons Gesetz über Tötungsdelikte (409/8) . . . . . . 129
146 Athen: Volksbeschluß über einen Vertrag mit Selymbria (408) . . . . . . . . . . . . . . . . . . . . . . . . . . . 130
147 Athen: Volksbeschluß über die Proxenie für Oiniades von Palaiskiathos (408/7) . . . . . . . . . . . . . . 131
148 Athen: Volksbeschluß über ein Bündnis mit den Klazomeniern in Daphnus (407) . . . . . . . . . . . . 132
149 Athen: Volksbeschluß über die Beziehungen mit Karthago (407/6) . . . . . . . . . . . . . . . . . . . . 132
150 Athen: Volksbeschluß über den Flottenbau, verbunden mit Ehrungen und Proxenieverleihung für Archelaos von Makedonien (407/6) . . . . . . . . . . . . . . . . . . 133
151 Delphi: Weihung der Spartaner für den Sieg bei Aigospotamoi (405) . . . . . . . . . . . . . . . . . . . 134
152 Athen: Volksbeschluß über Ehrungen für Epikerdes von Kyrene (405/4) . . . . . . . . . . . . . . . . . . . . 135
153 Athen: Volksbeschluß über Ehrungen für Samos (405/4) 136
154 Sparta: Vertrag mit den aitolischen Erxadieis (vor 400) . 137

II

## SPÄTKLASSIK UND FRÜHER HELLENISMUS
(400–250 v. Chr.)

Datierbare Inschriften aus den Jahren von 400 bis 301 v. Chr.

201 Olympia: Siegesepigramm auf Kyniska (396 oder 392) . . 3
202 Athen: Bündnisse mit Boiotern und Lokrern (395) . . . 3
203 Mytilene: Münzkonvention mit Phokaia (vor 394?) . . . 4
204 Erythrai: Ehrenbeschluß für den athenischen Admirai Konon (394) . . . . . . . . . . . . . . . . . . . . . . . . . 4
205 Athen: Volksbeschluß über ein Bündnis mit Eretria (394?) 5
206 Athen: Ehrenbeschluß für Dionysios I. von Syrakus (393) 5
207 Athen: Ehrenbeschluß für Euagoras von Salamis (Kypros, 393) . . . . . . . . . . . . . . . . . . . . . . . . . 6
208 Olynth: Bündnis zwischen Amyntas III. und den Chalkidiern (um 393? [391?]) . . . . . . . . . . . . . . . 6
209 Keos: Isopolitievertrag mit Eretria (zwischen 393 und 377? um 364?) . . . . . . . . . . . . . . . . . . . . . . 7
210 Milet: Schiedsspruch der Ioner im Gebietsstreit mit Myus (zwischen 392 und 388) . . . . . . . . . . . . . . 7

211 Athen: Beschluß über den Rechtsstatus von Klazomenai (387) . . . . . . . . . . . . . . . . . . . . . . 8
212 Athen: Ehrenbeschluß für den Odrysenkönig Hebryzelmis (386/5) . . . . . . . . . . . . . . . 9
213 Mantineia: Eingemeindungsvertrag (Sympolitie) mit Helisson (vor 385? zwischen 350 und 340?) . . . . . . . 10
214 Athen: Volksbeschluß über ein Bündnis mit Chios (384) 11
215 Athen: Volksbeschluß des Aristoteles mit Einladung zum Zweiten Attischen Seebund (377) . . . . . . . . . . 12
216 Athen: Volksbeschluß über ein Bündnis mit Methymna (377) . . . . . . . . . . . . . . . . . . . . . . 14
217 Athen: Volksbeschluß über ein Bündnis mit Chalkis (377) 15
218 Vertrag zwischen Maussollos und Phaselis (zwischen 377/6 und 353/2) . . . . . . . . . . . . . 15
219 Athen: Volksbeschluß über ein Bündnis mit Korkyra, Akarnanien und Kephallenia (375) . . . . . . . . . . 16
220 Athen: Volksbeschluß über ein Bündnis mit Korkyra (375) . . . . . . . . . . . . . . . . . . . . . . 17
221 Athen: Gesetz über Münzumlauf und Münzprüfung (375/4) . . . . . . . . . . . . . . . . . . . . . 18
222 Athen: Volksbeschluß über ein Bündnis mit Kephallenia (372?) . . . . . . . . . . . . . . . . . . . . . 19
223 Theben: Epigramm auf den Sieg bei Leuktra (371) . . . 20
224 Athen: Zwei Ehrenbeschlüsse für Mytilene und andere Gemeinden von Lesbos (369 und 367) . . . . . . . . . 20
225 Athen: Ehrenbeschluß für Dionysios I. von Syrakus und seine Söhne (368) . . . . . . . . . . . . . . . . . 22
226 Athen: Volksbeschluß über ein Bündnis mit Dionysios I. von Syrakus (367) . . . . . . . . . . . . . . . . . 23
227 Athen: Volksbeschluß über Verhandlungen mit dem Aitolerbund (367) . . . . . . . . . . . . . . . . . 24
228 Mylasa: Volksbeschlüsse nach Verschwörungen gegen Maussollos (367–354) . . . . . . . . . . . . . . . 24
229 Athen: Ehrenbeschluß für König Straton von Sidon (um 367) . . . . . . . . . . . . . . . . . . . . . 26
230 Keos: Vertrag mit Histiaia (u. a. über Isopolitie) (um 364) 26
231 Athen: Volksbeschluß über das abgefallene Iulis und über einen Vertrag mit den Städten auf Keos (362) . . . 27
232 Athen: Volksbeschluß über ein Bündnis mit Arkadien, Achaia, Elis und Phleius (362/1) . . . . . . . . . . . . 29
233 Argos: Beschluß (?) der Teilnehmer am Allgemeinen Frieden der Hellenen (362/1?) . . . . . . . . . . . . 30

234 Athen: Volksbeschluß über ein Bündnis mit den Thessalern (361/0) . . . . . . . . . . . . . . . . 31
235 Delphi: Vertrag mit Skiathos über den Zugang zum Orakel (um 360) . . . . . . . . . . . . . . . . 32
236 Kios (Bithynien): Ehrenbeschluß für Athenodoros aus Athen (nach 360) . . . . . . . . . . . . . . . . 33
237 Amphipolis: Volksbeschluß über die Verbannung von Feinden Philipps II. von Makedonien (359 oder 357?) . . 34
238 Athen: Bündnis mit den Thrakerfürsten Berisades, Amadokos und Kersebleptes (357) . . . . . . . . . . . 34
239 Arkesine (Amorgos): Ehrenbeschluß für Androtion aus Athen (357/6) . . . . . . . . . . . . . . . . 35
240 Athen: Volksbeschluß über den Schutz Eretrias (357/6? 343?) . . . . . . . . . . . . . . . . 35
241 Erythrai: Ehrenbeschluß für Maussollos (zwischen 357 und 355) . . . . . . . . . . . . . . . . 36
242 Athen: Volksbeschluß über ein Bündnis mit Königen der Thraker, Paioner und Illyrer (356) . . . . . . . . . . . 37
243 Athen: Volksbeschluß über ein Bündnis mit Neapolis in Thrakien (355) . . . . . . . . . . . . . . . . 38
244 Theben: Kriegsbeiträge zum Heiligen Krieg gegen die Phoker (355–351) . . . . . . . . . . . . . . . . 38
245 Athen: Beschlüsse von Gemeinden auf Keos über Export von Rötel nach Athen (vor 350) . . . . . . . . . 39
246 Athen: Volksbeschluß über die Heilige Au (Orgas) der eleusinischen Göttinnen (352/1) . . . . . . . . . . . 41
247 Athen: Ratsbeschluß über die Reparatur der Athena-Statue (zwischen 350 und 320) . . . . . . . . . 43
248 Erythrai: Vertrag mit dem Machthaber Hermias von Atarneus (nach 350) . . . . . . . . . . . . . . 43
249 Athen: Ehrenbeschluß für die Söhne des Leukon (Bosporanisches Reich, 346) . . . . . . . . . . . . 44
250 Athen: Volksbeschluß über ein Bündnis mit Mytilene (346) . . . . . . . . . . . . . . . . 46
251 Athen: Ehrenbeschluß für Kleomis, den Tyrannen von Methymna (um 345) . . . . . . . . . . . . . . 46
252 Athen: Ehrenbeschluß für den Molosserfürsten Arybbas (um 342) . . . . . . . . . . . . . . . . 47
253 Mytilene: Erster Volksbeschluß über die Wiederherstellung des inneren Friedens (zwischen 340 und 330) . . 48
254 Mytilene: Zweiter Volksbeschluß über die Wiederherstellung des inneren Friedens (zwischen 340 und 330) . . 49

255 Athen: Ehrenbeschluß für Tenedos (339) . . . . . . . . . 50
256 Gründungseid des Korinthischen Bundes (337) . . . . . 51
257 Kimolos: Schiedsgericht von Argos im Streit zwischen Kimolos und Melos (337 oder später) . . . . . . . . . . 52
258 Athen: Volksbeschluß über ein Gesetz gegen Staatsstreiche zugunsten einer Tyrannenherrschaft (336) . . . 52
259 Athen: Erneuerung (?) des Korinthischen Bundes durch Alexander d. Gr. (336) . . . . . . . . . . . . . . . . . 53
260 Priene: Weihinschrift und Edikt Alexanders d. Gr. (334) 54
261 Priene: Ehrenbeschluß für Antigonos Monophthalmos (334) . . . . . . . . . . . . . . . . . . . . . . . . 54
262 Piräus: Ratsbeschluß über die Errichtung eines Aphrodite-Heiligtums durch Kaufleute aus Kition (Kypros, 333) . . 55
263 Athen: Weihung an Demokratia (333/2) . . . . . . . . . 56
264 Iasos: Ehrenbeschluß für Gorgos und Minnion (zwischen 333 und 323) . . . . . . . . . . . . . . . . . . . . . 56
265 Chios: Dekret Alexanders d. Gr. über die Rückkehr der Verbannten (332) . . . . . . . . . . . . . . . . . . 56
266 Eresos (Lesbos): Urteile und Beschlüsse gegen die Tyrannen (nach 332 bis um 301) . . . . . . . . . . . 57
267 Argos: Epigramm für König Nikokreon von Salamis (Kypros, nach 331) . . . . . . . . . . . . . . . . . 60
268 Milet: Volksbeschluß über einen Rechtsgewährungsvertrag mit Sardes (um 330 oder früher) . . . . . . . . . 60
269 Milet: Aufzeichnung der Rechtsbeziehungen zu Olbia (um 330 oder früher) . . . . . . . . . . . . . . . . . 61
270 Kyrene: Getreidelieferungen an griechische Staaten (330–325) . . . . . . . . . . . . . . . . . . . . . . . 62
271 Athen: Ehrenbeschluß für Memnon aus Rhodos (327) . 62
272 Kyrene: Weihung eroberter Kriegsschiffe (um 323?) . . . 63
273 Samos: Bürgerrechtsverleihungen an Gorgos und Minnion aus Iasos (nach 322/1) . . . . . . . . . . . . 63
274 Athen: Beschluß des Demos Aixone für Demetrios von Phaleron (318/7) . . . . . . . . . . . . . . . . . . . . 64
275 Argos: Volksbeschluß über Freundschaftserneuerung mit Pallantion (Arkadien, 318–316) . . . . . . . . . . . 65
276 Skepsis: Brief des Antigonos Monophthalmos über seinen Friedensschluß mit Kassander, Lysimachos und Ptolemaios und Ehrenbeschluß der Stadt Skepsis für Antigonos Monophthalmos (311) . . . . . . . . . . . . 66
277 Theangela (Kaden): Vertrag mit dem Dynasten Eupolemos (um 310?) . . . . . . . . . . . . . . . . . . 68

278 Iasos (Karten): Beschluß über einen Vertrag mit Ptolemaios (I.) und drei Söldnerführern (zw. 309 und 306?) . 69
279 Iasos: Briefe ptolemäischer Funktionäre an die Stadt (305 oder später) . . . . . . . . . . . . . . . . . . . 71
280 Teos: Zwei Briefe des Antigonos I. Monophthalmos über den Synoikismos zwischen Teos und Lebedos (um 303) . . . . . . . . . . . . . . . . . . . . . 72
281 Athen: Ehrenbeschluß der Freiwilligen für Demetrios I. Poliorketes (303/2?) . . . . . . . . . . . . . . . . . 77
282 Epidauros: Gründungsurkunde eines Hellenenbundes unter Antigonos I. Monophthalmos und Demetrios I. Poliorketes (302) . . . . . . . . . . . . . . . . . . . 78
283 Delphi: Brief des Adeimantos aus Lampsakos an Demetrios I. Poliorketes (302/1) . . . . . . . . . . 81

Nicht datierbare Inschriften aus dem 4. Jahrhundert

284 Athen: Regelung über den Asklepios-Kult (Volks- oder Demos-Beschluß, 4. Jh., Anfang) . . . . . . . . . . . . 82
285 Xanthos: Epigramm des lykischen Dynasten Arbinas (4. Jh., Anfang?) . . . . . . . . . . . . . . . . . . . 82
286 Delphi: Siegesepigramm auf Theogenes aus Thasos (4. Jh., 1. Hälfte) . . . . . . . . . . . . . . . . . . . . 83
287 Orchomenos (Arkadien): Eingemeindungsvertrag (Synoikie) mit Euaimon (4. Jh., 2. Viertel) . . . . . . . . 84
288 Olbia: Gesetz über auswärtige Währungen (4. Jh., Mitte?) . . . . . . . . . . . . . . . . . . . . . 85
289 Piräus: Demos-Beschluß über das Thesmophorion (4. Jh.) 86
290 Epidauros: Berichte über Wunderheilungen im Asklepieion (4. Jh.) . . . . . . . . . . . . . . . . . 86
291 Lebadeia: Tarif für Konsultation des Trophonios-Orakels mit Liste von Konsultanten (4. Jh.) . . . . . . . . . . 91
292 Oropos: Regelungen für den Kult des Amphiaraos (4. Jh., 2. Hälfte?) . . . . . . . . . . . . . . . . . . . 91
293 Ephesos: Todesurteile wegen Religionsfrevels in Sardeis (4. Jh., 2. Hälfte) . . . . . . . . . . . . . . . . . . . . 93
294 Milet: Volksbeschluß über die Erneuerung eines Isopolitievertrags mit Phygela (4. Jh., 4. Viertel) . . . . . 93
295 Attika: Regelung über Schutz der Bäume im Heiligtum des Apollon Erithaseos (4. Jh., Ende) . . . . . . . . . 94
296 Kyparissia: Gesetz über Ein- und Ausfuhrzölle (4. oder 3. Jh.) . . . . . . . . . . . . . . . . . . . . . . 94

Datierbare Inschriften aus den Jahren von 300 bis 250 v. Chr.


297 Astypalaia: Besuchsordnung für einen Tempel (um 300) 95
298 Teos: Beschluß über Aufnahme von Neubürgern (um 300) 95
299 Aigai: Vertrag über wirtschaftliche Fragen mit den Olympenoi (um 300 oder später) . . . . . . . . . . . . 96
300 Delphi: Weihung des Krateros (zwischen 300 und 270) . 97
301 Milet: Ehrenbeschlüsse für Königin Apame und Thronfolger Antiochos (I.) (299) . . . . . . . . . . . . 97
302 Euromos (Karien): Ehrenbeschluß für einen Wohltäter (299/8) . . . . . . . . . . . . . . . . . . . . . . . 99
303 Delphi: Bündnis zwischen Aitolern/Phokern und Boiotern (292?) . . . . . . . . . . . . . . . . . . . 100
304 Didyma: Brief des Seleukos I. über Weihgeschenke (288/7) . . . . . . . . . . . . . . . . . . . . . . . 101
305 Athen: Regelung über das Heiligtum der Aphrodite Pandemos (um 287/6) . . . . . . . . . . . . . . . 102
306 Priene: Ehrenbeschluß für Lysimachos und Antwortbrief des Königs (um 285?) . . . . . . . . . . . . . . 103
307 Athen: Ehrenbeschluß für König Spartokos III. vom Bosporos (Krim) (284) . . . . . . . . . . . . . . . 104
308 Athen: Ehrenbeschluß für den Komödiendichter Philippides (283/2) . . . . . . . . . . . . . . . . . . 105
309 Samos: Brief des Lysimachos über einen Territorialstreit mit Priene (283/2) . . . . . . . . . . . . . . . 107
310 Nysa: Brief des Seleukos I. mit Privilegien für das Plutonion (281) . . . . . . . . . . . . . . . . . . . 108
311 Dodona: Weihung des Pyrrhos I. von Epirus (280) . . . . 109
312 Ehrenbeschluß des Nesiotenbundes für Ptolemaios II. mit Anerkennung der Ptolemaia in Alexandreia (um 280) . . 109
313 Lisos (Kreta): Bündnis zwischen Magas von Kyrene und den Oreioi (zwischen 280 und 250) . . . . . . . . . 111
314 Kos: Volksbeschluß über Dankopfer anläßlich der Rettung Delphis vor den Kelten (278) . . . . . . . . . . 111
315 Delphi/Athen: Ehrung der Amphiktyonen für die Dionysischen Techniten von Attika (278/7) . . . . . . . 113
316 Thyateira: Weihung zum Dank für die Errettung aus der Galater-Gefangenschaft (276/5) . . . . . . . . . . . 114
317 Ilion: Königliche Korrespondenz über Landschenkungen an Aristodikides aus Assos (um 275?) . . . . . . . . . . 114
318 Ilion: Ehrung für den Arzt Metrodoros (zwischen 275 und 269) . . . . . . . . . . . . . . . . . . . . . . 116

319 Vertrag Narykas und der Aianteioi mit den Ostlokrern („Lokrische Mädcheninschrift“, vor 272?) . . . . . . . . . 116
320 Athen: Ehrenbeschluß für Kallias aus Sphettos (270/69) . 118
321 Kandahar: Bilingues Manifest des indischen Königs Asoka (zwischen 268 und 233) . . . . . . . . . . . . . . 121
322 Ehreninschrift aus dem Galaterkrieg (267) . . . . . . . 122
323 Athen: Volksbeschluß über das Bündnis mit Sparta (Antrag des Chremonides, zwischen 267 und 265) . . . . 122
324 Athen: Ehrenbeschluß für Strombichos (266/5) . . . . . 125
325 Athen: Ehrenbeschluß des Demos Rhamnus für den athenischen Strategen Epichares (264/3) . . . . . . . . . 126
326 Thermos: Grenz-, Isopolitie- und Bündnisvertrag zwischen Aitolischem und Akarnanischem Bund (263/2?) 127
327 Pergamon: Vertrag zwischen Eumenes I. und aufständischen Truppenkontingenten (zwischen 263 und 241) . . . 129
328 Olympia: Ehrung von Tauromenion für Hieron II. (zwischen 263 und 215) . . . . . . . . . . . . . . . . . 131
329 Erythrai: Brief des Antiochos II. (?) mit Privilegien (nach 261?) . . . . . . . . . . . . . . . . . . . . . . . . 131
330 Ehrenbeschluß des Koinon der Hellenen in Plataiai für Glaukon aus Athen (zwischen 261 und 246) . . . . . . . 133
331 Milet: Beziehungen zu Ptolemaios I. und II. (um 260) . . 133
332 Milet: Rechtsgewährungsverträge mit Knossos, Gortyn, Phaistos und 25 weiteren kretischen Städten (nach 260) . 135
333 Delphi: Bürgerrechtsverleihung der Aitoler an eine Stadt Herakleia (256/5?) . . . . . . . . . . . . . . . . 137
334 Athen: Ehrenbeschluß für Phaidros aus Sphettos (um 255/5) . . . . . . . . . . . . . . . . . . . . . . . 138
335 Didyma: Königliche Korrespondenz über Landzuweisungen an die geschiedene Königin Laodike (254/3) . 140
336 Lyttos (Kreta): Erneuerung eines Bündnisses mit Antiochos II. (250) . . . . . . . . . . . . . . . . . . . 142


Nicht datierbare Inschriften
aus der ersten Hälfte des 3. Jahrhunderts v. Chr.


337 Ilion: Tyrannen-Gesetz (3. Jh., Anfang) . . . . . . . . . 143
338 Erythrai (?): Wiederherstellung der Statue des Tyrannenmörders Philites (3. Jh., Anfang?) . . . . . . . 146
339 Chersonesos (Krim): Bürgereid (3. Jh., Anfang) . . . . . 147
340 Praisos (Kreta): Beschluß über die Rechte von Stalai (3. Jh., Anfang) . . . . . . . . . . . . . . . . . . . . 148

341 Itanos: Isopolitievertrag zwischen Hierapytna und Praisos (3. Jh., Anfang) . . . . . . . . . . . . . . . . . . 150
342 Pergamon: Isopolitievertrag mitTemnos (3. Jh., Anfang) . 150
343 Korkyra Melaina (Korcula): Urkunde über die Gründung einer Kolonie durch Issa unter Mitwirkung illyrischer Dynasten (3. Jh., 1. Drittel?) . . . . . . . . . 151
344 Ialysos (Rhodos): Besuchsordnung für den Tempel der Alektrona (3. Jh., 1. Hälfte) . . . . . . . . . . . . . . 152
345 Telos: Bündnis mit Rhodos (3. Jh., 1. Hälfte) . . . . . . . 153
346 Mesembria: Vertrag mit dem thrakischen Dynasten Sadalas (3. Jh., Mitte?) . . . . . . . . . . . . . . . . . 153
347 Kalaureia: Stiftung der Agasikratis (3. Jh.) . . . . . . . . 154
348 Kalaureia: Stiftung eines Bürgerehepaars (3. Jh.) . . . . 154
349 Skepsis: Bündnis und Isopolitie mit Parion (3. Jh.?) . . . 155
350 Dyme (Achaia): Beschluß über Bürgerrechtsverleihung (3. Jh.) . . . . . . . . . . . . . . . . . . . . . . . . 156
351 Teos: Eingemeindungsvertrag (Sympolitie) mit Kyrbissos (3. Jh.) . . . . . . . . . . . . . . . . . . . . . . . . 157

## III
## DER GRIECHISCHE OSTEN UND ROM
## (250–1 v. Chr.)

Datierbare Inschriften aus den Jahren von 249 bis 200 v. Chr.

401 Athen: Zustimmungsbeschluß zur Umwandlung der delphischen Soteria in einen panhellenischen Agon (etwa 249/8?) . . . . . . . . . . . . . . . . . . . . . . 3
402 Kildara (Karien): Brief eines Funktionärs des Ptolemaios III. an die Stadt (246) . . . . . . . . . . . 3
403 Adulis (am Roten Meer): Tatenbericht des Ptolemaios III. (um 245) . . . . . . . . . . . . . . . . . . . . . . . 4
404 Athen: Volksbeschluß über Beiträge zur Militärkasse (244/3) . . . . . . . . . . . . . . . . . . . . . . . . 5
405 Samos: Ehrenbeschluß für Bulagoras (243/2) . . . . . . 6
406 Kos: Bestätigung der Asylie des Asklepios-Heiligtums durch Sparta (242) . . . . . . . . . . . . . . . . . . 9
407 Kos: Bestätigung der Asylie des Asklepios-Heiligtums durch Städte in Makedonien (242) . . . . . . . . . . . 9
408 Kos: Bestätigung der Asylie des Asklepios-Heiligtums durch Kamarina (242) . . . . . . . . . . . . . . . . 11

409 Kos: Bestätigung der Asylie des Asklepios-Heiligtums durch Ziaëlas von Bithynien (242?) . . . . . . . . . . . 12
410 Phigaleia: Isopolitievertrag mit Messenien (Messenischer Beschluß, kurz vor 240) . . . . . . . . . . 13
411 Samothrake: Ehrenbeschluß für den ptolemäischen Strategen Epinikos (240–221) . . . . . . . . . . . . . . 14
412 Dreisprachiger Ehrenbeschluß der ägyptischen Priesterschaft für Ptolemaios III. und Berenike (sog. Kanopos-Dekret, 238) . . . . . . . . . . . . . . . 14
413 Beroia (Makedonien): Freilassungsurkunde (um 235) . . 19
414 Orchomenos: Beschluß des Achäerbundes über den Beitritt der arkadischen Stadt (um 234, 199–190?) . . . . 20
415 Athen: Ehrenbeschluß für Eurykleides (nach 229) . . . . 21
416 Akraiphia: Amphiktyonen-Dekret über die Asylie des Heiligtums des Ptoios und den heiligen Frieden während der Ptoia; Orakel des Trophonios (228–226? 190–178?) . 22
417 Keos: Asyliebeschluß des Aitolerbundes, keische Isopolitie mit Naupaktos und für die Aitoler (223/2?) . . 23
418 Delos: Weihung des Antigonos III. und des Hellenenbundes (222). . . . . . . . . . . . . . . . . 24
419 Malla und Lyttos: Bündnis und Asylievertrag (um 221?) . . . . . . . . . . . . . . . . . . . . . . 24
420 Labraunda: Brief Philipps V. an Mylasa (220) . . . . . . 25
421 Tegea: Denkmal eines Schauspielers (vor 219) . . . . . . 26
422 Larisa (Thessalien): Volksbeschlüsse über zwei Briefe Philipps V. an die Stadt (219 und 214) . . . . . . . . . . 27
423 Epidauros: Epigramm auf Philipp V. nach seinen Siegen über Aitoler und Sparta (218) . . . . . . . . . . . . . 30
424 Athen: Ehrenbeschlüsse für Eumaridas aus Kydonia für die Befreiung von Piratenopfern (217/6 und 209/8) . . . 30
425 Sardeis: Brief des Antiochos III. an die Stadt (213) . . . 32
426 Sardeis: Volksbeschluß; Briefe der Königin Laodike und des Antiochos III. an die Stadt (213) . . . . . . . . . . 32
427 Sardeis: Brief des Antiochos III. an die Stadt (213) . . . 33
428 Thyrrheion: Bündnis zwischen Rom und dem Aitolerbund (212 oder 211) . . . . . . . . . . . . . . 33
429 Kos: Volksbeschluß mit Bürgereid über die Eingemeindung von Kalymna (zwischen 205 und 201/0?) . . . . . . 34
430 Ikaros/Failaka: Brief eines seleukidischen Gouverneurs (204) . . . . . . . . . . . . . . . . . . . . . . . . . 35
431 Teos: Bestätigung der Asylie der Stadt durch die Könige der Athamanen (um 204) . . . . . . . . . . . . . . . 36

432 Dion: Bündnis zwischen Philipp V. und Lysimacheia (zwischen 202 und 197) . . . . . . . . . . . . . . . . . . 37
433 Delphi: Asylie- und Ehrenbeschluß der Amphiktonen für Antiocheia-Alabanda (202/1?) . . . . . . . . . . . . 38
434 Hierapytna: Bündnis mit Rhodos (um 201/0?) . . . . . . 40
435 Teos: Beschluß für die Dionysischen Techniten (um 200) 43
436 Milet: Einrichtung der Didymeen als penteterischer Kranzagon (um 200) . . . . . . . . . . . . . . . . . . 45
437 Malla (Kreta): Bündnis mit Attalos I. von Pergamon (um 200) . . . . . . . . . . . . . . . . . . . . . . 46

Nicht datierbare Inschriften
aus der zweiten Hälfte des 3. Jahrhunderts v. Chr.

438 Lykosura: Regelungen für das Heiligtum der Despoina (3. Jahrhundert) . . . . . . . . . . . . . . . . . . . 47
439 Itanos (Kreta): Bürgereid (3. Jahrhundert) . . . . . . . . 47
440 Gambreion (Mysien): Gesetz über Begrenzung der Trauerzeit (3. Jahrhundert) . . . . . . . . . . . . . . . 48
441 Delos: Gesetz über Holz- und Kohlenhandel (3. Jahrhundert, 2. Hälfte) . . . . . . . . . . . . . . 49
442 Aigiale (Amorgos): Ehrenbeschluß wegen Rettung aus den Händen der Piraten (3. Jahrhundert, 2. Hälfte) . . . 50
443 Gortyn: Volksbeschluß über Kupferwährung (3. Jahrhundert, 2. Hälfte) . . . . . . . . . . . . . . 51
444 Istros: Ehrenbeschluß für Hephaistion aus Kallatis (3. Jahrhundert, 2. Hälfte) . . . . . . . . . . . . . . 52
445 Oropos: Volksbeschluß über eine Anleihe der Stadt zum Mauerbau (3. Jahrhundert, 4. Viertel) . . . . . . . . . . 52
446 Dyme (Achaia): Urteil gegen Falschmünzer (3. Jahrhundert, 4. Viertel?) . . . . . . . . . . . . . . 53
447 Soloi (Kilikien): Brief eines Königs (Ptolemaios IV.?) an einen Statthalter (3. Jahrhundert, 4. Viertel) . . . . . . . 53
448 Sidon: Epigramm auf den Nemeen-Sieger Diotimos (3. Jahrhundert., 4. Viertel) . . . . . . . . . . . . . . . . 54
449 Dreros (Kreta): Eid der Jungmannschaft (3. Jahrhundert, Ende/2. Jahrhundert, Anfang) . . . . . . . . . . . . . . 55

Datierbare Inschriften aus den Jahren von 200 bis 100 v. Chr.

450 Hierapytna: Isopolitie- und Rechtsgewährungsvertrag mit Priansos (zwischen 200 und 184?) . . . . . . . . . . 56

451 Herakleia am Latmos: Briefe des Antiochos III. und seines Statthalters Zeuxis an die Stadt (198 oder später) 59
452 Euromos (Karien): Bündnis zwischen Antiochos III. und Philippeis (197) . . . . . . . . . . . . . . . . . . . . . . . . 61
453 Euromos (Karien): Beschluß über die Einführung neuer Ämter (kurz nach 197) . . . . . . . . . . . . . . . . . 61
454 Chyretiai (Perrhaibien): Brief des T. Quinctius Flamininus an die Stadt (zwischen 197 und 194) . . . . . 62
455 Larisa (Thessalien): Volksbeschluß über Renovierung des Gymnasion mit Spenderliste (zwischen 197 und 186) 63
456 Xanthos: Ehrenbeschluß für den Gymnasiarchen Lyson (196) . . . . . . . . . . . . . . . . . . . . . . . . . . . . 63
457 Ilion: Bündnis zwischen Antiochos III. und Lysimacheia (um 196) . . . . . . . . . . . . . . . . . . . . . . . . . . 65
458 Lampsakos: Ehrenbeschluß für Hegesias (196 oder 195) 66
459 Gytheion: Ehrung für T. Quinctius Flamininus (195) . . 68
460 Iasos (Karien): Brief der Königin Laodike an die Stadt; Ehrenbeschluß für Antiochos III. (nach 195) . . . . . . 68
461 Teos: Brief des Praetors M. Valerius Messala an die Stadt (193) . . . . . . . . . . . . . . . . . . . . . . . . . . 70
462 Brief des Antiochos III. zur Einsetzung eines Kultes für die Königin Laodike (193) . . . . . . . . . . . . . . . 71
463 Herakleia am Latmos: Brief von L. und P. Cornelius Scipio an die Stadt (190/89) . . . . . . . . . . . . . . . 72
464 Samos: Weihung einer Statue des Populus Romanus (190–150) . . . . . . . . . . . . . . . . . . . . . . . . . . . 73
465 Stymphalos: Dankesbeschluß der Elateer für Stymphalos (um 189) . . . . . . . . . . . . . . . . . . . . . . . . . . 73
466 Delphi: Brief eines römischen Consuls (C. Livius Salinator?) an die Stadt (189/8) . . . . . . . . . . . . . 75
467 Chios: Ehrenbeschluß für einen Wohltäter (etwa 189 oder 188) . . . . . . . . . . . . . . . . . . . . . . . . . . . 76
468 Seleukeia in Pierien: Liste der Priester der Götter- und Königskulte (zwischen 187 und 175) . . . . . . . . . . 77
469 Milet: Beschluß über Bündnis und Isopolitie mit Herakleia am Latmos (zwischen 184 und 181) . . . . . . 78
470 Milet: Eingemeindungsvertrag (Sympolitie) mit Pidasa (80er Jahre des 2. Jahrhunderts) . . . . . . . . . . . . . 83
471 Amphipolis: Makedonisches Militärreglement aus der Regierungszeit Philipps V. (vor 179) . . . . . . . . . . . 85
472 Stiris (Phokis): Eingemeindungsvertrag (Sympolitie) mit Medeon (um 175?) . . . . . . . . . . . . . . . . . . . . . 87

473 Pergamon: Athenischer (?) Ehrenbeschluß für Eumenes II. wegen der Rückführung des Antiochos IV. in dessen Reich (175 oder wenig später) . . . . . . . . . 88
474 Delphi: Römischer Brief (?) mit Anklagen gegen Perseus von Makedonien (171 oder 170) . . . . . . . . . 90
475 Thisbe (Boiotien): Senatusconsulta für Thisbai (Thisbe, 170) . . . . . . . . . . . . . . . . . . . . . . . 91
476 Thyrrheion: Proxeniebeschluß des Akarnanenbundes für Q. Baebius (168/7?) . . . . . . . . . . . . . . . . . 93
477 Kibyra: Foedus mit Rom (167 oder später? nach 188?) . 94
478 Aphrodisias (Karien): Weihinschrift dreier Städte in Karien bzw. Lykien anläßlich eines Bündnisses (nach 167?) . . . . . . . . . . . . . . . . . . . . . . . . . 94
479 Araxa (Lykien): Ehrenbeschluß für Orthagoras (nach 167? um 180? nach 129?) . . . . . . . . . . . . 95
480 Milet: Ehrenbeschluß für Eirenias (zwischen 167 und 159) 97
481 Drymos (Phokis): Vertrag mit den Oitaiern über die Rückzahlung einer Anleihe (161? 158?) . . . . . . . . . 98
482 Kyrene: Testament und Treuhandbestellung des Königs Ptolemaios (später Ptolemaios VIII.) zugunsten Roms (155) . . . . . . . . . . . . . . . . . . . . . . . . . 100
483 Chersonesos (Krim): Eide auf das Bündnis mit Pharnakes I. von Pontos (155? 179?) . . . . . . . . . . 100
484 Dyme (Achaia): Brief des Proconsuls Q. Fabius Maximus an die Stadt (155?) . . . . . . . . . . . . . . . . . . . 101
485 Larisa (Thessalien): Beschluß des Thessalischen Bundes über Getreidelieferungen an Rom (um 150–130?) . . . . 102
486 Beroia (Makedonien): Gymnasiarchengesetz (vor 148) . 104
487 Olympia: Milesischer Schiedsspruch zwischen Messenien und Sparta (138 oder früher) . . . . . . . . . . . . 110
488 Pergamon: Gesetz über die Pflichten der Astynomen (vor 133, Wiederaufzeichnung im 2. Jahrhundert n. Chr.) 112
489 Milet: Aufgaben des Priesters des Populus Romanus und der Dea Roma (ca. 130) . . . . . . . . . . . . . . . . 116
490 Kolophon: Ehrenbeschluß für Menippos (nach 120/19) . 118
491 Delos: Einigung zwischen Lato und Olus über die Annahme eines knossischen Schiedsspruchs; Vertrag über eine erneute Vermittlung der Knossier sowie Verlängerung des knossischen Mandats; Schiedsspruch der Knossier (118, 116 und 115) . . . . . . . . . . . 122
492 Demetrias: Kultordnung für das Apollon-Orakel von Korope (kurz nach 116) . . . . . . . . . . . . . . . . 125

493 Astypalaia: Senatusconsultum und Foedus mit Rom (105) 128
494 Athen: Ehrenbeschlüsse des Rats für die Epheben, ihre Betreuer und den Kosmeten (100) . . . . . . . . . . . . 130

Nicht datierbare Inschriften aus dem 2. Jahrhundert v. Chr.

495 Thisbe (Boiotien): Vertrag mit Chorsiai über Schuldentilgung (2. Jahrhundert, 1. Hälfte) . . . . . . . . 134
496 Lato: Bündnis- und Isopolitie-Vertrag mit Eleutherna (2. Jahrhundert, 1. Hälfte: vor 189?) . . . . . . . . . . . 135
497 Kolophon: Ehrenbeschluß für den Orakeldeuter Menophilos aus Smyrna (2. Jahrhundert, 1. Hälfte) . . . 136
498 Paros: Gesetzentwurf zur Reform des Urkundenwesens (2. Jahrhundert, 2. Viertel) . . . . . . . . . . . . . . . 137
499 Teos: Stiftung des Polythrus zur Finanzierung des Schulunterrichts (2. Jahrhundert) . . . . . . . . . . . . 140
500 Magnesia am Mäander: Aufführungen bei den Rhomaia (2. Jahrhundert, 2. Hälfte) . . . . . . . . . . . . . . . . 142
501 Xanthos: Siegerliste der Rhomaia-Agone (2. Jahrhundert, Ende/1. Jahrhundert, Anfang) . . . . . . 143

Datierbare Inschriften aus den Jahren von 100 bis 1 v. Chr.

502 Pergamon: Vermittlungsbriefe des Proconsuls Q. Mucius Scaevola; Isopolitie- und Rechtsgewährungsvertrag (?) zwischen Ephesos und Sardeis (98/7 oder 94/3) . . . . . 144
503 Thyrrheion (Akarnanien): Bündnis mit Rom (94) . . . . 147
504 Aphrodisias (Karien): Treuebeschluß für Rom im Mithradatischen Krieg (88) . . . . . . . . . . . . . . . 148
505 Nysa (Karien): Brief des Proconsuls C. Cas(s)ius; Steckbriefe des Mithradates VI. gegen Chairemon aus Nysa (nach 88) . . . . . . . . . . . . . . . . . . . . . 149
506 Phanagoreia: Einbürgerung fremder Söldner (88/7) . . . 150
507 Kos: Zwei Briefe des L. Cornelius Sulla an die Dionysischen Techniten (zwischen 84 und 81) . . . . . . 150
508 Lagina: Briefe Sullas und Senatsbeschluß für die karische Stadt Stratonikeia. Anerkennung der Asylie des Heiligtums der Hekate von Lagina (81) . . . . . . . 151
509 Ilion: Abkommen der Städte des Ilischen Koinon über die Finanzierung des Festes der Athena Ilias (77) . . . . 155
510 Amphiaraion von Oropos: Aktenstücke, Dekrete und Senatsbeschluß über die Felder des Amphiaraion (73) . 157

511 Ephesos: Ehrung Caesars durch die Gemeinden Asiens (48) . . . . . . . . . . 160
512 Philae: Weihung des Praefectus Aegypti C. Cornelius Gallus (29) . . . . . . . . . . 160
513 Nysa (Karien): Rückgabe der heiligen Schriften (1) . . . 161

Nicht datierbare Inschriften aus dem 1. Jahrhundert v. Chr.

514 Herakleia am Latmos: Orakel-Anfrage und -Antwort (1. Jahrhundert, 1. Viertel) . . . . . . . . . . 161
515 Perge: Ehrenbeschluß für den Arzt Asklepiades (späthellenistische Zeit) . . . . . . . . . . 162

*Anhang*

Glossar . . . . . . . . . . 167

Ortsregister . . . . . . . . . . 176

Stellenkonkordanzen . . . . . . . . . . 178

# VORWORT ZUR STUDIENAUSGABE

Griechische Inschriften sind wichtige Quellen zur Alten Geschichte. Wegen ihrer schwierigen Sprachgestalt sind sie zumeist nicht leicht zu erschließen, zumal – anders als bei literarischen Quellen – bisher kaum deutsche Übersetzungen vorliegen. Unsere Sammlung soll die Nutzung der epigraphischen Quellen vereinfachen, jedoch nicht die Beschäftigung mit den Originaltexten ersetzen. Die Übersetzung erfolgt möglichst zeilengleich, was gerade bei umfangreichen Dokumenten eine Bezugnahme auf den griechischen Text erleichtert. Die Sammlung möchte zugleich einen Einblick in die Vielfalt und Bedeutung historischer griechischer Inschriften geben.

In der vorliegenden Studienausgabe sind die drei in der Reihe „Texte zur Forschung" (TzF) erschienenen Bände zusammengefaßt: „Die archaische und klassische Zeit" (TzF 59, 1992), „Spätklassik und früher Hellenismus" (TzF 68, 1996) sowie „Der griechische Osten und Rom" (TzF 71, 1999).

Zur archaischen und klassischen Zeit (bis 403/402 v. Chr.) werden unter Nr. 1–154 Übersetzungen aller Inschriften geboten, die in wenigstens einer der folgenden weit verbreiteten Auswahlsammlungen enthalten sind:

- H. Bengtson: Die Staatsverträge des Altertums II, München 1962, $^{2}$1975
- R. Meiggs/D. Lewis: A Selection of Greek Historical Inscriptions, Oxford 1969, Neuausgabe 1988
- B. D. Meritt/H. T. Wade-Gery/M. F. McGregor: The Athenian Tribute Lists II, Princeton, N. J. 1949, (nur) S. 46 ff. (Documents)
- M. N. Tod: A Selection of Greek Historical Inscriptions I, Oxford $^{2}$1946.

Von den Tributlisten wurde aber lediglich eine als Beispiel aufgenommen, die anderen bei Tod I$^{2}$ und Meiggs/Lewis zitierten sind aus Platzgründen übergangen worden, zumal sie bequem in tabellarischer Form zugänglich sind (R. Meiggs, The Athenian Empire, Oxford 1972, 538 ff.; s. zu unserer Nr. 61). Auf eine Auswahl aus dem umfangreichen Stadtrecht von Gortyn (Tod I$^{2}$ 36 und Meiggs/Lewis 41) haben wir verzichtet, da zwei deutsche Gesamtübersetzungen vorliegen (Fr. Bücheler/E. Zitelmann, Das Recht von Gortyn, Frankfurt a. M. 1885; J. Kohler/E. Ziebarth, Das Stadtrecht von Gortyn,

Göttingen 1912). Andererseits werden über die genannten Sammlungen hinaus einige wichtige Inschriften, vor allem Neufunde, übersetzt.

Für die anderthalb Jahrhunderte der spätklassischen und frühhellenistischen Zeit (400–250 v. Chr.) werden unter Nr. 201–351 Übersetzungen geboten, für die Epoche der Auseinandersetzung zwischen dem griechischen Osten und Rom (250–1 v. Chr.) unter Nr. 401–515. Die Mitte des 3. Jahrhunderts entspricht dabei nicht einem historischen Einschnitt, sondern hat sich aus dem Reichtum der umfangreichen, oft breite historische Einleitungen enthaltenden Inschriften des Hellenismus ergeben. Angesichts dieser Fülle und Eigenart der hellenistischen Inschriften konnten wir hier nicht das Material aus einigen wenigen Sammlungen vollständig übersetzen und anderes übergehen. Die Vielfalt der Inschriften jener Zeiten wird in repräsentativen Beispielen wiedergegeben; übersetzt werden völkerrechtliche Urkunden, Volks- und Demenbeschlüsse, Gesetze, Briefe und Erlasse von Königen, Machthabern und Statthaltern, Ehreninschriften, Stiftungen, Sport-Epigramme, kultische Regelungen, Weihungen sowie Texte zur Religions-, Kultur-, Sozial- und Wirtschaftsgeschichte u. a. m.

Die Bände „Historische griechische Inschriften in Übersetzung" sind von der Kritik freundlich aufgenommen worden; an Besprechungen sind uns bekannt geworden: Antiquité Classique 63 (1994) 491–92 und 69 (2000) 438–439 (A. Martin); Anzeiger für die Altertumswissenschaft 51 (1998) 233–234 (M. Hainzmann); Das Historisch-Politische Buch 41 (1993) 275 (J. Heinrichs), 46 (1998) 462–63 und 47 (1999) 240 (M. Zahrnt); Jahrbuch für Numismatik und Geldgeschichte 44 (1994) 225–26 und 46 (1996) 234–36 (G. Stumpf); Nyt fra historien 43 (1994) 20 (A. Damsgaard-Madsen); Revue des études grecques 106 (1993) 460 und 110 (1997) 485 und 111 (1999) 571 (Ph. Gauthier, Bulletin épigraphique); Wiener Studien 112 (1999) 236–237 und 113 (2000) 379–380 (H. Bannert); Zeitschrift der Savigny-Stiftung für Rechtsgeschichte, Romanist. Abt. 117, 2000, 763–765 (P. Mauritsch). In der vorliegenden Studienausgabe werden die Übersetzungen unverändert abgedruckt; damit bleiben Verweise auf „HGIÜ" mit der jeweiligen Nummer unverändert gültig. Der Wissenschaftlichen Buchgesellschaft danken wir für die Aufnahme der „Historischen griechischen Inschriften" in ihr Verlagsprogramm und für die Ermöglichung dieser Studienausgabe.

Universität Erfurt/Universität München
Kai Brodersen/Wolfgang Günther/Hatto H. Schmitt

# ZUR ANLAGE DER STUDIENAUSGABE

Jede Inschrift wird zunächst vorgestellt mit der Nummer in unserer Sammlung, ihrem Herkunftsort, einem den Inhalt charakterisierenden Titel und der Datierung (alle Daten verstehen sich v. Chr.). Sodann wird die jeweilige Nummer der Inschrift in allen im folgenden angeführten Sammlungen genannt. Eine Aufführung sämtlicher einschlägiger Publikationen hätte unangemessen viel Platz gekostet, zumal diese über die genannten Sammlungen leicht zu ermitteln sind. Es folgen Angaben zum Textträger und zum Fundort sowie (in Klammern) soweit möglich zum Bewahrort; mit AM wird dabei das Agora-Museum in Athen abgekürzt, mit EM das Epigraphische Museum (und das Nationalmuseum) ebendort, mit BM das British Museum in London. Schließlich wird die Schrift (gegebenenfalls mit Hinweis, ob bustrophedon vorliegt, also „Schlangenschrift" mit zeilenweise wechselnder Schreibrichtung, oder aber stoichedon, also „Rotten-Schrift", in der – wie bei Schreibmaschinenschrift – jedem Buchstaben derselbe Raum zukommt), die Sprache (z. B. Dialekt oder gemeingriechische Koine) und gegebenenfalls die Form (Verse) der Inschrift angegeben; gibt sich eine Inschrift als Wiederaufzeichnung eines älteren Textes, ist dies hier vermerkt. Am Ende finden sich ggf. Hinweise auf einen Schmuck des Inschriftenträgers. Auf eine Photographie verweist „Ph", auf eine Übersetzung „Ü" (weitere Übersetzungen in moderne Fremdsprachen verzeichnen die Stellenkonkordanzen).

Wir übersetzen in der Regel den Text der letzten genannten Edition; wenn wir die Fassung einer älteren Ausgabe wiedergeben, ist dies eigens vermerkt. Textteile, die auf dem Textträger durch ein Versehen des Schreibers fehlen, werden in spitzen, antike Tilgungen in doppelten eckigen Klammern geboten und Leerstellen durch *v* bzw. *vacat* markiert. Auf Lücken des Textträgers verweisen eckige Klammern, in denen ggf. moderne Ergänzungen wiedergegeben werden; nicht ergänzbare Textteile sind durch Striche gekennzeichnet, Lücken durch *lacuna*. In der Regel entsprechen die Zeilen der Übersetzung denen des Originals; Wörter, die nicht in der entsprechenden Zeile stehen, sind durch ° gekennzeichnet. Jeder Zeilenwechsel ist durch einen senkrechten Strich markiert, bei jeder fünften Zeile wird außerdem die Zeilenzahl als hochgestellte Zahl angegeben.

Erläuterungen der Übersetzer stehen in runden und Text- bzw. Übersetzungsvarianten in geschweiften Klammern. Fachbegriffe, auf die in den Übersetzungen bei ihrer jeweils ersten Nennung ein Stern* verweist, sind im Glossar knapp erläutert. Das bei griechischen Eigennamen übliche Patronymikon wird mit „X Sohn des Y" wiedergegeben; bei Demen*- bzw. Phylen*-Namen, die dem antiken Leser als solche auch ohne Zusatz erkennbar waren, steht eine entsprechende Erläuterung. Das additive griechische Zahlensystem erfordert bei der Wiedergabe von Zahlzeichen gegebenenfalls die Aufteilung einer nicht vollständig erhaltenen Zahl in eine Summe aus verlorenen und erhaltenen Ziffern.

Folgende Sammlungen wurden für die Texte und Abbildungshinweise berücksichtigt:


| | |
|---|---|
| AFD | B. D. Merritt: Athenian Financial Documents, Univ. of Michigan Studies, Humanistic Ser. 27, Ann Arbor 1932 |
| Ager | Sh. L. Ager: Interstate Arbitrations in the Greek World 337–90 B. C., Berkeley 1996 |
| Agora | The Athenian Agora, Princeton, seit 1953, spez. XVII: D. W. Bradeen: The Funerary Monuments 1974; XXV: M. Lang: Ostraka 1990 |
| ATL | B. D. Merrit/H. T. Wade-Gery/M. F. McGregor: The Athenian Tribute Lists I – IV, Cambridge, Ma. 1939–1953 (die T[estimonia] und D[okumente] in Bd. I und II) |
| Austin | R. P. Austin: The Stoichedon Style in Greek Inscriptions, Oxford 1938 |
| BE | Bulletin épigraphique (in Revue des études grecques) |
| Bielman | A. Bielman: Retour à la liberté, Libération et sauvetage des prisonniers en Grece ancienne, (Études épigraphiques 1) Lausanne 1994 |
| Bleckmann | F. Bleckmann: Griechische Inschriften zur griechischen Staatenkunde, (Kleine Texte 115) Bonn 1913 |
| Buck | C. D. Buck: The Greek Dialects, Chicago 1955 |
| Cataldi | S. Cataldi: Symbolai e relazioni tralecittà greche nel V secolo a.C., Relazioni interstatali nel mondo antico 4, Pisa 1983 |
| CEG | P. A. Hansen: Carmina Epigraphica Graeca, |

| | |
|---|---|
| | Texte und Kommentare, Berlin–New York I (… 12) 1983; II (… 15) 1989 |
| Chaniotis | A. Chaniotis: Die Verträge zwischen kretischen Poleis in hellenistischer Zeit, HABES 24, Stuttgart 1996 |
| Choix | J. Pouilloux: Choix d'inscriptions grecques, Paris 1960 (rev. v. G. Rougement u. D. Rousset, Paris 2003) |
| CIDelp I | G. Rougemont: Corpus des inscriptions de Delphes I, Paris 1977 |
| CIG | Corpus Inscriptionum Graecarum, I – IV, Berlin 1828–1877 |
| CIL | Corpus Inscriptionum Latinarum, Berlin seit 1862 |
| Clairmont | C. W. Clairmont: Patrios Nomos MI, BAR 161/I – II, Oxford 1983 |
| DAA | A. E. Raubitschek/L. H. Jeffery: Dedications from the Athenian Acropolis, Cambridge, Ma. 1949 |
| DGE | E. Schwyzer: Dialectorum Graecarum exempla epigraphica potiora, Leipzig 1923 |
| Durrbach | F. Durrbach: Choix d'inscriptions de Délos, Paris 1921 |
| EG | M. Guarducci: Epigrafia Greca, Rom I 1967; II 1969; III 1974; IV 1978 |
| Epigraphica | Epigraphica, Textus Minores, Leiden<br>I: H. W. Pleket: Texts on the Economic History of the Greek World, (… 31) 1964; II: ders.: Texts on the Social History of the Greek World, (… 41) 1969; III: R. Bogaert: Texts on Bankers, Banking and Credit in the Greek World, (… 47) 1976 |
| FdD | Fouilles de Delphes III: Épigraphie, Paris seit 1929 |
| FIRAI[2] | S. Riccobono: Fontes iuris Romani anteiustiniani, I: Leges, Florenz $^{2}$1941 |
| Geffcken | J. Geffcken: Griechische Epigramme, (Kommentierte griechische und lateinische Texte 3) Heidelberg 1916 |
| GG | W. Peek: Griechische Grabgedichte, Schriften und Quellen der Alten Welt 7, Berlin 1960 |

| | |
|---|---|
| GIBM | Ancient Greek Inscriptions in the British Museum I – IV, Oxford 1874–1916 |
| GrMBI | F. G. Maier: Griechische Mauerbauinschriften, I (Vestigia 1) Heidelberg 1959 |
| GVI | W. Peek: Griechische Vers-Inschriften I, Berlin 1955 |
| HAI | E. Nachmanson: Historische attische Inschriften, Kleine Texte 110, Berlin $^{2}$1931 |
| Heisserer | A. J. Heisserer: Alexander the Great and the Greeks: The Epigraphic Evidence, Norman 1980 |
| HGI | E. Nachmanson: Historische griechische Inschriften, (Kleine Texte 121) Berlin 1913 |
| HH$^{2}$ | E. L. Hicks/G. F. Hill: A Manual of Greek Historical Inscriptions, Oxford $^{2}$1901 |
| Hiller | F. Hiller von Gaertringen: Historische griechische Epigramme, (Kleine Texte 156) Bonn 1926 |
| I. Cret. | M. Guarducci: Inscriptiones Creticae I – IV, Rom 1935–1950 |
| I. de Délos | Inscriptions de Délos, Paris seit 1926 |
| I. v. Didyma | A. Rehm: Didyma II: Die Inschriften, Berlin 1958 |
| I. v. Ephesos | H. Wankel u. a.: Die Inschriften von Ephesos, IK [= Inschriften Kleinasiatischer Städte] 11–17, Bonn 1979–1981 |
| I. v. Erythrai | H. Engelmann/R. Merkelbach: Die Inschriften von Erythrai und Klazomenai, IK 1–2, Bonn 1972 |
| I. v. Iasos | W. Blümel: Die Inschriften von Iasos: IK 28, 1–2, Bonn 1985 |
| I. v. Ilion | P. Frisch: Die Inschriften von Ilion: IK 3, Bonn 1975 |
| I. v. Kios | Th. Corsten: Die Inschriften von Kios, IK 29, Bonn 1985 |
| I. v. Lampsakos | P. Frisch: Die Inschriften von Lampsakos, IK 6, Bonn |
| I. v. Magnesia | O. Kern: Die Inschriften von Magnesia am Mäander, Berlin 1900 |
| I. v. Mylasa | W. Blümel: Die Inschriften von Mylasa, IK 34, 1–2 Bonn 1987 |

| | |
|---|---|
| I. v. Olympia | W. Dittenberger/H. Purgold: Inschriften von Olympia. Berlin 1896 |
| I. v. Parion | P. Frisch: Die Inschriften von Parion, IK 25, Bonn 1983 |
| I. v. Pergamon | M. Fränkel: Die Inschriften von Pergamon I – II, Berlin 1890–1895 |
| I. v. Perge | S. Şahin: Die Inschriften von Perge, IK 54, Bonn 1999 |
| I. v. Priene | F. Hiller von Gaertringen: Inschriften von Priene, Berlin 1906 |
| I. v. Stratonikeia | M. Ç. Şahin: Die Inschriften von Stratonikeia, I und II 1–2, IK 21 und 22, 1–2, Bonn 1981–1990 |
| IAG | L. Moretti: Iscrizioni agonistiche greche. Studi pubbl. dall'Ist. ital. per la Storia Antica 12, Rom 1953 |
| IG | Inscriptiones Graecae, Berlin seit 1873, spez.: |
| IG $I^2$ | F. Hiller von Gaertringen: Inscriptiones Graecae I: Inscriptiones Atticae Euclidis anno anteriores, Berlin $^2$1924 |
| IG $I^3$ | D. Lewis: Inscriptiones Graecae II: Inscriptiones Atticae Euclidis anno anteriores, Berlin $^3$1981 |
| IGBulg | G. Mihailov: Inscriptiones Graecae in Bulgaria repertae I – IV, Sofia 1958–1970 |
| IGRR | R. Cagnat: Inscriptiones Graecae ad res Romanas pertinentes, Paris 1906–1927 |
| IJGr | R. Dareste u. a.: Recueil des inscriptions juridiques grecques, I – II Paris 1891–1898 |
| ILS | H. Dessau: Inscriptiones Latinae Selectae I – III (in 5 Bänden), Berlin 1892–1916 |
| IOSPE $I^2$ | B. Latysev: Inscriptiones antiquae orae septentrionalis Ponti Euxini Graecae et Latinae I, St. Petersburg $^2$1885 |
| IPArk | G. Thür/H. Täuber: Prozeßrechtliche Inschriften der griechischen Poleis: Arkadien, Sitzungsberichte d. Österr. Akad. d. Wiss., phil.-hist. Kl. 607, Wien 1994 |
| ISE | L. Moretti: Iscrizioni storiche ellenistiche I – II, Florenz 1967–1976 |
| J | L. H. Jeffery: The Local Scripts of Archaic Greece, Oxford 1961 (rev. v. A. W. Johnston $^2$1990) |

| | |
|---|---|
| Kern | O. Kern: Inscriptiones Graecae, Tabulae in usum scholarum 7, Bonn 1913 |
| Kirchner[2] | J. Kirchner: Imagines Inscriptionum Atticarum, Berlin $^{2}$1948 |
| Lawton | C. L. Lawton: Attic Document Reliefs, Oxford 1995 |
| LGS | J. von Prott/L. Ziehen: Leges Graecorum sacrae e titulis collectae I – II, Leipzig 1896–1906 |
| LSAM | F. Sokolowski: Lois sacrees de l'Asie mineure, École française d'Athênes, Travaux et mémoires 9, Paris 1955 |
| LSCG | F. Sokolowski: Lois sacrées des cités grecques, École française d'Athênes, Travaux et mémoires 18, Paris 1969; Supplément (… 11) 1962 |
| Meyer | M. Meyer: Die griechischen Urkundenreliefs, AM Beih 13, Berlin 1989 |
| Michel | Ch. Michel: Recueil d'inscriptions grecques, Brüssel 1900; Supplement ebd. 1912 |
| Migeotte, Emprunt | L. Migeotte: L'emprunt public dans les cités grecques, Quebec und Paris 1984 |
| Migeotte, Souscriptions | L. Migeotte: Les souscriptions publiques dans les cités grecques, Genf und Quebec 1992 |
| Milet | Th. Wiegand: Milet I, Berlin seit 1908: Inschriften in I 2, 1908, S. 100–124 ed. C. Fredrich; I 3, 1914, S. 162–442; I 6, 1922, S. 100–107 und I 7, 1924, S. 281–354 und I 9, 1928, S. 306–397 ed. A. Rehm; VI 1, 1997 ed. P. Herrmann u. a.; VI 3, 2006 ed. P. Herrmann, W. Günther, N. Ehrhardt u. a. |
| ML | R. Meiggs/D. Lewis: A Selection of Greek Historical Inscriptions, Oxford 1969, rev. 1988 |
| Nouveau Choix | Institut Fernand-Courby: Nouveau choix d'inscriptions grecques, Paris 1971 |
| OGIS | W. Dittenberger: Orientis Graeci Inscriptiones Selectae I – II, Leipzig 1903–1905 |
| Pfohl | G. Pfohl: Griechische Inschriften als Zeugnisse des privaten und öffentlichen Lebens, (Tusculum-Bücherei) München $^{2}$1980 |
| Piccirilli | L. Piccirilli: Gli arbitrati interstatali greci, I, Relazioni inter statali nel mondo antico I, Pisa 1973 |

| | |
|---|---|
| RC | C. B. Welles: Royal Correspondence in the Hellenistic Period, New Haven 1934 |
| RDGE | R. K. Sherk: Roman Documents from the Greek East, Baltimore 1969 |
| RHE | F. Schroeter: De regum hellenisticorum epistulis in lapidibus servatis quaestiones stilisticae, Leipzig 1931 |
| Rhodes/Osborne | P. J. Rhodes/R. Osborne: Greek Historical Inscriptions 404–323 B. C., Oxford 2003 |
| Rigsby | K. J. Rigsby, Asylia: Territorial Inviolability in the Hellenistic World, Berkeley 1996 |
| Roehl³ | H. Roehl: Imagines Inscriptionum Graecarum Antiquissimarum, Berlin ³1907 |
| SAE | D. W. Bradeen/M. F. McGregor: Studies in Fifth-Century Attic Epigraphy, Univ. of Cincinnati Class. Studies 4, Norman 1973 |
| SB | F. Preisigke u. a.: Sammelbuch griechischer Urkunden aus Ägypten, Straßburg u. a. seit 1915 |
| Schwenk | C. J. Schwenk: Athens in the Age of Alexander, Chicago 1985 |
| SEG | Supplementum Epigraphicum Graecum, Leiden seit 1923 |
| SF⁴ | F. Solmsen/E. Fränkel: Inscriptiones Graecae ad inlustrandas dialectos selectae, Leipzig ⁴1930 |
| SGDI | H. Collitz/F. Bechtel: Sammlung der griechischen Dialektinschriften I – IV, Göttingen 1884–1915 („n“ verweist auf den Nachtrag in Bd. IV) |
| Shear | T. L. Shear: Kallias of Sphettos and the Revolt of Athens in 268 B. C., (Hesperia Suppl. 17) Princeton NJ 1978 |
| SHH | K. Bringmann/H. v. Steuben: Schenkungen hellenistischer Herrscher an griechische Städte und Heiligtümer I, Berlin 1995 |
| StV | Die Staatsverträge des Altertums, München, Bd. II: H. Bengtson, 1962 (²1975); Bd. III: H. H. Schmitt, 1969 |
| Syll.³ | W. Dittenberger: Sylloge Inscriptionum Graecarum I – IV, Leipzig ³1915–1923 |
| TAM | Tituli Asiae Minoris, Wien. II 3: E. Kalinka: Ti- |

| | |
|---|---|
| | tuli Lyciae linguis Graeca et Latina conscripti 3, 1944; V 2: P. Herrmann: Tituli Lydiae linguis Graeca et Latina conscripti 2, 1989 |
| TDGIS | Tituli ad dialectos Graecas illustrandas selecti, Textus Minores, Leiden, I: J. J. E. Hondius: Tituli Achaici et Aetolici, (... 14) 1950; II: J. B. Hainsworth: Tituli Dorici et Ionici, (... 44) 1972 |
| Tod | M. N. Tod: A Selection of Greek Historical Inscriptions, Oxford $1^2$1946. II 1948 |
| Walbank | M. B. Walbank: Athenian Proxenies of the Fifth Century B. C., Toronto, Sarasota 1978 |

Ferner ist bei den Inschriften zur archaischen und klassischen Zeit nach den Editionsnachweisen jeweils in Klammern angegeben, ob eine Übersetzung bereits in einem der folgenden Bände vorliegt:

| | |
|---|---|
| dtv | O. Murray: Das frühe Griechenland, dtv 4400, München 1982, $^6$1989, Nachdruck Düsseldorf 2006 (Übersetzungen von K. Brodersen; Wiedergabe mit freundlicher Genehmigung des Deutschen Taschenbuch-Verlags, München) |
| Fornara | Ch. W. Fornara: Archaic Times to the End of the Peloponnesian War, Translated Documents of Greece and Rome 1, Cambridge $^2$1983 |
| Latacz | J. Latacz: Die griechische Literatur in Text und Darstellung, I: Archaische Periode, RUB 8061, Stuttgart 1991 |
| Tusculum | Pfohl (wie oben) |

# I
# DIE ARCHAISCHE UND KLASSISCHE ZEIT
## (bis 403/402 v. Chr.)

Inschriften HGIÜ 1–154

## 1 Pithekussai: Der Nestorbecher
## um 700 (?)

SEG 14, 604; J 239.1; ML 1; CEG I 454; (Tusculum 2; dtv 121; Latacz 5.2).
Ostgriechischer geometrischer Skyphos aus einem Grab in Pithekussai auf Ischia (Museum; J pl. 47, EG I 226, dtv 121). Chalkidische Schrift, linksläufig. Verse.

Des Nestor Becher [gab's einmal {*oder*: bin ich }], aus dem sich gut trinken ließ {*oder*: läßt}. | Wer aus diesem Becher trinkt, den wird sogleich | Verlangen ergreifen, (die Gabe) der schön bekränzten Aphrodite.

## 2 Dreros: Verfassungsgesetz
## 650–600

Buck 116; J 315.1a; ML 2; TDGIS II 60.
Schieferblock aus der Wand des Apollon-Delphinios-Tempels in Dreros (Museum; J pl. 59, EG I 187, dtv 40). Kretische Schrift, Z.1,3,4 links-, Z.2 rechtsläufig. Dorisch-kretischer Dialekt.

Gott möge gnädig sein (?). So hat entschieden die Polis (= Versammlung): Wenn einer Kosmos (= Oberbeamter) gewesen ist, soll für zehn Jahre derse|lbe nicht (wieder) Kosmos sein. Wenn er (doch) als Kosmos amtiert: gleich, was er geurteilt hat, soll er (an Strafe) schulden ein Doppeltes, und er | soll (für das Amt) unbrauchbar sein, solange er lebt, und was er als Kosmos verfügt hat, soll nichtig sein. *vacat* | Eidesleister sollen sein der Kosmos und die Damioi (= Finanzbehörde ?) und die Zwanzig (= der Rat ?) der Stadt. *vacat*

## 3 Thasos: Denkmal für Glaukos, einen Freund des Dichters Archilochos
## 625–600

SEG 14, 565; GVI 51.a; J 307.61; ML 3; TDGIS II 77; (dtv 136).
Marmorblock eines Altars oder Kenotaphs von der Agora in Thasos (Museum; J pl. 58, EG I 163). Parische Schrift, bustrophedon. Ionisch-kykladischer Dialekt.

Ich bin des Glaukos Ma|l, des Sohnes des Leptines; er|richtet haben mich des Brent|es Söhne.

## 4 Korkyra: Denkmal für Menekrates 625–600

SGDI 3188; IG IX 1, 867; DGE 133.1; SF[4] 34.A; Buck 93; GVI 42 (= GG 18); J 234.9; ML 4; CEG I 143; (Fornara 14; Latacz 5.8).

Zylindrischer Kenotaph aus Kalkstein aus der Umgebung von Korkyra – Ort (Museum; IG a. a. O., Roehl[3] 47.26, EG II 171). Korinthisch-korkyräische Schrift, linksläufig, in einer durchgehenden Zeile um ein Geison. Verse (6 Hexameter, durch Interpunktion getrennt) in dorisch-korinthischem (korkyräischem) Dialekt.

Des Tlasias-Sohnes Menekrates (ist) dieses Mal, eines Oiantheers von Geburt; dies hat ihm das Volk errichtet. Er war nämlich der geschätzte Proxenos* des Volks. Doch auf dem Meer ging er zugrunde, und ein Verlust für das Volk [trat ein, der alle betraf (?)]. Praximenes kam für ihn aus seinem Vaterland, und zusammen mit dem Volk setzte er dieses Mal für den Bruder.

## 5 Delphi: Argivische Weihung („Kleobis und Biton") um 610–580

Syll.[3] 5; DGE 317; SF[4] 47; Tod I[2] 3; Buck 48; J 168.4; (Tusculum 41). Vgl. Herodot I 31.

Zwei Marmorplinthen von (erhaltenen) Kuros-Statuen aus Delphi (Museum; Syll.[3] a. a. O., J pl. 26). Argivische Schrift (Z.1 rechts-, Z.2–4 linksläufig); Z.1–3 phokischer, Z.4 argivischer Dialekt.

[Kleobis und Bi]ton haben d[ie Mutt]er | [fünfundvierzig] Stadien | gezogen, [indem sie sich unter] das Joch [beugten. | Poly]medes der Argiver hat (dies) geschaffen.

## 6 Kyrene: Eidesvereinbarung der Siedler um 600

SEG 9, 3; (StV II 103); ML 5; TDGIS II 49; (Fornara 18; dtv 151 f.). Vgl. Herodot IV 153 ff.

Marmorstele aus Kyrene (Museum). Schrift des 4. Jh. v. Chr. (Z.23 ff. geben sich als Wiederaufzeichnung), Z.1 und 23 als Überschrift hervorgehoben.

Gott! Gutes Glück! | Damis Sohn des Bathykles stellte den Antrag: Betrifft das, was die Theraie[r], | (nämlich) Kleudamas Sohn des Euthykles, vorbringen, (nämlich) daß, damit die Stadt gefördert werde und es dem V[o]|lk der Kyrenaier wohlergehe, man gewähren solle den Theraiern |[5] das Bürgerrecht gemäß dem Herkommen, das die Vorfahren begründet ha|ben, und zwar die, die Kyrene be[si]edelt haben von Thera aus, wie auch die, die in Thera [gebl]|ieben sind – wie einst Apollon dem Battos und den Ther[ai]|ern, die Kyrene besiedelten, Wohlergehen verhieß, wenn sie bei d[en] | Eidesvereinbarungen blieben°, die die Vorfahren miteinander geschlossen hatten, als |[10] sie die Apoikie* aussandten gemäß der Anordnung des Apo[l]-|lon Archegetes*. Mit gutem Glück soll es (deshalb) Beschluß des Vol[ks] sein: | Bleiben soll den Theraiern das gleiche Bürgerrecht auch in Kyrene ebe[n]|so. Ablegen sollen alle Theraier, die wohnhaft | sind in Kyrene, denselben Eid, den die anderen einst |[15] geschworen haben, und eingeteilt werden sollen sie in eine Phyle*, eine Patra (= Phratrie*) und in | neun Hetairien (= kleinere Einheiten). Aufschreiben soll man diesen Beschluß auf einer Stel[e] | aus Marmor, und aufstellen soll man die Stele im (von den) Vorfahren (begründeten) Heiligtum des | Apollon Pythios. Aufschreiben soll man auf der Stel[e] auch die Eidesvereinbarung, | die die Siedler geschlossen haben, als sie nach Libyen losfuhren [mi]|[20]t Battos von Thera nach Kyrene. Die Aufwendungen, die nötig sind für d[en] | Stein bzw. die Aufzeichnung, sollen die Vorstände der Finanzen [bei]|bringen aus den Einnahmen des Apollon(-heiligtums). *vacat* |

Eidesvereinbarung der Siedler. | [Be]schlossen hat die Versammlung: Da Apollon ungefragt dem B[at]|[25]tos und den Theraiern das Orakel gegeben hat°, Kyrene (als Apoikie*) zu besie[deln], scheint es Bestimmung (zu sein) den The[rai|e]rn, daß man nach [Lib]yen fortsende den Battos als Archegetes* | und König, und daß als Gefährten die Theraier mitziehen. Zu völlig gleich[en] | Bedingungen sollen sie ziehen aus jedem Haushalt, (je) einen Sohn aus[w]|ählen [aus jedem einzelnen Haushalt; ziehen sollen die] Erwachsenen {*oder*: [aus sämtlichen Ortschaften die] Erwachsenen; *oder*: [von den Stadtbewohnern sollen ziehen einhundert] Erwachsene}, und von den s[on]|[30]stigen Theraiern, soweit sie Freie sind, soll ziehen [wer will {*oder*: einhundert}]. Wenn | die Siedler die Ansiedlung behaupten° k[ön]nen, dann soll jeder von den Familienangehörigen, der | später nach Libyen fäh[rt]°, sowohl am Bürgerrecht als auch an den Ehrenämtern teilhab[en] | und soll von dem noch nicht einem Besitzer zugewiesenen Land einen Anteil durchs Los erhalten. Wenn sie aber die° Ansiedlung° nicht be[hau]|pten können und auch die Theraier ihnen nicht zu Hilfe kommen können, |[35] sondern sie binnen fünf Jahren von Not verdrängt {*oder*: fünf Jahre lang von Not bedrängt} werden, sollen sie aus dem Land fortgeh[en] | ohne Nachteil nach Thera zu ihrem Besitz, und sollen dort Bürg|er sein° (können). Wenn aber einer nicht ziehen will, obwohl die Stadt ihn fortschickt, soll er tod[ge]|weiht sein, und sein Besitz soll eingezogen werden. Wer ihn aber auf|nimmt oder versteckt, sei es ein Vater seinen Sohn oder ein Bruder seinen Bru|[40]der, wird dasselbe erleiden wie der, der nicht ziehen will. Unter diesen Bedingungen haben die Eideszeremonie durch|geführt die, die am Ort (= Thera) blieben und die, die um zu siedeln fortzogen; | und sie sprachen Flüche aus gegen die, die das Beschworene überträten und nicht daran | festhielten, seien dies Leute von denen, die in Libyen siedelten, oder von denen, die hier blie|ben. Sie formten dazu wächserne Figuren und verbrannten sie unter |[45] Fluchformeln, nachdem alle zusammengekommen waren, Männer, Frau|en, Jungen und Mädchen: Wer nicht bei diesen | Eidbestimmungen bleibe°, sondern sie übertrete, solle so zerschmelzen und zer|rinnen wie die Figuren, er selbst, sein Geschlecht und sein Ver|mögen; für die aber, die bei diesen Eidesbestimmungen blieben, sowohl die, die |[50] nach Libyen zögen als [auch die, die] in Thera [blieb]en, solle es viel | Gutes geben für sie se[lbst und ihr Ge]schlecht.

### 7 Korkyra: Grabmal des Arniadas
### um 600

SGDI 3189; IG IX 1, 868; HH[2] 2; DGE 133.2; SF[4] 34.B; Tod I[2] 2; Buck 94; GVI 73 (= GG 27); J 234.11; CEG I 145; (Latacz 5.9).

Kalksteinpfeiler, gefunden nahe Korkyra – Ort (Museum; Roehl[3] 46.25, J pl. 46). Korinthisch-korkyräische Schrift, bustrophedon. Verse (3 Hexameter) in dorisch-korinthischem (korkyräischem) Dialekt.

Das Mal ist dies des Arniadas; es vernichtete ihn der grimmige | Ares, als er im Kampf bei den Schiff|en bei des Arathos Fluten sich seh|r hervortat im Stöhnen bringenden Getümmel.

### 8 Abu-Simbel: Griechische Söldner in ägyptischen Diensten
### 593/2 (?)

SGDI 4109. 5261. 5611; HH[2] 3; HGI 1; Syll.[3] 1; DGE 301; Tod I[2] 4; Buck 104.a; J 344.56 (F) .58 (B). 356.4a (C) .4b (G). 358.48a (A) .48b (E) .48c (D); ML 7; TDGIS II 53; (Tusculum 93; Fornara 24; dtv 287f.).

A–F: Linkes Bein der Kolossalstatue Ramses' II. vor dem Großen Tempel in Abu-Simbel. G: Unterhalb des Knies einer weiteren solchen Statue (in situ; Roehl[3] 18.1, dtv 287). Schrift und Dialekt der dorischen Hexapolis (A, D, E) bzw. der ionischen Dodekapolis (B, C, F, G; G bustrophedon).

(*A*) Als König Psammatichos nach Elephantina gekommen war, | schrieben dies (auf), die zusammen mit Psammatichos Sohn des Theokles | auf Schiffen fuhren und bis oberhalb von Kerkis kamen, soweit es der Fluß | zuließ. Die (Leute) fremder Zunge befehligte Potasimto, die Ägypter Amasis. | Geschrieben haben uns (= die Buchstaben) Archon Sohn des Amoibichos und Pelekos Sohn des Udamos („Beil Sohn des Niemand").

(*B*) Elesibios aus Teos.

(*C*) Telephos hat mich geschrieben, aus Ialysos.

(*D*) Python Sohn des Amoibichos.

(*E*) [–] und | Krithis haben mich geschrieben.

(*F*) Pabis aus Kolophon, | mit Psammata.

(*G*) Anaxanor [–] aus Ialysos, als der Kö|nig das Heer zum ersten Mal führte [–] Psamatichos.

## 9 Priene: Griechische Söldner in ägyptischen Diensten 593/2 (?)

SEG 37, 994. Datierung unter Psammetichos I. (664–610) oder II. (595–589).

Ägyptischer Würfelhocker aus Basalt, gefunden bei Priene (Privatbesitz; EA 10 pl. 1). Ionische Schrift, bustrophedon.

Pedon hat mich geweiht, | der Sohn des Amphinneos, der (mich) aus Äg|ypten mitgebracht hat. Und ihm hat der Kö|nig von Ägyp|ten, Psammeticho|s, gegeben als Preis für hervorragende Leistungen einen Armreif | aus Gold und | eine Stadt seiner Tüchtigkeit w|egen.

## 10 Chios: Gesetz 575–550

SGDI n50; HGI 2; DGE 687; Tod I$^2$ 1; J 343.41; ML 8; (Fornara 19).

Oberer Teil einer Trachytstele aus Tholopotamoi auf Chios (Istanbul, Archäol. Museum; J pl. 56). Ionische Schrift, bustrophedon, verläuft senkrecht auf der vorderen (A), rechten (B) und linken (D) Seite, waagerecht auf der Rückseite (C). Westionischer Dialekt.

(*A*) [Betreffs dessen, das geweiht ist] der Hestia, soll des Volkes | Satzungen (der Beamte) beachte[n – | –], das (dies) besagt (?). Wenn ein (amtierender) Demar|chos* oder Basileus* sich beste[chen läßt (?), soll° er° – | –] der Hestia zahlen als Dema|rchos. Eintreiben soll der [– | –] wenn der Demos einberufen ist. | (Bei) Verurteilungen durch Überführen (?) doppelte Buße [– | –] so hoch wie von [–]

(*B*) –] das Berufungsverfahren | [–] wenn er Unrecht erleidet, beim | Demarchos | Stater[e* –]

(*C*) Berufung einlegen soll er vor | dem Rat des Vol|kes. Am dritten (Tag) | nach den Hebdomaia (= dem 7. jedes Monats) |[5] soll der Rat sich versammel|n, der des Volkes, d|er Buße auferlegen darf {*oder*: (bei Nichtversammlung) Buße zahlen muß}, der auserlesen is|t aus fünfzig (Männern) vo|n (jeder) Phyle*. Und das and|[10]ere soll verhandelt werden, was das Vo|lk betrifft, und Prozesse, so|weit sie Gegenstand einer Ber|ufung geworden sin|d im (jeweiligen) Monat, alle|[15]samt [– | – | –]

(*D*) [–] (im Monat) Artemision | [–] soll° Eidesopfer schlachten und sch[wören (?) – | – den B]asileis. *vacat.*

### 11 Sigeion: Denkmal für Phanodikos 575–550

SGDI 5531; HH$^{2}$ 8; HGI 3; Syll.$^{3}$ 2; DGE 731; SF$^{4}$ 60; Buck 1; J 371.43–44; TDGIS II 70; (Fornara 20).

Marmorstele aus Sigeion (London BM; Roehl$^{3}$ 21.9, J pl. 71). Zwei Inschriften: Schrift und Dialekt (A) ionisch, (B) attisch, beide bustrophedon.

(*A*) Des Phanodikos (Mal) | bin ich, des Sohnes des Hermok|rates von | Prokonne|[5]sos. Einen Mischkr|ug und einen Unters|atz u|nd ein Sieb hat er° ins P|rytaneion* |[10] gestiftet den Syke|iern (= Sigeiern).

(*B*) Des Phanodikos (Mal) bin ich, des Sohnes des H|ermokrates von Proko|n(n)esos. Und ich {*oder*: Auch ich (= der Enkel des o. g.)} habe einen Mischkrug, | einen Untersatz und ein Sieb |[5] ins Prytaneion ge|stiftet als Andenken den Sigei|ern. Wenn mir etwas zustöß|t, soll man Sorge tragen um mich, | Sigeier! Und mich haben angefer|[10]tigt Aisopos und | seine Brüder.

### 12 Olympia: Bündnis der Anaiter und Metapier 575–550 (?)

SGDI 1150; I.v.Olympia 10; DGE 414; J 220.12; StV II 111; TDGIS II 18.

Bronzetafel aus dem Prytaneion von Olympia (Museum; Roehl$^{3}$ 111.2, EG II 540). Schrift und Dialekt dorisch-elisch.

Vertrag zwischen den Anaiter[n] und de[n] | Metapiern: Freundschaft auf fünfz|ig Jahre. Wer von den beiden (Partnern sie) nicht hält,

| den sollen vom Altar fernhalten die Pro|⁵xenoi (= Oberbeamte ?) und die Manteis (= Priester ?). Wenn sie den Eid | brechen, sollen entscheiden die Hieromai (= Tempelaufseher ?) | in Olympia.

### 13 Nemea: Weihung des Athleten Aristis
### um 560

Buck 97; IAG 3; J 150.5; ML 9; CEG I 362.

Porosbasis einer Weihegabe aus dem Gymnasion des Zeusheiligtums von Nemea (Museum; J pl. 24, EG I 239). Argivische Schrift (Kleonai), bustrophedon. Verse (Distichon) in dorisch-korinthischem Dialekt.

Aristis hat mich gewei|ht dem Zeus Kronion, dem He|rrscher, der im Pankratio|n (= Allkampf) viermal siegreiche |[5] in Nemea, des Pheido|n Sohn, aus Kleo|nai.

### 14 Ephesos: Weihung des Kroisos
### um 550

HH[2] 5; HGI 5; Syll.[3] 6; Tod I[2] 6; J 344.54; (Tusculum 43; Fornara 28). Vgl. Herodot I 92.

Fünf Fragmente von Säulenwülsten zu drei Säulenbasen (A, B, C) des Artemision von Ephesos (London BM; Roehl[3] 20.8, EG I 264). Schrift und Dialekt ionisch.

(*A*) [König] Kr[oisos hat (dies) ge]wei[ht].
(*B*) Kö[nig Kroisos hat (dies)] gew[eiht].
(*C*) [König Kroisos hat (dies) gewei]ht.

### 15 Samos: Weihung eines Spartaners im Hera-Heiligtum
### um 550

AM 87, 1972, 140ff.; J[2] 446.16a.

Bronzefigur eines liegenden Löwen aus dem Heraion von Samos (Vathy, Museum; AM 87 pl. 56.6). Lakonische Schrift, linksläufig (auf der Mähne des Löwen). Lakonischer Dialekt.

Eumnastos, Spartiate, (hat dies) der Hera (geweiht).

## 16 Olympia: Bündnis zwischen Sybaris und den Serdaiern 550–525 (?)

StV II 120; ML 10; Nouveau Choix 16; $J^2$ 456.1b; (Fornara 29).
Bronzetafel aus Olympia (Museum; EG II 541). Schrift der achaiischen Kolonien. Dorischer Dialekt. Abweichende Übersetzung SEG 31, 357.

Verbunden haben sich die Sybari|ten und die Bündner und die | Serdaier in Freundschaf|t, treu und ohne Falsch, auf e|5wig. Bürgen: Ze|us und Apollon und die anderen Gö|tter und die Stadt Poseidonia.

## 17 Athen: Archonten-Liste vor 548/7–nach 522

ML 6; (Fornara 23; dtv 332).
Vier Marmorfragmente von der Agora in Athen (AM; Hesperia 22 pl. 58f., EG II 329). Attische Schrift, stoichedon (Aufzeichnung bald nach 424/3).

(*A*) [– | Ky]pselo[s | Te]lekle[– | Phil]omb[rotos (?) | –]
(*B*) K[–] | Pha[–] | Te[–] Erch[sikleides] (548/7) | Thes[–] | Ph[o]r[–]
(*C*) [On]eto[rides (527/6) | H]ippia[s (526/5) | K]leisthen[es (525/4) | M]iltiades (524/3) | [Ka]lliades (523/2) | [Peisi]strat[os] (522/1)
(*D*) [Phain]ip[pos (?) (490/89) | Ar]ist[eides (?)] (489/8) | *vacat*

## 18 Kyzikos: Ehrung mit Verleihung von Privilegien 525–500

SGDI 5522; Syll.[3] 4; DGE 732; SF[4] 61; J 372.51; Epigraphica I 21; TDGIS II 72.
Unterer Teil einer Stele aus Kyzikos (Istanbul, Archäol. Museum; Roehl[3] 20.6, J pl. 72). Ionische Schrift (A) des 6. Jhs., (B) des 1. Jhs. (Wiederaufzeichnung), bustrophedon. Ionischer Dialekt.

(*A*) [–] Diese [St]ele hat die Stadt dem M|anes Sohn des Medik[es] verliehen.
(*B*) Im Amtsjahr des Maiandrios. | Verliehen hat die Stadt ⟨dem Manes Sohn⟩ des Medikes und des Aisepos Söhnen | und deren Nachkommen die Atelie* und das (Privileg der Speisung im) Pry|taneion*; (die Atelie ist) gewährt mit Ausnahme des Nauton (= ?), |5 der (Abgabe für die Benutzung der gemeindlichen) Waage, der Pferdekaufabgabe, | der Viertelabgabe und der Sklavenkaufabgabe; | bei allem anderen (sollen sie) abgabenfrei (sein). | Hierauf hat das Volk unter

Vollzug eines Schlachtopfers einen Eid geleistet. Die|se Stele hat die Stadt dem M[a]nes |[10] Sohn des Medikes verl[ie]h[en]°.

### 19 Naupaktos: Regelungen für Neusiedler 525–500 (?)

SF[4] 46; Buck 59; J 108.2; IG IX 1[2] 3, 609; ML 13; TDGIS II 4; (Fornara 33).
Bronzetafel aus Naupaktos (Athen, Nationalmuseum; J pl. 14). Auf Vorder- (A) und Rückseite (B [auf dem Kopf], C, A Fortsetzung, A Zusatz) von mehreren Händen beschrieben; Schrift (bustrophedon) und Dialekt westlokrisch.

(*A*) Diese Satzung über das Land soll gültig sein betreffs der | Aufteilung der hylischen und liskarischen Ebenen, sowohl für das A|bgetrennte (= aufgeteilte Gebiet, *oder*: heiliger Bezirk?) als auch für das Gemeindeland. Weiderecht {*oder*: Erbrecht} soll zustehen den El-| tern und dem Sohn; wenn es keinen Sohn gibt, einer Tochter, wenn es keine Tochter gibt, |[5] einem Bruder, wenn es keinen Bruder gibt, soll einer nach Verwandschaftsgrad beweiden lassen {*oder*: erben}, soweit es | rechtmäßig ist. Wenn (es) nicht (einen solchen gibt), dem Weidenden {*oder*: die Erben} [– (unklares Wort; ggf. hierher Text C) –], und was immer er anpflanzen wird, | er soll unberaubt (asylos*) sein. Wenn nicht durch einen Krieg erzwungen, sollen auf Beschluß von | hunderteins Männern, (die) nach Maßgabe ihrer Abstammung mehrheitlich (gewählt wurden), Männer, und zwar zwei|hundert besonders kampftaugliche, als Zusiedler hinzugeführt werden. Jeder, d|[10]er eine Aufteilung (des Landes) beantragt oder zur Abstimmung stellt in Preiga (= Ältestenrat) oder Polis (= Versammlung) oder | Apoklesia (= Ausschuß), oder der eine Unruhe anzettelt betreffs der Landaufteilung, soll selbst | verflucht sein und sein Geschlecht auf alle Zeit, sein Vermögen soll eingezogen | und sein Haus zerstört werden gemäß der für Mörder (geltenden) Satz|ung. Diese Satzung soll heilig sein dem Apollon Pythios und den mit (ihm) den T|[15][empel teilenden (Göttern); treffen soll den, der di]es übertritt, Untergang, ihn und sein Geschlecht und sein Vermögen; dem, der es achtet, möge (der Gott) gnädig sein. Das La[nd soll zur einen Hälfte]

(*C*) [– sie] erhalten (?), soll er abgabeberechtigt sein bezüglich seiner Habe, an wen er will. *vacat*

(*A Fortsetzung*) den Ersteren gehören, zur anderen Hälfte den Zusiedlern. *vacat* | *vacat*

(*A Zusatz [?] von anderer Hand*) Die Tal-Anteile sollen sie aufteilen; Tausch soll gülti|g sein, getauscht werden soll in Anwesenheit des Archos (= Archon*). | *vacat*

(*B*) [Wenn die] Damiorgoi (= Oberbeamten) anderen Gewinn erzielen, | als vorgeschrieben ist, soll dieser geweiht sein dem Apollo|n; behalten soll ihn das Kultbild durch neun Jah|re hindurch, und er soll nicht als Gewinn gerechnet werden.

## 20 Didyma: Weihung des Histiaios
**525–500**

SGDI 5509; HH² 6; HGI 8; Syll.³ 3.f.; Tod I² 9; I.v.Didyma 14; J 343.32; (Tusculum 47).

Basis (?) aus Didyma (verschollen). Schrift (bustrophedon) und Dialekt ionisch. Zuweisung an den Tyrannen von Milet hypothetisch.

Histiai[os | hat (dies) gewe]iht dem A|poll[on].

## 21 Athen: Weihung des Peisistratos
**522/1**

HH² 10; IG I² 761; HAI 2; Tod I² 8; DAA 449f.; J 78.37; ML 11; CEG I 305; (Fornara 37).

Obere Leiste eines in zwei Teile gebrochenen Altars, gefunden am Ilissos in Athen (EM; Kern 12, Kirchner² 12, J pl. 4, EG I 139). Attische Schrift. Verse (Distichon).

Dies Denkmal seines Archon*-Amtes hat Peisist[ratos, des Hippias S]ohn, | errichtet in des Apollon Pyth[i]os heiligem Bezirk.

## 22 Magnesia: Brief des Dareios I. an Gadatas
**522–486**

SGDI 5736; I.v.Magnesia 115; HH² 20; HGI 10; Syll.³ 22; Tod I² 10; ML 12; (Tusculum 95; Fornara 35; dtv 316f.).

Marmorblock aus der Umgebung von Magnesia am Mäander (Paris, Louvre; EG II 107). Schrift des 2. Jh. n. Chr. (Wiederaufzeichnung).

Der König der [Kö]nig|e, Dareios, Sohn des Hys|taspes, spricht° zu Gadatas, | seinem Knecht, folgendes: |5 Ich erfahre, daß du | meinen Anweisungen | nicht in allen Stücken Fo|lge leistest. Dafür zwar, daß Du | [m]ein [L]and° besorgst, |10 indem Du die jenseits des Eu|phrat (wachsenden) Fruchtbäume i[n] | Asiens unteren (Landes-)Tei[l]en anpflanzen läßt, lobe | [i]ch Deinen Vorsatz, und |15 [des]halb wird Dir sicher sein | großer Dank in des Kö|nigs Haus. Dafür jedoch, daß Du

| meine Einstellung gegenüber den Göttern | zunichte machst, werde ich |[20] Dir, wenn Du Dich nicht änderst, | eine Probe meines durch Unrecht geweckten Zor|nes geben°. Denn von den Pflanzern, | die dem Apoll[o]n [ge]weiht sind, | triebst Du Abgaben ein, und Land, |[25] das ungeweiht ist, zu bestellen, machtest Du | (ihnen) zur Auflage in Verkennung der von meinen | Vorfahren dem Gott entgegengebrachten | [Ge]sinnung, welcher den Persern verkündete | die [vo]lle Wahrheit und [–]

### 23 Athen: Volksbeschluß über Salamis
### 510–500

HH[2] 4; Syll.[3] 13; IG I[2] 1; HAI 1; Tod I[2] 11; ML 14; IG I[3] 1; (Fornara 44 B).
Sieben Fragmente einer Marmorstele von der Akropolis in Athen (EM; Kern 12, Austin pl. 4, Kirchner[2] 13). Attische Schrift, stoichedon bis Z.6.

Beschlossen hat das Volk: D[ie in S]alam[is (siedelnden) Kleruchoi*] | soll man siedeln lassen in Salamis [– in Athe]|n Abgaben zahlen und Militär[dienst leist]en. W[as (sie) in Salamis (besitzen), sollen sie ni]|cht verp[acht]en, wenn nicht [–. We]|[5]nn jemand verpachtet, sollen (Strafe) zah[len der Pächter und der V]|erpächter, ein jede[r,–] | an das Demosio[n*. Eintreiben soll es der A]|rcho[n]*. Wenn [nicht, soll er zur Rechenschaft gezogen werden. D]|ie Waffen [sollen sie selbst stellen f]|[10]ür dreißig Dr[achmen. Wenn sie] be[waffnet sin]|d, soll der Archon [die Waffen must]|ern. [In] dem R[a]t[–]

### 24 Athen: Weihung einer Bronzequadriga nach dem Sieg über Boiotien und Chalkis
### um 506

HH[2] 12; IG I[2] 394.II + I; Tod I[2] 12 + 43; DAA 168 + 173; J 78.43 (A); ML 15 A + B; CEG I 179; Clairmont 2.A; (Fornara 42). Vgl. Herodot V 77, Diodor X 24 (= Anthologia Palatina VI 343), Pausanias I 28, 2.
(A) Block aus dunklem eleusinischen Kalkstein von der Akropolis in Athen (EM). Attische Schrift, Verse (Epigramm). (B) Vier Fragmente einer Basis aus pentelischem Marmor von der Akropolis in Athen (EM; DAA a. a. O., J pl. 4). Attische Schrift der Mitte des 5. Jh., stoichedon (Wiederaufzeichnung). Verse (Epigramm).

(*A*) [Mit drückenden Fesseln aus Eisen erstickten die Hyb]ris die Söhne [der Athener durch ihre Taten im Kriege, | als sie die Völker der

Boioter und der Chalkidier bezwangen] und als Z[ehnten] von ihnen der Pallas (Athena) [diese(s)] Pferde(gespann) [weihten].

(*B*) [Als sie die Völker der Boioter und der Chalkidier bezwa]ng[en, die Söhn]e der Athener, [durch ihre] Tat[en im Kriege, | erstick]ten sie [mit drückenden Fesseln aus Eisen ihre Hybris] und [weihten als] Zehn[ten] von ihnen [der Pallas] die[se(s)] Pferde(gespann).

### 25 Delphi: Weihung der Athener für einen Sieg 506 oder 480

HH[2] 11; Syll.[3] 29; HAI 3; Tod I[2] 18; ML 25; (Tusculum 52; Fornara 43). Vgl. Pausanias X 11,6.

Oberste der drei Stylobatstufen der athenischen Säulenhalle in Delphi (in situ; Roehl[3] 73.23). Attische Schrift. Ionisch-attischer Dialekt.

Die Athener haben geweiht die Stoa (= Säulenhalle) und die Waff[en u]nd die Schiffsschnäbel, die sie genommen von den Feinden.

### 26 Lyttos: Vertrag einer kretischen Stadt mit einem Schreiber um 500

SEG 27, 631; TDGIS II 62; J[2] 468.14b.

Bronzeplakette in Form einer Mitra aus der Umgebung von Lyttos (?) (London BM). Auf Vorder- (A) und Rückseite (B) beschrieben; kretische Schrift, bustrophedon. Dorischer Dialekt.

(*A*) Götter! Beschluß der Dataleis und wir, die Stadt, haben vertraglich zugesichert | dem Spensithios durch fünf (Vertreter) jeder einzelnen Phyle* Unterhalt | und vollständige Atelie*, sowohl ihm als auch seiner Nachkommenschaft, | dergestalt, daß er für die Stadt bei den gemeindlichen Angelegenheiten, sowohl den sakralen wie den profanen, |[5] als Schreiber (*poinikastes*) und als Merker (*mnemon*) zu wirken hat. Als Schreiber | für die [S]tadt und als Merker wirken soll bei den gemeindlichen Angelegenheiten weder bei den sakral|en noch bei den profanen irgendein anderer als Spensith[i|o]s selbst und seine Nachkommenschaft, sofern nicht (dies) veranlaßt | und verfügt Spensithios selbst oder von seiner° Nachkommenschaft |[10] die Mehrheit seiner [Söh]ne, soweit sie erwachsen sind. | Als Jahreslohn geben soll man dem Schreib|er fünfzig Krüge neuen Wei|n [sowie –] im Wert von zwanzig Drachmen* oder [– | –.] Den neuen Wein soll man (ihm) von dem Landgut geben, von |[15] dem er (ihn) zu erhalten wünscht. Wenn man ihm aber nicht gibt den ne[uen We|in], wie [er darum bittet, –] der Kosm|os (= Oberbeamte), der amtiert [– | –] Schadlosigkeit [–,] sofern nicht ihnen | [–] dem Kos|[20][mos –] Tempelland [– | –] soll den gleichen Anteil erhalten [wie der] Ko[s|mos (?) –]

(*B*) soll den gleichen Anteil erhalten der Schreiber. Zugegen sei|n und teilnehmen soll bei allen° sakralen Angelegenheiten und profa|nen, bei denen auch der Kosmos zugegen ist, auch der Schreib|er. Dem Gott, dem ein Priester nicht eigen[s op|[5]fert (?)], soll der Schreiber die gemeindlichen Opfer darbringen, | und er soll das Tempelland innehaben. Es soll keine Verhaftung möglich se[i|n] noch eine Pfandnahme am Schreiber. | Bei einem Prozeß soll°, je nachdem welchem dem Vorzug gibt der Schreib|er, er ihn haben wie (auch) die anderen, oder vor dem Kos|[10]mos wird der Prozeß stattfinden, anders aber (geht es) keines|wegs. Als Pflicht(abgaben) zum Männermahl wird er geben z|ehn Pelekys (= Gewicht von 60 oder 100 Minen*) Fleisch, wenn die ander[en | die Erstlingsgabe dar]bringen, sowie das Jahresopfer und das | Laksion (= den Anteil?) einsammeln, sonst aber soll n[ich|[15]t]s zwingend sein (für ihn), wenn es nicht sein Wunsch ist, | (es) zu geben. Die sakralen Angelegenheiten sollen d[em | Ältes]ten (vorbehalten) sein. *vacat*

## 27 Berezan: Privatbrief
**um 500**

SEG 26, 845; J² 478.60c; (dtv 279 f.).

Bleitäfelchen aus Berezan (St. Petersburg, Eremitage; J² pl. 80). Beidseitig beschrieben; Schrift der Schwarzmeerkolonien. Ionischer Dialekt.

(*Außenseite*) Von Achillodoros (ist) das Ble|itäfelchen an seinen Sohn (Protagores) | und an Anaxagores.

(*Innenseite*) O Protagores, Dein Vater sendet Dir (folgendes): Ihm geschieht Unrecht | durch Matasys, denn dieser macht ihn zum Sklaven und hat ihn seines | Lastschiffes {*oder*: seiner Ladung} beraubt. Gehe Du zu Anaxagores | und sag ihm das; es sagt nämlich er (= Matasys), daß er (= Dein Vater) des Anaxagores |[5] Sklave sei, mit der Behauptung: „Anaxagores hat all meinen Besitz, | Sklaven, Sklavinnen und Häuser". Aber er (= Dein Vater) bestreitet dies | und leugnet, daß etwas zwischen ihm und Matasys sei, | und sagt, er sei frei, und es sei nichts zwischen ihm | und Matasys. Was aber zwischen Matasys und Anaxagores ist, |[10] wüßten diese° selbst untereinander (am besten). Sag dies dem Anaxagores | und der Frau (Deines Vaters). Einen zweiten Auftrag erteilt er Dir: (Nimm) Deine Mutter | und

Deine Brüder, die bei den Arbinatai sind, (und) bring sie in die Stadt; | er selbst wird (erst) zu den Neuroi gehen und dann über Minthyera zurückreisen.

### 28 Samos: Weihung des Aiakes
### um 500

SGDI n68; HGI 6; Syll.$^{3}$ 10; DGE 714; Tod I$^{2}$ 7; J 342.13; ML 16; (Tusculum 46).

Marmorstatue einer sitzenden Figur vom Heraion in Samos (Tigani Museum; Roehl$^{3}$ 26.26, Kern 7, Austin p.14, J pl. 63). Schrift (stoichedon) und Dialekt ionisch.

Aiakes hat (dies) geweiht, | des Bryson (Sohn), der der | Hera die Beute v|erschaffte während seiner |$^{5}$ Vorsteherschaft (= Zeit als Epistates*).

### 29 Olympia: Bündnis zwischen Elis und Heraia
### um 500 (?)

SGDI 1149; I.v.Olympia 9; HH$^{2}$ 9; HGI 4; Syll.$^{3}$ 9; DGE 413; SF$^{4}$ 52; Tod I$^{2}$ 5; Buck 62; J 220.6; StV II 110; ML 17; TDGIS II 16; (Tusculum 94; Fornara 25).

Bronzetafel aus Olympia (London BM; Roehl$^{3}$ 112.4, J pl. 42, EG I 202). Schrift und Dialekt dorisch-elisch.

Dies (ist) der Vertrag zwischen den Eleiern und den Her|aiern: Bündnis soll sein auf hundert Jahre, | beginnen soll es dieses (Jahr). Wenn es einer Sache bedarf, sei es eines Wortes oder einer T|at, sollen sie einander beistehen sonst und (besonders) i|$^{5}$m Krieg. Wenn sie nicht beistehen, sollen diejenigen ein Talent* | Silber zahlen dem Olympischen Zeus, die (den Vertrag) ver|letzen, (zum Gebrauch) in seinem Kult. Wenn jemand das G|eschriebene hier verletzt, sei es ein Privatmann oder ein B|eamter oder eine Gemeinde, soll er der heiligen Strafe verfal|$^{10}$len sein, die hier aufgeschrieben ist.

### 30 Chaleion: Gesetz der hypoknemidischen Lokrer über die Kolonie in Naupaktos
### 500–475

SGDI 1478; IG IX 1, 334; HH$^{2}$ 25; Syll.$^{3}$ 47; DGE 362; SF$^{4}$ 44; Tod I$^{2}$ 24; Buck 57; J 108.3; IG IX 1$^{2}$ 3, 718; ML 20; TDGIS II 5; (Fornara 47).

Bronzetafel aus Chaleion (London BM; Roehl[3] 92.1, J[2] pl. 15). Auf Vorder- und Rückseite beschrieben (mit Kennzeichnung der Paragraphen durch Buchstaben); lokrische Schrift. Westlokrischer Dialekt.

(*Vorderseite*) Nach Naupaktos (soll) unter folgenden Bedingungen die Epioikie (= Kolonie) (gesandt werden): Dem hypoknamidischen Lokrer soll°, we|nn er Naupaktier wird, obgleich Naupaktier, wie einem Gastfreund (*xenos*) an heiligen (Handlungen) teilzuhab|en und zu opfern erlaubt sein, wenn er dorthin kommt, falls er es wünscht; falls er (es aber) wünscht, soll er opfern und t|eilhaben als Mitglied des Volks und der Gemeinde, er selbst und sein Geschlecht, für immer. Abgaben sollen die |[5] Siedler der hypoknamidischen Lokrer nicht zahlen bei de|n hypoknamidischen Lokrern°, ehe nicht einer von ihnen wieder hypoknamidischer Lokrer wird. Wenn | einer zurückzukehren wünscht, soll es, wenn er an seinem Herde einen erwachsenen Sohn oder Bruder zurückläßt, er|laubt sein, ohne Gebühren. Wenn aus Zwang vertrieben werden aus Naupaktos die hypoknamidischen Lok|rer, soll es erlaubt sein, (dorthin) zurückzukehren, woher ein jeder stammt, ohne |[10] Gebühren; Abgaben soll er keine zahlen, es sei denn gemeinsam mit den hesperi|schen Lokrern°.

A Eidlich bindend soll sein für die nach Naupaktos gehenden Siedler, nicht abzufallen von den O⟨pu⟩ntiern, | mit keinerlei Mitteln oder Machenschaften, aus ihrem eigenen Willen. Es soll erlaubt sein, daß den Eid, wenn sie (es) wün|schen, dreißig Jahre nach dem (ersten) Eid abnehmen hundert Männer | von den Naupaktiern den Opuntiern und (ebenso) die Opuntier von den Naupaktiern.

B Wer es versäumt, Abgaben zu zahlen |[15] in Naupaktos von den Siedlern, soll von den Lokrern (ausgestoßen) sein, bis er bezahlt hat das Gebüh|rende an die Naupaktier.

C Wenn kein Nachkomme am Herd ist und auch kein Erbberechtigter unter den Sie|dlern in Naupaktos ist, so soll der hypoknamidische Lokrer, der am nächsten verwand|t ist, die Erbschaft antreten, woher auch immer aus Lokris er sei; er soll persönlich auftreten, gleich ob Mann oder Knabe, binnen drei | Monaten; sonst soll man von den naupaktischen Regelungen Gebrauch machen.

D Wer aus Naupaktos zurückkeh|[20]ren (will) zu den hypoknamidischen Lokrern, soll (es) in Naupaktos verkünden in | der Agora (= Versammlung), und bei den hypoknamidischen Lokrern in der Stadt, aus der er stammt, verkünden in der Agora.

E Wenn von den Perkothariern und Mysacheern ⟨eine⟩r Naupakti⟨er⟩ wir|d, soll man bezüglich seiner selbst und seines Vermögens in Naupaktos die naupaktischen (Regelungen) anwenden, doch bezüglich seines Vermögens bei den hypoknamidischen Lokrern die hypoknamidischen

(*Rückseite*) |[25] Regelungen anwenden, so wie sie in der Stadt der betreffenden hypokn|amidischen Lokrer° gelten°. Wenn einer, (der) unter den Regelungen für die Siedler (steht), zurückkehrt (und) von den Perkotharier|n und Mysacheern (stammt), soll man deren eigene Regelungen anwenden, und zwar jeweils nach der Stadt.

F Wenn es Brüder gibt von einem, der nach Naupaktos umgesiedelt ist, gilt° das° Gesetz°, das auch bei den hypoknamidischen° Lokrer|[30]n jeweils gilt; wenn er (ein Bruder) stirbt, soll die Erbschaft an seiner H|abe der Siedler antreten, und zwar über den ihm zustehenden Teil.

G | Die nach Naupaktos gehenden Siedler sollen bevorzugt einen Prozeß erhalten von den R|ichtern; sie sollen als Kläger und Beklagter in Opus noch am gleichen Tage einen Prozeß erhalten, in eigener Sache (?). Von den hypoknamidischen° Lok|rern soll ein Vertreter eingesetzt werden, von den Lokrern für den Sie|[35]dler und von den Siedlern für den Lokrer, und zwar durch die, die im jeweiligen Jahr in Amt und Würden sind (?).

H Wer | seinen Vater zurückläßt und seinen Teil des Vermögens für den Vater, so soll°, wenn | (dieser) stirbt, dem Siedler erlaubt sein, sein Erbteil nach Naupaktos einzubringen. |

I Wer diese Beschlüsse zunichte macht, mit irgendwelchen Mitteln oder Machenschaften, und | sei es in einem einzigen Punkt, ohne daß es von beiden (Partnern) beschlossen ist, bei den Opuntiern von den Tausend die Versamm|[40]lung und bei den Naupaktiern von den Siedlern die Versammlung, der soll der Atimie* verfallen, und sein Ver|mögen soll eingezogen werden. Dem Ankläger soll den Prozeß der Ar|chon* innerhalb von dreißig Tagen gewähren, (d.h.) wenn noch dreißig Tage übrig s|ind von seinem Amt. Wenn er dem Ankläger (den Prozeß) nicht gewährt, soll er ehrl|os sein, und sein Vermögen soll eingezogen werden, sein Grundbesitz mit den Sk|[45]laven. Schwören sollen° (die Richter) den üblichen Eid; in eine Hydria (= Urne) sollen die Stimm|steine gelegt werden. Und die Satzung für die hypoknamidischen Lokrer soll eben|so gültig sein für die Chaleier, die unter Führung des Antiphates Siedler waren.

### 31 Athen: Weihung des Kallimachos
### 490

IG I² 609; Tod I² 13; DAA 13; ML 18; CEG 256; (Fornara 49). Vgl. Herodot VI 109ff.

Acht Fragmente einer ionischen Marmorsäule von der Akropolis in Athen (EM; Kirchner[2] 18). Attische Schrift; Verse (Hexameter). Wohl zur Statue einer geflügelten Gottheit (Nike, Iris?) gehörig.

[Kallimachos hat mich ge]weiht, der Aphidnaie[r], der Athena, | (den) Bo[ten der Unst]erblichen, die O[lympische Häuser] bewohnen, | [– (der als?) Pole]marcho[s]* der Athener im Kampf | von Ma[rathon (?) –] |[5] den Söhnen der Athener [–]

### 32 Delphi: Weihung Athens für den Sieg bei Marathon
### 490

HH[2] 13; Syll.[3] 23.A–B; HAI 4; Tod I[2] 14 (B); ML 19 (B); (Tusculum 50; Fornara 50). Vgl. Pausanias X 11,5.

Acht Fragmente einer langen Kalksteinbasis vom Schatzhaus der Athener in Delphi (in situ). Attische Schrift (A das kaum noch lesbare Original, B im 3. Jh. oder später leicht geänderte Wiederaufzeichnung). Ionisch-attischer Dialekt.

(*A*) [Die A]then[er (haben dies) dem Apollon Pythi]os als Er[stlingsgaben der Schlacht bei Marathon (geweiht);] v[on den Medern].

(*B*) Die Athener (haben) d[em] Apollo[n von den Med]ern dies als Er[stlingsga]ben der Sch[lacht] bei Marathon (geweiht).

### 33 Olympia: Weihung der Lakedaimonier
### 490–480 oder 460

SGDI 4405; I.v.Olympia 252; HH[2] 24; IG V 1, 1562; DGE 7; Buck 68; J 201.49; ML 22; CEG I 367; (Fornara 38). Vgl. Pausanias V 24,3.

Hohle zylindrische Steinbasis wohl einer archaischen Pfeilerstatue aus Olympia (Museum; J pl. 37). Lakonische Schrift. Verse (Distichon) in dorisch-lakonischem Dialekt.

[Nim]m, Herr, Kronide, Zeus, Olympier, dies schöne Kultbild gnädige[n Sin]nes von den Lakedaimoniern.

### 34 Athen: Ostraka
### 487/6

(A) HH[2] 14; HAI 5.b; Syll.[3] 27; IG I[2] 909.1; Tod I[2] 15.c (vgl. 45); (B) AJA 51, 1947, 257 ff.; ML 21; CEG I 439; Agora XXV 1065; (dtv 347).

(A) Vasenscherbe aus dem Perserschutt der Akropolis von Athen (Nationalmuseum; Kirchner$^2$ 12). (B) Fuß einer Kylix vom Westhang des Areopag in Athen (AM; dtv 348, Agora XXV pl. 3). Attische Schrift in konzentrischen Kreisen. Verse (Distichon).

(*A*) Xanthippos | Sohn des Arrhiphron.

(*B*) Xanth[ippos] Sohn° des° [Arrhi]phron° tut° von den verfluchten Führern, | so sagt° [dieses]° Ostrak[on], am meisten Unrecht.

## 35 Troizen: Das Themistoklesdekret 480

SEG 18, 153; ML 23; (Fornara 55; dtv 359 ff.).

Marmorstele aus Troizen (Athen EM). Schrift der 1. Hälfte des 3. Jh. (Wiederaufzeichnung), stoichedon (teils unregelmäßig) ab Z. 4.

[Götter!] | Beschloss[en] haben der Rat und das Volk, | Themis[tokl]es Sohn des Neokles aus (dem Demos) Phrearrhioi stellte den Antrag: | Die Stadt soll man an[vertrau]en der Athena, die über Athen | [waltet], u[nd den ander]en Göttern allen, daß sie sie beschützen | und [den Ba]rbaren zur Rettung des Landes abw[ehren]. Die Athener | [alle und die Fremde]n, die in Athen ansässig sind, | [sollen die Kinder und die Frauen na]ch Troizen bringen | [in die Obhut des Theseus {*oder*: Pittheus} (?),] des Archegetes* des Landes. | [Die Alten aber und die] Habe sollen sie nach Salamis verbri|[ngen. Die Schatzmeister aber und d]ie Priesterinnen sollen auf der Akropolis | [bleiben als Bewachung des Besitzes der] Götter. Die anderen Athe|[ner alle und die Fre]mden im waffenfähigen Alter sollen an Bord | der [bereitliegenden] zweihundert Schiffe gehen und | [den Barbaren] abwehren, sowohl [um] ihrer eigenen Freiheit [willen | als auch der der anderen Griechen], zusammen mit den Lakedaimoniern und Ko|rin[thern und Aigineten] und den anderen, die bereit sind | [der Gefahr] gemeinsam [sich zu stellen.] Bestimmt werden sollen auch Trierarchen (= Kapitäne), [zweihundert (an Zahl), einer für] jedes Schiff, von den [S]|trategoi* [beginnend mit d]em morgigen Tag, | aus der Zahl derer, die | Grund- und Hausbesitz in Athen haben und die ehe[liche]° Kinder | haben [und die nicht ält]er als fünfzig Jahre sind, und | sie sollen [ihnen d]ie Schiffe durch das L[os] zu[teilen] *vv* Und sie sollen [z]ehn Sol|daten [für jedes] Schiff ausheben° aus der Zahl derer, die über zwanzig Jahre | sind [und unter drei]ßig Jahren, und vier Bogenschützen. | Aus[losen sollen sie] die(se) Maate für die Schiffe dann, | wenn sie auch die Trierarchen auslosen. Aufschreiben | sollen die Strategoi auch die [andere Bemannung pro] Schiff auf | weißen Bret[tern, und zwar die]

Athener aus den Bürgerlisten (der Demoi*), | [die Frem]den aus den Verzeichnissen bei | dem [Polemarchos*]. Aufschreiben sollen sie sie eingeteilt in Abteilungen, | und zwar in zweihundert, mit [jeweils] hundert (Mann pro Abteilung), und eintragen | über jeder [Abteil]ung den Namen der Triere und des Tri|erarchen und der Maate, damit sie wissen, auf welch|er Triere sich die jeweilige Abteilung einzufinden hat. Wenn aber | alle Abteilungen eingeteilt und den Trieren durch das Los zugewiesen sind, | sollen alle zweihundert Schiffe bemannen der Rat | und [di]e Strategoi, nachdem sie ein Versöhnungs[op]fer dargebracht haben Zeus, dem | Allesbeherrscher, und Athena und Nike, und Posei|don, dem Beschützer. *vv* Wenn aber bemannt sind | die Schiffe, sollen sie mit dem einen Hundert von ihnen fahren zur Hilfeleistung am (Kap) Artemis|ion von Euboia und mit dem anderen Hundert von ihnen um Salam|is und das übrige Attika vor Anker bleiben und bewachen | das Land. Damit aber alle Athener einmütig | den Barbaren abwehren, sollen diejenigen, die außer Landes (= verbannt) waren auf [z|ehn] Jahre, sich nach Salamis begeben und d[ort] so lange bleiben, | [bis das Volk] einen Beschluß über sie faßt. Diejenigen aber, die [der Atimie* (?) | –]

### 36 Athen: Grabmal für die bei Salamis gefallenen Korinther 480

HH$^2$ 18; HGI 12; DGE 126; IG I$^2$ 927; Tod I$^2$ 16; GVI 7 (= GG 4); J 132.29; ML 24; CEG I 131; Clairmont 10.a; (Fornara 21).

Marmorblock aus Salamis (Athen EM; Kern 9, J pl. 21, EG I 177). Korinthische Schrift; Verse (Distichon). Ergänzung nach Plutarch, De malignitate Herodoti 38 (mor. p. 870e) und Ps.-Dion Chrysostomos XXXVII 18 (nennt Simonides von Keos); eine spätere Erfindung ist das dort zusätzlich überlieferte Distichon: „Dort {*Dion*: Mühelos} haben wir die phoinikischen Schiffe erobert, Perser und Meder gefangengenommen und schützen so das heilige Hellas.“

[Fremdling,] einst bewohnten wir die [wasserreich]e Stadt Korinth, | [jetzt birgt uns die Aia]s-[Insel Salamis].

### 37 Delphi: Weihung Gelons für seinen Sieg bei Himera 480

HH$^2$ 16; HGI 13; Syll.$^3$ 34; DGE 144.1; Tod I$^2$ 17; Choix 43; J 275.6; ML 28; (Fornara 54). Vgl. Diodor XI 26, 7; Athenaios VI 231 f.

Kalksteinbasis aus Delphi (Museum; Roehl$^3$ 49.35, J pl. 51, EG II 135). Z. 1–3 syrakusanische Schrift, Z. 4–5 mit ionischen Beimischungen (?). Dorisch-korinthischer (syrakusanischer) Dialekt.

Gelon Sohn des Deinomen[es] | hat (dies) dem Apollon geweiht, | ein Syrakusaner. | Den Dreifuß und die Nike(-Statue) hat verfertigt |[5] Bion Sohn des Diodoros, ein Milesier.

### 38 Thasos: Gesetzliche Regelung des Weinhandels
### 480–460

SEG 18, 347 (danach die Ergänzungen); J 308.71; Epigraphica I 1.
Unterer Teil eines Marmorblocks von der Agora von Thasos (Museum; G. Daux, Guide de Thasos, 1968, 178). Parische Schrift, bustrophedon. Ionischer Dialekt.

[– | – | –] soll diese (Bestimmungen) ausführen, zu denen man ihn [auffordert: | Führt er sie nicht unverzüglich aus] beim Wein und Essig, [soll bei ihm] konfisziert werden [in Gegenwart] |[5] des[sen, der Anzeige erstattet hat,] und für jede ein[zelne] Amphore [soll er] eine Hekte (= 1/6 Stater*) [als Buße zahlen, | die der Ath]ena Poliuchos [geweiht sein soll] und dem Apollo[n Pythi|os, u]nd eine weitere (Hekte) an den, der Anzeige erstattet hat. Zu hinterlegen hat derjenige, der [Anzeige erstattet hat, di|e Kaution] bei den Dreihundert wie bei Gewaltdelikten. [Be|züg]lich des Weins gibt es nicht (die Möglichkeit, sich unter) Eid auf Unkenntnis (zu berufen), weder [für einen Thasier {*oder*: Bürger} no]|[10]ch für einen Fremden.

### 39 Athen: Weihung des Athleten Phayllos von Kroton
### um 479

IG I² 655; Tod I² 21; DAA 76; IAG 11; CEG I 265.
Fragment einer Basis aus pentelischem Marmor von der Akropolis in Athen (EM; DAA a. a. O.). Attische Schrift, stoichedon.

[–] Phayl[los hat (dies) geweiht, | der] dreifache Sieger [in den Wettspielen | in] Pytho und [Erbeuter von Schiffen,] | die Asien [entsandte].

### 40 Acharnai: Der Eid von Plataiai
### 479

Tod II 204; (Fornara 57). Vgl. Lykurg, Leokr. 80f.; Diodor XI 29, 2f.
Marmorstele aus Acharnai (Athen, École française; P. Siewert, Der Eid von Plataiai, 1972, 8f.). Schrift des 4. Jh. (Wiederaufzeichnung), stoichedon.

Götter! | Der Priester des Ares und der Athena | Areia, Dion Sohn des Dion aus (dem Demos) Achar|nai hat (dies) geweiht. | Herkömmlicher Eid der Epheben (= Jungmänner), den schwören müssen d|ie Epheben: Ich werde nicht entehren die heiligen Waff|en und werde nicht verlassen meinen Kampfgenossen, wo immer ich a|ufgestellt sein werde. Ich werde kämpfen für den Schutz des Heiligen und Ge|heiligten und werde nicht geringer übergeben das Vaterla|nd, sondern größer und besser, sowohl mit meinen (eigenen) Kräften als au|ch zusammen mit allen, und ich werde gehorchen denen, die jeweils he|rrschen, mit Bedacht, und den Satzungen, die | eingesetzt sind, und denen, die künftig eingesetzt wer|den, mit Bedacht. Wenn jemand (sie) aufheben will, werde° ich es nicht zu|lassen, sowohl mit meinen Kräften als auch zusammen mit al|len, und werde ehren die traditionellen Heiligtümer. Zeugen: die | Götter Agraulos, Hestia, Enyo, Enyalios, Ar|es und Athena Areia, Zeus, Thallo, Auxo, Hege|mone, Herakles, die Grenzen des Vaterlandes, (dessen) Weizen, | Gerste, Weinberge, Oliven, Feigen. *vacat* | Der Eid, den die Athener schworen, als sie im Begriff waren, | gegen die Barbaren zu kämpfen. *vacat* | „Ich werde kämpfen, solange ich lebe, und werde nicht höher | achten zu leben als frei zu sein, u|nd werde nicht im Stich lassen den Taxilochos (= Unterfeldherrn) und auch nicht de|n Enomotarchos (= Scharführer), weder als Lebenden noch als Tot|en, und werde nicht fortgehen, wenn nicht die Hegemones (= Oberbefehlshaber) | (uns) wegführen, und werde tun, was immer die Strateg|oi* befehlen, und die Tot|en unter den Mitkämpfern werde ich bestatten auf demsel|ben (Platz), und unbestattet werde ich keinen zurücklassen. Und s|iege ich im Kampf mit den Barbaren, werde ich den Zehn|ten weihen von der Stadt der Thebaner, und werde nicht entv|ölkern Athen oder Sparta oder Platai|ai oder eine von den anderen Städten, die mitgekä|mpft haben; auch werde ich nicht zuseh|en, wie sie vom Hunger° bedrängt werden, und werde sie nicht vom fließenden Wasser | abschneiden, weder als Freunde noch als Fein|de. Und wenn ich einhalte, was in dem E|id geschrieben ist, soll meine Stadt ohne Krankheit sei|n; wenn nicht, soll sie krank werden; und meine Stadt soll unzerst|ört sein; wenn nicht, soll sie zerstört werden; und mein (Land) soll (Frucht) tragen; w|enn nicht, soll es unfruchtbar sein; und die Frauen sollen (Kinder) gebär|en, die den Eltern gleichen; wenn nicht, Mißgeburten; un|d das Vieh soll (Junge) gebären, die dem Vieh gleichen; | wenn nicht, Mißgeburten.“ Als sie dies geschworen hatten, be|deckten sie die Schlachtopfer mit den Schilden, und unt|er Trompeten(schall) machten sie die Verfluchung, wenn sie etwas vom | Beschworenen überträten und nicht einh|ielten, was in dem Eid geschrieben ist, solle s|ie selbst, die (diesen Eid) schwören, der Fluch treffen.

## 41 Athen: Epigramme auf den Perserkrieg 479

IG $I^2$ 763; ML 26; CEG I 2; Clairmont 6.A.c; (Fornara 51).

Zwei Fragmente einer Marmorbasis vom Südhang der Akropolis in Athen (EM, AM; Kirchner[2] 19, Clairmont pl. 10). Attische Schrift, (A) stoichedon. Ein drittes Fragment mit einer Wiederaufzeichnung des späten 4. Jh. (AM) enthält Teile der deshalb sicher zu ergänzenden Partien von (A). Verse (Distichen).

(*A*) Dieser Männer Tapferkeit [–] stets [unvergänglich, | – die Götter gewähren.] | Denn sowohl als Kämpfer zu Lande [als auch auf schnellfahrenden Schiffen] verhinderten sie, | daß ganz Hella[s den Tag der] Knechtschaft [erlebte].

(*B*) So hatten diese stahl[harten Mut in ihrer Brust], als sie° den Speer | aufpflanzten vor den Toren an[gesichts –] | die in Brand stecken [wollten] die nahe dem Meer gelegene [–] | Stadt, und brachten mit Gewalt der Perser [Heer] zum Weichen.

## 42 Delphi: Weihung der Griechen für die Siege im Perserkrieg 479/8

SGDI 4406; HH[2] 19; HGI 14; Syll.[3] 31; DGE 11; SF[4] 21; Tod $I^2$ 19; ATL T 68.a; Buck 69; J 104.15; StV II 130; ML 27; (Tusculum 53; Fornara 59; dtv 366). Vgl. Herodot IX 81.

„Schlangensäule" von Delphi (Istanbul, Hippodrom; Roehl[3] 101.16, J pl. 13, EG II 130, dtv 365). Phokische (delphische) Schrift (gezählt werden die Windungen). Dorisch-lakonischer Dialekt.

Di[ese haben den] Krieg geführt: | Laked[aimonier], Athener, Korinther, | Tegeaten, Sikyonier, Aigineten, | Megarer, Epidaurier, Erchomenier, |[5] Phleiasier, Troizener, Hermioneer, | Tirynthier, Plataier, Thespier, | Mykener, Keer, Melier, Tenier, | Naxier, Eretrier, Chalkidier, | Styrier, Eleer, Poteidaiaten, |[10] Leukadier, Anaktorier, Kythnier, Siphnier, | Ambrakioten, Lepreaten.

## 43 Megara: Denkmal für die im Perserkrieg Gefallenen 479

IG VII 53; HH[2] 17; HGI 15; Tod I[2] 20; GVI 9 (= GG 6); (Tusculum 82 [nur Z.5f.]; Fornara 60). Simonides Frg.107 Bergk = 96 Diehl = XVI [137–146] Page.

Kalksteinplatte von einem Kenotaph aus der Umgebung von Megara (in der Athanasios-Kirche verbaut; ÖJh 2, 238). Schrift des 4.–5. Jh. n. Chr. (Wiederaufzeichnung des Epigramms), Z.5–14 Verse.

Das Epigramm für die, die im Perserkrieg fielen und die | hier als Heroen liegen°, das mit der Zeit untergegangen ist, hat Helladios der Oberpriester aufschrei|ben lassen zur Ehre derer, die (hier) liegen, und der Stadt. Simonides | hat (es) verfaßt: |[5] „Hellas und den Megarern den Tag der Freiheit zu mehren | bemüht haben wir des Todes Anteil empfangen: | manche bei Euboia und Pelion, wo man nennt | der reinen Artemis, der Bognerin, heiligen Bezirk, | manche am Mykaleberg, manche vor Salamis |[10] ⟨der phoinikischen Schiffe Krieg(smacht) vernichtend (?),⟩ | manche in der Boiotischen Ebene, die es wagten | Hand anzulegen an Männer zu Pferd; | Bürger haben uns diese [gemeinsame {*oder*: megarische}] Ehrengabe um den Altar (*omphalos*) | auf dem volkreichen Markt der Nisaier gewährt.“ |[15] Bis in unsere Tage opfert die Stadt (ihnen als Heroen) einen Stier.

## 44 Olympia: Revisionsurteil elischer Behörden 476–472

SEG 26, 475; SEG 31, 358 (danach die Ergänzungen); J[2] 450.E.

Bronzetafel aus Olympia (Museum; X. Olympia-Bericht 1981 pl. 24). Schrift und Dialekt elisch.

Weihung an Zeus. Der Schr[ei]ber Pyrrho(n) | und Charixenos und die Mastroi | haben° [d]ie Urteile, die gegen die Boioter (wegen Verletzung des Heiligen Friedens durch Beteiligung an der persischen Plünderung Athens 480) Menandros | [und] Aristolochos zugunsten der Athener verhängt haben, |[5] aufgehoben und (entschieden), daß zugunsten der Thespier und der mit ihnen (Vereinten) | [kei]n rechtmäßiges Urteil ergangen sei, und haben° (sie) von den Thessalern | [l]osgelöst (= von der auch über die Thessaler verhängten Strafe freigesprochen).

## 45 Argos: Proxenie-Verleihung
## um 475

SEG 13, 239; J 169.22.
Bronzetafel von der Agora in Argos (Museum; EG II 51). Schrift und Dialekt argivisch.

Beschlossen hat die Volksversammlung: Pro|xenos* soll sein Gnost|as aus Oinous | den Argivern. Den Vorsitz |$^{5}$ führte Epikrates aus (der Phyle) P|amphyloi, des Rhinon | Sohn.

## 46 Delphi: Kultgesetz
## 475–450

DGE 321; SF$^{4}$ 48; Buck 50; J 104.17; LSCG 76; Nouveau Choix 18; TDGIS II 1.2; CIDelph 3.
Inschrift an einer Mauer beim Stadion von Delphi (in situ; Austin pl. 7, J pl. 13). Schrift (stoichedon) und Dialekt phokisch.

Den Wein soll man nicht hinausbringen aus dem St|adion. Wenn (ihn) einer hinausbringt, soll er mit sich aussöhnen | den Gott, dem er (= der Wein) angemischt ist, und | das Opfer nochmals darbringen und eine Buße zahlen von fü|$^{5}$nf Drachmen*. Davon dem, der an|gezeigt hat, die Hälfte.

## 47 Teos: Bürgereid zur Wahrung des „Grundgesetzes“
## (sog. Teiorum Dirae)
## 475–450

(A) SGDI 5632; HH$^{2}$ 23; Syll.$^{3}$ 37 + 38; DGE 710; SF$^{4}$ 55; Tod I$^{2}$ 23; Buck 3; J 345.62; ML 30; TDGIS II 73; SEG 31, 984 (danach die Ergänzungen); (Fornara 63). (B) SEG 31, 985.
(A) Zwei Fragmente zweier (?) Marmorstelen aus Teos (verschollen). (B) Auf allen vier Seiten beschrifteter Kalksteinblock aus Teos (Izmir, Basmahane-Museum; Chiron 11 Tf.1–3). Beide ionische Schrift, stoichedon. Beide ionischer Dialekt.

(*A 1. Stele*) Wer Zaubermit|tel anwendet gegen Teie|r, gegen die Gemeinde oder gegen einen einzelnen, d|er soll verderben, sowohl er s|$^{5}$elbst als auch sein Geschlecht. | Wer ins Gebiet von Teos | die Einfuhr von Getreide verhindert | mit irgendwelchen Mitteln oder Machenschaften, sei es zu|r See oder auf dem Festlan|$^{10}$d, oder wer eingeführtes (Getreide) wieder ausführt, | soll umkommen, sowohl er selb|st als auch sein Geschlecht.

(*A 2. Stele*) [– | –] in ihm [–] | Wer [dem] Gemeinwesen der Teier | einen Aisymnetes (= Alleinherrscher) [einsetz]t oder | sich erhebt, ⟨um⟩ eine Ai[sym]|netes-Herrschaft ⟨einzurichten⟩, soll verderben, sowohl | er selbst als auch sein Geschlech|t. Wer künftig als Aisym|netes in Teos oder im Gebiet von Te|os [– | – wissent]|lich verr[ät –] die St|a[dt und das Gebiet] der Tei|er oder die Männer [auf der I]||nsel oder dem Me[er] in der | Zu[kunft, oder das] in |Aroie (gelegene) For[t, oder wer kü]|nftig verrä[t oder Räu]|berei betreibt oder Räuber auf|nimmt oder Seeräuberei betreibt oder S|eeräuber aufnimmt, (und zwar) wis|sentlich, (also Männer), die aus dem Gebiet von Teos oder vom M|eer etwas fortschleppen, oder (wer) [etwas B]öses plant gegen der T[ei]|er Gemeinschaft, (und zwar) wissentlich, sei es (zusammen) mit | Hellenen oder mit Barbar|en, soll umkommen, sowohl er sel|bst als auch sein Geschlecht. | Diejenigen, die (in ihrer Funktion) als Timuchoi (= Beamtenkollegium) | die Verfluchung nicht aussproche|n nach bestem Vermögen {*oder*: bei der (Statue der) Dynamis}, wenn Platz genommen hab|en die zum Festspiel Versammelten an den Anthesteri|a (= ein Dionysosfest), den Heraklea (= Heraklesfest) | und den Dia (= Zeusfest), sollen von dem Fluch | betroffen sein. Wer die Stel|en, auf denen der Fluch aufgesch|rieben ist, zerstört oder die Buchst|aben austilgt oder (die Stelen) verschwind|en läßt, der soll° verder|ben, sowohl er selbst als auch | sein Geschlecht.

(*B vorne*) [– | –] betreib[e]nd, der soll verderb|en, sowohl er selbst als auch | sein Geschlecht. Wer ein Amt | innehat und mit [– | –] seinen Nächst|en betrügt, der | soll verderben, sowohl er selbst | [als auch] sein Geschlecht. | Zu einem Aufruhr werde° ich° nicht ra|ten noch einen machen noch | werde ich Bürgerkrieg entfachen. Ich werde auch nicht (gerichtlich) verfolgen | [no]ch [Verm]ög[e]n einziehen | [no]ch festnehmen noch t|[öt]en lassen, wenn (dies) nicht in Übereinstimmung mi[t al|len] (Bürgern) in Teos insgesamt | [oder] der Mehrheit (geschieht) und wenn nicht a|uf Grund eines G[eset]zes der Stadt die Ver|urteilung erfolgt ist; in Abde|[r]a (wenn es nicht in Übereinstimmung mit) insgesamt a|llen oder der Mehrheit (geschieht). Einen A|isymnetes werde ich nicht einsetzen | [n]och zusammen mit vielen | [–

(*B links*) (*4 Zeilen zerstört*) | [–] der | soll verderben | (und verbannt sein) aus Teos und | Abdera un|d dem Gebiet von [Te]o[s,] | sowohl er selbst a|ls auch sein° Geschlecht | –]

(*B rechts*) [wenn – trotz] Rückforderung durch der [Abd]eriten |

[G]emeinde nicht zurückgibt, soll° die[s|er verd]erben, sowohl er selbst a[ls auch] | sein Geschlecht.

(*B hinten*) An° den Anth[este]r[i]|a und den He|raklea | und Dia, |5 in Abd[e]|ra an° den An[th]|esteri|a und den Hera[k]|lea un|10d am Zeus-Fe|st. Derjenige, welcher, | wenn er Timuchos ist | oder Schatzmeister, | nicht zur Verlesung bringt |15 das, was aufgeschrie|ben ist auf der | [S]tele, nach | (bestem) Wissen und | Vermögen, oder, wenn er° |20 Schreiber | ist, trotz Wei|sung der Timu|choi (dies nicht tut), der | [–]

### 48 Chaleion: Vertrag mit Oiantheia und Gesetz 475–450 (Zusatz–425) (?)

SGDI 1479; IG IX 1,333; HH² 44; DGE 363; SF⁴ 45; Tod I² 34; Buck 58; StV II 146 (nur A); J 108.4; IG IX 1² 3, 717; TDGIS II 6; Cataldi 3; (Fornara 87).

Bronzetafel aus Chaleion (London BM; Roehl³ 39.2, J pl. 15, Cataldi pl. 2 f.). Auf Vorder- (A) und Rückseite (B) beschrieben; lokrische Schrift (ab Z. 9 „Der Bürge …“ von etwas späterer Hand). Westlokrischer Dialekt.

(*A*) Den Fremden soll nicht (weg)führen {*oder*: Den Fremden soll man nicht (weg)führen, weder} aus dem Gebiet von Chaleion der {*oder*: den} Oiantheier und au|ch nicht der {*oder*: den} Chaleier aus dem Gebiet von Oiantheia, auch nicht seinen Besitz, wenn er etwas pfän|det. Wer aber (etwas) pfändet, den soll man {*oder*: der soll} ungestraft pfänden (können). Fremden gehörenden Besitz soll man aus dem Meer nehmen (können), | ohne (der) Pfändung (zu unterliegen), außer aus dem Hafen bei der (jeweiligen) Stadt. Wenn jemand zu Unrecht (etwas) pfändet: vi|5er Drachmen* (Strafe). Wenn er mehr als zehn Tage behält das Pfand: and|erthalb(mal den Wert) soll er schulden von dem, das er gepfändet hat. Wenn sich niederläßt für mehr als einen Monat | der Chaleier in Oiantheia bzw. der Oiantheier in Chaleion, soll er dem Recht des Wohnsitzes un|terstehen. Der Bürge, der falsch als Bürge handelt°, soll° dopp|elte Strafe zahlen.

(*B*) |10 Wenn verschieden urteilen die Fremdenrichter, soll Geschworene wähl|en der Fremde, der die Klage führt, ausgenommen den Bürgen | und den eigenen Gastfreund, (und zwar) nach ihrer (vornehmen) Herkunft; (geht es) um eine Min|e* und mehr: fünfzehn Männer; (geht es) um | weniger: neun Männer. Wenn aber der Bürger gegen den B|15ürger Rechtsstreit führt gemäß dem Vertrag, sollen Damiurgoi (= Beamte) | die Geschworenen wählen, nach ihrer (vornehmen) Herkunft, nachdem° sie den Fü|nf-(Götter-)Eid geschworen haben. Die Geschworenen sollen° denselbe|n Eid schwören. Die Mehrheit entscheidet.

## 49 Olympia: Weihung Hierons für den Sieg über die Etrusker bei Kyme (Cumae) 474

SGDI 3228; I.v.Olympia 249; HH$^2$ 22; HGI 16; Syll.$^3$ 35.Ba; DGE 144.2; Tod I$^2$ 22; J 275.7; ML 29; (Fornara 64 A). Ein weiterer etruskischer (SEG 33, 328) und ein korinthischer Helm (SEG 23, 253) mit gleicher Inschrift sind bekannt.

Etruskischer Bronzehelm aus Olympia (London BM; Roehl$^3$ 49.36, J pl. 51, EG I 346). Syrakusanische Schrift. Verse (vgl. SEG 29, 411) in dorisch-korinthischem (syrakusanischem) Dialekt.

Hieron Sohn des Deinomenes | und die Syrakusier | für Zeus: Tyrrhenisches (= Etruskisches) (Beutestück) von Kyme.

## 50 Milet: Politische Vertreibungen 470–440

SGDI n35; Syll.$^3$ 58; DGE 727; Milet I 6, 187; Tod I$^2$ 35; ML 43; (Fornara 66).

Marmorbasis einer (nicht erhaltenen) Stele vom Nordmarkt in Milet (Berlin, Pergamonmuseum; Milet I 6 a. a. O.). Ionische Schrift, stoichedon, mit manchen Leerstellen am Ende einer Zeile. Ionischer Dialekt.

[– der Sohn {*oder*: die Söhne}] des Nympharetos, und Alki[mos | und K]resphontes, [die] Söhne des Stratonax, sollen wegen Blut[schuld] verbannt sein, | sowohl sie selbst [als au]ch ihre Nachkommen; und wer einen von diesen t|[ötet], soll einhundert [St]atere erhalten aus dem |$^5$ [Vermö]gen des Nym[phare]tos. Die Epimenioi (= Monatsbeamten wie z. B. die Prytanen*), unter denen (diejenigen) auftreten {*oder*: vorstellig werden}, | [welche die Töt]ung ausgeführt hab[en], sollen den Geld(-betrag) auszahlen, sonst sollen sie selbst | [(den Betrag) schu]lden. Wenn die Stadt (die Verbannten) in ihre Gewalt bekommt, sollen sie° töten lassen | die Epimenioi, unter denen sie ergriffen worden sind. Wenn sie sie nicht tö|ten lassen, sollen sie jeder fünfzig Statere* schulden; |$^{10}$ der (leitende) Epimenios soll, wenn er (dies) nicht (zur Entscheidung) vorlegt, hundert Statere schulden. | Auch das nachfolgende Epimenioi-Kollegium soll jeweils nach d(ies)em Beschluß handeln, | sonst sollen sie dieselbe Buße schulden.

## 51 Athen: Volksbeschluß über die Rechtsbeziehungen mit Phaselis 469–450

HH$^{2}$ 36; IG I$^{2}$ 16; Tod I$^{2}$ 32; StV II 149; ML 31; IG I$^{3}$ 10; Cataldi 5; (Fornara 69).

Marmorstele aus einem Kloster am Hymettos (Athen EM; Cataldi pl. 6). Ionische Schrift (wie sie in Phaselis üblich war), stoichedon.

[Beschl]ossen haben der Rat und das V[o|lk; (die Phyle) A]kamantis hatte die Prytanie* inne, | [.]nasippos war Schriftführer, Ne|[....]des war Epistates*, Leo[n s]t|$^{5}$[ellte den Antrag: für di]e Phaseliten soll man diesen B[esch]l|[uß auf]schreiben. Wenn in Athe|[n ein Rechtsst]reit entsteht | [mit] einem der Phaseliten, hat° in Ath|[en der Pro]zeß stattzufinden bei |$^{10}$ [dem Po]lemarchos*, so wie im Fall der Ch|[ier, und] nirgendwo sonst. Bei den | [andere]n auf Grund von Symbolai* (ausgetragenen Rechtsstreitigkeiten) sollen° gemä|[ß dem bestehenden] Rechtsgewährungsvertrag mit den Pha|[seliten] die Verfahren stattfinden. Die |$^{15}$ [–] soll man beseitigen. Falls aber e|[in anderer de]r Beamten eine K|[lage gegen] einen Phaseliten annimmt° | [–, we]nn er zu dessen Ungunsten das Urteil fäll|[t, so soll dieses Urtei]l nichtig sein. W|$^{20}$[enn jemand zuwiderh]a[nde]lt gegen d(ies)en Beschl|[uß, soll er verpflichtet] sein zu(r Zahlung von) zehntausend D[r|achmen, zu wei]hen der Athena. D|[iesen Beschlu]ß soll aufschreiben lassen | [der Schrift]führer des Rates |$^{25}$ [auf einer Stele aus Mar]mor und (sie) aufst|[ellen lassen auf der Polis* auf K]osten de|[r Phaseliten]. *vacat* | *vacat*

## 52 Halikarnassos: Gesetz über umstrittenen Besitz 465–450 (?)

SGDI 5726; HH$^{2}$ 27; HGI 18; Syll.$^{3}$ 45; DGE 744; SF$^{4}$ 62; Tod I$^{2}$ 25; Buck 2; J 358.42; ML 32; (Fornara 70).

Marmorstele aus Halikarnassos (London BM; Roehl$^{3}$ 23.14). Ionische Schrift mit karischem Einschlag. Ionischer Dialekt.

Dies hat beschlossen der Syllogos (= die Vereinigung) | der Halikarnassier und Salmaki|teer und Lygdamis in der heiligen | Agora (= Versammlung) im Monat Hermaion am fünf|$^{5}$ten Tag seit seinem Beginn, unter Leon als Pry|tanen*, dem Sohn des Oassassis, un|d Sar[ys-s]ollos, dem Sohn des Thekyilos, als Ne|[op]oi[os] (= Tempelaufseher). Fü]r die Merker (*mnemones*): Nicht über|geben [werden soll] Grund- oder Hau|$^{10}$s(besitz) den Merkern°, während Apollo|nides Sohn des Lygdamis als Merk|er amtiert und Panamyes Sohn des Kasbo|llis (als Merker amtiert) und während von den Salmakiteern als Mer|ker amtieren Megabates Sohn des A|[15]phyasis und Phormion Sohn des Pa|nyassis. Wünscht jemand zu prozessie|ren über Land- oder Häuser(besitz), soll er° Anklage erheb|en binnen achtzehn Monaten von (dem Zeitpunkt), als | die Regelung erfolgte; nach dem Gesetz, wi|[20]e (es) jetzt (gilt), soll man die Richter vereidigen: „Was | immer die Merker wissen, das | soll gültig sein." Wenn einer später | Anklage erhebt, (nach) dieser Zeit von | achtzehn Monaten, soll ein Eid (abgelegt) werden von d|[25]em Besitzer des Landes oder der Häus|er; vereidigen sollen ihn die Richter, die (dafür) einen halben | Sechstel(scheffel) erhalten; der Eid soll (abgelegt) wer|den in Gegenwart des Gegners. G|ültige (Eigentümer) von Land und Häusern sollen die sein, die |[30] (diese) zu dem Zeitpunkt (in Besitz) hatten, als Apollonides und Pana|myes Merker waren, sofern sie (es) nicht späte|r verkauft haben. Wenn° dieses Gesetz | jemand aufheben will oder wenn er vorschläg|t eine Abstimmung, daß dieses° Gesetz nicht mehr bestehen solle, |[35] soll seine Habe verkauft werden | und dem Apollon geweiht sein, und er s|elbst soll für immer verbannt sein. Wenn ihm nichts | im Wert von zehn Stateren* gehört°, soll° er selbst v|erkauft werden zur Ausfuhr (als Sklave), und keiner |[40]lei Rückkehr soll ihm möglich sein nach Halikarn|assos. Von den Halikarnasseern a|llesamt soll es (je)dem freisteh|en, der dies nicht übertritt, gemäß dem, | was sie (bei einem Schlachtopfer) beeidet haben und wie es geschrieb|[45]en steht im Apollonion, Anklage zu erheben.

## 53 Athen: Gefallenenliste der Phyle Erechtheis 460/59 oder 459/8

HH$^2$ 26; Syll.$^3$ 43; IG I$^2$ 929; HAI 6; Tod I$^2$ 26; ML 33; Clairmont 20.a; (Fornara 78). Vgl. SEG 34, 35, eine Gefallenenliste desselben Jahres der Phyle Aigeis. Vgl. Thukydides I 104 f.

Stele aus pentelischem Marmor aus Athen (Paris, Louvre; Clairmont pl. 17). Attische Schrift (Zeilen 11. 62–70. 127–129 von zweiter, Z.67 vielleicht von dritter Hand); stoichedon; Z.1 und 4 in größerer Schrift; Namensliste in drei Spalten.

Von (der Phyle) Erechtheis | fanden folgende den Tod im Krieg in Zypern, in Äg|[y]pten, in Phoinikien, bei Halieis, bei Aigina und bei Megara | im Verlauf desselben Jahres:

(*Sp. I*) |[5] Von den [S]t[ra]tegoi* | Ph[ryni]chos; P[ant]aleon, | Polystratos, | [Dr]akontides, |[10] [..]mostratos, | [..]meas, | [..]kleides, | [..]krates, | [Cha]iredemos, |[15] [..]esias, | [..]esandros, | [Ly]kophron,

| [A]pollodoros, | Aristoteles, |$^{20}$ [P]rotias, | Drakalos, | Mechanion, | Philistides, | Timogenes, |$^{25}$ Charisandros, | [M]enekles, | [M]elanopos, | Kleonbrotos, | Aristokleides, |$^{30}$ Thukydides, | Euthydemos, | [K]allikrates, | Apsephes, | [A]risteides, |$^{35}$ [Ph]ilodemos, | [K]eph[i]sodotos, | [S]ophilos, | [A]ntimenes, | [E]painetos, |$^{40}$ Ergaios, | Diogenes, | Phrynos, | [K]tesiades, | [K]oroibos, |$^{45}$ [K]ratyllos, | [S]ynphermios, | [N]ikias, | Lysikleides, | Phrurarchos, |$^{50}$ Char[is]andros, | O[lym]piaratos, | S[....]os, | Mne[s]iphilos, | Sosias, |$^{55}$ Archinos, | Lykinos, | Kallias, | Mnesigenes, | Sikon, |$^{60}$ Amphikedes, | Xenyllos, | *vacat* (der) Strategos | Hippodamas, | Euthymachos, |$^{65}$ Eumelos, | Androsthenes, Bogenschützen: Phrynos, | Tauros, | Theodoros, |$^{70}$ Aleximachos.

(*Sp. II*) | Phanyllos, | X[..]nios, | E[ug]eiton, | Al[k]ippos, |$^{75}$ Ly[s]ikles, | Ke[l]eusos, | Eu[th]ydemos, | Dikaios, | Phil[i]nos, |$^{80}$ Kallikles, | Nausikles, | T[i]mesitheos, | [Mn]esigenes, | P[o]lykles, |$^{85}$ Al[e]xias, | Amydrippos, | Apollodoros, | Gorgias, | Notharchos, |$^{90}$ Parmon[i]des, | Bakon, | Pithon, | Lysias, | Sostratos, |$^{95}$ Philinos, | Philaithos, | Philetairos, | Soteles, | Lysias, |$^{100}$ Aristogenes, | Philinos, | Diotimos, |Kallonides, | Kallixenos, |$^{105}$ Deinias, | Smikythos, |Timodemos, | Lysis, | Akesias, |$^{110}$ Epichares, | Hieronymos, | Anaxilas, | Chairias, | Herakleides, |$^{115}$ Agasikles, | Alkas, | Kephisodotos, | Kallikles, | Kephisodoros, |$^{120}$ Numenios, | Xenophilos, | Hyperbios, | Hagnon, | Polyxenos, |$^{125}$ Erximenes, | Nikon. | *vacat* In Ägypten: *vacat* | Telenikos | (der) Seher.

(*Sp. III*) |$^{130}$ Akryptos, | Timokrates, | Archelas, | Euthykrates, | Patrokleide[s], |$^{135}$ Alkmeonides, | Glaukon, | Demonikos, | Anaxidoros, | Glaukon, |$^{140}$ Prokles, | Antiphon, | Anaxila[s], | Archepoli[s], | Kalleas, |$^{145}$ Thaliarcho[s], | Philonicho[s], | Eukleide[s], | Diodoros, | Nikarchos, |$^{150}$ Epiteles, | Kybon, | Ch[a]irias, | Demetrios, | Arkesilas, |$^{155}$ Euthoinos, | Demetrios, | Gorgon, | Strat[o]n, | Aris[t]ophane[s], |$^{160}$ Glaukon, | Phys[on]ides, | Hag[n]odemos, | Dio[k]les, | Phanostrato[s], |$^{165}$ Eumenios, | The[o]doros, | [Eur]yleos, | [Ke]rdon, | [Ep]ichares, |$^{170}$ E[u]doxos, | P[o]lyzelos, | G[l]aukias, | Epigenes, | Antichares, |$^{175}$ Philistide[s], | Amphikleid[es], | Phruros, | Titon, | Eubios, |$^{180}$ Kallib[ios], | Smikro[s], | Neaios, | Ergote[les], | Phokion, |$^{185}$ Araithos. | *vacat*

### 54 Athen: Grabmal des athenischen Proxenos Pythagoras aus Selymbria 460–440

IG I² 1034; GVI 45 (= GG 20); Walbank 9.

Marmorstele (A), in eine Basis (B) eingelassen, vom Kerameikos in Athen (in situ; EG II 172, Walbank pl. 1 f.). Ionische Schrift, stoichedon. Verse (Distichon).

(*A*) (Grabmal) des Pythagoras.

(*B*) Um der verdienstvollen Proxenie* sowohl seiner Vorfahren als auch seiner eigenen willen | haben die Athener hier beigesetzt Pythagoras, | den Sohn des Dionysios, auf Gemeindekosten; über seine pferdenährende | Heimat Selymbria kam Trauer um den Dahingegangenen.

### 55 Samos: Samier als Kämpfer in Ägypten 460–454

J 342.21; ML 34; CEG I 421; Clairmont 20.A; (Fornara 77). Vgl. Thukydides I 104.

Mamorblock (wohl Statuenbasis) vom Heraion in Samos (Tigani, Museum; J pl. 63). Ionische Schrift, Zeilen- und Versende fallen zusammen. Verse in ionischem Dialekt.

[Für diese] Tat [gibt es] viele [Zeugen, als am Nil] | um das liebliche [Mem]phis auf Schiffen entfach[te eine Schlacht] | zwischen Medern und Hellenen der stürmische Ares; [die Samier aber | nahmen] von den Phoinikern fünfz[ehn Schiffe. |⁵ – den] Hegesa[g]oras Sohn des Zoilotes und [– | –]

### 56 Selinus: Weihinschrift anläßlich eines Sieges nach 460

SGDI 3046; IG XIV 268; HH² 34; Syll.³ 1122; DGE 166; SF⁴ 33; Tod I² 37; Buck 98; J 277.39; ML 38; TDGIS II 25; (Fornara 91).

Acht Fragmente eines Tuffblocks vom Tempel G (Apollonion) in Selinunt (Palermo, Museum; Roehl³ 55.12). Megarische Schrift. Dorisch-megarischer (selinuntischer) Dialekt.

[Dan]k folgenden Göttern sind siegreich die Selinun[tier: | dan]k Zeus sind wir siegreich und dank Phobos [und | dank] Herakles und dank Apollon und dank P[ot|eida]n (= Poseidon) und dank den Tyndariden und dank Ath[a]|5naia und dank der Malophoros (= Demeter) und dank der Pasi[k]|ra[t]eia (= Persephone) und dank den übrigen Göttern, dank Zeus ab[er] | am meisten. Wenn Freundschaf[t] geschlossen ist, soll° man° (ein) in G[o]l|d [ge]triebenes (Weihgeschenk) anfertigen [und] diese Namen ein|punze[n und (es) im] Apollonion aufstellen, |10 nachdem man des Zeus [(Namen) –] aufgeschrieben hat. Das Gold(objekt) | soll sech[zig Ta]lente* [be]tragen.

## 57 Athen: Volksbeschluß über ein Bündnis mit der delphischen Amphiktyonie 458 oder später

IG I² 26; Tod I² 39; StV II 142; IG I³ 9; (Fornara 82).

Fragment einer Marmorstele vom Südhang der Akropolis in Athen (EM; AJA 55 pl. 37). Attische Schrift, stoichedon.

[Beschlossen haben der R]at und da[s Vo|lk; (die Phyle) ....... hatte die Pr]ytanie* inne, Ai[...|.... war Schriftfüh]rer, Menyll[os war E|pistates*, .....]ies stellte den Antrag: Abge[schlo|5ssen werden soll das B]ündnis, [so | wie die (Abgesandten) von der] Pylaia (= Amphiktyonen-Versammlung) vo[r|tragen, mit allen] Amphi[kty|onen, die Anteil] haben am H[ei|ligtum, wobei wir einzuhalten sch]wören [d|10as Bündnis bei]m Apollon [un|d der Leto und der] Artemis, und V[er|nichtung auf uns se]lbst herab[ru|fen, wenn wir (den Eid) verlet]zen. Be[schl|ießen soll man nach dem Her]kommen ü[be|15r alles, was die (Abgesandten) von d]er Pyl[ai|a vortragen – | –]

## 58 Athen: Volksbeschluß über ein Bündnis mit Segesta 458/7 (?)

IG I² 19 + 20.1 f.; Tod I² 31; StV II 139; ML 37; SAE III; IG I³ 11; (Fornara 81). Vgl. Diodor XI 86, 2.

Zwei Fragmente einer Marmorstele von der Akropolis in Athen (EM; SAE pl. 8 f.). Ionische Schrift, stoichedon ab Z. 2. Auf demselben Stein folgt Nr. 96. Ergänzungen und Datierung (vgl. SEG 36, 14: 418/7?) umstritten.

[Bündnis und E]i[d der] A[th]ene[r un]d der Egestai[er. | Beschlossen haben der Rat und das Volk; (die Phyle) –] hatte die Prytanie* inne, [– | – war Schriftführer, – war Epistates*, –]on war Archon*, Ar[chi]a[s (?) | stellte den Antrag: Hinsichtlich der Egesta]ie[r sollen de]n [E]i[d] ihn[en sogleich lei]ste[n üb|5er das Bündnis die Strateg]oi* [in] A[then, empfangen (sollen sie ihn) in Eg]e[sta v|on ihnen; von den Athenern sollen schwö]r[en der Rat u]nd die Ri[chte|r in gleicher Weise. Zum günstigen Au]sga[ng der] O[pfer die O]pfertiere so viele wie [– | – d]en E[i]d sch[wören. Da]ß den Eid | [alle leisten, dafür sollen die Strat]egoi Sorge trag[en – | – mit (?) d]en Eideshelfern, daß [–] Eg[estaier | –] Diesen [Be]schluß und den [Eid] soll auf[schreiben | lassen auf einer Stele aus Marmor auf der P]olis* der Schriftführer des Rates; [die P|oletai* sollen (sie) in Auftrag geben]; die Kolakretai* sollen (dafür) [das Geld] zur Verfügung stellen. | [Einladen soll man ferner zu]m Empfang die Gesandtschaft der E[gestaier | ins Prytaneion* auf die] übliche Zeit. *v* Euphem[os stellte den Antrag: In | allen Punkten Übereinstimmung mit dem R]at, doch wenn künftig G[esandte der Eg|estaier kommen, soll der H]erold sie einführ[en – | – die] G[esandten (?) – | – (*lacuna*) | (Folgende) Gesandte] der Egestai[er haben den Eid geleistet: – | – Sohn des –]ikinos Ap[–] | *vacat*

### 59 Olympia: Weihung der Lakedaimonier für den Sieg bei Tanagra 458 (?)

SGDI 3157; I.v.Olympia 253; HH² 30; HGI 17; Tod I² 27; J 132.38; ML 36; CEG I 351; (Fornara 80). Vgl. Pausanias V 10,4.

Drei Fragmente einer Marmorstele aus Olympia (Museum; J pl. 21). Korinthische Schrift. Verse (Distichon) in dorisch-lakonischem Dialekt.

[Der Tempel] hat [eine goldene Schale], die von [Tanagra | die Lakedaimonier und ihr Bün]dnis wei[hten | als Gabe, von den Argivern und Athe]nern und [Ionern | als den Zehnten, des Sieges we]gen im Kr[ieg. | –] Kor[inth]i[er – | –]

### 60 Athen: Grabmal für die bei Tanagra gefallenen Argiver 458 (?)

HH² 28; IG I² 931 + 932; Tod I² 28; GVI 15; J 169.30; ML 35; CEG I 135; Clairmont 21.a. Vgl. Thukydides I 107, 6, Pausanias I 29,8.

Vierzehn verstreut gefundene Fragmente einer Marmorstele aus Athen (EM, London BM, Privatbesitz; J pl. 29f., EG I 470, Clairmont pl. 21ff.). Argivische Schrift, stoichedon in vier Spalten ab Z.3.

(Grabmal) der Argi[ver. Folgend]e f[ielen bei Tan]agra [durch° der] Lak[edaimo|nier Händ]e [und ertrugen] Leid [im] Kampf [u]m [das Land]: |

(*Sp. I*) | (Von der Phyle) Hylleis: | [P]ollichos, | [Al]kisthenes, | [–

]os | (*lacuna*) | [–]ma[–], |[...]this [–], | [Hi]ppos[thenes], | [N]ikeas, | Aristobi[os], | Telestas, | Aither, | Philokrates, | Stilpon, | Epitimos,

(*Sp. II*) |[35] [.]etrios, | [A]ristion, |[S]phendonion, | [L]ykinos, | Anaxilas, |[40] [D]erketos, | [Ech]emenes, [–]is (*lacuna*) | [–]os, | [–]ios, | [.]yros, | [S]imos, | [A]gis, | Mos[ch– | (*lacuna*) | (*Reste von 8 weiteren Namen*)

(*Sp. III*) |[70] [–]os | (*7 Zeilen zerstört*) | [–]os | – |[80] – | –]s | (*lacuna*) | Pos[–], | Euch[–], | Leo[–], | Ais[ch–], | Dam[a]h[ippos], | Pan[t]a[i–], | Doro[–], | Mysp[–], | Arte[–] | (*lacuna*) | (*Reste von 3 weiteren Namen*)

(*Sp. IV*) | Ant[–], | The[–], | E[..]l[..]s, |[115] [Ph]oinix, | [Ph]ileas, | [B]rachas, | Telesstas, | Damophanes, |[120] Thymares, | Daikles, | Sylikos, | Derketos, | Lykodorkas, |[125] Kleon, | Kratiadas, | [A]ischylos, | [Eu]archi[d]as | (*lacuna*) | (*Reste von 6 weiteren Namen*) | [–]leidas, | [–]machos, | [–]s, | [–]ai[–, | ..]okas, | Spintheras, | Epimenes, [Dam]aretos.

## 61 Athen: Volksbeschluß mit Erwähnung des Kapitulationsvertrags zwischen Athen und Aigina 457–445

IG I[2] 18; StV II 141; IG I[3] 38. Vgl. Thukydides I 108.

Fragment einer Marmorstele von der Akropolis in Athen (EM). Attische Schrift, stoichedon.

[– | –d]en Aigi[neten – zur Sch]|ädigung [–] | die *vv* Wach[e –|[5] das Vereinbar[te (= der Kapitulationsvertrag) –] | sind für sie [– zum] | Schaden der Athen[er – | –] nicht Schaden zufügen [–] | wenn sie schuld sind [– ins Fe]||[10]ld ziehen gegen d[– | –] um wieviel [– | –]

## 62 Athen: Tributliste (sog. lapis primus) 454/3

HH[2] 33; IG I[2] 191; HAI 8; Tod I[2] 30; ATL I + II 1; ML 39; IG I[3] 259.

183 Fragmente eines Marmorpfeilers von der Akropolis in Athen (EM; ATL I pl. 1ff., Kirchner[2] 33f., Hesperia 45 pl. 27f.). Attische Schrift, stoichedon, das Verzeichnis der Seebundsmitglieder in sechs Spalten. Auf allen vier Seiten beschrieben mit den Aufzeichnungen der Tributlisten für 454/3 bis 440/39, davon hier die erste. Folgende Tributlisten sind in die von uns berücksichtigten Auswahlsammlungen aufgenommen, doch aus den S. XIII genannten Gründen hier nicht übersetzt: 7. Jahr (449/8) IG I[3] 264 bei Tod I[2] 38, ML 50; 12. Jahr (443/2) IG I[3] 269 bei HH[2] 43, HAI 11, Tod I[2] 46; 15. Jahr (440/39) IG I[3] 272 bei

Syll.$^{3}$ 68; 22. Jahr (433/2) IG $^{3}$ 279 bei HH$^{2}$ 48, Tod I$^{2}$ 56; 25. Jahr (430/29) IG I$^{3}$ 281 bei HH$^{2}$ 65; 34. Jahr (421/0) IG I$^{3}$ 285 bei HAI 16, Tod I$^{2}$ 71; 37. Jahr (418/7) IG I$^{3}$ 287 bei ML 75.

[Folgende Aparchai*, gesondert und in]s[gesamt {*oder*: [Stadt für] S[tadt allesamt]}, (angewiesen) von] den Hell[enot]amiai*, [für die .......|....... Schriftführer wa]r, waren die erst[en, über die den] Triako[nta (= dreißig Rechnungsprüfer) Rechenschaft abgelegt wurde [für die Göttin | vom Bündner-Tribut i]m Amtsjahr des Archon* Aris[ton], für die A[then]er (je) eine Mine* v[on (je)dem Tal|ent:] *vacat* |$^{5}$

(*Sp. I*) (*9 Zeilen zerstört*) | [Stagirit]en: [1]6 (Drachmen*) 4 (Obolen*) |$^{15}$ [Pharbe]l[i]er: [16] (Drachmen) 4 (Obolen) | [Elaiit]en: [16 (Drachmen) 2 +] 2 (Obolen) | (*5 Zeilen zerstört*) | [Ephesie]r: 7[50] (Drachmen) | [Ainier:] 1200 (Drachmen) | [Gentini?]er: 8 (Drachmen) [2 Obolen) |$^{25}$ Naxia]ten: 1[6 (Drachmen) 4 (Obolen) | Madnas]ier: 200 (Drachmen) | [Knidi?]er 100 [+ x] (Drachmen) | [.....]eten: 60 (Drachmen) [–]

(*Sp. II*) (*3 Zeilen zerstört)* | E[rodier: 8 (Drachmen) 2 (Obolen)] | S[kionaier und]) |$^{10}$ Th[rambaier: 600 (Drachmen)] | P[riener: 100 (Drachmen)] | K[ydaier: 6 (Drachmen) 2 +] 2 (Obolen) | Pr[iaper: 8 (Drachmen)] 2 (Obolen) | Thy[ssier: 65 +] 1 (Drachmen) 4 (Obolen) |$^{15}$ To[ronaier: 1]200 (Drachmen) | Ka[rysstier:] 1200 (Drachmen) | Per[kosier: 1]6 (Drachmen) 4 (Obolen) | [P]e[parethier:] 300 (Drachmen) | [H]a[isonier: 10 +] 15 (Drachmen) | (*5 Zeilen zerstört*) |$^{25}$ [Sanaier, Olo]phyx|[ier, Dier: 2]33 (Drachmen) 2 (Obolen) | [Sambakt]ys: 106 (Drachmen) 4 (Obolen) | [Chersones]iten: 1800 (Drachmen) | [Abydener:] 437 (Drachmen) 4 (Obolen)

(*Sp. III*) Pedaser: 200 (Drachmen) | Astyrener: [ 8 (Drachmen) 2 (Obolen)] | Byzantier: [1500 (Drachmen) | K]amirer: 500 [+ 400] (Drachmen) | Thermaier |$^{10}$ [auf] Ikaros: [50 (Drachmen) | D]aunio-|teichit[en: 6 (Drachmen)] 4 (Obolen) | Samothra[ker:] 600 (Drachmen) | Astypal[aier:] 200 (Drachmen) |$^{15}$ Mendai[er: 700 +] 100 (Drachmen) | Selym[b]r[ianer:] 900 (Drachmen) | Aigant[ier: 20 + ] 13 (Drachmen) 2 (Obolen) | Neopo[liten aus] | Mile[t auf Leukon] |$^{20}$ Akr[oterion:] 300 (Drachmen) | Ko[lophon]ier: 300 (Drachmen) | Not[i]er: 33 (Drachmen) 2 (Obolen) | Diosiriten: 16 (Drachmen) 4 (Obolen) | Spartolier: 200 (Drachmen) | Airaier: 300 (Drachmen) | von den Lindiern die Oiiaten: 55 (Drachmen) | Astakener: 150 (Drachmen) | Neopoliten: 50 (Drachmen) | Maiandrier: 66 (Drachmen) 4 (Obolen)

(*Sp. IV*) [Mar]oniten: 150 (Drachmen) | [Li]ndier: 845 (Drachmen) | [Oi]naier auf I|karos: 133 (Drachmen) 2 (Obolen) | Essier: 100 (Drachmen) | Neandreia 33 (Drachmen) [2 (Obolen)] | Lamponeia 16 (Drachmen) 4 (Obolen) | Halikar|nasser: 166 (Drachmen) 4 (Obolen) | Strepsaier: 100 (Drachmen) | Galepsier: 150 (Drachmen) | Kyrbissos: 33 (Drachmen) 2 (Obolen) | Didymotei-|chiten: 16 (Drachmen) 4 (Obolen) | D[ik]aiopo|liten: 400 (Drachmen) | Klazomen[ier: 150 (Drachmen)] | Argilier: ⟨1⟩50 (Drachmen) | Karbasyander: [16 (Drachmen) 4 (Obolen)] | Phaseliten: 600 (Drachmen) | Termerer: 250 (Drachmen) | Kebrenier: 300 (Drachmen) | Kasol[aber: 41 (Drachmen) 4 (Obolen)] | Dik[aia] | bei [Abdera: 50 (Drachmen)]

(*Sp. V*) Ab[deri]ten: 1287 (Drachmen) | Olynth[ier], Ska|blaier, [As]se|riten: 100 [+ 165 +] 1 (Drachmen) 4 (Obolen) | Sermyl[ier]: 772 (Drachmen) | Mekyper[na]ier: *vacat* | Stolier, P[ol]i|chniten: 231 (Drachmen) 2 (Obolen) | Sin⟨g⟩ier: 200 [ + x +] 2 (Drachmen) 2 (Obolen) | Thasier: 300 (Drachmen) | Myser: 31 [+ 2] (Drachmen) 2 (Obolen) | Pikres [von] Syan[gela: 50 (Drachmen)] | Kedrieten: [50 (Drachmen)] | Keramier [150 (Drachmen)] | Butheier: [–] | Kyllandi[er: 200 (Drachmen)] | Chier, k[a]r[ische: 33 (Drachmen) 2 (Obolen)] | (*8 Zeilen zerstört*)

(*Sp. VI*) Nar[i]sbarer: 16 (Drachmen) 4 (Obolen) | Myd[o]ner: [25 (Drachmen)] | Kia[n]er: 1[6 (Drachmen) 4 (Obolen)] | Artakener: [33 (Drachmen) 2 (Obolen)] | Neapolis | [i]n [Th]rakien: 15 [+ 1 (Drachmen) 4 (Obolen)] | Ber[y]sier am | Ida(gebirge): 16 (Drachmen) 4 (Obolen) | Auliaten, karische: 17 [+ 1 (Drachmen) 2 (Obolen)] Iaten: 100 (Drachmen) | Parianer: 100 (Drachmen) | [D]askyleion | [an] der Propontis: 8 (Drachmen) 2 (Obolen) | [A]igineten: 3000 (Drachmen) | Milesier | aus Leros: 300 (Drachmen) | [Mi]lesier | [aus T]eichiussa [–] | (*7 Zeilen zerstört*)

(*Postskript*) [Von den Hellenotamiai*, | für welche – Schr|iftführer war, wurde° den Dreiß|ig Rechenschaft abgelegt über die Aparcha|i, die für die Göttin von de|n Städ]ten [eingingen; getrennt das | Sil]ber u[nd das Gold. | Vom] Silber [betrug die Summe | 6 T(alente*) {*oder*: 6 T(alente) 1000 (Drachmen) +}] 2320 [+ x] (Drachmen); | vom Gold, [ins]ges[amt kyzik]|enisch(e Währung = Elektron), [betrug die] Su[mme] an ky[zikenischen° Stater]|en* [– +] 106 [+ –].

{Liste der mit dem Ethnikon aufgeführten Städte: Stageira, Pharbelos, Elaia, Ephesos, Ainos, Gentinos (?), Naxia, Madnasa, Knidos (?), Chedrolos, Skione, Therambos, Priene, Kydai, Priapos, Thyssos, Torone, Karystos, Perkote, Peparethos, Haison, Sane, Olophyxos, Dion, Abydos, Astyra, Byzantion, Kameiros, Thermai, Damnion Teichos, Samothrake, Astypalaia, Mende, Selymbria, Aige, Neapolis,

Kolophon, Notion, Dios Hieron, Spartolos, Hairai, Oiai (Lindos), Astakos, Neapolis, Maiandros, Maroneia, Lindos, Oine, Assos, Halikarnassos, Strepsa, Galepsos, Didymon Teichos, Dikaiopolis, Klazomenai, Argilos, Karbasyanda, Phaselis, Termera, Kebrene, Kasolaba, Abdera, Olynthos, Skabla, Assera, Sermylia, Mekyberna, Stolos, Polichne, Singos, Thasos, Kedriai, Kermos, Butheia, Kyllandos, Chios in Karien, Narisbara, Mydon, Kios, Artake, Berytis, Aulai, Ios, Parion, Aigina, Milet.}

### 63 Athen: Volksbeschluß über die Regelungen für Erythrai 453/2 (?)

HH[2] 32; Syll.[3] 41; IG I[2] 10; Tod I[2] 29; ATL D 10 (danach die Ergänzungen); StV II 134; ML 40; I.v.Erythrai I 4; IG I[3] 14; (Fornara 71).

Marmorstele von der Akropolis in Athen (verschollen). Offenbar attische Schrift.

[Beschlossen haben der Rat und das Volk; (die Phyle) – hatte die Prytanie* inne, – | –] war Epistates*, L[– stellte den Antrag: Die Er|ythrai]er sollen zum Fest der Großen Panathenäen* Getreide im We[rt von nicht w|enig]er als drei Minen* abführen°; und zuteilen soll an diejenigen, die aus Erythrai anwesend sind, |[5] [der] Opferpriester [vom Fleisch jedem im Wert von einer Drachme* (?).] Wenn aber das Abge[führte weni|ger] wert ist als die drei Minen gemäß [der Vereinbarung], soll Ge[treide (?)] kaufen | [der] Priester; das Volk [– D]rach|[men – Fl]eisch [–] jedem beliebigen. Von den Erythraiern soll° [du]rc|[hs L]os bestimmt sein der Rat, einhundertzwanzig Mann. Der |[10] [durch das Los Gewählte soll] im Rat [sich der Überprüfung unterziehen, kein Fremder und,] um Ratsherr zu sein, | [ni]cht weniger als dreißig Jahre alt sein. Ein gerichtliches Verfahren soll [geg]|en Überführte eingeleitet werden. Ratsherr sein soll er nicht (noch einmal) binnen vier Jahren. [–] | Erlosen und konstituieren sollen den jetzigen Rat die [Episk|op]oi (= Inspektoren) und der Kommandant der (in Erythrai stationierten) Garnison, künftig der Rat und der [Garnisons] |[15]kommandant nicht weniger als dreißig Tage, bevor [der Rat] abtritt. | Schwören sollen sie [bei Z]eus und Apo[l]lon und Deme[ter], wobei sie sich belade[n mit einem Fl|u]ch für den Fall der Ei[desverletzung, – ebenso a]uch ihre Kinder mit einem Fl[uch. Erfolgen soll die Eides|leistung unter Verbrennung] von Opfertieren [–] der Rat nicht weniger ver[bren|nen – We]nn aber nicht, soll man sie bestrafen können mit tausend D[rachme|[20]n – auch d]as Volk soll nicht weniger verbrennen. | Schwören soll [folgendermaß]en der Rat: „Ich werde das Amt des Ratsherrn nach bestem Vermögen bekleiden [un|d] in der Weise, die am besten gerecht wird dem Volk (*plethos*) der Erythraier, der Athener und der [Bün]|dner, und ich werde nicht abfallen, weder vom Volk der Athener noch von [d|en] Bündnern der Athener, weder ich selbst, noch werde ich jemandem darin Folge [leisten. | Auch werde ich nicht überlaufen,] weder ich selbst, noch werde ich jemandem darin Fol[ge leisten. Auch werde ich von | den] Verbannten nicht einen einzigen aufnehmen, weder [ich selbst, noch werde ich | jemande]m darin Folge leisten, und zwar [(besonders) bei den zu den] Medern geflüch[teten], ohne (Zustimmung des) R[ats der | Athe]ner und des [V]olkes (von Erythrai). Auch werde ich niemand von den Gebliebenen (aus Erythrai) verjagen o[hne] (Zustimmung des) R[a|ts] der Athener und [des] Volkes (von Erythrai). Wenn ein [Erythrai]er | einen anderen Erythr[ai]er tötet, soll er hingerichtet werden, wenn er (zum Tode) [verur]teilt wird. [Wird er zu lebenslänglicher (?) Verbannung | verur]teilt, so soll er aus dem gesamt[en] Gebiet des Bündnis[ses] der Athener verbannt sein [u|nd se]in Vermögen eingezog[en werd]en und in den Besitz der Erythraier übergehen. Wenn einer [überführt wird,] | an die Tyrannen [das Volk der] Erythraier [zu verraten, | so soll er] getötet werden, [ohne daß dies gesetzlich geahndet wird, und desgleichen auch] dessen Kinder, [sofern sich nicht | der Nachweis erbringen läßt, daß dessen Kinder dem Volk der] Erythraier und [dem Volk der] Athener [gegenüber eine freundschaftliche und wohlgesinnte Haltung einnehmen.] Das Vermögen [des | Überführten sollen] erhalten [seine] Kinder [zur einen Hälfte, | zur anderen soll es eingezogen werden. Gleichermaßen soll verfahren werden, wenn einer überführt wird, auf das V]olk der Athener [oder | die] in Erythrai [stationierte (athenische) Garnison einen Anschlag zu unternehmen – | –] der Athener [– | – d]er Bündne[r – | –] der Wa[ch]en Bogensch[ütz]en zehn [– | – | – | –] aus jedem Rat [– | –] Ath[en –]

### 64 Athen: Volksbeschluß über Ehrung für Acheloion 450/49 (?)

IG I² 28.a; Walbank 14; IG I³ 19.

Fragment einer Marmorstele vom Südhang der Akropolis von Athen (EM; Walbank pl. 3). Attische Schrift, stoichedon. Auf der Rückseite IG II² 150.

[– soll] e[r Proxenos* sein der Athen|er und W]ohltäte[r. Wenn von irgendwelchen] | Acheloio[n Unrecht erleide]t, [soll er° einen Prozeß er|halten g]egen diese [in] A[then vor de|m Pol]emarchos*; Ger[ichtsgebühren soll nicht zahlen müsse|n der Kläger mit Ausnah]me von fünf Drachm[en*.] | Wenn jemand [den Acheloion] tö[tet | oder] einen seiner Söhne [im Gebiet einer der Städt|e, wel]che die Athener [beherrschen, soll° die Sta|[10]dt] fünf Talent[e* Buße zahlen wie wenn] ein° [Athe|ne]r getö[tet worden ist. Die Klage soll° in Athe|n] erfolgen in d[erselben] Weise, [wie wenn ein] Athene|[r ge]tötet worden [ist –]

## 65 Athen: Volksbeschluß über die Regelung der Verhältnisse in Milet 450/49

IG $I^2$ 22; ATL T68 = D 11; StV II 151; SAE II (danach die Ergänzungen); IG $I^3$ 21; Cataldi 7; (Fornara 92).

Acht Fragmente einer Marmorstele vom Südhang der Akropolis in Athen (EM; ATL II pl. 4, SAE pl. 4ff., Cataldi pl. 9, Meyer pl. 1). Attische Schrift, stoichedon ab Z.2. Oben Relief (Fragmente).

[Reg]el[ungen für die Mi]les[ier.] | [Beschlossen haben] der Rat un[d das Volk; (die Phyle) ...... hatte die Pr]ytan[ie* inne, ...... war Schriftf|ührer, ....]or war Epistates*, [Euthynos (?) war Archon*. Folgenden En]tw[urf (der Regelungen) für die Milesier haben die S]yngra[pheis* aufgesetzt: Dar|bringen soll man die ü]blichen (Opfer) de[n Göttern, und wählen soll das Volk] fünf Mä[nner aus all de|[5]nen u]nverzüglich, die ü[ber fünfzig Jahre alt] sin[d; eine Ablehnung (durch die Gewählten) soll nicht möglich se|in für sie und a]uch keine Ersatzst[ellung. Diese sollen Ar]chonten* sein und mit[– | –] nach dem [– | –] die Mil[esier – | – Mil]esier [–] zehn[– |[10] –] Trier[en – von den] Truppen transport[ierenden Schiffen – | –] Waffen stellen [– | –] Ruderer sein [– | – v]ier Obo[len* – | –] pro Per[son [ – |[15] –] nach [Athen – | – ] nach [Athe]n, was auch immer [– | – s]oviel erhalt[en – | – | –] nach [Athen – |[20] –] in Athe[n – | –| – | –| –] dreißi[g – |[25] – Ge]sandter oder [– | –] nichts, und auch nicht [– de|r Bü]ndner, was den Athe[nern] nicht [gut erscheint (?). Wer aber dies tut, soll° der At|imi]e* verfallen und s[ein] Besitz [soll eingezogen werden und der Göttin soll der zehnte Teil zufallen. Di|e] Prozesse sollen stattfinden für die Milesier wi[e für die Athener, und von jedem Talent* sollen tausend] |[30] Drachmen* aus den Zehnte[n geweiht sein dem Apollon in Didyma. Die] | Gerichtsgebühren sollen sie niederlegen bei [den (fünf) Archonten der Athener in Milet. Di|e] Prozesse in Athen sollen stattfinden in d[er Heliaia* in den Monaten Gamelion und Anthes|te]rion und Elaphebolion. D[ie Nomothetai* sollen tausend Richter einsetzen,] | die sie verteilen und durchs Los zuweise[n nach den Phylen*.

Diese Prozesse] sollen° [überpr|üf]en (?) zwei der Archonten* u[nd die Epimeletai* für die Prozesse und der Lohn] soll° [g|ege]ben werden den Richtern aus de[n Gerichtsgebühren. Und denen, die aus Milet anreis|en,] sollen [unbedingt] (Zugang) zu dem Geri[cht] gewähren [die jeweiligen Archonten in den Monaten, | die] zuvor genannt sind, sonst [sollen sie] als Buße [zahlen tausend Drachmen. Wenn eine Prytan|ie z]u den Archonten der Ath[ener –| –] nach Athen den Epimelet[ai – | –] wie zuvor und [– | –] sollen Sorge tragen die Fü[nf – | –Ge]richt einsetzt [– | –] denen, die anreisen, soll gestattet sein [ – | – d]ie Archonten der Athene[r – | –] bei (Fällen) über hunder[t Drachmen soll Berufung möglich sein. Dies soll man aufschreibe|n au]f einer Stele, [un]d den Beschlüsse[n der Athener sollen stets Folge leisten die Milesier u|nd] (sie) nicht zunichte ma[chen] oder danach trachten, [daß sie aufgelöst werden. Wenn jemand etwas davon übe]|rtritt, soll Anklage erhoben werden gegen ihn b[ei den Epimeletai ohne Verzug; die Epimele]|tai sollen das Verfahren gegen ihn einleiten vor einem [der Archonten binnen fünf Tagen. Festsetzen soll das] | Gericht, welche Strafe erleiden oder B[uße er zahlen soll. Was diejenigen betrifft, die aus der Verbannung zurückgekehrt sind gemäß den | B]eschlüssen der Athene[r, sollen die Milesier die (seinerzeit eingezogene) Habe (von den neuen Inhabern) e]inziehen, [soweit sie° (ihrer) | habhaft werden, und d]iejenige (Habe), [derer sie habhaft geworden sind,] zurückgeben [dem einstigen Eigentümer. Von dem Go]ld soll die Stadt zurückgeben den We[rt und vom Silber, wieviel ein jeder zuvor hatte.] | Und in Zukunft sollen sie keine Aufzeichnungen ma[chen gegen die traditionellen Gesetze. Die Urteile] | betreffs der Gelder für die Eisphora* [gegen die Verbannten sollen ungültig sein und auch die, z]|u denen einander verurteilt haben die zuhause Wo[hnenden. Was bezahlt haben die Verbannten, als sie | d]ie Stadt innehatten (?) oder zu welcher anderen Straf[e sie später verurteilt wurden, der Wert dieser Beträge] | soll zurückzugeben sein dem, der sie geschuldet hat wider d[ie traditionellen Gesetze, und die Stadt soll° ih|m] aus [dem, was eingezogen worden war,] die Mittel oder das Geld [zu]rückgeben [gemäß dem Beschl|uß, (der)] unter dem Archon Euthynos (gefaßt wurde). Wer [diesem] nicht [Folge leistet, den sollen zwing|en zur Rückga]be die fünf Archonten und einen Pr[ozeß führen gegen ihn vor – | –] Prozesse sollen stattfinden in Athen [– | –] gegenüber den B[ündnern] der Athener [– | –] die Prytanen (= Oberbeamten) der Miles[ier – | – b]eide Seiten die Stadt [– | –] der Milesier [– | – d]ie Athe[ner – | – E]id ab[nehmen – | – d]ie ü[brigen Mi|lesi[er – | – Eid] abneh[men sollen] die Fü[nf zusammen mit den Eidabnehmern, und nicht schwören lassen° sollen sie die andere|n Milesier], bevor nicht geschwor[en hat ein jeder Prytane. Die Fünf] | sollen [bevollmächtigt] sei[n in Mi]let, daß die [Stadt – | – und] sollen dafür Sorge tragen, daß sie möglichst gu[t regiert wird. Wenn einer ihnen nicht Folge leistet | von den Mil]esiern oder [von de]r Garnison, s[ollen] sie berechtigt sein, [eine Strafe zu verhängen bis zu fünf Drach|men. Wenn jemand] eine höhere Strafe verdient hat, [sollen sie ihn] nach Athe[n zum Prozeß schi|cken, wobei sie hinz]ufügen, wieviel Strafe er (ihnen) verdient zu haben scheint. [Der Entwurf, den die Syngrapheis vor]gelegt haben, soll vorge|leg[t werden d]em Volk von de[n Prytanen – | –] bereits [beschlos]sen von ihnen, sei es, daß sie etwas anderes b[eschließen, sei es nicht darüber, worum | die (aus der Verbannung) zurückgekehr]ten M[ile]sier [bitten]°. Wenn sie beson[nen bleiben, sollen sie erh|alten, worum sie] bitt[en. B]etreffs Arnasos hat der Ra[t eine Resolution eingebracht: Die | Fünf sol]len [bevoll]mä[chtigt sein] zu regier[en über die, die jetzt dort wohnen. Sor|ge tragen soll d]er Ra[t für die W]ache. Von den Beschl[üssen – | – daß] durch[gefü]hrt wird, [soll] der Rat bevollmächti[gt sein. Die Strategoi sollen° binnen zehn | Tagen auss]ende[n die zwei] Wachschiffe und die a[nderen – | –] unter [Euth]ynos als Archon [[– | –]]

## 66 Athen: Volksbeschluß über ein Bündnis mit Hermione um 450

SEG 10, 15; StV II 150; IG I³ 31.

Oberer Teil einer Marmorstele von der Agora in Athen (AM; Hesperia 2 p.494). Attische Schrift, stoichedon ab Z.3.

[Th]eodoros aus (dem Demos) Prasiai war Schriftführer. | [B]ündnis der Hermioneer und der Athene[r. | Be]schlossen haben der Rat und das Volk; (die Phyle) Antioch[is hatte die | P]rytanie* inne, Theodoros war Schriftführer, Si[..... |.] war Epistates*. *vacat* | [L]eon [stellte den Antrag]: Vertraglich abschließen soll man, was die Hermion[eer –]

## 67 Rhamnus: Abrechnung der Nemesis um 450–440

SEG 10, 210; ML 53; Nouveau Choix 20; IG I³ 248; (Fornara 90 B).

Marmorstele aus Rhamnus (Athen EM). Attische Schrift mit vereinzelten ionischen Schriftformen, stoichedon bis Z.14.

In dem Jahr, in dem Autokleid|es Demarchos* wa|r. Von den Nemes|is-Geldern die S|umme b|ei denjenigen, welche das | Zweihundert-Dr|achmen-Darlehen aufgenommen haben: | 37000 (Drachmen*). Vom üb|rigen Geld | der Nemesi|s die Summe: 1|2 729 (Drachmen) | 3 (Obolen*). *vacat*

| In dem Jahr, in dem Mnesiptolem|os (als Demarchos) amtierte, Sum|me der gesamten hei|ligen Gelder: 51|397 (Drachmen) 5 (Obolen). *vacat*

| In dem Jahr, in dem Nausimenes amtier|te, Summe der hei|ligen Gelder b|ei denjenigen, welche das Zweihun|dert(-Drachmen-|Darlehen) haben: 37000 (Drachmen); | vom Rest 11723 (Drachmen) | 2 (Obolen). *vacat*

| In dem Jahr, in dem Euainetos amtier|te, Summe des Dre|ihundert-Drachmen(-Darlehens): | 13500 (Drachmen); Gesamtsumme: | 55712 (Drachmen) 1 (Obole). *vacat*

| In dem Jahr, in dem Demophanes Demar|chos war, bei den Hieropoioi* befindliche Su|mme: 5206 (Drachmen) 4 (Obolen); | von den Dreihundert-Drachmen(-Darlehen): | 14400 (Drachmen); von den Zweihun|dert Drachmen(-Darlehen): 37000 (Drachmen). | Gesamtsumme: 56606 (Drachmen) 4 (Obolen). | *vacat*

## 68 Athen: Volksbeschluß über die Vereinheitlichung von Maßen und Gewichten 450–446 (?)

ATL T69 = D 14 (danach die Ergänzungen); Tod I² 67; Epigraphica I 3; ML 45; APF 19, 1969, 91 ff. (Erxleben; Abweichungen s. u.); (Fornara 97). Einteilung in Paragraphen modern.

Komposittext nach den 7 erhaltenen Fragmenten des Textes: 2 aus Syme, je 1 aus Aphytis, Kos, Siphnos, Smyrna (verschollen), Odessa (Museum) (ATL II pl. 5 ff.). Ionische (Kos: Attische) Schrift, stoichedon (nicht Syme, Siphnos, Smyrna, Odessa?).

[(*§ 1*) – die Archo]nte[n (= Oberbeamten) in den Städten oder die [athenischen] Archon[ten* – (*§ 2*) Die] Hellenotam[iai* –] sollen ein Verzeichnis anlegen [von den Münzprägestätten in den Städten]. Wenn nicht [korrekt verzeichnet wird die Münzstätte] einer [der S]tädte, [soll jeder, der es wünscht, unverzüglich vor d]ie Heliaia* de[r Thesmothetai* diejenigen] bring[en, die gegen das Gesetz verstoßen haben; d]ie Thesmothe[t]ai sollen [binnen] fü[nf Tagen bei jeder] einzelnen [Anzei]ge [das Verfahren durchfüh]ren. (*§ 3*) Wenn [jemand anderer als d]ie (athenischen) Beam[ten in d]en Städten nicht in Über-

[einstimmung mit den beschloss]enen (Bestimmungen) verfährt, sei er [Bürg]er oder Fremder, [soll er der At]im[ie* verfallen, sein Vermö]gen soll [eingezogen werden und] der Göttin d[er zehnte Teil zufallen.] (*§ 4*) Sind [kei]ne athenischen Beamten (vor Ort), [so sollen] die Oberbeamte[n der jeweiligen Stadt alle Bestimmungen des B[eschlusses [durchführen]; wenn sie nicht in Übereinstimmung m[it den beschlossenen Bestimmungen verfahren, soll gegen] diese [Oberbea]mten [in Athen ein Gerichtsverfahren] auf [Atimie* stattfinden. (*§ 5*) In der] Münzprägestätte [soll man] das Sil[ber nach Empfang münzen, nicht wen]iger als die Hälfte, und [zurückgeben, damit genügend Münzgeld zur Verfügung haben] die Städte. Einbehal[ten sollen (davon) die Vorstände (der Münze) jeweils drei] Drachmen* pro Mi[ne*. Die andere Hälfte] sollen sie [binnen fünf Monaten ein]wechseln oder zur Verantwort[ung gezogen werden gemäß dem Gesetz. (*§ 6*) Was übrig]bleibt von dem [einbehaltenen] Silber, [soll man ausmünzen und] entweder den Strat[egoi* oder den Apodektai* sogleich überge]ben. (*§ 7*) [Wenn] die Übergabe erfolgt ist, [soll man auch bezüglich der Beträge, die der Athen]a und dem Hephais[tos geschuldet werden, einen Beschluß fassen. (*§ 8*) Wenn jeman]d einen Antrag [dar]über stel[lt oder] abstimmen läßt, [daß es erlaubt sein solle, fremde Münze] zu verwenden oder zu verlei[hen, so soll er unverzüglich vor] den Hendeka (= elf Exekutivbamte) [angeklagt werden,] und die [Hendeka sollen die To]dess[trafe verhängen. Wen]n er abstreitet, [sollen sie ihn] vor [das Gericht bringen.] (*§ 9*) Das [Volk] soll Herolde wählen [und zu den Städten entsenden entsprechend den beschloss]enen (Bestimmungen), einen zu den In[seln, einen nach Ionien, einen zum Hellesp]ont (und) einen i[n das Gebiet von] Thrakien. Die[sen sollen die Strategoi jedem einzeln seine Route schriftlich vorgeben und sie] entsenden; [andernfalls] sollen sie [ein jeder mit jeweils ze]hnt[ausend Drachmen bestr]aft werden. (*§ 10*) [Die] (athenischen) Beamten [i]n den Städten sollen d[ies]en Beschluß [auf einer Ste]le aus Marmor [aufschreiben lassen und] (sie) auf der Agora der [jeweiligen St]adt [aufstell]en lassen, die Vorstän[de vor] der Münze (in Athen). Dies [sollen die Athener durchführen,] wenn sie (= die Städte) es nicht selbst wollen. (*§ 11*) Ersuchen aber soll sie der Herold, der sich auf die Reise macht, [um alles, was] die Athener [befehlen]. (*§ 12*) Hinzufügen soll dem Eid [des] Rats der Schriftführer des [Rats für künftig folgen]den [Wortlaut]: „Wenn jemand Silbermünz[en] schlägt in den Stä[dten oder ni]cht Mün[zen], Gewichte und Ma[ße der Athen]er verwendet, [sondern fremde Münzen,] Maße und Gewichte, [so werde ich (dies) ahnden un]d b[estrafen gemäß dem früher ergange]nen Beschluß, den Klearch[os beantragt hat.“ (*§ 13*) Einem jeden soll es möglich sein,] das fremde Geld, [das er besitzt, abzugeb]en [und in derselben Weise einzutauschen, w]ann er will, und die Sta[dt soll ihm dafür unser einheimisches Geld geben. Ein] jed[er soll] selbst das (Geld), das er besitzt, [nach Athen bringen und in der Mü]nze [abliefern]. (*§ 14*) D[ie] Vorständ[e sollen alle jeweils abgegebenen Beträge auf]schreiben und (das Verzeichnis) auf[stellen lassen neben der Stele vor der Münz]e, damit jeder, der w[ill], nachprüfen kann. [Sie sollen auch den Gesamtbetrag des] fremden [Geldes, das Silber und das Gold] ge[trennt, aufschreiben, sowie den Gesamtbetrag unseres einheimische]n (Silber-) Geld[es –]

*Abweichende Rekonstruktionen in APF 19 (s. o.):*

(*§ 2*) Die] Hellenotam[iai* –] sollen ein Verzeichnis anlegen [von den Städten und dem Silber(geld)]. Wenn nicht [korrekt verzeichnet wird das Silber(geld), soll vor der] Heliaia de[r Thesmothetai aufgrund der Rechtsverträge ein Verfahren] eing[eleitet werden gemäß dem Gesetz]; die Thesmothe[t]ai sollen jeden (einzelnen) [mit Verbannung und Geldstrafe rundherum (?) bestraf]en.

(*§ 5*) In der] Münzprägestätte [soll man] das [fremde] Sil[ber sofort münzen, nicht wen]iger als die Hälfte und [davon soviel, als die Oberbeamten (der Stadt) und] die Städte [selbst] eintrei[ben, umwechseln, unter Einbehaltung von drei] Drachmen.

(*§ 9*) Das [Volk] soll Herolde wählen [und entsenden, um die beschloss]enen (Bestimmungen) [zu verkünden]

(*§ 13*) [Die Privatleute in der Stadt (= Athen) sollen] das fremde Geld, [das sie besitzen, abgeb]en

(*§ 14*) D[ie] Vorständ[e sollen die von jedem jeweils abgegebenen Beträge auf ein weißes Brett auf]schreiben und [eine Stele aus Marmor] auf[stellen lassen vor der Münz]e, damit jeder, der w[ill], nachprüfen kann. [Sie sollen auch den Gesamtbetrag des] fremden [Geldes aufschreiben,] ge[trennt das jenseits der (attischen) Grenzen (= im Seebundsbereich) und getrennt das in Athen eingetriebe]e (Silber-)Geld [–]

## 69 Athen: Volksbeschluß mit Ehrungen für Karpathos 450–430

HH² 93; IG XII 1, 977; Syll.³ 129; Tod II 110. Datierung nach D. Lewis in R. Meiggs, Trees and Timber in the Ancient Mediterranean World, 1982, 498 Anm. 36.

Zwei Fragmente einer Marmorstele aus Pini nahe dem antiken Karpathos

(Privatbesitz). Ionische Schrift, stoichedon. Der Text war wohl auf der Rückseite fortgesetzt.

[Beschlossen haben der Ra]t und das Vo|[lk, (die Phyle) – hatte die P]rytanie* inne, Tei|[sias war Schriftfü]hrer, Athenodo|[ros war Epistat]es*, Ktesias stellte den Antrag: |[5] [– aus Eteo]karpathos un|[d seine Söhne u]nd die [Gemei]nde° der Eteokar|[pathier] soll man aufschreiben als Wohltä|[ter der Athen]er, weil sie gegeben habe[n | die Zypres]se für den Tem[p|[10]el der Athen]a, die über Athen w|[altet, und] man soll die [Gemeind]e° der Eteokar|[pathier a]utonom lassen° [.|–] und | [– |[15] – Gebra]uch [über]lasse|[n –] in ihrem eigenen | [–,] bevor man geben | [–. Alle, die] jetzt besetzen | [von den Soldat]en, sollen abziehen a[us |[20] derAkropol]is. Wenn jemand [– | – unrecht tut oder dem Koinon°] der Eteokarpath|[ier oder die° Ste]le° entfernt oder u|[mwirft –, soll er eine] B|[uße zahlen von fünf]zig Talenten* |[25] [an die Gemeinde, u]nd der zehnte Teil (davon) | [soll der Göttin zufalle]n, und der Prozeß soll stattfinde|[n bei den Thesmo]thetai* in A[th|en. Gewähre]n sollen den Eteokar|[pathiern, wenn sie et]was benötigen, die Ko|[30][er, Kni]dier und Rhodier | [und von den Bündne]rn alle, die (dazu) in der L[a|ge sind] in jenem G[e|biet, (alles) Gut]e, was sie nur könne[n. | Aufschreiben soll man d]ies auf einer Stele [aus |[35] Marmor auf der P]olis*, und in Kar[p|athos im] Heiligtum des Apoll[o|n, wo] man die Zypres[se | gefällt hat. Hagesa]rchos von Lind[o|s soll°, wie er es er]beten hat, den Athene[rn] |[40] die Zypres[se liefe]rn. *vacat*

## 70 Athen: Weihung des Athleten Kallias 450–440

Syll.[3] 69; IG I[2] 606; DAA 164; IAG 15.
Rundbasis aus pentelischem Marmor von der Akropolis in Athen (Nationalmuseum; DAA a. a. O.). Attische Schrift, stoichedon.

Kallias Sohn des D[idymias brachte dies Weihgeschenk dar.] | Siege: | bei den Ol[ym]pischen Spielen (einmal), | bei den Pythischen zweimal, |[5] bei den Isthmischen fünfmal, | bei den Nemeischen viermal, | bei den Groß[en] Panathenäen* (einmal).

## 71 Tylissos: Vertrag mit Knossos
## um 450

DGE 84; I.Cret. I xxx 1 (p.307); SEG 11, 316; J 170.39a; StV II 147; ML 42.A; TDGIS II 35.1; Piccirilli 18; (Fornara 89).

Porosblock aus der Temenosmauer des Heiligtums der Artemis in Tylissos (Iraklion, Museum; ICret a. a. O., Piccirilli pl. 5). Argivische Schrift, stoichedon (unregelmäßig in Z.22) in drei Spalten. Dorisch-argolischer Dialekt.

(*Sp. I*) [– die Opfergaben sollen bereit]stellen die vo|[n den Argive]rn (Abgesandten), die Häute | [aber sollen bekommen die Kn]ossier. Vor den Tau|[rophonien (?) soll man opfer]n in Tylissos einen W|[5][idder dem Hermes (?) und ein La]mm ge[ben der Daira (?)]. Neue Verträge | soll keiner der beid|[en (Partner)] schließen°, [sofern] nicht zustimmt das *Pletho*|*s* (= die Mehrheit, *oder*: die Bundesversammlung); | (zusätzlich) [abg]eben sollen den dritt|[10][en Tei]l der Stimmen die Argiver; | [und wenn] wir° welche von unseren Freunden (*Sp. II*) | zu Feinden machen wollen und (welche) von | unseren Feinden zu Freunden, so soll° (dies) nicht g|eschehen, sofern nicht zustimmt das *Pl*|[15]*ethos*; (zusätzlich) abgeben sollen die (Abgesandten) | aus Tylissos von den Stimmen den dri|tten Teil. Wenn aber eine Schlacht geschlag|en wird, ohne daß der andere (Partner) zugegen ist, soll man einen Waf|fenstillstand schließen im Notfall |[20] auf fünf Tage. Wenn ein Heer | ein[fällt] in das Gebiet von Kno|ssos, sollen [die Tylissier] zu Hilfe kommen mit aller

(*Sp. III*) | Kraft, [wie es nur möglich ist. Unterhalt | sollen] bereitstel[len die Knossier für die] |[25] Argiv[er in Knossos bzw. die Arg]|iver für di[e in Tylissos. Unterhalt erhal]|ten (?) soll das Hee[r für dreißig T]|age; wenn [man es aber zurücksendet, soll° ab]|ziehen das [Heer (?).] |[30] Auch in Tyl[issos gilt das gleiche. Sofern w]ir der Orth[ia ein Schaf opfern, soll man auch d]|arbringe[n dem Apollon einen Widd]|er. Wenn aber komm[t ein Knossier nach Argos (?) | –]

## 72 Argos: Vertrag zwischen Knossos und Tylissos
## nach Schiedsspruch von Argos
## um 450

Syll.[3] 56; DGE 83; SF[4] 27; I.Cret. I viii 4 (p.56); Tod I[2] 33; Buck 85; StV II 148; J 170.39b; ML 42.B; TDGIS II 35.2; Piccirilli 19; (Fornara 89).

Zwei Fragmente einer Stele aus weißgrauem Kalkstein aus dem Inneren des Tempels auf der Agora von Argos (Museum; Piccirilli pl. 6f.). Argivische Schrift, stoichedon, unregelmäßig in Z.42–48. Dorisch-argolischer Dialekt.

[– | –] das Ge[biet de]r A[cha|rnaier soll dem Tylissier gestattet se]in zu plündern, ausgenommen d|[ie Teile, die zu der Knossier] Stadt gehören. Was |5 [auch immer von den Feind]en wir beide zusammen erbeuten, als An[t|eil sollen sie (die Tylissier) von der zu L]and (gemachten) ganzen (Beute) den dritten Teil erhalten, von d[e|r zur] See (gemachten) ganzen (Beute) die Hälfte; den [Z|eh]nten sollen die Knossier erhalten von dem, was wir ge[m|einsa]m erbeuten°. Von den Beutestücken sollen sie die schönsten nach Pytho (= Delphi) schi|10cken beide gemeinsam, die anderen aber dem [Ares in Knoss]|os weihen beide gemeinsam. Aus[fuhr soll gestattet s]|ein aus Knossos nach Tylissos und aus Tyli[ssos nach Knosso]|s; wenn jemand (etwas) darüber hinaus ausführt, soll er soviel zahlen [wie die Kn]|ossier; Waren aus Tylissos können ausgeführt werden, wohi[n immer es (sein) soll. De]|15m Poseidon in Iytos soll der knossisch[e Priester opf]|ern. Der Hera im Heraion sollen eine Kuh opfern [bei]|de gemeinsam; opfern sollen sie vor den Hyakinth[ien (= Fest) – | – | – |20 – | – den] E[rs]|ten des Monats sollen sie halten in gleicher Weis[e nach dem Beschluß] von be[i]|den. Besitz soll nicht haben der Knossier | in Tylissos, der Tylissier aber in Knossos, sofern er dieses wünscht. |25 Vom Gebiet (des anderen) etwas abschneiden soll keiner der beiden (Partner), und auch nicht g|anz wegnehmen. Die Grenzen des Landes: Schweineberg (*hyon oros*) und A|dler (*aietoi*) und Artemision und der heilige Bezirk des Archos und | der Fluß und nach Leukoporos und Agathoia hin dort, wo das Wasse|r bei Regenfall fließt, und Laos. Wenn wir dem Machaneus opf|30ern die sechzig ausgewachsenen Schafe, sollen wir auch der Hera | einen Schenkel jedes Opfertiers geben. Wenn me|hrere Städte zusammen von den Kriegsfeinden Besitz erbeuten, | soll so, wie gemeinsam beschließen die Knossier und die Argiver, | das also gelten. Dem Ares und der Aphrodite soll der Knossi|35er Priester opfern, erhalten soll er einen Schenkel von jedem (Opfertier). Der A|rchos soll den heiligen Bezirk in Acharna haben. Den Opfernden | sollen Gaben gewähren die Knossier, die Argiver | der Tänzerschar (*choros*). Wenn in Tylissos der Knossier anfordert ein Ge|leit, soll es folgen, wohin er (zu folgen) bittet, und wenn der Tyliss|40ier (anfordert, soll) der Knossier ebenso (das Geleit geben). Gewähren sie keine Gabe|n, soll der Rat eine Strafe von zehn Stateren* sofort auferlegen de|n Kosmoi (= Oberbeamten), und in Tylissos ebenso der Knossier. *v* | Die Stele wurde aufgestellt unter dem Basileus* Melantas, Vorsitzender wa|r Lykotadas aus (der Phyle) der Hylleis. *v* Die Versammlung hat es beschlossen, die für die *v* |45 heiligen Angelegenheiten (zuständig ist). *v* Vorsitzender *v* des Rats *v* (war) Archistratos der Lykophronide. | Die Tylissier sollen zu der Stele hinzuschreiben folgendes: | Wenn einer von den Tylissiern nach Argos kommt, soll (all dies) ebenso | ihm gestattet sein wie den Knossiern. *vacat* | *vacat*

### 73 Tegea: Private Bankeinlage im Tempel 450–425

IG V 2, 159; SGDI 4598; Syll.$^3$ 1213; DGE 57; SF$^4$ 35; Buck 70; J 216.27 (B); TDGIS II 39; Epigraphica III 29.

Bronzetafel aus Tegea (Athen, Nationalmuseum; J pl. 41). Beidseitig beschrieben; arkadische Schrift. Lakonischer Dialekt.

(*A*) Für Xuthias Sohn des Philachaios zweihund|ert Minen*. Wenn er persönlich kommt, soll er (die Einlage) abheben (können), | nach seinem Tod soll° es seinen Kindern | gehören, sobald sie fünf Jahre lang |$^5$ erwachsen sind. Wenn keine Nachkommen mehr | da sind, soll es denen gehören, die es zugesprochen bekommen; | entscheiden sollen die Tegeaten gemäß der | Rechtssatzung.

(*B*) Einlage für Xuthias Sohn des Philacha|ios (in Höhe von) vierhundert Minen Silber. Solange | er lebt, soll er selbst abheben (können); wenn | er nicht mehr lebt, sollen seine Söhne abheben (können), seine legi|$^5$timen, sobald sie fünf Jahre lang erwachsen sind. | Wenn keine leben, sollen° seine Töchter, | seine legitimen, abheben (können). Wenn keine | leben, sollen seine illegitimen Söhne abheben (können). Wenn | keine illegitimen Söhne leben, sollen° die nächsten Verwandt|$^{10}$en abheben (können). Wenn es Streitigkeiten gibt unter ih|nen, sollen die Tegeaten entscheiden gemäß der Rechtssatzung.

### 74 Athen: Volksbeschluß über den Modus der Tributzahlung im Attischen Seebund 448/7

IG I$^2$ 66; ATL D 7; ML 46; IG I$^3$ 34; (Fornara 98).

Vier Fragmente einer Marmorstele von der Akropolis in Athen (EM, 1 Frg. London BM; ATL I p.121 f. pl. 24. II pl. 2). Attische Schrift, stoichedon ab Z.2.

Götter! | Beschlossen haben der Ra[t und das] Vo|lk; (die Phyle) Oineis hatte die Pry[tanie* inne, Sp]u|dias war Schriftführ[er, ......]on |$^5$ war Epistates*, Kleini[as stellte den Antrag: De]r R|at und die Arch[onten* in] den | Städten sowie die [Episko]poi (= Inspektoren) | sollen dafür sorgen, da[ß zu]sammenge|bracht wird der Tribut jedes

Jahr |[10] und abge[führt wird] nach° Athen. | Kennmarken soll man [anfertige]n f|ür die Städte, d[amit] es keine Mög|lichkeit zu rechtswidrigem Handeln gibt für die Ü[berbring]er des T|ributs. Wenn die Stadt verzeichnet hat in |[15] einem Schriftdokument de[n Tri]but, den sie entrichtet, soll sie° es nach Siege|lung mit der Kennm[arke] nach Athen senden und die Ü|berbringer sollen das Schriftdokument überreichen im Rat, um es | [dann] vorlesen zu lassen, wenn sie den Tribut entrichten. Die Pr|ytanen* sollen nach den Dio[ny]sien* die Volksversammlung einberufen für die |[20] Hellenotamiai*, um den Athenern bekanntzugeben diejenigen° von den Stä|dten, welche [den Tribut v]ollständig entrichtet haben, und diejenigen, welche im Rückstand | sind, gesondert und (mit der Angabe,) wieviele [es sind. Die Ath]ener sollen° nach der Wah|l von vie[r Männern diese zu] den Städten [entsenden (mit dem Auftrag,)] eine Be|stätigung d[es bezahlten Tributs] auszuhändigen [un]d einzuf|[25]ordern d[en nicht bezahlten von den im Rückstand befindlich]en (Städten): | Zwei sollen zu [den (Städten) auf den Inseln sowie in Ionien auf] | einer Eil[t]riere reisen°, [zwei zu den Städten am Hellespont un]|d in Thrakien. [Die Prytanen sollen diese (Punkte) dem] Rat° v[orlegen] | und de[m Volk sogleich nach den Dionysien und |[30] solange] ununterbrochen [dar]über [be]|raten lassen, [bis zu Ende verhandelt] | ist. Wenn ein Ath[ener oder Bündner rechtswidrig handelt bezüglich de]|s Tributs, den [die Städte] verpflichtet sind [in einem Schriftdoku|ment zu verzeichnen] für die, die ihn überbring[en, und (ihn) nach Athen zu entrichten, so soll es möglich sein gegen ihn] | Klage einzureichen bei [den Prytanen für jeden, der dies w]ünsch[t, Athen]|[35]er oder B[ündner; die Pryta]nen aber [sollen die Klage, welche jema]nd eingereicht hat, vor den Rat bring[en° oder] | ein jeder von ihnen soll wegen Bestechung [mit zehntausend Drachm]en* [zur Verantwor]|tung gezogen werden. [Was denjenigen betrifft, den] | d[er Rat] für schuldig befunden hat, soll er [nicht] befugt sein, [für dies]en [das Strafmaß festzusetzen, sondern] | soll (ihn) [sogleich] vor d[ie Heliaia*] bringen. Wenn man zu dem Befund [eines Rechtsverstoßes] gekommen ist, |[40] [sollen die Pry]tanen Vorschläge machen, was [man] für richtig befind[et, daß e|r] als Strafe oder als [Buße] erhalte. [Und w]enn jemand bei der Ab[lieferung] | des Rindes oder [der Panhoplie*] rechtswidrig handelt, soll das Klageverfahren | gegen ihn [und die Strafe] in der gleichen Weise erfolgen°, Die [Hellen]|o[tamiai sollen° nach der Aufzeichnung au]f einem [weiße]n Brett |[45] [sowohl die] Tribut[veranlagung] bekanntgeben als auch [die Städte, | welche den vollständigen Betrag entrichtet haben, un]d reg[istrieren – (*ca. 10 Zeilen zerstört*) – verhandeln soll auch der] im Amt fol[gende] Rat [über die Tribut Zahlenden.] Diejenigen, welche von den [nach Athen°] Zah|[lenden auf dem Brett ver]zeichnet worden sind als Sch[uld| ner in Gegenwart des Rats,] soll [der Rat] bekanntgeben dem Vol|[k, rubriziert nach jeder einzelnen Stadt. Wenn] eine der Städte | [bezüglich der Tributzah]lung [Widerspruch einlegt] mit der Begründung, [be|zahlt zu haben, soll –] die Gemeinschaft der [Stadt –] die Städte und | [– Klage einzurei]chen soll nicht möglich sein. | [– Was den Beklag]ten anbelangt, soll, | [wenn er freigesprochen wird,] der Kl[äger die Strafe] schuldig bleiben°. Die schriftliche Klage soll erfolgen | [vor dem Polemarchos* im Monat Game]lion. Wenn jemand | [Einspruch erhebt –], gerichtliche Verfahren, der Rat | [nach Be]ra[tung]. Eröffnen sollen das Verfahren die | [Eisagogeis (= Verfahrenseinleiter) vor der Heliaia gegen die den Athe]nern den Tribut | [schuldig Gebliebenen in der gleichen Reihenfolge wie auf dem Bre]tt der Anzeige. | [– des] Tributs [vom laufenden Jahr] und des vorjäh|[rigen – Der Rat soll°,] nachdem er einen vorläufigen Beschluß gefaßt hat | bezüglich [– (diesen vo[r|legen] am darauf folgend|[en Tag dem Volk – bezüglich (?) d]er Wahl ver|[handeln –]. *vacat*

## 75 Athen: Volksbeschluß über die Einrichtung eines Kults für Athena Nike um 448

HH[2] 37 A; Syll.[3] 63.a; IG I[2] 24; Tod I[2] 40; LSCG 12. A; ML 44; IG I[3] 35; (Fornara 93).

Marmorstele vom Nordhang der Akropolis in Athen (EM; EG I 141). Attische Schrift, stoichedon. Auf der Rückseite desselben Steins steht Nr. 120.

[(Die Phyle) Leontis hatte die Prytanie* inne. | Beschlossen haben der Rat und da]s [Vol]k; [...|....... war Epistates*, Gl]aukos stellte den Antrag: [Für die Athena | Ni]ke soll° man° eine Priesterin, welche d| [urch das Los] aus sämtlich[en] Athenerinnen [bestimmt wird, | einsetz]en und das Heiligtum mit einer Tür ausstatten | in der Weise, wie Kallikrates in seinem Entwurf es festleg|t; den Auftrag vergeben sollen die Poletai* in d|er Prytanie der (Phyle) Leontis. Bekommen soll d| ie Priesterin fünfzig Drachmen* sowie | die Schenkel und die Häute der ge|meindlichen Opfer. Einen Tempel soll man bauen in der Weise, wie | Kallikrates (s. Nr. 81) in seinem Entwurf festlegt, sowie einen Al|tar aus Marmor. *vacat* | Hestiaios stellte den Antrag: Drei Männer soll man wähl|en aus dem Rat; diese sollen°, wenn sie gemeinsam mit Kallikra|[te]s den Entwurf ausgearbeitet haben, in[formieren de|n Ra]t, in welcher Weise die Auftr[agsvergabe erfolgen soll –]

## 76 Athen: Volksbeschluß über den Status von Kolophon 447/6 (?)

IG I[2] 14 + 15; ATL D 15; StV II 145; ML 47; SAE V; IG I[3] 37; (Fornara 99).
Vier Fragmente einer Marmorstele aus Athen (EM; ATL II pl. 8, SAE pl. 14). Attisch-ionische Mischschrift.

[Beschlossen haben der Rat und das Volk; (die Phyle) ......... hatte die Pryta|nie*inne, ........]os [war Schriftführer, ....... war Epistates*, ..|....] stellte den Antrag: K[o]l[o]pho[n – | – |[5] –] Athen [– | –| –| –] aus einer anderen Stadt [– | .K]olophon[– |[10] – | (*lacuna*) | –] Triopion [– | – ein Besch]luß gefaßt wird, [– | – während dies]er Zeit [– | – der Ko]lophonier und de[r – |[15] der Athena, die über] Athen walt[et – | –] jenem [– | –] Kolophonier [– | –] wird [– | – die Athen]er, wenn nicht einer [– |[20] –] Die gewählten fü[nf Siedlungsgründer für Ko|lophon sollen d]as Beschlossene darl[egen den Städten un|d dafür Sorge tra]gen, daß [– | die Siedl]er zusammen mit dem Vo[lk – | – der] Heiligtümer bei ih[nen. Von den Gewählten soll erh|[25]alten] ein jeder pro T[ag als Reisegeld eine Dr|achme; für das] Geld sollen aufk[ommen die Kolophonier und L|ebedie]r und Diosiriten u[nd – | – der K]olophonier [– | – gesch]ieht was nur ge[recht – | –] jede[– | – wenn ge[schieht (?) | – die N]amen (?) – | – de]n K[olophoniern (?) – | – (*lacuna*) |[35] –] | in [Koloph]on [– | – | [Diesen] Beschlu[ß und den Eid soll aufschreiben der Schrift|fü]hrer des R[ates auf einer Stele aus Marmor auf der Polis* auf Koste|[40]n d]er Kolopho[nier. In Kolophon sollen dies und den Ei|d] aufschreib[en lassen auf einer Stele aus Marmor die nach Kolophon (entsandten)] | Siedlungsgründer und sollen sie auf[stellen an dem Ort, welchen anordnet der Kolopho]|nier Gesetz. [Die Kolophonier sollen schwören: „Ich werde handeln und re]|den und im Rat beschließen [so gut und förderlich ich kann hinsicht]|[45]lich des Volks d[er Athener und hinsichtlich der Apoik|i]e*, und ich werde nicht abfa[llen vom Volk der Athener weder | in W]ort noch in Ta[t, weder ich selbst, noch werde ich einem anderen dabei Folge leisten, | u]nd ich werde lieben da[s Volk der Athener und ich werde nicht überl|a]ufen, und die Demo[kratie in Kolophon werde ich nicht stürzen, weder ich° se]|[50]lbst noch [werde ich] einem an[deren dabei Folge leisten, weder indem ich zu einer anderen] Stadt° [ab]|falle no[ch indem ich hier einen Zwist entfache: sondern ich werde gemäß dem Ei]|d wahrlich die[s einhalten ohne Falsch und Arg, bei | Z]eus und Apo[llon und Demeter, und wenn ich di|es] übertret[e, will ich vernichtet sein, ich selbst und mein |[50] Ge]schlecht [für alle Zeit; wenn ich aber meinen Eid halte, soll] | mir vi[el Gutes geschehen –“ | *vacat (?)*]

## 77 Athen: Gefallenenliste
### 447 (?)

HH$^2$ 46; IG I$^2$ 943; Tod I$^2$ 48; GVI 18 (= GG 11); ML 48; CEG I 6; Clairmont 32.b.

Marmorstele aus Athen (EM; EG II 165ff., Clairmont pl. 45f.). Attische Schrift in zwei Spalten mit Raum für Nachträge, darunter das Epigramm.

(*Sp. I*) Auf der (thrakischen) Chersones | sind° von den Athenern folgende | gefallen: | Epiteles, Strategos*. | (Von der Phyle) Erechtheis: | Pythodoros, | Aristodikos, | Telephos, | Pythodoros. | (Von der Phyle) Aigeis: | Epichares, | Mnesiphilos, | Phaidimides, | Laches, | Nikophilos. | (Von der Phyle) Pandionis: | Lysikles. | (Von der Phyle) Leontis: | Chaires. | (Von der Phyle) Oineis: | Rhodokles, | Eurybotos, | Polites, | Herokleides. | (Von der Phyle) Kekropis: | Aristarchos, | Karystonikos, | Theomnestos, | Aristarchos, | Eukrates, | Nikomachos. | (Von der Phyle) Hippothontis: | Sotelides, | Poseidippos. | (Von der Phyle) Aiantis: | Diphilos. | (Von der Phyle) Antiochis: | Kraton, | Antikrates, | Eudoxos. |

Folgende sind° in den anderen | Kriegen gefallen: | (Von der Phyle) Erechtheis: | Lysanias (*Fortsetzung Z. 74*).

(*Epigramm*) | Diese hier verloren am Hellespont ihre strahlende Jugend | im Kampfe, verhalfen jedoch ihrer Heimat damit zum Ruhm, | so daß die Feinde unter Stöhnen die Ernte des Krieges zu Grabe trugen: | sich selbst aber setzten sie ein unvergängliches Denkmal ihrer Tapferkeit.

(*Sp. II*) | Vor Byzantion sind° | von den Athenern folgende | gefallen: | (Von der Phyle) Erechtheis: Nikostratos, | Philokomos. | (Von der Phyle) Aigeis: | Chionis. | (Von der Phyle) Pandionis: | Philistides. | (Von der Phyle) Leontis: | Lysimachos. | (Von der Phyle) Akamantis: | Kallisthenes. | (Von der Phyle) Oineis: | Kallippos. | (Von der Phyle) Kekropis: | Kniphon, | Demoteles. | (Von der Phyle) Hippothontis: | Haison. | (Von der Phyle) Aiantis: | Nikodemos. | (Von der Phyle) Antiochis: | Phanias. |

(*Fortsetzung von Z. 44*) (Von der Phyle) Pandionis: | Simonides, | Aischylos, Archepolis, | Smikrion, | Charopides, | Naxiades. | (Von der Phyle) Leontis: | Philon, | Eudemos. | (Von der Phyle) Akamantis: | Protarchos. | (Von der Phyle) Kekropis: | Chairias, | Astyanax, Lysistratos. | (Von der Phyle) Hippothontis: | Timonothos, | Antiphanes. | (Von der Phyle) Aiantis: | Kleonothos, | Philios, | Kallikles. | Aus Eleutherai: | Semichides.

## 78 Athen: Volksbeschluß
## über die Beziehungen zu Eretria auf Euboia
## 446/5

Syll.$^3$ 52; IG I$^2$ 17; ATL T 70 = D 16; StV II 154; IG I$^3$ 39; (Fornara 102).
Marmorstele von der Akropolis in Athen (EM; ATL II pl. 9). Ionische Schrift.

[– „– dies werde ich unverbrüchlich den Ere|tri]eern gegenüber [einhalten°, wenn sie Fo]l[ge leisten dem Volk der Athen|e]r." Den Eid abnehme[n soll eine Gesandtschaft, wenn sie eingetroffen ist aus Ere|tr]ia, mit Unterstützung der Ei[deshelfer den Athenern und (in einer Liste) ein|tragen] die, die geschworen haben. Da[ß alle schwören, da|für] sollen Sorge tragen die St[rategoi*. Nach folgendem (Wortlaut) | sollen si]e (= die Eretrieer) schwören: „Nicht abf[allen werde ich vom Vol|k de]r Athener, mit keinen Mit[teln und ke]inerlei° [Machenschaft,] | weder in Wort noch in [Tat, und werde dem, der abf|äl]lt, nicht Folge leisten, und wen[n jemand auf Abfall hinarbeitet, werde ich (ihn) anzeigen | den Ath]e[ne]rn. Und den Tr[ibut werde ich zahlen den Athen|ern, zu de]m ich [die Athener] überreden kann [–"]

## 79 Athen: Volksbeschluß
## über die Beziehungen zu Chalkis auf Euboia
## 446/5

HH$^2$ 40; Syll.$^3$ 64; IG I$^2$ 39; HAI 9; Tod I$^2$ 42; ATL T 71 = D 17; StV II 155; ML 52; IG I$^3$ 40; (Tusculum 97 [nur Z. 1–39]; Fornara 103).
Marmorstele aus der Südmauer der Akropolis in Athen (Akropolismuseum; ATL pl. 10, J. M. Balcer, The Athenian Regulations for Chalcis, 1978, Tf. 1–2). Attische Schrift, stoichedon.

Beschlossen haben de[r R]at und das Volk; (die Phyle) Antiochis hatte [die Pryt]|anie* inne, Drak[on]tides war Epistates*, Diognetos stellte den Antrag: | Nach folgendem (Wortlaut) sollen den Eid schwören von den Athenern d|er Rat und die Richter: „Nicht werde ich vertreiben die Cha|lkidier aus Chalkis noch die Stadt zer|stören, werde über keine Einzelperson die Atimie* | verhängen noch sie mit Verbannung bestrafen, werde sie weder ergreif|en noch töten noch ihr Vermögen einziehen | lassen ohne Verurteilung, (die) nicht mit Mitwirken des Volkes der Ath|ener (ergangen ist). Auch werde ich keine Abstimmung ohne Vorankündigung veranlassen, | weder gegen die Gesamtheit noch gegen irgendeine° Einzelperson, | und wenn eine Gesandtschaft eingetroffen ist, werde ich sie führen | vor den Rat und vor das Volk binnen zehn Tagen, wenn | ich Prytane* bin, nach Kräften. Dies werde ich° un|[v]erbrüchlich den Chalkidiern gegenüber einhalten, wenn sie Folge leisten dem Vo|[l]k der Athener." Den Eid abnehmen soll eine Gesandtschaf|[t], wenn sie eingetroffen ist aus Chalkis, mit Unterstützung der Eideshelfe|r den Athenern, und (in einer Liste) eintragen die, welche geschworen hab|en. Daß alle schwören, dafür sollen° Sorge | tragen die St[r]ategoi*. *vacat* | Nach folgendem (Wortlaut) sollen die Chalkidier schwören: „Nicht abfallen | werde ich vom [V]olk der Athener, mit keinen Mitteln und keinerlei Machensch|aft noch mit irgendeiner List, weder in Wort noch | in Tat, und werde dem, der abfällt, nicht Folge leisten, u|nd wenn jemand auf Abfall hinarbeitet, werde ich (ihn) anzeigen den Athenern. U|nd den Tribut werde ich zahlen den Athenern, zu dem | ich die Athener überreden kann, und werde Bündner sei|n, nach Kräften der beste und pflichtbewußt|este, und werde dem Volk der Athener zu Hilfe komme|n und Beistand leisten, wenn jemand Unrecht zufügt dem Volk der | Athener, und werde Folge leisten dem Volk der Ath|ener." Schwören sollen von den Chalkidiern die Erwachsen|en allesamt. Wer nicht schwört, soll° der Atimie | verfallen; sein Vermögen soll eingezogen und | dem Zeus Olympios der zehnte Teil geweiht | sein von dem Vermögen. Den Eid abnehmen soll eine Gesandt|schaft der Athener, wenn sie eingetroffen ist in Chalkis, mit Unterstützung d|er Eideshelfer in Chalkis, und (in einer Liste) eintrag|en die Chalkidier, welche geschworen haben. *vacat* | Antikles stellte den Antrag: Zum guten Glück der Athene|r! Leisten sollen den Eid die Athener und Chal|kidier in der Weise, wie in dem Beschluß für die Eretrier (= Nr. 78) geregelt ha|t das Volk der Athener; daß (dies) so rasch wie mögli|ch durchgeführt wird, dafür sollen die Strategoi Sorge tragen. | Als Beauftragte, die Vereidigung durchzuführen, wenn sie eingetroffen sind i|n Chalkis, soll das Volk fünf Männ|er unverzüglich wählen°. Was (die Stellung von) Geiseln betrifft, soll° man Be|scheid geben den Chalkidiern, daß für jetzt die Athe|ner es für gut befinden, es in der Weise zu belassen, wie durch Beschluß geregelt ist, | daß sie aber, wenn es angebracht erscheint, nach Beratung | ein Übereinkommen treffen° {*oder*: einen Austausch vornehmen°} werden° in der Weise, wie es den Interessen | der Athener und Chalkidier zu entsprechen scheint°. Die | Fremden in Chalkis, ausgenommen diejenigen, welche (dort) wohnhaft sind | und ihre Abgaben nicht nach Athen entrichten, sowie wer sonst verliehen bekommen hat | die Atelie* vom Volk der Athener, sollen° a|lle ihre Abgaben nach Chalkis entrichten wie die andere|n Chalkidier. Diesen Beschluß sowie den | Eid soll aufschreiben lassen in Athen der Schr|iftf[ü]hrer des Rates auf einer Stele aus

Marmor und (sie) | aufstellen lassen auf der Polis* auf Kosten der Chalkidi|er; in Chalkis soll° im Heiligtum des Zeus | Olympios der Rat der Chalkidier ihn aufschreiben | und aufstellen lassen. Diese Maßnahmen soll man beschließen für die Chalk|idier. *vvvv* Die Opfer, die laut den Orakel|n bezüglich Euboias zu vollziehen sind, sollen unverzüglich zusammen mit | Hierokles drei Männer darbringen°, welche d|er Rat aus seiner Mitte gewählt° hat. Daß die Opfer so rasch wie möglich | vollzogen werden, dafür sollen die Strategoi mitverantwortlich sein und d|en Geldbetrag hierfür zur Verfügung stellen. *vacat* | Archestrato[s] stellte den Antrag: In allen Punkten Übereinstimmung mit A|ntikles, doch sollen° die Strafen (im Rechenschaftsverfahren nach Amtsablauf) | der eigenen Entscheidung der Chalkidier° in Chalkis anheimgestellt sein so wie in Ath|en den Athenern, mit Ausnahme von Verbannung, Todesstrafe | und Atimie*; in diesen Fällen soll es die (Möglichkeit der) Berufung geben | nach Athen an die Heliaia* der Thesmoth|etai* gemäß dem Beschluß des Volks. Für den Sch|utz Euboias sollen° die Strategoi Sorge tragen | nach besten Kräften, damit es | für die Athener so gut wie möglich steht. | Eid(eswortlaut).

## 80 Athen: Grabepigramm für Pythion aus Megara: Athenischer Einfall in die Megaris 446

HH² 38; IG I² 1085; Tod I² 41; GVI 630; ML 51; CEG I 83; (Fornara 101). Zwei Teile einer Marmorstele aus Athen (EM). Ionische Schrift. Verse (Hexameter). Vgl. Thukydides I 114; Diodor XII 5.

[Dies] Denkmal [ist] errichtet über dem Grab des trefflichsten Mannes. Pythion | aus Megara erschlug sieben Mann; sieben Speere° brach er ab | in ihrem Leib. Tapferkeit erwählte er sich und brachte seinem Vater | Ruhm im Volk. Dieser Mann, der dr|ei Phylen* (aufgebote) der Athener° wohlbehalten von Pagai durch der Boioter (Gebiet) nach Athen führte, brachte R|uhm dem Andokidas durch zweitausend Gefangene (= gefangengenommene Sklaven?). Ohne einem | Menschen auf Erden Leid zugefügt zu haben, stieg er in den Hades hinab, allen als Gl|ückseliger zu erachten. Die Phylen waren folgende: Pandionis, Kekr|opis, Antiochis.

## 81 Athen: Volksbeschluß über Bauauftrag an den Architekton* Kallikrates um 445

Syll.[3] 62; IG I[2] 44; IG I[3] 45.

Unterer Teil einer Marmorstele aus Athen (EM). Attische Schrift, stoichedon.

[– | – d]ie Polis* [–] | Baumaßnahmen durchführen, dam[it] | weder ein Ausreißer (= flüchtiger Sklave) Z[u|[5]gang] hat noch ein Dieb. | Hierzu soll° einen Entwurf vorle|gen Kallikra|[t]es über die beste un|d preiswerteste Aus|[10]führung. Den Auftrag vergeben sollen | di[e] Poletai* (so), da|ß binnen sech|zig Tagen die Ausf|ührung erfolgt ist. Wächter |[15] [s]ein sollen drei Bogen|[sch]ützen aus der Phyle*, welche die | [P]rytanie inne hat.

## 82 Athen: Volksbeschluß über die Kolonie in Brea um 445

HH[2] 41; Syll.[3] 67; IG I[2] 45; HAI 10; Tod I[2] 44; ATL T78.c; ML 49; IG I[3] 46; (Fornara 100).

Drei Fragmente einer Marmorstele aus dem Erechtheion auf der Akropolis in Athen (EM; Hesperia 14 p.87f.). Attische Schrift, stoichedon. Auf Vorder- (A) und rechter Schmalseite (B) beschrieben.

(*A*) (*30–35 Zeilen verloren*) |[5] – die Behörde,] bei der die | Anzeige ein[geht oder | Klage eingereicht wird, soll das Verfahren ein]leiten. Leitet sie das Verfahren ein [– | –] derjenige, der Anzeige erstattet hat oder der Kläger. [– | –] sollen ihnen zur Verfügung stellen die Si[edl|ungsleiter, um] für die Apoikie* [so viele glückverheißende] Opfer darzubringen, [wie |[10] si]e für gut befinden. Als Geonomen (= Landverteiler) soll man wähl[en zehn | Männer,] einen aus einer (jeden) Phyle*; diese sollen verteil[en das | Land. Dem]okleides soll einrichten die A[poiki|e als Bevoll]mächtigter nach b[estem] Vermögen. [D|ie heiligen Be]zirke, die reserviert sind, soll man lassen wi[e sie sin|[15]d, und wei]tere nicht (mehr) abstecken. Ein Rind und eine P[anhopl|ie* soll man entse]nden zu den Großen Panathenäen* [und zu den D|ionysi]en* einen Phallos. Wenn jemand einen Feld[zug unternimmt ge|gen das Gebie]t der (attischen) Siedler, sollen Hilfe leisten di[e Städte s|o energisch] wie möglich gemäß den Vereinbarungen, di[e, als ..|[20]......]tos Schriftführer war, getroffen wur[den bezüglich d|er Städ]te in Thrakien. Aufzeichnen soll man [dies(e Bestimmungen) | auf einer Stel]e und (sie) aufstellen auf der Polis*; zur Ver-

[fügung stel|len sollen die] Stele die Siedler auf ihre e[igenen Ko|sten. W]enn jemand eine Abstimmung veranlaßt, (die) gegen (die Bestimmungen) die[ser Stel|$^{25}$e (verstößt) oder wenn ein Red]ner einen Antrag stellt und zu veranlasse[n ver|sucht,] etwas am Beschlos[senen abzu]ändern oder zu annullieren, | [sollen der Atimie*] verfallen er und sei[ne] Söhne, | [und sein Ve]rmögen soll eingezogen werden und der [Göttin der z|ehn]te Teil zufallen°, sofern nicht die Siedler selbst [– |$^{30}$ – er]suchen. Diejenigen, die sich einschreibe[n lassen als zusätzliche Sied|ler, und zwar von de]n Soldaten, sollen° sich nach ihrer Rückkeh[r nach° Ath|en binnen drei]ßig Tagen in Brea einfinden als zu[sätzliche Sied|ler. E]ntsenden soll man die Apoikie binnen dreiß[ig T|agen. A]ischines soll (den Zug) begleiten und aus[zahle|$^{35}$n die Gel]der. *vacat*

(*B*) [Ph]antokles stellte den Antrag: Bezüglich | der Apoi[k]ie nach Brea | Übereinstimmung mit dem, was Demokl|[e]ides beantragt hat, doch den Phantokle|$^{40}$[s] soll auftreten lassen die E|[r]echtheis-Prytani|[e]* vor den Rat bei dess|[en] nächster Sitzung. Nach | [B]rea sollen aus (der Schicht der) Theten und Ze|$^{45}$[u]giten (stammende) Sied|[l]er ziehen°. *vacat*

## 83 Olympia: Weihung Tarents für den Sieg über Thurioi um 443–433

SGDI 4615; I.v.Olympia 254–256; HH$^{2}$ 45; HGI 19; Syll.$^{3}$ 61; DGE 58; Tod I$^{2}$ 49; J 284.10; ML 57; (Tusculum 54; Fornara 112).

Drei bronzene vierseitige Lanzenspitzen mit gleichem Text (die Inschrift steht jeweils auf drei der vier Flächen) aus Olympia (Museum; I. v. Olympia 254 früher in Berlin; Roehl$^{3}$ 105.37, J pl. 53). Wohl ionische Schrift (SEG 28, 430). Dorisch-lakonischer (tarentinischer) Dialekt.

Waffen von den Thuriern haben° die Taren|tiner geweiht dem Zeus Oly|mpios als Zehnten.

## 84 Athen: Volksbeschluß über öffentliche Brunnen 440–432

IG I$^{2}$ 54; ATL T 73 = D 19; SEG 21, 33 (danach die Ergänzungen); IG I$^{3}$ 49; (Fornara 117).

Fragment einer Marmorstele von der Akropolis in Athen (EM; Kirchner$^{2}$ 35, ATL II pl. 14). Attische Schrift, stoichedon.

[– Hipp]|oniko[s stellte den Antrag (?): –] | jede[– sie sollen als Lohn erhalten eine D]|rachme* pr[o Tag, und sie sollen Sorge tragen für den

Brunnen un]|d die [Wasser]leitungen [–. Nikomachos stellte den Antrag: In al|len] Punkten Über[einstimmung mit dem Rat, doch soll man auch herrichten die Brunnen in der Sta]|dt, daß sie [alle möglichst schön und rein] fließe[n. Damit aber für] | möglichst wenig Gel[d die Brunnen hergerichtet werden, sollen die Prytanen*, die durch das Lo]|s als erste die Prytanie* innehab[en, die Abstimmung darüber in der ersten der] | Haupt(volks)versammlungen als ers[tes nach den Opfern veranlassen°; sie sollen den Auftrag vergeben, wie es gu]|t zu sein erscheint° dem Volk der Athe[ner, und so, daß es bei diesen Arbeiten zu] keinem° [hohen Aufwand {*oder*: zu keiner Verzögerung}] | kommt und für die Athe[ner alles möglichst gut und schön] verläuft. [......ste]|llte den Antrag: In allen Punkten Übereinstimmung mit Nikoma[chos, doch soll man Lob aussprechen für Perikles und Par]|alos und Xanthippos und die Söh[ne. Ausgeben soll man (dafür) Mittel aus den Geldern,] | die zum Tribut der Athener be[zahlt werden, nachdem die Göttin daraus ent]|nommen hat das (ihr) Zustehende. *vacat* | *vacat*

## 85 Athen: Volksbeschluß über Ehren für Leonidas von Halikarnassos 440–425

Syll.$^3$ 54; IG I$^2$ 56; ATL T 78.b; Walbank 22; IG I$^3$ 156.
Fragment einer Stele von der Akropolis in Athen (EM; Walbank pl. 11). Attische Schrift, stoichedon.

[Was den Leonidas und seine Söhne angeht, soll man° niemandem] | erlauben, (ihnen) Unrecht zu tun, wed[er in A]the[n noch] | innerhalb des Gebiets, das die Athener beherrschen. Sor|ge tragen für ihn sollen in Athen | die Prytanen* sowie der Rat, | in allen anderen Städten di|ejenigen, welche Archonten* der Athener sind in d|em auswärtigen Gebiet, soweit sie es jeweil|s vermögen, damit keine | Rechtsverletzung an ihnen (= Leonidas und seinen Söhnen) begangen werde. Beschlossen haben der Rat | und das Volk; (die Phyle) Antiochis hatte die Pry|tanie* inne, Charoiades war Schrift|führer, Hegesandros war Epistates*, Ch|airestratos stellte den Antrag: Wenn jemand Leonidas° tötet innerhalb des Gebiets der St|ädte, welche die Athener beherrschen, soll di|eses in der Weise geahndet werden wie wenn | ein Athener getötet worden ist. Bel|obigen aber soll man die Leistungen, mit denen sich u|m die Athener Leonidas verdient macht°. Die betreffs | Leonidas gefaßten Beschlüsse | soll aufschreiben lassen der Schriftführer de|s Rats auf Kosten des Leonidas |

auf zwei Stelen und die | eine auf der Polis* aufstellen lassen, die |25 andere in Halikarnasso|s im Heiligtum des Apollon. | Einen Mann nach seiner Wahl soll nehmen können Leonid|as, der die Stele transportieren und | errichten wird. *vacat*

### 86 Athen: Kultgesetz über den Nymphenkult 440–430

SEG 23, 76; LSCG 178; IG I³ 256.

Unterer Teil einer Marmorstele aus Lamptrai (EM; BCH 91, 93). Ionische Schrift, stoichedon.

[– | – u]nd opfern soll man [den | Ny]mphen gemäß dem Orakelspruch, [der | a]us Pytho (= Delphi) ergangen ist. Eine Obole* entrichten sollen [d|5iejenigen, di]e aus dem Halykos trinken, jeweils° für ein Jah[r] | für die Opfer an die Nym[ph|e]n. Wer aber nicht entrichtet die O[b|o]le, soll nicht aus dem Halykos trinken dürfen. Wenn aber | jemand unter Anwendung von Gewalt trinkt, soll er° (eine Buße) zah|10len von fünf Drachmen*. Wenn jemand | (gewaltsam) sich Wasser verschafft und fortbringt, [ohne] entrichtet zu haben die O|bole, soll er° für jeden Amphoreus (= ca. 40 l) eine Buße | zahlen von fünfzig Drachmen, zu weihen de[n] Nymphen. *vv* | *vacat*

### 87 Athen: Kultgesetz über Reinhaltung des Flusses Ilissos 440–430

SEG 3, 18; LSCG Suppl. 4; IG I³ 257.

Fragment einer Marmorstele vom Osthang der Akropolis in Athen (EM). Attische Schrift, stoichedon.

[– | – Dr]|achmen*. Sorge tragen soll | der (Archon) Basileus* und aufschreiben lassen | auf einer Stele aus Marmor und (sie) |5 aufstellen lassen zu beiden Seiten (des Flusses). Kei|ne Häute soll man einweichen i|m Hilis(s)os oberhalb | des heiligen Bezirks des Herakl|es noch soll man Felle gerben n|10[och Ab]f[älle] in den F|[luß werfen – | –]

### 88 Athen: Die Kosten der nach Samos entsandten Einheiten 440/39

IG I² 293; Tod I² 50; ML 55; IG I³ 363; (Fornara 113).

Zwei Fragmente einer Marmorstele von der Akropolis in Athen (EM; AFD 43). Attische Schrift, stoichedon.

[– | – | – | – aus (dem Demos)] Phrea[rrhioi –] |[5] 128 T(alente*). [–] | Die Athener we[ndeten in den Jahren, in denen Timokles und Morychides Archonten* in Athen waren, für den | Krieg] gegen die Samie[r folgendes auf: Folgende Beiträge übergaben in den beiden Jahren die Schatzmeister der (heiligen) Gelder der] | Athena P[olias den gegen die Samier (entsandten) Strategoi*:

Betrag seitens der Schatzmei]ster a[us (dem Fonds) der Poli]s*, für die Phyro[machos Schriftführer war in dem Ratsjahr, in dem – als erst]er S[chriftführ|[10]er (des Rats) w]ar, Schatzmeist[er (waren) –, Eu]bu[lides a]|us (dem Demos) Oion, Naus[–]: | 368 T(alente) [–]

Seitens der Schatzmeist[er aus (dem Fonds) der Polis*, für die Demostratos Schriftführer war in dem Ratsjahr, in dem Epichar]|inos aus (dem Demos) Peirai[eus als erster Schriftführer (des Rats) war, den gegen die Samier (entsandten) Strategoi zwei]ter [Betrag]; |[15] folgende [waren Schatzmeister: –] | aus (dem Demos) Aphidna, [–] | 908 T(alente). [–] |

Gesamts[umme des Aufwandes gegen die Byzantier und gegen die Samier –:] 1400 T(alente) [–]

## 89 Athen: Abrechnung über die Materialien für die Athenastatue des Phidias 440/39

HH² 47; IG I² 355.B + 355.A (A); Tod I² 47 A (A) + B (B); ML 54 A 1 (A) + 2 (B); IG I³ 458.a (B) + 459 (A); (Fornara 114 A).

Fragmente zweier Marmorstelen von der Akropolis (EM; Austin pl. 8; BCH 91, 69.72). A unvollendet geblieben und in B wiederholt. Attische Schrift, nur B stoichedon.

(A) Götter! Athena! Glück! | Kichesippos war Schrift|führer für° die Kultbild-Epi|statai*, (der) aus (dem Demos) Myrrhinus. |[5] Erhaltener Betrag von *vacat*

(B) Kichesippos war Sch[r]|iftführer für° die Kultbil|d-Epistata|i, (der) aus (dem Demos) Myrrhinus. Er|[5]haltener Betrag von den Schatzmeister|[5]n, für die Demostratos Schriftführer war | aus (dem Demos) Xypete: 100 T(alente*). Schatz|meister (waren) Ktesion, St[r][10]|osias, Antiphat[e]|s, Menandros, Th[ym]|ochares, Smokor[d]|os, Pheideleid[es]. |[15]

Gold wurde gekau|ft, Gewicht 6 T(alente) 1 6|18 (Drachmen*) 1 (Obole*), dessen Preis: | 87 T(alente) 4652 (Drachmen) | 5 (Obolen). | *vacat* | Elfenbein wurde gekauft: | 2 T(alente) 743 (Drachmen).

## 90 Athen: Volksbeschluß über die Kapitulation von Samos 439/8 (?)

IG I² 50 + 102 (nur Teile); ATL D 18; StV II 159; ML 56; IG I³ 48; (Fornara 115).

Vier Fragmente einer Marmorstele von der Akropolis in Athen (EM; AFD 51 ff.; ATL II pl. 11). Attische Schrift, stoichedon.

(*14 Zeilen weitgehend zerstört*) |15 [– „Ich werde ha|ndeln und reden und im Rat beschließen im Interesse des Volks der Athe|ner so gut und fö]rderlich [ich kann, und ich werde nicht ab|fallen vom Volk der A]thener weder in W[o|rt noch in Tat, noch auch von den] Bündnern der A|20[thener, und ich werde stets treu sein d]em Volk der Ath|[ener." Die Athener sollen schwören: „Ich werde ha]ndeln und reden und | [im Rat beschließen Gutes für das Volk der] Samier nach meinem | [besten Vermögen und werde Sorge tragen für die Sa]mier, so wie es [ver|einbart haben die Strategoi* der] Athener [un|25d die Archonten* der Samier. Kalli]krate[s stellte den An|trag: – | (*14 Zeilen zerstört*) |41 [Als St]rateg[oi* haben den Eid geschworen: Sokrates aus der (Phyle) Ere]|chtheis; Dem[okleides aus der (Phyle) Aigeis; Phormion aus der (Phyle) Pa]|ndionis; Ch[.......... aus der (Phyle) Leontis; Perikl]|es; Glaukon aus der (Phyle) A[kamantis; Kall]i-[stratos aus der (Phyle) Oi|45n]eis; Xe[nophon aus der (Phyle) Kekropi]s; Tlemp[olemos | aus der (Phyle) Aiantis; .... aus der (Phyle) Antiochi]s. Es amtierte der Rat der Ath[en|er, für den ........ als erst]er Schriftführer war, der aus (dem Demos) Rha|[mnus. *vacat*] *vacat*

## 91 Athen: Abrechnung über die Materialien für die Athenastatue des Phidias 438

IG I² 354; ML 54.B; IG I³ 460; (Fornara 114 B).

Zwei Fragmente einer Marmorstele von der Akropolis in Athen (EM; EG II 194). Attische Schrift.

[Die] Epista[tai* der goldenen Statue] | erh[ielten] folgende (Beträge) [von den Schatzmeistern an Si]|lber(geld) *vacat* [*vacat*] | 700 [+ 147 T(alente*)] |5 520 (Drachmen*) [–] | golden[– | –] 200 (Drachmen) [+ x (?)] | Kalla[ischros – weih]|te [–] |10 Ausga[ben –] 100 T(alente) [+ x +] | 70 (Drachmen) [–] | Ausfüh[rung –] | 770 (Drachmen) [–] |15 Innenge[rüst (?) –] | 30 Talente [+ x +] | 300 (Drachmen) [–] | golden[– für die Sta]|tue [–]

## 92 Athen: Volksbeschluß über die Verwaltung der Gelder der Athena und der anderen Götter (sog. Kallias-Dekret) 434/3

HH$^{2}$ 49; Syll.$^{3}$ 91; IG I$^{2}$ 91 + 92; Tod I$^{2}$ 51; ATL D 1 + 2; ML 58; IG I$^{3}$ 52; (Tusculum 98; Fornara 119).

Marmorstele aus Athen (Paris Louvre; ATL I p.210f., JHS 51 pl. 1ff., CSCA 4 pl. 1ff.). Attische Schrift, stoichedon. Auf Vorder- (A) und Rückseite (B) beschrieben.

(*A*) [Be]schlossen haben der Rat und das Volk; (die Phyle) Kekropis hatte die Prytanie* inne, Mnesitheos war | [Sch]riftführer, Eupeithes war Epistates*, Kallias stellte den Antrag: Zurückzahlen soll man den Göttern | [d]ie Schuldbeträge, nachdem für Athena die dreitausend Talent|[e*], welche beschlossen worden waren, in einheimischer (attischer) Währung auf die Polis* verbracht worden sind. Zurück|$^{5}$[z]ahlen soll man von den Geldern, die durch Beschluß für die Rückzahlung an die Götter bestim|[m]t sind°, sowohl die derzeit bei den Hellenotamiai* befindlichen als auch die sonstigen (Beträge), die zu diesen | Geldern gehören°, und die aus dem Zehnten eingehenden (Beträge). Eine gen[aue]° Bilanz aufstellen sollen d|[ie] derzeit amtierenden dreißig [L]ogistai* über die den Göttern geschuldeten Beträge; | das Zusammentreten der Logistai soll der Rat bestimmen. Durchführen sollen die Rückzahlung |$^{10}$ [d]er Gelder die Prytanen* gemeinsam mit dem Rat, und sie sollen die Löschung (der Schulden) vornehmen, so|bald die Rückzahlung durch sie erfolgt ist, nach Überprüfung der Tafeln und Rechnungsbücher und sonst | [irgendwo an]ders befindlicher Schriftstücke. Vorlegen sollen die Schriftstücke die Priest|[er u]nd die Hieropoioi* und wer sonst noch Kenntnis davon hat. Wählen soll man durch das Los Schatzmeister | für [di]ese Gelder zu dem Zeitpunkt, an dem (die Wahl) der übrigen Ämter (erfolgt), ebenso wie die (Schatzmeister) der heilig|$^{15}$[en] Gelder der Athena. Diese sollen auf der Polis* im Opisth|[odo]m* die Gelder der Götter verwalten° nach Kräften und voller Pflichtbewußtsein und sollen° die Öffnung | und Schließung der Türen des Opisthodoms sowie deren Versiegelung gemeinsam | mit den Schatzmeistern der Athena vornehmen. (Nach Empfang) von den derzeitigen Schatzmeistern, den Epis|tatai und den Hieropoioi in den Heiligtümern, die derzeit (die Gelder) verwalt[en], |$^{20}$ sollen sie die Gelder abzählen und wiegen in Anwesenheit des Rat[s] | auf der Polis*, und die durch das Los gewählten Schatzmeister sollen sie entgegennehmen von den derzeit | im Amt befindlichen und auf einer Stele alle Gelder° aufschreiben lassen, sowohl für jeden einzelnen | Gott den Betrag als auch den Gesamtbetrag, | Silber- und Gold(beträge) getrennt. In Zukunft sollen die Aufzeichnung |25 auf einer Stele die jeweils amtierenden Schatzmeister veranlassen und einen Rechenschaftsbericht über die vorhandenen Gelder | sowie über die für die Götter eingehenden (Gelder) und über etwaige Ausgaben während des | Jahres vorlegen° den Logistai, und sie sollen sich einem Rechenschaftsverfahren unterziehen. (Für die Zeit) von den (einen Großen) Panathenä|en* bis zu den (nächsten Großen) Panathenäen sollen sie den Rechenschaftsbericht vorlegen genauso wie die die Gelder der Athena v|erwaltenden Schatzmeister. Die Stelen, auf welchen sie die heiligen Gelder aufzeichnen, |30 sollen die Schatzmeister auf der Polis* [aufst]ellen lassen. Wenn die Rückzahlung [der Ge]lder° an die Götter | erfolgt ist, soll man die überschüssigen Beträge für die Werft und die Mauern verwenden | [–]

(*B*) [Beschlossen haben der Rat und das Volk; (die Phyle) Kekropis hatte die Prytanie inne, Mnesithe|os war Schriftführer, E]up[e]ithes [war Epistates, K]allias [stellte den Antrag: Vollenden soll man die | Statuen {*oder*: Basen} aus Ma]rmor sowie die [g]oldenen Ni[ke(statue)n] und die Pro[pyläen und | nach der {*oder*: bis zur; *oder*: für eine}] vollständig[e(n) Ausführung für den Aufwand] (Beträge) verwenden vo[n den Geldern |5 der Athena] {*oder*: [eine Kontrolle] vornehmen [bei den] Aus[gaben für das |5 Erforderliche]} in Übereinstimmung mit dem, was beschlos[sen worden ist,] und die Akropolis [umschließen, soweit | dies nicht ausgeführt] ist, und Aus[besserungsarbeiten vorneh]men [unter Aufwendung von] zehn Talenten | jedes [Jahr], bis [die Umschließungs-] und Ausbesser[ungsarbeiten so gut wie mög|lich durchgeführt] worden sind°. Die Aufsicht über die [Arbeiten] sollen [gemeinsam] führen die Schatzmeister und [die Epistata|i. Den Pla]n soll der Architek[ton* anfertigen] wie bei den Pro[pyläen; die|10ser soll] zusammen mit de[n Epist]atai dafür [Sor]ge tragen, daß die Akr[opolis°] so gut wie möglich [und preiswert wie möglich | umschlossen] wird und die Ausbesserungsarbeiten durchgeführt [werden im erforder|lichen Umfang. Die] übrigen Geld[er] der Athena, di[e sich derzeit | auf der Polis* befinden°, sow]ie die (Gelder), welche kü[nftig (dorthin) ver]bracht werden, soll man nicht verwen[den noch | von] ihnen [Ausgaben], die über zehnt[ausend Drachme|n*] liegen, für [irgend etwas] anderes [als] für diese Zwecke [bestreiten |15 oder für eine Repar]atur, sofern eine erforderlich ist; [für] keinen [ande]ren Zweck hingegen sollen verwendet werden [die Geld|er, sofern nicht] das Volk in der gleichen Weise Straffreiheit beschl[ießt] wie w[enn es einen Beschluß faß|t bezüglich einer Eisph]ora*. Wenn dagegen jemand [den Antrag stellt oder] eine Abstimmung veranlaßt, ohne daß [ein Beschluß vorliegt | über Straffreiheit,] daß man di[e Geld]er der Athe[na] verwenden solle, [so soll er betroffen | sein von den]selben (Strafmaßnahmen), wie wenn er den Antrag stellt oder eine Abst[immung darüber veranlaßt, eine Eis]phora zu erheben. |[20] In Verwahrung gegeben werden sollen w[ährend de]s Jahres [für alle Götter] die ihnen jew[eils geschulde|ten Beträge bei d]en Schatzmeistern der (Gelder) [der Ath]ena durch die Helleno[tamiai. We|nn von de]n zweihundert Ta[lenten], welche [das Volk°] besch[lossen hat] für die Rückzahlung | [an d]ie anderen Götter, die Schuldbeträge [zurückgezahlt] sind, soll die Ver[waltung d|er] Gelder [der Ath]ena [im] rechten Flügel des Opis[thodoms sein, die der |[25] anderen G]ötter im li[nken]. *vacat* | [Alles, was von de]n [heilige]n Geldern nicht abgewogen oder nicht [abgezählt ist, | sollen° die] derzeit amtierenden [Schatzmeister] zusammen mit den v[ier] Beamten, welche vorgelegt [haben den Rechenschaftsberich|t von den (einen Großen) Pa]nathenäen bis zu den (nächsten Großen) Pan[athenäen], alles Gol[d | oder Silber] oder silberhaltige (Gold) abw[iegen, das] Übrig[e abzählen – | –]

### 93 Athen: Abrechnung der delischen Tempel 434/3 (oder 433/2)

HH[2] 50; IG I[2] 377; Tod I[2] 54; ML 62; I. de Délos 89; IG I[3] 402; (Fornara 121). Marmorstele aus Athen (verschollen). Ionische Schrift, stoichedon bis Z. 6.

[.]a[–] | Dioph[–] | Xanthes | Bolakles |[5] Demothales | Anaxidemos | [– seiten]s der delischen Schuldn[er – | –] gingen ein (?) und seitens [– | – Summe des Geldes] insgesamt 55410 [+ x (Drachmen*) – |[10] –] sie legten die Abgrenzung des Bades fest, [– | – bau]ten [–] und legten auf Rheneia die Abgrenzungen fest. [Summe der] A[usgaben: – | –]. An Darlehen vergaben sie 9 T(alente*) 20 (Drachmen) zu [Zinsen von einem] Zeh[ntel (= 10 v. H.) für fünf Jahre, so daß zurück|zuzahlen sind von de]n Darlehensnehmern 13 T(alente)' 3010 [+ 20 (Drachmen), das Kapital und die Zinsen ihres | Dar]lehens. Die (Lauf-)Zeit beginnt mit dem Monat Metageitnion [in] Athen [im Jahr des Archon* Apseudes (= 433/2 {*oder*: Krates (= 434/3}, |[15] in Delos] mit dem Monat Buphonion im Jahr des Archon Eupteres. [Das Land auf Delos, soweit es] | heiliges ist, verpachteten sie sowie die Gärten, die Häuser und [die Bäume {*oder*: das Übrige} für zehn Jahre; die (Lauf-)Zeit beg|inn]t mit dem Monat Posideion in Athen im Jahr des Archon Krates, i[n Delos mit dem Monat Lenaion] | im Jahr des Archon Eupteres, so daß die Pacht [all dieser (Objekte)] zurückzuzahlen ist [von denen, die ge]||pachtet haben, in Übereinstimmung mit den (Pacht-)

Verträgen. Pachtsum[me für das erste Jahr:] | 726 (Drachmen), für die anderen Jahre: 800 (Drachmen) [+ x. Das Land auf Rhenei]|a, soweit es heiliges ist, verpachteten sie für zehn Jahre; die (Lauf-)Zeit [beginnt in Athen mit dem] Monat° [Gamelion {*oder*: mit dem Schalt]-monat° [Posideion}] | im Jahr des Archon Apseudes, in Delos mit dem [Monat] Hieros [im Jahr des Archon –|.]ros, so daß für die gepachte[ten Objekte für jedes Jahr] zurückzuzahlen ist [die Pach]|t-(summe) von 1 T(alent) 1120 (Drachmen). Das Meer (= die Fischereirechte), das [– | –] in Rheneia verpachteten sie für zehn [Jahre –]

## 94 Athen: Rechenschaftsbericht über den Parthenon-Bau 434/3

IG I$^2$ 352; Tod I$^2$ 52; ML 59; IG I$^3$ 449 (zählt erste Zeile als 369); (Fornara 120).

Fünfzehn Fragmente einer Marmorstele von der Akropolis in Athen (EM; E. Cavaignac, Études sur l'histoire financière d'Athènes, 1908, LV, fig. 18.). Attische Schrift, weitgehend stoichedon (die Zahlzeichen erstrecken sich teils über mehrere Zeilen). Auf allen 4 Seiten beschrieben mit den Berichten für 447/6 bis 433/2, davon hier der 14. Bericht.

Für die Epistatai* (= Mitglieder der Baukommission), für die | Antikles Schriftführer war, | im vierzeh|nten Ratsjahr (= im 14. Jahr seit Beginn der Abrechnungen), in dem Meta|genes als erster Schrift-|führer (des Rats) war, in dem Jahr, als Krates Arch|on* der Athener war, | (waren) die Einnahmen dieses Jahres | folgende: | 1470 (Drachmen*) Restbetrag | aus dem vorigen | Jahr; 7[4] Goldstatere*, [lamps]akenische; | 27 1/6 [Gold]statere, k[yziken]ische; | 25000 (Drachmen) v[on den Schatzmeist]ern, [welche die Gelder] | der Göttin [ver]walte[ten] | (und) für die Krates Schr[i]|ftführer war, der [aus] (dem Demos) Lamptrai: 1372 (Drachmen) [für] verkauf[tes] Gold, | Gewicht 80 [+ 18] (Drachmen), | Erlös davon; | 1305 (Drachmen) 4 (Obolen*) für [verkauf]tes Elfenbein, | Gewicht [1 +] 2 T(alente*) 60 (Drachmen), Erlös d[avon].

Ausgaben: | [... +] 200 (Drachmen) [+ –] + 2 (Drachmen) 1 (Obole) für Einkäufe. | Für Löhne: | 1926 (Drachmen) 2 (Obolen) [an die] Arb[eiter im Pentelikon | und an die, welche die Quader verla-d|en auf die Karren; | 16392 (Drachmen) an die Bi[ldhau]er | als [Lo]hn [für die] G[iebelfiguren]; [1]800 [+ .. +] 11 (Drachmen) 2 (Obolen) für M[onatslöhne]; | [– als Restbetrag bli]eb | [– von] die[sem Jahr: | 74 Goldstatere, | lampsakenische, | 27 1/6 Goldstatere, kyzikenische.]

## 95 Athen: Rechenschaftsbericht über den Propyläen-Bau 434/3

IG I[2] 366; Tod I[2] 53; ATL T72.e; ML 60; IG I[3] 465 (zählt erste Zeile als 113); (Fornara 118 B).

Einundzwanzig Fragmente einer Marmorstele aus Athen (EM, AM). Attische Schrift, weitgehend stoichedon. Auf der Vorderseite die Berichte für 437/6 bis 435/4, auf der Rückseite die für 434/3 bis 433/2, davon hier der 4. Bericht.

[Götter! A]thena! [Glück!] | [In der vier]ten Amtsperiode, in der Dioge[nes] Schr[iftführer war, | –], während des Ratsjahrs, in dem Meta[genes als] er[ster Schrift|führer (des Rats) war, (waren) Epi]statai* (= Mitglieder der Baukommission): Ari[styl]los aus (dem Demos) M[elite], M[– |[5] –], Diktys aus (dem Demos) Ko[i]le, Tim[ostratos aus] (dem Demos) Ke[– | –] aus (dem Demos) [Th]orai. Für diese (gab es) [folgende] E[innahmen in d]iesem Jah[r]: | [–] 319 (Drachmen*) von den [E]pistat[ai des] Vo[rjahrs, für die] | Epikles [aus] (dem Demos) Thorik[os] Schri[ftführer] war. | [–] von den Schatzmeistern, welch[e den Schatz de]r Göttin ver[walteten] |[10] (und) für die Krates aus (dem Demos) Lamp[trai] Sch[riftführer] war. | [– v]on den Hellenotam[iai*], für die Proton[ikos] | aus (dem Demos) Ker[ame]is [Schriftf]ührer war, vom Bünd[n|er-Tribut (je)] eine [M]ine pro [Ta]lent. | [– von den Schatzmeist]ern des Hepha[is]tikon (= der Hephaistos-Mine) im L[au]r[eion] |[15] [- von d]en fünf [Sechs]tel[n]. | [– von den Hellenotamiai v]on dem Feldzug, [dem | mit (dem Strategos*) – (durchgeführten), von –]sippos aus (dem Demos) Agryle | [– vo]n Timosthene[s | – *lacuna* – |[20] –] im [Pe]ntelikon | [– | –] | [Für Löhn]e: | [Für die Akro]polis [haben wir°] ohne d[ie (Löhne) für die P]ropyläen |[25] an die nächsten [Epis]tatai [übergeben: | –]

## 96 Athen: Volksbeschluß über ein Bündnis (?) mit Halikyai 433/2

IG I[2] 20; StV II 174; IG I[3] 12.

Zwei Fragmente einer Marmorstele von der Akropolis in Athen (EM; TAPhA 75 pl. 1, Kokalos 6 pl. 17f.). Attische Schrift, stoichedon. Auf demselben Stein steht zuvor Nr. 58.

[Beschlossen habe]n der Rat [und das Volk; (die Phyle) – hatte die Prytanie* inne, – | – war Schrift]führer, Ar[– war Epistates*, – stellte den Antrag: Zwischen den Athenern | und] den El[ymern von Hali-]kyai [soll Freundschaft und Bündnis (?) sein entsprechend den Be|dingunge]n [des Vertrags, den die Egestaier] mit den Ath[enern geschlossen haben (= Nr. 58). Dies soll der Schrift|[5]führer des R]ates aufsch[reiben lassen auf der Polis* auf derselben Stele, auf der aufge|schrieben sind au]ch [die Beschlüsse des Volkes] über die E[gestaier. *vacat* (?)]

### 97 Athen: Die Kosten der nach Korkyra entsandten Einheiten 433/2

HH$^2$ 53; Syll.$^3$ 72; IG I$^2$ 295; HAI 12; Tod I$^2$ 55; ML 61; IG I$^3$ 364; (Fornara 126). Vgl. Thukydides I 45.51; Plutarch, Per. 29.

Marmorstele von der Akropolis in Athen (EM; Kern 16, AFD 70f.). Attische Schrift, stoichedon.

[Die Athener wen]deten für Korkyra [folgendes auf: In dem Jahr, in dem A|pseudes Archo]n* war und in dem Ratsjahr, in dem Kr[i|tiades Sohn des Phaënos] aus (dem Demos) Teithras als erster Schriftfüh|[rer (des Rats) war: Die Schatzmeister der h]eiligen Gelder der Athena, |[5] [...... aus (dem Demos) Ker]ameis und seine Kollegen, für die | [Krates Sohn des Nau]pon aus (dem Demos) Lamptrai Schriftführer war, | [übergaben] den nach Korkyra (entsandten) Strategoi*, die | [als erste aus]liefen, dem Lakedaimonios aus (dem Demos) Lakia|[dai, Proteas] aus (dem Demos) Aixone und Diotimos aus (dem Demos) Euonymon, |[10] [in der] Prytanie* [der (Phyle) Aian]tis, der ersten Pry|[tanie, d]reizehn Tagen waren (davon) ab|[gelaufen, 2]6 Talente*. *vacat* |

[In dem Jahr, in dem Apseudes] Archon war und in dem Ratsjahr, | [in dem Kritiades] Sohn des Phaënos aus (dem Demos) Teithras als erster Sch|[15][riftführer (des Rats) war: Die Schatzmei]ster der heiligen Gelder der A|[thena, Pronap]es aus (dem Demos) Erchia und seine Kolleg|[en, für die Euthias Sohn des Ai]schron aus (dem Demos) Anaphlystos | [Schriftführer war, überg]aben den nach Kor|[kyra] (entsandten) Strategoi°, | [die als zwei]te ausliefen, dem Glaukon |[20] [aus (dem Demos) Kerameis, Metag]enes aus (dem Demos) Koile und Drakontı|[des aus (dem Demos) Thorai, in der] Prytanie der (Phyle) Aiantis, | [der ersten Prytani]e, am letz[ten Ta|g der Prytanie, 50 Talente.] *vacat* | *vacat*

### 98 Athen: Grabmal von Gesandten aus Korkyra 433/2 (?)

IG II$^2$ 5224; Tod II 126.B; GVI 47; CEG II 469.

Grabstele aus Marmor vom Kerameikos in Athen (in situ; AA 1972, 592).

Ionische Schrift des frühen 4. Jh. (Wiederaufzeichnung). Verse (Distichen). Zur Mission der beiden Gesandten vgl. Thukydides I 44.

Thersandros und Simylos, beide Männer, die schmerzlich vermißt | ihre Heimat Kerkyra, nahm hier die Erde im Grab auf. | Als Gesandte waren sie gekommen, doch, wie das Schicksal es fügte, gestorben. | Die Söhne Athens setzten sie bei mit gemeindlichen Ehren.

## 99 Athen: Volksbeschluß über die Erneuerung eines Bündnisses mit Rhegion 433/2

HH² 51; Syll.³ 71; IG I² 51; Tod I² 58; StV II 162; ML 63.A; IG I³ 53.
Marmorstele aus Athen (London BM; Austin pl. 6). Attische Schrift, stoichedon. Einem ab Z.9 erhaltenen älteren Bündnistext wurde 433/2 ein neues Präskript vorangestellt, das mit mehreren Leerstellen endet. Zu Silenos s. Nr. 101.

[Götter! Die Gesandten aus Rhegion, d]ie das Bündnis | [abgeschlossen und den Ei]d geleistet haben: Kleandros Sohn des Xen-| [–, – Sohn des –]tinos, Silenos Sohn des Phokos, | [– (Im Amtsjahr)] des Archon* [Ap]seudes u|⁵[nd in dem Ratsjahr, in dem Kritia]des als erster Schriftführ|[er war: *vv* Beschlossen haben der R]at und das Volk; (die Phyle) A|[kamantis hatte die Prytanie* inne, Ch]arias war Schriftführer, | [Timoxenos war Epistates*, Kalli*vacat*|[as stellte den Antrag: Bündnis soll sei]n zwischen Athenern und |¹⁰ [Rheginern. Den Eid] schwören sollen die Athen|[er, daß alles tr]eu sei und ohne Falsch und a|[ufrichtig von seiten der Athener auf ew]ig für die Rheginer, wobei sie fol|gendermaßen schwören: „Bün]dner werden wir sein, tr|[eu, gerecht, bes]tändig und ohne Arg |¹⁵ [auf ewig (?) für die Rheginer, und] wir wollen ihnen helfen, w[enn sie et|was brauchen (?) –"]

## 100 Athen: Volksbeschluß über die Erneuerung eines Bündnisses mit Leontinoi 433/2

HH² 52; Syll.³ 70; IG I² 52; HAI 13; Tod I² 57; StV II 163; ML 64; IG I³ 54.
Fünf Fragmente einer Marmorstele von der Akropolis in Athen (EM; SAE pl. 20). Attische Schrift, stoichedon. Einem ab Z.16 erhaltenen älteren Bündnistext wurde 433/2 ein neues Präskript vorangestellt, das mit zwei Leerstellen endet.

Die Gesandten aus Leon[t]|inoi, die das Bündni|s abgeschlossen und den | Eid geleistet haben: Timenor Sohn des Agathok|[5] les, Sosis Sohn des Glaukias, Ge|lon Sohn des Exekestos, Schriftfüh|rer Theotimos Sohn des Tauris|kos. (Im Amtsjahr) des Archon* Apseudes | und in dem Ratsjahr, in dem Kr|[10]itiades Schriftführer war: | Beschlossen haben der Rat und | das Volk; (die Phyle) Akamantis hatte | die Prytanie* inne, Charias war Schr|iftführer, Timoxenos |[15] war Epistates*, Kallias st*vv*|ellte den Antrag: Bündni|s soll sein zwischen Athenern und | Leontinern, und den Ei|d sollen sie leisten und entgegenneh|[20][men. Schwör]en sollen die Athen|[er folgendermaßen: „Bü]nd[n]er werden | [wir sein den Leont]in[ern auf e]w|[ig (?) ohne Falsch u]nd [Ar]g." | [Die Leontine]r sollen eb[enso sch]wören: |[25] [„Bündner werden] wir sein | [den Athenern auf ewig (?)] ohne Fa|[lsch und Arg." Ü]ber | – (*weitere Zeilen weitgehend zerstört*)

## 101 Athen: Grab für einen Gesandten aus Rhegion 432

IG II[2] 5220; GVI 46; ML 63.B; CEG I 12.

Marmorbasis vom Kerameikos in Athen (Kerameikosmuseum; AA 1972, 590). Attische Schrift, stoichedon. Verse (Distichen). Zur Mission des Silenos s. Nr. 99.

Das geräumige Athen bestattet diesen Mann, | der aus seiner Heimat hierhergekommen war zu(m Abschluß) eines Bündnisses. | Silenos ist es, der Sohn des Phokos, den aufzog | das begüterte Rhegion, den rechtschaffensten Mann.

## 102 Athen: Grabepigramm auf die bei Poteidaia gefallenen Athener 432

HI I[2] 54; IG I[2] 945; Tod I[2] 59; GVI 20 (= GG 12); Agora XVII 16; CEG I 10; Clairmont 41.

Block aus dem Kerameikos in Athen (London BM; Hesperia 12, 21 f., Clairmont pl. 55). Attische Schrift, stoichedon. Verse (Distichen).

Bei Pot[eidaia sind folgende gefallen:] | Als unvergängliches [Grabmal für die] Ge[fallenen haben mich die Bürger errichtet,] | zu künden [dieser Männer] Mannhaftig[keit auch Künftigen,] | und der Vorfahren [edle] Kraft, [die für ihre Tapferkeit und Mannhaftigkeit] |[5] als herrlichen Sieg dies Denkmal erhielten nach ihrem T[ode]. | Der

Aither hat ihre Seelen aufgenommen, ihre° Leib[er die Erde;] | vor Poteidaias Toren [fie]len [sie]. | Von den Feinden aber liegen die einen im Grab, d[ie anderen entkamen und] | setzten auf die Mauer ihre sicherste Hoffnung [zu überleben.] |[10] Schmerzlich vermißt ihre Männer diese Stadt und das Vo[lk des Erechtheus,] | die vor Poteidaia in vo[rderster] Linie starben, | Söhne von Athenern. Sie [legten] ihr Leben in die Waagschale, | erwarben sich dafür Verdienste und verhalfen der Heimat zu [Ruhm].

### 103 Athen: Volksbeschluß über die Tribut-Einziehung um 430

IG $I^2$ 977; Tod $I^2$ 76; ATL T76; IG $I^3$ 60.

Drei Fragmente einer Marmorstele von der Akropolis in Athen (EM; Studies Robinson II, 1953, pl. 69). Attische Schrift, stoichedon.

[– | – der Rat] soll unbedingt [(eine Resolution) vorleg]en [dem Volk (und) | unverzüglich betreffs des Tributs und d]er Epiphora (= zusätzlichen Tributzahlungen), [damit die Bün|dner die Beträge, die sie schulden,] vollständig [entrichten] und an der K[rieg|[5]führung gegen die Peloponn]esier [sich beteiligen,], wie es [zweckmäßig – | –] haben für die [– | –] den Tribut in vollständiger Höhe. [Bezüglich | dieser Angelegenheiten soll der Rat] unbedingt [(eine Resolution) vorlegen] de[m Volk und | mit den Strateg]oi* [verhandeln,] wenn sie es wünschen. D[ie S]tr|[10][ategoi] sollen° h[undert]tfünzig [auf Deck kämpfende Mann] ge|[mäß den Gesetzen] phylenweise aus Ath[en]ern [rekrutieren] und | [so rasch wie möglich] dreißig Tri[e]ren flott machen; |[die restliche] Trupp[e°] sollen sie [er]stellen aus denjenigen, welche durch das Los für di|[e Trieren] bestimmt sind°. [Zur See fahren sollen] auf diesen Schiffen |[15] fünf Athe[ner° auf jedem] Schiff, (rekrutiert) aus freiwillige|[n Kämpfern auf Deck, außerdem] vierzig Hopliten auf je|[dem Schiff zu gleichen Anteilen] phylen[weise, ze]hn Bog[enschützen] und [zehn°] Leichtbewaffnet|[e, zu gleichen Anteilen (rekrutiert)] aus [Athe]nern [und den Bün]dnern. Wenn | [–] die S[tra-|[20] tegoi – phyl]en[weise (rekrutiert)] aus Ath[en|ern – | – | – | (*lacuna*) |[25] – | –] in die S[tädte – | –] welche den T[ribut – | –] auf[schreiben – | – |[30] – | –] für jede[n, der will,] zu [prüf]en. [Diesen Beschluß soll° der Schri|ftführer d]es Rat[s aufschreiben lassen (auf einer Stele) und (sie) aufstellen lassen auf der Polis* – | –]

## 104 Athen: Volksbeschlüsse über die Beziehungen zu Methone und Makedonien 430/29–424/3

HH$^2$ 60; Syll.$^3$ 75; IG I$^2$ 57; Tod I$^2$ 61; ATL D 3–6; ML 65; IG I$^3$ 61; Fornara 128).

Marmorstele vom Dionysostheater in Athen (EM; Kern 15, ATL II pl. 1, Meyer pl. 4). Attische Schrift, stoichedon ab Z.3. Oben Relief (Artemis und sitzende Athena reichen sich die Hände). Phainippos (424/3; vgl. Thukydides IV 118) veranlaßte offenbar die Wiederaufzeichnung älterer Beschlüsse.

(Betrifft: Die) Methonaier von Pier[ia. | Ph]ainippos Sohn des Phrynichos war Schriftführ[er. |

(*430/29*) Beschlossen haben der Rat und das Volk; (die Phyle) Erechtheis hatte die [Prytan|ie* inne,] Skopas war Schriftführer, Timonides war Epistates*, D[iop|[5]ei]thes stellte den Antrag: Abstimmen soll das Volk unverzügli[ch hinsichtlich | der M]ethonaier, ob man es für gut befindet, daß das Volk [unve]rzüglich° Tribut festsetze | oder ob es für sie ausreicht, (nur) so viel zu entrichten wie an die Göt[tin vo|n d]em Tribut ging, der an den voraufgegangenen Pan[ath]e[näe|n*] festgesetzt worden war, vom Übrigen aber befreit zu sein. [Was die |[10] Schul]denbeträge betrifft, welche den Schriftstücken zufolge die Methonaier° an das Demosion* [der A|the]ner {*oder*: [von den zurückgefor|der]ten (Beträgen)} schulden, sollen°, wenn sie so n[ützlich] sind [den A|the]nern wie (sie es) jetzt (sind) und sogar noch verdienstvoller, ge[währt werden eine ges|onderte Veran]lagung von den Athenern bei der Eintreibung, und wenn [ein generell|er] Beschluß bezüglich der Schulden, die auf de[n Anschlagta|[15]fel]n verzeichnet sind, ergeht, so soll er keinen Bezug auf die Methonaier haben, [sofern n|icht] ein besonderer Beschluß bezüglich der Methonaier ergeht. G[esandt|e,] drei im Alter von über fünfzig Jahren, soll man senden | [zu] Perdikka[s] und dem Perdikkas erklären, daß man es [für rech|tens] hält, die Methonaier die Seewege benützen zu lassen, [daß man sie nicht] |[20] behelligen [dür]fe und daß (Perdikkas) sie Handel treib[en] lassen solle | ins Landesinnere [wie] bisher, (den Methonaiern) nicht Unrecht tun noch [Unrecht er|leiden] solle und durch das Gebiet der Meth[o]naier kein Heer [füh|ren solle ohne] Einverständnis der [Me]thonaier. Wenn es zu einer Einigung kommt zwischen [den bei|den Seit]en, sollen die Gesandten einen Vertrag zustandebringen, andernfalls soll° [eine Ges|[25]andtscha]ft von beid[en Seiten] zu den Dionysien* entsandt werden [mit] Vollmacht, | in den strittigen Punkten vor dem Rat un[d dem | Vol]k zu verhandeln. Man soll dem P[e]rdikkas erklären, daß, wenn die Solda[ten, | die] bei

Poteid[ai]a stationiert sind, sich lobend äußern, die Athe[n]er° ein wohlwollendes Urteil h[aben werden | über] ihn. Das Volk entschied in der Abstimmung, daß° [die Methon|aie]r (nur) s[o viel] entrichten sollen, w[ie] an die Göttin von dem Tribut ging, [der | an de]n voraufgegange[nen] Panathenäen* festgesetzt worden war, [vom | Ü]brigen [aber] bef[reit s]ein sollen. *v*

(*426/5*) Beschlossen haben der Rat und [das Vol|k, (die Phyle) H]ippotho[ntis hatte die] Prytanie inne, Megakleides [war Schrift|führer,] Ni[k]o[..... war E]pistates, Kleonymos stellte den Antrag: Die M[ethonai|er sollen (das Recht der)] Getreide[au]sfuhr aus Byzantion haben bi[s zu x-|taus]end Medimnoi* pro Jahr [und] die [Helle|sp]ontwächter dürfen weder selbst (sie) an der Ausfuhr hindern n[och] | dürfen sie zulassen, [daß sonst jem]and (sie) hindert, andernfalls sollen sie bestraft werden mit einer Buße von je° zehntausend Dr[ach|men]. Nach einer schriftlichen Anmeldung bei den Hellesp[on|t]wächtern sollen sie bis zur festgesetzten Menge ausführen dürfen. Unbehelligt | [sein] soll auch das Schiff, das ausführt. Wenn ein genereller Besch[luß] | gefaßt wird von den Athenern bezüglich der Bündner be[treffs (militärischer) H|i]lfe oder wenn sie sonst etwas den Städten auferlegen, was entweder | sie selbst [oder] die Städte betrifft, so soll°, was sie° ausdrücklich bezüglich d[er S|tadt] der Methonaier beschließen, dies sie° ange[hen], | alles andere aber nicht, sondern sie sollen° dadurch, daß sie den Schutz übernehmen für ihr eig[enes Gebiet, | a]uf dem Posten sein. Was die [Übergriffe]° angeht, die nach ihrer Aussage° durch Perd[ikk|as erfolg]en, sollen die Athener beratschlagen, was | [förderlich] zu sein scheint bezüglich der Methonaier, wenn | die Gesandten (nach ihrer Rückkehr) von Perdikkas v[or de]m Volk aufgetre[ten° s]ind, [sowohl die] | mit [Pl]eistias als auch die mit Leogo[ras] gereist sind. [Die Angelegenheiten der | ande]ren Städ[te] soll man verhandeln nach Begin[n der] | zweit[en P]ry[tan]ie, wenn man° nach den Si[tzungen] in der Werft | [sogleich] die Volksversammlung [einberu]fen hat. Ununterbrochen soll man d[ie] | Si[tzung]en [dort] abhalten°, bis die Angelegenheit zu Ende [gebra]cht ist, und man soll nichts° anderes vorher verhand[eln | vor diese]n Angelegenheiten, sofern nicht die Strate[g]oi* ein Anliegen habe[n.]

(*425/4*) [Beschl|ossen haben der] Rat und das Volk; (die Phyle) Kekropis hatte die Pry[tanie inne, – | –]es war Schriftführer, H[i]erokleides war E[pistates, – | –] stellte den Antrag: Da [– | (*lacuna*)]

(*424/3*) [Beschlossen haben der Rat und das Volk; (die Phyle) Akamantis hatte die Pryta|nie inne, Phainippos war Schriftführer, –]

## 105 Athen: Denkmal über die Wiederbesiedlung von Poteidaia 429

HH$^2$ 59; Syll.$^3$ 74; IG I$^2$ 397; HAI 14; Tod I$^2$ 60; DAA 306; ML 66. Vgl. Thukydides II 70; Diodor XII 46.

Marmorbasis (oben mit einer für eine Reliefplatte geeigneten Eintiefung) von der Akropolis in Athen (EM; DAA a.a.O.). Attische Schrift, stoichedon.

(Weihung) von den Zusiedlern | nach Poteidaia.

## 106 Athen: Volksbeschluß über Regelungen bezüglich des Seebundsmitglieds Aphytis auf der Chalkidike 428/7

IG II$^2$ 55.b; ATL D 21; IG I$^3$ 62.

Drei Fragmente einer Marmorstele aus Athen (EM, AM; ATL II pl. 12f., Hesperia 13, 212ff.). Ionische Schrift, stoichedon.

[– | –] achthundert M[edimnoi* – K|r]ieg die Gesamtsumme. Bezüglich [– sollen° die] Aphy[taier Sorge trag|e]n bis zu zehntausend Medimnoi; [der Prei]s soll für sie [so] gelten [wie] |[5] für die [Me]thonaier. Den (attischen) Archonten* in A[phytis] sollen Le[bensmittel liefern] | die Thrambaier [aus° ihren eigenen (Vorräten)] entsprechend ihrer (Bevölkerungs-)Zahl. M[it beitra]gen sollen aber auch d[ie anderen Städ|t]e wie bei den Methonaiern entsprechend dem[selben] Beschluß. Den [Eid, den] | die Aphytaier [ge]schworen haben [den] Zusiedler[n] in Poteidaia [und den Athen]|ern, sowie diesen [Be]schluß soll [der] Schriftführer [des Rats aufschreiben lassen a|[10]uf] einer Stele aus Marmor und (sie) aufstellen lassen auf der Polis* auf de[ren eigene K]osten. | Wenn jemand einer dieser Maßnahmen, die das Volk beschlossen hat [bezüglich der Aphytai|er, nicht] Folge leistet, [seien es] die Hellenotami[ai* oder son]st ein Be[amter, sollen auf sie angewandt werden d|ie i]m Beschluß (genannten Bestimmungen). [Den Aphy]taiern soll man das Lob aussprechen, d[aß sie sich verdient ge macht ha]b[en] um [die] A[the]n[er] sowohl jetzt als auch in der Vergangen[heit, und] |[15] man soll d[em Volk (von Aphytis) erklär]en, daß sie, [worum sie] ersuch[en], erhalten werd[en von den Athene|rn]. *vv* Beschlossen hat [das Volk, daß die Aphytaier als Aparche*] zahlen [sollen an die Göttin | 500 D]rachmen*. *vacat* | Folgenden Ei[d schworen] die Aphytaier [den (Zusiedlern) in Poteidaia: „Wenn jemand] | als Feind [gegen die St]adt der Athe[ner zieht oder gegen die Zusiedler der A|[20]thener, d]ie [Poteid]aia im Besitz hab[en, so werde ich behilflich sein den Athenern nach K|räften in Wort u]nd Tat [– | – | weder in Wort n]och in Tat [–"]

## 107 Athen: Volksbeschluß über Regelungen bezüglich des Seebundsmitglieds Aphytis auf der Chalkidike um 427/6

IG I$^2$ 58; IG I$^3$ 63.

Fragment einer Marmorstele von der Akropolis in Athen (EM). Attische Schrift.

[– Wenn ein] | Arch[on* oder Privatmann einen Antrag stellt oder eine Abstimmung veranlaßt, (die sich) gegen d]iesen B[eschlu]ß (richtet), [daß man den Aphytaiern nehmen solle] | diese (Rechte), soll er eine Buße zahlen [von zehntausend Drachmen*, zu weihen der Ath]|[5]ena. D[ies]en Beschl[uß soll aufschreiben lassen der Sch]riftführer des Rates [auf einer Stele aus Marmor und (sie) auf]|stellen lassen auf der Polis* auf [deren] Koste[n. Einladen soll man di]|e Gesandtschaft der Aphy[taier zum Empfang ins Pry|t]aneion* auf morgen. *v* S[kopas (?) stellte den Antrag: In allen Punkten Übereinstimm|[10]ung m]it Patrokleides, doch [soll nicht hindern einer° von den Athenern noch von den Bün]|dnern der Athener [die Aphytaier, Waren (ein)zufüh|r]en von woher sie wolle[n, sondern es soll möglich sein für jeden Aphytaier, d]|er es wünscht, Ath[en] mit dem Schiff [anzulaufen und bei den Athenern] Waren° [einzuführen,] | wobei für ihn Asylie* bestehen soll und ohne daß ein förmliches Ab[kommen besteht. Diejenigen von] ihnen°, [die es wünschen,] |[15] sollen auch Getreide einführen dürfen i[n Übereinstimmung mit den Beschlüssen, die] | vom Volk gefaßt worden sind, u[nd Handel treiben dürfen gegen Entricht]|ung der Zölle, welche [das Volk der Athener] beschl[ossen hat. W]|enn jemand [die Aphytaier] daran h[indert, Athen mit dem Schiff anzulaufen,] soll er° [eine Buße zahlen von] | zehnt[ausend Drachmen – | –]

## 108 Athen: Volksbeschluß über ein Abkommen mit Mytilene bezüglich athenischer Kleruchen auf Lesbos 427/6

HH$^2$ 61; Syll.$^3$ 76; IG I$^2$ 60; Tod I$^2$ 63; ATL D 22; IG I$^3$ 66; Cataldi 9.

Sieben Fragmente einer Marmorstele vom Südhang der Akropolis in Athen (EM; ATL II pl. 15f., SAE pl. 22, Cataldi pl. 10). Attische Schrift, stoichedon ab Z.3.

[......] war [Schriftführer.] | [Götte]r! | [Beschlossen haben der Rat und das Volk; (die Phyle) Akama]ntis hatte die Pr|[ytanie* inne, ......... war Schriftführer, Smiky]thos war Epi|[5][states*, ........ stellte den Antrag: Da guten Gehorsam leist]et | [das Volk der Mytilener und freundschaftlich ist, wie es | in der Vergangenheit war {*oder*: und ein zuverlässiger Freund ist | der Athener, gemäß dem Abkommen,} gegenüber dem Rat der Athener un]d dem | [Volk, soll man sogleich einen Herold entsenden, sobald diese° (Maßnahmen)] beschl|[ossen sind, welcher den Mytilen]ern [verkünden soll,] daß |[10] [das V]olk der Athener [wohlwollend eingestellt ist {*oder*: nicht nachtragen wird}] und | [ihnen] zurück°[erstattet das Land] {*oder*: [ihnen es genügt, die Schuldigen zu bestrafen]} und es für gut befind[et], daß [sie°] auto[no]m sin|[d und all] ihr Eig[entum bewirtschaften dürfen mit der Ausnahme, daß] | sie [ihre Ländereien auf dem Festland übergeb]en, [welche] | die Athen[er zu übergeben] anordne[n, und auf der Grundlage von Symbol|[15]ai*] bei den Athen[ern R]echt geben [und empfangen | ge]mäß den Sym[bo]lai, welche [(schon) zuvor {*oder*: mit den Mytilenern}] bestanden. {*Zum folgenden Satz s. u.*} [Und in Anrechnung brin|ge]n soll man den Kle[ru]choi*, was zum Ver[kauf kam an andere von den La|ndlos]en, {*oder*: [Und Abgaben zah|le]n soll man den Kle[ru]chen in der Höhe, wie [man] be[schworen hat, von den | Landlos]en}, bevor ihnen z[urück]erstattet wird, [wenn eine Untersuchung erfolgt ist bei den | St]rategoi*, den Soldaten [und den anderen Ath|[20]en]ern, die Besitzer sind. Aufschreib[en lassen soll diese (Bestimmungen) der Sch|ri]ftführer des Rats auf einer Stele aus Mar[mor und (sie) aufstel]|len lassen auf der Polis* auf d[eren eigene] Kosten. [Die]|s soll man aufschreiben, und [einladen soll man die Gesandtschaft d]|er Mytilener zum E[mpfang ins Prytaneion* auf] |[25] morgen. Den Kl[eruchen aber soll man nach der] | Rückerstatt[ung des°] Landes [Grundstücke geben für die abgetrete|ne]n {*oder*: Für die Kl[eruchen sollen die für die] | Rückerstatt[ung des°] Landes (zuständigen) dortigen Beamten eintreiben° und der Garnisonskomman|dant]}. *v* Besch[lossen haben der Rat und das Volk – | –]

{*Z. 16ff. nach Klio 57, 1975, 93f. (Erxleben)*: [Und abge|b]en an die Kle[ru]chen sollen° alles, was unter [dem Titel abgaben|pflichti]ger [Ländereien]° vor der W[eg]gabe [des Landes] an sie (= die Kleruchen) [von den | St]rategoi* [und] den Soldaten [deklariert worden ist, die Mytil|en]er, die im Besitz (davon) sind.}

## 109 Athen: Vertrag mit Mytilene (?) mit Verbot des Seeraubs 427/6

IG I$^{2}$ 53; StV II 167; IG I$^{3}$ 67.

Fragment einer Marmorstele vom Südwesthang der Akropolis in Athen (EM; Hesperia 8, 170). Attische Schrift, stoichedon ab Z.2.

[Göt]t[er! | Vertrag der Ath]ener und [der Mytil|ener: Zurückge]ben sollen die Athe[ner den Myt|ilenern d]as Land. Fr[eunde sollen sei|$^{5}$n die Mytilen]er [mit den] Athene[rn und d|eren Bündne]rn, und Wohl[taten erweisen den Athe|nern und Seer]äuber nicht a[ufneh|men noch se]lbst Seeraub trei[ben und auch nicht | ins Feld zieh]en zusammen mi[t den Fein|$^{10}$den gegen die Athener] und nich[t dem Hee|r der Feinde nützlich sein und nicht –]

## 110 Sparta: Beiträge zum Kriegsfonds im Peloponnesischen Krieg 427 (?)

SGDI 4413; IG V 1, 1; Syll.$^{3}$ 84; DGE 13; Tod I$^{2}$ 62; J 201.55; ML 67; TDGIS II 43; (Fornara 132).

Marmorstele aus dem Athena-Chalkioikos-Heiligtum auf der Akropolis von Sparta (Portal einer Kirche nahe Sparta, ab Z.11 heute nichts mehr lesbar; IG a. a. O., W. T. Loomis, The Spartan War Fund, 1972). Auf Vorder- (A) und Schmalseite (B) beschrieben, spartanische Schrift. Dorisch-lakonischer Dialekt.

(A) [– den Lak]edaimoni[ern – | – x-hun]dert Dareikoi (= persische Goldmünzen) [– | – den L]akedamoniern für den | [Krieg neu]n Minen* und zehn Statere*. |$^{5}$ [Es gab den Lak]edaimoniern des Ly⟨k⟩eidas Sohn | [; –]os der Ole[n]ier ga[b den Lake|daimoniern] für den Krieg Trieren [– | – an Silbergel]d zweiunddreißig Minen. [Es gaben | –] von den Chiern die Freunde der [Lake |$^{10}$daimonier (?) –] aiginetische Statere. [Es gaben die | – de]n Lakedaimoniern für den [Kr|ieg] viertausend [Medimnoi* (Getreide)] und weitere | [vier]tausend [Medimnoi] und an getrockneten Weinbeeren | [–Tal]ente*. *vacat* |$^{15}$ [– des –] Sohn g[a]b d[en Lakedaimo|niern –] vieles und an Dareikoi achthund[ert| – und an Sil]bergeld drei Talente. | [– gab]en für den Krieg | [an Silbergeld ein Tale]nt (und) dreißig Minen [und |$^{20}$ – d]reitausend Medimnoi und [weitere | –]zig [Medimnoi] und an Silbergeld sech[zig | Minen. Es gaben d]ie Ephesier den Lakedaim[o|niern für de]n Krieg tausend Dar[eikoi].

(B) Es gaben die Ma|lier (= Melier) den | Lakedai|moniern |$^{5}$ an Silbergeld | zwanzig | Minen. | Es gab Mo|lokros {*oder*: Mo[lon] | der

Lokrer} den |10 Lakedaimo|niern an Talen|ten Silbergeld 1 (?). | Es gaben die | Malier |15 den | [L]akedai|monie[rn | –]

### 111 Athen: Volksbeschluß über die Bestallung der Tributeinzieher (sog. Kleonymos-Dekret) 426/5

IG I$^2$ 65; ATL D 8; ML 68; IG I$^3$ 68; (Fornara 133).

Dreizehn Fragmente einer Marmorstele von der Akropolis in Athen (EM; ATL II pl. 5). Attische Schrift, stoichedon ab Z.3. Oben Relief (Fragment).

[(Betrifft:) Schuldbeträge und Einziehung des] | Tribu[ts]. | Beschlossen haben der Rat und d[as Volk;] (die Phyle) Kekropis hatte die P|rytanie* innne, Polemarchos [war Schriftfüh]rer, Onasos |5 war Epistates*, [K]leonym[os stellte den Antrag: Alle] Städte, [welch]e Tribut | entricht[en den Ath]ene[rn, sollen wählen] in jeder | Stadt [Tributeinzieher, damit] von überall | [den Athe]n[ern] der [Tribut vollständig eingetrieben wird,] andernfalls sollen° zur Ver|[antwortung gezogen werden die Einzieher – |10 *(lacuna)* | – für die Hellenotamiai* eine Volksversammlung abhalten | bezüglich der Städte soll°] un[bedingt die Prytanie,] welch|[e die Pryta]nie inne hat, [binnen zwanzig Tagen nach den] Dionys|[ien*. Und der Allgemein]heit [bekanntgegeben werden sollen {*oder*: Vor]lesen [sollen sie vor dem Volk} die (Namen der) Städ]te, wel|15[che den Tribut be]zahlt haben, [welch]e (ihn) nicht be|[zahlt haben und] welch[e (nur) teilweise.] Zu denen, die noch sch|[ulden,], soll man fü[nf Männer sch]icken, [um] einzuzieh|[en den Tr]ibut. Auf[schreiben sollen die Hel]lenota|[m]iai auf einer Holztafel die [(Namen der) Städte, die im Rückstand] sind mit dem Tri|20but, sowie [die Namen {*oder*: den Rückstandsbetrag}] derjenigen, die (ihn) überbring[en], und (die Liste) aufstellen | jeweils vor [dem Metroon (= Meter-Heiligtum und Archiv) {*oder*: dem Podium; *oder*: den (Statuen der Phylen-)Heroen}]. Ferner soll für die Sa|mier und die Theraier [ein ähnlicher Beschluß gelten bezüglich d]|er Gelder und der [zu ergreifenden Maßnahmen mit Ausnahme] der Wahl | [d]er Männer und, sofern [sonst noch für ein]e Stadt festgesetzt wurde, G|25elder [nach] Athen abzuführen. Diesen Beschluß soll° auf einer S|[te]le die [Pryta]nie Kekropi[s] auf der Polis* aufstellen lassen. P[ytho]kritos {*oder*: P[oly]kritos} stellte den Antrag: [In allen Punkt]en Übereinstimmung mit Kleonym|[os], doch damit [mit dem größten] Erf[olg und mit den gering]sten [Schwierigkeiten] durchstehen die Athen|[er d]en Krie[g], soll man [diese Angelegenheiten {*oder*: eine Resolution} vor] das Volk bringen |30 [und] morgen früh eine [Volksversamm]lung [einberufen.] Beschlossen haben der | [Rat und das Volk, (die Phyle) Kekr]opis hatte die Prytanie inne, Po|[lemarchos war Schriftführer, H]ygiainon war Epistates, | [Kleonymos stellte den Antrag: In allen Punkt]en Übereinstimmung mit dem vorigen | [Beschluß – (*lacuna*) |38 – Ep]imel|etai* soll man wählen für di[e anderen Gerichtsverfahren, die bezüglich der |40 Gelder der Athener g[emäß dem ergangenen] Beschlu|ß (durchgeführt werden) und [einen] der Strategoi* [beauftragen, Beis]itzer zu se|in, wenn wegen einer der [Städte ein Gerichtsverfahren durchgeführt wir]|d. Wenn jemand arglistig versucht, [außer Kraft zu setzen] | diesen Tribut-Beschluß [oder (zu verhindern), daß entrichte]|45t wird der Tribut nach Athen, [soll] Ank[lage erheben (können) gegen die]sen° [wegen Hochverrats | jeder, der es wünscht und] aus dieser St[adt stammt, b]|ei den Epimeletai. Di[e Epimeletai] sollen° [das Verfahren einleiten] | binnen Monatsfrist vor dem [Gerichtshof, wenn die] | Ladungsboten eingetroffen sind. D[oppelt so viele sein sollen die Ladungsboten] |50 wie diejenigen, gegen die jemand Klage erheben [will. Wenn gegen jemand] | ein Schuldspruch ergangen ist, [soll] das [Gerich]t f[estsetzen, welche] | Strafe er erleiden oder welche Buße er zahlen soll°. Die He[rolde, wie viele es auch] | sein mögen, welche die Prytanen zus[ammen mit dem Rat gewäh|lt haben], soll man in die Städte entsenden w[ährend der Kekropis-|55Pr]ytanie, damit die Wah[l erfolge der Männer, d|ie] den Tribut einziehen u[nd sie (deren Namen) aufzeichnen i|m] Ratsgebäude. Die Ste[le sollen die Poletai* | in Auf]trag geben. *vacat* | (Betrifft:) Einz[ug des Tr]ibuts |60 [au]s den Stä[dten].

## 112 Athen: Auszahlungen aus dem Tempelschatz der Athena und der anderen Götter 426/5–423/2

HH$^2$ 62; IG I$^2$ 324 + 306; Tod I$^2$ 64; ML 72; IG I$^3$ 369; (Fornara 134).
Achtzehn Fragmente einer Marmorstele von der Akropolis in Athen (EM; AFD pl. 12). Attische Schrift, stoichedon.

[Folgendes haben berechn]et die Logista[i* in den vi]er Jahren von den (einen Großen) Panathenäen* bis zu [den (nächsten Großen) Panathenäen an Au|sständen:

(*426/5*) Folgendes haben di]e Schatzmeister ausgezahl[t, Andro]kles aus (dem Demos) Phlya und seine Kollegen, den Hell[enotamiai* – | –] und seinen Kollege[n für die Strat]egoi* Hippokrates aus (dem Demos) Cholargos und seine Ko[llegen in der | Kekropi]s-Prytanie*, der zweit[en Pry]tanie, vier Tage waren abge[laufen, in de|[5]m Ratsjahr, in dem] Megakleides als erste[r Schriftfüh]rer (des Rats) war, unter dem Archon Euthynos: 20 T(alente*); die Zinsen d[afür betrugen | 5670 +] 26 (Drachmen*). *v* Zweite Zahlung in d[er] zweiten Prytanie [der K]ekropis, üb[rig waren sieben T|age] von der Prytanie, 50 T(alente); Zinsen d[afür *v*] 2 T(alente) 1970 (Drachmen). *v* Dritte Zahlung in der Pan[dionis-Pryt|anie], der vierten Pry[t]anie, [abgelau]fen waren fünf Tage von der Prytanie, 10 [+ 18 T(alente) 5600 (Drachmen) 31/2 (Obolen*); Z|insen d]afür *v* 1 T(alent) 1719 (Drachmen) 2 (Obolen). *v* V[iert]e Zahlung in der Akamantis-Prytanie, [der achten Prytan|[10]i]e, fünf Tage waren abgelau[fen von de]r Prytanie, 44 T(alente) 3000 (Drachmen); Zinsen dafü[r *v* 1 T(alent) 4701 (Drachmen). | Fünf]te Zahlung in der Akaman[tis-Pr]ytanie, der achten Prytanie, abgel[aufen waren zehn Ta|ge von d]er Prytanie, 100 T(alente); Zinsen d[afür *v*] 3 T(alente) 5940 (Drachmen). *v* Sechste Zahlung in der Ere[chtheis-Prytan|ie,] der zehnten Prytani[e, abgelauf]en waren sieben Tage von der Prytanie, 16 [+ 2 T(alente) 3000 (Drachmen); die Zinsen da|für] betrugen 4173 (Drachmen) [4 (Obolen). *v* Gesa]mtbetrag der Kapitalausgaben im [Amtsjahr des] Andro[kles un|[15]d seiner Ko]llegen: 261 T(alente) 56[10 (Drachmen) 3 1/2 (Obolen). *v*] Gesamtbetrag der Zinsen für das Geld, das ausgegeben wurd[e im Amtsjahr des Androk|les] und seiner Kollege[n: 11 T(alente) 1]99 (Drachmen) 1 (Obole). *vacat*

(*425/4*) Folgendes haben ausgezahlt die Scha[tzmeister Phokiades a|us (dem Demos) Oi]on und seine Kollegen im Amtsjahr des Archon S[tra]tokles und in dem Ratsjahr, in dem Pl[eistias als erster *v* | Schriftfüh]rer (des Rats) war, an die Strategoi a[n (den Küsten) der Pe]loponnes, De[m]osthenes Sohn des Alkisthenes aus (dem Demos) Aphid[na, in der Oin|eis-]Prytanie, der vierten [Pryta]nie, am dritten T[a]g der Prytanie, [aus |[20] dem Opisth]odom*: 30 T(alente); die Zinsen dafü[r betru]gen 5910 (Drachmen). *vv* Eine weitere Zahlung an die Strategoi [Nikias Sohn des Nikerat|os aus (dem Demos) Kyda]ntidai und seine Kollege[n in] der Pandionis-Prytanie, der neunten Pryt[anie, am fün|f]zehnten Tag der P[rytan]ie: 100 T(alente); die Zinsen dafür betrug[en 2 T(alente) 3800 (Drachmen). *vv* | Gesamtbe]trag der Kapitalausgaben im Amtsjahr des Phokiades und seiner Kollegen: 100 [+ 30 T(alente). *v* Gesamtbetrag der Zinsen | für das G]eld, das im Amtsjahr des Phokiades und seiner Kollegen ausgegeben wurde: 1 [+ 2 T(alente) 3710 (Drachmen). *vacat*]

(*424/3*) |[25] [Folgendes haben ausgez]ahlt die Schatzmeister Th[uky]dides aus (dem Demos) Acherdus und seine Kollegen im Amtsjahr des [Archon] Is[archos un|d in dem Ratsjahr,] i[n dem Epi]l[y]kos als [ers]ter Schriftführer (des Rats) war, an die Hellenotamiai des Vorjahrs, D[– | – und seine Kollegen und an die neuen,] Charopides aus (dem Demos) Ska[mb]onidai und seine Kollegen [in der Hippothon|tis-Prytani[e, der ersten Prytan]ie, am sechsundzwanzigsten (Tag) der Prytani[e – | – 32 T(alente) 5983 (Drachmen); die Zinsen da]für betrugen 4665 (Drachmen) 5 (Obolen). *v* Zweite Z[ahlung in der – | – Prytanie, der x-ten Prytan]ie, am zwölften der Prytanie, 23 T(alente) [– | –. Dritte Z]ahlung in der Erechtheis-Prytanie [– | – +] 200 (Drachmen); die Zinsen dafür betrugen 632 (Drachmen) 1 1/2 (Obolen). *v* Vie[rte Zahlung in der | Akamantis-Prytanie, der achten] Prytanie, am dreißigsten Tag der Prytan[ie, 100 T(alente); Zinsen – | – Gesamtbetrag der] Kapitalausgaben im Amtsjahr des Thukydides [und dem seiner Kolle|gen: 163 T(alente). *v* Gesamtbetrag der Zinsen für das] Geld, das im Amtsjahr des Thukydides [und seiner Koll|egen ausgegeben° wurde°: 2 T(alente) 5210 (Drachmen) –.

(*423/2*) Folgendes haben aus]gezahlt die Schatzmeister Timokles aus (dem Demos) Eitea u[nd seine Kollegen im | Amtsjahr des Archon Ameinias und in dem Ratsja]hr, in dem Demetrios aus (dem Demos) Kollytos als erster Schr[iftführer war, – | – aus (dem Demos) Myrrh]inus und seine Kollegen in der Akama[ntis-Prytanie, *vv* | der ersten Prytanie, am zwölfte]n Tag der Prytanie, 59 T(alente) 4720 (Drachmen); die Zi[nsen dafür betrugen *v* | 4244 (Drachmen) 5 (Obolen). *v* Zweit]e Zahlung in der Pandionis-Prytani[e, der dritten Prytanie *vv* |, am zwölften Tag der Prytanie,] 2 T(alente) 5500 (Drachmen). Die Zinsen dafür betrugen 163 (Drachmen) 5 (Obolen). *v* [Dritte Zahlun]g [in der *v* | –Prytanie, der vie]rten Prytanie, am vierten Tag der Pryta[nie, (Beträge) von den] Sam[iern, 11 T(alente) *v* | 3300 (Drachmen); die Zinsen dafür betrugen] 582 (Drachmen) 1 (Obole). *v* Vierte Zahlung in der Aiant[is-Pryt]ani[e, der acht|en Prytanie, am vierund-] zwanzigsten Tag der Prytanie, 100 T(alente); die Zinsen dafü[r betru]gen 1500 [+ 100 (Drachmen) *vvvv* | Fünfte Zahlung in der Leonti]s-Prytanie, der zehnten Prytanie, a[m dritt]en Tag der Pr[ytani|e, 18 T(alente) 122 (Drachmen) 2 1/2 (Obolen); Zinsen dafür] 122 (Drachmen) 2 1/2 (Obolen). *v* Gesamtbetrag der Kapitalausga[ben] im Amtsjahr des Ti[mokle|s und seiner Kollegen: 170 +] 22 T(alente) 1642 (Drachmen) 2 1/2 (Obolen). *v* Gesamtbetrag der Zinsen für d[as Geld, das a]usgegeben wurde *v* | im Amtsjahr des Timokles und seiner Ko]llegen: 1 T(alent) 813 (Drachmen) 1 1/2 (Obolen). *v* Gesamtbetr[ag der Au]sgaben in[sgesa|mt der Athen]a in de[n] vi[er J]ahren von den (einen Großen) Panathenäen bis zu den (nächsten Großen) Panathen[äen: 500 +] 247 T(alente) 1000 [+ 253 (Drachmen) *v* | Gesamtbe]trag der Zinsen insge[samt der Athe]na in den vier Jahren vo[n den (einen Großen) Pan]athenäen bis zu den (nächsten Großen) Pa[nathen *v*|äen: 10 +] 8 T(alente) 3935 (Drachmen) [–. Folgendes (Geld)] der Athena Nike haben° i[n der –Prytanie, der x-|ten] Prytanie, am vierte[n Tag der Pryta]nie, Timok[les aus (dem Demos) Eitea und seine Ko]llegen a[usgezahl|t: 6 T(alente); die Zinsen] dafür b[e]trugen 100 (Drachmen) [+ –.] *vacat* |

[Folgendes haben berech]net [die] Logist[ai an Ausstä]nd[en für die anderen Götter in den vi]er Jah[ren von den (einen Großen) Pan|athenäen bis zu den (nächsten Großen) Panathen]äen: (*423/2*) [Folgendes haben die Schatzmeister der anderen Götter, Gorgo]inos Sohn des O[ineides aus (dem Demos) Ikari|on und seine Kollegen aus den G]elder[n jedes Gottes im Amtsjahr des Archon Ameinias den Stra-t]ego[i – | –, in dem Ratsjahr, in dem Demetri]os als erst[er Schriftführer (des Rats) war, in der Akamant]i[s-Prytanie, | der ersten Prytanie, am] ach[ten Tag vor Ende des (Monats) Hekatombaio]n, [am fünfundzwanzigsten Tag der Prytan|ie, aus dem Opisthodom: *v* Ar-]temi[s Agr]otera [– | –; Zi]nsen d[afür 200 +] 160 (Drachmen) [– | –] 100 (Drachmen); Zin[sen dafür –] 5570 (Drachmen) [– | –. Von Posei-do]n in Su[nion 5 T(alente) 2000 (Drachmen) –; Zins]en dafür 370 (Drachmen) [– | –; Zinse]n dafür [–. Von Artemis auf (dem Hügel) Munichi]a 1 T(alent) 4551 (Drachmen) 1 1/2 (Obolen); Zi[nsen dafür | –] 226 (Drachmen) 1 (Obole); Zinse[n da]fü[r –] 226 (Drachmen) 1 (Obole), Zinse[n da]fü[r – | –] 1976 (Drachmen) 2 (Obolen) [–] 14 (Drachmen) 4 (Obolen); Zins[en da]fü[r – | –] 1 1/2 (Obolen). Von Aphrodite im Hippoly[teion –] 3 (Drachmen) 5 1/2 (Obolen). *v* Von den Mus[en 500 (Drachmen) –; Zinse|n daf]ür 6 (Drachmen) 2 (Obolen). *v* Von Apollon Zoste[r –. Von Adras]teia 86 (Drachmen); Z[insen dafür 1 (Drachme). | Von Bend]is 86 (Drachmen); Zinsen daf[ür 1 (Drachme) –] 1 3/4 (Obolen). *v* Von Apollon [– | –]; dafür Zinsen 8 (Drachmen) *v* [–]. Von Herakles im [Kynosarge|s 20 (Drachmen); d]afür Zinsen 1 1/2 (Obolen). *v* He[–. Von Dem]ophon [–]; Zinsen dafü[r –] | Von Athena] Pall[enis 1 T(alent) 5200 (Drachmen) – Zinse]n dafür 129 (Drachmen) 3 3/4 (Obole). *v* Von Apollo[n – | –. Von Artemis Brauroni]a 1396 (Drachmen) 4 (Obolen); Zinsen dafür 10 [+ 6 (Drachmen) – | –] 1110 (Drachmen) [– Von Ath]ena am Palladion Derioneon [850 (Drachmen) –; | Zinsen da]für 11 (Drachmen) [– 1000 +] 600 [+ 100 (Drachmen) –; Zin]sen dafür 20 (Drachmen) 1/2 (Obole). *v* Von Poseidon in Kalaurei[a – | Zinse]n dafür [–. Gesamtbetrag d]er Ka[pitalausga]ben der anderen Götter bei der ersten [Z]ahlun[g, der im | Amtsjahr] des [Gorg]oinos: 30 T(alente) 5700 +] 200 [+ 90 (Drachmen). *v* Gesamtbe]trag der Zinsen für diese Ausgaben: 2120 (Drachmen) [– | Als zwe]it[e Zahlung haben übergeben] die Scha[tzmeister der an]deren Götter, Gorgoinos Sohn des Oineides aus (dem Demos) Ikarion [und seine Kol|legen, von jedem Gott] aus de[n Geldern] in der Leontis-Prytanie, der zehnte[n Prytan|ie, am ac]hten Tag vor E[nde des Monats Skirophorion, am zw]anzigsten der Prytanie: *v* Von Artemis Agr[otera | 4 T(alente) 1950 (Drachmen); Zinsen dafür] 14 (Drachmen) 2 [+ 2 1/2 (Obolen). *v* Von Aphrodi]te in den Gärten 2 T(alente) 5175 (Drachmen) 1 (Obole); Zinsen dafür 6 [+ 3 (Drachmen) 4 1/2 (Obolen) | – 2600 +] 240 (Drachmen); dafür] Zinsen 1 (Drachme) 3 3/4 (Obolen). *v* Von Dionysos 356 (Drachmen) 1 (Obole); Zinsen da[für 1 1/2 (Obolen) *v* | – Z]insen daf[ür – *v* Von Pose]idon in Sunion 4 T(alente) 1527 (Drachmen) 4 1/2 (Obolen); Zin[sen da|für 14 (Drachmen) 2 3/4 (Obolen). *v* – 2000 +] 2720 [+ 29 (Drachmen) 4 (Obolen); Zinsen dafür 2 (Drachmen) 4 1/2 (Obolen). Von Artemis auf (dem Hügel) Munichi[a – | –] 1 (Drachme) 2 (Obolen). *v* Von Theseu[s 88 (Drachmen) 1 +] 3 1/2 (Obolen); Zinsen dafür 2 3/4 (Obolen). Von Ilisos 402 (Drachmen) 1 (Obole); Zins[en dafür | 1 1/2 (Obolen). –; Z]insen da[für –. *v* Von Hephais]tos 1 T(alent) 1748 (Drachmen), Zinsen dafür 4 (Drachmen) 2 1/2 (Obolen). *v* Von Aph[rodit|e im Hippolyteion – +] 1 (Drachme) 2 (Obolen), Zinse[n dafür –] *v* Von den Musen 521 (Drachmen); Zinsen dafür 1 3/4 (Obolen). *v* Vom Fremdengott [– | –; Zinse]n dafü[r – *v* Von Herakle]s im Kynosarges 80 (Drachmen); Zinsen dafür 1/2 (Obole). *v* Von Demo[pho|n –] *v* Von Athe[na Pall]enis 3418 (Drachmen) 1 (Obole); Zinsen dafür 1 (Drachme) 5 1/2 (Obolen). *v* Von A[pollo|n –; Z]inse[n – *v* Von Arte]mis Brauronia 353 (Drachmen) 2 1/2 (Obolen); Zinsen dafür 1 [+ 1/2 (Obole) *v* – | –] 1/4 (Obole). *v* Von Athena am Palladion 2 (Drachmen) 1 1/2 (Obolen); Zinsen dafü[r – | – 130 +] 14 (Drachmen) 3 (Obolen); Zinsen dafür 1/2 (Obole). *v* Von Meter in Agra 200 (Drachmen) [– | –] 2(Drachmen); dafür Zinsen 1/2 (Obole). *v* Von Athena Zosteria 100 (Drachmen) [– | – 400 +] 27 (Drachmen); Zinsen dafür 1 1/2 (Obolen). *vvv* Gesamtbetrag der Kap[italaus|gaben der anderen Götter bei der zwe]it[en Zahl]ung im Amtsjahr des Gorgoinos: *v* 23 T(alente) 5900 [+ 90 | + 8 (Drachmen). *vvvv* Gesamtbetrag der Zinsen für die]ses [Ge]ld: 82 (Drachmen). *vv* Gesamtbetrag der K[apital]ausgaben | im Amtsjahr des Gorgoinos: *v* 7 +] 2 T(alente) 5000 [+ 900 +] 88 (Drachmen). *vv* Gesamtbetrag der Zinsen insgesamt für di[eses *v* | Geld: 2200 (Drachmen) –] *vacat* |

[Folgendes haben berechnet die Logist]ai in d[en vi]er Jahren an Zinsen für die (Gelder) der Göttin, die die frü[heren | Logistai nach Berechnung ausge]zahlt haben [in den sie]ben Jahren: Zinsen für viertausend Tale[nte, | ein Talent, viertausen]dfünf[hundertund]-zweiundzwanzig Drachmen; dafür betru[gen] die Zinsen *v* | [195 T(alente) 1713 (Drachmen) 3 Obolen)] *vacat* | [An Zinsen haben sie berechnet für die (Gelder der) an]deren Gött[er in den vi]er Jahren, die die früheren Logi[stai *v* | nach Berechnung ausgezahlt haben i]n den sie[ben Jahren; (Zinsen) für fü]nfhundert Talente, zweihundert T[alent|e, sechshundert Talent]e, sechs Tal[ente, eintau]sendundneunhundert Drachmen, fünf Drach[men *v* |105 und vier Drachmen in de]n vie[r Jahren: 10 +] 27 T(alente) 2338 (Drachmen) 2 1/2 (Obolen). *vacat* |

[An Zinsen haben sie berechnet auch für die (Gelder) de]r Athen[a Nike i]n den vier Jahren, die die frü[heren *vv* | Logistai nach Berechnung a]usgezahlt haben i[n den sieben] Jahren: (Zinsen) für zwanzig Talente, zwei Tal[en *vv*|te, dreitausendundneunz]ig Drachm[en], acht [Drach]men und zwei Obolen: *v* 1 T(alent) 592 (Drachmen) 2 [+ 3 (Obolen). *vacat* | An Zinsen haben sie berechnet für die (Gelder) des] Hermes in [de]n vi[er] Jahren, die die früheren Logistai n[ach Berech|110nung ausgezahlt haben in den sieben Jahre]n: (Zinsen für) ein Talen[t v]ierhundertundneunzig Drachmen [– | – 316 (Drachmen) –] *vacat* |

[Von Athena Nike Kapital-Schulden in] elf Jahren: ⟨20 +⟩ 8 T(alente) 3548 (Drachmen) 2 (Obolen); | [für Athena Nike betrugen die Zinsen 5 T(alente) –] 31 (Drachmen) 2 1/2 (Obolen). |

[Von Athena Polias in elf Jahren] Kapitalschulden: 4748 T(alente) 5600 [+ 175] (Drachmen); |115 [für Athena Polias betrugen die Zinsen in] elf Jahr[en] 1243 T(alente) 3804 (Drachmen). *vacat* |

[In elf Jahren (Kapital) von Athena Nike und] Polias: [4000 +] 777 T(alente) 3200 [+ 123 (Drachmen) 2 (Obolen); | in elf Jahren Gesamtbetrag der Zinse]n für [Polia]s und Nik[e]: 1248 T(alente) [– | –] *vacat* |

[Von den anderen Göttern Kapitalausgab]en in elf [Jahren Gesamtbetrag: 821 T(alente) 1087 (Drachmen); |120 für die anderen Götter Zinsen insgesamt i]n elf Jahre[n Gesamtbetrag: –] *vacat* |

Kapital insgesamt in elf Jahren von al]en Gö[ttern: 5599 T(alente) 4900 (Drachmen) – | Zinsen insgesamt für alle Götter in] elf Jahr[en: – | –] *vacat*

## 113 Athen: Volksbeschluß über die Neufestsetzung des Tributs (sog. Kleonschatzung) 425/4

HH² 64; IG I² 63; ATL A 9; Tod I² 66; ML 69; IG I³ 71; (Fornara 136).
Vierundvierzig Fragmente einer Marmorstele aus Athen (EM, 1 Frg. in New York, Metropolitan Museum; ATL I p. 107 ff. pl. 22 f.). Attische Schrift, stoichedon ab Z. 3; die Liste der tributpflichtigen Städte am Ende in vier Spalten.

G[ötter!] | [Tribut]ver[anlagung.] | Beschlossen haben de[r Rat und das Volk; (die Phyle) Leontis] hatte die Pr[ytanie* inne, ....]on war Schri[ftführer, ....... war Epi]|states*, Thudi[ppos stellte den Antrag: Herolde soll man entsenden] aus dem [Kreis der Lohndiener {*oder*: Ratsherren}, welche der Rat durch] Hand[abstimmung wählt, zu de]|n Städten: zwei [nach Ionien und Karien,] zwei n[ach Thrakien, zwei] zu den I[nseln und zwei zum Hellesp]|ont; dies[e sollen vor den] Behörden [einer jeden Stad]t [bekanntgeben, daß Gesandte] zu-[gegen sein sollen im Monat° Mai]|makterion. [Durch das Los wählen soll man dreißig Ei]sagogei[s (= Verfahrenseinleiter) {*oder*: Der Rat soll Ei]sagogei[s durchs Los wählen}; die]se [sollen wählen sowohl einen Schriftführ]|er als auch einen Zwe[itschriftführer aus der ge-samt]en [Bürgerschaft] {*oder*: aus ihr]er [Mitte]}. Der R[at] soll [zehn Männ]er [wählen, die den Tribut festsetzen werden] {*oder*: Der R[at] soll [unverzüglich zehn Männ]er [wählen als Taktai (= Veranlagungs-beamte)]}; | diese [(sollen) binnen fünf Tag]en nach [ihrer Wahl einen Eid ablegen und ein Verzeichnis {*oder*: nach[dem sie gewählt worden sind, eine Liste} erstellen von den Städten, sonst | hat] jeder ein-zeln[e] p[ro] Tag [tausend Drachmen* als Buße zu zahlen. Die Taktai sollen vereidigt werden von d]|en Eideshelfern [noch am selben Tag, wenn sie gewählt worden] sind, [sonst hat jeder einzelne von ihnen die-] |selbe Geldstraf[e zu zahlen°. Für die den Tribut betreffenden Rechts-verfahren sollen die] Eis[a]g[ogeis Sorge tragen, wenn {*oder*: so wie} Be]|schluß gefaßt hat das [Volk. Von den Eisagogeis soll der durch das Los Bestimm]te {*oder*: Es sollen diese und der Arch]on*} sowie der Polemar[chos* bei den Streitfällen eine Voruntersuchung durchführen vor d]|er Heliaia* [entsprechend wie bei den an]deren [Streitfällen] de[r He]liaia-Mitglieder. [Wenn die Taktai die Veranlagung nicht durch-führen für die] | Städte {*oder*: [Wenn sie nicht unverzüglich verhan-deln mit den] | Städten} entsprech[end den V]or[untersuchungen], soll [ein jeder von ihn]en° [mit einer Buße] von zehntausend Drach-[men belegt] werden [gemäß dem Gesetz]. | Die [Nomo]theta[i]* {*oder*: [The⟨s⟩mo]theta[i]*} sollen ein neues [Gericht von tausend Richtern] einsetzen. [Was den Tribut angeht, sollen sie°, da] | er zu gering ausfiel, die [jetzigen Veranlagungen] gemeinsam [m]it dem [R]at durchf[ühren wie in dem letzt]|en Amtsjahr, [alle (Veranlagungen) im entsprechenden] Verhältnis [im] Monat [P]oside[io]n. [Verhandeln sollen sie täglich] | vom Monatsanfa[ng] an [in] d[erselben Weise, damit] der Tribut während des [Monats] Po[sideion (noch) festgesetzt wir]d. [Der Rat soll° in einer Vollversammlung] | un[unterbrochen darüber] verhande[ln, damit] die [Veranlagungen] durchgeführt werden, sofern [nicht das Volk einen anderen Beschluß faßt.] D|en

Tribut sollen sie für keine S[tadt in geringerer Höhe festsetzen] als wie man [ihn zuvor entrichtete,] | sofern nicht [offenkundig eine Notlage besteh]t, [deretwegen] das Land außerst[ande ist, einen höheren Betrag zu entrichten. Diese] | Resolution [und diesen Beschluß sowie den T]ribut, wie er [für jede einzelne Stadt] festgesetzt [wird, soll°] | der Schr[iftführer des Rats auf zwei St]elen aus Marmor [auf]schrei-[ben lassen und (sie) aufstellen lassen, die eine im Ra]tsge[bä|[25]u]de, di[e andere auf der Polis*; den Auftrag vergeben sollen] die Poletai*, d[as Geld (dafür) zur Verfügung stellen sollen] die K[o]|lakret[ai*. Künftig soll man die St]ädte über den T[ribut benachrichtigen vor d]en Gro|ßen [Panathenäen*°.] In [die Wege leiten soll die Prytanie, welche] die Pryt[anie innehat, die (Tribut-)Veranlagungen während der P]anath[e]|näen. [Wenn die Prytanen* nicht zu diesem Zeitpunkt das Verfahren eröffn]en vor dem Volk u[nd dem Rat und dem Geri]cht {*oder*: nicht durch Beschluß bestimmen ein Geri]cht} bezüglich des [Tributs sowie nicht unverzüglich (darüber)] während ihrer eigenen Prytanie [verhandeln, soll] eine Bu[ße von hundert Drachmen zahlen, zu wei]hen der |[30] [A]then[a, jeder einzelne von den P]r[ytanen] {*oder*: zahlen an] die |[30] [A]then[a Nike der Sch]r[iftführer]}. Wenn jemand [darüber abstimmen] lä[ßt], daß [di]e [Städte ni]cht zu [veranlagen] seien° [während] der G[roßen P]a[nathenä]en während der Prytani[e, die als erste die Prytanie inne ha]t, [soll] er der At|imie* verfallen [und] sein V[ermögen] e[ingezogen] werden und [der zehnte Teil (davon)] der Göttin zufallen. Vor[leg]en soll d|iese (Resolution) [dem] Volk die P[r]yta[nie Oine]is {*oder*: Leont]is} unbedingt dann, wenn [das] Heer [zurück ist], am dritten |[35] Tag [gleich] nach [den Kultangelegenheit]en. Wenn [nicht] an die[sem Tag] darüber zu Ende verhandelt worden ist, soll man darüber zuallererst [verhandeln] | am [folgen]den Tag [ununterbro]chen, bis in de[r besagten Prytanie] (die Angelegenheit) zu Ende gebracht ist. Wenn | sie (= die Prytanen) [dem Vol]k (die Resolution) nicht vor[le]gen oder [nicht] während ihrer eigenen Geschäftsführung zu [Ende bring]en, soll [mit einer Buße] von zehntausend Dr[achme]n [belegt] werden | je[der einzeln]e der [Prytan]en [wegen] Behinder[ns] zusätzlicher [Tri]butzah[lungen für di]e Trup[pe]n. Die [zu dem Gerichtsverfah]|ren Geladen[en] sollen von [den] gemeindlichen Ladungsbo[ten vorgeführt] werden, [damit d]er Ra[t unverzüglich entscheiden kann], |[40] wenn sich der Eindruck ergibt, daß sie nicht [einwandfrei ihren Pflichten nachkommen. Di]e [Reiseweg]e der Herold[e, die sich auf den Weg machen, sollen gemäß d]|em Ei[d di]e Tak[tai] schriftlich festlegen° [(mit der Regelung), bi]s w[ohin] sie [reisen sollen,] damit [sie] nicht [nach eigenem Ermessen {*oder*: ohne Anweisung} ihre Reise antreten.] Die

Herolde | [sollen unbedingt dazu angehalten werden], die Veran[lagung]en den [Städten da,] wo [das Volk {*oder*: die Behörden} es] für gut befinde[t, bekanntzugeben. Was be]|züglich der Veranlagungen un[d des Beschluss]es [den Städten] mitge[teilt werden] soll, darüber soll° [das Volk einen Be]|schluß fassen ebenso wie [über das, was] d[ie Prytanen] an D[ringlichem vorbringen. Daß der Tribut] ent|[45]richtet wird von [d]en Städten, [dafür sollen die Strategoi sogleich,] wenn [der Rat d]ie Veranlagung [des] Tri[bu]ts° [mit durchgeführt hat, Sorge tragen,] | damit [dem Volk hinreichend Geld für den] Krie[g] zur Verfügung steht. [Die Strategoi] sollen b|[eim T]ribut [jedes Jahr eine sorgfältige Überprüfung] vornehmen°, [wobei sie als erstes zu Land und zur] See [zu prüfen haben, | welche Beträg]e f[ür die militärischen Unternehmungen oder für Sonstiges man aufwenden] muß. [In der Sitzung d]es Rats, welche als er|[ste stattfindet, sollen sie jeweils die] dies[bezüglichen Rechtsverfah]ren [einleiten ohne die Heliaia* und d]ie anderen Gerichtshöfe, sofern n|[50][icht das] Vol[k den Beschluß faßt, das Verfahren] ers[t dann einzuleiten, wenn die Richter ein Urteil gefällt haben.] Den Herolden, die auf die Reise gehen, | [sollen di]e K[olakretai den Sold] ausz[ahlen. ......... stellt]e [den Antrag:] In allen Punkten Übereinstimmung mit dem Rat, doch sollen° die | [Veranlagungen,] welche [für jede einzelne] S[tadt gerichtlich entschieden werden, die Pr]ytanen, die zu diesem Zeitpunkt die Pryt|[anie inne hab]en, sowie de[r Schri]ft[führer des Rats bekanntgeben {*oder*: zuleiten} d]em Gericht, wenn es bezüglich der Veranlag|[ungen tagt], damit [die Richter ihre Zustimmung dazu geben können]. *v* Beschlos[sen haben] der Rat und das Volk, (die Phyle) A|[55][igeis hatte] die Prytanie inne, [Phil]ip[pos war Schriftführer, .......]oros war Epis[tates], Thudippos stellte den Antrag: Die | [St]ädte, für die der Tribut [festgesetzt wurde in dem Ratsjahr, in dem Pleisti]as als erster [Schri]ftführer (des Rats) war, unter Stratok|[les] als Archon* (= 425/4), [sollen] allesamt [zu] den Gr[oßen Panath]enäen* ein Rin[d und eine Panhop]l[ie* entsenden.] Teilnehmen sollen sie | [an] der Prozession [gleichermaßen wie die (attischen) Siedler. *vvv* Folgendermaßen] hat für [di]e Städte der Ra[t] den Tri[but veranla]gt, | für den [Pl]eistias als e[rster Schriftführer war, sowie die Heliaia* i]m Jahr des [A]rchon Stratokl[es] während der Amtsperiode [der Eis]|[60]agog[ei]s, für die Ka[– Schriftführer war:]

(*Sp. I*) Tribut des Bezirks Inseln: | 30 T(alente*) Pari[e]r | 15 T(alente) Nax[ie]r | 15 T(alente) Andr[ier] |[65] 15 T(alente) Meli[er] | 9 T(alente) Siphni[er] | 15 T(alente) Eretri[er] | 5 T(alente) Therai[er] | 10 T(alente) Kee[r] |[70] 5 T(alente) Karys[tier] | 10 T(alente) Chalki[dier] | 6 T(alente) Kythni[er] | 10 T(alente) Ten[i]er | 2 T(alente) St[y]rer |[75]

[2 T(alente)] M[y]koni[er] | [2 T(alente)] S]eriphi[er] | [1 T(alent)] Ieten | [1 T(alent)] Dier | 1 T(alent) Atheniten |80 1 T(alent) Syrier | 2000 (Drachmen*) Gryncher | 1000 (Drachmen) Rhenaier | 2000 (Drachmen) Diakrer von | den Chalkidiern | 1000 (Drachmen) Anaphaier | *vacat* Keria 10 (Drachmen) 3 (Obolen*) | 2000 (Drachmen) Pholegandros | 300 (Drachmen) Belbina | 1000 (Drachmen) Kimolos |90 1000 (Drachmen) Sikineten | 100 (Drachmen) Posideion | in Euboia | 1 T(alent) 2000 (Drachmen) Dia[kr]ier | in E[ub]oia |95 4 T(alente) [H]eph[ais]ti[er | in Lemnos] | *vacat* [Myrinaier] | [1 T(alent) Imbrier | Vom Tribut des Bezirks Inseln |100 Summe: | 163 T(alente) 410 (Drachmen) 3 (Obolen)] | (*lacuna*) |110 [Tribut des Bezirks Ionien]: | *vacat* [Syangeler | Amynander | – Ka]r[er, über die T]ymn[es herrscht, |115 T]aram[ptos | K]rus[er] | Urani[eten]; | für diese (Städte) wurde° [der] Tribut° im ganz[en (= gemeinsam) | veranlagt; |120 [–] Lindier | [–] Milesier, Ler[os], | Teichiussa | [–] Kamirer | [–] Kymaier |125 [–] Ephesier | [–] Erythraier | [–] Teer | [–] Ialysier | [–] Phaseliten |130 [– T]elmessier | [– Kl]aundier | [– Ko]er | [– Maia]ndrier | [–] Kni[die]r |135 [–] Kolo[phoni]er | [–] Hair[aier] | [–] Chers[onesier] | [–] Lebe[dier] | [–] Phoka[ier] |140 [–] Idym[er] | [–] Tymn[essier] {*oder*: (der karische Dynast) Tymn[–}] | Kyll[andier] | [–] Asty[palaier] | [–] Hali[karnassier] |145 [–] Poli[chnaier, (gehörend zu den)] | Ery[thraiern] | [–] Kla[zomenier] | [–] Kal[ydnier] | [–] Pr[iener] |150 Plad[aser] | [–] Pygel[er] | [–] Laris[aier] | [–] Myess[ier] | [–] Terme[rer] |155 3 T(alente) [+ x] Kin[dyer, über die | –] her[rscht], | [–] | 3 T(alente) [+ x] [–] | (*13 Zeilen zerstört*) |172 [– Kasola]ber | [–] | [–] |175 [– Oinai]er | [in Ika]ros | [–]ser | [–]ier | [– Myrin]aier | [bei Ky]me | *vacat*

(*Sp. II*) (*30 Zeilen zerstört*) |91 [–] Pe[dier in Lindos] | [–] Tel[andrier] | [– P]tel[eusier] | 1 T(alent) [K]ary[er bei |95 I]dym[a] | 2 T(alente) [Ki]ll[arer, | über die] Sa[– herrscht] | 10 T(alente) [K]auni[er] | 1 T(alent) [E]riner |100 5 T(alente) [Hy]romer | 2 T(alente) [+ x Cha]lketor[er] | 2000 (Drachmen) [+ x Le]psiman[der] | 2000 (Drachmen) [+ x Koda]per | 2000 (Drachmen) [– x Chalk]eat[en] |105 2 T(alente)[+ x] Karisch[e Chier] | 2000 (Drachmen) [+ x Kyr]bisso[s] | 100 (Drachmen) [Noti]on | 2000 (Drachmen) [+ x Hybli]ss[er] | 2000 (Drachmen) [+ x –] |110 2000 (Drachmen) [+ x –] | 2000 (Drachmen) [+ x – | –]lone[–] | [–] [– P]erge | [– S]illy[on] |115 [– U]rani[eten] | [–]byda[– | [–] | [–] | 10 T(alente) [–] |120 1 T(alent) [–] | 1 T(alent) [–] | 2000 (Drachmen) [+ x –] | 2 T(alente) [+ x –] | 2000 (Drachmen) [+ x –] |125 2000 (Drachmen) [+ x –] | 2000 (Drachmen) [+ x –] | (*3 Zeilen zerstört*) |130 [– Eteokar]pathier | (*6 Zeilen zerstört*) | [–] Mi[lyai] | 1000 (Drachmen) Karya[nder] | 500 (Drachmen) Brykuntier |140 1000 (Drachmen) Tarbaner | 1000 (Drachmen) Myndier | bei Ter[mera | 6

T(alente) Edrier, Ymesser, | Kyromer |[145] 2 T(alente) Telos | 2 T(alente) Kelenderis | 4000 (Drachmen) Ityra | 3000 (Drachmen) Syme | 3000 (Drachmen) Pedaser |[150] 2000 (Drachmen) Hydaier | 100 (Drachmen) Elaiusier, | (gehörend) zu den Erythraiern | [– Hi]era bei | den [Si]dymern |[155] [– Krye]r | [– Aspen]dos | [in Pamph]ylien | [–] | [–]atos |[160] [in –] | [Vom Tribut des Bezirks Ionien | Summe:] [–] | (*lacuna ?*) | [Tribut des Bezirks Hellespont:] |[175] [– Byzantier | – Lampsakener | – Perinthier | – Selymbrianer | – Kyzikener |[160] –] Te[nedier *vacat*

(*Sp. III*) [– Kalchedonier | – Abydener | – Arisbaier | – Gentinier |[65] – Skapsier | – Daunioteichiten | – Azei]i[er | – Harpagianer | –] Mys[er] |[70] a[uf d]er Ch[ersones | – Pari]ane[r – | – Dard]aner | – Chers]onesi[ten | von Ag]ora |[75] [Dask]yle(ion) | [– Poli]chniten | [– Bryl]leianer | [Elai]usier | [auf der] Chersones |[80] [– Bysb]ikos | [– Nean]dreier | [– Arta]kener | [– Alo]pekonnesier | [– Mad]ytier |[85] [– Lam]poneier | [– Ast]yra in der Troas | [– Kolo]naier | [Perk]osier | [– Kian]er |[90] [– Paise]ner | [– Berys]ie[r | am I]d[a | [– Sigei]er | [– Sesti]er |[95] [– Didym]ote[i]chiten | [– Kalli]politen | [– Priap]os | [bei P]ario[n] | [– Kebre]nier |[100] [– Palai]perk[osier] | [– Halones]ier | [– Zeleia | – Prokonnesier | – Serioteichiten |[105] –] Neapoliten | an der Chersone[s | –] Limnaier | [–] Tyrodiza | [–] Dareion bei |[110] Mysien | [– T]ereia bei | [Br]ylleion | [– Somb]ia | [– Artaiou] Teichos |[115] [am Rh]yndakos | [– Otlener | – Pythopoliten | – Metropolis | bei Priapos |[120] – Bisanthe. | Vom Tribut des Bezirks] H[ellespont] | Sum[me:] | 250 T(alente) [+ x]. | Küst[enstädte: |[125] 1]5 T(alente) [Antandros] | 8 T(alente) [Rhoiteion | – Nesos, | Pordoselene] | 4 T(alente) H[amaxitos] |[130] 3 T(alente) L[arisa] | 5 T(alente) O[phryneion] | 2 T(alente) I[lion] | 2 T(alente) P[etra] | 1 T(alent) 3000 (Drachmen) Th[ymbra] |[125] 1000 (Drachmen) K[olone] | 5 T(alente) P[alamedeion | –] A[chilleion | –. | Vom Tribut der Küste(nstädte) |[140] Summe: – | (*10 Zeilen lacuna ?*) |[152] Tribut des Bezirks Thrakien:] | 7[5] T(alente) [Abderiten, | Dikaia bei Abdera] |[155] 60 T(alente) [Thasier] | 21 T(alente) [+ x Maroniten] | 5 T(alente) [Methonaier] | 15 T(alente) [Samothraker] | 20 T(alente) [Ainier] | 15 T(alente) [+ x Toronaier |[160] – Skionaier | – Mendaier | – Neopoliten, | (Siedler) der] M[endaier |[165] –] S[ermylier | –] Ol[ynthier | –] Sp[artolier | –] Aphy[taier | –] Pep[arethier |[170] –] Akan[thier | –] Ain[eiaten | –] Koss[aier | –] Poli[chniten] | bei S[tolos |[175] – Th]yssi[er | – Di]er | [– Ar]gi[lier | – | – | – | *vacat*]

(*Sp. IV*) [– S]trepsaier | [– Pi]eres b[ei Per]gamo[s | – Perg]amo[teichiten] |[65] (*17 Zeilen zerstört*) | 1 T(alent) [+ x – | Tindaier, Kithas] | 3000 (Drachmen) [Smilla, Gigonos, |[85] Haisa] | 1 T(alent) [Olophyxier | vom Athos] | 3000 (Drachmen) [–] | 1 T(alent) [–] |[90] 2000 (Drachmen) [– | (*17 Zeilen zerstört*) | 1000 (Drachmen) [Herakleion] |

10 (Drachmen) [Singier] |[110] 10 (Drachmen) [Mekybernaier] | 10 (Drachmen) [Galaier] | 1 T(alent) [Traïlos] | 1000 [Bormiskos] | 1 T(alent) [–] |[115] 2000 (Drachmen) [–] | 3000 (Drachmen) [– (*7 Zeilen zerstört*) | Vom Tribut des Bezirks Thrakien |[125] Summe:] 350 T(alente) [+ x. | Städte] vom Sch[warzmeer(gebiet): | – Her]akleiote[n | – Apol-]lonia | [– Karu]sa |[130] (*12 Zeilen zerstört*) | 4 T(alente) [–] | 2 T(alente) Ni[psa] | 2 T(alente) H[–] |[145] 1 T(alent) [– | –] | 2 T(alente) [–] | 1 T(alent) [+ x – | (*5 Zeilen zerstört*) | 2 T(alente) [–] |[155] 2 T(alente) [–] | 2 T(alente) [–] | 2 T(alente) [–] | 1 T(alent) [–] | 1 T(alent) [–] |[160] 1 T(alent) T[–] | 2 T(alente) M[–] | 1 T(alent) O[–] | 2 T(alente) Ty[ras] | 1 T(alent) Ta[myrake] |[165] 3000 (Drachmen) Ka[rkinitis] 3000 (Drachmen) Kim[meri–] | 3000 (Drachmen) Nik[onia] | 3000 (Drachmen) Pat[rasys | –] Ker[asus | –] Da[ndake. | Vom Tribut des Bezirks Pontos | Summe: –] *vacat*
|[181] [Summ]e [d]es Ganzen: [1000 +] 400 + ⟨50⟩ + 10 T(alente) [–].

## 114 Olympia: Weihung der Messenier und Naupaktier
## 425 oder um 421

SGDI 4637; I.v.Olympia 259; HH[2] 63; IG V 1, 1568; HGI 21; DGE 65; Syll.[3] 80; Tod I[2] 65; J 371.33; IG IX 1[2] 3, 656; ML 74; (Fornara 135). Vgl. Pausanias V 26,1.

Dreieckige Marmorbasis aus Olympia (Museum; Roehl[3] 30.45, J pl. 71, EG III 405). Ionische Schrift (Z.1–2 größer als Z.3–4). Z.1–2 dorisch-messenischer, Z.3–4 ionischer Dialekt.

Messanier und Naupaktier haben (dies) geweiht dem Zeus | Olympios als Zehnten von den Feinden. | Paionios von Mende hat dies geschaffen, | und die Akrotere auf dem Tempel schaffend siegte er.

## 115 Thasos: Gesetz über den Weinhandel
## 425–400

IG XII Suppl. 347.I–II; Epigraphica I 2.

Marmorblock aus Thasos (Museum; BCH 40 pl. 13, Daux [s. Nr. 38] 180). Ionische Schrift, stoichedon, 2 Hände (einige Zeilen der 2. Hand von 3. Hand für andere Inschrift im 2. Jh. n. Chr. getilgt). Ionischer Dialekt.

(*1. Hand*) Weder beim süßen (Trauben-)Most noch beim Wein soll man° die (noch) an den Rebstö[cken] (hängende) Frucht [kau]|fen vor Beginn des Monats Plynterion; wer in Zuwi[derhandlung] | kauft, soll (je einen) Stater* pro Stater als Buße zahlen, zur einen [Hälfte] | an die Stadt, zur anderen Hälfte an den, der das Rechtsverfahren in Gang gebracht hat. Das Rechtsverfahren soll dasselbe sein w[i]|⁵e bei Gewaltdelikten. Für den, der Wein in Fässern kauft, soll° der Kau|f rechtsgültig sein, wenn er die Fässer gestempelt hat. *vacat*

(2. Hand) [–die] | Geldbußen und Kautionsleistungen sollen in der gleichen Weise erfolgen. Wenn niemand eine K[aution hinter|leg]t, sollen die für das Festland Beauftragten das Rechtsverfahren einleiten. Wenn | sie (den Prozeß) gewinnen, soll das Bußgeld ganz an die Stadt gehen. Wenn aber die Beauft|⁵ragten kein Rechtsverfahren einleiten, selbst wenn sie informiert wurden, sollen° sie selbst die Buße in dop|pelter Höhe zahlen, und das Rechtsverfahren soll in der gleichen Weise jeder, der es wünscht, in Gang bringen (können) | und vom Bußgeld die Hälfte erhalten. Das Verfahren sollen° die Demiurgo|i (= Oberbeamten) in derselben Weise gegen die Beauftragten leiten. Kein Schiff | von Thasos soll fremden Wein importieren innerhalb (des Gebiets) von Athos und (Kap) Pacheie, sonst |¹⁰ soll er (= der Schiffseigner) dieselben Bußbeträge zahlen wie derjenige, welcher dem Wein Wasser bei|mischt, und auch der Steuermann soll die gleiche Buße zahlen. Rechts|verfahren und Kautionsleistungen sollen in der gleichen Weise erfolgen. Weder aus Amphoren no|ch aus einem Fäßchen noch aus einem Pseudopithos soll jemand in Kotylen-Mengen (= 1/3 l) verkaufen. Wenn jemand | (in dieser Weise) verkauft, sollen Rechtsverfahren und Kautionsleistungen in derselben Weise erfolgen w|¹⁵ie im Falle des Beimischens von Wasser. *vacat*

### 116 Delphi: Regelung der von Phaselis zu entrichtenden Orakelgebühr 425–400

DGE 322; Buck 51; J 104.19; StV II 218; LSCG Suppl. 39; TDGIS II 2; CIDelph 8.

Kalksteinblock aus Delphi (Museum; Hesperia 18 pl. 1, EG I 247). Phokische Schrift und Dialekt.

So sollen° den Delphern die Phaseliten die | (Orakel-)Gebühr entrichten: bei der (in) gemeind|lichen (Angelegenheiten) sieben delphische Drachmen* (und) z|wei Obolen*, bei der (in) privaten vier |⁵ Obolen. In dem Jahr, in dem Timodikos und Histiai|os Theoren (= Festgesandte) waren und Herylos Archon*.

## 117 Xanthos: Denkmal des lykischen Dynasten Kherei (sog. Stele von Xanthos) 425–400

HH² 56; TAM I 44; HGI 26; Tod I² 93; ML 93; CEG I 177; (Tusculum 83).
Mehrere Teile eines hohen, einst eine Grabkammer tragenden Kalksteinpfeilers in Xanthos/Lykien (in situ; TAM a. a. O.). Auf allen vier Seiten lykische Inschriften mit dem Tatenbericht des Kherei, auf der Nordseite zusätzlich das hier übersetzte griechische Epigramm: Ionische Schrift (meist stoichedon). Verse (Hexameter) in attischem Dialekt.

[S]eit Europa und [A]sien das Meer trennte, | hat noch keiner der Lykier eine solche Stele geweiht | für die zwölf Götter in der Agora (= des Versammlungsplatzes) reinem Bezirk, | [der Sieg]e {*oder*: [der Tat]en} und des Krieges unsterbliches Denkmal (ist) dies. |⁵ [Gerg]is (= Kherei), des Harpagos Sohn, zeichnete sich ganz und gar | mit (seinen) [Hän]den im Ringkampf vor den Lykiern aus, die zu der Zeit im (Mannes-)Alter (standen); | viele Akropolen mit der Athena, der Städtezerstörerin, Hilfe | zerstörte er und gab den Verwandten Anteil an der Königsherrschaft; | dafür statteten ihm die Unsterblichen den gebührenden Dank ab. |¹⁰ Sieben Hopliten tötete er an einem Tag, arkadische Männer, | und errichtete Zeus die meisten Siegeszeichen unter allen Sterblichen; | mit schönsten Taten bekränzte er das Ka[r]ika-Geschlecht.

## 118 Athen: Volksbeschluß über ein Bündnis mit Halieis in der Argolis 424/3

IG I² 87; StV II 184; IG I³ 75.
Sechs Fragmente einer Marmorstele von der Akropolis in Athen (EM, 1 Frg. in Cambridge, Fitzwilliam Museum; SAE pl. 23). Attische Schrift, stoichedon ab Z.3.

[Götte]r! | [Ne]okleid[es – war Schri]ftführer. | Beschlossen haben der [Rat und das Volk; (die Phyle) Aigei]s hatte die Prytanie* inne, | Neokleides [war Schriftführer, ....... war Epi]states*, Laches st|⁵ellte den Antrag: Vertra[g und Bündnis und Eid]e sollen sein ohne Falsch | zwischen den Athene[rn und den Halieis unter folgenden Bedingungen: *v* Ge]währen sollen die Hali|eis den Athene[rn einen Flottenstützpunkt und sollen bereitwillig helfe]n den Athen|ern, und S[eeräubern sollen sie nicht Unterschlupf gewähren und auch nicht s]elbst [See]raub | treiben und nicht mi[t zu Felde ziehen mit den Fei]nden gegen [die Athe]|[10]ner noch auch ge[gen die Bündner der Athen]er oder G[e]|ld geben [den Feinden oder in die M]auern aufneh|men [irgend]eine Be[satzung der Feinde. W]enn aber jemand zieht als F|[eind gegen die Halieis, sollen die Athener die Hal]ieis bere|[itwillig unterstützen° und, wie sie nur können, Hilfe bringen den Hali]eis. Was [die Halieis°] besit|[15][zen, sollen sie sie weiterhin besitzen lassen. Unrecht t]un sollen sie in keiner Weise den Hali|[eis und sollen es nicht dulden, wenn ihnen Unrecht tut einer d]er Feinde. Die Athe|[ner sollen unterhalten dürfen in Halieis (?) eine Garnis]on, solange der Kri|[eg geführt wird; sobald der Friede eintritt, sollen° die Halieis° ih]r Land selb|[st bewa]ch[en. Falls die Halieis° etwas ander]es brauchen, was rechtens ist, |[20] [sollen sie es vom Volk der Athener be]kommen. *vacat* | [Folgendermaßen haben die Halieis geschworen: „Bündne]r werden wir sein den Athen|[ern und nützliche Freunde; und wir werden gew]ähren den Athener|[n einen Flottenstützpunkt und werden bereitwillig unterstüt]zen die Athener na|[ch Kräften zu jeder Zeit; und wir werden fe]sthalten am Ver|[25][trag treu und ohne Falsch gegenüber den Athen]ern." Schwören sollen | [auch ihre Gesandten und Vernichtung auf sich her]abrufen, wenn sie nicht | [bei den Eidverpflichtungen bl]eiben sollten, [die die] Halieis [geschworen haben]. Ge[schw|oren haben] ihnen von den A[thenern der Rat und die S]trategoi*, festzu|[halten a]n dem Vertra[g, den] mit den Halieis [geschlossen hat |[30] die fü]r die vertrag[lichen Abmachungen (beauftragte Kommission). Den Vertrags]text soll aufschreiben lassen | [auf einer Stele] aus Marmor [der Schriftführer d]es Rates und (sie) auf|[stellen lassen auf der Polis*. Die Kolakretai* sollen (dafür) das] Geld [zur Verfügung stell]en. | [Die Halieis sollen die Stele im Hei]ligtu[m d]es Apollon [aufstellen. | Folgende Gesandte beschworen das Bündn]is: *v* Neon *v* A[– | –]os Agak[l–].

## 119 Athen: Volksbeschluß über Ehrungen für Herakleides von Klazomenai 424/3

IG II² 8 + 65 (s. SEG 32, 1); Syll.³ 118; StV II 183; ML 70; IG I³ 227; Walbank 47; (Fornara 138).

Unterer Teil einer Marmorstele von der Akropolis in Athen (EM; Walbank pl. 27). Ionische Schrift des 4. Jh., stoichedon.

[– diesen Beschluß u|nd den früher für Herakleides gefaßten] soll aufschreiben lassen der [Schriftführer des Rates un]|d aufstellen lassen auf der Polis*. *vacat* | *vacat* |[5] Beschlossen haben der Rat u[nd das Volk; (die Phyle) ......|.i]s hatte die Prytanie* inne, S[.... war Schriftführer, | N]eokleides war Epist[ates*, ........... | st]ellte den Antrag: Den Herakleides [aus Klazomenai soll auf|schr]eiben der Schriftfüh[rer des Rates als Prox|eno]s* und Wohltäte[r, so wie es das Volk | be]schließt, und (die Inschrift) aufstellen auf de[r Polis*, weil er Wohltaten er|wie]sen hat den athenische[n Gesandtschaften und in a|llem sich] verdient gemacht hat [um das Volk der | Athe]ner. Thukydide[s stellte den Antrag: In allen Punkten |[15] Übereinstimmung] mit dem Rat, doch d[a die Gesandten, | die v]om (persischen) König gekom[men sind, melden, daß He|rak]leides [mit ihnen eifrig] zusammenwir[kt] | beim (Abschluß des) Vertrag(s) [mit dem König | und bei an]derem, wozu sie ihn aufgefor[dert hätten, soll Herakle|[20]ides] die Erlaubnis erhalten zum Erwerb von Grund- u[nd Haus(eigentum) in Athen | sowie die A]telie* wi[e die anderen Pr|oxeno]i, und falls er einen gew[altsamen Tod erlei|den sollte, soll (dies)] bei ihm [so geahndet werden wi|[25]e wenn ein A]thener um[gekommen ist; und dies (soll) auch (gelten) für d|ie Nachkom]men des He[rakleides. *vacat*] | *vacat* | [(Betrifft:) Herakl]eides Sohn des G[–, | Proxe]nos und [Wohltäter | aus Klazo]menai. *vacat*

## 120 Athen: Volksbeschluß über die Priesterin der Athena Nike 424/3

HH$^2$ 37 B; Syll.$^3$ 63.b; IG I$^2$ 25; Tod I$^2$ 73; LSCG 12.B; ML 71; IG I$^3$ 36; (Fornara 139).

Marmorstele vom Nordhang der Akropolis in Athen (EM; Kern 14). Attische, ab Z.6 (zweite Hand) ionische Schrift, stoichedon. Auf der Vorderseite desselben Steins steht Nr. 75.

Beschlossen haben der Rat und das Vo|lk; (die Phyle) Aigeis hatte die Prytanie* inne, Neok|leides war Schriftführer, Hagnode|mos war Epistates*, Kallias stellte den Antrag: An d|[5]ie Priesterin der Athena Ni|ke [[50 (Drachmen*)]]. Die fünfzig Drachmen, di|e auf der Stel[e] verzeichnet sind, (sollen) die Kolakr[etai]* (alljährlich) auszahlen, | die im Amt sind, im Monat Th[argel|[10]io]n an die Prie[sterin der A|then]a Nike [–]

## 121 Athen: Volksbeschluß über ein Bündnis mit Perdikkas II. von Makedonien und Arrhabaios dem Lynkesten 423/2 (?)

IG I[2] 71; StV II 186 (andere Zeilenzählung); IG I[3] 89.

Neun Fragmente einer Marmorstele von der Akropolis in Athen (EM; CSCA 8, 1ff.). Attische Schrift, stoichedon.

[–] fünf [– | –] aufhören [– | – stellte den Antrag: In a]llen Punkten Übereinstimmung mit dem Ra[t – | –] aus (der Reihe der) anderen Bünd[ner – |5 – ern]euern, wenn es [beide Seiten] woll[en – | –] schicken nach Athen [– | –] wenn sie dies nicht tun [– | –] die Reiter und die [– | – Bü]nd[nis (?) mit P]erdikkas und seinen B[ündnern – |10 –] und mit Ar[rhaba]ios und seinen Bünd[nern – | – fün]f Männer di[e Ges]andtschaft, die gekom[m]en ist [– | – sollen en]tsenden [zu] dem [– | –] sein betreffs [– | –] dem Beschl]uß – |15 – wenn] Perdikkas für gut befindet [– | – entsend]en soll Perdik[kas – | – w]elche er wil[l – | –] den Vertra[g – | –] Zugang soll sei[n – |20 – vor den Rat und das Volk binnen ze]hn Tagen unbeding[t – | – den Stra]tegoi*, die auf die Tagesordnung setze[n – | –] Wenn ein Athener [– | – do]ppelt; möglich soll sein bezüglich [– | – hinzufügen] und wegnehmen, was bei[de Seiten für gut befinden – |25 – schwöre]n soll den Eid Perdikkas u[nd – | – des Perdik]kas und der anderen Makedonen [– | –] selbst. Schwören sollen sie: „Ich werde handeln un[d reden – | – und di]eselben für Freunde und Feinde halten [wie die Athener – | – gegenüber den Athe]nern gerecht und ohne Falsch un[d Arg – |30 – n]ach Kräften dem Volk der [Athener – | – und niemanden Ru]derholz ausführen lassen außer Athe[ner – | –] der Athener, wenn nicht Athener [– | – nach K]räften, so viele wollen [– | –] zu den Athenern, den [ – |35 – Perdikka]s und die Könige nach Perd[ikkas {*oder*: die Könige, die mit Perd[ikkas als Schwurzeugen genannt sind} – | – zu] völlig gleichen Bedingungen. Schwö[ren – | –] und verfluchen den, der nicht ei[nhält – | –] Perdikkas u[n]d di[e Söhn]e de[s Perdikkas – | –] nach dem Recht [dem Kö]nig an[heimgestellt (?) – |40 –] wir werden [nicht ins Feld zie]hen gegen eine Stadt, über die P[erdikkas herrscht – | – d]en Vertrag werde ich einhalten gegenüber Pe[rdikkas – | – den geschl]ossen haben die Athener, wenn Pe[rdikkas] ohne F[al]sch handelt [– | –] Perdikkas weder selbst noch die [– | –] zu dem Eid, den ich ge[schwo]ren habe *v* nicht – |45 – d]ieselben Götter. Dies [soll] aufschreiben lassen [der Schriftführer des Rats – | – und die Namen de]rer, die geschworen haben, und der Städ[te – | – hinzusch]reiben (?). Die Kolakre[tai* sollen (dafür) das Geld zur Verfügung stellen – | –] die Gesandt[en – | – me]lden an den [Rat – |50 –] die Gesandte[n – | –] Bündni[s –] unter folgenden [– | – wol]len beide Sei[ten –] gegenüber dem [– | – ihnen sel[bst – den, der einen Antrag stellt] oder eine Abstimmung (darüber) [veranlaßt – | –] wegen [–] soll sein Besitz ei[ngezogen werden und der Göttin der zehnte Teil (zufallen). *vvv* | Beschlossen haben der Rat und das] Volk; (die Phyle) Aiant[is hatte die Prytanie inne, Resolutio]n der Strategoi: Beginnen soll das [Bündnis mit Perdikkas unverzüg|lich; möglich sein soll die Nutzung von Ha]ndelsniederlassungen dem Arrhab[aios und den Bünd]nern wie auch dem Perd[ikkas – | – der Ra]t dem Arrhabaios [und den Bündne]rn. Ferner soll Arrhab[aios mit Perdikkas Freundschaft schließen – | – und we]nn [Arrhabaio]s Freund wi[rd, soll man auch mit Arrhabaios Freund[schaft und Bündnis schließen. Diesen Beschluß | soll der Schriftführer des Rats h]inzuschreiben [zu dem vorig]en Beschluß. *vacat* | [–] der Maked[one]n: Perdikkas [Sohn des Alexandros, Alketas Sohn des Alexandros, Archelas Sohn des P[erdikkas, – | –] Menelaos Sohn des Alexa[ndr]os, Agelaos Sohn des A[lketas,–]yros Sohn des Alketas, Byrginos Sohn des Kraston, [– | –] Agerrhos Sohn des Philipp[os], Eurylochos Sohn des Bo[–, Ale]xandros Sohn des Pantaponos, Neoptole[mos – | –]tilos, Euland[r]os, Antigenes, [–]ykles, Adimos, Kleandros, P[– | –]bo, Lykaios, Numenios, Krasto[n, –] Stadmeas, Nikandros, Phyl[– | –]machos, Gaiteas, Kallias, Mela[–, –n]ikos, Korrhatas, Andr[– | –], Korrhabon, Dad[.]nos, Idatas, D[–, –]itas, Korrhatas, [– | – Me]leagros, Dirbe[a]s, Arrhabaios, A[–, –]sytteas, Kat[–] |– L]imnaios, Buk[..]s, Autannios, [–], Kallima[chos, – | – De]rdas, Köni[g A]ntiochos, De[–, Kö]ni[g – | –]os, Eri[–]lochos, Hi[– | –]kos, A[– | – (*Lage folgender Zeilen unklar*) –]nos, Bordino[– | –] Attakinos, Andro[– | –]sthynos, Etharos, Arrh[– | –]nas, Kratennas, Thres[– | – [– | – Paus]anias (?) Sohn des Machetas *vacat* | [– A]gerrhos, Botres, Lyke[– | –]os, Agathon, Misgon *v* | *vacat*

### 122 Athen: Volksbeschluß über ein Bündnis mit den Bottiaiern 422

HH² 68; Syll.³ 89; IG I² 90; Tod I² 68; ATL T 74; StV II 187; IG I³ 76.
Acht Fragmente einer Marmorstele von der Akropolis in Athen (EM, 1 Frg. im AM; Hesperia 7, 80). Attische Schrift, stoichedon.

(*7 Zeilen weitgehend zerstört*) | Den Ei[d sollen schwören beide Seiten, von den Athenern der] | Rat und d[ie Strategoi* und die anderen Beamten, von den Bottia]|iern der Ra[t und die Strategoi] un[d die übrigen Ar]|chonten* i[n den Städten der Bot]tia[ier. Der Ei]|d soll für die Athen[er folgender] sein: [„Ich werde helfen den]

Botti[aiern, die | das Bündnis] abgeschlossen [haben, un]d werde das B[ündni]|s treu und [ohne F]al[sch einhalten mit den Botti]aiern, be-r[eitwil|[15]l]ig gemäß dem V[er]einb[arten; und ich werde nicht na]chtragend sein de[r Ver]|gangenheit w[eg]en." [Die Bottiaier sollen sch]wören nach [folgendem (Wortlaut):] | „Freunde werden wir sei[n für die Athener und Bünd]ner, tre[u] un[d] | ohne Falsch, und wir werden d[iese]lb[en für Freunde und Fei]nde halte[n] wi|e die Athen[er], und [ich werde nicht unterstützen di]e Feinde der Athe-n|[20]er, weder e[infach] mit G[el]d [noch mit] irgendeiner [Streit]kraft, | und werde nicht nachtra[gend sein] der [Vergangenhe]it wegen." Diesen° Ver|trag [und] den [Eid] sollen [auf]stellen die Athener | auf der Poli[s* und aufschr]ei[ben auf einer Stele] aus Marmor auch die Na|[m]en der [Städte] der B[ottiaier, d]ie abgeschlossen haben |[25] die Freundschaf[t und das Bündnis, un]d hinzusetzen sollen sie auf d[e]|r Stele [den Namen] des A[rchon*, unter dem] der Vertrag abgeschlossen wurde; | die Bottia[ier sollen (beides) auf Stelen aus Marm]or aufschrei[b]|en und sie aufstell[en in den Heiligtümern i]n den Städten, und hinzusetzen auf de[n Stelen] die Name[n der Archon]ten [der B]|[30]ottiaier, unter [denen der Vertrag abgeschlossen wurde]. | Als diejenigen, welche die° [Eide° bei den Bottiaiern] ab-[nehmen, soll das Volk] | fünf Mä[nner unverzüglich wählen° aus allen Athenern; di]|e Geiseln, d[ie die Athener haben, sollen sie zurückgeben den Bottiaier|n *v* (?).] Eukrates [stellte den Antrag: In allen Punkten Übereinstimmung mit dem Rat, doch die] |[35] Na[men – | –] | die S[trat]e[gen –] | wen[n di]e Ei[de –] | zurückge[ben] die Bottia[ier –] |[40] nicht beschließe[n] zurückzugebe[n –] | daß sie antworten [– und auch n]|icht [B]eschlüsse ohne [–] | so wie appellieren (?) die B[ottiaier –] | Folgende Städt[e] sind es: *vacat* |[45] Kalindoi[a] *vacat* | Tripoiai *vacat* | [K]emakai *vacat* | (*etwa 5 Zeilen zerstört*) |[53] (*an der rechten Seite in Höhe von Z. 21*) Haio[leion].

## 123 Athen: Volksbeschluß über die Aparchai von Eleusis um 422 (?)

Syll.[3] 83; IG I[2] 76; Tod I[2] 74; LSCG 5; ML 73; IG I[3] 78; (Fornara 140).
Marmorstele aus Eleusis (Athen EM); ein Fragment des athenischen Exemplars (vgl. Z.50) mit Z.15–22 unterhalb der Akropolis in Athen (EM; ÖJh 6, 15). Attische Schrift, stoichedon ab Z.2.

[Timo]tel[e]s aus (dem Demos) Acharnai war Schriftführer. | [Beschlosse]n haben der Rat und das Volk; (die Phyle) Kekropis hatte die Prytanie* inne, Timote|[les war] Schriftführer, Kykneas war Epistates*. Folgenden Entwurf haben die Syngrapheis* auf|[g]esetzt: Als Aparche* von der Ernte sollen den beiden Göttinnen darbringen nach dem Herkommen und de|m Orakelspruch von Delphi die Athener von jeweils hundert Medimnoi* Gerste nicht weniger als ein Sechstel (Medimnos), von jeweils hundert Medimnoi Weizen n|icht weniger als ein Zwölftel (Medimnos). Wenn jemand eine größere Ernte einbringt als in d[iesem Umfang] | oder eine geringere, soll er die Aparche im entsprechenden Verhältnis darbringen. Einsammeln sollen (sie) [die D]em|archoi* Demos* für Demos und abgeben an die Hieropoioi* | von Eleusis in Eleusis. Drei Silos soll man bauen in Eleusis | nach dem Herkommen an der Stelle, die nach Ansicht der Hieropoioi und des Ar[ch]it|ekton* am besten geeignet ist, vom Geld der beiden Göttinnen. Die [Fr]|ucht soll man dort, nachdem man sie von den Demar[choi] in Empfang genommen hat, einlagern. | In derselben Weise sollen auch die Bündner die Aparche darbringen. Die Städte sollen° [Ein]sa|mmler der Frucht wählen in der Weise, wie nach ihrer Meinung die Frucht am besten | eingesammelt wird. Ist sie eingesammelt, soll man sie nach Athen | schicken und diejenigen, die sie überbringen, sollen sie abliefern an die Hieropoioi von° Eleusi|s in Eleusis. Wenn sie sie nicht binnen fünf Tagen in Empfang nehmen, *v v v v* | nachdem Meldung gemacht worden ist, obwohl die Ablieferung durch die (Abgesandten) aus der Stadt erfolgte, aus der | die Fr[uch]t stammt, sollen die Hieropoioi mit einer Buße von [jeweil]s° tausend Drachmen* bestraft werden. | In derselben Weise sollen sie (die Frucht) auch von den Demarchoi in Empfang nehmen. [Her]o|[ld]e soll der Rat wählen und zu den Städten entsenden, um bekanntzugeben, [was] | das Volk jetzt beschlossen hat; für dieses Mal so rasch als möglich, in [Z]|ukunft so, wie er es für richtig befindet. Auffordern soll auch der Hierophant (= Vorzeiger des Heiligen) und [der] | Daduchos (= Fackelträger) bei den Mysterien die Griechen, von der Frucht die Aparche darzubringen gemäß | dem Herkommen und dem Orakelspruch aus Delphi. Wenn sie (= die Hieropoioi) aufgeschrieben haben a[uf] | einer Tafel die Menge der von den Demarchoi (abgelieferten) Frucht, (aufgelistet) nach jedem einzelnen° [D|e]mos, und (die Menge) der von den Städten (abgelieferten Frucht, aufgelistet) nach jeder einzel[nen] Stadt, | sollen sie sie im Eleusinion in Eleusis aufstellen lassen und im Ra[t]s|[g]ebäude. Meldungen soll der Rat auch zu den übrigen Städten senden, den gr|iechischen insgesamt, soweit es nach dem Urteil des Rats möglich ist, mit° dem B[erich]|t, wie die Athener und die Bündner die Aparche darbringen; dabei soll man je[ne|n] jedoch keine Vorschriften machen, sondern an sie appellieren, die Aparche darzubringen, wenn sie es wollen, | gemäß dem Herkommen und dem

Orakelspruch aus Delphi. In Empfang nehmen sollen | auch bei diesen Städten, wenn sie (die Gabe) darbringen, die Hieropoioi i|n derselben Weise. Vom Opferkuchen opfern soll man in der Weise, wie es die Eumolpiden [best|imm]en, ein dreifaches Opfer, beginnend mit dem Opfer eines Stiers mit vergoldeten Hörnern, je[der] der beiden Göttinnen darbringen | [v]on (dem Erlös aus) der Gerste und dem Weizen sowie dem Triptolemos, dem [Go]|tt (= Pluton) und der Göttin (= Persephone) und dem Eubulos jeweils ein ausgewachsenes Opfertier und | der Athena ein Rind mit vergoldeten Hörnern. Die restlichen Gerste- und Weizenmengen | sollen die Hieropoioi ver-° kaufen im Einvernehmen mit dem Rat und (davon) Weihgeschenke aufstell|en für die beiden Göttinnen, wobei sie in der Weise verfahren sollen, wie es das Volk der Athener für gut befinde|t. An den Weihgeschenken sollen sie die Inschrift anbringen, daß vom Ertrag der Aparche | das Weihgeschenk errichtet wurde, mit dem (Namen der) Griechen, die die Aparche darbrachten. [Dene]n, die so verfahren, | möge viel Segen zuteil werden und gute und reichliche Ernte, sofern sie | [ni]cht Unrecht tun den Athenern oder der Stadt der Athener oder den beiden Göttinnen. | [L]ampon stellte den Antrag: In allen Punkten Übereinstimmung mit den Syngrapheis bezüglich der Aparche von der | Ernte an die beiden Göttinnen, doch soll° den Entwurf sowie diesen Beschluß aufschreiben lassen der Schriftführer des Rats auf zwei Stelen aus Marmor | und die eine in Eleusis im Heiligtum aufstellen lassen, die andere [au]|f der Polis*. Die Poletai* sollen die beiden Stelen in Auftrag geben, die Kol[akr]|etai* sollen (dafür) das Geld zur Verfügung stellen. Diese (Bestimmungen) bezüglich der Aparche von der Ernte | an [d]ie beiden Göttinnen soll man auf den zwei Stel[en] aufschreiben, und einfügen soll den Schaltmonat Hekatomb|aion der nächste Archon*. Der (Archon) Bas[i]|leus* soll die Abgrenzungen der Heiligtümer festlegen, die (sich) innerhalb d[e]|s Pelargikon (befinden), und künftig soll man keine Altäre mehr errichten innerhalb des Pela|rgikon ohne Einwilligung des Rats und des Volks, keine Steine brechen aus dem [P]|elargikon noch Erde noch Steine hinausschaffen. Wenn jemand verstößt | gegen eine dieser (Bestimmungen), soll er eine Buße zahlen von fünfhundert Drachmen, und eine Eisangelie (= Strafanzeige) einreichen soll d|[er] (Archon) Basileus beim Rat. Bezüglich der Aparche von (Oliven-)Öl soll° ein Entwurf | von Lampon angefertigt und in der neunten Prytanie des Rats vorgetragen werden; | der Rat hat ihn unbedingt dem Volk vorzulegen.

## 124 Athen: Volksbeschluß über Brückenbau an der Heiligen Straße nach Eleusis 422/1

Syll.$^{3}$ 86; IG I$^{2}$ 81; IG I$^{3}$ 79.

Marmorstele aus Eleusis (Museum; EG II 592). Attische Schrift, stoichedon. Oben Relief (Demeter und Kore, Iakchos und Athena reichen sich die Hände).

[P]repis Sohn des Eupheros war Schriftführer. | Beschlossen haben der Rat und das Volk; | (die Phyle) Aigeis hatte die Prytanie* inne; Prepis war Schr|iftführer, Patrokles war Epistates*, The|5aios stellte den Antrag: Über den (Bach) Rhe(i)tos auf der S|tadtseite soll man eine Brücke bauen unter Verwendung der Quader, | die aus Eleusis aus den Trümmer|n des alten Tempels stammen und die man übrig gelassen hat | bei der Verwendung für die Mauer, (und zwar) in der Weise, daß |10 die Priesterinnen die heiligen Gegenstände tragen (können) mit größter Si|cherheit. Bauen soll man sie (= die Brücke) | [f]ünf Fuß breit°, damit nicht Wagen über sie | fahren (können), sondern (nur) die Fußgänger die Möglichkeit haben, | zu den heiligen Handlungen zu gelangen. Mit Quadern soll man ab|15decken die Rinnen des Rhe[t]|os in der Weise, wie es im Verdingungsvertrag festlegt Demomel|[es, der Architekton*.] Wenn nicht [–]

## 125 Athen: Volksbeschluß über ein Bündnis mit Argos, Mantineia und Elis 420

HH$^{2}$ 69; IG I$^{2}$ 86; HAI 17; Tod I$^{2}$ 72; StV II 193; IG I$^{3}$ 83. Zitiert von Thukydides V 47.

Marmorstele, gefunden beim Dionysostheater in Athen (EM). Attische Schrift, stoichedon ab Z.2.

[(Betrifft:) Argiver, Mantineer, El]e[i]er. | [Einen Vertrag geschlossen haben auf hundert Jahre die Athener und die Argiver und Mantineer und Eleie]r miteinander f|[ür sich selbst und ihre Bündner, die sie beiderseits beherrschen, ohne Falsch und Arg, und] zu Lande und zu|[r See. Waffen zu erheben in feindlicher Absicht soll nicht gestattet sein, weder den Argivern und Eleier]n und Mantineern |5 [und ihren Bündnern gegen die Athener und die Bündner, die die Athener beherrschen, noch den Athe]nern und den B|[ündnern, die die Athener beherrschen, gegen die Argiver und Eleier und Mantineer und die Bü]ndner, mit keinen Mitteln | [und keinerlei Machenschaften. *vv*

Unter folgenden Bedingungen sollen Bündner sein Athener und Argiver und Ma]ntineer und El|[eier auf hundert Jahre: Wenn Feinde einfallen in das Land der Athener, sollen zu Hilfe kommen Argiver und] Mantineer und | [Eleier nach Athen, so wie die Athener sie anfordern, auf die stärk]ste [Weise, wie sie es vermögen], nach | [Kräften; wenn sie (= die Feinde) unter Verwüstungen wieder abgezogen sind, soll Feindin sein diese Stadt für Argiver] und Mantine|[er und Eleier und Athener, und Schaden erleiden von all diesen Städten; b]eizulegen | [den Krieg mit dieser Stadt soll nicht° gestattet sein, für keine dieser Städte, wenn (dies) nicht alle] beschließen. Zu Hilfe kommen sollen | [auch die Athener nach Argos und nach Mantineia und nach Elis, wenn Feinde einfallen in das Lan]d der Argiver oder | [der Mantineer oder der Eleier, so wie diese Städte sie anfordern, auf die Weise, di]e sie | [am stärksten] vermöge[n°, nach Kräften; wenn sie (= die Feinde) unter Verwüstungen wieder abgezogen sind, soll Feindin sein diese] Stadt für die Ath|[ener und Argiver und Mantineer und Eleier, und Schaden erleiden von all di]esen St|[ädten; den Krieg mit dieser Stadt beizulegen soll nicht gestattet sein, für keine dieser Städt]e, wenn (dies) nicht al|[e beschließen. Bewaffnete sollen sie nicht durchziehen lassen zum Krieg durch] ihr [eigenes Land] und | [auch nicht durch das der Bündner, die sie beiderseits beherrschen, auch nicht zur See, wenn nicht] alle [Städte beschlossen haben, daß] d|[er Durchzug gestattet sei, (also) Athener und Argiver und Mantineer und Eleier. *vv* Für den Unterhalt° der Hilfskontingente soll die] Stadt, die (sie) e|[ntsendet, aufkommen bis zu dreißig Tagen, seit sie in die Stadt kamen, die die° Hilfe° ange]fordert | [hat, und für den Rückweg desgleichen. Wenn aber das Heer länger nutzen will d]ie Stadt, | [die es angefordert hat, soll sie als Unterhalt gewähren für einen Hopliten, Leichtbewaffneten und Bogenschützen drei] aigin[etische° Obol]en* | [pro Tag, für einen Reiter eine aiginetische Drachme*. Die Stadt, die angefordert] hat, soll über das H|[eer den Oberbefehl haben, wenn der Krieg in ihrem Gebiet stattfindet. Wenn al]l die | [Städte beschließen°, gemeinsam ins Feld zu ziehen, sollen der gleiche Anteil am Oberbefehl für alle Städte gelten. Besch]wören sollen | [den Vertrag die Athener für sich selbst und ihre Bündner, Argiver und Mantineer und E|leer und ihre Bündner sollen Stadt für Stadt schwören. –]

## 126 Athen: Bericht der Schatzmeister der Athena über das Inventar im Parthenon 419/8

HH² 66.IV; IG I² 283; IG I³ 354 (zählt erste Zeile als 72). Tod I² 69 gibt den Bericht für 422/1 (IG I³ 351) wieder.

Sechs Fragmente einer Marmorstele von der Akropolis in Athen (EM bzw. verschollen). Auf der Vorderseite die Berichte für 430/29–427/6 (IG I³ 347–350), auf der Rückseite die für 422/1–419/8 (IG I³ 351–354), davon hier das letztgenannte Jahr. Attische Schrift, stoichedon. Ergänzungen nach den anderen Berichten.

Folgendes (Inventar) [übergaben] die Schatzmeister der heiligen Gelder der Athena, Lykon aus (dem Demos) Prasiai und seine Kollegen, [für die Lysidikos aus (dem Demos) Gargettos Schriftführer war, an die Schatzmeister, für die Phor]|mion aus (dem Demos) Kydathenaion Schriftführer war, an Charinos Sohn des Aleximachos aus (dem Demos) [P]elekes ⟨und seine Kollegen⟩, (das Inventar, das sie) übernommen (haben) von [den Schatzmeistern des Vorjahrs, für die Epigenes aus (dem Demos) Aigilia Schriftführer war, im Parthe]|non: ein Kranz aus Gold, Gewicht davon 60 (Drachmen*); 5 Schalen aus Gold, Gewicht davon 782 (Drachmen); G[old, ungeprägt, Gewicht davon 1 (Drachme) 4 (Obolen*); ein Trinkgefäß aus Gold mit° (vergoldetem) Silberboden,] | dem Herakles in Elaius geweiht, Gewicht davon 138 (Drachmen); ein Paar Silberstifte, ver[goldet, Gewicht davon 184 (Drachmen); 1 Silbermaske, vergoldet, G]|⁵ewicht davon 116 (Drachmen); 138 Schalen aus Silber und ein Horn aus Silber, Gewicht davon 2 T(alente*) 3305 [+ 2 (Drachmen). Folgendes (Inventar) nach Anzahl: 6 in Gold gefaßte (persische) Schwerter; eine in Gold gefaßte Garbe mit 12 Ähren;] | 2 [Körbch]en° aus Gerten (geflochten), vergoldet; 1 Räuchergefäß aus Holz, vergoldet; [eine] Kore (= Mädchenstatue) auf einer Stele, ve[rgoldet; 1 Bett aus Holz, vergoldet; ein Gorgoneion (= Medusenhaupt), am Rand mit Goldüberzug; ein P]|ferd, ein Greif, eine Greifenprotome, ein Greif, ein Löwenkopf, eine Halskette mit Blüten(ornamenten), eine Schlange: [diese Stücke] (jeweils) mit Goldüberzug; [ein Helm, mit Goldüberzug; 15 Holzschilde, mit Goldüberzug; 7 Betten, chiische Produktion;] | 10 Betten, milesische Produktion; 9 Säbel; 5 Schwerter; 16 Harnische; 6 Schilde mit Muster; [31 Schilde mit Bronzebelag; 6 Lehnstühle; 4 Stühle; 9 Klappstühle; 1 Lyra, vergoldet;] | 4 [L]yren aus Elfenbein; 4 Lyren; ein Tisch mit eingelegtem Elfenbein; 3 Bronzehelme; [8] Füße von Liegen m[it Silberüberzug; ein (kleiner) Lederschild; 4 Schalen aus Silber; 2 kleine Becher aus Silber {*oder*: 13 Becher aus Silber}; 1 Pferd aus Silber: Gew]|10icht davon (zusammen) 900 (Drachmen); 2 Schilde aus Holz, mit Goldüberzug; ein (persisches) Schwert, mit Goldüberzug, ungewogen; [8 Schalen aus Silber, Gewicht davon 807 (Drachmen); 4 chalkidische Becher aus Silber, Gewich]|t davon 124 (Drachmen); eine Flötenschatulle von Methymna, aus Elfenbein, vergoldet; ein Schild [aus Lesbos, mit Muster; ein illyrischer Bronzehelm aus Lesbos; 2 Schalen aus Silber;] 2 [Trinkbecher aus Si]|lber, Gewicht davon 580 (Drachmen); 3 lesbische Becher aus Silber, Gewicht davon 350 [+ 20 (Drachmen); 1 Kranz aus Gold, Gewicht davon 18 (Drachmen) 3 (Obolen); ein Kranz aus Gold, Gewicht davon 27 +] 2 (Drachmen); ein der Athena Nike (geweihter) Kranz aus Gold, Gewicht davon 29 (Drachmen); ein Kranz aus Gold, [Gewicht davon 33 (Drachmen); 1 der Athena Nike (geweihter) Kranz aus Gold, Gewicht davon 33 (Drachmen; eine Te]|tradrachme aus Gold, Gewicht davon 7 (Drachmen) 2 1/2 (Obolen); ein Onyx, in einem goldenen Fingerring gefaßt, un[gewogen.] *vacat*

## 127 Athen: Inventar der Schätze im Hekatompedos 418/7

HH² 67; IG I² 268; Tod I² 70; ML 76; IG I³ 329; (Fornara 143). Ergänzungen nach den anderen Berichten.

Zwei Teile einer Marmorstele von der Akropolis in Athen (Paris, Bibl. Nat., London BM; L. Robert, Collection Froehner I, 1936, pl. 48). Attische Schrift, stoichedon, auf der Vorderseite die Inventarberichte für die Jahre 422/1–419/8 (IG I³ 325–328), auf der Rückseite die für 418/7–415/4 (IG I³ 329–332), davon hier der erste.

Folgendes (Inventar) übergaben die vier (Schatzmeister-)Kollegien, welch[e den Rechenschaftsbericht gaben von den (einen Großen) Panathenäen* bis zu den (nächsten Großen) Pana]th[enä]|en, an den Schatzmeister Pythodoros aus (dem Demos) Halai [und seine Kollegen, für die Phormion der Sohn des Aristion aus (dem Demos) K]ydathena[i]|on Schriftführer war. Die Schatzmeister, für die Pho[rmio]n [der Sohn des] A[ristion aus (dem Demos) Kydathenaion Schriftführer] war, ü[b]|ergaben an die Schatzmeister Anaxikrates aus (dem Demos) La[mp]trai [und seine Kollegen, für die Euxenos der Sohn des Euphane]s aus (dem Demos) Pros|5palta Schriftführer war, im Tempel, dem [Hekat]omped[os: 3 goldene Schalen, Gewicht da]von 25|44 (Drachmen*); eine goldene Kore auf einer Stele, ungewog[en; ein silbernes Weihwasserbecken, ungewogen; 2 Krän]ze aus Gol|d, Gewicht davon 80 (Drachmen); ein [Kr]anz aus Go[ld, d]e[r zur Nike(statue) gehört {*in späteren Inventaren*: den auf ihrem Kopf trägt die Nike auf der Hand des goldenen Kultbilds (des Phidias)}, Gewicht davon 60 (Drachmen); 8 Schal]en aus Sil|ber, Gewicht davon 700 [+ 100] (Drachmen); [ein silberner] Becher, [Gewicht davon 200 (Drachmen); ein silber]ner [Becher, (Votiv)] des Ze|us Polieus, Gewicht davon 200 (Drachmen); ein Kranz [aus Gold, Gewicht davon ... + 3 (Drachmen) 2 (Obolen*);] ein g[olde]ner [Kran]z, Gew|icht davon 63 (Drachmen); 4 Kränze aus Gold, G[ewicht davon 135 (Drachmen) 2 (Obolen); ein [Kranz aus Gold, Gewicht d]|avon 18 (Drachmen) 3 (Obolen); 2 goldene Gefäße, Gewicht davo[n 293 (Drachmen) 3 Obolen; ein goldenes Gefäß, Gewicht] davon 138 (Drachmen) 2 (Obolen); | ein goldenes Gefäß, Gewicht davon 119 (Drachmen); [ein goldener] Kran[z, Gewicht davon 26 (Drachmen) 3 (Obolen);] ein silbernes Gefäß, Gewicht | davon 192 (Drachmen); ein silbe[rnes] Weihrauchgefäß, [Gewicht davon 1000 (Drachmen). (Neu)zugänge des Jahres] waren: ein [Kran]z aus G[o]|ld, Gewicht davon 1250 (Drachmen); ein Kranz aus Go[ld, Gewicht davon x + 1 (Drachme); ein Kranz] aus Gold, Gewicht d|avon 35 (Drachmen). *vacat*

## 128 Athen: Auszahlungen aus dem Tempelschatz 418–414

HH$^2$ 70; IG I$^2$ 302; Tod I$^2$ 75; ATL T 78.a; ML 77; IG I$^3$ 370; (z. T. Fornara 144).

Sechs Fragmente einer Marmorstele von der Akropolis in Athen (EM, 1 in London BM; AFD p.164 ff.). Attische Schrift, stoichedon ab Z.2.

[Gött]er!| (*418/7*) [Die Athener hatten (folgende) Ausgaben im Amtsjahr des Archon* Antiphon und in dem Ratsjahr, in dem ....... als erster Schriftführer (des Rats) war: Wir°, die Sch]atzmeister der h|[eiligen Gelder der Athena, Pythodoros aus (dem Demos) Halai und seine Kollegen, für die Phormion Sohn des Aristion aus (dem Demos) K]ydathenai|[on Schriftführer war, haben übergeben den Hellenotamiai* Ergokles Sohn des Aristeides aus (dem Demos) Besa und seinen Ko]llegen und den Beisitzern H|[ierokles Sohn des Archestratos aus (dem Demos) Athmonon und seinen Kollegen in der –Prytanie, der ersten Pryta]nie und am zwei[und x-ten] Tag | [–] denen mit Demosthenes.

B|[eschlossen hat das Volk in Übereinstimmung mit dem Beschluß des –]ios, [daß das übergebene Geld auszahlen solle]n die Hellenotamiai und [d|ie Beisitzer an die Schatzmeister der] Göttin, Pyth[odoros aus (dem Demos) Halai und seine Kollegen, und daß die Scha]tzmeister der Göttin es ihrerseits überge[b|en sollen den Hellenotamiai u]nd den Besitz[ern, diese aber es geben sollen den Strategoi* (des Unternehmens) gegen Th]rakien, Euthydemos Sohn des Eudemos [*v* |10 –] *vacat* |

[In der –Pryta]nie, der zweiten [Prytanie, an die Hellenotamiai Er]gokles Sohn des Aristeides aus (dem Demos) Besa [*v* | – aus (dem Demos) Aix]one und seine Kolleg[en und an die Beisitzer Hierokles Sohn des Arche]stratos aus (dem Demos) Athmonon und seine Kol-[l]eg[e|n, am x-te]n Tag der Prytanie haben wir ü[bergeben – golden]e kyzikenische Statere* 4000 [– | –]; in Silbergeld [entspricht] dies [–] 2 (Obolen*). Dieses Gold haben wir übergeb[e|15n den Trierarchen (= Kapitänen) (des Unternehmens) gegen A]rgos, die mit Dem[osthenes (unterwegs sind), nachdem das Volk die] Straffreiheit [beschlossen hat]. *vacat* |

[In der –]Prytanie, am a[chtundzwanzigsten Tag der Pry]tanie, haben wir den Strategoi übergeb|[en –,] Autokles aus (dem Demos) Anaphl[ystos –] *vacat* |

[In der neun]ten [Pandionis-]Prytanie am d[reizehnten Tag der P]rytanie haben wir übergeben von dem (Geld) aus S| [amos, das als Jahresrate e]intraf, den Hellenot[amiai Ergokles Sohn des Aristeides aus (dem Demos) Bes]a und seinen Kollegen und dem Bei|20[sitzer der Hell]eno[tamiai Hi]erokles Sohn des Archestratos [aus (dem Demos) Athmonon; – diese gaben (es) den Str]ategoi Nikias Sohn des Nikerat|[os aus (dem Demos) Kydanti]dai, Kal[listr]atos Sohn des Empedos aus (dem Demos) Oë, K[–] *vacat*

[Ge]samtbe[t]rag der Aus[gaben] im | Amtsjahr: 56 T(alente*) 1800 [+ x (Drachmen*)] 2 (Obolen). *vacat*

(*417/6*) Die Athener hatten (folgende) Ausgaben i[m Amtsjahr des Ar]chon [Euphemos] und [in dem Ratsjahr, in dem ......... als er]ster Schriftführer (des Rats) war: Wir°, die Schatzmeister der hei|25ligen Gelder der A[thena, Anaxikrates aus (dem Demos) Lamptrai und seine Kollegen, für die] Euxenos Sohn des Euphanes aus (dem Demos) Prospalt|a Schriftführer war, haben ü[bergeben – den Strategoi für] das (Unternehmen) gegen Thrakien und dem Rhinon Sohn des Ch|arikles aus (dem Demos) Paiani[a in der –Prytanie und am zwei]undzwanzigsten [Tag] der Pryta|nie, nachdem [das Volk die Straffreiheit b]eschlossen [hat, –]. *vacat* |

In der [x-ten] Aiantis-[Prytanie haben wir übergeben den Strategoi (des Unternehmens) gegen Melos, Teisi]as Sohn des Teisimachos aus (dem Demos) Kephale, *v* |30 Kleomedes Sohn des Lyko[medes aus (dem Demos) Phlya, am x-ten Tag der Prytanie, nachdem] das Volk die Straffreiheit [beschlossen ha]t, 10 T(alente). *vacat* |

In der [x-ten] Antiochi[s-Prytanie haben wir übergeben den Hellenotamiai –] aus (dem Demos) A[ur]idai, Timarchos aus (dem Demos) Pal|lene und den Stra[tegoi (des Unternehmens) gegen Melos, Teisias Sohn des Teisimachos aus (dem Demos) Kephale, Kleomedes Sohn des Lykomed]es aus (dem Demos) Phlya, am dreizeh|nte[n (Tag) de]r [Prytanie, nachdem das Volk die Straffreiheit beschlossen hat, –] *vacat*

[Gesamtbetrag der Ausgaben i]m |[35] [Amtsjahr: –] *vacat*

(*416/5*) [Die Athener hatten (folgende) Ausgaben im Amtsjahr des Archon Arimnestos und in dem Ratsjahr, in dem Ar...... als erster] Schriftführer (des Rats) war: Die Schatzmeister der [h|eiligen Gelder der Athena, Dexitheos aus (dem Demos) Phyle und seine Kollegen, für die Lysikles Sohn des D]rakontides [aus] (dem Demos) Bate | [Schriftführer war – aus (dem Demos)] Pallene [– | – (*lacuna*) – |[46] –] 20 (Drachmen) *v* [– | in der x-ten Kekro]pis-[Prytanie – | – | in der x-ten Kekro]pis-[Prytanie – am x-ten Tag] der Prytani[e den Strate]go[i Al|[50]kibiades Sohn des Klein]i[as aus (dem Demos) Skambonidai, Lamachos Sohn des Xenophanes aus (dem Demos) Oë, Nikias Sohn des N]ikeratos aus (dem Demos) Kydantidai und den Beisitze[rn | –] 3 (Drachmen) 1 (Obole). *vacat*

[In der –Prytanie, am x-ten Tag, den Str]ategoi (des Unternehmens) gegen Sizilien, Alkibiades, Lamacho[s, | [Nikias und – Ant]imachos aus (dem Demos) Hermos 30 T(alente). *vacat*

[In der –Prytanie, am x-ten Ta]g, den Strategoi (des Unternehmens) gegen Sizil[i]en, Alkibiades, Lamachos, |[55] Nikias und –] Antimachos aus (dem Demos) Hermos 14 T(alente) 1000 [+ x +] 300 (Drachmen). *vacat*

[In der –Prytanie, am x-ten Ta]g, den Str]ategoi (des Unternehmens) gegen Sizilien, Alkibiades, Lamacho[s, | Nikias und –] Antimachos aus (dem Demos) Hermos an goldenen ky[z]ikenischen Stater|[en –] 3 (Drachmen) 3 1/2 (Obolen). *vacat*

[Gesamtbetrag der Ausga]ben im |[60] Amtsjahr: –] 16 (Drachmen) 4 (Obolen). *vacat* |

(*415/4*) [Die Athener hatten (folgende) Ausgaben im Amtsjahr des Archon Charias und in dem Ratsjahr, in dem .....]ides als erster Schriftführer (des Rats) war: Die Schatzmeister der heiligen Gelder *v* | [der Athena, Leochares aus (dem Demos) Alopeke und seine Kollegen, für die Telea]s Sohn des Telenikos aus (dem Demos) Pergase Schriftführer war, haben übergeben den Str|[a]tegoi Telephon [– und seinen Kollegen, und den Hellenotamiai und] dem Beisitzer Phereikleides aus (dem Demos) Peiraieus, nachdem das Vol|[k] die Straffreiheit beschlossen hat, in der dri[tten] Aiantis-[Prytanie, am x-ten Ta]g der Prytanie, 11 T(alente) 3787 (Drachmen) 4 1/2 (Obolen) und an goldenen |[65] kyzikenischen (Stateren*) 248; der Wert davon be[trägt –] | *vacat* |

Den Hellenotamiai und den Beisitzern haben wir gelie[hen –,] dem Aristokrates aus (dem Demos) Euonymon und seinen Kollegen, 9 T(alente); diese | haben es den Athlothetai (= Wettkampfausrichtern) für die Panathenäen* gegeben, dem Amempto[s – und] seinen Kollegen in der zweiten Erechtheis-Prytani|e am zwanzigsten Tag der Prytanie. *vacat* |

In der vierten Kekropis-Prytanie, am se[chsten Tag d]er Prytanie, den Hellenotamiai und den Beisitzern, Aristokr|[70]ates aus (dem Demos) Euonymon und seinen Kollegen für die Soldaten (der Unternehmung) g[egen Melos (?) –] 20 (Drachmen). *vacat* |

In der achten Antiochis-Prytanie, am zeh[nten Tag der] Prytanie, den Hellenotamiai und den Beisitzern, Aristokr[a]|tes aus (dem Demos) Euonymon und seinen Kollegen für die Soldaten (der Unternehmung) g[egen Melos (?) –] 60 (Drachmen). *vacat* |

In der achten Antiochis-Prytanie, am dritte[n Tag der Pry]tanie, den Hellenotamiai und den Beisitzern, Aristokr[at]|es aus (dem Demos) Euonymon und seinen Kollegen 300 T(alente), diese haben es gegeben [für das H]eer [in Sizilien]. *vacat* |[75]

In der achten Antiochis-Prytanie, am zwanzig[sten Tag der Pr]ytanie, den Hellenotamiai und den Beisitzern, Aristokr[a]|tes aus (dem Demos) Euonymon und seinen Kollegen für die Schiffe (für die Unternehmung) gegen Si[zilien, die überbringe]n (sollen) das Geld, 4 T(alente) 2000 (Drachmen). *vacat* |

In der achten Antiochis-Prytanie, am zweit[en Tag der Pr]ytani[e], dem Hellenotamias und dem Beisitzer, Philome[los aus (dem Demos) M]|arathon und dem Strategos im Thermäischen Gol[f – und a]m selben Tag dem Hellenotamias u[nd dem Beis]|itzer, Philomelos aus (dem Demos) Marathon und dem Strategos in Eph[esos –] *vacat* |[80]

Gesamtbetrag der Aus[gaben] im | Amtsjahr: 153 T(alente) [–] *vacat* | *vacat*

## 129 Athen: Volksbeschluß über ein Bündnis mit Argos 416

IG I² 96; ATL T 75; StV II 196; IG I³ 86.

Sieben Fragmente einer Marmorstele von der Akropolis (1 von der Agora) in Athen (EM; Hesperia 14, 122. 126, Meyer pl. 3). Attische Schrift, stoichedon ab Z. 2. Oben Relief (sitzender Zeus, Hera und Athena [verloren] reichen sich die Hände).

[–]odoros Sohn des Polychares aus (dem Demos) A[mphitrope (?) war Schriftführer. | Beschlossen haben der] Rat und das Volk; (die Phyle) Aian[tis hatte die Prytanie* inne; –odoros war Schriftführer, | – war Epis]tates*, Euphemos war Archon*: Bü[ndnis und Vertrag ohne Falsch und Arg soll geschlossen werden zwischen Athene|rn und Argivern für fü]nfzig Jahre. Über [– |[5] – den Ath]enern und Arg[ivern –] übe[r – | –] wenn einf[allen ins Gebiet der Arg]iver in krieg[erischer Absicht die Lakedaimon|ier oder sonst jemand, sollen Hilfe leisten den Argivern die A]then[er mit so vielen, wie sie verlan]gen; von diesen [– | –z]u den Zuzug Leistend[en – | –] bis zu sechshundert [ – |[10] –]. Damit [die Argiver zur Verfü|gung haben ausreichende] Mittel°, [soll man abzweig]en au[s d]em Tribut n[icht weniger als vierzig] Talente* für den Kr[ieg in | jedem Jahr. Wenn aber] Frieden schließen wollen [die Lakedaimonier] mit den Argivern und Athe[nern und den b|eidseitigen Bündn]ern, sollen die Argiver die L[akedaimonier zum Rat un]d zum Volk der [Athe]ne[r nach Athen | schicken. Wenn aber] einfallen [ins Gebiet der Athener die Lake]daimonier oder sonst jemand i[n kriegerischer Absicht, sollen° H|[15]ilfe leisten die Argive]r den Athene[rn unverzüglich, so wie die Athener] anfordern, bis zu zwei [Monate lang, und an Sol|daten (mit) nicht wenige]r als zweitaus[end. An Geldern soll man die vor]handenen verwenden für die [– | –] brauchen dazu [– | –] ihnen diese [– | –] erlaubt sein, den Krieg [– |[20] –] gegenüber den Lakedaimoniern [– | –] Athener [– | –] noch Waffenstill[stand – | –] den herkömmlichen Eid [– | –] zu den Panath[enäen* – |[25] – Hilfe le]isten die A[thener – |– der Athe]ner, H[ilfe leisten – | –]

### 130 Athen: Volksbeschluß über die Proxenie für Proxenides von Knidos um 415

IG II² 66.a + b; IG I² 144 + 155; ATL D 23; Walbank 64; IG I³ 91.

Acht Fragmente einer Marmorstele von der Akropolis (1 von der Agora) in Athen (EM; ATL II pl. 14f., Walbank pl. 40ff., Meyer pl. 2). Attische Schrift, stoichedon ab Z.2 (Z.1 ionische Schrift). Oben Relief (Aphrodite [Knidos' Stadtgöttin] legt einem Sterblichen die Hand auf das Haupt, Athena reicht ihm einen Kranz).

[Göt]t[er! (?)] |[1] (Betrifft:) Proxe[nid]es Sohn des Proxenos aus Knid[os]. | Archikle[s] aus (dem Demos) Halai war Schriftführer. | Beschloss[en haben der Rat und das Vol]k; (die Phyle) A|ka[m]ant[is hatte die Prytanie* inne, Archikl]e[s war |[5] Sch]rift[führer, Antikrates] war [Epi]sta[t|es*, Demos[tratos] stellte den Antrag: Da

Gutes tu]|t Pro[xenides nach Kräften | an] den Athen[ern sowohl gegenwärtig als auch in der vorher|ige]n Zei[t, soll man ihn belobigen un|d auf]schrei[ben lassen auf einer Stele aus Mar|mor als Proxenos* und als Wohltäter der Athe|ner und (sie) aufstellen lassen auf der Polis* – | (*lacuna*)] Auf den, welcher [die Tötung begangen hat, sollen angewendet werden d]|iesel[ben Bestimmungen, welche zugunsten der Athener] | beschloss[en sind für den Fall, daß einer umkommt durch gewaltsa]|men To[d. Die Vergeltung soll° in] | derselben [Weise erfolgen, wenn einer in Fesseln legen oder verhaften läß]|t den Prox[enides, wie (sie) für° di]e [athenischen]| Bür[ger innerhalb des Gebiets der Städte (= im Seebund) bestimmt] | ist. Wen[n einer Unrecht tut, sei es einer von den Athenern] | oder von de[n B]ün[dnern der Athener, | so soll er die Möglichkeit erhalten, gegen d]iesen [in Athen vor | d]em Pole[marchos* den Prozeß zu führen, ohne die Ge]|richtsgebüh[r (zahlen zu müssen). Von allen anderen Abgaben soll er befreit sein, doch° die] | Abgaben [soll er an] d[ie Tributeinzieher zahlen, welche] | die Knid[ier für den Tribut entrichten] müssen, [so] | wie alle [anderen Knidier. Einladen soll man] | ihn [zum Empfang in das Pryt]|aneion* a[uf morgen. – stellte den Antra]|g: In [allen Punkten Übereinstimmung mit –] (*weitere Zeilen weitgehend zerstört*)

## 131 Athen: Volksbeschlüsse zum Sizilienfeldzug 415

IG I² 98 + 99; Tod I² 77; ML 78; IG I³ 93; (Fornara 146).

Acht Fragmente zweier Marmorstelen von der Akropolis in Athen (EM). Attische Schrift, stoichedon.

(*1. Stele?*) [– | – abstimmen soll das Vol]k unverzüglich, ob man beschließen soll, einen Strat[eg|os* –] wählen mit guten Glück jetzt, welche [– | –] die Feinde möglichst zahl[reich – | –] und auch von den Bündnern alle, d|[ie – St]ädte an den Rat der Athene[r | – von s]echzig Schiffen, wann immer [– | –] wenn sie wünsch[en – | – (*lacuna*) – | –] Rat, wie es am besten [– we]|nn man beschließt von dem Vermögen [– wenn man beschließt (?), daß] | die Stadt aufwendet, soviel [– di]|e sechzig Schiffe, wenn zu[– | –] eine Eisphora* erheben, wenn [– eine Volksvers]|ammlung abhalten binnen zehn Ta[gen – ü]|ber nicht anderes eher [–] | Versammlung abhalten die Pryt[anen* –] | den Strategoi* der Schiffe [–] | über die Ausfahrt der Schiffe [– w]|iederhergestellt werden in dem Volk [– Volksv]|ersammlung abhalten, wenn [– | –] und von der anderen Mannschaft [–] | und Geld für das glückverheißende Opfer [–]| sechshundert [und] tausend [– | –

(*2. Stele?*) |[25] [Beschlossen haben der Rat und das V]olk; [– | – stellte den Ant]rag: Mit [gutem] Glüc[k – | –] Loh[n – | – v]ierzi[g – | – Pel]tasten (= Leichbewaffnete) [– |[30] – B]ogenschützen [– | – | – v]ier Obo[len* – | – Steue]rleute und [– | – Sch]atzmeister [– |[35] –] der Rat, wenn – | – de]n Trierarchen (= Kapitänen) [– | –] der Feinde [– | –] wenn [– (*lacuna*) – |[40] – | – bewachen di[e Stadt oder da]s Land | [–] wer nicht patrouill[iert und nicht S]old empfäng|[t –] außer für alle die, welche [– de]r Rat und | [– s]trafbar sein [–] und nicht den | [– |[45] – Pr]ytanen. Aufheben [–] den Beschl|[uß – d]er Ausfahrt der sech[zig Schiff]e bis | [– weder z]u einer anderen Aufgabe no[ch zu einem anderen F]eldzug | [– d]reitausend. W[enn jemand den Antrag stellt] oder eine Abst|[immung veranlaßt – |[50] –] (*weitere Zeilen weitgehend zerstört*)

### 132 Athen: Eingezogenes Eigentum der Hermokopiden (sog. Attische Stelen) 414

(A) Stele I: HH[2] 72; Syll.[3] 96 ff.; IG I[2] 329 + 334 + 330; Tod I[2] 79 + 80; ML 79.A; IG I[3] 421; (Tusculum 91; Fornara 147 A). (B) Stele VI: IG I[2] 326 + 325; ML 79.B; IG I[3] 426; (Fornara 147 B). (C) Stele VII, Sp. I: IG I[2] 331; IG I[3] 427. (D) Stele X: IG I[2] 327 + 328; IG I[3] 430.

Stele I vier- oder fünfzehn, Stele VI siebzehn, Stele VII sechs, Stele X drei Fragmente je einer Marmorstele aus Athen (EM, AM; Hesperia 22 pl. 67 ff.). Attische Schrift, z. T. stoichedon, je in vier Spalten. Die erste Rubrik nennt jeweils die von den Poletai* erzielte Verkaufssteuer, die zweite den Verkaufspreis und die dritte das Verkaufte; um Platz zu sparen, kürzen wir hier Drachme(n*) und Obole(n*) ab und setzen den Text fortlaufend, wobei wir die jeweilige Rubrik mit (*1*), (*2*) bzw. (*3*) einleiten.

(*A Sp. I*) (*8 Zeilen weitgehend zerstört*) | [(*1*) – (*2*) – (*3*) Bursche P]eisistratos, Karer |[10] [Gesamtbetra]g bei Hephaistodoros: | [– +] 2 (Dr.) 4 1/2 (Ob.) |

[Von (dem Besitz des) Alkibiades S]ohn des Kleinias | [aus (dem Demos) Skambonida]i wurde folgende Habe verkauft | [(*1*) – (*2*) – (*3*) –] |[15] [(*1*) – (*2*) – (*3*) Top]f aus Bronze | [(*1*) – (*2*) – (*3*) Top]f aus Bronze | [(*1*) – (*2*) – (*3*) Top]f aus Bronze | [(*1*) – (*2*) – (*3*)] aus Bronze | (*lacuna*) |[20] (*1*) [1 +] 2 (Ob.) (*2*) 18 (Dr.) (*3*) (noch einzubringende) Ernte | in Thria | [(*1*) 1 +] 2 (Ob.) (*2*) 20 (Dr.) (*3*) (noch einzubringende) Ernte | in Athmonon | Gesamtbetrag mit Verkaufssteuer: |[25] 3723 (Dr.) 5 (Ob.) |

Von (dem Besitz des) Polystratos Sohn des Dio[doros] | aus (dem

Demos) Ankyle | (*1*) 2 (Dr.) 1 (Ob.) (2) 202 (Dr.) (*3*) (Sklave) Pistos | [(*1*) 1 (Dr.)] (2) 42 (Dr.) (*3*) (noch einzubringende) Ernte in An|[30]kyle | Gesamtbetrag mit Verkaufssteu[er]: | 247 (Dr.) 1 (Ob.) |

Von (dem Besitz des) Metöken Kephisodoros, [wohnhaft] in (dem Demos) Peira[ieus] | (*1*) 2 (Dr.) (2) 165 (Dr.) (*3*) Thrakerin |[35] (*1*) 1 (Dr.) 3 (Ob.) (2) 135 (Dr.) (*3*) Thrakerin | [(*1*) 1 +]1 (Dr.) (2) 170 (Dr.) (*3*) Thraker | (*1*) 2 (Dr.) 3 (Ob.) (2) 240 (Dr.) (*3*) Syrer | [(2) 1 (Dr.)] 3 (Ob.) (2) 150 (Dr.) (*3*) Karer | (*1*) 2 (Dr.) (2) 161 (Dr.) (*3*) Illyrer |[40] (*1*) 2 (Dr.) 3 (Ob.) (2) 220 (Dr.) (*3*) Thrakerin | (*1*) 1 (Dr.) 3 (Ob.) (2) 115 (Dr.) (*3*) Thraker | (*1*) 1 (Dr.) 3 (Ob.) (2) 144 (Dr.) (*3*) Skythe | (*1*) 1 (Dr.) 3 (Ob.) (2) 121 (Dr.) (*3*) Illyrer | (*1*) 2 (Dr.) (2) 153 (Dr.) (*3*) Kolcher |[45] (*1*) 2 (Dr.) (2) 174 (Dr.) (*3*) Karer, Bursche | (*1*) 1 (Dr.) (2) 72 (Dr.) (*3*) Karischer Junge | [(*1*) 1 +] 2 (Dr.) 1 (Ob.) (2) 301 (Dr.) (*3*) Syrer | [(*1*) 1 +] (Dr.) (2) 151 (Dr.) (*3*) Melitt[ener(in?)] | (*1*) 1 (Dr.) (2) 85 (Dr.) [+ x +] 1 (Ob.) (*3*) Lyderin | (*lacuna*) |[50]

(*A Sp. II*) (*41 Zeilen nur Zahlenangaben erhalten*) | [(*1*) – (2) – (*3*) [Becke]n | [(*1*) – (2) – (*3*) [Becke]n | [(*1*) 3 (Ob.)] (2) 26 (Dr.) (*3*) 9 [Sp]ießchen | [(*1*) 3 (Ob.)] (2) 14 (Dr.) 2 (Ob.) (*3*) 6 [S]p[ie]ßchen |[95] (*1*) 2 (Dr.) 1 (Ob.) (2) 200 (Dr.) (*3*) [–] aus Bronze | (*1*) 3 (Ob.) (2) [2]5 (Dr.) 2 (Ob.) (*3*) Kochkessel aus Bronze | [(*1*) – (2) – (*3*) Koch]topf | [(*1*) – (2) – (*3*) Koch]topf | (*1*) 3 (Ob.) (2) [3]5 (Dr.) (*3*) [–] |[100] (*6 Zeilen nur Zahlenangaben erhalten*)

(*A Sp. III*) [(*1*) – (2) – (*3*) Mat]te | [(*1*) – (2) – (*3*) Be]il |[110] [(*1*) – (2) – (*3*) Tis]ch | [(*1*) – (2) – (*3*) –] | [(*1*) – (2) – (*3*) –] | [(*1*) – (2) – (*3*) Ess]ig, 1 Amphoreus (= ca. 40 l) | [(*1*) – (2) – (*3*) Wein,] 1 Amphoreus |[115] [(*1*) – (2) – (*3*) Ess]ig, 1 Amphoreus | [(*1*) – (2) – (*3*) Ess]ig, 1 Amphoreus | [(*1*) – (2) – (*3*) Wein], 1 Stamnos (= „Krug", ca. 8 [oder 40?] l) | [(*1*) – (2) – (*3*) Wein], 1 Stamnos | [(*1*) – (2) – (*3*) Wei[n, 1 Sta]mnos |[120] [(*1*) – (2) – (*3*) Wei[n, 1 Stam]nos | [(*1*) – (2) – (*3*) Wei[n, 1 Stamnos] | [(*1*) – (2) – (*3*) Essi[g, 1 Stamnos] | [(*1*) – (2) – (*3*) Olivenöl, 1 S[tamnos] | [(*1*) – (2) – (*3*) Olivenöl, 1 S[tamnos] |[125] [(*1*) – (2) – (*3*) Linsen, 1 [Phormos] (= „Korb", 1 Medimnos*?) | [(*1*) – (2) – (*3*) W]eizen, 1 Ph[ormos] | [(*1*) – (2) – (*3*) W]eizen, 1 Phor[mos] | [(*1*) – (2) – (*3*) W]eizen, 1 [Phormos] | [(*1*) – (2) – (*3*) W]eize[n, 1 Phormos] |[130] [(*1*) – (2) – (*3*) W]eize[n, 1 Phormos] | [(*1*) – (2) – (*3*) We]izen, [1 Phormos] | [(*1*) – (2) – (*3*) Weizen, 1 Phormos] | [(*1*) – (2) – (*3*) Weizen, 1 Phormos] | [(*1*) – (2) – (*3*) Weizen, 1 Phormos] |[135] [(*1*) – (2) – (*3*) Weizen, 1 Ph]ormo[s] | [(*1*) – (2) – (*3*) Weizen,] 1 Phormo[s] | [(*1*) 3 (Ob.) (2) 5 +] 1 (Dr.) 3 (Ob.) (*3*) Weizen, 1 Phormos | [(*1*) 3 (Ob.) (2) 5 +] 1 (Dr.) (*3*) Weizen, 1 Phormo[s] | [(*1*) 3 (Ob.)] (2) 6 (Dr.) 2 (Ob.) (*3*) Weizen, 1 Phormo[s] |[140] [(*1*) 3 (Ob.) (2) 5 (Dr.) (*3*) Holzbank

(*A Sp. IV*) (*19 Zeilen weitestgehend zerstört*) |[160] [(*1*) – (*2*) – (*3*) [Umwu]rf aus [Wol]le | – | – | [(*1*) – (*2*) – (*3*) Salb]e; Stoffbinden | [(*1*) – (*2*) – (*3*) Wendetep]pich, weiß |[165] [(*1*) – (*2*) – (*3*) Wendetep]pich, orch[o]menische Produktion | [(*1*) – (*2*) – (*3*) Wendetep]pich, weiß | [(*1*) – (*2*) – (*3*) Wendetep]pich, weiß | [(*1*) – (*2*) – (*3*) Wendetep]ich, weiß | [(*1*) – (*2*) – (*3*) Wendetep]pich, weiß |[170] [(*1*) – (*2*) – (*3*) Wendetep]pich, weiß | [(*1*) – (*2*) – (*3*) Wendetep]pich, weiß | [(*1*) – (*2*) – (*3*) Wendetep]pich, weiß | [(*1*) – (*2*) – (*3*) Vorh]ang, bunt | [(*1*) – (*2*) – (*3*) Vorh]ang |[175] [(*1*) – (*2*) – (*3*) Teppich, bu]nt | [– | – | – | (*lacuna*) | (*1*) 2 + [1 (Ob.) (*2*) – (*3*) –] |[180] (*1*) 2 + [1 (Ob.) (*2*) – (*3*) –] | (*1*) 2 [+ 1 (Ob.) (*2*) – (*3*) –] | (*1*) 2 + [1 (Ob.) (*2*) – (*3*) M]antel | (*1*) 2 + [1 (Ob.) (*2*) – (*3*) M]antel | (*1*) 1 (Ob.) (*2*) [–] (*3*) Liege |[185] (*1*) 1 [+ x (Ob.) (*2*) – (*3*) U]mhang, gelb | [(*1*) – (*2*) – (*3*) L]iege | [(*1*) – (*2*) – (*3*) S]eile aus Roßhaar, zwei Stück | [(*1*) – (*2*) – (*3*) Tr]uhe, breit | [(*1*) – (*2*) – (*3*) Tr]uhen, drei Stü[ck |[190] [(*1*) – (*2*) – (*3*) Pol]ster, gefüllt | [(*1*) – (*2*) – (*3*) Pol]ster, gefüllt | [(*1*) – (*2*) – (*3*) Bettd]ecken, 4 Stück | [(*1*) – (*2*) – (*3*) Bettd]ecken, 4 Stück | [(*1*) – (*2*) – (*3*) Bettd]ecken, 4 Stück |[195] [(*1*) – (*2*) – (*3*) Bettde]cken, 4 Stück | [(*1*) – (*2*) – (*3*) Bettdecke]n, 5 Stück | (*3 Zeilen zerstört*) |[200] [(*1*) – (*2*) – (*3*) Schran[k], zweitür[ig] | [(*1*) – (*2*) – (*3*) Schrank, vie[rtürig] | [(*1*) – (*2*) x +] 90 (Dr.) (*3*) Klinen, milesische Produktion, 11 Stück | [(*1*) – (*2*) x +] 16 (Dr.) (*3*) Tische, 4 Stück | [(*1*) 3 (Ob.)] (*2*) 17 (Dr.) (*3*) Couch mit einem Kopfteil |[205] [(*1*) 3 (Ob.) (*2*) 10 (Dr.) 1 (Ob.) (*3*) Vorhang, [–] | [(*1*) – (*2*) –] (*3*) Kline, milesische Produktion, Polster an beiden Seiten | [(*1*) – (*2*) –] (*3*) Fläschchen, 6 Stück | [(*1*) – (*2*) –] (*3*) Stühle, 5 Stück | [(*1*) – (*2*) x +] 1 (Dr.) 1 (Ob.) (*3*) Stuhl mit Lehne |[210] [(*1*) – (*2*) x +] 3 (Ob.) (*3*) geflochtene Körbe, 2 Stück | [(*1*) – (*2*) – (*3*) M]a[t]te | *vacat*

(*B Sp. I*) (*3 Zeilen weitgehend zerstört*) | *vacat* |[5]

[Von (dem Besitz des) –]os Sohn des Diodoros aus (dem Demos) Ei[tea] | [(*1*) – (*2*) – (*3*) Ha]us in (dem Demos) Kollytos, de[m benachbart (sind)] | auf beiden Seiten das (Anwesen) des A[–] | und die Agora. | *vacat* |[10]

Von (dem Besitz des) Adeimantos Sohn des Leukolophid[es aus (dem Demos) Skambonidai:] | [(*1*) – (*2*) x +] 15 (Dr.) (*3*) Phryger, ein Mann | [(*1*) – (*2*) –] (*3*) Apollonophanes, ein Mann | [(*1*) – (*2*) –] (*3*) Charias, Spießchenhersteller | [(*1*) – (*2*) – (*3*) A]ristarchos, Schust[er] |[15] [(*1*) – (*2*) – (*3*) Sat]yros, Schuste[r] | [(*1*) – (*2*) – (*3*) .....]on, im Hause geboren[er (Sklave)] | (*5 Zeilen weitgehend zerstört*) [(*1*) – (*2*) – (*3*) Schäf]te, zwei Stück, mit zwei Bohrungen | *vacat*

[Aus dem Besitz des Aris]tarchos, des Schus[ters], |[25] aus (dem Demos) [–] | – | – | [(*1*) – (*2*) – (*3*) ein kleiner Tis]ch | – |[30] – | [(*1*) – (*2*) – (*3*) Ruhe]bett | [(*1*) – (*2*) – (*3*) Bal]ken mit vier Kanten | [(*1*) – (*2*) –

(*3*) Lie]ge | [(*1*) – (2) – (*3*) Lie]ge |[35] [(*1*) – (2) – (*3*) Tis]ch | (*4 Zeilen weitgehend zerstört*) |

(*B Sp. II*) |[40] [(*1*) – (2) – (*3*) –] und die J[ungtiere davon] | *vacat* | *vacat* |

Von [Adeiman]tos Sohn des Le[uk]olophides aus (dem Demos) Ska[mbonidai]: | [(*1*) – (2) –] (*3*) Mann (namens) [Ar]istomachos, |[45] Landgut [auf] Thasos bei I[–] | und Hau[s] | [(*1*) – (2) x +] 250 (Dr.) (*3*) inbegriffen sind ne[un] Fäss]er, [–] | heile 20 [ + x Stück, b]eschädigt[e – | mit] Deckel[n] |[50] [(*1*) – (2) x +] 180 (Dr.) (*3*) – (2) Wein, [–] Amphoreis | 590 und drei Cho[es] (= 590 3/12 Amphoreis) | *vacat* |

Von (dem Besitz des) [P]anaitios | [(*1*) – (2) x +] 20 (Dr.) (*3*) an atti[schem] Wein, |[55] unvermischt, Amphoreis° 104 und sieben Cho[es] | [(*1*) 3 (Dr.) (2) 100 +] 160 (Dr.) (*3*) Bienenstöcke auf dem [La]ndg[ut] bei Is[– x +] 15 Stück [–] | [(*1*) 1 (Dr.) 1 (Ob.) (2) 100 (Dr.)] (*3*) Z[ug]-ochsen, [z]wei Stück, in Ar[–] | [(*1*) 1 (Dr.) (2) 50 +] 20 (Dr.) (*3*) Ochsen, [zwei Stück] |[60] [(*1*) – (2) –] (*3*) R[ind]er, vier Stück, und Käl[ber –] | [(*1*) – (2) –] (*3*) Schafe, 84 Stück | und deren Jungtiere | (*1*) 7 (Dr.) 3 (Ob.) (2) 700 +] 10 (Dr.) (*3*) Geißen, 67 Stück, und [deren] Jungtiere | *vacat* |[65]

[Von (dem Besitz des) Polystra]tos Sohn des Diodoros aus (dem Demos) Ankyle: | [(*1*) – (2) x +] 50 (Dr.) (*3*) ein Haus in (dem Demos) Kydathenaio[n, mit einer Eingangshalle], | die von zwei Säulen flankiert ist, benachbart i[st das Heiligtum] | der Artemis | Amarysia von° Athmon[on]° |[70] [(*1*) – (2) – (*3*) ein Grundstück in Ankyle sü[dlich] | des Hügels, wo das Hei[ligtum –] | *vacat* | *vacat* | *vacat* |[75]

Von (dem Besitz des) Nikid[es Sohn des] Phoiniki[des aus (dem Demos) M]elit[e]: | (*1*) 1 (Dr.) (2) 52 (Dr.) (*3*) Bro[nzegerät] {*oder*: aus Ch[alkis (noch einzubringende) Ernte]} | *vacat* |

Von (dem Besitz des) Euphiletos Sohn des T[imotheos aus (dem Demos) Kydathenaion] | in beiden Punkten (= Hermokopiden- und Mysterienfrevel) (verurteilt): |[80] (*1*) 15 (Dr.) (2) 1500 (Dr.) (*3*) Hau[s° –] | *vacat* | *vacat* |

Von (dem Besitz des) Pherekles Sohn des Phe[ren]ika[ios aus (dem Demos) Themak]os, | in beiden Punkten (verurteilt): Hau[s i]n (dem Demos) Bate [und] Grundstück, |[85] *vacat* | ein weit[eres] Grundstück [– | –] *vacat* | ein Grund[stück b]eim Pyth[ion –] | *vacat* |[90] (*1*) 12 (Dr.) (2) 1200 (Dr.) (*3*) ein [G]ru[ndst]ück, [m]orastiges Bra[chland] | bei[m P]ythion, | ein weiteres Grundstück beim | Hera[kle]ion, |[95] die Hälfte der Orga[s] (= Weide?) z[wischen dem] | Pyth[ion *v* u]nd der Wasserleitung aus [dem Heiligtum, | die ander]e Hälfte in Kykale: | Di[es] alle[s] wurde zusammen in einem [verk]auft. | *vacat* | *vacat* |[100]

Folgende Pachtbeträge wurden [ent]richtet | betreffs derjenigen, die [an] den beiden Göttinnen frevelten: | betreffs Phaidros Sohn des Pytho[kles] aus (dem Demos) Myrrhinus: | (*2*) 60 (Dr.) (*3*) H[aus-p]acht wurde entrichtet, | [für Land]pacht [in Myrrh]inus wurden° |[105] (*2*) 350 (Dr.) (*3*) [beza]hlt |

Aus dem (Besitz) des Adeim[antos Sohn des L]eukolophides aus (dem Demos) Skambonidai: | (*2*) 1632 (Dr.) 4 (Ob.) (*3*) [–]

Aus dem (Besitz) des Axioch[os Sohn des Alkibiades aus (dem Demos) S]kambonid[ai]: | (*2*) 1633 (Dr.) 2 1/2 (Ob.) (*3*) [–] |[110] (*2*) 250 (Dr.) (*3*) [–] | (*2*) 162 (Dr.) 4 (Ob.) (*3*) [–]

Aus [dem (Besitz) des –] | (*weitere Zeilen weitgehend zerstört*)

(*C Sp. I*) [Von (dem Besitz der) Mysterien]frev[ler –:] | [– Skla]v[e]n wurden verkauft: | [(*1*) – (*2*) – (*3*) An]tigenes, | [von] Herkunft Thraker |[5] [(*1*) – (*2*) –] (*3*) Strongylion | [v]on Herkunft Karer | [(*1*) – (*2*) – (*3*)] Simos, von Herkunft | Skythe; Karion | von Herkunft Karer |[10] [(*1*) – (*2*) – (*3*) Ph]anes, von [Herk]unft | Lyder | [(*1*) – (*2*) –] (*3*) Apollo[ni]des, | [v]on Herk[unft] Thraker | (*9 Zeilen zerstört*) | (*3*) [ein Landstück u]nd (Wohn-)Ha|[us in Ath]monon, ein w[eiteres |[25] Landstück] und [(Wohn-)Ha|us in Athmonon] | (*weitere Zeilen weitgehend zerstört*)

(*D*) (*1*) [25 +] 3 (Dr.) (*2*) 1800 (Dr.) (*3*) Eichen- und [Ficht]engehölz und ein (Wohn-)Haus in B[–] | sowie 8 Fässer in dem Haus | [(*1*) 1 (Dr.) 3 (Ob.) (*2*) 136 (Dr.) (*3*) für Kydimachos, Sklave des Adeimantos. | Gesamtbetrag: 5 (Talente) 513 (Dr.) |[5] (*1*) Folgendes wurde verkauft während der Prytanie* (der Phyle) Erechtheis, der siebten Prytanie, | am siebten Tag seit Anfang des (Monats) Gamelion *v* (aus dem Besitz) des Axiochos Sohn des Alkibiades [aus] (dem Demos) Sk[ambonidai]: | (*1*) 2 (Dr.) (*2*) 195 (Dr.) (*3*) ein Mann (namens) Olas; | am neunten Tag vor Ende des (Monats) Gamelion (aus dem Besitz) von Axiochos Sohn des Alkibiades [aus (dem Demos) Skambonidai]: | (*1*) 1 (Dr.) 3 (Ob.) (*2*) 130 (Dr.) (*3*) ein Mann aus Messenien; |[10] am sechsten Tag vor Ende des (Monats) Gamelion (aus dem Besitz) von [A]deimantos Sohn des Leukoloph[ides aus (dem Demos) Skambonidai]: | (*1*) 1 (Dr.) (*2*) 50 (Dr.) (*3*) Ernte vom Land in Ophryneion, eingeb[racht]; | Gesamtbetrag 379 (Dr.) 3 (Ob.) | (Aus dem Besitz) von den in beiden Punkten (Verurteilten) am sechsten Tag vor Ende des (Monats) Gamelion: | (Aus dem Besitz) von Euphiletos Sohn des Timotheos aus (dem Demos) K[y]dathe[naion]: |[15] (*1*) 1 (Dr.) 3 (Ob.) (*2*) 105 (Dr.) (*3*) ein Haus in Semachidai | (*1*) 1 (Dr.) 3 (Ob.) (*2*) 105 (Dr.) (*3*) ein Grundstück in Ga[rgettos] | (*1*) 2 (Dr.) 3 (Ob.) (*2*) 205 (Dr.) (*3*) ein Grundstück in My[rrhinus mit Gart]en und (Wohn-)Haus | (*1*) 3 (Ob.) (*2*) 10 (Dr.) (*3*) ein Grundstück [in A]phid[nai] | Gesamtbetrag: 4[3]1 (Dr.) |[20] Summe von beiden: 810 (Dr.) 3 (Ob.)

## 133 Athen: Inventar der Schätze im Pronaos des Parthenon 414/3 und 413/2

HH$^2$ 71; IG I$^2$ 248 + 249; Tod I$^2$ 78 (nur 414/3); IG I$^3$ 309 + 310. Ergänzungen nach den anderen Berichten.

Fünf Fragmente einer Marmorstele von der Akropolis in Athen (EM, AM, London BM; Hesperia 25, 32. 33, 16). Attische Schrift, stoichedon. Auf der Vorderseite die Rechenschaftsberichte für 426/5–423/2, auf der Rückseite für 414/3–411/0, davon hier die ersten beiden.

(*414/3*) [Folgend]es (Inventar) [übergab]en die vier (Schatzmeister-)Kolleg[ien, welche den Rechenschaftsbericht gaben von den (einen Großen) Panathenäen* bis zu den (nächsten Großen) Panathenäen, | de]n Schatzmeistern Teisamenos aus (dem Demos) Paian[ia und seinen Kollegen, für die Polymedes Sohn des Kephision aus (dem Demos) Atene Schr|iftfüh]rer war. Die Schatzmeister, für die Poly[medes Sohn des Kephision aus (dem Demos) Atene Schriftführer war, übergaben den Schatzmei|stern] Polyxenides aus (dem Demos) Acharnai und seinen K[ollegen, für die Leukaios Sohn des Komarchos aus (dem Demos) Aphidna Schriftführer war, |[5] im] Pronaos*: eine goldene Schale für L[ibationen, ungewogen; 121 silberne Schalen, Gewicht da|von 2 T(alente*)] 432 (Drachmen*); 3 silberne Hörner, [Gewicht davon 528 (Drachmen); 5 silberne Trinkgefäße, Gewicht davon | 167 (Drachmen);] ein silberner Leuchter, Gewicht d[avon 38 (Drachmen); 7 silberne Schalen, Gewicht davon 700 (Drachmen); ein Kranz | aus Gol]d, Gewicht davon 33 (Drachmen) 3 (Obolen*); [2 silberne] Sch[alen, Gewicht davon 200 (Drachmen); 4 silberne Schalen, Gewicht d|avon 100 +] 229 (Drachmen); ein silbernes Trinkgefäß, [Gewicht davon 40 (Drachmen); 7 silberne Schalen, Gewicht davon 700 + |[10] 220 (Drachmen);] 4 silberne [Sch]alen, Gewicht davon 420 (Drachmen); [ein silbernes] Trinkgef[äß, Gewicht davon 40 (Drachmen);] | 7 [silberne Schalen°,] Gewicht davon 642 [+ 1 (Drachmen) 2 (Obolen); 3] silberne [Sch]alen, [Gewicht davon 251 (Drachmen); ein silbernes Trinkgefäß, | Gewicht] davon 66 (Drachmen); ein silbern[er] Leuchter, [Ge]wicht davon 21 [+ 1 (Drachmen); 3 silberne Schalen, Gewicht davon 280 | + 14 (Drachmen);] 5 silberne [Sch]alen, Gewicht davon 413 (Drachmen); [1] silb[ernes Gefäß, ⟨Gewicht davon⟩ 112 (Drachmen); ein silbernes Trinkgefäß, Gewicht da|von 4]7 (Drachmen); 1 silbernes Gefäß, Gewicht davon 60 (Drachmen); ein sil[bernes] Trinkgefäß, [Gewicht davon 39 (Drachmen); 1 silbernes Gefäß, |[15] Gewicht d]avon 153 (Drachmen); ein s[ilbern]es Trinkgefäß, Gewicht d[avon 30 (Drachmen); 4 silberne Gefäße, Gewicht davon 370 | + 16 (Drachmen);] eine silberne [Trinkscha]le, ungewogen; eine [sil]berne Scha[le], Gewicht d[avon 194 (Drachmen); 4 silberne Gefäße, Gewicht | davon 500 +] 288 (Drachmen). Jahres(neu)zu[gänge] im Pron[aos] waren: [3 silberne Gefäße, Gewicht davon 718 (Drachmen).]

(*413/2*) [Folgendes (Inventar) haben° die] Schatzmeister der heiligen Gel[der] der Athena, Po[lyxenides aus (dem Demos) Acharnai und seine Kollegen, | für die Leu]kaios, Sohn des Komarchos aus (dem Demos) Aphidna Schriftführer war, über[geben an die Schatzmeister, für die Autokleides |[20] Sohn des Sostrat]os aus (dem Demos) Phrearrhioi Schrift[führer war, (an) K]allaischros aus Eup[yridai und seine Kollegen, nach der Übernahme | seitens der] Schatzmeister des Vorjahrs, für die [Poly]medes Sohn des Kephision [aus (dem Demos) Atene Schriftführer war, im Pronaos:] | 121 silberne [Schalen], Gewicht davon 2 T(alente) 432 (Drachmen); [3 silberne] H[örne]r, [Gewicht davon 528 (Drachmen);] | 5 silberne [Trinkgefäße,] Gewicht davo[n 150 +] 17 (Drachmen); ein silbe[rne]r Leuchter, G[ewicht davon 38 (Drachmen);] | 7 [silberne° Schalen°, Gew]icht davon 700 (Drachmen); ein Kran[z] aus Gold, Gewicht davon 10 [+ 23 (Drachmen) 3 (Obolen); 2 silberne Schalen, Gewicht da|[25]von 200 (Drachmen);] 4 silberne Schalen, Gew[icht] davon 326 [+ 3 (Drachmen); ein silbernes] Tri[nkgefäß, Gewicht davon 40 (Drachmen);] | 7 [sil]berne [Schalen,] Gewicht d[avon 500 +] 420 (Drachmen); [4 silber]ne Schalen, [Gewicht davon 420 (Drachmen); ein | silbernes Trinkgefäß°,] Gewicht davon 40 (Drachmen); 7 silberne Sch[al]en, Gewicht da[von 643 (Drachmen) 2 (Obolen); 3 silberne Schalen, | Gewicht d]avon 251 (Drachmen); ein silbernes Trinkgefäß, Gewicht da[von 50 +] 16 (Drachmen); [ein silberner Leuchter, Gewicht davon 22 (Drachmen);] | 3 [si]lberne [Schalen,] Gewicht davon [100 +] 194 (Drachmen); [5 s]ilb[erne] Schal[en, Gewicht davon 413 (Drachmen);|[30] 1 silbernes Gefäß,] Gewicht davon 112 (Drachmen); ein silbernes Trinkgefäß, Gew[ich]t da[von 47 (Drachmen); 1 silbernes Gefäß, Gewicht da|von 60 (Drachmen);] ein silbernes [Trink]gefäß, Gewicht davon 39 (Drachmen); 1 sil[bernes] Gefäß, [Gewicht davon 153 (Drachmen); ein sil|bernes Trinkgefäß°, Ge]wicht davon 30 (Drachmen); 4 silberne Gefäße, Gewicht davon 100 +] 250 [+ 36 (Drachmen); eine silberne Trinkschale, ungewogen; eine silbern]e° [Scha|le], Gewicht davon 194 (Drachmen); 4 silberne Gefäße, [Gewicht davon 788 (Drachmen); | 3 silberne Gefäße°, Gewich]t davon 718 (Drachmen). Jahres(neu)zugänge waren: [ein] silber[nes Gefäß, Gewicht davon – *vacat*]

## 134 Athen: Beschluß über Ehrungen durch das oligarchische Regime 411

IG II$^2$ 12; ML 80; Walbank 75; IG I$^3$ 98; (Fornara 149).

Fragment einer Marmorstele vom Südhang der Akropolis in Athen (EM; Kirchner$^2$ 44, Walbank pl. 49). Ionische Schrift, stoichedon, ab Z.29 zweite Hand.

(*411*) [– Beschlossen hat | der Ra]t; es war der vi[erte (Tag) der Prytanie, | ......]ates aus (dem Demos) Ika[rion war Schriftführer, | im Ra]t war Epistates* [– |$^{5}$ –] sowie mit ihm (die amtierenden) P[rohedroi (= Vorsitzenden) {*oder*: P[rytanen} – | aus (dem Demos) Xy-] pete, Diop[–] | aus (dem Demos) Kephale, Kal[– | Hi]ppomenes stellte den Antrag: [Für° – aus Phai]stos {*oder*: [Kary]stos}, da er Prox[enos* ist der Athene]||$^{10}$r und Wohltäter u[nd Gutes erweist nach Kräfte]|n der Stadt der Ath[ener und der Phai]stier {*oder*: Kary-] stier}, soll° den Beschluß, d[er zuvor gefaßt worden ist] | für ihn, aufschreiben lassen auf einer S[tele aus Marmor de]|r Schriftführer des Rat[s, der jetzt im Amt] |$^{15}$ ist, und (sie) aufstell[en lassen auf der Pol[is*. An dem] | Vermögen des Pythopha[nes in Athen] | oder sonstwo in dem Bereich, den die Athener [beherrschen, sowie] | an dem, was er bezüglich seines Schiffs darlegt und | [(bezüglich) seiner Fr|ach]t, soll niemand Unrecht tun, u[nd Asylie*] |$^{20}$ soll für ihn bestehen wie auch für [sein] Vermögen [sowohl] | bei der Einreise als auch bei der Ausreise. Dies [soll gelten als Be]|schluß für all (das Gebiet), das die Athener [beherrschen, für all]|e Angehörigen des Pythophanes gl[eicher]maßen. [Dafür, daß] | dies(e Bestimmungen) verwirklicht werden, [sollen°] die St[rategoi*, die] |$^{25}$ jeweils im Amt sind, So[rge tragen und d|e]r jeweils amtier[ende] Rat. [Zusätzlich auf|sch]reiben lassen soll auch diesen Beschl[uß auf d|ersel]ben Stele der Schrift[führer des Rats]. |

(*399/8*) Im Amtsjahr des A[rchon*] Aristokrates. |$^{30}$ [Besch]l[ossen hat] de[r] R[a]t; (die Phyle) Kekr[opis hatte die Prytanie* in|ne, ....... war Schri]ftfüh[rer, Aristokra|tes war Archon, .......]s war Epis[tates, –]

## 135 Athen: Abrechnung der Schatzmeister der Athena unter dem oligarchischen Regime 411

IG I$^2$ 298; Tod I$^2$ 81; ML 81; IG I$^3$ 373; (Fornara 150).

Sechs Fragmente einer Marmorstele aus Athen (EM, AM; AFD p. 91). Auf der Vorderseite die Abrechnungen für 432/1 (und 431/0?), auf der linken Schmalseite die für 411. Ionische, einzelne Buchstaben attische Schrift.

[Die Athen]er hatten (folgende) Ausgab[en im Jahr] | des Archo[n* Mnasil]ochos: | *vacat* | [Die Schatzmeist]er der heiligen G[eld|er de]r Athena, [Aso|podo]ros aus (dem Demos) Kydath[ena|ion] und seine Kolle[g|en,] für die Euandros Sohn des E[r|i]thalion aus (dem Demos) Euonym|on [Schr]iftführer war, übergaben den Helleno|tamiai*, Antisthen|es aus (dem Demos) Hermos und seinen Kol|legen auf Beschlu|ß des Rats | im (Monat) Hekat|[o]mbaion am neunten | [vor En]de (des Monats) von den | [Gelde]rn der Athena | [Polia]s: 27 T(alente*) 2000 | [+ x +] 74 (Drachmen*) 4 (Obolen*), von de|[r A]thena [Nike] von | [den Gelder]n {*oder*: [den jährlichen Einkünfte]n} 640 (Drachmen) | –]

## 136 Eretria: Ehrung eines am Abfall Eretrias von Athen Beteiligten 411

SGDI 5308; HGI 23; IG XII 9, 187.A; Syll.$^3$ 105; DGE 804; Buck 13; Tod I$^2$ 82; ML 82; TDGIS II 82; (Fornara 152).

Marmorstele aus Eretria (Museum; IG a.a.O.). Ionische Schrift, stoichedon ab Z.2. Ionisch-euböischer Dialekt.

Götter! | Beschlossen hat der Rat: Hegelochos | aus Tarent soll Proxenos* se|in und Wohltäter, sowohl er selbst | als auch seine Söhne, und das Recht der Speisung sollen | sowohl er selbst als auch seine Söhne haben, wenn | sie sich (in Eretria) aufhalten, und Atelie* und | Prohedrie (= Ehrensitz) bei den Wettspielen, weil er m|itgewirkt hat bei der Befreiung der Stadt | von den Athenern.

## 137 Thasos: Denunziationsprämien gegen Hochverräter nach 411

Choix 31; J 308.76; ML 83; TDGIS II 80; (Fornara 153).

Marmorblock von der Agora in Thasos (Museum; J pl. 58, J. Pouilloux, Recherches sur l'histoire et les cultes de Thasos I, 1954, pl. 13.1). Parische Schrift, Teil B kleiner und enger. Ionisch-kykladischer Dialekt.

(*A*) Wenn jemand ein gegen Thasos geplantes Komplott anzeigt und sich (dies) als wahr erweist, soll er tausend Stater|e* von der Stadt erhalten; wenn ein Sklave anzeigt, soll er außerdem frei sein; wenn mehr als einer anzeigen, | sollen dreihundert (Bürger) nach der Durchführung eines Rechtsverfahrens entscheiden; wenn ein (am Komplott) Beteiligter anzeigt, soll er das Geld | erhalten und es soll keinerlei unter Eid eröffnetes Rechtsverfahren gegen ihn in dieser Sache erfolgen, weder ein sakrales noch ein profanes, |[5] und er soll auch nicht von der Verfluchung betroffen sein mit Ausnahme allein desjenigen, der als erster (das Komplott) geplant hat. (Dies) tritt in Kraft am neunten Tag vor Ende des (Monats) Apaturi|on unter Akryptos, Aleximachos und Dexiades als Archonten*.

(*B*) | Wenn jemand ein in den Apoikien* geplantes Komplott anzeigt oder wegen Hochverrats gegen die Stadt einen° von den Thasiern | oder von den Siedlern, und sich (dies) als wahr erweist, soll er zweihundert Statere von der Stadt erhalten. Wenn aber das | Vermögen desjenigen, der das Komplott unternimmt, mehr als zweihundert Statere wert ist, soll er vierhundert Statere von der Stadt |[10] erhalten. Wenn ein Sklave anzeigt, soll er das Geld erhalten und frei sein; wenn mehr als einer anzeigen, sollen dreihundert (Bürger) | nach Durchführung eines Rechtsverfahrens entscheiden; wenn ein (am Komplott) Beteiligter anzeigt, soll er das Geld erhalten und es soll keinerlei unter Eid eröffnetes | Rechtsverfahren gegen ihn in dieser Sache erfolgen, weder ein sakrales noch ein profanes, und er soll auch nicht von der Verfluchung betroffen sein mit Ausnahme allein desjenigen, der | als erster (das Komplott) geplant hat. Die Satzung tritt in Kraft am dritten Tag seit Anfang des (Monats) Galaxion, unter Phanodikos, Antiphanes und Ktesillos | als Archonten.

## 138 Paros: Vertrag zwischen Thasos und Neapolis (Schiedsspruch der Parier) nach 411

IG XII 5, 109; StV II 204; Piccirilli 33; SEG 38, 852 (mit neuem Fragment *A*). Reste des delphischen Exemplars SEG 37, 392.

Sechs Fragmente einer weißen Marmorstele aus Paros (Museum; Piccirilli pl. 8f., Pouilloux [s. Nr. 137] pl. 14.4). Ionische Schrift. Ionisch-kykladischer Dialekt.

(*A*) [Vertrag zwischen Thasiern und Neopoliten. | – | –] Vermögen [– | – in] gleicher Weise (?) sollen sie abgabenfrei sei[n – | – die i]n Thasos Wohnenden und [– |[5] –]

(*B*) [–] wenn aber einer etwas [– in Del]|phi (?); den Vertr[ag sollen die Thasier und Neopoliten {*oder*: zwischen Thasiern und Neopoliten sollen; *oder*: und die Eide sollen die Archonten*} auf|sch]reiben lassen auf [vier] Stele[n, und aufstellen lassen eine in Paros], | eine in Delph[i, eine in – {*oder*: je eine bei beiden Partnern}; hinzuschreiben soll man z]|[5]um Vertrag nach [den Eiden die Namen (?) des Alkeides], | Aristarchos, Pytholeos [aus Thasos, – aus Neapolis. Eide: „Fest]|halten werde ich ohne Falsch am V[ertrag, den geschlossen haben vor den Pariern {*oder*: und bei dem Eid, den geschworen haben} f]|ür die Thasier Alkeide[s, | Aristarchos, Pytholeos mit {*oder*: gegenüber} den Neo]politen, und übert[reten werde ich auf keine Weise und mit keinen Mitteln und kei]|[10]nerlei Machenschaften, weder in Wo[rt noch in Tat den Eid und den Vertr]|ag, und werde auch keinem anderen [eine Übertretung] erlaub[en, soweit ich kann, wed]|er einem Bürger noch einem Fremde[n. Und ich werde nicht nachtragen den Neopoliten d]|as Vergangene, soweit es [geschehen ist vor diesem Vertrag und] | diesem Eid, weder einem {*oder*: als} Pri[vatmann noch einem Beamten {*oder*: als Beamter}. – d]|[15]ies und werde [keinen] schlimmen Rat geben [– | – den Th]asiern und Neopo[liten – | –] und Prozeß und [– | – we]nn einer übertritt den [Vertrag – und die|sen Eid], werde ich nicht hören [auf den, der ihn übertritt, sondern – hel|[20]fen mit aller K]raft denen, die festhalt[en am Vertrag – | – und werde nicht zu]lassen [–]

## 139 Oreos: Bündnis zwischen Eretria und Histiaia nach 411

SGDI 5307; IG XII 9, 188; DGE 805; StV II 205.

Unterer Teil einer Marmorstele aus Oreos auf Euboia (Athen EM; IG a. a. O.). Ionische Schrift, stoichedon. Ionisch-euböischer Dialekt.

[– | –] die | [–] das Bündni|[s gemäß d]er Einigungsurkunde, wenn aber |[5] [nicht, die] Beamten, welche derzeit a|[mt]ieren in jeder der beiden | Städte. Erneuern sollen d|en Eid in jeder Olymp|iade jeweils die Beamten, indem sie sch|[10]wören. Welcher (der beiden Partner) ü|bertritt den Vertr|ag, soll (als Buße) zahlen die zehn Tal|ente*; von den zehn Talente|n soll der zehnte Teil geweiht |[15] sein dem Apollon. Aufschrei|ben lassen sollen den Vertrag auf einer S|tele die Eretrier in Amar|yn⟨th⟩os, die Histiaier am K|enaion im Heiligtum.

## 140 Athen: Volksbeschluß über die Ehrung der Mörder des Phrynichos 410/09

HH$^{2}$ 74; Syll.$^{3}$ 108; IG I$^{2}$ 110; HAI 18; Tod I$^{2}$ 86; ML 85; IG I$^{3}$ 102; (Fornara 155).

Sechs Fragmente einer Marmorstele von der Akropolis in Athen (EM). Attische Schrift, stoichedon ab Z.3.

[In dem Jahr, in dem Glauki]ppos A[r]chon* war. | [Lobon aus] (dem Demos) Kedoi war Schriftführer. | [Beschlossen haben der] Rat und das Volk; (die Phyle) Hippothonti|[s hatte die Prytan]ie* inne; Lobon war Schriftführer, Philistide|[s war Epistates*,] Glaukippos war Archon, Erasinides stellte den Antra|[g: Belobigen sol]l man den Thrasybulos, da er ein Mann ist, der sich verdien|[t gemacht hat um das Vo]lk der Athener und entschlossen ist, | Gutes [zu tun nach Kräf]ten. Und zum Dank für die Wohlta|[ten, die er der Stadt erwiesen hat] und dem Volk der Athene|[r, soll man ihn bekränzen mit einem goldenen Kr]anz und anfertigen lassen | [den Kranz im Wert von tausend Dr]achmen*. Die [H|ellenotamiai* sollen das Geld zur Verfügung stellen.] Und [ausruf|en soll der Herold bei dem] Wettbewerb [der Dionysien*], aus welchem An|[laß ihn das Volk bekränzt]e. Diokles stellte den Antrag: | [In allen Punkten Übereinstimmung mit dem Rat,] doch soll Thrasy|[bulos Athen(isch)er (Bürger) sein (können) und in der Phyle* u]nd der Phratrie*, in de|[r er es wünscht, sich einschreiben lassen.] Und alles Übrige, | [was das Volk beschlossen hat, soll in Kraft blei]ben für Thrasybulo|[s. Möglich sein soll es für ihn, zu erlangen v]on den Athenern a|[uch weitere Vergünstigungen, falls man solche beschließt], für die Wohlta|[ten, die er dem Volk der Athener erwiesen hat.] Und aufschreiben | [soll der Schriftführer die beschlossenen Maßnah]men. Wählen | [soll man unver]züglich [aus dem Rat fünf Männer], die | [den dem Thrasybulos zu]kommenden Anteil [bestimmen sollen.] | Die [anderen, die zu jener Zeit Wohl]taten erwiesen haben dem Vo|lk der Athe[ner, –]is, Agorato|s, Komon, [–], Simos, | Philinos un[d ........], soll als Wohltäter (namentlich) aufschrei|ben auf der Poli[s* auf einer Stele aus M]armor der Schriftfüh|rer des Rates. Und besitzen sollen sie [das Recht auf Grunderwerb] wie die | Athener, [sowohl bei Grundstück]en als auch bei Häusern, sowie das Wohnre|cht in Athen, [und Sorge] tragen sollen für sie der Rat, | der jeweils a[mtiert, sow]ie die Prytanen*, damit sie | nicht Unre[cht erleiden. Die S]tele sollen in Auftrag geben | [die Poletai* im R]at, die Hellenotam|[iai sollen das Geld zur Verfügung stellen.] Wenn man beschließt, daß sie noch | [weitere Vergünstigungen erhalten sollen, soll der] Rat ein Probuleuma (= Ratsgutachten) erstellen | [und vor das Volk bringen]. Eudikos stellte den Antrag: In | [allen Punkten Übereinstimmung mit Diokles, doch was] diejenigen [angeht], die sich bestechen | [ließen zu dem Beschluß], den ihr gefaßt habt für Apoll|[odoros, soll der Rat berat]en bei der nächsten Sit|[zung im Ratsgebäu]de und eine (Geld-)Strafe verhängen, wenn er die, welche sich bestechen | [ließen, schuldig] spricht und sie dem Ger|[icht überstellt] gemäß seinem Beschluß. D|[45][ie Ratsmitglieder, die] anwesend waren, sollen berichten, welche | [Kenntnisse sie (von diesen Dingen) haben; auch, wenn] sonst noch jemand Kenntnis hat von d[ie|sen Dingen, (soll er darüber berichten). Möglich sein soll dies auch] für einen nicht im Amt Befindlichen, sofern er es wünsch[t. *v*] | *vacat*

### 141 Athen: Volksbeschluß über heilige Gelder 410/09

IG I[2] 109; ATL D 9; IG I[3] 99.

Fragment einer Marmorstele von der Akropolis in Athen (EM; ATL I p. 213 f.). Attische Schrift, stoichedon. Oben Relief (Fragment).

[Ph]ilippos Sohn des [Phil]eas [aus] (dem Demos) D[eiradiotai] | war Schriftführer [für die Phyle*] Oi[neis.] | Beschlossen haben der Rat [und das] | Volk; (die Phyle) Oineis hatte die P[rytanie* inne,] |[5] Philippos war Schri[ftführer,] | Charias war Epista[tes*, Glau|k]ippos war Archon*. *vacat* | [Resolutio]n der Syngrapheis*: Für die [Rückzahlung] | der Schuldbetr[äge an die° Athen]a soll dafür, [daß] |[10] möglichst hohe Geldbeträg[e entrichtet wer]den [und daß dies|e (Beträge) die Schatzmeister in der Höhe auf die] Akropolis schaffen lassen, [wie | sie eingeza]hlt [werden, der Rat Sorge tragen –]

### 142 Athen: Abrechnung der Schatzmeister der Athena 410/09

Syll.[3] 109.a; IG I[2] 304.A; Tod I[2] 83; ML 84; IG I[3] 375; (Fornara 154).

Oberer Teil einer Marmorstele aus Athen (Paris, Louvre; AFD pl. 2 ff., EG II 610). Attische Schrift. Vorderseite mit der Abrechnung für 410/09, Rückseite mit der für ein späteres Jahr (Tod I[2] 92 = IG I[3] 377). Oben Relief (Athena, ein Baum, Demos).

Die Athener hatten (folgende) Ausgaben im Jahr des Archon* Glaukippos und in dem Ratsjahr, in dem Kleigenes aus (dem Demos)

Halai [als] erst[er] | Schriftführer (des Rats) war: Die Schatzmeister der heiligen Gelder der Athena, Kallistratos aus (dem Demos) Marathon und seine Kolleg|en händigten auf Beschluß des Volks von den Jahreseinkünften aus:

In der ersten Prytanie*, welche (die Phyle) Aiantis innehatte, | wurde an die He[lle]notamiai*, Kallimachos aus (dem Demos) Hagnus und Phrasitelides aus (dem Demos) Ikarion ausgehändigt Futter(geld) für die Pferde: von (Geldern) der Athena Pol[ia| s] 3 T(alente*) 3237 1/2 (Drachmen*), von (Geldern der) Nike 91 (Drachmen) 3 1/4 (Obolen*).

In der zweiten Prytanie, welche Aigeis innehatte: an die Athlothetai (= Wettkampfveranstalter) wurde ausgehändigt | für die Großen Panathenäen*, an Philon aus (dem Demos) Kydathenaion und seine Kollegen, von (Geldern) der Athena Polias: 5 T(alente) 1000 (Drachmen); an die Hieropoioi*, (und zwar die) für das J|ahr (bestellten), Diyllos aus (dem Demos) Erchia und seine Kollegen, für die Hekatombe (= Festopfer): 5114 (Drachmen).

In der dritten Prytanie, welche Oineis | innehatte, wurde an die Hellenotamiai, Perikles aus (dem Demos) Cholargos und seine Kollegen, ausgehändigt: Futter(geld) für die Pferde 2 T(alente) 5420 (Drachmen); | als weiterer Betrag wurde an dieselben Hellenotamiai Futter(geld) für die Pferde ausgehändigt: 2 T(alente) 5420 (Drachmen); ein weiterer Betrag wurde an dieselben Hellenotamia[i] | ausgehändigt für Hermon, Kommandant in Pylos: 6 T(alente); ein weiterer an dieselben Hellenotamiai für die Diobelie (= tägliche Zahlung von zwei Obolen* an Bedürftige): 2 T(alente).

In der | vierten Prytanie, die Akamantis innehatte, wurde an die Hellenotamiai ausgehändigt, an Perikles aus (dem Demos) Cholargos und seine Kollegen: F[ut]|ter(geld) für die ⟨Pf⟩erde wurde ausgehändigt: 3 T(alente); ein weiterer Betrag wurde an dieselben Hellenotamiai für die Diobelie ausgehändigt: 8 T(alente) 1355 (Drachmen).

In d[e]|r fünften Prytanie, die Kekropis innehatte, wurde an die Hellenotamiai, Perikles aus (dem Demos) Cholargos und seine Kollegen, ausgehändigt f[ür] | die Diobelie: 4 T(alente) 2200 (Drachmen).

In der sechsten Prytanie, die Leontis innehatte, am dritten Tag der Prytanie, | wurde an die Hellenotamiai, Dionysios aus (dem Demos) Kydathenaion und seine Kollegen, ausgehändigt: 1284 (Drachmen); am neunten der Prytani|e an die Hellenotamiai Thrason aus (dem Demos) Butadai und seine Kollegen: 3 T(alente) 1083 (Drachmen) 2 (Obolen). Am elften der Prytanie wurde° an° die He|llenotamiai, Proxenos aus (dem Demos) Aphidna und seine Kollegen, ausgehändigt für den Strategos* von Eretria, Eukleides, die Anweis|ung (= Zahlung in Form einer Umbuchung) von 3740 (Drachmen) 1 1/4 (Obolen). Am dreizehnten der Prytanie an die Hellenotamiai Perikles aus (dem Demos) Cholargos und seine Kollegen: [x +] | 4906 (Drachmen); am achtundzwanzigsten der Prytanie an die Hellenotamiai Spudias aus (dem Demos) Phlya und seine Kollegen: 2 T(alente) 2000 (Drachmen) [+ x +] |[20] 100 (Drachmen). Am dreißigsten der Prytanie wurden die (Beträge) aus Samos angewiesen an den Hellenotamias Anaitios aus (dem Demos) Sphettos und den Beisitzer [P]|olyaratos aus (dem Demos) Cholargos: 57 T(alente) 1000 (Drachmen).

In der siebten Prytanie, welche Antiochis innehatte, am fünften der Prytanie, wurde ausgehändi|gt an Dionysios aus (dem Demos) Kydathenaion und seine Kollegen für die Diobelie: 1 T(alent); am siebten der Prytanie an die Hellenotamiai Thr[a]|son aus (dem Demos) Butadai und seine Kollegen für die Diobelie: 1 T(alent) 1232 (Drachmen) 3 1/4 (Obolen). Am selben Tag an die Hellenotamiai Phalanthos aus° (dem Demos) [A]|lopeke und seine Kollegen Futter(geld) für die Pferde: 4 T(alente). Am sechzehnten der Prytanie an die Hellenotamiai Pro[xe]|[25]nos aus (dem Demos) Aphidna und seine Kollegen: 1534 (Drachmen) 3 (Obolen). Am vierundzwanzigsten der Prytanie an die Hellenotamiai Eupoli[s aus° (dem Demos) A]|phidna und seine Kollegen: 5400 (Drachmen). Am sechsundzwanzigsten der Prytanie an die Hellenotamiai Kallias [aus] (dem Demos) Euonym[on u]|nd seine Kollegen: 1 T(alent) 2565 (Drachmen) 4 1/2 (Obolen).

In der achten Prytanie, welche Hippothontis innehatte, am zwölften der Prytanie, wurde an die Hel[leno]|tamiai Proxenos aus (dem Demos) Aphidna und seine Kollegen ausgehändigt: 3 T(alente) 634 (Drachmen) 4 (Obolen). Am vierundzwanzigsten der Pr[yta]|nie wurde an die Hellenotamiai Dionysios aus (dem Demos) Kydathenaion und seine Kollegen ausgehändigt: 3 T(alente) 4318 (Drachmen) 1 1/2 (Obolen). Am sechsunddreiß[igsten] |[30] der Prytanie wurde an die Hellenotamiai Thrason aus (dem Demos) Butadai und seine Kollegen ausgehändigt: 1 T(alent) 3329 (Drachmen) 3 (Obolen).

In der | neunten Prytanie, welche Erechthei[s]° innehatte, am zwölften der Prytanie, wurde an die Hellenotamiai, Proxenos aus (dem Demos) Aphidna und seine Kollegen, ausgehändigt: | 2188 (Drachmen) 1 (Obole). Am dreiundzwanzigsten der Prytanie wurde ausgehändigt an die Hellenotamiai Dionysios aus (dem Demos) Kydathenaion und seine Kolleg[en | x +] 3 T(alente) 793 (Drachmen) 3 (Obolen). Am sechsunddreißigsten der Prytanie wurde ausgehändigt an die Hellenotamiai Thrason aus (dem Demos) Butadai und [seine K|oll]egen: 2 T(alente) 3850 (Drachmen) 2 1/2 (Obolen). Am sechsunddreißigsten der Prytanie wiesen an die (Beträge) aus Samos [die Bü]ndn[er an |35 di]e Strategoi in Samos: an Dexikrates aus (dem Demos) Aigilia 21 T(alente) 1000 (Drachmen), an Pasiphon aus (dem Demos) Phrearrhioi 6 T(alente), an Aristokra[tes aus (dem Demos) Trinemeia (?)] 5 T(alente), [an] E[um|achos (?)] aus (dem Demos) Euonymon 5 T(alente) 3896 (Drachmen); an den Trierarchos (= Kapitän) Nikeratos aus (dem Demos) Kydantidai 3000 (Drachmen); an den [Trie]rar[chos] Aristophanes [aus] (dem Demos) Ana[phlystos {*oder*: Ana[gyros} | –].

In der zehnten Prytanie, welche Pandionis innehatte, am elften der Prytanie, [wurde ausgehändigt an die] Helleno[tamiai] Pro[x|enos aus (dem Demos) Aphidna] und seine Kollegen: 5 T(alente) 442 (Drachmen) 5 (Obolen). Am dreiundzwanzigsten der Prytanie [wurde ausgehändigt an die] Hell[enotamiai, – | – und seine Kolleg]en: 2 T(alente) 5090 (Drachmen) 3 (Obolen). Am sechsunddreißigsten der Prytanie [wurde an die] Hel[lenotamiai ausgehändigt, an – | – und seine Kolle]gen: 5 T(alente) 4656 (Drachmen) 4 (Obolen).

Summe des Geldes insgesamt, das K[allistratos aus (dem Demos) Marathon | und seine Kollegen aushändigten: –] *vacat*.

### 143 Delos: Abrechnung der athenischen Verwalter 410/09

HH² 76; Tod I² 85; I. de Délos 93.

Marmorstele aus dem Apollonheiligtum von Delos (Museum). Ionische Schrift, stoichedon. Ionisch-attischer Dialekt.

Götter! | Dies haben geleistet der Athener Am|phiktyonen, und zwar folgende: | Theodotos Sohn des Neoi[k]os, |5 Apsephion Sohn des Apsithyllos, | D[e]mokritos Sohn des [Ph]anias, | Ol[y]mpiodoros Sohn des Telesias | unter Glaukippos in Athen als Ar|chon*, in Delos unter Apema|10ntos als Archon: An Silber(geld) haben wir üb|ernommen von den Amphiktyon|en Theangelos Sohn des Phegaeus und seinen K|ollegen und von den Neokoroi (= Archonten*) | der Delier Phill[i]s und seinen Kolle|15gen in d[em Heiligt]um (des Apollon) und d|em Artemision einen Gesamtbetrag von | 20 T(alenten*) 2856 [+ x (Drachmen*); selbst] | haben wir davon eingenommen [an – | x +] 561 (Drachmen); an Pa[ch]t für Lä[nderei]en (Apollons) |20 auf Rhe[ne]ia und Purpu|r (?) einen Gesamtbetrag von [1 T(alent) [+ x +] 2 (Drachmen); [in] D[e]|los an [Pach]t für Lä[ndereien (Apollons) einen Ges]|amtbetrag von 1000 (Drachmen) [+ – | Zins (?) – |25 –] Tite|[l, den die Amphiktyon]en [übernom|men haben, zusammen] insgesamt 2|[4

T(alente) 5140 +] 7 (Drachmen) 4 1/2 (Obolen*). Davo|[n wurde folgendes ausgegeben: – |$^{30}$ (*weitere Zeilen weitgehend zerstört*)

### 144 Athen: Volksbeschluß über Ehrungen für Neapolis in Thrakien 409–407

HH$^2$ 75; Syll.$^3$ 107; IG I$^2$ 108; Tod I$^2$ 84; ATL T 77; ML 89; IG I$^3$ 101; (Fornara 156).

Neun Fragmente einer Marmorstele vom Südhang der Akropolis in Athen (EM; Meyer pl. 5), Pouilloux [s. Nr. 137] pl. 14.1). Drei verschiedene Hände: Z.4–46 attische, in der Orthographie ionisch beeinflußte Schrift, Z.47 und Z.48–64 (sowie die Tilgungen in Z.7f.) attische Schrift, stoichedon ab Z.48. Oben Relief (eine nicht erhaltene Figur und Athena reichen sich die Hände).

[Göt]t[er! | (Betrifft:) Die N]eopolite[n] | bei Thas[os. |
(*1. Hand*) Be]schlossen haben der Rat und das Volk; (die Phyle) Leontis hatte die Pryta[nie* inne], |$^{5}$ Sibyrtiade[s war Schr]iftführer, Chairimenes war Epist[ates*, Gl]|aukippos war Archo[n*, ....]theos stellte den Antrag: [Be]lobigen soll man die Neop[oliten,] (die) | bei Thasos (siedeln), [insbesondere], [[weil sie, obwohl sie eine Apoikie* der Thasier sind]] [und belag]|ert wurden [[von ihnen]] und den Pelo-[ponn]esiern, nicht wil[lens waren, a|b]zufalle[n von den Athen]ern, sondern sich verdient gemacht hab[en um da|$^{10}$s He]e[r und das Vo]lk d[er Athener un]d di[e Bündn|$^{10}$er – (*13 Zeilen weitgehend zerstört*) – |$^{25}$ –] und zu nutzen 4 T(alente*) 2000 [+ x] (Drachmen*) [wi|e die Strategoi* der Athen]er darum ersuchten, daß ihnen (dieser Betrag) zur Verfügung ste[he für | den Krieg. Eine Anleihe soll] für sie besorgt werden aus den Geld[ern, | die eingehen in Neap]olis vom Hafen, und die bei [Thasos | (operierenden) Strategoi sollen jedes] Jahr darüber, daß sie von [ihnen] (Beträge) erhalten haben, [Buch |$^{30}$ führen, bis] die Zahlung [vollständig] erfolgt ist. Dies(e Maßnahmen) sollen sie durchführen, so [lange sie si|ch im Krieg befinden gegen die] Thasier. Was jetzt geben [die Neopolit|en von Thrakie]n und was sie bereitwillig und aus freien Stück[en gaben den | Hellenotam]iai*, (beträgt) 5 T(alente) 4800 (Drachmen); und sie sind dazu entschlossen, [nach Kräf|ten] und wie sie selbst erklärt haben, Gutes zu [erweisen°] in W[ort und Tat d|$^{35}$er Stad]t der Athener. Und für diese Wohl[tat (sollen) ihnen jet|zt] und in Zukunft von seiten der Athen[er Dankesbezeugungen zuteil werden, | weil s]ie sich verdient gemacht haben, und [vorgelassen werden sollen s|i]e vor den Rat und vor das Volk g[leich nach dem Opfer, da sie] | Wohltäter der Athener sind. Di[e Gesandten sollen die Unterlag]|$^{40}$en über die Beträge, welche die Neopo-

liten gab[en, allesamt aushändigen dem Schr]|iftführer des Rates, gesondert [die (Unterlagen über die) jetzt gegebenen Beträge und gesondert die üb]|rigen. Und diesen Beschluß [soll] aufschrei[ben lassen der Schriftführer] | des Rates auf einer Stele aus Marmor und (sie) aufstel[len auf der Polis* auf Kosten de]|r Neopoliten; in Neapolis sollen sie selbst [(den Beschluß) aufschreiben und ihn aufst]|ellen im Heiligtum der Parthenos auf einer Stel[e aus Marmor. Ferner soll man einladen] | zum Empfang die Gesandtschaft ins Pryta[neion* auf morgen. *vacat* |

(*2. Hand*) An Oinobios aus (dem Demos) Dekeleia, Strategos*: 3 T(alente) 600 [+ 34 (Drachmen) 4 (Obolen*)] |

(*3. Hand*) Axiochos stellte den Antrag: Belobigen soll man die Neopoliten aus [Thrakien dafür, daß sie sich verdient gemacht haben] | um das Heer und die Stadt der Athener, da[ß sie gegen Thasos zu Felde zogen, um bei der Bela]|gerung die Athener zu unterstützen, daß sie bei der Seeschlacht, an der sie teilnahm[en, einen Sieg errangen] und [zu Lande mitkämpften während der gan]|zen Zeit und auch sonst Gutes erweisen den Athener[n; für die]se [Verdienste sollen Dankesbezeugungen von seiten der A]|thener ihnen zuteil werden in der Weise, die d[as Vol]k beschlossen hat. Damit sie ni[cht in irgendeiner Hinsicht Übergriffen ausgesetzt sind, wede]|r seitens eines Einzelnen noch seitens einer Stadtbehörde, sollen sowohl die S[tratego]i, welche jeweils im A[mt sind, allesamt sich anneh]|men um sie in allen ihren Anliegen, als auch die Archonten* der Athener, welche bei jed[er Gelegenheit sehen, wie ih]|re Stadt die Neopoliten beschützen und entschlossen sind durchzuführen, was auch immer [sie (= die Athener) ihnen auftragen.] | Und sie (= die Neopoliten) sollen jetzt seitens des Volkes der Athener sich erwirken können, was für gut befindet [der Rat (?). Bezüglich] | der Aparche* an die Parthenos, w[elche] bislang an die Göttin erfolgte, soll man vor dem Vol[k verhandeln mit ih]nen. Beim frü[heren] Beschluß soll der Schriftführer des Rates eine Korrektur vornehmen u[nd in ihm in Abänderung] | einsetzen statt „Apoikie d[er Thasi]er", daß „sie während des Krieges stets gemeinsam m[it den Athenern] den Krieg führten." [Und] | die Gesandten (?) –]as, P[....... und ...]ophantos soll man belobigen, weil sie jetzt in Wort u[nd Tat Gu|tes erweisen für das Volk der Athe]n[er und weil sie] entschlossen sind, nach Kräften G[utes] zu erweisen [dem He|er und der Stadt in Zukunft so] wie (schon) früher. Ferner soll man (sie) einladen zum Em[pfang auf morgen. *v* | ....... stellte den Antrag: In allen Punkten Übereinstimmung mit dem] Rat, doch soll man der Parthenos [die Aparche*] weih[en wi|e früher, die das V]olk [der Neopoliten] geloben wird. *vacat* | *vacat*

## 145 Athen: Volksbeschluß mit Wiederveröffentlichung von Drakons Gesetz über Tötungsdelikte 409/8

HH$^2$ 78; Syll.$^3$ 111; IG I$^2$ 115; HAI 19; Tod I$^2$ 87; ML 86; IG I$^3$ 104; (Fornara 15 B).

Oberer Teil einer Marmorstele aus Athen (EM; R. S. Stroud, Drakon's Law on Homicide, 1968). Attische Schrift, stoichedon ab Z. 3 (Z. 1 f., 10 und 56 hervorgehoben).

Diogn[e]tos aus (dem Demos) Phrearrhioi war Schriftführer. | Diokles war Archon*. | Beschlossen haben der Rat und das Volk; (die Phyle) Aka[m]antis hatte die P[r]ytanie* inne, [D]io[g]|netos war Schriftführer, Euthydikos war [E]pistates*, [..]e[...ph]anes stellte den Antrag: Das |5 Gesetz Drakons über Mord sollen aufschreiben lassen die Anagraphei|s (= Aufschreiber), nachdem sie es sich haben aushändigen lassen vom (Archon) B[asi]leu[s*, zusammen mit dem Schriftfüh]re|r des Rats auf einer Stele aus Marmor und (sie) aufstel[len lassen vor] der Sto|a Basileios (= Amtssitz des Basileus*). Die Poletai* sollen den Auftrag verge[ben entsprechend dem G]ese|tz; die Hellenotamiai* sollen den Ge[ld]be[trag] zur Verfügung stellen.

|10 Erster Axon (= drehbare, vierseitig beschriebene Holztafel): | „Auch wenn jemand einen nicht vorsätzlich get[ötet hat, soll er verbannt werden]. | Für des Mordes schuldig sollen erklären die Basileis* [den, der die Tat selbst ausgeführt hat oder (?) dazu] angestif|tet hat; die Epheten (= „Zulasser") sollen abstimmen. [Sich aussöhnen sollen, wenn der Vate]r (noch) le|bt oder der Bruder oder die Söhne, (diese) allesamt; andernfalls soll derjenige, der Ein[spruch erhebt, Vorrang haben. Wenn nicht] (mehr) die |15se leben, (sollen die Verwandten sich aussöhnen) einschließlich der Vettersöhne und [Vettern, wenn alle zur Aussö]h|nung bereit sind; Vorr[ang haben soll] derjenige, der Einspruch erhebt. [Wenn von diesen niemand (mehr) lebt und die T]ö|tung unabsichtlich begangen wurde und die [Einundfünfzig, die Epheten,] darauf erkannt haben, [daß unabsichtl]ich | die Tötung begangen wurde, sollen d[ie Ph]r[atrie*-Mitglieder, zehn an der Zahl,] (ihn) zulassen, [wenn sie (dazu) willens sind. Diese sollen° von d]e|n Ein[und]fünfzig nach Maßgabe ihrer arist[okratischen Herkunft gewählt werden. Auch diejenigen, welche fr]üh[e]|20r eine Töt[ung begangen hab]en, [sollen unter] die[se Satzung fallen. Erfolgen soll die öffentliche Ankündigung] an denjenigen, der die T|ötung begangen h[at, auf der A]gor[a (durch die Verwandten) einschließlich der Vettersöhne und Vettern; an der Verfolgu]ng sollen [sich beteiligen] | die Vett[ern, die Vettersöhne, die Schwiegersöhne, die Schwie-

gerväl]ter u|nd die Phratr[ie*-Mitglieder –] schul|dig [ist des] Mor[des –] die Einund[fünfzig |[25] –] des Mordes | überführe[n – Wenn je]mand d|e[n Mö]rd[er tötet oder dessen Tötung veranlaßt hat, obwohl dieser sich fernhielt von der Agor]a an der Gre|nze und [den Spielen und den Kulthandlungen der Amphiktyonie, soll er wie derjenige, der einen Athe]ner g|[etö]t[et hat, unter dieselben Bestimmungen fallen; abstimmen sollen die] E[ph]ete[n. |[30] – | – | – | – den Urhe]ber einer Gewalt|tat [– den Gewa]lttäter t|[35]öt[et – abstim]men sollen die E|[phet]en [– ein] Frei|er ist. Un[d wenn jemand denjenigen, der sich unter Anwendung von Gewalt des unrechtmäßigen Zugriffs schuldig macht, sogleich] in Gegenweh|r tötet, soll [die Tötung ohne Buße bleiben. –" |] (*17 Zeilen weitgehend zerstört*)

|[56] [Zw]eiter [Axon: | „–] (*weitere Spuren*)

## 146 Athen: Volksbeschluß über einen Vertrag mit Selymbria 408

HH$^2$ 77; Syll.$^3$ 112; IG I$^2$ 116 (nur 4 Fragmente, daher 4 Zeilen weniger gezählt); Tod I$^2$ 88; StV II 207; ML 87; Walbank 86; IG I$^3$ 118; Cataldi 26.

Fünf Fragmente einer Marmorstele vom Südhang der Akropolis in Athen (EM; Walbank pl. 59, Cataldi pl. 11). Attisch-ionische Mischschrift, stoichedon.

(*7 Zeilen weitgehend zerstört*) | [– G]eiseln, die im Be[si|tz der Athener sind, sind herauszugeben, künf]tig keine zu neh|[10][men. Einrichten sollen die Selym]brianer ihre Verfas|[sung autonom in der Art, d]ie sie (als am besten geeignet?) kenn|[en. Rechtsverfahren sollen (möglich) sein über das, was geschul]det hat die Gemeinde der Se-|[lymbrianer oder eine Einzelperson] von den Selymbrianern de|[nen, die früher in der Stadt waren (?)], oder falls jemandes Vermögen eingezogen |[15] [wurde oder wenn jemand der Gemeinde] (etwas) geschuldet hat oder wenn jemand mit der Atimie* bestraft worden | [ist. Die Rückkehr soll (möglich) sein] den Verbannten der Selymbrianer | [(unter der Bedingung, daß sie) dieselb]en für Feinde und Freunde [halten | wie die in der Stadt.] Was verloren gegangen ist im Krieg | [an Vermögen der Athen]er oder ihrer Bündner oder wenn eine Schuld-|[20] [summe oder ein Dep]ositum aus jemandes Besitz eingezogen worden is|[t durch die Archonten*,] soll eine Beitreibung nicht möglich sein, es sei denn, es handelt sich um Grund- und Ha|[usbesitz. Was s]onst an Rechtsstreitigkeiten früher (begonnen hat) zwischen Pr|[ivatpersonen un]d Privatpersonen oder einer Privatperson und der Ge|[meinde oder der Gemeinde und einer Privatperson, *v* oder wenn sonst eine ein|[25][tritt, sollen sie sie bei]legen untereinander: soweit sie aber im Streit | [bleiben, soll der Prozeß] stattfinden auf der Grundlage der Symbolai*. D(ies)en Vertr|[ag soll man aufschrei]ben lassen auf eine Stele und (sie) aufstellen im Heiligt|[um des –]. Den Eid geleistet haben von den Athenern die Strategoi* | [und die Trierarch]oi (= Kapitäne) und die Hopliten und wer sonst |[30] [von den Athenern] anwesend war und die Selymbrianer al|[l]esa[mt. *v* Al]kib[iades] stellte den Antrag: Gemäß dem Vertrag, den die Se|[lym]bria[n]er mi[t den Ath]enern geschlossen haben, demgemäß soll gehandelt werden | und aufschreiben und aufstellen lassen sollen auf der [Pol]is* die St|[r]ate⟨g⟩oi den Vertrag mit dem Schriftführer d|[35][es] Rats [[–]] auf einer Stele aus Mar|mor auf ihre Kosten auch diesen Beschluß. | [Apo]llodoros Sohn des Empedos soll man belobigen und ihn° entlas|sen aus dem Geiselstatus, und auslöschen soll die Nam|[en] der Geiseln der Selym[b]rianer und ihrer Bür|[40][gen] morgen der Schriftführer des Rats, wo immer | [sie au]fgeschrieben [sind], in Anwesenheit der Prytan|[en*; ....]om[a]chos aus Selymb[ri]a soll man aufschrei|[ben auf der]selben Stele als Proxe[nos* der Ath]ener: | [erhalten soll auch] Apollodoros die Pro[xe]nie wie |[45] [schon] sein Vater; die Gesand[ten und] Apol|[lodoros soll man ei]nladen ins Prytaneion* zu[m Empfa]ng au|[f morgen]. *vacat*

## 147 Athen: Volksbeschluß über die Proxenie für Oiniades von Palaiskiathos 408/7

Syll.[3] 114; IG I[2] 118; HAI 20; Tod I[2] 90; ATL T78; ML 90; Walbank 87; IG I[3] 110.

Marmorstele von der Akropolis in Athen (EM; Kern 18, Austin pl. 10, Kirchner[2] 41, EG I 369. II 42, Walbank pl. 60). Ionische Schrift, stoichedon.

Götter! | Beschlossen haben der Rat und das Vol|k, (die Phyle) Antiochis hatte die Prytanie* inne, Euk|leides war Schriftführer, Hierokl|[5]es war Epistates*, Euktemon war Archon*, | Dieitrephes stellte den Antrag: Da | sich verdient gemacht hat Oiniades aus Pal|aiskiathos um die Stadt d|er Athener, entschlossen ist, |[10] (sie) nach Kräften zu fördern und | Wohltaten erweist den Athe|nern, die nach Skiathos kommen°, soll man ihn° belobigen | und ihn aufschreiben | als Proxenos* und Wohltäter der Athe|[15]ner wie auch seine Nachkommen. | Dafür, daß er kein Unrecht erleide, soll | der Rat Sorge tragen, der jeweils | amtiert, sowie die Strateg|oi* und der Archon, der in Ski|[20]athos jeweils amtiert. Diesen B|eschluß soll aufschreiben lassen der

Sch|riftführer des Rats auf einer Stele | aus Marmor und (sie) aufstellen lassen auf der P|olis*. Ferner soll man ihn einladen z|um Empfang ins Prytaneion* auf m|orgen. *v* Antichares stellte den Antrag: In | allen Punkten Übereinstimmung mit dem Rat, doch | soll man bei [d]er Resolution anders schreiben an Stelle | [von „aus S]kiathos“, damit geschrie|[ben stehe:] „Oiniades aus Palais|[kiathos“].

### 148 Athen: Volksbeschluß über ein Bündnis mit den Klazomeniern in Daphnus 407

Syll.³ 113; HH² 73; IG I² 117; HAI 21; Tod I² 89; StV II² 207.A; ML 88; I.v.Erythrai II 501; IG I³ 119; (Fornara 163). Vgl. Thukydides VIII 23,6.
Zwei Fragmente einer Marmorstele vom Nordhang der Akropolis in Athen (EM). Ionische Schrift, stoichedon.

Beschlossen haben der Ra[t und da]s Vol[k; (die Phyle) ........ hatte die] | Prytanie* inne, Krate[s] war Schriftfüh[rer, Epigen]|es war Epistates*, Alkibiades stellte den Antr[ag: Der Vertra]|g, den die Strategoi* geschlossen haben [mit den Siedlern] | in Daphnus, soll für sie gelten gemäß [den Vereinbarung]|en, da sie sich verdie[nt gemacht haben; und auf]|schreiben lassen soll der Schriftfüh[rer des Rats auf einer Stele] | aus Marmor auf [der Polis* den Vertrag und diesen Be-|schluß –]

### 149 Athen: Volksbeschluß über die Beziehungen mit Karthago 407/6

IG I² 47; StV II 208; ML 92; IG I³ 123; (Fornara 165).
Zwei Fragmente einer Marmorstele von der Akropolis in Athen (EM; HSCP Suppl. 1, 248). Attische Schrift, stoichedon.

[Beschlossen haben der R]at u[nd das Volk; (die Phyle) ...... hatte die Pryt|anie* inne, ......]s aus (dem Demos) Aphid[na war Schriftfüh[rer, ...|............]s war Epis[tates*, ....... stellte den Antrag: Die Hero|lde, welche entsandt ha]ben die Ka[rthager, soll man vorlassen | vor das Vo]lk, soba[ld die Volksversammlung | ihre Hauptagung hat. Au]fschrei[ben lassen soll die Karthager als Wohl|täter der Athen]er der [Schriftführer des Rats au|f der Polis* auf einer Stel]e aus Marmo[r. Herolde der Athene|r soll man unverzüglich] nach Sizil[ien entsenden zu den Stra|tegoi* Hanniba]l Sohn des Gesko[n und Himilkon Sohn des Hann|o mit dem Auftra]g, diese um Fr[eundschaft und Bündnis zu ersuchen. | – | (*lacuna*) | – stellte den Antrag: In | allen Punkten Übereinstimmung mit dem Rat; doch schicken soll man diejenigen Herold|[15]e, welche die Prytanen, unterstützt vom Rat, wählen, z|u den Strategoi Hannibal Sohn des Geskon und Him]ilko|[n Sohn des Hanno. Belobigen soll man ferner die Herold]e, die | [in Athen eingetroffen sind, da sie sich ver]dient [gemacht haben | um das Volk der Athener. Einladen soll man sie] ferner z|[20][um Empfang ins Prytaneion* auf morgen. *vv*] *vacat* | (*vacat*) | [Von den Karthagern leisteten folgende den Eid: Hann]ibal | [Sohn des Geskon, Himilkon Sohn des Hanno, –]

### 150 Athen: Volksbeschluß über den Flottenbau, verbunden mit Ehrungen und Proxenieverleihung für Archelaos von Makedonien 407/6

HH² 58; Syll.³ 104; IG I² 105; Tod I² 91; ML 91; Walbank 90; IG I³ 117; (Fornara 161).

Zwei Fragmente einer Marmorstele von der Akropolis in Athen (EM; Walbank pl. 62). Attische Schrift, stoichedon.

[Beschlossen haben der Rat und da]s Volk; (die Phyle) Aka[ma|ntis hatte die Prytanie* inne, Phel]leus [war Schr]if[tführer, | Antigenes war Archon*. Sib]yrtio[s war E]pista[tes*, | Alkibiades stellte den Antrag: Für d]en Bau der [Schif|[5]fe sollen als Darlehen aufnehmen die Stra]tegoi*, die zusammen mit P[e|rikles im Amt sind, Geld von] den amtierenden A|[podektai* für die Schiffsbaumeist]er. Was sie als Darlehen | [aufgenommen haben, soll ihn]en wieder [zurückzahlen] die Tri|[erenbau-Kommission. Diejenigen, die dazu abgestellt] sind, auszufahren, um d|[10][ie Bemannung der Schiffe zu besorgen,] sollen° so rasch wie möglich ent|[senden die Strateg]oi, sonst soll ein Verfahren eingelei|[tet werden gegen sie wegen (Hoch-)verrats vor dem] Gerichtshof. Di[e | Strategoi aber sollen° bei dem, der ni]cht bereit ist aus|[zufahren, das Verfahren einleiten. Bezüglich d]es Transports der Schi[ff|[15]e, welche die Schiffsbaumeister] aus Makedonien s|[chikken], soll [der Rat] Sorge tragen, daß | [sie] nach Athen [so rasch wie möglich geschickt] und b|[emannt werden und daß (auf ihnen) nach Ioni]en gebracht wird das | [Heer, um den] bestmöglichen [Sch]utz [wahrzunehmen. |[20] Wenn einer nicht] diesen (Bestimmungen) gemäß [handelt, soll° er°] eine Buße zahl|[en von zehntausend Drachmen*,] zu weihen der Ath|[ena. Dem, der als erster eingetroffen] ist und üb|[erführt hat das Schiff, soll man eine Prämie geben, so] wie [es beschlosse]n hat [das Volk. Da Archelas sowohl | gegenwärtig als auch in der Vergangenh]eit [sich | verdient gemacht hat um die Athene]r, und diejenigen, welche (auf der Flotte) ausge[lau|fen waren von den Athenern, aufgenom]men und (sie) in das | [Lager bei° Pydna] geschickt hat un[d | Gutes erwiesen hat d]em Lager [der Athener] u|[nd ihnen zur Verfügung gestellt hat Holz und] Ruder und | [alle sonstigen] Vergünstigungen gewährt hat, [um die sie] ihn [baten, soll man] be-| [lobigen Archelas als einen] verdienstvollen Mann, | [der entschlossen ist, nach] Kräften Gut|[es zu erweisen; und für die Wohltaten, die er erwiesen] hat der Stadt | [und dem Volk der Athene]r, soll man aufschreiben [ihn und seine Söhne als Proxeno]i* und W[ohltä|ter auf der Polis* auf einer Stele aus Marmor] u[nd | Sorge tragen –]

## 151 Delphi: Weihung der Spartaner für den Sieg bei Aigospotamoi 405

HH$^2$ 79 (D–L); Syll.$^3$ 115; Tod I$^2$ 94 (D–L) + 95 (C); ML 95; BCH 95, 1971, 43 ff. C = Ion von Chios Frg. 87 Diehl = I (506 ff.) Page. Vgl. Pausanias X 9, 7 ff.; Plutarch, Lysander 18.

Dreizehn Kalksteinbasen aus Delphi (Museum; BCH a. a. O.). Ionische Schrift. Dorisch-lakonischer Dialekt.

(*A*) [–] der Götter heilige Flur.

(*B*) [Sohn des Zeus,] Polydeukes, Ion hat [auch mit diesen] Elegien (= Distichen) | [deinen steinernen] Sockel bekränzt, | [da du] der erste [Anführer], noch eher als dieser Nauarch (= Flottenkommandant), | [warst unter den Len]kern des weiten Hellas.

(*C*) Sein Bildnis hat geweiht [auf] diesem Monument, als er siegreich | mit schnellen Schiffen zerstörte der Ke[k]ropiden (= Athener) Macht, | Lysandros, und krönte so das unzerstörbare Lakedaimon, | Hellas' Akropolis, die schön umtanzte Heimat. | Ion aus Samos, dem meerumspülten, schuf die Elegie.

(*D*) [Arian(?)]thios | Sohn des [Lysi]machides, | [der Boio]ter N[auarch.]

(*E*) K[imm]erios | Sohn des Pelasgos | aus Ephesos.
Aiantides | Sohn des Parthenios | aus Milet.
Theopompos | Sohn des Lapompos | aus Melos.
Alypos hat (die Statuen) geschaffen.

(*F*) Aiantides | Sohn des Parthenios | aus Milet.
Teisandros hat (die Statue) geschaffen.

(*G/H*) A[ut]onomos | Sohn des Samios | aus Eretria.
Apollodoros | Sohn des Kalliphon | aus Troizen.

(*I*) [Kom]on | Sohn des [...]ondas | aus [Mega]ra.
(*J/K*) [– | –] | aus Korinth.
(*L*) Herold.
(*M*) [–]

## 152 Athen: Volksbeschluß über Ehrungen für Epikerdes von Kyrene 405/4

IG II² 174; IG I³ 125. Vgl. Demosthenes XX 42.
Drei Fragmente einer Stele aus Athen (EM; Hesperia 39 pl. 31, Meyer pl. 8). Ionische Schrift, stoichedon ab Z.3. Oben Relief (Sterblicher vor Gottheit [Athena?]).

(Betrifft:) Epiker[des von Kyrene,] | Wohltä[ter. | Besch]lossen haben der [Rat und das Volk; (die Phyle) ....|.... hatte die P]ryt[anie* inne, – war Sch]ri[ft|führer, – war Epistates*,] Alexias | [war Archon*, – stellte den Antrag: Be]lobigen soll man Ep|[ikerdes von Kyren]e als einen Mann, |[der sich verdient gemacht hat und in besonderem Maße {*oder*: schon früher} bewir]kt hat, |[daß die in Kriegsgefangenschaft geratenen (Mit-)Bürg]er in Sizil[ien nicht umkamen {*oder*: daß nicht die (= unsere) Soldat]en in Sizil|[ien allesamt umkamen} i]m Krieg, [denn]° er |[persönlich hat] von sich aus [hundert Minen*] für die Ret|[tung als Aufwa]nd [zur Verfügung gestellt den] Athener|[n (?), und nachdem hierfür die Atelie* ver]liehen worden war vom V|[olk, hat er nun ein Tal]ent Silber [gestiftet den] A|[thenern und auch sonst] Wohltaten erwiesen dem athe|[nischen Volk un]d führt auch jetzt, wozu er sich erboten |[hat, aus. So soll man ihn bekrän]zen [– | – | –] | gegenüber den Athe[nern – | un]d es soll auch möglich [für ihn] sein, [noch weitere Privi|legi]en [zu erlangen] in Athen [nach Maßgabe, wie er darum ersucht die A]|thener. Öffentlich ausrufen soll [ferner der Herold (die Ehrung)]| mit der [zusätzli]chen Bekanntgabe b[ei den Festspielen, die als] aller°[nächste stattfinden] | in der Stadt, [daß schon bei früherer Gelegenheit Epike]|rdes von Kyrene [hundert Minen aufgebra]|cht hat für die Athener [zu ihrer Rettung, wofür | sie] ihn bekr[änzten um seiner Tüchtigkeit] | willen und seines Wohlw[ollens gegenüber den Athenern.] | D[iesen] Beschluß [soll aufschreiben lassen der Schri|ftfüh]rer des Rat[s auf der Polis* auf einer Stele | aus Mar]mor. *v* Arche[– stellte den Antrag: In allen Punkten | Übereinstimmung mit de]m Ra[t –]

## 153 Athen: Volksbeschluß über Ehrungen für Samos 405/4

HH² 81; IG II² 1.1–40; Syll.³ 116; IG I² 126.1–7; HAI 22; Tod I² 96; Choix 23; StV II 209; ML 94; IG I³ 127; Cataldi 12; (Fornara 166).

Marmorstele von der Akropolis in Athen (Akropolismuseum; Kern 19, Kirchner² 43, EG II 594, Cataldi pl. 11f., Meyer pl. 10) aus dem Jahr 403/2. Ionische Schrift, stoichedon ab Z.5. Oben Relief (Hera und Athena reichen sich die Hände), darunter weitere Samos betreffende Beschlüsse (IG II² 1, 41–75).

Kephisophon aus (dem Demos) Paiania | war Schriftführer. | Für (alle) die Samier, welche auf der Seite des Volks der Athen|er standen. |⁵ Beschlossen haben der Rat und das Volk, (die Phyle) Kekropis hatte die Prytanie* inne, Polymnis aus (dem Demos) Euonymon | war Schriftführer, Alexias war Archon*, Nikophon aus (dem Demos) Athmonon war Epistates*. Resolution des Kleisophos | und der mit (ihm amtierenden) Prytanen: Lob aussprechen soll man den Gesandten der Samier, sowohl denen, die früher | gekommen sind als auch den(en, die) jetzt (eingetroffen sind), und dem Rat, den Strategoi* und allen anderen | Samiern, weil sie sich verdient gemacht haben und entschlossen sind, alles Gute zu tun nach Kräften, |¹⁰ und (Lob) für ihre Leistungen, weil sie in unseren Augen richtig gehandelt haben zum Nutzen der Athener und der Sami|er. Und in Würdigung ihrer Wohltaten, die sie den Athenern erwiesen haben, ihrer jetzt entgegengebrachten Wertschätzung und | ihrer förderlichen Vorschläge soll es Beschluß sein des Rats und des Volks: Die Samier sollen Athener sein | und sich (dabei) so verwalten, wie sie selbst es wünschen. Damit dies(e Regelung) sich möglichst° günstig auswirkt | für beide Seiten, soll man°, wie sie selbst vorschlagen, (erst) dann, wenn Frieden eingetreten ist, auch über |¹⁵ alles Weitere gemeinsam beraten. Sie sollen unter ihren eigenen Gesetzen leben | und in Autonomie und in allen sonstigen Belangen verfahren (können) gemäß den Eiden und Verträgen, die | zwischen den Athenern und den Samiern bestehen. Bei Klagen, die erhoben werden | gegeneinander, sollen die gerichtlichen Verfahren gemäß den bestehenden Symbolai* durchgeführt werden. | Falls sich wegen des Kriegs schon eher die Notwendigkeit ergibt (der Wahrnehmung) des Bürger|²⁰rechts, so soll man, wie die Gesandten selbst vorschlagen, unter Berücksichtigung der Situation beraten und so handeln, | [wie] man es für das Beste hält. Was den Frieden anbelangt, soll er, wenn er eintritt, zu denselben (Bedingungen) | wie für die Athener auch für die jetzigen Bewohner von Samos sein. Wenn Krieg geführt werden muß, sollen° sie° sich rü|sten nach besten

Kräften und im Einvernehmen mit den Strategoi. | [Wen]n die Athener irgendwohin eine Gesandtschaft schicken, sollen die aus Samos Anwesenden ein° Mitglied stellen (dürfen), |25 [wen]n sie es wünschen, und ihre förderlichen Ratschläge erteilen (dürfen). Die Trieren, | [die] vor Samos (liegen), soll man ihnen zur Verfügung stellen, nachdem sie diese so ausgerüstet haben, wie s|[ie] es für gut befinden. Von den Namen der Trierarchoi (= Kapitäne), denen diese Schiffe unterstanden, soll eine Liste angefertigt werden | [von den Gesand]ten für den Schriftführer des Rats und für die Strategoi, und wenn von diesen (Trierarchen) irgendwo | [eine Schuld] verzeichnet ist im gemeindlichen Register wegen ihrer Übernahme der Trieren, |30 sollen die Neoroi (= Schiffsaufsichtsbeamten) [eine vollständige Streichung vorneh]men, die Ausrüstung hingegen für das Demosion* ein-| [fordern so rasch als möglich un]d bei denen, in deren Besitz sich davon [etwas°] befindet, darauf dringen, es zurückzugeben | [in einwandfreiem Zustand. Resolution des Kleisophos und] der mit (ihm amtierenden) Prytanen: In allen Punkten Übereinstimmung mit dem Rat, | [doch soll das Privileg {*oder*: Bürgerrecht} für diejenigen Samier bestehen, die ge]kommen sind, so wie sie selbst darum ersuchen, und verteilen soll | [man sie unverzüglich auf die Demen und auf di]e Phylen {*oder*: verteilen sollen | [sie unverzüglich die Archonten auf d]ie Phylen} in zehn Teilen. Die Reise vor|35[bereiten sollen für die Gesandten die Strategoi so] rasch als möglich. Eumachos und | [allen anderen Samiern, die zusammen mit Eumachos gekommen sind,] soll man Lob aussprechen als Männern, | [die sich um die Athener verdient gemacht haben. Eum]achos [soll man] z[um] Gastmahl [einladen] ins Prytaneion* | [auf morgen. Aufschreiben lassen soll die Beschlüsse d]er Schrift[führer des Ra]ts zusammen mit den | [Strategoi auf einer Stele aus Marmor und (sie) auf]stellen lassen auf der Poli[s*; die Hellen]otamiai* |40 [sollen den Geldbetrag zur Verfügung stellen. Aufschreiben sollen sie (= die Samier) in Sa]mos in derselben Weise [auf ihr]e Ko[st]en.

## 154 Sparta: Vertrag mit den aitolischen Erxadieis vor 400

SEG 26, 461; SEG 28, 408 (danach die Ergänzungen); ML² 67 bis; J² 447.G. Kalksteinstele von der Akropolis von Sparta (Museum; J² pl. 75). Lakonische Schrift und Dialekt.

[Abkomm]en mit den aitolischen E[rxadieis: | Freundschaft] und Frieden [sollen sie haben auf ewig (?) | und ohne Tru]g (?), und Bündnis [mit (allen) anderen | mit Ausnahme] allein [der] Man[tineer, indem sie fol|g]en, wohin auch immer die La[kedaimoni|er] führen, sowohl z[u Lande | a]ls auch zur See, und [denselben] | zum Freund und densel[ben zum Feind] | haben wie [die Lake]|daimonier. Keine B[eilegung (des Kriegs)] | sollen sie betreiben ohne die (Einwilligung der) La[kedaimonier,] | mit niemandem, [doch] einstel[len sollen sie den Kampf] | gegen denselben, gegen den die L[akedai]|monier (einstellen). Flücht[ige sollen sie° nicht aufnehmen, | die] sich beteiligt hab[en an Verge]|hen. Wenn jemand [gegen das] | Gebiet [der]° Erxadieis [zieht] | in kriegerischer Absicht, [sollen] Beistand [leisten die Lakedaimo]|nier mit aller Kraft [und so gut sie es vermögen;] | wenn aber jemand gegen [das Lakedaimo]|nier-Gebiet zi[eht in kriegerischer Absicht,], | sollen die E[rxadieis] Beistand leisten [mit aller | Kraft und so gut sie es vermögen –]

# II
# SPÄTKLASSIK UND FRÜHER HELLENISMUS (400–250 v. Chr.)

Inschriften HGIÜ 201–351

## 201 Olympia: Siegesepigramm auf Kyniska
### 396 oder 392

I. v. Olympia 160 (Faksimile); Hiller 63; L. Moretti, Iscrizioni agonistiche greche. Rom 1953, 17; J. Ebert, Griechische Epigramme auf Sieger an gymnischen und hippischen Agonen. (Abh. Sächs. Akad., phil.-hist. Kl. 63, 2) Berlin 1972, 33 (Ü); CEG II 820.

Fragment einer Kalksteinbasis (Olympia, Museum). Verse. Literarische Überlieferung: Anthologia Palatina 13, 16.

Spartas [Könige habe ich als] | Väter und Brüder; [mit dem Wagengespann schnellfüßiger Pferde] siegend habe° ich, Kyniska, | dieses Standbild errichtet. Als einz[ige], so sage ich, der Frauen | aus ganz Griechenland habe ich diesen Kranz errungen. |

Apelleas, Sohn des Kallikles, hat (dieses Monument) angefertigt.

## 202 Athen: Bündnisse mit Boiotern und Lokrern
### 395

A: Michel 1443; HAI 25; IG II² 14 + Hesperia 8, 1939, 1 ff. (Ph); Tod II 101; StV II 223.

Zwei Fragmente einer Marmorstele von Akropolis bzw. Agora (EM; AM). Stoichedon ab Z. 2.

B: IG II² 15; Tod II 102; StV II 224.

Fragment einer Marmortafel vom Nordhang der Akropolis (EM). Stoichedon.

*(A)* [Gött]ter! *vacat* | [Bü]ndnis der Boio[ter und A]thene[r für | alle] Zeit. *vacat* | [Wenn j]emand zieht gegen [die Athener] in kriegerischer Absicht, [sei es |⁵ zu] Lande oder zu [Wasse]r, sollen zu Hilfe kommen die Boi[o|ter mit a]ller Kra[ft, so] wie aufford|[ern] die Athen[er und wie es ihnen] möglich ist. Und w[e|nn jemand z]ieht gegen [die Boioter i]n kriegerischer Absicht, sei es [zu | Lande oder] zu [Wasser], sollen zu Hilfe kommen die Athe[n|¹⁰er mit aller Kraft, so wie] aufbiet[e|n die Boioter und wie es ihnen mög]lich ist. Wenn aber et[was | hinzuzusetzen oder zu streichen beschließen] die Athen[er | und Boioter in gemeinsamer Beratu|ng –]

*(B)* [– | – so wi]e für die K[orinther (?) | – Bündnis der Athe]ner und der L[okrer für | alle Zeit. *Der folgende Text entspricht völlig dem von A, doch ist hier am Ende die Abänderungsklausel ganz erhalten:* ... in gemeinsamer Berat]ung, dann soll das rechtsgülti[g s|ein.] *vacat*

## 203 Mytilene: Münzkonvention mit Phokaia vor 394?

SGDI 213; Michel 8; IG XII 2,1; HH$^2$ 94; Bleckmann 50; DGE 619; SF$^4$ 48; Tod II 112; Buck 25 (Ü); TDGIS I 11; StV II 228 (danach übersetzt); Epigraphica I 6; SEG 34, 849.
Marmorstele (Mytilene, Museum). Stoichedon. Aiolischer Dialekt.

[– was | die b]eid[en] Städte [durch einen Vertr|ag (?) auf]schreiben auf die [Stelen oder ausm|eiße]ln, soll gü[l]tig sein. D[er, der legie|rt das] Gold, soll verantwortlich s[ein bei|d]en Städten. Rich[ter | sollen s]ein für den in Mytilene [Legieren|den] die Magistrate alle, (davon) die in M[ytil|e]ne mehr als die Hälfte, in Phoka(ia) [d]|ie Magistrate alle, (davon) die in Phoka(ia) m[e]|hr als die Hälfte. Der Prozeß soll stattfinden | nach Ablauf des (Amts-)Jahres binnen sechs Mona|ten. Wenn er überführt wird, das Gold | minderwertig legiert° zu haben, und zwar absichtlich, soll er mit dem Tod bestraft | werden. Wenn er jedoch dieser Verurteilung entgeht, weil er sich unabsichtlich verfehlt | hat, soll das Gericht festsetzen, was | er (als Strafe) erleiden oder bezahlen muß°, die Stadt aber soll keine Verant|wortung tragen und straffrei bleiben. Gelost haben die Mytile|naier die erste Prägung. Es beginnt mit dem Prytanen* | nach Kolonos, i[n Ph]oka(ia) mit dem nach Aris[t]|archos. *vacat*

## 204 Erythrai: Ehrenbeschluß für den athenischen Admiral Konon 394

HH$^2$ 89; SGDI 5686; Syll.$^3$ 126; HAI 28; Tod II 106; I. v. Erythrai I 6 (Ph).
Fragment einer Marmorstele aus einer Kirche in Litri/Erythrai (verschollen). Stoichedon mit Silbentrennung. Ionischer Dialekt.

[Beschluß] von Rat und | [Volk: Den K]onon soll man aufzeichnen | [als Wohlt]äter der Erythraier | [und P]roxenos*, und Prohe|[dri]e (*hier* = das Recht auf einen Ehrensitz) soll er genießen in Ery|[thr]ai und Atelie* | für alle Werte | bei Einfuhr wie bei Ausfuhr, | im Krieg wie im Frieden; | [un]d Erythraier soll er sein, | [wenn] er es will. Erstrecken sollen sich | [die]se (Rechte) sowohl auf ihn wie auf (seine) Nach|[komme]n. Herstellen soll man | [von ihm ein S]tandbild aus Bronze, | [vergoldet,] und es aufstellen, | [wo] Konon [es wünscht. –] und | [–]

## 205 Athen: Volksbeschluß über ein Bündnis mit Eretria 394?

IG II² 16; Syll.³ 123; Tod II 103; StV II 229; SEG 29, 84 (mit Datierung 404/3; dagegen SEG 35, 53).

Zwei Fragmente (a, b) einer Marmorstele von der Akropolis (EM). Stoichedon ab Z. 3. Oben Relief (stark zerstört; Lawton 15).

*(a)* Der Eretrier [Bündnis] | und der Athen[er. | B]eschluß des Rates; [(die Phyle*) Akamantis {*oder*: Pandionis} hatte die Prytanie* | inne], Chelonion Sohn des Theog[– aus – war Schrift|⁵führ]er, Eubulide[s Sohn des – | war Epist]ates*; Gnathio[s stellte den Antrag: Bundesgenossen sollen sein die E|retrier und die A]then[er –] | *lacuna* |

*(b)* [– so wie es ihnen m]öglic[h ist. Was | als Verbesserung beschließen d]ie Städte in gemeinsa[mer Ber|atung, das] soll gültig sein. Den Eid leisten sollen | [von den Athenern] die Stratego[i* und de|⁵ r Rat und die H]ippeis*, von den Eretriern d[ie | Strategoi und] der Rat und di[e Hip]p[e|is und die übrigen] Magistrate. Zur Verfügung stehen soll [– | – {SEG 29, 84: Gelten soll [das] B[ü|ndnis für immer]}. Leisten sollen den [ge]setzlichen | [Eid beide Seit]en, (wie er) bei ih[n|¹⁰en jeweils (vorgeschrieben ist). Wählen soll Ges]andte auf der Stelle de[r R|at, fünf aus den Nicht-Amts]trägern, die ab[nehmen | werden die Eide d]en Eret[r]ier[n –]

## 206 Athen: Ehrenbeschluß für Dionysios I. von Syrakus 393

IG II² 18; Syll.³ 128; Tod II 108.

Fragment einer Marmorstele aus dem Dionysos-Theater (EM). Stoichedon ab Z. 5. Oben Relief (Athena mit Schild und Schlange reicht einer fackeltragenden Frau [= Sizilien?] die Hand; Lawton 16).

Im Jahr, da Eubulides Archon* war; die (Phyle*) P[andio]|nis hatte die sechste Prytanie* inne, *vacat* | für die Platon Sohn des Nikochares aus (dem Demos*) Phlya [Schri]|ftführer war. *vacat* |⁵ Beschluß des Rates; Kinesias stellte den Antrag: H[insichtlich dessen, was An]|drosthenes vorträgt, soll man belobigen den Dion[ysios, de|n] Arch[o]n* (*hier* = „Beherrscher") von [Siz]ilien, und Leptines, [den Bru|de]r des Dionys[ios, un]d Thearides, de[n Brude|r] des Dionys[ios, und Poly]xenos, de[n Schwage|¹⁰r des Dionysios –]

## 207 Athen: Ehrenbeschluß für Euagoras von Salamis (Kypros) 393

IG II$^2$ 20; Tod II 109.
Fragment einer Marmorstele vom Südfuß der Akropolis (EM). Stoichedon. Oben Relief (Lawton 84).

[– | – | – P]rytan[– | –] Kono[n – | lob]en [und] ih[n bekränzen mit einem Ölzwei|g-Kra]nz. Der He[rold soll verkünden beim | Wettbewerb,] wenn die Tra[gödien aufgeführt werden, daß das Volk der A|the]ner den Euagor[as bekränzt seiner freundlichen Gesinnung wege|n, d]ie (er) gegenüber den Athener[n (hegt). Auf Ehrensitze einladen sollen | i]hn und [seine] Nach[kommen die Archonten* b|ei] allen A[gonen*, die die Athener veranstalten. | Auf]zeichne[n soll diesen Volksbeschluß –]

## 208 Olynth: Bündnis zwischen Amyntas III. und den Chalkidiern um 393? (391?)

Michel 5; SGDI 5285; HGI 29; Syll.$^3$ 135; Tod II 111; Choix 25 (Ü); StV II 231.
Marmorplatte (Wien, Kunsthistorisches Museum). Beiderseits (A, B) beschrieben. Ionisch-euboiischer Dialekt.

*(A)* Vertrag mit Amyntas, Sohn des Errhidaios (= Arrhidaios). | Vertrag zwischen Amyntas, Sohn des Errhidaios | und den Chalkidiern: Verbündete sollen sie sein | einander hinsichtlich aller (verfügbaren) Menschen | auf fünfzig Jahr[e. Wenn] jemand gegen Amyn|tas zieht in s[ein Land in kr]iegerischer Absicht | [oder] gegen die Cha[lkidier, sollen zu Hilfe kommen] die Chalkidi|[er] dem Am[yntas und Amyntas den Chalkidiern | – ]

*(B)* Ausfuhr soll erlaubt sein von Pech und Hölzern | zu Bauzwecken aller Art, von Schiffsbau|(holz) jedoch mit Ausnahme von Fichtenholz, soweit es nicht das | Koinon* (der Chalkidier) benötigt; dem Koinon soll° auch hiervon | die Ausfuhr erlaubt sein, falls sie es dem Amyntas mitteilen vor der Aus|fuhr und die Zölle zahlen, wie sie schriftlich festgelegt sind. | Auch für alles andere soll Ausfuhr erlaubt sein und Trans|it unter Erlegung der Zölle, den Chalkidi|ern (bei der Ausreise) aus Makedonien und den Makedonen (bei der Ausreise) aus | (dem Gebiet der) Chalkidier. Mit den Amphipoliten, Bott[i]|aiern, Akanthiern, Mendaiern sollen nicht Freundschaft° sch[lie|ßen] Amyntas noch die Chalkid[ier | ohn]e (Einvernehmen

mit)einander (hergestellt zu haben); vielmehr sollen° sie mit einheit[lichem Wil|len, wenn b]eide dies beschließen, gemein[sam | je]ne [aufnehmen.] Eid auf das Bünd[ni|s: Ich werde einhalten die Vereinba-r]ungen mit den Chalkid[ier|[25]n, und wenn jemand zieht gegen A]myntas [in | sein Land in kriegerischer Absicht, werde ich zu Hilfe kommen dem Am]yn[tas – | –]

## 209 Keos: Isopolitievertrag mit Eretria zwischen 393 und 377? um 364?

SEG 14, 530; StV II 232; SEG 39, 866 (Datierung um 364).

Marmorstele aus Chora (Iulis) auf Keos (Museum Chora). Stoichedon. Ionischer Dialekt.

[– wenn der Keer wünscht, i|n Eretria Bürger zu sein, soll er bei den Strate|goi* in Eretri]a (in die Liste) ei[nt]rag[en lassen seinen Namen. | Die Str]ategoi [sollen° ihm°] Phyle* u[nd Choros (= Demos*) zu-|[5]weisen, in] dem er künftig das Bürgerrecht [ausüben wird. W|enn der Eretr]ier wünscht, in Keos Bür[ger zu | sein, soll er eint]ragen lassen bei den Thesmophylak|[es* seinen N]amen; die Thesmophylakes sollen [ihm°] zuweisen | [Phyl]e und Trittys* und Choros. *vacat.* | [Götter! Beschloss]en hat der Rat hinzuzuschreiben z[u –| –]

## 210 Milet: Schiedsspruch der Ioner im Gebietsstreit mit Myus zwischen 392 und 388

SGDI 5493; I. v. Priene 458; Milet I 2, 9; Syll.[3] 134; Tod II 113; Piccirilli 36 (Ü).

Zwei nicht aneinanderstoßende Fragmente (a, b) einer Marmorstele aus dem Buleuterion (Berlin: Pergamon-Museum). Stoichedon.

*(a) vacat* | [–] Dionys|[– se]ndend, was sch|[enken der König und der] Satr|[ap* von Ionien, Stru]ses. Sie (= Milesier und Myusier) waren une|[5][ins über das Land] in der Maiander|[ebene, so daß] entstanden sind | [zwischen den Städten hierüber vielfältige°] Streitig|-[keiten. Nun aber, da beid]e Städte | [die Entscheidung übertragen haben dem K]önig und |[10] [der König gesandt hat den St]ruses, dam|[it die Richter der Ioner zus]ammentre[t|en – *lacuna*]

*(b)* [–] de[s – | –]medes A[– | –]lonos. Von den Erythrai[ern: – | – Sohn des –]anes, Dicholeos Sohn des Pedi[eus – |[5] –]s Sohn des Apollas, Epikrates Sohn des A[– | –]es, Pythes Sohn des Anakritos. Von den Chiern: Sos[tra|t]os Sohn des Kleinias, Angeles Sohn des

Hipponax, [K]|tesippos Sohn des Eoptolemos, Phanon Sohn des Hermoma|chos, Alexandros Sohn des Hikesios. Von den Klazomeniern: |[10] Isthmermios Sohn des Theombrotos, Artemon Sohn des Ap|ollonios, Athenagoras Sohn des Polyarchos, Zen|is Sohn des Euandros, Herogeiton Sohn des Anaxitimos. | Von den Lebediern: Nymphodoros Sohn des Kallias, Aris|tippides Sohn des [ –]leos, Deïklos Sohn des Apoll|[15]onios, Kleinias Sohn des Hegesion, Demokra|tes Sohn des Egdel[os. Von den Ephe]siern: Polykles Sohn des Theud|oros, Pytho[klei]des Sohn des Dionysios, Euerm|os Sohn des Athenaios, [Eu]aion Sohn des Hermios, Theudoros | Sohn des Herakleides. Und als das Verfahren eröffnet worden war |[20] von den Milesiern und Myusiern und die | Zeugen ihre Aussagen gemacht hatten für bei|de (Seiten) und die Grenzen des Landes° aufgezeigt waren, | als die Richter sich anschickten, | die Entscheidung zu fällen°, da verließen den Prozeß die Myu[s|[25]i]er. Die Prodikastai (Prozeßvertreter) legten dies schrift[l|i]ch nieder und leiteten es den Städten zu, die | das Verfahren durchgeführt hatten, damit es als Zeugnis die|ne. Nachdem die Myusier den Prozeß verlassen hatten, | hörte Struses die Richter° der Ioner an, |[30] als Satrap von Ionien, | und fällte die Entscheidung, daß das Land den Milesiern gehöre. | Prozeßvertreter der Milesier: Nymph[– | Sohn des –], Baton Sohn des Diokl[e–].

## 211 Athen: Beschluß über den Rechtsstatus von Klazomenai 387

IG II² 28; Syll.³ 136; Tod II 114 (Ph: Kirchner² Tf. 23 Nr. 49).
Drei zusammenstoßende Fragmente einer Marmorstele vom Südhang der Akropolis (EM). Stoichedon. Oben Relief (nur Reste: zwei Stiere; Lawton 17).

Theodotos war Archon*, Paramythos Sohn des Philagros aus (dem Demos*) Erchia war Schr[ift]füh[rer]. | Beschluß des Volkes; Theodotos war Archon, (die Phyle*) Kekropis hatte die Prytanie* | inne, Paramythos war Schriftführer, Daiphron hatte den Vorsitz, Poli|agros stellte den Antrag: Belobigen soll man das Volk der Klazomeni|[5]er, weil es freundlich gesinnt ist gegenüber der Stadt der Athener sowohl jetzt | wie in der Vergangenheit. Bezüglich ihres Vortrags möge besch|ließen das Volk: Die Klazomenier sollen [ent]rich[t]en das zur Zeit | des Thrasybulos (eingeführte) Zwanzigstel (eine Abgabe von 5%), und „über Vertrag und Nicht-Vertrag" (= über die Regelung ihres Rechtsverhältnisses) m|it den Leuten in Chyton und über di[e Geiseln], die die K[lazom]|[10]enier von denen in Chyton haben°, soll das Bestimmungsrecht (?) [haben das Volk der Klaz]|omenier, und nicht erlaubt soll es sein de[m Volk der Athener, d]|ie Verbannten zurückzuführen o[hne (Einverständnis) des Volkes der Klazome]|nier noch auch von denen, die verbleiben, jem[anden zu beseitigen. Was einen Arch]|on* (*hier* = Befehlshaber, Kommandant) und eine Besatzung betrifft, soll [das Volk] abstim[men als]| bald, ob es erforderlich ist, (solche) einzusetzen i[n Klazomenai oder ob] | hierüber die Selbstbestimmung haben soll [das Volk der Klazome]|nier, ob es sie aufnehmen will [oder nicht. Bezüglich der St|ädte,] aus denen die Klazome[nier] ihr Getreide beziehen, [(nämlich) Phokaia {*oder*: Milet}, Chi|os und S]myrna, soll es ihnen vertraglich gestattet sein, [deren Häfen | anzufahre]n. Die Strategoi*, welche [mit – amtieren, sollen dafür | Sorge tragen, daß mit Pharnabazos {*oder*: mit den Erythraiern} für die K|lazomenier d]er gleiche Vertrag° abgeschlossen° wird° wie für die Athen[er. Beschlossen hat | das Volk, daß sie andere Ab]gaben nicht entricht[en, weder eine Besat|zung aufnehmen] noch einen Archon ak[zeptieren müssen und frei | sein sollen, so wie die Athe]ner. Hinsichtlich [ – | – soll Herr se]in der Kö[nig (?) – | – abst]imm[–]

## 212 Athen: Ehrenbeschluß für den Odrysenkönig Hebryzelmis 386/5

IG II² 31 (+ p. 656); Syll.³ 138; HAI 29; Tod II 117.

Marmorstele von der Akropolis (EM). Stoichedon. Oben Relief (nur Reste: weibliche Figur zwischen zwei Reitern; Lawton 18).

Im Jahr, da Mystichides Archon* [war. | Beschluß] von R[a]t und Volk; [(die Phyle*) Erechth|eis hatte die Pry]tanie* [inne, Ch]eilon aus (dem Demos*) Kephisi[a hatte den Vor|sitz], Neon aus (dem Demos) [Ha]l[a]i war Schriftführ[er, E|ua]n[dr]os stellte [den Antrag]: Belobigen soll man Heb[ryze]|lm[i]s, den König der Odrysen, wei[l er sich erwiesen | hat] als ein Mann [mit Verdienst]en um das Volk de[r Athe]|ner, [un]d er soll alles° erhalten, was seine V[orfah]|ren (erhalten haben). Belobigen soll man ferner [ – ]|as und [ –]nos, den Strateg[en* und | – den –] d[es Kön|igs] Hebryzelmis°. [Und] auf einer Stele aufschr[eiben] | soll der Schriftführer des Rates den Besch|luß und ihn aufstellen° [auf der Ak]r[opo]l[is; für ] die Aufzeichn[ung der | Stele sollen auszahlen] die [Ap]odektai* [drei|ßig] D[rachmen*] dem Schriftführer [des Rate|s. Wählen soll man] drei [Mä]nn[er] aus allen° Ath[e]ne[rn, | we]lch[e] melden sollen [dem Heb]|ry[zel]mis [die Be]schlüsse des Vol[kes und | ferner melden hinsichtlich der

Schiffe, die [um] | Pl[– und] hinsichtlich der anderen W[ünsche] | der Gesandten, die vom König He[bryz]|elmi[s ge]kommen sind zum Volk der A[then]|er. Be[lob]igen soll man ferner Teisandro[s und] |25 Lysa[n]dros, weil sie Männer sind, die sich verdient gemacht haben [um] | das Volk der Athener und [– | –].

## 213 Mantineia: Eingemeindungsvertrag (Sympolitie) mit Helisson
**vor 385? zwischen 350 und 340?**

SEG 37, 340; IPArk 9 (Ü).

Stele aus Kalkstein aus den römischen Thermen (Tripoli, Museum). Gliederung mit Strichen hier mit § wiedergegeben. Arkadischer Dialekt (das Digamma wird hier mit „w“ wiedergegeben). Oben Giebel.

[Got]t! Zu [gu]tem Glück! | [Ve]rtrag zwischen den Mantineern und den Heliswasiern auf [al]le° Zei[t.] | Beschlossen haben die Mantineer und die Heliswasier: Die [He]l[i|s]wasier sollen Mantineer sein, zu gleichem und ebenbürtigem Recht, indem sie teilhabe[n an al]|5lem, woran auch die Mantineer (teilhaben), und indem sie einbringen ihre Gemarkung und die St[adt] | nach Mantineia unter die Gesetze der Mantineer, wobei die [St]|adt der Heliswasier bleiben soll, so wie sie sich jetzt verhält, auf alle Zeit, (aber) die Heliswasier° eine Kome (= Dorf, Stadtbezirk) sein sollen der Mantineer. § Ein Theoros* soll aus Helisson kommen | wie aus den anderen Städten. § Feiern sollen sie die Feste in He|10lisson und die Festgesandtschaften aufnehmen gemäß der Tradition. § Die [Kl]agen sollen er|heben die Heliswasier und die Mantineer gegeneinander gemäß den Gesetzen | der Mantineer von der Zeit an, da Mantineer geworden sind die Heliswasier, da|nach sollen die früheren (Rechtsstreitigkeiten) nicht einklagbar sein. § Alle Rechtsverbindlichkeiten aus Kontrakten, die | die Heliswasier untereinander hatten, bevor sie Mantineer |15 wurden, sollen ihnen gültig sein gemäß den Gesetzen, die sie hatten, als sie | beitraten in Mantineia. Die Heliswasier sollen sich sämtlich registrieren | lassen bei den Epimeletai* mit dem Vatersnamen dem Alter nach binnen zehn Tagen, wenn | die Stalographoi („Stelenschreiber“, *wohl* Gehilfen der Thesmotaoroi*) kommen. Die (Liste der) Registrierten sollen bringen die | Epimeletai nach Mantineia und registrieren bei den Thesmotaoroi unter |20 dem Damiorgos* Nikes; die Thesmotaoroi sollen sie schreiben auf weißgestrichene Holztafeln | und publizieren am Ratsgebäude. Wenn aber einer der Registrierten erklärt, | jemand sei nicht° Heliswasier, soll es ihm erlaubt sein, Anzeige zu erstatten bei den Thesmotaoroi im Verlauf | des folgenden Jahres, nachdem Nikes Damiorgos war. Der Angezeigte kann gegen ihn prozess|ieren vor den Dreihundert (= dem Rat?) ebendort, im [– Monat], nachdem er angezeigt |[25] wurde, und we[nn er obsiegt], soll er Manti[neer sein, wenn nicht, soll er der Go]ttheit schulden | [–]

## 214 Athen: Volksbeschluß über ein Bündnis mit Chios 384

Michel 1446; IG II² 34; Syll.³ 142; Tod II 118; Choix 26 (Ü); StV II 248. Reste eines zweiten Exemplares: IG II² 35.

Fragmente zweier Marmortafeln von der Akropolis (EM). Stoichedon. Oben Relief (weibliche Figur in Chiton und Mantel; Meyer Tf. 14, 2; Lawton 19). Als ergänzt werden hier nur Buchstaben eingeklammert, die in keinem der beiden Exemplare erhalten sind.

[B]ü[n]dn[i]s der Athe[ner und Chier. Diei]|t[r]ephes war [A]rchon*, (die Phyle*) Hippothontis | hatte die e]rste Pryt[anie* inne, für die –, Sohn des Steph]ano[s (?) aus (dem Demos*) Oio[n (?) Schriftführer war. | *(lacuna)* |[5] –] | dies [– Da die Chier auf Grund (?) der ge]|meinsamen Vereinbarungen (?), [die aufgezeichnet sind] zwischen den Hell|enen, eingedenk [sind aufrechtzuerhalte]n, so wie | die Athener, den F[rieden und die Freun]dschaft |[10] und die Eide und [den bestehenden Vertra]g, den beschworen haben der König un[d die Athener und] | Lakedaimonier und die ander[en Hellenen,] | und da sie gekommen sind mit guten Nachrichte[n fü]|r das Volk der Athener und für ganz He|[15]llas und für den König, soll Beschluß des Volk|es sein: Anerkennung aussprechen soll man d[em Volk d]er Chi|er und den Gesandten, [die gekommen] sind; besteh|en sollen der Friede un[d di]e Eide und der | V[ertr]a[g, w]ie er jetz[t] be[steht]; (unbeschadet ihrer) soll man zu Bundesgenossen ma|[20]ch[en] die Chier auf der Grundlage von Freiheit und Auton|omie, unter der Bedingung, daß sie nichts° übertreten, was auf den S|telen geschrieben steht über den Frieden, | und daß sie, wenn ein anderer übertritt, ihm nicht n|achgeben, soweit es ihnen mö[gl]ich ist. Aufstellen (lassen) soll man eine S|[25]tele auf der Akropolis [v]or dem Standb|ild (der Athena Promachos) und darauf [schr]eiben: „Wenn jemand z|ieht gegen die Athener, sollen die Chier zu Hilfe kommen mit aller Kra|[f]t, soweit es ihnen möglich ist, [und w]enn jemand zieht [geg|en die Chi]er, sollen die Athener zu Hilfe kommen mit aller Kra[ft, |[30] soweit es ihnen] möglich ist.“ Den Eid leisten sollen vor den [anwesende|n Chiern] der Rat u[nd] die [Strateg|oi* und Ta]xiarchoi* in Chi[o]s [der Rat | und die ander]en Behörden. Wä[h]le[n soll man fünf | Männer, welc]he [nach Chios] reis[en und dort den Ei|d abnehmen sollen der] Stadt [der Chier. Gültig sein soll d|as Bündnis für alle Z]eit. [Lad|en soll man die Gesandtschaft] der Chi[er zum | Gastmahl ins Prytane]ion* auf morg[en. | Folgende wurden gewählt zu Ge]sandten: Kephalo[s aus Kol|lytos, – aus A]lopeke, Aisimo[s – | – ] aus Phrearrhioi, Demokle[ide|s –. Folgend]e waren die Gesandten der Chier: Bryon, Ape|[– k]ritos, Archelas. *vacat* | *vacat*

## 215 Athen: Volksbeschluß des Aristoteles mit Einladung zum Zweiten Attischen Seebund 377

IG II$^2$ 43; Syll.$^3$ 147; HAI 30; Tod II 123; Choix 27 (Ü); StV II 257; Pfohl 103 (Ph: Kirchner$^2$ Tf. 23 Nr. 50).

Zwanzig Fragmente einer Marmortafel von der Agora (EM), beschrieben auf der Vorder- (A) und der linken Schmalseite (B). A Z. 7–77 stoichedon; Z. 79–90 in zwei Kolumnen.

*(A)* Im Amtsjahr des Archon* Nausinikos. | Kallibios Sohn des Kephisophon | aus (dem Demos*) Paiania war Schriftführer. | Die (Phyle*) Hippothonti[s hatte die sie]bte Prytanie* | inne. Beschluß von Rat [und] Volk, | Charinos aus (dem Demos) Athmon[on war E]pistates*; | Aristoteles stellte den Antr[ag:] Zum guten [Glüc]k der A|thener und der [Bundesge]nossen der Athener! | Damit die Laked[aimo]nier die Grie|chen in Freiheit [und] Autonomie ungestört lassen°| im unbestrittenen Besitz | [ihres gesamten Landes°] und damit g[ü]ltig sei und bl|[eibe auf alle Zeit der Allgemeine Friede (?), den beschwo]re|[n haben die Hellenen] und der König gemäß dem Ver|[trag, soll Beschluß] sein des Volkes: Wenn einer wün|[scht von den Hel]lenen oder den Barbaren, die auf dem | [Festland] wohnen oder von den Inselbewohnern, sow|[eit sie nicht (Untertanen) des Kö]nigs sind, Bundesgenosse der Athener | [zu sein u]nd ihrer Bundesgenossen, soll ihm dies erlaubt sein | [in Freiheit] und Autonomie, indem er seine innere Ordnung | [einrichtet] nach der Verfassung, die er will, und kei|ne [Besatz]ung aufnehmen und keine (fremdbestimmte) Obrigkeit | du[ld]en oder Tribut zahlen muß, vielmehr unter | d[en]selben Bedingungen, unter denen die Chier und Theban|er und die andern Bundesgenossen (mit uns im Bund stehen). Denen, die | das Bündnis abgeschlossen haben mit den Athenern und | ihren Bundesgenossen, soll das Volk alle° Besit|zungen überlassen°, die sich befinden, private oder | gemeindliche der Athener, im L[and derer,

die abschließ]|30en das Bündnis, u[nd hierüber soll man ihnen° G]|arantien geben. [Falls aber betreffs einer] | der Städte, die das Bündnis [abschließen] | mit den Athen[ern], inschriftliche Urkunden in Athen stehen | zu ihren Ungunsten, soll der jeweils amtierende Rat |35 das Recht haben, diese umzustürzen. Vom | (laufenden) Amtsjahr des Archon Nausinikos an soll | privat oder im Namen der Gemeinde kein Athener | erwerben dürfen° in den Gemarkungen der Bundesgenossen | Haus oder Grundbesitz, weder durch Kauf |40 noch durch Hypothek oder auf eine andere Weise. | Falls aber jemand kauft oder erwirbt oder | hypothekarischen Einfluß nimmt auf irgendeine Weise, soll jeder | von den Bundesgenossen, der will, dies den Syn|hedroi* der Bundesgenossen anzeigen°; die Synhedroi sollen° (das betreffende Besitztum) ver|45kaufen und [die H]älfte (des Erlöses) dem Anzeiger geben, die a|[ndere Hälfte so]ll [Gemeinbes]itz sein der Bundesgenossen. Wenn aber jemand | zi[eht] in feindlicher Absicht gegen diejenigen, die abgeschlossen haben | das Bündnis, sei es zu Land oder zu Wasser, | sollen diesen° zu Hilfe kommen die Athener und ihre Bundesgenossen |50 zu Land und zu Wasser mit aller Kraft, so gut sie können. Wenn j|emand einen Antrag vorbringt oder zur Abstimmung stellt, sei er Magistrat oder Privatmann, | entgegen diesem Volksbeschluß, (des Inhalts,) man solle etwas unwirksam machen | von dem in diesem Volksbeschluß Niedergelegten, |55 soll er der Atimie* verfallen sein und | [sein Ve]rmö[gen] soll (zugunsten der Stadt) eingezogen sein und der G[öttin | d]er Ze[hn]te davon gehören, und er soll gerichtet werden bei den Athen[er|n] und d[en] Bundesgenossen als einer, der auflösen will das | Bündni[s; be]strafen soll man ihn mit Tod |60 oder Verbannung (aus allen Gebieten,) wo die Athener und ihre Bundesgenossen | herrschen. [Wenn] er mit dem Tod bestraft wird, soll man ihn nicht be|graben in [Atti]ka oder im Land der Bundes|genossen. Diesen [Beschl]uß soll der Schriftführer | des Rates a[ufschr]eiben lassen auf eine Marmorstele |65 und diese aufstellen (lassen) beim (Tempel des) Zeus Eleu|therios; das Ge[l]d für die Auf|zeichnung der St[ele], sechzig Drachmen*, | sollen aus den zehn Tal[en]ten* geben° die Schatzmeister der Gött|in. Alsbald soll man aufschrei|70ben die Namen° der derzeit verbündeten Städte, | und ebenso derer, die künftig Bundesgenossen | werden. Dies soll man aufschreiben; wählen soll | das Volk drei Gesandte auf der Stelle | (und) nach Theben (schicken), die die Thebaner überreden sollen |75 zu einer möglichst freundlichen Gesinnung. Folgende wurden gewählt: | [A]ristoteles aus Marathon, Pyrrhandro|s aus Anaphlys[t]os, Thrasybulos aus Kollyte. | Bundesgenossen der Athener sind folgende Städte: | Chier Tenedier Thebaner |80 Mytilenaier Chalkider | [M]ethy[mn]aier Eretrier | Rhodier Poiessier Arethusier | Byzantier Karystier | Perinthier Ikier | Peparethier Pala[iskiathier (?)] | Skiathier [–] | Maroniter [–] | Dier [–] | Parier O[–] | Athen[i]ter P[–.] | Aristoteles stellte den Antrag: [– Sob]|ald zuers[t –] | freiwillig b[ei]treten [– Besch]|lüsse des Volks und d[–] | Inseln in das Bün[dnis –] | den der beschlos[senen – | –]

*(B)* [Der Kerky]raier | [D]emos* | [Abde]riten | [Thasi]er | [Chalki-]dier; von [Thrakien] | Ainier | Samothrake[r] | Dikaiopoliten | Akarnanen; | von den Kephalleniern: | Pronnoi | Alketas | Neoptolemos | [Iaso]n (?) | Andrier | [T]enier | [Hes]tiaier | Mykonier | Antissaier | Eresier | Astraiusier; | von den Keern: | Iulieten | Karthaier | Koresier | Elaiusier | Amorginer | Selymbrianer | Siphnier | Sikineten | Dier; | von Thrakien | Neopoliten; | von den Zakynthiern: | der Demos* | im Nell|os.

## 216 Athen: Volksbeschluß über ein Bündnis mit Methymna 377

Michel 88; IG II² 42; Syll.³ 149; Tod II 122; StV II 258.
Marmortafel von der Akropolis (EM). Stoichedon ab Z. 6.

[Beschluß von Rat und Volk; die (Phyle*) – | – hatte die Pryt]anie* inne, Kal[l- (aus dem Demos*) Alo]|peke war Schriftführer; Simon [(aus dem Demos) –] | war Epistates*; Astyphilos stellte den Antrag: Betrifft | das, was die Methymnaier vorbringen. Da | die Methymnaier° Bundesgenossen sind und loyal gegenüber der Stadt | der Athener, damit | auch mit den anderen Bundesgenossen der Ath|ener für sie das Bündnis bestehe, soll sie aufschr|eiben der Schriftführer des Rat|s, so wie auch die anderen Bundesgenossen aufg|eschrieben sind. Schwören soll die Ges|andtschaft der Methymnaier denselben | Eid, den die anderen Bundesgenossen | geschworen haben, gegenüber den Synhedroi* der Bundes|genossen und den Strategoi* und den | Hipparchoi*. Schwören sollen gegenüber den Methymna|iern die Synhedroi der Bundesgenossen | und die Strategoi und die Hipparcho|i in gleicher Weise. Sorge sollen tragen Ai[si]|mos und die Synhedroi auf den [Sch]|iffen, daß den Eid leisten die Behörden der M[eth]|ymnaier so wie die anderen Bundesgenossen. | Anerkennung aussprechen soll man der Stadt der Methymn|aier, und einladen soll man die Gesandten der | Methymnaier zum Gastmahl. *vacat* | *vacat*

## 217 Athen: Volksbeschluß über ein Bündnis mit Chalkis 377

Michel 87; IG II[2] 44; Syll.[3] 148; Tod II 124; StV II 259.
Marmortafel vom Südhang der Akropolis (EM). Stoichedon ab Z. 4. Oben Relief (stilisierte Ölzweige). Fragment eines zweiten Exemplars (oder eines gleichlautenden Bündnisses mit einer anderen Polis?): IG II[2] 155.

[Ar]istoteles Sohn des Euphiletos | [aus (dem Demos*) Ach]arnai war Schriftführer. | Nausinikos war Archon*. | [Besch]luß von Rat und Volk; (die Phyle*) Leonti[s |[5] hatte die Pryt]anie* inne, Aristoteles war Schriftführ|[er, von den P]rohedroi* leitete die Abstimmung Pantareto|[s (aus dem Demos) –] ; Pyrrhandros stellte den Antrag: Hinsichtlich dessen, was [v|ortragen] die Chalkidier, soll man sie einführen v|[or den D]emos in der nächsten Volksversammlung und die B|[10][eschlußvorlage] des Rates vorlegen, d[aß für| gut befindet de]r Rat, das Bündnis anzunehmen v|[on den] Chalkid[ier]n, zum guten Glück, so wie (es) an|bi[et]en die Chalkidie|r. Den Eid leisten sollen unsere Sta[dt den Cha]lki[diern] und die Chalkidie[r den A]|[15]the-[ner]n un[d au]fschreiben soll man auf eine marmorne Stele | u[nd aufst]elle[n in Athe]n auf der Akropol[is, | i]n [Cha]lkis [im] Heiligtum der Athena d|[en Eid] und [die V]ertrag(sbedingungen). Lauten soll der Ve[rtr|ag zwischen Ath]ener[n u]nd Chalkidiern folgender-[maßen: |[20] „Bündn]is der Chal[kid]ier auf Eu[b]oia [und | der Athen]er: Besitzen sollen ihr (Land) die Chalkidie[r, f|rei und] autonom und selb[stbe|stimmt (?)], ohne eine Besatzung aufnehmen zu müssen [von | den Athenern n]och Tribut zahlen noch einen [Arch|[25]on* akz]eptieren zu müssen entgegen den Beschlüsse[n de|r Bundesgenossen. Wenn] jemand z[ieht] i[n] kriegerischer Absicht [gegen | das Land –"]

## 218 Vertrag zwischen Maussollos und Phaselis zwischen 377/6 und 353/2

SGDI 4259; HGI 31; TAM II 3, 1183 (Ph); StV II 260.
Marmortafel, Fundort unbekannt (Berlin, Pergamon-Museum).

[– | Den Eid leisten sollen den Gesandten der Phaseliten (?) Maussol|los und Artemisia (?), wobei sie schwö]ren bei Zeus und Helios und Ge und | [der Tyche* des (Perser-)Königs, wahrlich festzu]halten an den Vereinbarungen mit den | [Phaseliten ohne Falsch und A]rg. Schwören sollen auch von den Pha|[5][seliten diejenigen, die M]aussollos schriftlich bestimmen wird, in ders[el|ben Weise, festzuhalten an den Vereinba]rungen, wobei sie weglassen den Passus „[Tyche°] des Kön[ig|s“. Bezahlen sollen (Schuldsummen auf Grund von) U]rteilen Maussollos den Phaseli|[ten und dem Maussollos (diejenigen) von den Phasel]iten, die gegebenenfalls etwas schuldig sind, binnen [drei° (?)] Monaten, | [so wie es oben aufgeschr]ie[b]en ist. Hinsichtlich der früheren Ver|[einbarungen (?), bevor –] ge⟨fa⟩ßt wurde, soll rechtliche Auseinandersetzung [gewähren Maussollos den Phase]liten und die Phaseliten dem Maus|[sollos gemäß den Vereinbarungen, die die Phaselite]n und Maussollos treffe[n.]

### 219 Athen: Volksbeschluß über ein Bündnis mit Korkyra, Akarnanien und Kephallenia 375

Michel 1449; IG II$^{2}$ 96; Syll.$^{3}$ 150; Tod II 126; StV II 262 (Ph: Kirchner$^{2}$ Tf. 24 Nr. 51).

Vier Fragmente einer Marmorstele von der Akropolis (EM). Stoichedon ab Z. 3.

*vacat* | Philokles Sohn des O[– war Schriftführer.] | (Im Jahr, da) Hippodama[s Archon* war, die (Phyle*) Antiochis hatte die z|wei]te Prytan[ie* inne, für die Phylakos Sohn des – aus (dem Demos*) Oinoe] | Schriftführer war. Beschl[uß von Rat und Volk;] Kr[it|i]os stellte den Antrag: Hinsichtlich dessen, was vortr[agen vor dem Rat] die Gesand[ten] | der Kerkyraier und d[er Akarnanen un]d der Kepha[l]|lenier, soll man Anerkennung aussprechen d[en Gesandten der Kerky]raier un|d Akarnanen und Kephal[lenier, weil sie sich] verdient gemacht haben | um das Volk der [Athener und ihre] Bundesgenossen, | jetzt und in der Vergangen[heit. Damit] ausgeführt wird, | worum sie bitten, soll man [sie] einführ[en vor das V]olk und die Be[sch]lußvorla|ge vorlegen des R[ates, der zufolge es] der Rat [für gut befindet,] | daß aufgeschrieben (werden) von den Städten, d[(eren Gesandte) gekommen sind, die N]amen auf | die gemeinsame Stele de[r Bundesgenossen vom] Schriftführer | des Rates und daß geleistet (werden) [die Eide de]n Städten, | d(eren Gesandte) gekommen sind, (durch) den Rat [und die Strategoi* und d]|ie Hippeis*. Und die Bundesge[nossen sollen ebenso schwören den E]|id. Wenn dies geschehen ist, [soll die Volksversammlung wählen auf die] | Weise, die beschließen wird das Koinon* [der Bundesgenossen, Männer, die ab]|nehmen sollen die Eide [von den Städten und die auch die Auf]|zeichnung (veranlassen sollen) auf der Ste[le, der gemeinsamen, wo die Bun]|desgenossen e[ing]eschrieben sind. S[enden soll ferner Synhedro]|i* eine jede von den Städten in das Syn[hedrion der Bundesgenosse|n] gemäß den Beschlüssen der Bundesgenossen [und des Volks der Athen|[25]e]r. Hinsichtlich der Akarnanen sollen pr[üfen gemeinsam mi|t A]ischylos und Euarchos und Eury[– und – | –] und E[– un]d Rhysiad[es – | –]

**220 Athen: Volksbeschluß über ein Bündnis mit Korkyra 375**

Michel 9; IG II² 97; Syll.³ 151; Tod II 127; Choix 28 (Ü); EG II 543ff. (Ph, Ü); StV II 263.

Marmortafel vom Südfuß der Akropolis (EM). Stoichedon. Oben Relief (Hera oder Korkyra steht vor sitzendem Zeus oder Demos o. ä., dahinter Athena; Meyer Tf. 16, 2; Lawton 96).

Bündnis der Korkyraier und der Athener für | alle Zeit. Wenn jemand in kriegerischer Absicht zieht g|egen das Land der Korkyraier oder gegen den De|mos (= die Demokratie) der Korkyraier, sollen die Athener zu Hilfe kommen mit al|[5]ler Kraft, so wie (sie) aufbieten die Ko|rkyraier, wie es ihnen möglich ist. Und wenn jemand gege|n das Volk der Athener oder gegen das Land | der Athener in kriegerischer Absicht zieht, sei es zu Lande | oder zu Wasser, sollen die Korkyraier zu Hilfe kommen mit al|[10]ler Kraft, wie es ihnen möglich ist, so wie (sie) auf|bieten die Athener. Krieg zu führen° und Fr|ieden zu halten, soll den Korkyraiern nicht erlaubt sein | ohne (Einvernehmen mit den) Athenern und [der M]ehrheit {*oder*: [dem P]lenum} der B|undesgenossen. Auch alles übrige sollen sie tun gemäß den Besch|[15]lüssen der Bundesgenossen. Eid: *vacat* | Ich werde zu Hilfe kommen dem Volk der Korkyraier mit aller Kr|aft, so wie es mir möglich ist, wenn jemand zieht in krie|gerischer Absicht, sei es zu Land oder zu Wasser, gegen das L|and der Korkyraier, so wie aufbie|[20]ten die Korkyraier, und hinsichtlich Kriegs und F|riedens werde ich handeln, wie die Mehrheit {*oder*: das Plenum} der B|undesgenossen beschließt, und alles übrige werde ich tun gemäß den | [Be]schlüssen der Bundesgenossen. Wahr ist dies, bei | Zeus und Apollon und Demeter; halte |[25] ich meinen Eid, soll mir viel Gutes geschehen, wenn aber | [nicht], das Gegenteil. *vacat* | [Ich werde zu Hilfe kommen] dem [V]olk der [Ath]ener mit aller Kra|[ft, so wie es mir mög]lich ist, wenn jemand [zieht in krie|gerischer Absicht, sei es zu La]nd oder zu Wasser, ge[gen das |[30] Land der Athen]er, so wie auf[bi]ete|[n die Athen]er, und hinsichtlich Kriegs u[nd Fr]ie|[dens werde ich handeln, wie] die A[th]ener u[n]d [die] M|[ehrheit der Bundesgenoss]en beschließt, u[nd alles ü]brige [werde ich°] tun | [gemäß den Beschlüssen] der Athener un[d de]r |[35] [Bundesgenossen. Fürwahr,] b[ei] Zeus [un]d | [Apollon und De]met[er]: Halte ich meinen Eid, | [soll mir viel Gutes geschehen], wenn aber nicht, [das | Gegenteil.] *vacat*

## 221 Athen: Gesetz über Münzumlauf und Münzprüfung 375/4

Hesperia 43, 1974, 157 ff. (Ph, Ü); Epigraphica III 21.
Marmorstele von der Agora (AM). Stoichedon ab Z. 2.

Beschluß der Nomotheten*, in dem Jahr, da Hippo[damas] | Archon* war. Nikophon stellte den Antrag: *vacat* | Das attische Silbergeld ist anzunehmen, we[nn nachgewiesen wird, daß es] | Silber ist und den gemeindlichen Pr[ägestempel trägt. Der] |[5] gemeindliche Prüfer, der seinen Sitzplatz hat zw[ischen den (Wechsler-)Ti]|schen, hat nach den hier ergehenden Bestimmungen t[ägl]ich zu prüfen, [außer] | wenn Geldeinzahlungen (= öffentliche Einnahmen) erfolgen; an diesen Tagen (hat er zu amtieren) i[m Rath]|aus. Wenn jemand aus[ländisches Silbergeld (?)] vorlegt, | das denselben Stempel trägt wie das atti[sch]e, (und) w[enn es rein ist {*oder*: dasselbe Gewicht hat},] |[10] soll er es dem zurückgeben, der es vorgelegt hat; wenn es aber einen Kern [aus Bronze] | oder aus Blei hat oder (sonstwie) gefälscht ist, soll er es un[verzüglich (?)] mit einer (entwertenden) Schrägkerbe versehen lassen, | und (das Geld) soll Eigentum der Göttermutter sein und er soll es d[eponieren] | beim Rat. Wenn der Prü[fer] nicht an seinem Platz sitzt | oder die Prüfung nicht nach dem Gesetz vornimmt, sollen [ihm] |[15] die Syllogeis (= Konfiskationsbeamten) des Volkes fünfzig Schläge [mit der Peitsche] verabreichen° lassen. | Wenn jemand das Ge[ld] nicht annimmt, das [der Prü]|fer geprüft hat, soll beschlagnahmt werden, was er zum [V]erkauf [anbietet an dies]|em Tag. Anzeigen (von Verstößen) im Ge[treide(handel) sind an] | die Sitophylakes (= Getreideinspektoren) zu richten, (von Verstößen) auf der Agora°* und [im übri]|[20]gen Stadtgebiet an die Syllogeis des Volkes, (von Verstößen) [auf dem] | Emporion (Freihandelsmarkt) und im Piräus bei de[n Aufsehe]|rn des Emporion, mit Ausnahme der (Verstöße) im Getreide(handel); die (Verstöße) [im Getrei]|de(handel) (sind anzuzeigen) bei den Sitophylakes. Bei den Anzei[gen, deren Streitwert] | bis zu zehn Drachmen* beträgt, [sollen die B]ehörden° ermächtigt [sein], |[25] ein Urteil zu fällen; bei denen über [zehn Drachmen] | sollen sie ein Verfahren vor dem Gerichtshof einleiten. Die The[sm]oth[eten]* haben ihnen durch Losverfahren einen

Gerich[tshof] auszuwählen, | sobald sie (= die zuständigen Behörden) dazu auffordern; widrigenfalls sind sie mit einer Buße von [ – ] Drach[men] zu belegen. [Der] | Anzeiger soll als Anteil die Hälfte erhalten, wenn er beweist [ – ;] |[30] wenn der Verkäufer ein Sklave oder eine Sklavin ist, sollen [ihm (bzw. ihr)] | fünfzig Schläge mit der Peitsche verabreicht werden von [den Behörd]|en, die jeweils zuständig sind. Wenn einer [de]r M[agistra]|te nicht nach den (hier) schriftlich niedergelegten Bestimmungen handelt, soll ein Verfahren herbeiführ[ren (können) gegen ihn] | beim Rat jeder Athener, der es wünscht und der [dazu berechtigt ist;] |[35] wenn er überführt wird, soll er seines [Amtes] enthoben werden, und der Rat soll ihm obendrein eine Geldbuße von bis zu [500 Drachmen] auferlegen. [Da]|mit auch im Piräus ein Münzprüfer zur Verfügung steht [für die Schiffs]|eigner und die Handelsherren und [alle] übrigen, | soll der Rat aus der Reihe der Gemeindesklaven einen bestimmen, fall[s ein (Geeigneter) vorhanden ist (?)] |[40] oder einen ankaufen; den Kaufpreis sollen die Apodektai* [anweisen.] | Die Aufseher des Emporion haben dafür zu sorgen, [da]|ß er in der Nähe der Poseidonstele sitzt, [un]|d sie haben das Gesetz in der gleichen° Weise° anzuwenden, wie es hinsichtlich des in der Stad[t tätigen Prü]|fers normiert ist. Aufzeichnen lassen soll man auf einer S[tele] |[45] aus Marmor dieses Gesetz und sie aufstellen in der [St]|adt inmitten der Wechslertische, im Piräus vor der Poseidonstele. Der Schriftführer | des Rats hat die Pol[eten]* zur Verdingung (des Auftrags) anzuweisen; die Poleten haben beim Rat den Antrag zu stellen. D[ie B]|[50]esoldung des Münzprüfers, der im [Emp]|orion (tätig ist,) hat im Amtsjahr des Archon Hippodamas zu beginnen mit dem Zeitpunkt [seiner Ein]|setzung; die Apodekten haben dafür anzuweisen den gleichen Betrag wie [für] | den Prüfer in der Stadt; in Zukunft [soll] aber | seine Besoldung [erfolgen] aus derselben Kasse wie die der Münz[arbei]|[55]ter. Falls irgendwo auf einer Stele ein Beschluß aufgezeichnet wird, der d|iesem Gesetz zu[wider(läuft)°,] soll der Schriftführer des Rat[es] (die Stele) umstürzen.

## 222 Athen: Volksbeschluß über ein Bündnis mit Kephallenia 372?

IG II² 98 + Hesperia 9, 1940, 321 ff. Nr. 33 (Ph); StV II 267.
Zwei Fragmente einer Marmortafel (EM). Stoichedon.

[– | – | – | –] und nicht d[ie Kephallenier ohne die A|[5]the]ner. Wenn aber [jemand gegen Attik|a] zu Felde zieh[t entgegen d|iesem B]eschluß, [sollen zu Hilfe kommen die Kepha|ll]enier so wie [die anderen Bundesgenoss|en.] Alle G[esetze(sinschriften), die zu Ungunsten der Athen|[10]e]r bestehen [in Kephallenia,] | sollen sie umstürze[n auf der Stelle und aust]|ilge[n (= die Farbe der Buchstaben löschen) allenthalben auf jeden Fall.] | Sch[icken soll man Leute, die sich kümm]|ern solle[n um die Athener auf den In]|[15]seln, un[d die]sen [sollen Hilfe leisten], | falls [sie etwas brauchen, die Bes]|atzungen, die [jeweils auf den Inseln stationiert sind.] | Als Epimeletai* [soll man wählen für Kephall]|enia drei Mä[nner, solange der Krie]|[20]g dauert, über vier[zig Jahre a]|lt. Diese [sollen sich kümmern (?) um Ke]|phallenia, damit [es sicher sei für die A]|thener und Ke[phallenier. Den Be|schl]uß soll der Schrift[führer aufschreiben lassen |[25] auf] eine Marmorstele [und sie aufstellen auf der A|kropol]is auf Kost[en der Kephal|lenier. In allem übrigen wie es der R|at (beschlossen hat). Doch – | –] Kephall[enia – |[30] –] Die Epime[letai sollen sich küm|mern um Keph]al[l]en[ia –]

## 223 Theben: Epigramm auf den Sieg bei Leuktra 371

Geffcken 125; Hiller 66; IG VII 2462; Tod II 130; G.Pfohl, Geschichte und Epigramm. (AU Beilage VIII 2) Stuttgart 1964, Nr. 36 (Ph: K.Demakopoulou/D.Konsola, Archäologisches Museum Theben. Athen 1981, 30f.).

Kalksteinbasis aus einem Vorort von Theben (Museum). Boiotischer Mischdialekt.

Xenokrates, | Theopompos, | Mnasilaos. | Als Spartas Speer stark war, damals übernahm es |[5] Xeinokrates, durch das Los bestimmt, dem Zeus ein Tropaion* darzubringen, | ohne Furcht vor dem Heerzug vom Eurotas noch vor dem lakonischen | Schild. „Die Thebaner sind stärker im Krieg“, | verkündet in Leuktra dieses Siegeszeichen, siegbringend durch den Speer, | und in unserem Sturmlauf blieben wir nicht hinter Epameinondas zurück.

## 224 Athen: Zwei Ehrenbeschlüsse für Mytilene und andere Gemeinden von Lesbos 369 und 367

Michel 29; HH$^2$ 109; IG II$^2$ 107; Syll.$^3$ 164; Tod II 131.

Vier Fragmente einer Marmorstele, gefunden teils am Südhang der Akropolis, teils im Norden Athens (EM). Stoichedon Z. 3–6 und ab Z. 35.

[G]ötter! | [(Betreffend) die Myt]ilenaier. | [Nausig]enes war Archon*, (die Phyle*) Aiantis hatte die Pry|[tanie*] inne, Moschos aus (dem Demos*) Kydathenaion |[5] [war Schrift]führer, Aristyllos aus (dem Demos) Erchi|[a hatte den Vors]itz. *vacat* | [Besch]luß von Rat und Volk; *vacat* | [Dio]pha[ntos] stellte den Antrag: Betreffend den Vortrag der Gesandten aus Lesbos: | [beschlie]ßen möge der Rat, daß diese eingeführt werden sollen vor das Vo|[10][lk von den] Prohedroi*, die den Vorsitz erlosen werden für die nächs[te Volks]versammlung; die Beschlußvorlage des Rates soll vorgelegt werden [dem] V[ol|k, d]aß der Rat folgendes für gut befindet: Da die Mytilenaier Männer sind, [die sich verdient gemacht | haben] um das Volk der Athener, [jet]zt u[n]d in de[r Vergangen|heit] |, soll man belobigen das Volk der Mytilenaier w[ege]n ihrer Trefflichkeit |[15] [gegenüber dem Volk] der Athener; und sie sollen Zugan[g] erhalten, [wenn sie ein | Anliegen haben], zum Rat oder zum Volk als ers[te] nac[h d]en religiösen Angelegenheiten. | [Belobig]en soll man ferner Hiero[i]tas, weil er ein Mann ist, der sich verdient gemacht hat u[m d]a[s | Vo]lk der Athener und das der My[t]ile[na]ier. Aufschreiben lassen soll diesen | [Besch]luß der Schriftführer des [Ra]ts auf einer Marmorstele |[20] [und diese aufs]tellen auf der Akropolis. [Au]fschreiben lassen soll er auch den Besch[luß | auf die]selbe Stele, mit dem das Volk gea[ntw]ortet hat den Gesandten | [der My]tilen[ai]er unter Anführung des [Hie]roit[as. Fü]r die Aufzeichn|[ung der Ste]le soll der Schatzmeister des Volkes dem Schriftführer d|[es Ra]tes 20 Drachmen* [geben.] Belobigen soll man die Gesandten, die |[25] nach Mytilene [geschickt] worden sind, und man soll sie zum Mahl laden in | [das Pry]taneion* auf morgen. Laden soll man ferner die Synhedro[i* | der] Mytilenaier zum Gastmahl in das Prytaneion auf mo[rg|en. L]aden soll man ferner die Synhedroi der Methymnaier, | [A]ntissaier, Eresier und Pyrrhaier zum G[astmahl |[30] in] das Prytaneion auf morgen.

Autolykos stellte den Antrag: In [allem | übrigen] so wie der Rat (beschlossen hat). Doch soll man belobigen die Gesandten, [die] geschickt wurden nach Lesbos: T[i]monothos, Autolyk|[os u]nd A[r]istopeithes, und soll sie laden zum Mahl i|[n d]as Prytaneion auf morgen. *vacat* |[35] [Im Jahr, da Ly]sistratos Archon war. Beschluß [von | Rat] und Volk; Kallistratos [stellte den | Antrag: Be]lobigen soll man das Volk der Myt[il|enaie]r, weil sie ehrenvoll und bereitwillig mit [zu Ende | gekämpft] haben den vergange[nen] Krieg; |[40] [antwor]ten soll man den Gesandten, [die | gekommen sind:] Die Athener haben gekämpft [f|ür die Freihei]t der Hellenen; un[d d|a die Lakedaimon]ier zu Felde gezogen [sind gegen di|e Hellenen unter Bruch d]er beschworenen [Ver|[45]träge, sind sie (= die Mytilenaier) selbst] zu Hilfe geeilt und haben die [andere|n Bundesgenossen a]ufgerufen, [di|e gehöri]ge Hilfe den Athenern zu leist[en°, get|reu] den Eiden, gegen die Ü[ber|-

treter de]r Verträge. Sie fordern [– |[50] – in] der Vergangenheit [– | –] dem Volk der Myti[l|enaier – dem] Volk der Athener [– | – | – |[55] –] mit den Athen[e|rn –] damit [– | –] und [– | – | – |[60] – | –]

### 225 Athen: Ehrenbeschluß für Dionysios I. von Syrakus und seine Söhne 368

Michel 90; HH² 108; IG II² 103; Syll.³ 159; HAI 31; Tod II 133.
Marmorstele (EM). Stoichedon.

[Im Jahr, da L]ysistratos Archon* war; die (Phyle*) E]rech|thei]s hatte die zehnte Prytanie* inne, für die Exe[kes|tos] Sohn des Pai[o-nides] aus (dem Demos*) Azenia Schriftfüh[re|r war; von den P]rohedroi* leitete die Abstimmung Euangel[os. |[5] – | Pa]ndios stellte den Antrag: Hinsichtlich des Vortrags° der Gesandten, d[ie v|on] Dionysios gekommen sind, möge besch[ließ|en de]r Rat: Hinsichtlich des Brief[s, d|en gesch]ickt hat Dionysios über den A[uf]bau [d|[10]es Tem-p]els und über den Frieden, sollen die Bundesgen[ossen einen B|e-schlu]ß dem Volk vorlegen, so [wie er i|hn]en nach Beratung am be-s[ten zu s|ein] scheint°. Eingeführt werden sollen die Gesandten [vor | das] Volk in der nächsten Volksversamm[lung nach Hin|[15] zul]adung der Bundesgenossen [durch die Pr|ohed]roi*, und man soll debattieren über ihren V[ortra|g; eine B]eschlußvorlage des R[ats] soll man vorlegen | [d]em Volk, derzufolge der Rat es für gut befindet, [zu be-lo|big]en Dionysios, de[n Arch|[20]o]n (*hier* = Beherrscher) Sizil[iens]°, und die Söhne des Diony[sios, Dio|ny]sios und Hermokritos, weil sie [Männ|er sind°,] die sich verdient gemacht haben um das Volk der A[thener | und] um seine Bundesgenossen, und weil sie unterstüt[zen den | Kö]nigsfrieden, den abgeschlossen [haben die Athen|[25]er] und Lakedaimonier und d[ie übrigen Hel|lenen.] Und dem Dionysios soll man zu[senden de|n Kra]nz, den beschlossen hat das V[olk, bekrän|zen soll man die] Söhne des Dionysi[os mit einem goldenen | Kranz] von je t[ausend Drachm|[30]en, ihrer Vortrefflichke]it und [Freundschaft] weg[en. Es sollen se|in Dionysi]os und [seine] Sö[hne Athen|er, sie selbst] und ihre Nachkommen, [und zu Phyle und | Demos und Ph]ratrie* ihrer eigenen W[ahl] gehören. [Die | Prytan]en* der [E]r[echtheis sollen abge|[35]ben die Stimm]e hierüber [– | – wegen] ihr[er – ; und die sollen erhalten | Zutritt] zum [Rat und zum | Volk als er]ste [nach den religiösen Angelegenheiten. Die Str|ateg]en* u[nd] die P[rytanen sollen dafür Sorge |[40] tragen, d]aß [dies] gesch[ie]h[t. Aufschreiben lassen | soll diesen] Beschluß d[er Schriftführer – | –]

## 226 Athen: Volksbeschluß über ein Bündnis mit Dionysios I. von Syrakus 367

Michel 1452; IG II$^2$ 105 (= Syll.$^3$ 163) + IG II$^2$ 523; Tod II 136; StV II 280 (Ph: Kirchner$^2$ Tf. 26 Nr. 53).

Marmorstele von der Akropolis (EM). Stoichedon.

[Im Jahr, da Nausigen]es Arch[on* war; die (Phyle*) Aianti|s hatte die siebente P]rytan[ie* inne, Moschos aus (dem Demos*) Kydathen|aion war Schrif]tführer, [am zweiunddreißig|sten (Tag) der Pry]tanie; [von den Prohedroi* leitete die | Abstimmung –]s Sohn des Daïppos [aus (dem Demos*) Marathon. Beschluß des Vo|lkes; Pan]d[ios] stellte den Antrag: [Zum guten Glück der Athen|er möge beschließ]en das Vol[k: Man soll belobigen D|ionysi]o[s], Sizilien[s Archon (*hier* = Beherrscher), denn er ist | ein Mann,] (der sich) verdient (gemacht hat) um das [Volk der Athener | und um d]ie Bundesgenossen. Se[in soll er Bundesgenosse, er | selbst un]d seine Nachkommen, [des Volkes der Athen|er auf] alle Zeit [unter folgenden Bedingungen: Wenn jemand | zieht gegen d]as Land der A[thener in kriegerischer | Absicht, zu] Lande oder zu Was[ser, sollen zu Hilfe kommen Dio|nysios] und [seine] Nachkom[men, so wie | auffo]rdern die Athene[r, zu Lande und | zu Wasser mit alle[r Kraft, soweit es ihnen mög|lich ist. Und] wenn jemand zieht g[egen Dionysios oder] seine° [N|achkomme]n oder (gegen) die, über die [Dionysios] h[errscht, in | kriegerischer Absicht], zu Lande oder z[u Wasser, sollen zu Hilfe komm|en die Athe]ner, so wie [(jene) auffordern, so|wohl zu L]ande wie zu Was[ser mit aller Kraft, | so weit es ihnen möglich] ist. Die Waffen [sollen nicht er|heben dürfen°] D[io]nysios oder [seine Nachkommen | gegen] das Land der A[thener in feind|licher Absicht, weder] zu Lande noch z[u Wasser. Ebenso sollen nicht | die Athene]r Waf[fen erheben] dürfen [gegen | Diony]sios oder [seine] Nach[kommen oder | diejenigen, über die] Dionysios [he]rrsch[t, in feindlicher Absicht, weder | zu Lande] noch zu Was[ser. Entgegennehmen sollen den | Eid] über das Bünd[nis die Gesand|ten, die] von Dionysi[os gekommen sind; schwören | sollen der] Rat und di[e Strategen* und d|ie Hippa]rchen* und di[e Taxiarchen*; schwören | sollen Dio]nysios und die [Archonten* und der | Rat] der Syrakus[aner sowie Strategen u|nd Trie]rarchen*. Schwör[en sollen sie den gesetzlich vorgeschriebenen E|id, bei]de Seiten. Die [Eide abnehmen sollen | der Athene]r Gesand[te, die re]isen [na|ch Sizili]en. Aufschreib[en lassen soll diesen Besch]luß | [der Schrif]tführer des [Rates auf einer

St]ele [aus Marm|or und sie aufstellen lassen auf der Akropolis; für] d[ie Auf|zeichnung soll auszahlen der Schatzmeister des V]olk[es 30 D|rachmen*]. *vacat*

### 227 Athen: Volksbeschluß über Verhandlungen mit dem Aitolerbund 367

Hesperia 8, 1939, 5ff. Nr. 3 (Ph, Ü); Tod II 137.
Zwei nicht aneinanderstoßende Fragmente einer Marmorstele von der Agora (AM). Stoichedon ab Z. 4. Oben Giebel und Akrotere.

[Göt]ter! | [Demo]philos Sohn des Theoros aus (dem Demos*) Kephale | war Schriftführer. *vacat* | [Beschluß vo]n Rat und Volk; (die Phyle*) Oineis |[5] [hatte die Prytanie* inne], Demophilos Sohn des Theoros aus (dem Demos) Kephale | [war Schrift]führer, Phi[li]ppos aus (dem Demos) Semachidai hatte den Vor|[sitz, P]olyzelos war [Archo]n*. Kephisodotos st|[ellte den Antrag:] Obwohl der Bund der Aitoler angenom|[men hat die My]sterien-[Wa]ff[en]ruhe der Dem|[10][eter vo]n [E]leusis und der Kore, haben die Trichonier° die | [Verkü]nder der Waffenruhe aus den (Familien der) Eumolpid|[ai* und Ke]rykes* gefangengesetzt, (nämlich) Pr|[ophetes (?) u]nd Epigenes, entgegen den Gesetzen, d|[ie gemein]sam (sind) den Hellenen. Daher soll wählen der R|[15][at als]bald einen Herold aus al[len] Athenern, | [de]r reisen soll zum Bund | [der Aitoler und fordern soll, die] Männer freizulas|[sen –] rich[ten | – |[20] –]

### 228 Mylasa (Karien): Volksbeschlüsse nach Verschwörungen gegen Maussollos 367–354

Michel 471; HH² 133; SGDI 5753; HGI 32; Syll.³ 167; DGE 746; Tod II 138; I. v. Mylasa I 1–3 (Ph).
Steinplatte aus Mylasa (Paris, Louvre). Dossier aus 3 Texten, A aus dem Jahr 367/6, B von 361/0, C von 355/4.

*(A)* Im neununddreißigsten Jahr der Regierung des Königs Artaxerxes (II.), | als Maussollos Satrap* war, beschlossen | die Mylaseer in der Haupt-Volksversammlung, und | die drei Phylen* haben es bekräftigt: Arlissis Sohn des Thyssollos, |[5] von den Karern an den König gesandt, hat verstoßen gegen seinen Gesandt|schaft(sauftrag) und gegen Maussollos einen Anschlag unternommen, der ein Wohltäter |

der Stadt der Mylaseer ist, er selbst und sein Vater | Hekatomnos und deren Vorfahren; und der König | hat Arlissis als Übeltäter verurteilt und mit dem Tode bestraft. |[10] Daher soll auch die Stadt der Mylaseer handeln hinsichtlich | seines Vermögens gemäß den traditionellen Gesetzen. | Und sie haben es dem Maussollos zugesprochen und einen Fluch | ausgesprochen, daß hierüber niemand mehr einen gegensätzlichen° Antrag | einbringen oder zur Abstimmung stellen dürfe; wenn jemand |[15] hiergegen zuwiderhandelt, soll er zugrundegehen, er selbst | und alle die Seinen. *vacat* |

*(B)* Im fünfundvierzigsten Jahr der Regierung° des Königs° Artaxerxes (II.), | als Maussollos Satrap war, | beschlossen die Mylaseer in der Hauptvolksversammlung, |[20] und die drei Phylen haben es bekräftigt: Des Peldemos | Söhne, die sich vergangen haben am Standbild | des Hekatomnos, eines Mannes, der viel Gutes getan hat | für die Stadt der Mylaseer in Wort und Tat, | versündigen sich (damit?) auch gegen die heiligen Weihgaben und die Stadt |[25] und die Wohltäter der Stadt. (Die Mylaseer) haben sie als Übeltäter für schuldig | befunden, sie bestraft mit der Konfiskation ihres Vermögens und | ihre Besitztümer öffentlich verkauft, so daß sie rechtmäßig erworben sind | durch die Käufer; und sie haben einen Fluch ausgesprochen, daß hierüber | niemand mehr einen Antrag einbringen oder zur Abstimmung stellen dürfe; wenn jemand |[30] hierge[gen zu]widerhandelt, soll er zugrundegehen, er selbst und | alle die Seinen. *vacat* |

*(C)* Im fünften Jahr der Regierung des Königs Artaxerxes (III.), | als Maussollos Satrap war, hat Manitas Sohn des | Paktyes einen Anschlag unternommen gegen Maussollos, den Sohn des Hekatomnos, |[35] im Heiligtum des Zeus Labraundos, als die alljährliche Opferfeier | und das Fest stattfanden; Maussollos wurde | gerettet mit der Hilfe des Zeus, Manitas erlitt° seine gerechte Strafe | im Handgemenge. Es beschlossen die Mylaseer, wegen des Ver|gehens am Heiligtum und an Maussollos, dem Wohltä|[40]ter, eine Nachforschung anzustellen, ob noch andere Mitwis|ser (?) oder Mittäter an dieser Untat beteiligt waren. Nachdem überführt wurde | auch Thyssos Sohn des Syskos und verurteilt wurde als Komplize | des Manitas, beschlossen die Mylaseer, und bekräftigt haben es | die drei Phylen: Die Vermögen des Manitas Sohnes des Paktyos und des Thyssos |[45] Sohnes des Syskos sollen dem Maussollos übereignet werden. Und die | Besitztümer hat die Stadt öffentlich verkauft, wobei sie einen Fluch | aussprach, daß der Kauf dieser (Güter) für die Käufer | gültig sei und daß niemand° (dagegen) einen Antrag einbringen oder zur Abstimmung stellen dürfe; | wenn jemand hiergegen zuwiderhandle, solle er zugrundegehen, |[50] er selbst und alle die Seinen. *vacat*

## 229 Athen: Ehrenbeschluß für König Straton von Sidon um 367

Michel 93; HH$^{2}$ 111; Bleckmann 53; IG II$^{2}$ 141; Syll.$^{3}$ 185; Tod II 139 (Ph: R. P. Austin, The Stoichedon Style in Greek Inscriptions. Oxford 1938, Tf. 11).
Marmorstele von der Akropolis (Oxford, Ashmolean Museum). Stoichedon.

[– | –] der Athen[er u]nd sich darum gekümmert [hat], daß | in der angenehmsten Weise die Gesan|dten zum König reisen° konnten°, die das Volk abgesandt | hatte. Und man soll antworten dem Abgesandten | des Sidonierkönigs, daß er auch | in Zukunft als ein Mann, der sich verdien|t macht um das Volk der Athener, al|les erhalten wird von den Athener|n, dessen er bedarf. Es soll ferner Proxen|os* sein° des Volks der Athener Strato|n, der König von Sidon, er selbst | wie auch seine Nachkommen. Diesen Beschluß soll auf|schreiben lassen der Schriftführer des Rates | auf eine Marmorstele binnen zehn Tagen und | sie aufstellen lassen auf der Akropolis. Für die B|eschreibung der Stele sollen geben die | Schatzmeister dem Schriftführer des Rates | 30 Drachmen* aus dem Zehn-Talente*-Fonds. H|erstellen lassen soll ferner der Rat Legitimationsmarken (*symbola*) f|ür den König der Sidonier, damit | das Volk der Athener es (sicher) weiß, wenn | der Sidonierkönig sendet eine Bit|te an die Stadt, und damit der König der S|idonier es (sicher) weiß, wenn jemanden z|u ihm schickt° das Volk der Athener. Laden | soll man ferner zum Gastmahl den Abgesandten | des Sidonierkönigs in das Pryta|neion* auf morgen. *vacat* | Menexenos stellte den Antrag: In allem übrigen so wie | (der Antrag des) Kephisodotos. Doch von allen Sido|niern, die in Sidon beheimatet und (dort) Bürger | sind, sich aber zu Handelszwecken aufhalten | in Athen, soll es nicht erlaubt sein, die Met|öken*-Steuer einzuziehen oder zur Choregie* | jemanden heranzuziehen oder für irgendeine° Eisphora* | aufzulisten.

## 230 Keos: Vertrag mit Histiaia (u. a. über Isopolitie) um 364

IG XII 5, 594 (Ph); Syll.$^{3}$ 172; Tod II 141; StV II 287.
Marmorstele aus Chora/Iulis auf Keos (in einem Haus verbaut).

[– | we]nn sie (etwas) br[au]chen. Wenn einer [der Keer – | (sich als Verbannter) be]gibt nach Histiaia oder in der Histi[aier Land, soll° ihn nicht | auf]nehmen die Stadt. Wenn der Histiai[er wünscht, in Ke|o]s Bürger zu sein, soll er kommen und (in die Liste) ein[tragen lassen bei den Thesmo|phyl]akes* seinen Namen; die [Thesmophylakes | sollen ihm zuw]eisen Phyle* und Triptys (= Trittys*) [und Choros (= Demos*). | Wenn] der Keer wünscht, in Hist[iaia – | Bü]rger zu sein, soll° er bei den Str[ategoi* in | Hist]iaia (in die Liste) eintragen lassen [seinen] Na[men; die | St]rategoi [sollen ihm zuweisen] Phyle und Demos, [in dem er] | künftig sein Bürgerrecht ausüben wird. Ausfu[hr soll erlaubt sein dem] | Histiaier aus Keos so wie de[m Keer, und dem Keer aus] | Histiaia wie dem Histia[ier, Einfuhr aber in] | beide. Und dem Eid hinzu[zufügen ist <in Keos>, dem (Eid) des] | Rats: „und hinsichtlich der Histiaier [Gutes] r[aten, wie es ihnen] | möglich ist“, in Histiaia dem [Eid: „und hinsichtlich] | der Keer Gutes raten, [wie es ihnen möglich ist“. Sorge] | tragen sollen in Keos [der Rat und die | Pr]obuloi (Ratsausschuß) und d[ie – und die | As]tynomoi* für di[e Histiaier, in Histiaia die | Arch]o[n]te[n* (?) und – | – für die Keer. –]

### 231 Athen: Volksbeschluß über das abgefallene Iulis und über einen Vertrag mit den Städten auf Keos 362

IG II[2] 111; Syll.[3] 173; Tod II 142; StV II 289.
Marmortafel vom Südhang der Akropolis zu Athen (EM). Stoichedon.

Götter! | Im Jahr, da Charikleides Archon* war; die (Phyle*) Aiantis hatte die Prytanie* inne; Niko|stratos aus (dem Demos*) Pallene war Schriftführer, Philittios aus (dem Demos) Butadai | hatte den Vorsitz. Beschluß von Rat und Volk: Aristophon | stellte den Antrag: Da Bürger von Iulis, die die Athener zurückgeführt haben, dar|legen, die Stadt der Iulieten schulde der Stadt | der Athener (noch) drei Talente aus der berechneten Sum|me gemäß dem Volksbeschluß der Athener, den Menexeno|s beantragt hatte, soll es Beschluß des Volkes sein: Zahlen sollen die Iulieten den Athen|ern dieses Geld im Lauf des Monats Skirophorion im Jahr, da | Charikleides Archon ist. Zahlen sie es nicht in der | genannten Frist, sollen es eintreiben die | vom Volk zur Eintreibung von Schulden von | den Inselbewohnern Gewählten° in der (geeignetsten) Weise, die sie kennen. Bei der Eintreibung | sollen sie unterstützen die Strategen* von Iulis: Eche|timos, Nikoleos, Satyros, Glaukon und Herak|leides. Damit der beschworene Vertrag, den | der Stratege Chabrias abgeschlossen und beschworen hat gegenüber den Keiern im Namen der Athen|er und der Keier, die die Athener zurückgeführt haben, Bestand habe, sollen (den Vertrag) aufz|eichnen (lassen) die Strategen von Iulis, die laut | Beschluß bei der Eintreibung des Geldes mitwirken sollen, auf einer

Marmorstele | und (diese) im Heiligtum des Apollon Pythios aufstellen (lassen), so | wie sie in Karthaia aufgezeichnet sind. Aufzeichnen (lassen) soll | (sie) auch der Schriftführer des Rats auf einer Stele in derselben Weise und |[25] (diese) aufstellen auf der Akropolis. Für die Aufzeichnung soll auszahlen der Sch|atzmeister des Volkes 20 Drachmen aus dem Titel „Aufwendungen für Volksbeschlüsse". | Weil diejenigen Iulieten, die den beschworenen | Vertrag gebrochen° und Krieg geführt haben gegen das Vo|lk der Athener und gegen die Keier und die anderen Bundesgenossen |[30] und, nachdem sie zum Tod verurteilt waren, zurückgekehrt sind nach | Keos und die Stelen entfernt haben, auf denen aufgezeichnet waren | der Vertrag mit den Athenern und die Namen derer, die | den beschworenen Vertrag übertreten hatten, und weil sie die Freunde der A|thener, die das Volk zurückgeführt hatte, teils töteten, teils |[35] zum Tod verurteilten und ihr Vermögen konfiszierten entgegen | dem beschworenen Vertrag, (nämlich) Satyrides, Timoxenos und | Miltiades, weil sie die Ankläger gegen Antipatros waren, als der Rat der Athe|ner ihn zum Tod verurteilte wegen des Mordes an dem Proxe|nos* der Athener, Agaision {*oder:* Aision}, den er entgegen den Beschlüssen des Vo|[40]lks der Athener und unter Bruch des beschworenen Vertrags begangen hatte: | (deswegen) sollen sie verbannt sein aus Keos und aus Athen, und ihr Vermögen | soll eingezogen werden vom Volk der Iulieten. Auflisten | sollen ihre Namen alsbald im Angesicht des Volkes beim Sch|riftführer die Strategen von Iulis, die sich aufhal|[45]ten in Athen. Wenn aber [einer der] Aufgelisteten bestrei|tet, zu diese[n Männer]n zu gehören, soll es ihm erlaubt sein, Bürg|en zu stellen bei den Strategen von Iulis binnen dr|eißig Tagen und sich dem Prozeß zu stellen gemäß dem beschworenen | Vertrag in Keos und [in der Beru]fungsstadt Athen. S|[50]atyrides, Timo[xenos] und M[iltia]des sollen zurückkehren (können) na|ch Keos und zu ihrem Eigentum. Be[lob]igen soll man die aus Iulis Gekommenen: | Demetrios, Herakle[ide]s, E[cheti]mos, K[al]liphantos. Belo|bigen soll man ferner Satyr[ides], [Timoxeno]s und Miltiades. | Belobigen soll man auch die Stadt Karthaia sowie Aglokri|[55]tos, und man soll sie einladen zum [Gastmahl in]s Prytaneion* für morgen. *vacat* |

Folgenden Vertrag schlossen und beschworen die Strategen* der Athener | und die Bundesgenossen mit den Städten auf Keos: *v* „Ich werde nicht nachtragend sein | gegenüber den Keiern wegen irgendeines vergangenen Vorfalls, und ich werde nicht töten |[60] einen von den K[eiern] und keinen verbannen von denen, die sich an die Eide halten | [und an d]iesen Vertrag, sondern werde sie in das Bündnis aufneh|[men so wie] die anderen Bundesgenossen. Wenn aber einer einen Umsturz anzettelt | [in Keos entgegen] dem beschworenen Vertrag, werde ich das nicht zulassen mit kei|[ner Machenschaft od]er List, soweit ich es vermag. Wenn aber jemand | [nicht] in Keos [zu wo]hnen [wünscht], werde ich es zulassen, daß er, wo immer er will, in de|[n verbündeten St]ädten wohnt und sein Vermögen genießt. Diesen | [Eid will ich halten, bei] Zeus, bei Athena, bei Poseidon, bei | [Demeter. Wenn ich meinen Eid halte,] soll mir viel Gutes zuteil werden, wenn ich ihn breche, | [Übles." *v* Eid und Vertr]ag(sbedingungen) der Städte auf Keos mit | [Athen und seinen Bundesgenossen] und mit den Keiern, die die Athener zurückgeführt haben: | [„Ich werde Bundesgenosse sein der Athener und] ihrer Bundesgenossen und werde nicht | [abfallen von den Athenern und ihre]n Bundesgenossen, weder [ich°] selbst | [noch werde ich einem andern nachgeben, soweit es in meinen Kräften steh]t. Die Prozesse und d|[ie Klagen gegen Athener werde ich] alle in der auswärtigen Instanz (= in Athen) [führen] g|[emäß dem Vertrag, soweit ihr Streitwert über hu]ndert Drachmen liegt. We|[nn aber jemand sich erfrecht, sich an einem von den Keiern zu vergreifen, die zurückgekehrt] sind, oder von den Athenern | [oder den Bundesgenossen entgegen dem beschworenen] Vertrag, | [werde ich es nicht zulassen mit keiner Machenschaft oder List], sondern werde zu Hilfe | [kommen mit aller Macht, soweit ich es vermag. Dies] werde ich einhalten b|[ei Zeus, bei Athena, bei Poseidon, bei D]emeter; wenn ich halte | [meinen Eid, soll mir viel Gutes zuteil werden, wenn ich ihn, breche, Üb]les." *vacat* | [Folgendes schworen die Keier, die die Athener zurückgeführt haben: „Ich werde nicht na]chtrag|[end sein – | – | –"]

## 232 Athen: Volksbeschluß über ein Bündnis mit Arkadien, Achaia, Elis und Phleius 362/1

Michel 10; HH[2] 119; IG II[2] 112 + p. 658; Syll.[3] 181; HAI 34; Tod II 144; StV II 290.

Zwei Fragmente einer Marmorstele von der Akropolis (EM). Stoichedon. Oben Relief (sitzender Zeus mit Blitz, hinter ihm Athena, vor ihm weibliche Gestalt, vielleicht Peloponnes; Meyer Tf. 17, 2; Lawton 24).

Im Jahr, da Molon Archon* war. | Bündnis zwischen Athenern, Arkadern, Achaiern, El|eiern und Phleiasiern: Beschluß von Rat und Vol|k; (die Phyle*) Oineis hatte die Prytanie* inne, Agatharchos Sohn des Agatharchos aus (dem Demos*) Oë | war Schriftführer, Xanthippos aus (dem Demos) Hermos hatte den Vorsitz, Pe|riandros stellte den Antrag: Geloben soll der Keryx* sofort | dem Olympischen Zeus, der Athena Polia|s*, der Demeter und Kore und den Zwölf [G]|öttern und den Erhabenen* Göttinnen, wenn vorteilhaft sei für der A[the]|[10]ner Volk der Beschluß über das Bündni[s, ein Op|fe]r und eine Prozession zu veranstalten, wobei [diese] durchgeführt werden (sollen), | [so] wie es das Volk beschließt. Dies sei gelob[t. Da | aber] die Bundesgenossen einen Beschluß eingebracht haben in d[en Rat,] | man solle das Bündnis [a]nnehmen, so wie es vorschla[gen di|[15]e Ar]kader, Achaier, Eleier und Phle[iasier, und da au|ch der R]at ein Probuleuma* im gleichen Sinn erlassen hat, möge besch[ließen das V|olk, es sollen] Bundesgenossen sein, zum guten Glück [des Volkes auf | alle] Zeit [das Volk] der Athene[r und seine Bundesgenos|sen und die A]rkad[er und Achaier und Eleier und Phlei|[20]asier; – | –] Ach[aier – | – | der St]ädte nicht [– | –] und nicht [– |[25] –] auf [dieser] Stel[e. Wenn aber jemand zieht gegen Atti|ka] oder den Demos (*hier* = die Demokratie) [stürzt bei den Athenern oder einen Tyrannen | ei]nsetzt oder eine Oli[garchie, sollen zu Hilfe kommen die Arkader und Achai|er] und Eleier u[nd Phleiasier den Athenern mit aller K|ra]ft so, wie [die Athener auffordern, so gut sie |[30]kö]nnen. Und wenn [jemand zieht gegen diese Städte oder den] | Demos [der Phleiasier] stürz[t, oder wenn er die Verfassun]|g der Achaier oder d[ie der Arkader oder die der Eleier umstürzt oder] | verändert oder [Leute] in die Verbannung [treibt, sollen zu Hilfe kommen die Athener d]|iesen (Städten) mit aller Kr[aft, so, wie auffordern die A]|[35]ngegriffenen, so [gut sie können. Den Oberbefehl soll haben (jeweils) i]|n ihrem eigenen Land eine je[de (Stadt). Wenn aber alle] Städte [beschließen, etwas anderes] | hin[zuzusetzen, soll, was beschlossen wird, in den Eid eingeschlossen sein.] Schwören sollen [in einer jeden Stadt die höchsten Magistrate in der Pelo]|ponnes, [bei den Athenern die Strategen* und di]|[40]e Taxiar[chen* und die Hipparchen* und die Phylar]|chen* und d[ie Hippeis* – | –]

## 233 Argos: Beschluß (?) der Teilnehmer am Allgemeinen Frieden der Hellenen 362/1?

IG IV 556 + p. 380; HGI 36; Syll.[3] 182; Tod II 145; S. Accame, La lega ateniese del sec. IV a.C. Rom 1941, 173; StV II 292; Piccirilli 48 (Ü).

Marmorstele aus Argos (verschollen, nur aus Abschriften des 19. Jh.s bekannt). Zwei Texte: Z. 1–17 zu o. g. Thema, ab Z. 18 Schiedsspruch. Attischer (Z. 1–17) bzw. dorischer (ab Z.18) Dialekt.

[–] verb[annt (?) – | – teil]nehmen am Allgemeinen [Frieden. Deutlich | machen soll man dem von d]en Satrapen* gekommenen (Gesandten), daß die [Hellenen Ge|sandte] geschickt haben zueinander und beigelegt haben ihre [Streitigkeiten zur |5 (Erzielung eines) A]llgemeinen Friedens, damit sie, befreit von dem un[ter ihnen (herrschenden) Kr|i]eg, alle ihre Städte so gr[oß und wohlhab|en]d wie möglich machen und ihren Freund[en] nutzbringend [und eine Stütze] bleiben können. | [Was den (Perser-)K]önig betrifft, so wissen sie nichts von irgendeinem Krieg zwischen ihm und [ihnen. Wenn er n]|un Ruhe hält, die He[llenen] nicht (zum Krieg) reizt [und auch nicht den j|10etzt] unter uns hergestellten Frieden [zu zerstören] versucht mit kei|ner [List] oder Machenschaft, werden auch wir uns [friedlich gegen den K|ö]nig verhalten°; wenn er aber Krieg führt gegen irgendwelche der [mit uns im Vertrag Stehenden oder Hi|l]fe jemandem leistet zur Störung die[ses] Frie[dens oder se|lbst] entgegen(tritt) den Hellenen, die diesen [Frieden abgeschlossen |15 haben,] oder sonst jemand aus seinem Lan[d, werden wir uns wehren, gemeinsam | all]e, (wie es) angemessen (ist) dem jetzt geschlossenen F[rieden und unseren früheren | Tat]en. *vacat* |

*vacat* Den Richtern, die von den [– (gekommen sind) – | – über das] Land, um das sie streite[n – |20 –] hierüber [ – | –]

## 234 Athen: Volksbeschluß über ein Bündnis mit den Thessalern 361/0

Michel 11; IG II² 116; Syll.³ 184; Tod II 147; StV II 293.

Marmorstele vom Südhang der Akropolis von Athen (EM). Stoichedon ab Z. 5 (Z. 1–4 größere Schrift). Oben Relief (Reiter; Meyer Tf. 20, 2).

Götter! | Im Jahr, da Nikophemos Archon* war: | Bündnis der Athener und | der Thessaler für alle Zeit. |5 Beschluß von Rat und Volk; die (Phyle*) Leontis hatte die Prytanie* | inne, Chairion Sohn des Charinautos aus (dem Demos*) Phaleron war Schriftführer, Ar|chippos aus (dem Demos) Amphitrope hatte den Vorsitz inne; am zwölften Tag der Pr|ytanie; E[x]ekestides stellte den Antrag: Hinsichtlich des Vortrags der G|esandten der Thessaler möge das Volk beschließen, man solle annehm|10en das Bündnis, zum guten Glück, so wie (uns) auffordern | die Thessaler. Bestehen soll für sie das Bündnis mit den A|thenern auf alle Zeit. Es sollen auch die Bundesgenossen° der Athen|er sämtlich der Thessaler Bundesgenossen sein° und die der | Thessaler (Bundesgenossen) der Athener. Schwören sollen von den Athenern die Str|15ategen* und der Rat und die Hipparchen* und die

Hipp|eis* folgenden Eid: „Ich werde zu Hilfe kommen mit aller Kraft nach meiner Mö|glichkeit, wenn jemand zieht gegen das Koinon* der Thessaler in krieg|erischer Absicht oder den Archon* stürzt, den die Thessaler gewählt haben, oder | einen Tyrannen einsetzt in Thessalien". Schwören soll man den |[20] gesetzlich vorgeschriebenen Eid. Damit aber auch die Thessaler den Eid leisten gegenüber unserer S|tadt, soll das Volk fünf Männer wählen aus allen° Athenern, | die nach ihrer Ankunft in Thessalien den Eid abneh|men sollen dem Archon Agelao[s] und den [P]olema[r]chen* und | den Hi[p]parchen und den Hippeis und den [Hier]o[mn]emonen* |[25] und den übrigen Beamten, die über das Koinon* der The|ssaler gebieten, folgenden Eid: „Ich werde zu Hilfe kommen mit aller Kra|ft nach meiner Möglichkeit, wenn jemand zieht gegen die Stadt der Ath|[en]er in kriegerischer Absicht oder das Volk der Athener entmachtet." |[30] Schwören sollen auch die Gesandten der Thessaler vor | dem Rat, die sich in Athen [auf]halten, denselben Eid. | Den Krieg gegen Alexandros soll es nicht [erlaubt sein] zu b|[een]den, [weder] den Thessalern ohne (Zustimmung der) Athen[er noch] den A|[then]ern o[hne (Zustimmung) des] Archons und des Koinons [der Thess|aler]. Belobigen soll man den Archon Agelaos [und das K|[35]oinon] der Thes[sal]er, weil sie gut und bereitwillig get[an haben al|les,] wozu sie unsere Stadt a[uf]gef[or]dert [hat]. Be[lobigen | soll man auch] die Ges[andten] der Thessaler, di[e geko]mmen [sind, und soll sie l|aden zum Ga]stmahl in [das Pr]yta[ne]ion* [für] morg|[en. Di]e Stel[e ü]be[r° da]s [B]ündnis° mit Al[exa]nd[r]os sollen [nie]derreiß[en lassen] die |[40] [Schatzmeist]er der Göttin. Den Gesan|[dten soll ausz]ahlen der Schatzmeist]er des [Volk]es als Reisegeld 20 Drach|[men]* einem jeden. Dieses Bü[n]dn[is] soll aufschreiben lassen der | [Schriftfüh]rer des R[ate]s auf einer Marmor[stele und au]fstellen lassen | [auf der Akrop]olis; für [die Aufzeichnung (der Inschrift auf)] der [Ste]le soll auszahlen |[45] der Schatzmeister des Vol[kes] 20 [Drachmen.] Ferner soll [Th]e[ai]t|etos aus (dem Demos) Erchia, weil er [ausge]zeichnete Anträge stellt [un]d Gutes° [bew]irkt, was | er kann, für den Demos der Athener und für die The|ssaler, angesehen werden als jemand, der (seine Pflicht) ordentlich erfüllt. *vacat.*

### 235 Delphi: Vertrag mit Skiathos über den Zugang zum Orakel um 360

BCH 63, 1939, 183ff. (Ph); StV II 295 (Ü); LSCG Suppl. 41; CIDelph I 13.

Elf Fragmente einer Marmorstele aus der Umgebung des Apollontempels (Delphi, Museum). Stoichedon ab Z. 3.

Für der S[kia]thier | V[olk un]d Kolonisten: | Dies sind Abmachungen zwischen Del|phern und Skiathie|5rn: Sie haben gegeben die Proman|tie* und Ateli|e* von a[ll]em außer dem P|elan[os] (= Orakelgebühr). Als Pelanos | für die Gemeinde |10 einen Stater* (nach dem Standard) von Aigina, | für den Privatmann zw|ei Obolen. Für das Fell | von der Gemeinde zwei | Obolen, vom Privatmann |15 einen Obolos*. Wenn jemand zu den beiden ge|rösteten (Bohnen, *also:* zum Bohnenorakel) gekommen ist, für die | Gemeinde einen State|r (nach dem Standard) von Ai[gina, für den | Privatmann –] | *lacuna* | – dem Gott |20 [als Orakelopf]er auf | [den Ti]sch einen Ziegenbock | von großer Sch[önh]eit | und die übrigen Opfer n|ach dem Brauch. Die Delphe|25r sollen zur Verfügung stellen den Skia|thiern einen Speisera|um, Holz, Essig, Salz. Bei den Th|[eoxe]nia* sollen sie die | [Liege]n {*oder*: [Antei]le} geben. U|30nd [Pr]odikie* und | Asy[li]e* sollen bestehen für die Ski|athier. Beschlossen | haben die Delpher, daß diese° traditionellen (Rechte) | die Skiathier haben sollen, |35 mit Vierhunder|[ter]-Votum und m|[eh]r (= mit der qualifizierten Mehrheit von über 400 Stimmen).

### 236 Kios (Bithynien): Ehrenbeschluß für Athenodoros aus Athen nach 360

HH$^2$ 126; Tod II 149; I. v. Kios 2 (Ü).
Steinblock aus Kios (Gemlik, im Hof einer Kirche).

[Als] Phruros [Epime]nios* war, am achten im (Monat) Lenaion, | [in der Haupt-]Volksversammlung; Konon war Prytane*, Entschließung | [der Archon]ten* und der Strategen*: Athenodoros | [aus Ath]en [soll man belobigen] als einen Mann, der sich verdient gemacht hat |5 [um die Sta]dt der Kianer und (ihr) Wohltäter (ist). Aufstellen | [soll man von ihm ein Standbi]ld aus Bronze; verliehen werden sollen ihm und seinen Nachkommen | [der Ehrensitz u]nd die Freiheit von allen Abgaben und Einfahrt und Ausfahrt (im Hafen) | [unter Unverletzlichkeit des Eigentums und ohne förmliches Ab]kommen in Friedens- und Kriegszeiten. | [Wenn aber jemand Unr]echt zufügt dem Athenodoros oder den Nachkommen des |10 [Athenodor]os, sollen ihnen die Kianer zu Hilfe kommen mit aller Kraft | [so gut sie kö]nnen, und je schneller sie dies tun, um so besser.

### 237 Amphipolis: Volksbeschluß über die Verbannung von Feinden Philipps II. von Makedonien 359 oder 357

Michel 324; HH$^2$ 125; SGDI 5282; HGI 39; Syll.$^3$ 194; DGE 799; SF$^4$ 66; Tod II 150; Buck 12; Pfohl 104.
Stele (EM). Stoichedon. Ionischer Dialekt.

Beschluß des Volkes: Phi|lon und Stratokle|s sollen verbannt sein aus Amphipoli|s und dem Land der Amph|ipoliten in ewiger Verbann|ung, sie selbst und ihre | Kinder; und wenn sie etwa gefa|ngen werden, sollen sie behandelt werden | wie Feinde, und | straflos soll ihre Tötung sein; | ihre Vermögen sollen | von der Gemeinde eingezogen werden und der Z|ehnte davon geweiht sein dem A|pollon und dem Str|ymon. Die Prost|atai* sollen sie (ihre Namen) aufschreiben lassen | auf eine Marmorstele. | Wenn jemand den Beschluß | aufzuheben beantragt oder diese° Leute° beher|bergt mit List | oder Machenschaft irgendwelcher | Art, dessen Vermögen soll von der Gemeinde | eingezogen werden, und er selbst | soll aus Amphipolis verbannt sein | in ewiger Verbannung.

### 238 Athen: Bündnis mit den Thrakerfürsten Berisades, Amadokos und Kersebleptes 357

IG II$^2$ 126 + p. 658; Tod II 151; StV II 303.
Fragment einer Marmorstele von der Akropolis (EM). Stoichedon.

[– zu H]i[l]fe [kommen – | – un]d die Bundesgenos[sen – | – wen]n es nicht schei[nt – | – Hinsichtlich d]er Städte, di[e eingetragen wurden auf den St|elen als zahl]end an Berisades [oder Amadokos oder Kersebl|eptes die] Tribute und auch den Athen[ern tributpflichtig si|nd: Wen]n [die Städte] nicht abliefern den Athen[ern die | Tribute, sollen (diese) ein]treiben Berisades, [Amadokos und Ke|rseblept]es, so gut sie können. U[nd wenn etwa dem Berisad|es oder dem Amadok]os oder dem Kersebleptes nicht [abliefern die Tri|bute die Städt]e, sollen (diese) eintreiben die Athene[r und von den Magis|traten (?) die jeweils] Kommandierenden, [so gut sie könn|en. Die] griechischen [Städt]e a[uf der Chersoneso|s, die zahlungspflichtig sind dem B]erisades und Amadok[os und Kers|ebleptes den] traditionellen [Tr]ibut und den A[thenern d|en Bundesbeitrag,] sollen [fr]ei sein und autono[m als Bu|ndesgenossen der A]thener, entsprechend ihren Eiden, un[d (ebenso) des Beris|ades und Amadoko]s und Kersebleptes.

Wenn [aber eine d|er Städte abfäll]t von den Athenern, sollen zu Hi[lfe kommen Beris|[20]ades und Amadokos] und Kersebleptes[es, so wie | die Athener (sie) auffordern.] Wenn aber [– | –]

### 239 Arkesine (Amorgos): Ehrenbeschluß für Androtion aus Athen 357/6

IG XII 7, 5 (Ph); Syll.$^{3}$ 193; Tod II 152; Migeotte 48; Bielman 2 (Ph, Ü).
Marmorstele aus Kastri (Arkesine) auf Amorgos (Syros, Museum). Stoichedon. Oben Giebel und Akrotere.

Beschluß von Rat und Volk von | Arkesine: Da sich Androtion verdient | gemacht hat um das Volk von Ar|kesine und nach seinem Amtsantritt als Gouverneur der Stadt weder |[5] einen der Bürger noch einen der Fremden, die | in der Stadt eintreffen, behelligt hat, u|nd da er für einen Kredit, den er zur rechten Zeit der Stadt zur Verfügung stellte, | keinerlei Zins nehmen wollte, u|nd da er den Sold für die Garnison, als die Stadt° in (finanzieller) Verlegenheit |[10] war, aus eigener Tasche vorstreckte, a|m Jahresende aber bei der Rückzahlung (des Betrags) keiner|lei Zins erhob und so bewirkte°, daß die Stadt | zwölf Minen* weniger ausgeben mußte | in jedem Jahr, |[15] und da er ferner von den in feindliche Gefangenschaft Geratenen | diejenigen, die ihm der Zufall in den Weg führte, freikaufte: (deshalb) soll man bekränzen | Androtion Sohn des Andron aus Athen mit einem gol|denen Kranz im Wert von fünfhundert Drach|men* seiner Tüchtigkeit, seiner Gerechtigkeit und seiner freundlichen |[20] Gesinnung wegen, die er gegen das Volk von Ark|esine hegt, und man soll ihn aufschreiben als Proxenos* un|d Wohltäter der Stadt Arkesine, ihn selbst und seine Nachkommen, und | er soll Atelie* von allen Abgaben haben.° *vv* Da [nun |[25] a]uch [die] Bundesgenossen beschlossen haben [– | – eb]enso [–]

### 240 Athen: Volksbeschluß über den Schutz Eretrias 357/6? 343?

Michel 1455; IG II$^{2}$ 125 (+ p. 658); Syll.$^{3}$ 191; Tod II 154 (danach die Übersetzung); SEG 34, 67.
Marmorstele von der Akropolis (EM). Stoichedon.

[Beschluß des V]olks; Heges[i]pp[os stellte den Antrag: Damit in | Zukunft von de]n Bundesgenossen keiner [vom Volk der Athener | und auch sonst] keiner, sei er Fremder od[er Bürger, sich Übergriffe leistet | gegen] einen [der Bundesgenossen], indem er sein Unternehmen beginnt [von Attika aus oder | von den] Bundesgenossen-Städten irg[endwoher, möge beschließe|n d]as Volk: Hinsichtlich derer, die am Angriffskr[ieg teilgenommen haben gegen d|as] Land der Eretrier, soll der Ra[t ein Probuleuma*] | fassen und es dem Volk vorlegen fü[r die nächste Volks]|versammlung, damit sie Strafe erleiden gemäß [den Verträgen. Wenn] | jemand künftig einen Angriffskr[ieg führt gegen Ere]|tria oder gegen eine andere der Bundesgenos[sen-Städte, einer von den Athe]|nern oder den Bundesgenossen der Athen[er, soll man ihn zum Tod] | verurteilen und sein Vermögen soll [konfisziert sein und d]|er Göttin soll der Zehnte gehören. Und es soll sein [seine Habe] | der Wegnahme verfallen aus allen Städte[n im Bunde; wenn] | aber eine Stadt sie wegnimmt, soll sie es schuld[en der Gemeinschaft d]|er Bundesgenossen. Aufschreiben lassen soll man den [Beschluß auf einer Stele aus Ma]|rmor und sie aufstellen auf der Akrop[olis und auf der Agora*] | und im Hafen. Das [Geld auszahlen für die A]|ufzeichung soll der Schatzmeister d[es Volkes. Belobigen soll man diejenigen, d]ie zu Hilfe geeilt [sind] nach E[retria – und die Ka]|rystier – den Str|a]tegen* [– | – | –]

## 241 Erythrai: Ehrenbeschluß für Maussollos zwischen 357 und 355

Michel 501; HH$^2$ 134; SGDI 5687; Syll.$^3$ 168; HGI 40; DGE 703; Tod II 155; Buck 5; I. v. Erythrai I 8 (Ph, Ü).

Fragment einer Kalksteinstele von der Akropolis von Erythrai (verloren). Stoichedon mit Silbentrennung. Ionischer Dialekt.

Beschluß des Volk[es auf der Strategen*] | Antrag hin: Maussollos [Sohn des He]kat[omnos] | aus Mylasa, soll°, da er sich verdient [gem]|acht hat um die Stadt der Ery|thraier, Wohltäter sein der | Stadt und Proxenos* und Bür|ger, und Einfahrt und Ausfahrt (aus dem Hafen soll ihm offenstehen) | in Krieg und Frieden ungefährdet | auch ohne einen Vertrag, und Atelie* un[d | E]hrensitz. Dies soll gelten für ihn se|[lbs]t und seine Nachkommen. Aufstellen soll man v[on | ihm f]erner ein ehernes Standbild auf der A|[gora] und von Artemisia ein Standbild | [aus Mar]mor im Athenaion, und | [bekrä]nzen soll man Maussollos | [mit einem Kranz (im Wert) von] fünfzig [Dar]eiken*, die Arte|[misia] von dreißig Dare[i|ken. Schreiben lass]en soll man dies auf eine Stele | [und diese aufstelle]n im Athenaion [und | dafür Sorge tragen so]llen [die Exetastai*].

## 242 Athen: Volksbeschluß über ein Bündnis mit Königen der Thraker, Paioner und Illyrer 356

Michel 1456; IG II$^2$ 127; Syll.$^3$ 196; Tod II 157; StV II 309.
Drei Fragmente einer Marmorstele von der Akropolis (EM). Stoichedon. Oben Relief (Reiter nach rechts sprengend; Meyer Tf. 20, 1; Lawton 27).

[Sch]riftführer war Lysias Sohn des Lys[- aus (dem Demos*) Pithos.] | Bündnis der Athener mit Ketripor[is dem Thraker und sei]|nen Brüdern und mit Lyppeios dem [Paioner und mit Gra]|bos dem Illyrer. In dem Jahr, da Elpinos Arch[on* war, die (Phyle*) Hippotho|[5]ntis] hatte die erste Prytanie* inne, am elf[ten Tag der Prytanie; | von den Pro]hedroi* leitete die Abstimmung Mnesarch[os – Beschluß | von R]at und Volk; Kallisthe[nes stellte den Antrag: Zum guten Gl|ück des Vol]ks der Athener! Man soll annehm[en das Bündni]|s [unter den Bedingungen, unter denen, Monu]nios zufolge, dem Brude[r des Ketriporis, sein B]|[10]rud[er] abgeschlossen habe mit dem [Abgesandten des] | Volkes [der Athen]er an Ketriporis und [dessen Brüder und L]|yppei[os den Paio]ner und Grabos [den Illyrier. Die Pro]|hedroi, [die den V]orsit[z für die nächste Volksversammlung erlosen,] | sollen ein[führen in di]e Vo[lksversammlung Monunios, den Bruder d]|[15]es Ketr[iporis, und Peisianax und die Gesandtschaften, d]|ie gekommen [sind von Lyppeios und Grabos, und –, den Abgesandten°] | des Chares; [und sie sollen die Beschlußvorlage des Rats vorlegen] | der Volksversammlung, [daß der Rat es für gut befindet, das Bündnis] | anzunehm[en, d]a [– |[20] –] | den Chares [– der Ath|en]er [– | – i]n kr[iegerischer Absicht – | – Ly]pp[eios {*oder*: Phili]pp[os} – |[25] – | –] das Sil[be|r. Belobigen soll man Ketriporis und seine Brü]der, weil sie [M|änner] sin[d°, die sich verdient gemacht haben um d]as [Volk der Athener;] belobig[en soll man | auch seinen Bruder Monunios, der ge]kom[men ist v]on [Ketripor|[30]is, wegen seiner Trefflichkeit und freundlichen Gesinnung, und ihn] la[de]n zum Gastmahl in | [das Prytaneion* auf] m[orgen. Belobi]gen soll man auch Peisiana[x | und ihn zum Gastmahl laden in das Prytan]eion auf morge|[n. Laden zum Gastmahl soll man die Gesandten, die ge]kommen sind von d|[en anderen Königen, i]n d[as] P[r]y[t]aneion auf morgen. Wenn |[35] [etwas fehlt an diesem] Be[sch]luß, soll d[e]r [R]at die Vollmacht haben. *v* | [Zu Gesandten sind gewählt:] Lysikrates *v* aus (dem Demos*) Oin[o]ë *v* Antimachos *v* | [– , Thra]son *v* aus (dem Demos) [Er]chia. *vacat* | [Ich schwöre bei Zeus und Ge] und Helios und Poseidon und Athena und | [Ares: ich werde Freund sein] dem Ketriporis und den Brüdern des K|[40][etriporis und B]undesgenosse und werde zusammen mit Ketripor|[is den Krieg] gegen Philipp ohne Falsch mit aller Kraft führen°, | [soweit ich es vermag, u]nd ich werde nicht vorzeitig den Krieg beenden oh|[ne Ketriporis u]nd seine Brüder, den (Krieg) gegen Philipp, u[nd | die anderen Länder, die] Philipp [besetzt] hält, werde ich unterwerfen zusammen m|$^{45}$[it Ketriporis u]nd seinen Brüdern, und ich werde helfen, Krenides zu erob|[ern zusammen mit Ketrip]o[r]is un[d s]einen [Br]üdern und werde zurückgeben die | [–]

### 243 Athen: Volksbeschluß über ein Bündnis mit Neapolis in Thrakien 355

HH$^2$ 132; Michel 1457; IG II$^2$ 128; Syll.$^3$ 197; Tod II 159; StV II 312.
Marmorstele (Fundort unbekannt; EM). Stoichedon ab Z. 5. Nach Z. 1 Relief (Athena begrüßt Parthenos, die Schutzgottheit von Neapolis; Meyer Tf. 22, 1; Lawton 28).

[Im Jahr, da] Elpinos Ar[chon* war.] | (*Relief*) | [Betrifft: Die N]eopolit[en | De]mosthenes Sohn des Theox[enos, | Di]o[sk]urides Sohn des Ameips[ias. |$^5$ In der Prytanie*] der [(Phyle*) Anti]o[ch]is, der neunten Prytanie, für die Lys[ias Sohn des Lys– | – (aus dem Demos*) Pi]thos Schriftführer war. Von den Prohedroi* leitete die Abstimm[ung Kallist|oge]iton (aus dem Demos) [Ph]e[g]aia. *vacat* | [Beschl]uß [des] Rates und des Volkes. Polyeukto[s stellte den Antrag: Bezüglich dessen, was | die Ge]san[dten] der Neopoliten vortragen, De[mo]sth[enes und Diosk|$^{10}$urides, soll] Besch[l]uß des Rates sein, daß die Pro[hedroi, die dann | a]mtier[en], sie° in die nächste Volk[sversammlung einfüh|ren sollen] vor den Demos und verhandel[n über das, wozu sie auffor|dern, und die Beschlußvorlage v]o[rl]egen des Rats [an das Volk, dem|zufolge der R]at [für gut befindet], da das V[ol]k beschl[ossen hat (?) – |$^{15}$ –] einer Sta[dt] im Bünd[nis (?) – | –] Apagoge (= Festnahme durch jedermann und Vorführung), wenn jemand [– | – wählen a]us allen Athenern, d[ie –]

### 244 Theben: Kriegsbeiträge zum Heiligen Krieg gegen die Phoker 355–351

IG VII 2418; SGDI 705; Michel 617; HH$^2$ 135; HGI 41; Syll.$^3$ 201; DGE 467; Tod II 160; Buck 40.
Steinplatte aus Theben (Museum). Ionische Schrift; stellenweise Interpunktion mit Dreifachpunkt. Boiotischer Dialekt.

[Folgende haben Gel]dbeiträge gesp[endet für den Krieg, | den] gefü[[hrt haben]] die Boioter zugunsten [des Heiligtums in Delphi | g]egen diejenigen, die frevelten gegen das Heiligtum [des Apollon | P]ythios: *vacat* |[5]

Im Jahr, da Aristion Archon* war: Die Alyzaier [– ;] | Gesandte (die das Geld überbrachten): Charops Sohn des Dadon, Aristo[–.] | Die Anaktorier dreißig Minen*; Über[bringer: –] | Sohn des Phormos; Arkos Sohn des Tereus. | Die Byzantier vierundachtzig lampsakenische Gold-St[atere*, ] |[10] sechzehn° at[tische] Silber-[Dra]|chmen*. Die Synhedroi* der Byzantier [überbrachten] | das Gold: Kerkinos Sohn des Herotimos, Ag[–] | Sohn des Deloptichos, Dionysios Sohn des Heiraion. | Athanadoros Sohn des Dionysios aus Tened[os], |[15] Proxenos* der Boioter, tausend Dr[achmen.] |

Im Jahr, da Nikolaos Archon war: Die Aly[zaier] | weitere dreißig Minen; ge[bracht haben (den Betrag)] die Gesandten der Alyzaier Theo[– | Sohn des A]lexandros, Dion Sohn des Poly[–] |[20]

Im Jahr, da [A]gesinikos Archon war: Die Byzantier [spen|d]eten weitere fünfhundert lampsakenische° [Gold-]Statere | für den Krieg, den z[ugunsten des | H]eiligtums in Delphi die Boioter geführt haben. | (Das Geld) brachten die Synhedroi Sosis Sohn des Karatichos, |[25] [P]armeniskos Sohn des Pyramos.

## 245 Athen: Beschlüsse von Gemeinden auf Keos über Export von Rötel nach Athen vor 350

Michel 401; Bleckmann 49; IG II$^2$ 1128; Tod II 162; StV II 320; Epigraphica I 5.

Zwei Fragmente einer Marmorstele von der Akropolis (EM). Dossier aus drei Texten: Beschlüsse von Karthaia (Z. 1–8), von Koressos (Z. 9–24) und von Iulis (Z. 25–40).

[– | –] expor[t – die] | (An-?)Teile der Trans[porteure (?) – | –] und we[nn – |[5] [K]arthaieer [be]sch[l]oss[en – Laden soll man – die Athener – in das ] | Prytaneion*. [D]amit [– g]|eschrieben steht, sollen Sorge trag[en – was] | sie Gutes erweisen können [– ] |

Th[eog]enes stellte den Antrag: Beschließen mögen der Ra[t und das Volk der Koresier: Hinsichtlich des Vortrags der (Gesandten) der Athe]|[10]ner, daß der Rötel-Ex[port nach Athen – s]|o wie es früher war. Damit gültig sind die Beschlüsse, [die früher gefaßt haben Athener u]|nd Koresier über den Rötel: er soll exportiert werden in einem Schiff, da[s die Athener bezeichnen, in einem anderen] | Schiff aber keinesfalls; als Frachtgeld ist zu zahlen ein Obolos* für [jedes Talent* an die Kapitäne von seiten de|r] (Rötel-)Förderer. Falls aber jemand in einem anderen Schiff export[iert, soll er verfallen sein – |[15] A]ufzeichnen soll man diesen Beschluß auf einer Marmorstele un[d sie aufstellen im – d|e]s Apollon, und das Gesetz, so wie es sich früher verhi[elt, soll gültig sein. Anzeigen (wegen Verstoßes) sollen statt]|finden bei den Astynomen*; die Astynomen sollen vorlegen [die Abstimmung hierüber binnen dreißig T]|agen vor das Gericht. Dem Klageführer oder Anzeiger [soll zukommen (?) – die Hälf]|te (?); wenn der Anzeiger ein Sklave ist und den Expor[teuren gehört, soll er frei sein und dr|[20]e]i Viertel erhalten; wenn er eines anderen (Sklave) ist, soll er frei se[in und –. (Zugelassen) soll se]|in die Beschwerde in Athen, sowohl für den Klageführer wie für den Anzei[ger. Wenn aber etwas anderes beschließen] | die Athener über den Schutz des Rötels, soll dies gültig sein, sobald [der Beschluß hier] eintrif[ft (?). Zah]len sollen die Zwei-Prozent-Abgabe den Einhebern dieser Abgabe die (Rötel)-F[örderer. Laden] | soll man zum Gastmahl die Athener in das Prytaneion auf morgen. *vacat* |[25]

[Besch]luß von Rat und Volk der Iulieten: Hinsichtlich [des Vortrags der Gesandten der Athener mögen beschlie|ß]en der Rat und das Volk der Iulieten: Erlaubt sein soll de[r Export des Rötels nach Athen, ] | sonst nirgendwohin, von heute an. Wenn jem[and anderswohin exportiert, sollen konfisziert werden d]|as Schiff und die Güter im Schiff. Dem Klage[führer oder Anzeiger soll zufallen die H]|älfte. Falls der Hinweisgeber ein Sklave ist, soll er frei se[in und – von den Güt]|[30]ern ihm Anteil zukommen. Wer aus Keos Rötel exportiert, soll ex[portieren auf einem Schiff, das die Athener bez]|eichnen; falls jemand in einem anderen Schiff exportiert, soll er verfallen [sein – Falls etwas an]|deres beschließen die Athener über den Schutz des Röt[els – soll gültig se]|in, was die Athener beschließen. Abgabenfreiheit soll sein [von –] | vom Monat Hermaion an. Laden soll man di[e Athener zum Gastmahl ins Prytanei]|[35]on. Die Anzeige soll erfolgen in Athen bei den [Hendeka („Elf“, Strafvollzugsbehörde), in Iulis sollen Einleitungsbehörde sei]|n die Prostatai*. Wenn jemand offenkundig exportiert [in Widerspruch zum Gesetz, soll von seinen Gütern die H]|älfte dem Volk der Iulieten gehören, die andere Hälfte [dem Klageführer. Aufschreiben lassen soll diesen B]|eschluß der Rat und ihn aufstellen am Haf[en.] *vacat* | Folgende wurden gewählt: Andron aus (dem Demos*) Kerameis, Lysia[– ] |[40] aus (dem Demos) Phlya, Euphrosynos aus (dem Demos) Paiania. *vacat*

## 246 Athen: Volksbeschluß über die Heilige Au (Orgas) der eleusinischen Göttinnen 352/1

Michel 674; LGS II 28; IG II² 204; Syll.³ 204; LSCG 32.
Marmorstele aus Eleusis, oben abgebrochen (EM).

[– | – | – | – |5 – wählen soll das Vol]k zehn Männe[r aus allen Athenern auf der Stelle, dazu fünf] aus dem Rat. [Die Gewählten sollen entscheiden in dem Eleusi]nion (= Heiligtum der Gottheiten von Eleusis) in der Stad|[t über die umstrittenen Grenzen] der heiligen Au, | [nachdem sie den gesetzlichen Eid geschworen haben,] weder aus Gunst noch aus H|10[aß ihre Stimme abzugeben, sondern so ge]recht und gottesfürchtig wie möglich. Di|[e Sitzungen sollen sie veranstalten ohne Unterbrechung v]om 16. (des Monats) Poseideon | [bis zur Entscheidung,] im Archontat* des Aristodemos. Anwesend | [sollen sein auch der Basileus*] und der Hierophantes (der „die heiligen Gegenstände zeigende" Priester) und der Daduchos (der „Fakkelhalter" genannte Priester) | [und die Kerykes* und ] Eumolpiden* und von den übrigen Athenern, wer w|15[ill, damit] sie so gottesfürchtig und gerecht wie möglich die Gr|[enzen ziehen. Sor]ge tragen für die heilige Au und die anderen | [Heiligtümer al]le in Athen sollen vom heutigen Tage an auf | [alle Zeit diejenigen, di]e das jeweils sie betreffende Gesetz damit beauftragt, d|[er Rat vom] Areiopag und der Stratege*, der für di|20[e Vert]eidigun[g des L]andes gewählt ist, und die Peripola|[rch]en* und die [De]marchen* und der jeweils amtierende Rat | und von den übri[gen Athe]nern, wer will, so wie sie es | [ver]mögen. *v* Schr[eiben soll de]r Schriftführer des Rates auf zwei | völlig gl[eiche] Zi[nn]täfelchen, [auf] das eine: ob es günstiger und vorteilhafter |25 sei für das Vo[lk der Athener], daß der Basileus [verp]achte die der|[zeit in Be]arbeitung befindlichen Teile [der heiligen Au inner]halb der Grenzen zur Er|[ba]uung der Säul[enhalle und zur Instandsetzung de]s Heiligtums der Götti|nnen. Auf das andere Zinntäf[elchen: ob es günstiger und vorteil]hafter sei | für das Volk der Athener, die d[erzeit innerhalb de]r Gr[enzen in B]earbeitung befindlichen |30 Teile der heiligen Au brach liegen zu lassen [für die Gö]ttinnen. Sobald der Schrift|führer geschrieben hat, soll der Epistates (Vorsitzende) aus den Reihen der Prohedroi* sie nehmen und aufr|ollen jedes der beiden Zinntäfelchen, mit Wollfäden umwickeln und i|n eine [bro]nzene Hydria* werfen im Angesicht des Volks; vorbereiten sollen dieses (Gerät) die Prytanen*; die Schatzmeister der Göttin sollen hereinbr|35[ing]en eine goldene und eine silberne Hydria alsbald in die Volksversamm|lung; der Epistates soll die Bronzehydria [schüt]teln, | die beiden Zinntäfelchen der Reihe nach herausnehmen° und das erste in | die goldene [Hydria] legen, das zweite in die silb|erne und sie [z]u[b]inden. Der Epistates der Prytanen* soll sie versie|geln mit dem [Gem]eindesiegel, daneben kann siegeln auch von den | [ü]br[igen Athenern], wer will. Sob[ald] sie versiegelt haben, | sollen die [Schatzm]eister die Hy[dr]ien auf die Akropolis t[ra]gen. Wählen soll | das V[ol]k [dr]ei Männer, einen aus dem Rat, zwei aus | allen Athenern, die na[ch D]elphi reisen und den Gott be|fr[ag]en, welche der beiden Schriften die Athener ausführen sollen übe|r die heilige A[u], die aus der goldenen Hydria oder aus | de[r s]ilber[nen. Sobal]d sie aber zurückkehren vom Gott, sollen sie herunterholen | die Hyd[ri]en, und verlesen werden sollen dem Volk der Orakelspruch und die | Schriften von den Zinntäfelchen; welche der beiden Schriften der | Gott be[zeichnet hat] als günstiger [und vorteilhaft]er für das Volk der Athen|er, zu[folge deren soll ver]fah[ren werden, damit] es sich möglichst gottesfürchtig verhalte gegenüber de|n (beiden) Göttinnen [und niemals in der künftigen] Zeit etwas Unreligiöses gesch|eh[e hinsichtlich der heiligen Au und] hinsichtlich der anderen Heiligtümer in A|th[en. Jetzt aber soll auf]zeichnen diesen Volksbeschluß und den früheren des | Phi[l]o[k]rat[es über die Heiligtümer] der Schriftführer des Rats a|uf zwei St[elen aus Marmor und sie aufstellen, die ei]ne in Eleusis beim P|ro[pylon* des Heiligtums, die andere im Ele]usinion in der Stadt. Darbr|[ingen sollen ein günstig stimmendes Opfer] de[n beiden Göttinnen] der Hierophant und die Pr|[iesterin der Demeter; zur Verfügung stellen soll ihnen] der Schatzmeister des Volkes das | [Geld in Höhe von dreißig Drachmen*]. Geben soll er ferner für die Beschrei|b[ung der beiden Stelen 20 Drachmen für] eine jede aus den | [Aufwendungen des Vo]lks für° (Volks)beschl[üsse]. Geben soll er ferner von den Gewähl|t[en (zur Gesandtschaft) nach Delphi einem jeden –] Drachmen als Reisegeld. Geben soll er ferner | [den Gewählten für die heil]ige Au 5 Drachmen einem jeden | [aus den für Angelegenheiten der Volksbeschlüsse bestimmten] Aufwendungen des Volks. B|[ereitstellen sollen] die Poleten*° [marmorne Grenzsteine], so viele wie nötig, | [nachdem sie zusammen mit dem] Ra[t eine V]erdingung [vorgenommen haben]; die Prohedroi* | [des Rates sollen zusammen mit den Poleten] schriftlich festlegen, wie sie gestaltet | [werden sollen, und dafür sorgen, daß auf]gestellt werden [die Grenzsteine°] der heiligen Au, | [so wie es anweisen] werden die Gewählten. Das Geld, | [das erforderlich ist, um] mit Steinen die Grenzen [zu bezeichnen], soll zur Verfügung stellen de|[r Schatzmeister des Volkes] aus den für Angelegenheiten der Volksbeschlüsse bestimmten Aufwendungen | [des Volks.] *vacat* | [Folgende wurden gewählt für die heilige] Au anstelle der Ausgeschiede|[75][nen, neue Grenzsteine zu setzen: Aus dem Rat: Arkephon aus (dem Demos*) Lamptrai *(Z. 76–80: weitere Namen.)* |[81] [– Zum Ora]kel nach Delphi: Aus den Privatleuten: *vacat* | [–] Eudidaktos aus Lamptrai. *vacat* | [Aus dem Rat: –]os. Amendement: |[85] [Wenn einer Verbesserung bedarf dies]er Beschluß, soll der Rat berechtigt sein | [zu beschließen, was ihm] geeignet erscheint. *vacat*

## 247 Athen: Ratsbeschluß über die Reparatur der Athena-Statue zwischen 350 und 320

HH² 147; LGS II 32a+b; IG II² 403; Syll.³ 264; LSCG 35.
Zwei Fragmente einer Marmorstele von der Akropolis (EM).

[– | – | –] von den [Prohed|roi* leitete die Abstimmung –]s aus (dem Demos*) Ke[r]ame[is; |[5] – Sohn des –]s aus (dem Demos) [La]kiadai [stellte den Antr]ag: | [Hinsichtlich dessen, was] vo[rtragen die] vom Vol[k Gewähl]ten | [für die] Reparatur der Statu|[e der Athena] Nike, die geweiht haben | [die Athener aus der Beute von] Ambrakia un[d von de]m |[10] [Feldz]ug [bei Olpai] und von den Re[be]llen | [gegen das Volk d]er Kerkyraier [und von] An|[aktorion, möge besch]ließen der Rat: | [–] sie [einzu]füh[re]n vor [das V]ol[k | – ] in die nächste Vol[ksversamm]lung [u|[15]nd ihnen Gehör zu geb]en und die Beschlußvorlage | [des Rat]s dem Volk vor[zule]gen°, [wonach | der Rat es für] gut be[findet°] hinsichtlich des Opferfest[es für di]e Gö[ttin, | daß opfern solle die Priest]erin der Athena das (Opfer, das sie) gnädig | [stimmen soll, im Namen des V]olkes, da es der Exe[ge|[20]tes („Ausleger“, Sakralbeamter) beantragt (?); das fehlende] Geld sollen di[e amtie|renden Schatzmeister] de[s V]o[l]kes auszah[len; das | Götterbild soll man herricht]en [möglichst pr]ächt[ig – | –] da [– | – |[25] – | – | – einf]ühr[en – | – | – ] der Athener [– |[30] Belobigen soll man] den Bild[hauer Me|nekrates aus Boi]otien, weil [– | – dr]ei Fuß[– | – so wi]e [–]

## 248 Erythrai: Vertrag mit dem Machthaber Hermias von Atarneus nach 350

Michel 12; HH² 138; SGDI 5689; HGI 47; Syll.³ 229; GIBM IV 2, 1017 (Ph); Tod II 165; StV II 322; I. v. Erythrai I 9 (Ph)
Marmorstele aus Erythrai (London, British Museum). Stoichedon. Ionischer Dialekt.

[– | – Wenn aber die Erythraier etwas auslagern | in] das Gebiet des [He]rm[i]as u[nd seiner He|t]airoi* wegen eines Kriegs(zustands), so[ll sein abgaben]|frei alles und auch davon die [Erträ|g]e, außer was jemand verkauft; [vom Ver|⁵ka]uften soll er bezahlen ein Fünfz[igstel (= eine Abgabe von 2%). W]|enn Friede eintritt, [hat er (das Ausgelagerte) abzutransport]|ieren binnen dreißig Tagen. [Wenn er n]|icht abtransportiert, soll er die (üblichen) Abgab[en zahlen. Auslag]|ern sollen sie, nachdem sie dies or[dnungsgemäß] angekündigt haben. |[10] Möglich sein soll auch dem Hermias und se[inen Hetai]|roi, wenn sie etwas auszul[ager]|n wünschen°, (dies zu tun) unter denselben Bedingungen. Einen Eid leisten sollen die Ery[thraier] | dem Hermias und seinen Hetairoi; [der Ei]|d soll folgendermaßen lauten: „Ich werde zu Hilfe kommen dem Hermi[as und s]|[15]einen Hetairoi zu Lande [und zu] | Wasser mit aller Kraft n[ach meinen M]|öglichkeiten, und das Übrige werde ich ausführ[en gemäß | d]en Vereinbarungen." Dafür sorgen [sollen d|ie] Strategen*. Den Eid abnehmen sollen [die Bot|[20]en, die g]ekommen sind von Hermias u[nd von seinen He|tair]oi zusammen mit den Stratege[n in | Eryth]rai über ausgewachsenen Opfertieren; [die O|pfertiere soll be]reitstellen die Stadt. Eb[enso sollen | auch He]rmias und seine Hetair[oi den Eid |[25] leisten dur]ch Boten, Hilfe zu leisten [den Erythra|iern] zu Lande und zu [Wasse|r mit all]er Kraft nach seinen Mög[lichkeiten u|nd alles a]ndere auszuführen gemäß [den Verein|bar]ungen; schwören sollen sie bei den Gottheiten, [die für die Ei|[30]de zuständig sind]. Aufzeichnen soll man dies auf einer St[ele aus Mar|mor] und diese aufstellen: die Erythrai[er | i]m Heiligtum der Athena, He[rmias | in d]em Heiligtum des Atarneus. *vacat*

## 249 Athen: Ehrenbeschluß für die Söhne des Leukon (Bosporanisches Reich) 346

IG II² 212; Syll.³ 206; Tod II 167; Choix 9.

Marmorstele aus dem Piräus (EM). Stoichedon ab Z. 3. Oben Relief (Spartokos und Pairisades thronend, Apollonios stehend; Lawton 35).

Für Spartokos, Pairisades, | Apollonios, die Söhne des Leukon. | *vacat* | Im Jahr, da Themistokles Ar[ch]on* war, | die (Phyle*) Aigeïs hatte die achte Pry[t]|[5]anie* inne, Lysimachos Sohn des Soside[m|os aus (dem Demos*) Acha]r[n]ai war Schriftführer, The[o]|philos aus (dem Demos) [Hali]mus hatte den Vorsitz, | Androtion Sohn des Andron aus (dem Demos) Gargettos stellte den Antrag: Hin|sichtlich dessen, worüber Spartokos und Pairisades geschrieben haben |10 und was die von ihnen gekommenen Gesandten ver|melden, soll man ihnen antworten, daß das [Vo]|lk der Athener seine Anerkennung ausspricht dem Spartokos und dem Pai|risades, weil sie treffliche Männer sind und | dem Volk der Athener ankündigen, sorgen |15 zu wollen für die Ausfuhr des Getreides, so wie | ihr Vater dafür zu sorgen pflegte, und bereitwillig° bereitstellen zu wollen, | wessen das Volk bedarf; und vermel|den sollen ihnen die G[esand]ten, d[aß] es, wenn sie so han|deln, ihnen an nichts fehlen wird von seiten des Volks der |20 Athener. [Da] sie [di]e(selben) Pri[vileg]ien geben | den Athenern, [die] schon S[at]y[r]os und Leukon gegeben | haben, sollen [Spartok]os und Pairisades die Pri|vilegien erhalten°, die [das Vol]k Satyros und Leukon verliehen hat, | und man soll sie bekrän[zen] mit einem goldenen Kranz an de[n Gr]oßen° Panathe|25näen* im Wert von tausend Drachmen*, | jeden von ihnen. Die Kränze [herstellen] (lassen) sollen die | Athlothe[ten]* im Jahr vor den Gr[oß]en° Panathenäen | gemäß dem Volksbeschluß, | der früher für Leukon ergangen ist, und man soll (durch Ausruf) ver|30künden, daß das Volk der Athener bekränzt | Spartokos und Pairisades, des Leukon | Söhne, wegen ihres Verdienstes und ihres Wohlwollens gegenüber d|em Volk der Athener. Da sie die Krän|ze der Athena Polias weihen, |35 sollen die Athlotheten im Tempel | die Kränze weihen° mit der Aufschrift: „Spartokos *vv* | und Pairisades, die Söhne des Leukon, haben geweiht | der Athena (diese Kränze), mit denen sie bekränzt worden waren vom Vol|k der Athener." Das Geld soll geben |40 den Athlotheten für die Kränze der | Schatzmeister des Volkes aus den für Volksbeschlüsse | bestimmten (Mitteln). Vorerst sollen aus|zahlen die Apodekten* das (Geld) für die Krän|ze aus den (Mitteln) für militärische Zwecke. Aufzeich|45nen lassen soll den Beschluß der Schriftführer des | Rates auf einer Marmorstele und diese aufstellen nahe | bei der (Stele) für Satyros und Leukon; für die Auf|zeichnung soll der Schatzmeister des Volkes dreiß|ig Drachmen auszahlen°. Belobigen soll man die Gesandten |50 Sosis und Theodosios, weil sie sich [derjenigen] annehmen, | die aus Athen an den (kimmerischen) Bosporos kommen, [un]|d man soll sie zum Gastmahl laden ins Pryta[ne]|ion* für morgen. Was das Geld anlangt, das | den Söhnen des Leukon [geschu]ldet wird: da[mit] |55 sie es zurückerhalten, sollen dies zur Beratung vorlegen die Prohed[roi*, | die] ausgelost werden zum Vorsitz in der Volk(sversammlung) [am | ach]tzehnten (des Monats), als ersten (Tagesordnungspunkt) nach den Opfern, da[mit] | sie (= die Söhne des Leukon), nach Erhalten der Geldbeträge, nichts vorzuwerfen haben [dem | V]olk der Athener. Zur Verfügung stellen soll man [di]e Schiffsbem[ann|60un]g, um die Spartokos und Pairis[ades] gebeten haben; [d|ie] Gesandten sollen auflisten die Name[n der | Be]man[nungsmit]glieder, die ihnen zur Verfügung gestellt werden, beim Schrift[führer de|s R]ates; von denjenigen, die sie auflisten, soll angenommen werden, daß sie | ihre Pflicht erfüllen, indem sie sich einsetzen, wie [sie nur kön]|nen, für die Söhne des Leukon. P[olyeukt]|os Sohn des Timokrates aus (dem Demos) Krioa stellte den Antrag: In [allem übrigen e|n]tsprechend (dem Antrag) des Androtion; doch soll man bekränzen [auch Apol]|lonios, den Sohn des Leukon, in d[erselben Weise].

## 250 Athen: Volksbeschluß über ein Bündnis mit Mytilene 346

HH$^2$ 139; Michel 1912; IG II$^2$ 213; Syll.$^3$ 205; Tod II 168; StV II 328.
Marmortafel von der Akropolis (EM). Stoichedon.

Im Jahr, da Themistokles Archon* war. [Beschluß] | von Rat und Volk; (die Phyle*) Aig[eis hatte die Pry]|tanie* inne, Lysimachos Sohn des Sosidemos aus (dem Demos*) Acharnai [war Schrift]|führer, Theophilos aus (dem Demos) Halimus [hatte den Vorsitz] | inne; Stephanos Sohn des Antidorides aus (dem Demos) E[roiadai] | stellte den Antrag: Betreffs des Vortrags der Ges[andten d]|er Mytilenaier und [der Vorlage°] des Schatzmeisters [der „Para]|los“ (= des athenischen Depeschenbootes) und des Strategen* Phaidros | möge das Volk beschließen: Die [Freundschaf]|t und die Bundesgenossenschaft sollen bestehen [dem Vol]|k der Mytilenaier zu dem V[olk de]|r Athener, die mite[inander] abgeschlossen haben | die Städte. Die Gelder, die aus d[er Synt]|axis* bei (?) den My[til]enaiern aufkomm[en – | *(es folgen 15 nahezu unleserliche Zeilen)*]

## 251 Athen: Ehrenbeschluß für Kleomis, den Tyrannen von Methymna um 345

IG II$^2$ 284; Syll.$^3$ 263; Tod II 170; Bielman 5 (Ph, Ü).
Zwei Fragmente einer Marmorstele von der Akropolis (New York, Metropolitan Museum, bzw. EM). Stoichedon.

[– | –]krates un[d – gefangen worden | sin]d von den See[räubern. Beschließen möge der | Ra]t: die P[rohedroi*, die ausgelost | werden] zum Vorsit[z im Volk für di|e er]ste Volksver[sammlung, sollen verhande]ln lassen [üb|er d]iese (Punkte) und die Be[schlußvorlage des°]

Rates° [vorl]egen | de[m Vol]k, wonach | [der R]at es für gut befindet°, zu bel[obige]n den Kleomis |[10] [Sohn des Apol]lodoros [aus Methy]mna, da |[er d]ie [vo]n den Seeräubern Gefangenen ausgel|[öst hat] und nach Kräften Gutes erweist | [dem Vol]k der Athener; und sein soll | [er Pro]xenos* und Wohltäter, er |[15] [selbst und seine Nachkom]me[n, des Vo]lkes der Athen|[er.] *vacat*

**252 Athen: Ehrenbeschluß für den Molosserfürsten Arybbas um 342**

IG II² 226 (+ p. 659); Syll.³ 228; Tod II 173.

Zwei aneinanderstoßende Fragmente einer Marmorstele von der Akropolis (Akropolis-Museum). Stoichedon ab Z. 3. Unten Relief (geflügelte Nike [?] auf Viergespann, dahinter Reiter; Lawton 122); oben wohl ein weiteres Relief (Wagen mit zwei Personen).

Göt[ter! | Für A]r[ybbas. | *vacat* | – da (?) – das Bürgerre]|cht, das verl[ie]hen wurde [seinem Vater un]|d seinem Großvater, un[d die übrigen Pri]|[5]vilegien *vv* sich erstrecke[n auch auf] | ihn und seine Nachkommen un|d gültig sind. Sorge [tragen] | für Arybbas, damit ihm kein [Un]|recht geschieht, sollen der Rat, der jeweils |[10] amtiert, und die St|rategen*, die jeweils amtie|ren, und jeder andere | Athener, der (dazu) in die Lage kommt. | Er soll Zugang haben |[15] sowohl zum Rat wie zum | Volk, wenn er dessen bedarf, und die | Prytanen*, die jeweils amtie|ren, sollen dafür sorgen, daß | er den Zugang erhält. Auf|[20]zeichnen lassen soll diesen Beschluß | der Schriftführer des Rate|s auf einer Marmorstele und (diese) au|fstellen auf der Akropolis; für | die Aufzeichnung auf der Stele |[25] soll der Schatzmeister des Volkes | 30 Drachmen* auszahlen° aus den (Mitteln) für Be|schlüsse für das | Volk. Laden soll man Arybbas | zum Mahl ins Prytan|[30]eion* für morgen; laden soll man | ferner die mit Arybbas Gekomm|enen zum Gastmahl ins Pryta|neion für morgen. *v* Behande|ln soll man auch die anderen (Fragen), von |[35] denen Arybbas spricht. In allen sonstigen | (Punkten) entsprechend dem (Beschluß des) Rats; w[enn a]|bei jemand den Arybbas mit ge[waltsa]mer T[ö|t]ung umbringt oder einen der S[öhn]|e des Arybbas, so[llen] |[40] darauf dieselben Strafen stehen, wie [sie] | (auf Tötung) der anderen | Athener steh[en]°. Sorge[n] | sollen ferner die Stratege[n, die je]|weils amtieren, daß Ar[ybba]|[45]s und seine Söhne [wiedererhal]|ten die [angest]|ammte Herrschaft°.

*(In Oliven- bzw. Lorbeerkränzen:)*

Bei den Olympien   Bei den P[yth]ien   [Bei den Olympien]
Im Pferde(wagenrennen)   Im Pferde(wagenrennen) [–]

## 253 Mytilene: Erster Volksbeschluß über die Wiederherstellung des inneren Friedens zwischen 340 und 330

IG XII 2, 6 + Suppl. 3, 6; OGIS 2; Tod II 201; Heisserer 118ff. (Ph, Ü; dat. 332); SEG 36, 752.

Marmorstele (Mytilene, Museum). Stoichedon. Aiolisch-lesbischer Dialekt.

[– und die B]asi[leis* sollen sich auf die Seite dessen stel]le[n, der (aus der Verbannung) zurückkehr|te, wegen der Machenschaften desjenigen,] der i[n der] Stadt schon zuvor (= vor der Aussöhnung) [lebte. Wenn aber einer | der Zurückgekehr]ten sich nicht an dies[e] Aussöhnungsbestimmungen hält, | soll er nichts [mehr] von seinem Besitz [zurückerhal]ten von der Stadt no[ch | soll ihm et]was ge[hören] von dem, was an ihn diejenigen abtreten mußten, die in der Stadt vor[her schon | lebten, sondern] übergehen soll dieser Besitz auf die, welche ihn abgetreten hat|[ten an ihn und] zuvor schon in der Stadt lebten, und die Strategen* | sollen das Vermögen auf den, der zuvor schon in der Stadt lebte, [zurückübertr̥agen, | da ja] der Zurückgekehrte [sich nicht ausgesöhnt] habe, und die Basileis sollen° sich auf die Seite | [dessen stellen, der] zuvor schon [in d]er Stadt lebte, wegen der Machenschaften des Zu|[rückgekehrten]. Wenn jemand in diesen Angelegenheiten einen Prozeß anstrengt, sollen° | [weder die Peri]dromoi (Richter) noch die Dikaskopoi (Rechtsaufseher) noch irgendeine [ande]re Behörde [das Verfahren] ein°[leiten. | Angelegen lassen sein sollen es sich] die Strategen, die B[asil]eis, die Pe|[ridromoi und d]ie Dikaskopoi sowie die [übrige]n Behörden, wenn | [nicht alles] so geschieht, wie es in dem B[eschluß schriftlich festgehalten] ist, und verurteilen | [den, welcher eine der im Beschluß festgehal]tenen (Bestimmungen) [aufhebt], damit es kei|[nen Gegensatz gebe zwischen den Zurückgekehrten] und denen, die in der Stadt | [zuvor schon lebten, sondern in Eintracht und ver]söhnt alle mit|[einander als Bürger leben, ohne einander nachzustell]en, und sich halten an die i|[nschriftlich aufgezeichnete Diagraphe (Anschreiben) und an die] Aussöhnung, die in diesem Be|[schluß aufgezeichnet ist. Wähl]en soll das Volk zwanzig Diaiteten (Schlichter), zehn | [aus der Reihe der Zurückgekehrten, zehn] von denen, die zuvor schon in der Stadt lebten. | [Diese] sollen [ernsthaft überwachen] und dafür sorgen, daß es keinen | [Gegensatz gibt zwischen den Zurück]gekehrten und denen, die in der Stadt zuv|[or schon lebten, (und zwar) in keinerlei Weise {*oder*: für alle Zeit},] und daß° bezüglich Besitzstreitigkeiten | [die Zurückgekehrten] sowohl mit denen, die (zuvor schon) in der Stadt lebten, als auch | [insbesondere] unter[einander] sich aussöhnen, anderenfalls aber so ge|[recht wie möglich] sind° [und] sich° [an di]e Aussöhnungsbestimmungen, welche der König festgelegt hat | [in seinem Schreib]en, alle halten und in der Sta|³⁰[dt und auf dem Land] in Eintracht untereinander wohnen° und [daß°] betreffs der Geldbeträge | [für die Durchführ]ung der Aussöhnung möglichst viel [(verfügbar) ist]. Bezüglich des Eids, | [den die] Bürger [schwören (sollen),] bezüglich all dieser Punkte, in denen sie über|[einkommen miteinand]er, sollen die gewählten Männer (eine Vorlage) einbringen vor d|[em Volk und das Volk] soll [nach der Anhö]rung, wenn es dies für vorteilhaft hält, beraten |³⁵ [über das Inkrafttreten der] gegenseitig getroffenen förderlichen Vereinbarungen, | [wie es für die] im Amtsjahr des Prytanen* Smithinas [Zur]ückgekehrten | [schon früher vom Volk beschlossen] worden war. Wenn es in dem Beschluß an irgend etwas mangelt, | [so soll die Entscheidung hierüber beim] Rat [liegen]. Wenn in Kraft getreten ist der Beschl|[uß des Volkes, soll°] das gesamte Volk am zwanzigsten des Monats |⁴⁰ [nach dem Opfer ein Gebet verrichten an] die Götter (?), daß zum Heil und zum Wohlbe|[finden aller Bürger] erfolgen möge die Aussöhnung zwischen den [bereits°] Zurückge|[kehrten und denen, die] in der Stadt (zuvor schon) lebten. Die Priester, d|[ie staatlich bezahlten allesamt, sowie] die Priesterinnen sollen die Tempel aufschließen und | [das Volk] soll [sich zum Gebet versamm]eln. Die Opfer, welche des Volk gelobte, als es |⁴⁵ [die Gesandten zum {*oder*: die Antwort zum}] König [schickte], sollen darbringen die Basi|[leis den Göttern jedes Jah]r; zugegen sein soll beim Opfer auch | [das gesamte Volk sowie die Ge]sandten, die zum König | [geschickt worden waren, sowohl die von denjenigen (geschickten), die] in der Stadt lebten, als auch die von d[en | Zurückgekehrten. D]iesen [Beschluß] sollen aufzeichnen lassen die Sch[atzmeister |⁵⁰ auf einer Marmorstele und aufstellen im Heiligtum der Athena.]

### 254 Mytilene: Zweiter Volksbeschluß über die Wiederherstellung des inneren Friedens zwischen 340 und 330

SEG 36, 750.
Marmorblock aus Mytilene (Museum). Stoichedon. Aiolisch-lesbischer Dialekt.

[Besch]luß von Rat und Volk. Bezüglich der Angelegenheiten, in denen die [–] | eine Beschlußvorlage eingebracht haben (des Inhalts), daß die Bürger bewoh[nen können die S|t]adt in einer Demokratie für alle Zeit [und dabei] | untereinander das größtmögliche Wohlwollen [bewahr]en°: Zu gutem G[lück!] |5 Rat und Volk sollen ein Gelübde leisten d[e]|n Göttern, den Zwölf, und dem Zeus He|raios, dem (Zeus) Basileus („König") und (Zeus) Homo|noios („Eintracht"), sowie der Dike („Recht") und der Epiteleia („Vollenderin") des Guten, | wenn förderlich sind für das Volk von Mytilene d|10ie beschlossenen Maßnahmen, ein Opfer darzubringen und eine Prozession zu veranstalten | auf Grund der Vollendung des Guten, (und zwar) in der Weise, wie es dem Volk | (richtig) erscheint. Dies soll das Gelübde sein. Zu gutem Glück | für das Volk von Mytilene soll es Beschluß des Rats sein | und des Volks: Wenn jemand in einem gerichtlichen Verfahren, das durchgeführt wurde |15 auf gesetzlicher Grundlage, zu Verbannung aus der Stadt oder zum Tode verurteilt wurde, | soll man sich an das Gesetz halten; in dem Fall° aber, daß auf irgendeine andere Weise | ein [Myt]ilenaier oder einer, der Wohnsitz hat in Mytilen|[e, während der Amtszeit des Pry]tanen* Ditas Sohn des Saonymos geä|[chtet] {*oder*: über ihn die At|[imie* verhängt, er]} aus der Stadt [ver]bannt oder hinge|20[richtet wurde, –] deren Vermögen [–]

## 255 Athen: Ehrenbeschluß für Tenedos
**339**

IG II$^2$ 233; Syll.$^3$ 256; Tod II 175; Migeotte 2 (Ü).
Zwei Fragmente einer Marmorstele von der Akropolis (EM). Stoichedon.

Im Jahr, da The[ophrastos Archo]n* wa[r. Beschluß des Volkes; die (Phyle*) Ke]|kropi[s hatte die Prytanie* inne], am achte[n (Tag) der Prytanie; von d]|en Prohe[droi* leitete die] Abstimmung S[– | –], Schriftführer war Aspetos [Sohn des Demostratos aus (dem Demos*) Kytheros, |5 Ka]llikrates Sohn des Charopides aus (dem Demos) [Lamptrai stellte den Antrag]: Hinsicht[lich des|sen, was die Tenedier vortrage]n, soll man belobigen das V|o]lk der Tenedier ihrer Tüch[tigkeit und der freundlichen Gesinnung wegen, d|ie] sie dem Volk der A[thener und dessen Bundesge|nos]sen (erweisen), sowohl (wegen der) in f[r]ü[herer Zeit als auch der |10 jetzt] geleisteten [Hilfe°. – | – | – | *lacuna* | – | – Dam[it die Tenedier zurückerhalten |15 die Geld]er, die [ihnen schuldig ist das Volk d|er Athener un]ter (dem Archontat des) Theophras[tos – | – dem Vol]k für die Hil[fe – | – al]les, möge [das Volk] beschließen: [– | – d]as (Jahr) nach (dem Archontat des) Theophra[stos – |20 den] durch Volksbeschluß festgeleg[ten Beit]rag [– | –] und für die regel[mäßige Verwaltung – | – in d]em Jahr nach [Theophrastos' Archo|ntat sollen] sie (es) erhalten nach T[enedos. Gelten sollen für | sie] diese (Rechte), bis sie erhalten [die gesamte Summe. | Während] dieser Zeit soll es nicht e[rlaubt sein, w|ede]r einem Strategen* noch sonst [j]e[mandem, Geld einzutreiben°] | oder sonst etwas, und auch den S[ynhedroi* soll es nicht erlaubt sein,] | (ihnen Abgaben) aufzuerlegen während di[eser] Zeit, [solange bis | zurückgezahlt] ist den Tenediern das g[esamte] Geld, [das man ihnen schuldig] | ist, d[ami]t man auch in Zuk[unft wisse], | sowohl die Bundesgenossen wie ein jeder sonst, der [freundlich gesonnen ist dem] | Volk der Athener, daß das Vol[k der Athener] gerecht [So]rge | trägt für diejenigen [der Bundesgeno]|ssen, welche° han[deln°], wie es dem Vo[lk der Athener und] | den Bundesgenossen zukommt°. Belob[igen soll man das Volk der Te]|nedier und [es] bekränz[en mit einem goldenen Kranz] | im Wert von tausend Drach[men*, seiner Tüchtigkeit und der freundlichen Gesinnung wegen,] | (die es) [gegen]über dem Vol[k der Athener und den Bundesgen]|ossen (hegt). Belo[bigen soll man den Synhedros der Tenedier], | Aratos, un[d ihn bekränzen mit einem Kranz aus Ölzweigen.] | Be[lo]bi[gen soll man ferner – die S]|ynhe[dr]o[i der Tenedier – | –]

## 256 Gründungseid des Korinthischen Bundes
## 337

HH$^2$ 154; IG II$^2$ 236; Syll.$^3$ 260; HAI 39; Tod II 177; StV III 403 I; Heisserer 8ff. (Ph; Ü).

Zwei Fragmente (a, b) einer Marmorstele von der Akropolis (EM). Stoichedon. In b Interpunktion mit Doppelpunkt.

*(a)* [Eid. Ich schwöre bei Zeus, Ge, Helios, Pose]idon, A[thena, | Ares (und) allen Göttern und Göttinnen:] Ich werde festhalten [am B|ündnis {*oder*: am | Frieden; *oder*: am | Vertrag}, und ich werde nicht brechen den V]ertrag, de[r m|it Philipp dem Makedonen (besteht), und ich werde nich]t die Waffen heben [i|n feindlicher Absicht gegen irgendeinen von denen, die] festhalten an d|[en Eiden (?), weder zu Lande] noch zu Was|[ser, und ich werde nicht die Stadt oder ein Gi]pfelfort besetz|[en oder einen Hafen in krie]gerischer (Absicht) von irgendeinem derer, die a|m Frieden teilnehm]en, mit keinen Mitteln | [und keiner Machenschaft, und ich werde° nicht d]ie Königsherrschaft [d]es Ph|[ilipp und seiner Nachkomm]en stürzen und nicht di|[e Verfassungen, welche bestanden] bei einem jeden, als sie d|[ie Eide über de]n Frieden schworen, | [und weder werde ich selbst irgendetwas Versto]ßendes gegen diesen | [Vertrag tun noch] werde ich [es einem

and]eren gestatten nach | [meinen Möglichkeiten. Wenn aber einer etwas] Vertragswidriges [tut] ge|[gen den Vertrag, werde ich helfen], so wie (dazu) auff|[ordern die rechtswidrig Behandelten {*oder*: die Synhedroi*}], und ich werde Krieg führen gegen de|[20][n, der den Allgemeinen Frieden {*oder*: diesen Vertrag} über]tritt, so wie | [es beschließen wird das gemeinsame Synhed]rion* und der Hegemo|[n* aufruft, und ich werde nicht des]ertieren [ – ]

*(b)* [– | –] : 5 | [– von den Thes]salern : 10 | [– von den –] : 2 | [– von den –]iotai : 1 |[5] [– von den Samothrakern und] Thasiern : 2 | [– von den –] : 2 : von den Ambrakiot[en : 1 (?)] | [– v]on Thrakien und | [– :] von den Phokern : 3 : von den Lokrern : 3 | [– von den Oit]aiern und Maliern und |[10] [Ainianen – und Ag]raiern und Dolopern : 5 | [– von den Pe]rrhaibern : 2 | [– aus Zakyntho]s und Kephallenia : 3.

## 257 Kimolos: Schiedsgericht von Argos im Streit zwischen Kimolos und Melos 337 oder später

SGDI 3277; Michel 14; IG XII 3, 1259 (Faksimile); Syll.[3] 261; DGE 85; Tod II 179; Buck 86; Pfohl 105 (Ü); TGDIS II 37.

Steinstele, oben abgebrochen, offenbar aus Kimolos, gefunden in Smyrna (in der Mauer des Homereion). Dorischer Dialekt von Argos.

Gott! | Entschieden hat das Volk der | Argeier entsprechend dem Beschlu|ß des Synhedrions* der |[5] Hellenen (= des Korinthischen Bundes), nachdem vereinbart | hatten die Melier und | die Kimolier einzuhalten, | was entscheiden würden die | Argeier über die |[10] Inseln: den Kimoliern | sollen gehören Polyaiga, Hete|reia, Libeia. Sie haben | entschieden, daß Sieger die Kimoli|er sind°. Leon war Sprecher |[15] des zweiten Rates (= des Rates der 2. Jahreshälfte) (aus dem Demos*) Posida|oi (?), Schriftführer des Rates (war) Peril|los (aus dem Demos) Pedieis (?).

## 258 Athen: Volksbeschluß über ein Gesetz gegen Staatsstreiche zugunsten einer Tyrannenherrschaft 336

SEG 12, 87; Choix 32 (Ü); Pfohl 106 (Ü); Epigraphica 27, 1965, 110ff.; Schwenk 6.

Marmorstele von der Agora (AM). Stoichedon. Oben Giebelrelief (weibliche Figur der Demokratia bekränzt den sitzenden bärtigen Demos; Meyer Tf. 30, 2; Lawton 38).

Im Jahr, da Phrynichos Archon* war, als die (Phyle*) Leontis die neun|te Prytanie* innehatte, für die Chairestratos Sohn des Ameinias | aus (dem Demos*) Acharnai Schriftführer war; von den Prohedroi* leitete die Ab|stimmung Menestratos aus (dem Demos) Aixone; Eukrates, Sohn des Aris|[5]totimos, aus (dem Demos) Peiraieus (= Piräus) stellte den Antrag: Zum guten Glück des V|olkes der Athener! Die Nomothetai* mögen beschließen: | Wenn jemand sich gegen das Volk erhebt mit dem Ziel der Tyrannis | oder die Tyrannis miteinrichtet oder das Volk d|er Athener oder die Demokratie in Athen |[10] stürzt, wer den, der davon etwas tut, tö|tet, soll entsühnt sein. Nicht erlaubt soll es sein (einem) der Rats|herrn des Rates vom Areiopag, wenn gest|ürzt ist das Volk oder die Demokratie in Ath|en, hinaufzugehen auf den Areopag oder teilzunehmen |[15] an der Sitzung und zu beraten, | nicht einmal über eine einzige Angelegenheit. Wenn aber, falls das Volk oder die Demokr|atie in Athen gestürzt ist, hinaufsteigt jemand° von de|n Ratsherrn vom Areopag auf den Areop|ag oder teilnimmt an der Sitzung oder berät |[20] über irgendetwas, soll er der Atimie* verfallen sein, er selbst und seine° Nachkommenschaft, | und seine Habe soll konfisziert sein | und der Göttin soll der Zehnte zufallen. Aufschreiben lassen soll die|ses Gesetz auf zwei Marmorstelen der Sch|riftführer des Rates und aufstellen lassen, die eine bei d|[25]em Eingang zum Areopag, dort, wo man in den Rats|saal hineingeht, die andere in der Volksversammlung. | Für die Aufzeichnung auf den Stelen soll der Schatzmeister | des Volkes geben 20 Drachmen aus den für Volks|beschlüsse vom Volk bestimmten Geldern. *vacat* |[30] *vacat*

## 259 Athen: Erneuerung (?) des Korinthischen Bundes durch Alexander d. Gr. 336

IG II$^2$ 329; Tod II 183; StV III 403 II; Heisserer 1 ff. (Ph, Ü).
Fragment einer Marmorstele vom Nordhang der Akropolis (EM). Stoichedon.

[– | – | –] Absendung (?) [– | – h]aben {*oder*: gewä]hren} Lebensmitt[el – ge|[5]währe]n einem jeden Man[n– | –] soviele wie [zieh]en. Wenn ab[er – | – von zu Ha]use, (sollen sie) haben L[ebensmittel (?) – | –] den Alexander [– | – einem Hy]paspistes (Elite-Infanteristen) eine Drachme* und de[n – |[10] –] für jeden Tag. Absen[den – | – ] Geb[rau]ch machen von dem Heer wenn etwas [– | für ze]hn Tage Lebensmittel geben und absend[en – Dies sollen auf eine Marmor-Stele aufschreiben (lassen) die mit der gemeinsamen (?) V]erteidigung° [Beauftragten] | und aufstellen lassen in Pydna im Athe[na-Tempel, die Städte in einem Heiligtum ihrer Wahl (?) –] | *vacat*

### 260 Priene: Weihinschrift und Edikt Alexanders d. Gr. 334

A: GIBM III 1, 399; Michel 1209; HH$^{2}$ 156; SGDI 5583; I. v. Priene 156 (Ph); HGI 51 (Ph); Syll.$^{3}$ 277; DGE 740; Tod II 184; Heisserer 143 ff. (Ph, Ü)

Marmorblock von der Süd-Ante* des Athena-Tempels (London, British Museum).

B: GIBM III 1, 400; HH$^{2}$ 123; OGIS 1; I. v. Priene 1 (Ph); HGI 52; Tod II 185; Heisserer 145 ff. (Ph, Ü) (danach übersetzt); SEG 35, 1143.

16 Fragmente von der Süd-Ante* des Tempels, unmittelbar unter A (London, British Museum bzw. Berlin, Pergamon-Museum).

*(A)* König Alexander | hat den Tempel geweiht | der Athena Polias*.

*(B)* Von König Al[exand]er. | Die in Naulochos N[iedergelasse]|nen, soweit sie [Prienee]r sind, sollen auto|[no]m sein un[d fr]ei |$^{5}$ [im] Besitz des [Bodens u]nd der Häus|er a[ll]er in d[er S]tadt und des | Umlandes. Sow[eit sie nicht] Priene[er (sind), sollen sie woh]ne[n | in Dörfern,] die sie [selbst] wüns[chen]. | Was das [–] und Myrs[inussa (?) |$^{10}$ u]nd P[– ] Land (betrifft), | halte ich für richtig, daß es mir gehöre. Die Nie|dergelassenen in die|sen Dörfern° sollen die Tribute entrichten; von dem | Beitrag befreie ich der Prie|$^{15}$neer Stadt, und die Besat[zun]g z|u [– hin]einführe[n – | – | –] die Prozesse [– | – rich]tet euch |$^{20}$ [–] Gericht [– | –] uns | [–] euch [–]

### 261 Priene: Ehrenbeschluß für Antigonos Monophthalmos 334

I. v. Priene 2; SGDI n 40; Syll.$^{3}$ 278; DGE 741; Tod II 186.

Marmorstele, gefunden im Fußboden der byzantinischen Kirche in Priene (Berlin, Pergamon-Museum).

[Beschluß] von R[at und Volk, im (Monat) | Meta]geitnion am zwei[t]en Tag der ersten Dekade*, | [in einer Haupt-Volksversammlung; autonom | [war]en die Prieneer; im Jahr, da Prytane* Hippo-[kra|$^{5}$tes war.] Dem Antigonos Sohn des Philippos, Makedonen, |[der Wohl]täter geworden ist und freundlich gesinnt ist | [gegen]über der Stadt der Prieneer, soll verliehen sein | die Proxenie* und das Bürgerrecht und | das Recht zum Erwerb von Grund- und Hausbesitz, und Atelie* von allen (Abgaben) |$^{10}$ für seinen Haushalt mit Ausnahme des Grundstücks, | und Einfuhr und Ausfuhr in Krieg | und Frieden unter Unverletzlichkeit des Eigentums und ohne förmlichen Vertragsabschluß, und Zug|ang zu den Behörden und zum Volk der Prie|neer als erstem nach den religiösen Angelegenheiten. Dies soll gelten | für ihn und für seine Nachkommen.

### 262 Piräus: Ratsbeschluß über die Errichtung eines Aphrodite-Heiligtums durch Kaufleute aus Kition (Kypros) 333

Michel 104; LGS II 30; IG II$^2$ 337; Syll.$^3$ 280; Tod II 189; LSCG 34; L. Vidman, Sylloge inscriptionum religionis Isiacae et Sarapiacae. Berlin 1969, Nr. 1; Schwenk 27.

Marmorstele (EM). Stoichedon.

Götter! | Im Jahr, da Nikokrates Archon* | war; die (Phyle*) Aigeis hatte die erste | Prytanie* inne; von den Prohed|roi* leitete die Abstimmung Theophilo|s aus (dem Demos*) Phegaia. Beschluß des R|ates: Antidotos Sohn des Apollo|doros aus (dem Demos) Sypalettos stellte den Antrag: | Hinsichtlich des Vortrags der Kit|ieer über die Errichtung | des Heiligtums für Aphrodite | möge der Rat beschließen: Di|e Prohedroi, die erlost | werden für den Vorsitz für die näch|ste Volksversammlung, sollen sie° (dort) einfüh|ren und über ihr Anliegen | verhandeln und die Beschlußvorlage vorle|gen des Rates vor die Volks|versammlung, daß der Rat es für gut befindet, | das Volk solle anhören die | Kitieer über die Errich|tung des Heiligtums und sonst | von den Athenern alle, die wünschen | sich zu äußern, wie es ih|nen am besten erscheint. |

Im Jahr, da Nikokrates Archon | war, die (Phyle) Pandionis hatte die z|weite Prytanie inne; von | den Prohedroi leitete die Abstimmung Pha|nostratos aus (dem Demos) Philaidai; Besch|luß des Volks: Lykurgos Sohn des L|ykophron aus (dem Demos) Butadai stellte den Antr|ag: Hinsichtlich dessen, was die Kaufleute aus K|ition offenbar legitim erb|eten haben, indem sie beantragten vom V|olk das Erwerbsrecht an einem Grundstück, auf | dem sie errichten können ein Heiligtum der Aphr|odite: Das Volk möge beschließen, | man solle geben den Kaufleuten | der Kitieer das Erwerbsrecht an einem Gr|undstück, auf dem sie errichten können das | Heiligtum der Aphrodite, so |wie auch die Ägypter das | Isis-Heiligtum errichtet | haben.

## 263 Athen: Weihung an Demokratia
## 333/2

IG II² 2791 + SEG 32, 238.
Marmorstele (verschollen; ein Fragment EM).

[De]mokrat[i]a. | [Der Rat im Amtsjahr] des Archon* Nikokrates | [hat (diese Statue) geweih]t, nachdem er bekränzt worden war vom Volk | [seiner Tüchtig]keit und Ger[echt]igkeit wegen.

## 264 Iasos: Ehrenbeschluß für Gorgos und Minnion zwischen 333 und 323

Michel 461; SGDI 5516; Syll.³ 307; Tod II 190; Heisserer 171 ff. (Ph, Ü); I. v. Iasos I 30.
Marmorblock, auf drei Seiten beschrieben (auf den beiden anderen Seiten weitere Ehrenbeschlüsse); von Iasos nach Samos verschleppt (verschollen). Ionische Dialektformen.

[Da Go]rgos und Minnion, des Theodot[os | Söhn]e, sich verdient gemacht haben | [u]m [d]ie Stadt allgemein | [un]d privat vielen Bürgern Wohl|⁵taten erwiesen haben, über das „Kleine | Meer" Verhandlungen führten mit | König Alexander, es bekamen | [u]nd dem Volk zurückgaben, sollen verliehen werden | ihnen und ihren Nachkommen Atelie* und |¹⁰ Ehrensitz für alle Zeit. | Aufzeichnen soll man den Beschluß auf der | Ante* vor dem Archeion (= dem Amtsgebäude der Archonten*).

## 265 Chios: Dekret Alexanders d. Gr. über die Rückkehr der Verbannten
## 332

Michel 33; HH² 158; SGDI 5655; HGI 53; Syll.³ 283; Tod II 192; Pfohl 107 (Ü); EG II 78 f. (Ü); Heisserer 79 ff. (Ph, Ü).
Kalksteinstele aus Ververato/Chios (Chios, Museum).

[Im (Amtsjahr des)] Prytanen* Deisitheos. Von König Ale[xande]r [an das] | Volk° der Chier. | Die aus Chios Verbannten sollen alle zurückkehren; die bestimmende Körperschaft soll | in Chios das Volk [se]in. Zu wählen sind Nomographoi* mit dem Auftrag, aufzu|⁵zeichnen und zu verbessern die Gesetze, damit nichts entgegenste|he der Demokratie oder der Rückkehr der Verbannten. Die Kor|rekturen oder Aufzeichnungen sind Alexander zuzuleiten. | Stellen sollen die Chier zwanzig bemannte Trieren auf ih|re Kosten; diese haben unter Segel zur Verfügung zu stehen, solange auch die übrige Flo|[10]tte der Hellenen unter unserer Führung dient. Diejenigen, die verraten haben | die Stadt an die Barbaren, soweit sie sich schon entfernt haben, sollen verbannt sein | aus allen Städten, die am Frieden teilneh|men, und sollen vogelfrei sein gemäß dem Beschluß der Hellenen; soweit | sie noch anwesend sind, sollen sie vorgeführt und abgeurteilt werden vor der Hel|[15]lenen Synhedrion*. Wenn es Differenzen gibt zwischen den Zurückgekehr|ten und den (Bürgern) in der Stadt, sollen sie hierüber Urteil finden be|[i] uns; bis die Chier sich ausgesöhnt haben, soll bei ihnen eine Besatzung liegen, von | König Alexander (entsandt), in ausreichender Stärke. Ihr° Unterhalt obliegt | den Chiern.

### 266 Eresos (Lesbos): Urteile und Beschlüsse gegen die Tyrannen nach 332 bis um 301

IG XII 2, 526; OGIS 8; HH$^2$ 157; DGE 632; RC 2 (nur Bb; Ü); Tod II 191; TDGIS I 13; Heisserer 27ff. (Ph, Ü).

Zwei Marmorblöcke (A, B) (Skala Eressou, Museum). Stoichedon; B auf drei Seiten (a, b, c) beschrieben. Aiolischer Dialekt bzw. Koine.

*(A) vacat* [– wobei er die Bürger] ihrer Waffen [ber]aubte [und sie | aus]schloß aus der [St|ad]t, alle als Ganzes, di[e ] | Frauen und d[ie |[5] T]öchter ergreif[en | und ein]sperren ließ auf der Akrop[o|l]is und zweitausenddrei|hundert | Statere erpreßte°; da er ferner die |[10] Stadt und die Heiligtümer [au|s]raubte zusammen mit seinen | [P]lünderern, sie in Brand steckte | und dabei | Bürger mitverbrennen° ließ: |[15] deshalb soll man über ihn richten | in geheimer Abstimmung [ent|sprechend] dem Schreiben d[es | K]önigs Alexand[er | u]nd den Gesetzen. W[enn] |[20] in der Abstimmung [geg|en] ihn auf Tod erkannt° wird, so soll man, nachdem Eury[si|l]aos° seinen G[egenan|tr]ag gestellt hat, das zweite [Urt|eil] (darüber) fällen mit |[25] Handaufhebung, auf welche | Weise er [s|t]erben soll°. Nehmen soll sich | [f]erner zehn° Anwälte die | Stadt, welche, |[30] nachdem sie geschworen haben bei Apol[lo|n] Lykeios, daß [sie ver|t]reten werden [die Stadt, so | gut] sie es vermö[gen –]

*(B a)* [da – Agonippos – die Be]lager[ten, | die A]kropolis wieder aufbauen ließ, von de[n Bü|rger]n zwanzigtausend Statere* eintreiben ließ [und | die] Griechen ausplünderte, die Altäre des Zeus° Philippios° u[m|[5]s]türzen ließ und Krieg er[öff|ne]te gegen Alexander und die Griechen, | wobei er die Bürger ihrer Waffen beraubte und sie

aus|schloß aus der Stadt, alle als Ganzes, die Fra|uen und Töchter ergreifen und einsperren [ließ] |[10]auf der Akropolis und dreitausendzweihundert | Statere erpreßte; da er ferner die Stadt und die Heiligtümer | ausraubte zusammen mit seinen [Pl]ünderern, sie in Brand steckte und | dabei Bürger mitverbrennen ließ und sch|ließlich nach seiner Ankunft bei Alexander |[15] Lügen und Verleumdungen gegen die Bürger vorbrachte: deshalb soll man, nach Eidesleistung°, über ihn richten | in geheimer Abstimmung auf | (Leben oder) Tod. Wird in der Abstimmung auf Tod erkannt, so soll man, nachdem Agonippos° seinen Gegenan|trag gestellt hat, die zweite Abstimmung | (darüber) abhalten, auf welche Weise er ster|[20]ben soll°. Wenn jemand nach der Verurteilung des Agonippos im Verfahren | einen der Angehörigen des Agonippos (aus der Verbannung) zurückholt oder einen Antrag stellt oder auf die Tagesordnung setzt | bezüglich der Rückführung oder der Rückgabe des Vermögens, soll er ver|flucht sein, er selbst und seine Sippe, | und im übrigen soll er dem Gesetz verfallen sein wie der, der die Stele |[25] (mit dem Gesetz) über die Tyrannen und ihre Nachkommen beseitigt. Man soll aber vornehmen eine Eidesleistung in der Volksversammlung un[ver|züg]lich, daß es dem, der mit seinem Urteilsspruch der Stadt | und dem Recht hilft°, gut gehen möge, denen aber, die gegen das Rec[h|t] ihre Stimme abgeben, das Gegenteil hiervon (widerfahren möge). |[30] Das Urteil wurde gefällt: achthundertdreiundachtzig (Stimmen); von | diesen waren sieben für Freispruch, die übrigen für Verurtei|lung. *vacat* |

Beschluß des Volkes: In Betreff der Angelegenheiten, über die die Gesandten berichten, | die zu Alexander gesandt worden waren, und über die Ale|[35]xander das Schreiben geschickt hat: Nachdem zu ihm° gekom|men sind Nachkommen der früheren Tyrannen, | Heroïdas Sohn des Tertikoneios und Enkel des Heraios sowie A|gesimenes Sohn des Hermesideios, und sich bereit° erklä[rt|e]n gegenüber Alexander, sich ger[ichtlich |[40] zu ver]antworten vor dem Volk wegen der Anschuldigungen: | [Zum guten Glück! Beschl]ieß[en möge] das Volk: Da Ag[esimenes (?) – | – *(lacuna)*

*(B b)* – Wer sich dem R]echt zur Ver|[fügung stellt] und Hilfe | [bringt der] Stadt und den | [Gesetz]en auf gerechte Weise, dem soll es gut |[5] [ergeh]en, ihm selbst | [und] seinen Nachkommen; demjenigen, | [der ge]gen die Gesetze und | das Recht rich|tet, (soll) das Gegenteil (widerfahren). Sch|[10]wören sollen die Bürg[er,] | welche Recht sprechen: | „Wahrlich, Recht sprechen werde ich im [Verfahren, | so]weit es in den [Ge|set]zen niedergelegt ist, nach de[n Ge|[15]set]zen, im übrigen nach [all meinem Be|m]ühen, so gut u[nd] | gerecht wie möglich, und ich werde stra|[f]en, wenn ich verurteile, auf richtige | und ge-

rechte Weise. So werde ich handeln, |[20] wahrlich bei Zeus und Helios.“ |

*vacat* Von Philipp: *vacat* | Die Urteilssprüche über die Verbann|ten, die gefällt worden | sind von Alexander, |[25] sollen gültig bleiben. Und | diejenigen, die zur Verbannung verurteilt wurden, sollen ve[rb|ann]t bleiben, aber nicht auslieferbar | sein.

(Amtsjahr des) Prytanen* Melidoros. |[30] König Antigonos (entbietet) | dem Rat | und dem Volk der Eresier° | seinen Gruß. | Gekommen sind zu m|ir die von euch (geschickten) Ges[an]|[35]dten und haben vorgetragen, | wobei sie vorbrachten, daß das Volk | nach Erhalt [me]|ines Briefes, den ich geschr[ie]|ben habe wegen der Söhne° des Agonip|[40]pos, einen Beschluß gef[a|ßt] habe, den sie [mir°] vorlasen, | und sie [–]

*(B c)* [– | –] als sie bei Alexan[der Au]|dienz [hatten –] Lebt wohl! |

[Be]schl[uß des Volkes betreffend die Angelegenheiten, über die der Rat] vorberat[en oder beschlo|[5]sse]n hat oder denen d[er Rat n]achtr[äglich zugestimmt hat, und über die] die durch H[andauf|heben gewählten] Männ[er° a]lle [schriftlich festgelegten Maßnahmen] gegen die Tyr[an]|nen [un]d i[hre i]n der St[adt wohn]haften (Anhänger?) und gegen die Nachk[o|mme]n [der Tyrannen zur Verfügung] stellen und die Schriftstücke | der Volksversammlung vor[legen:] Da schon f[rü|[10]he]r der König Alexander in einem Send|schreiben den [Ere]siern [den Auftrag] gegeben hat, durch Gerichtsurteil über | Agonippos und Eurysilaos zu entscheiden°, wie man mit ihnen verfahren solle, | [hat das Volk nach Kenntnisnahme] des Schreibens einen Gerichtshof | entsprechend den Gesetzen [einge]setzt, der das Urteil fällte, Agonip|[15]pos und Eurysilaos seien hinzurichten, ihre° Nachk[o|mmen] sollten dem auf der Stele° (aufgezeichneten) Gesetz verfallen [sein], | und ihr Vermögen solle verkauft werden entsprechend | dem Gesetz. Da Alexander die briefliche Anweisung gab, auch ü|ber die Söhne des Apoll[od]oros und seine Brüder |[20] Hermon und Heraios, die früheren Tyran|nen der Stadt, und ihre Nachkommen solle | das Volk ent[schei]den, ob es mit ihrer° Rückkehr [einverstanden sei] | oder nicht, hat das Volk nach Kenntnisnahme des Schreibens | einen Gerichtshof für sie einberufen entsprechend dem [Ge|[25]setz] und dem Schreiben des Königs Alexander, | [welcher ent]schieden hat, nach Plaidoyers beider Seiten, daß das G[es|etz] gegen die Tyrannen in Kraft bleibe und | sie aus [der Stadt] verbannt bleiben sollen. Das Volk möge beschließen, | daß in Kraft bleiben sollen zu Ungunsten [der] Tyrannen und der |[30] in der Stadt wohnhaften (Anhänger?) und der Nachkommen der (Tyrannen) | sowohl das Tyrannengesetz, das aufgez[eich|net] ist auf der al[ten] Stele wie auch die

Schrei|ben der Könige, die sich mit jenen befassen, wie auch die | früher von den Vorfahren aufgezeichneten Beschlüsse |[35] und die (durch) Abstimmung gegen die Tyrannen (gefällten Urteile). [Wenn] | entgegen diesen (Bestimmungen) einer der Tyranne[n oder] | der in der Stadt wohnenden (Anhänger?) oder der Nachkommen der [Tyrannen] | dabei gefaßt° wird°, wie er das Gebiet von Eresos betritt [– | –] soll das Volk beraten und [– |[40] –].

### 267 Argos: Epigramm für König Nikokreon von Salamis (Kypros) nach 331

Michel 1265; IG IV 583; Geffcken 128; Hiller 78; Tod II 194; ISE I 38 (Ü).
Kalksteinbasis aus dem Unterbau einer Bronzestatue aus Argos (Argos, Museum). Verse.

Mutt[erst]adt ist mir Pelops' Erde, das pelasgische Argos, | Pnytagoras mein Vater, aus Aiakes' Geschlecht. | Ich bin Nikokreon, genährt hat mich der ringsumspülte Boden | (von) Kypros, (mich,) den König, (Nachfahren) der göttlichsten Ahnen. |[5] Aufgestellt haben mich die Argeier, Dank abstattend für das Erz, | das ich der Hera fürs Fest (öfter) geschickt als Kampfpreise für die Jungmänner.

### 268 Milet: Volksbeschluß über einen Rechtsgewährungsvertrag mit Sardes um 330 oder früher

Milet I 3, 135; Syll.[3] 273; DGE 730; StV III 407.
Marmorstele aus dem Delphinion (Berlin, Pergamon-Museum).

Beschluß des Volkes; Beschlußvorlage | der Synhedroi*; Botes stellte den Antrag: | Annehmen soll man die Freundschaft, die | die Sardianer anbieten |[5] den Milesiern. Es soll Beschluß sein | des Volkes, daß von den Sardianern, | wer will, einreisen darf | nach Milet unter Unverletzlichkeit des Eigentums und ohne förmliches Abkom|men, wenn sie (in den Hafen) einfahren und wenn sie ausfahren, |[10] sie selbst und die Hab|e, die sie einführen oder ausführ|en. Es soll aber auch von den Milesiern, wer | will, einreisen dürfen nach Sar|des und Sicherheit genießen nach densel|[15]ben (Grundsätzen). Sorgen sollen für die Sardianer | in Milet die Pryta|nen*, die jeweils amtieren, da|mit es sich mit den beschlossenen (Privilegien) | für sie wohl verhalte und ihnen kein Unrecht geschehe, |[20] weder während ihres Aufenthaltes hier noch | bei ihrer Abreise. In Sardes | sollen sich der Milesier annehmen diejeni|gen, die die Sardianer aus ihrer Mitte ernennen werden. | Senden sollen die Sardia|ner einen Boten zu uns und uns° mit|teilen, wen sie wählen, damit | wir die Ernannten kennen. | Den Beschluß soll man aufzeichnen auf eine Ste|le aus Marmor und sie aufstellen im Heiligtum | des Apollon; die Teichopoi|ai (= Mauerbau-Beauftragten) sollen (die Aufzeichnung) verdingen. Die Schatzmeister sollen (die Kosten) bereit|stellen. Hinzuschreiben soll man auf | die Stele die Namen der Mä|nner, die die Sardianer ernennen werden, | damit sie sich unser annehmen. Senden sollen | ferner Gastgeschenke dem Boten die Strate|gen* im Namen der Stadt. Folgende wurden gewäh|lt von den Sardianern gemäß dem Beschl|uß: Potas Sohn des Papes, Artimes Sohn des Paktyes, | Attis Sohn des Paktyes, der Priester des Diony|sos. | *vacat*

## 269 Milet: Aufzeichnung der Rechtsbeziehungen zu Olbia um 330 oder früher

Milet I 3, 136; Syll.$^3$ 286; DGE 735; Tod II 195; StV III 408; SEG 37, 982. Marmorstele aus dem Delphinion (Berlin, Pergamon-Museum).

Folgende (Grundsätze) sind traditionell zwischen Olbiopoliten (Bürgern von Olbia) und Milesie|rn (Bürgern von Milet): Der Milesier soll in Olbia wie ein Ol|biopolit opfern an denselben Alt|ären und dieselben Heiligtümer besuchen, die | gemeindlichen, nach denselben Regeln wie die Olbiopoli|ten. Bestehen sollen auch Abgabenbefreiungen für die Milesier, so | wie sie es auch früher waren. Wenn (einer) indessen wünscht, an den | Ämtern teilzuhaben, soll er zum Rat gehen, | sich (in die Bürgerliste) eintragen lassen und (am passiven Wahlrecht) teilhaben und soll | abgabenpflichtig sein, so wie die andern Bürger | es sind. Bestehen soll ferner (das Recht auf einen) Ehrensitz und auf die Ankün|digung bei den Agonen* und auf die Fei|er an den Triakades (= Totenfest am 30. des Monats?), so wie sie auch | in Milet feiern {*oder:* und die | Flüche an den Triakades (mit)zusprechen, so wie sie | in Milet die Flüche aussprechen}. Wenn es einen Rechtsst|reit gibt für den Milesier in Olbia, soll er in einem Prozeß klagen | oder beklagt werden können binnen fünf Tagen vor | dem Demos*-Gericht. Es sollen | abgabenfrei sein alle Milesier, mit Ausnahme derer, die | in einer anderen Stadt Bürgerrecht ausüben und an den Ämtern | teilhaben und an Gerichtshöfen. Nach den|selben (Grundsätzen) sollen auch die Olbiopoliten in Milet abgaben|frei sein, und auch das Sonstige soll auf dieselbe | Art und Weise den Olbiopoliten in Milet zur Verfügung | stehen, so wie den Milesiern in Olbia.

### 270 Kyrene: Getreidelieferungen an griechische Staaten 330 - 325

SEG 9, 2; Tod II 196; A.Laronde, Cyrène et la Libye hellénistique. Paris 1987, 30ff. (Ü) = SEG 38, 1880; G.Marasco, Economia e storia. Viterbo 1992, 11ff. = SEG 42, 1663 (Ph, Ü).

Marmorstele aus den Thermen (Kyrene). Auf drei Seiten beschrieben; die hier wiedergegebene Inschrift steht auf der rechten Schmalseite. Dorischer Dialekt. Die ausgeschriebenen Zahlenangaben, die sich auf Medimnen* beziehen, werden im folgenden der Kürze halber in Ziffern übersetzt.

[Priest]er: Sosias Sohn des Ka[lliad]as. | (Verzeichnis derjenigen,) welchen die Stadt Getreide zukommen ließ, | als Getreidemangel herrschte | in Griechenland: |[5] den Athenern 100000, | der Olympias 60000, | den Argeiern 50000, | den Larisaiern 50000, | den Korinthiern 50000, |[10] der Kleopatra 50000, | den Rhodiern 50000, | den Sikyoniern 30000, | den [M]eliboiern 20000, | den [Me]garern 20000, |[15] den T[enie]rn 20000, | den Les[biern] 15000, | den Theraiern [1]5000, | den Oitaiern [1]5000, | den Ambrakioten [1]5000, |[20] den Leukadiern 1[5000,] | den Karystiern 15[000], | der Olympias 12|600, | den Atragiern in Thessalien 10000, |[25] den Kythniern 10000, | den Opuntiern 10000, | den Kydoniaten 10000, | den Koern 10000, | den Pariern 10000, |[30] den Delphern 10000, | den Knos(s)iern 10000, | den Tanagraiern in Boiotien 10000, | den Gortyniern 10000, | den Aleiern (Elis) 10000, |[35] den Palairaiern in Akarnanien 10000, | den Megarern 10000, | den Meliboiern 8|500, | den Phleiasiern 8000, |[40] den Hermionern 8000, | den Oitaiern 6|400, | den Troizeniern 6000, | den Plataiern 6000, |[45] den Keern in Iulis 5000, | den Aigineten 5000, | den Astypalaiern 5000, | den Kytheriern 5000, | den Hyrtakiniern 5000, |[50] den Aigineten 5000, | den Keern in Karthaia 4000, | den Kytheriern 3100, | den Keern 3000, | den Il(l)yriern {*oder*: den Elyriern (auf Kreta)} 3000, |[55] den Koresiern auf Keos 3000, | den Ambrakioten 1500, | den [I]ketyriern 1000, | den [K]nos(s)iern 900.

### 271 Athen: Ehrenbeschluß für Memnon aus Rhodos 327

IG II² 356 (+ p. 660); Tod II 199; Schwenk 58.

Marmorstele (EM). Stoichedon.

[Im Jahr, da Hegem]on Archon* wa[r; | die (Phyle*) Hip]pothon[ti]s hatte die vie|rte Pr]ytanie* [inne, für die Auto|kles Sohn des Ph]anias [aus (dem Demos*) Ach]ar[nai Sch|riftf]ührer war, am zweit[en (Tag)] der let|[zt]en Dekade, am sechs[u]n[dz]w[anz]igs|[ten] de[r P]rytani[e]; Haupt-°[Vol]k[s|versamml]ung; von den Prohed[roi* | leitete die Abst]immung [– | –] Beschluß [des] Volks: | [D]a M[e]mno[n – | (*von Z. 12–22 nur wenige Buchstaben erkennbar*) | –] sich gerade befindet (?) [und | fr]üher seine Vorfahren [Pha|rn]a-[b]azos und Ar[ta]bazo[s | fort]während dem Volk [der | Ath]ener Wohltaten erwie[sen | u]nd hilfreich gewesen sind dem Volk° in [d|e]n Kriegen, [u|nd] der Vater des Thymondas, Me[nt|o]r, die in Ägypten im Fel[d|e] stehenden Hellenen | gerettet hat, als [Ä]gypt[en] genommen wurde | von den Persern: belobigen soll man | ihn (deshalb) und bekränzen [mit einem g|o]ldenen Kr[a]n[z] seiner Trefflichkei|t wegen [–]

## 272 Kyrene: Weihung eroberter Kriegsschiffe um 323?

SEG 9, 76; Tod II 203; Laronde (s. Nr. 270) 66ff. (Ph) = SEG 38, 1885.
Runde Statuenbasis aus Marmor aus der Gegend des Apollon-Tempels in Kyrene (Museum). Kyrenäischer Dialekt.

Aristis Sohn des Philon | (weiht) dem Apollon als Zehnten | die Trieren*, die sie bei Kyrene von den Feinden erbeutet haben: | mit Sthenos, dem Nauarchos*, bei Cher⟨ro⟩nasoi eine, | mit Kallippos dem Strategen* gen Osten eine, | mit Psaphon dem Nauarchos bei Euesperides eine.

## 273 Samos: Bürgerrechtsverleihungen an Gorgos und Minnion aus Iasos nach 322/1

Michel 366; SGDI 5698; Syll.³ 312; Heisserer 182ff. (Ü); I. v. Iasos II T 50.
Marmorstele (verschollen). Ionische Dialektformen.

Beschluß [d]es Rats und des Vo|lks, Ep[i]kuros Sohn des Drakon | stellte den Antrag: Da Gorgos und M|inneon (*sic*), Söhne des Theodotos, aus Iasos vortreff|lich sind und sich verdient gemacht haben | um Samier während ihrer Verbannung, und | Gorgos während seines Aufenthalts bei Alexan|der großes Wohlwollen und Engageme|nt gezeigt hat bezüglich des Volk[es d]er Sa|mier bei seinem Bemühen, daß rasch | die Samier in ihre Heimat zurückkehren könnten, und (da), als | Alexander verkündete vor seinem | Heer, daß er Samos zurückgebe | an die Samier, und ihn deshalb die Gr|[15]iechen mit einem Kranz ehrten, | ihn auch Gorgos mit einem Kranz ehrte und ein Schreiben sandt|e nach Iasos an die Behörde|n (mit der Weisung), daß diejenigen Samier, welche | in Iasos lebten°, wenn sie in ihre Heimat zurückk|[20]ehrten, ihren Besitz steuerfrei ausführen soll|ten und ihnen Reisemittel gegeben würden, wobei | für die Kosten die Stadt Iasos | aufkommen solle; und (da) nun sich anerbiete|n Gorgos und Minion (*sic*), soweit |[25] es in ihren Kräften steht, Gutes zu bewirken für das Volk der | Samier, soll es Beschluß sein des Volks, daß | ihnen verliehen werde das Bürgerrecht mit voller Gleich|berechtigung sowohl ihnen als auch ihren Nachkommen, | und daß man sie einlose in eine Phyle*, |[30] eine Chiliastys (Tausenderschaft) und Hekatostys (Hunderterschaft) und eine Sip|pe und man (ihre Namen) aufzeichne in der Sippe, die sie | erlosen, so wie auch alle andere|n Samier, und daß für die Aufzeichnung verant|wortlich sein sollen fünf Männer, die (hierfür) gewählt |[35] worden sind; und daß man diesen Beschluß auf|zeichne auf einer Marmorstele und (diese) errich|te im Heiligtum der Hera und der [Scha]|tzmeister (den Betrag) zur Verfügung stelle.

## 274 Athen: Beschluß des Demos Aixone für Demetrios von Phaleron 318/7

IG II$^2$ 1201; Syll.$^3$ 318; Hesperia 12, 1943, 149 ff. (Ph); SEG 40, 287.
Marmorstele aus Aixone/Glyphada (EM). Stoichedon ab Z. 2. Oben Giebel.

[G]ötter! | [Aristok]rates Sohn des Aristophanes stellte den Antrag: Da | [Demetr]ios Sohn des Phanostratos aus (dem Demos*) Phaleron ein Mann | [ist, der sich] verdient gemacht hat um das Volk der Athener |[5] [und den D]emos von Aixone, und, als Krieg | [ausbrach] im Land und voneinander abgetrennt [waren d|er Piräus] und die Stadt infolge des [Krieg|s,] er [durch eine Gesandschaft] die Athener miteinander aussöhnte [und die Wie|derver]ein[igung herbeiführ]te und Fr[ieden e|[10]rwirkte] für die [A]thener und das La[nd, und (da) er, | nachdem er zum Epimeletes* {*oder*: Nomothetes*; *oder*: Strategen*} ge]wählt worden war vom Volk [der Ath|ener,] gut[e Gesetze] erließ, [die förderlich | waren für die Stadt]; später [aber (?) –]

## 275 Argos: Volksbeschluß über Freundschaftserneuerung mit Pallantion (Arkadien) 318 - 316

SEG 11, 1084; StV III 419; ISE I 52 (Ü); Nouveau Choix 9; Bielman 14 (Ph, Ü). Fragmente eines zweiten Exemplars auf einer Kalksteinstele aus Argos (Museum): SEG 33, 276.

Marmorstele aus Pallantion (in Kirchenmauer verbaut). Argivischer Dialekt.

[G]ott! Beschlossen hat die Haupt-Volksversammlung, ver|schoben aus dem (Monat) Teleos, im (Monat) Arneios | am neunten (Tag); Vorsitzender des Rates war Peitha|goras (aus der Phratra*) der Sphyreïdai (aus der Kome*) Kerkas. Da |[5] die Pallanteer gekommen sind zu der St|adt der Argeier, um die Freundschaft zu erneuern°, die | seit alters (besteht), und auf die Wohltaten | hinweisen, die früh|[10]er die beiden Städte (einander) erwiesen haben, | soll Beschluß des Volkes sein: Die Freundschaft | soll mit ihnen bestehen, so wie sie sie für sich | wünschen, und man soll dies aufschreiben | auf eine Stele im (Heiligtum) des (Apollon) Lykeios; die |[15] (hierfür anfallenden) Kosten soll der | amtierende Schatzmeister anweisen. Aufschreiben soll man | ferner, daß die Stadt der Argeier | durch eine Gesandtschaft an Polyperchon | erbeten hat, freizulassen die (gefangenen) Per|[20]sonen aus Pallantion, als | Pallantion speergewonnen worden war | durch Menemachos, | und daß Polyperchon die Per|sonen freiließ° und diesen Gefallen |[25] der Stadt der Argeier erwies. Den Antrag stellten | Thiokritos (aus der Kome) Koluris und Nikoda|mos (aus der Kome) Skleris. Es sollen ferner Pro|xenoi* sein° und Wohltäter der | Argeier und Thearodoken* des |[30] Zeus von Nemea und der Hera von | Argos diejenigen Pallanteer, die ge|kommen sind, um zu erneu|ern die Freundschaft, sie selbst und ihre Nach|kommen: Milon Sohn des Timon, Phileas Sohn des Phi|[35]lemon, Timostratos Sohn des Alkias, [–]|pos Sohn des Euonias, Xenippos Sohn des Rhoisos, En[–]|n Sohn des Lysidikos, Daïmachos Sohn des Agath[ias (?)]. | Sie sollen ferner die anderen Privilegien erhalten wie | auch die anderen Proxenoi und [The|[40]a]rodoken. Den Antrag stellten Thiokritos (aus der Kome) Kol[u|ris] und Nikodamos (aus der Kome) Skleris.

## 276 Skepsis: Brief des Antigonos Monophthalmos über seinen Friedensschluß mit Kassander, Lysimachos und Ptolemaios und Ehrenbeschluß der Stadt Skepsis für Antigonos Monophthalmos 311

A: OGIS 5; RC 1 (Ü); StV III 428. – B: OGIS 6.

Marmorstelen aus Skepsis in der Troas (verschollen). Stoichedon. Interpunktion mit Doppelpunkt (:) nicht konsequent.

*(A)* [– – Eifer] haben wir an den Tag gelegt [für der | Hellenen Fr]eiheit : wobei wir hi[er|für] nicht geringe | [Zugest]ändnisse machten und besonders Geld zusätzlich [auf|wendeten (?); un]d hierüber haben wir abgesandt |[5] [zusammen mit Dema]rchos (?) den Aischylos. Solange Einverständnis | [bestand hier]über, haben wir die Konferenz am Helle[s|pont] abgehalten : und wären nicht gewisse Bremser | [aufge]treten, wäre damals das zu Ende gebracht worden. | [Nun] haben Kassander und Pto|[10][lemai]os sich über eine Kriegsbeendigung verständigt°: und zu uns sind ge|[kom]men Prepelaos und Aristodemos | [wege]n dieser (Fragen) : obwohl wir sahen, daß einiges : was | Kassander forder[te], reichlich belastend war : da (andererseits) hinsichtlich der (Punkte) | [ü]ber die Hellenen Einverständnis herrschte, haben wir es für not|[15][w]endig gehalten darüber hinwegzusehen : damit das ganze | Projekt so schnell wie möglich zu Ende gebracht werde : da wir es sehr | gut gefunden hätten, wenn alles geregelt würde | für die Hellenen, so wie wir es wünschten [:] da sich dies° aber | in die Länge gezogen hätte : bei einem Auf|[20]schub aber des öfteren viel Unerwartetes pass|iert : und wir unseren Ehrgeiz darein setzen, daß noch in unserer Zeit die Probleme mit den | Hellenen geregelt werden, hielten wir es für erforderlich, daß nicht | Detailfragen das Gelingen des Gesamtwerkes in Frage stellten. | Mit welchem Eifer wir uns diesen Dingen gewidmet haben, |[25] wird, glaube ich, deutlich° werden auch euch und den anderen | allen aus der Regelung selbst : Als | wir die Vereinbarung mit Kassander und Lysimachos ab|geschlossen hatten : wozu sie den Prepelaos gesandt hatten mit Vo|llmacht : da schickte Ptolemaios zu u|[30]ns Gesandte mit dem Wunsch, daß auch mit ihm der Kampf beendet | und dies in dasselbe Vertragsinstrument geschrieben werde. | Wir sahen zwar, daß es keine Kleinigkeit sei, aufzugeb|[en etwas von dem Z]iel, dessentwegen wir nicht geringe Schwierigkeiten | hat[ten und] viel Geld aufgewendet hatten, |[35] und dies, nachdem die Probleme mit Kassander u[nd L]ysi[ma]|chos für uns geregelt waren : und | die restlich[e A]ufgabe leich[ter]° war : Indessen, | in der Annahme, daß, wenn auch mit ihm | ein Abschluß er-

zielt wäre : mit Polyperchon |[40] schneller eine Regelung gefunden würde, wenn niemand mehr in eid|lichem Bündnis° mit ihm° stünde : und wegen der engen Beziehung, die | uns mit ihm verbindet : und da wir zugleich | sahen, daß ihr° und die anderen Bundesgenossen belastet | werdet durch den Krieg und die (damit verbundenen) Aus|-[45]gaben : hielten wir es für richtig, nachzugeben und | auch mit ihm den Vertrag über Kriegsbeendigung abzuschließen. | Mit dem Auftrag, die Vereinbarung abzuschließen, sandten wir Aris|todemos und Aischylos und Hegesias : Diese | haben die Verpflichtungen entgegengenommen und sind nun zurück, und |[50] von Ptolemaios ist Aristobulos mit seinen Leuten gek|ommen, um sie von uns entgegenzunehmen : Wisset nun, daß abge|schlossen ist der Vertrag und der Friede ein|getreten : Wir haben aber in der Vereinbarung schriftlich festgesetzt, | „schwören sollen die Hellenen alle, einander° bewahren zu helf|[55]en die Freiheit und die Aut[o|n]omie“, in der Annahme, zu unseren Lebzeiten würde nach men|schlicher Erwartung dies gewahrt werden | : für die Zukunft aber, wenn eidlich verbunden sei|en die Hellenen alle und die an der |[60] Macht Befindlichen, könne eher und siche|rer den Hellenen die Freiheit bestehen. | Ein zusätzlicher Eid mitzubewahren, was w|ir miteinander vereinbart haben : schien° uns weder unrü|hmlich noch unvorteilhaft für die Hellenen |[65] zu sein : Daher halte ich es für gut, daß ihr schwört | den Eid, den wir geschickt haben. Wir werden versuchen, | auch künftig zu verschaffen°, was in unserer Macht steht an Vorteil|haftem für euch und für die anderen Hellenen | : Hierüber schien° es mir gut sowohl zu schreiben |[70] als auch Akios zu senden, der mündlich berichten wird | : Er bringt euch auch von der Vereinbarung, die wir ge|troffen haben, und vom Eid Abschriften : Lebt wohl!

*(B)* [– hat er abgeschickt] | den Akios [:] der [unserer Stadt in höchstem | M]aß gewogen [ist°] und (ihr) [die freundliche Gesinnung allzeit bew]|ahrt, und er fo[rdert] auf, ihm aufzuze|[i]gen, wessen die Stadt bedarf : Abgesandt |[5] hat er auch die Vereinbarung, die mit Kassan|der und Ptolemaios und Lysimachos e|r abgeschlossen hat, und von den Eiden Abschrif|ten : und hinsichtlich des Friedens der Hellenen | und ihrer Autonomie, was erreicht ist : Besch|[10]luß des Volkes: Da Antigonos sowohl unserer | Stadt wie auch den anderen Hellenen große | Vorteile verschafft hat : soll gepriesen werden | Antigonos und beglückwünscht | wegen des Erreichten : Beglückwünschen soll |[15] die Stadt auch die Hellenen, weil sie fr|ei und autonom in Frieden | künftig leben werden : Damit Anti|gonos geehrt werde würdig des Erreich|ten : und sichtbar werde, daß das Volk Dank abstat|[20]tet für die Wohltaten, die es zuvor empfangen hat : soll man ihm abstecken | ein

Temenos* und einen Altar setzen und ein (Götter-)Bild | aufstellen so schön wie möglich : Das Opfer und | den Agon* und das Kranztragen und | das übrige Fest sollen ihm vollzogen werden |[25] jedes Jah[r, s]o wie es schon bisher | vollzogen worden ist. [Bekrän]zen soll man ihn mit gol|denem Kranz (im Wert) [von] hun|dert Gold[stater]en*° : Bekränz[en] soll man auch [Deme]trios und Phi|lippos, einen jeden von ihnen (im Wert von) [fün]fzig Gold(stateren). |[30] Verkünden soll man die Kränz[e | bei]m Fest : Opfern soll ferner für die [gute] Botsch|aft die Stadt anläßlich der von Antigonos | zugesandten (Nachrichten) [:] Kränze tragen sollen | auch die Bürger alle : Die Ausga|[35]ben hie[rf]ür soll der Schatzmeister finanzieren. | Senden soll man auch ihm Gastgeschenke : Die Vereinba|rung und die Briefe von Antigo|nos : und die Eide, die er geschickt hat, | soll man aufschreiben auf eine Stele, so wie Antigo|[40]nos geschrieben hat, und sie aufstellen im Heiligtum | der Athena : Ver[anlass]en soll dies der Schrift|führer : Finanzieren soll auch hierfür die Ausga|ben der Schatzmeister : [Schwör]en sollen die Bürger | allesamt den Ei[d, den zuges]andten, so |[45] wie Anti[gonos es geschrieben hat :] Die | Gewählten [–]

## 277 Theangela (Karien): Vertrag mit dem Dynasten Eupolemos um 310?

L.Robert, Collection Froehner I: Inscriptions grecques. Paris 1936, 52 (Ph); StV III 429.

Marmorstele vom Burgberg (Paris, Bibliothèque Nationale).

[– | – | –] | von den zu Feld ziehen[den – von] |[5] den Bienenstöcken bezahlen je [–] | Amnestie soll bestehen auch für die Ereinaieis [–] | Dem Philippos und Damagathos und Aristodemos [und den ihnen unterstell]|ten Soldaten ist auszuzahlen der [ihnen] geschuldete [Sold für] | vier [Monate°] und ein Donativ (eine Zusatzzahlung) von zwei Monaten dem Aristodemos [und den unter ihm dienenden (?)] |[10] Soldaten, soweit sie im Dienst des Eupolemos bleiben. Diejenigen der S[oldaten,] | die in die Stadt gekommen sind aus den (Truppen) des Eupolemos im Frieden oder im K[rieg,] | für die soll Amnestie bestehen. Von den Sklaven soll denjenigen, die im Frieden gekommen sind, | geschehen gemäß den Verträgen, die mit Eupolemos und mit Peukestas [ab]|geschlossen worden sind; für die im Krieg gekommenen soll Amnestie bestehen. Auszuzahlen ist |[15] ferner den Katapultschützen der Sold für vier Monate. Denjenigen von den Solda|ten, die abmustern wollen, soll dies gestattet sein samt ihrer Habe, und (gewährt) sein soll | ihnen Abgabenfreiheit für ihren Besitz beim

Transit durch das (Gebiet) des Eupolemos. | Sobald Eupolemos den Theangeleern und den Soldaten den Eid geleistet hat, | festzuhalten an den Vereinbarungen, und den Sold den Soldaten ausgezahlt hat, |[20] soll er die Stadt und die Gipfelforts übernehmen. Den Soldaten in Thean|gela, soweit sie unter Eupolemos dienen wollen, sollen die Pentachora („Fünf Länder") zur Verfügung stehen (zur Ansiedlung) (?). | Der Eid, den Eupolemos geschworen hat: „Ich schwöre bei Zeus, Ge, Helios, Ares, der Athena | Areia und der (Artemis) Tauropolos und allen anderen Göttern und | Göttinnen: Ich werde festhalten an dem, was ich vereinbart habe mit der Stadt der Theangeleer |[25] und mit den Soldaten in Theangela, und ich werde mit meinem Siegel bekräftigen den | Vertrag, den ich geschlossen habe mit den Theangeleern, und werde ihn aushändigen mit dem Siegel | den Theangeleern und werde die Stadt nicht daran hindern, aufzuzeichnen den | Vertrag und den Eid, den ich geschworen habe, auf eine Stele und diese aufzustellen in einem Heiligtum | nach dem Belieben der Theangeleer. Halte ich meinen Eid, soll es mir wohl ergehen, mir selbst und |[30] meiner Nachkommenschaft; breche ich ihn, das Gegenteil davon."

## 278 Iasos: Beschluß über einen Vertrag mit Ptolemaios (I.) und drei Söldnerführern zwischen 309 und 306?

ASAA 29/30, 1967/68, 437 ff. Nr. 1 A + B Z.1–6 (Ph); I. v. Iasos I 2.
Zwei nicht aneinanderstoßende Teile einer Marmorstele aus Iasos (Grabungsdepot).

[– | –] den Polemaios | [–] Beschluß [von | Rat u]nd Volk de[r Iaseer – |[5] – | – ] P[ol]emaios {*oder*: P]t[ol]emaios} als frei [und | autonom und frei von Besatzung und Tributverpflichtung – Ma]chaon und | [dessen Soldaten und Hieron und dessen S]oldaten und Sopolis | [und dessen] Sol[daten –] würdig [– |[10] –] den Polemaios [–] dem Polemaios Sohn des Polemaios [– | –]emaios, er werde freigeben die Gipfelfort[s | und die Stadt – ;] freigeben werde er auch, was in | [de]n Gipfelforts ist, alles [–]. Die Verpflegung und die | Soldzahlungen, die geschuldet werden dem Ma[chaon und Hieron u]nd Sopolis und ih|[15]ren Sol[da]ten sollen die Iaseer auszahlen [–] in der Höhe der Außen|stände binnen fünfzehn Tagen von dem Tag an, an dem die an Ptolemaios Abgesandten | eintreffen. Nach Übergabe (der Summen) sollen sie von Machaon die Gipfelforts erhalten | [und] was in den Gipfelforts sich befindet und die Stadt, so wie es vereinbart ist. Bestehen soll | Sicherheit(sgarantie) für Machaon und Hieron und Sopolis und ihre Soldaten, |[20] wenn sie in der Stadt sich niederlassen und leben gemäß den Gesetzen der Iaseer | [und] wegziehen, wohin sie wollen, zu Lande und zu Wasser. Verzichten | sollen ferner sie selbst und die Soldaten auf alle Beschwerdepunkte | gegen die Iaseer und die in Iasos [Niedergelass]enen, und die Iaseer und die in Iasos [Nieder]gela|ssenen auf die gegen sie und ihre Soldaten (gerichteten), die in den |[25] früheren Zeiten entstan[den sind vor d]er Übereinkunft. Erstrecken soll sich die | gleiche Sicherheit(sgarantie), welche [–] zusätzlich (?) für des Aristokles | Frau und des Aristo[kles –] und die Kinder des Molon | und für Syros und Ischyr[– Toc]hter und des Hestiaios Frau und | Kinder und [Nachkommen. Schwör]en sollen die Iaseer und die in der Stadt Niedergelasse|[30]nen dem Ptolemai[os, in Freiheit] und Autonomie und Freiheit von Besatzung und Tribut|verpflichtung dem Ptolemaios und seinen Nachkommen Bu[ndesgenossen] sein zu wollen f[ür] | alle Zeit. Schwören sollen ferner Machaon und Hieron und Sopolis und ihre | Soldaten den Iaseern, und die Iaseer dem Machaon und Hieron und Sopolis und ih|ren Soldaten. Der Eid soll für Machaon und Hieron und Sopolis und |[35] ihre Soldaten folgendermaßen lauten: „Ich schwöre bei Zeus, Ge, Helios, Poseidon, Apollon, Demeter, | [A]res, Athena Areia, allen Göttern und Göttinnen und bei (Artemis) Tauropolos: Ich werde festhalten an der | Übereinkunft, die ich abgeschlossen habe mit den Iaseern und werde keinen Soldaten aufnehmen vo|n irgendeiner Seite in vier Tagen nach der Absendung der (Gesandten) an Ptolemaios | und auch nicht später ohne Zustimmung der Iaseer, (und zwar) ohne List und Hintergedanken. Wenn ich den Eid halte, möge es mir wohl ergehen, |[40] wenn ich ihn breche, das Gegenteil hiervon." Schwören sollen auch die Iaseer dem Machaon und Sopolis | und Hieron und ihren Soldaten denselben Eid. Schwören soll ferner Ptolemaios | folgenden Eid: „Ich schwöre bei Zeus, Ge, Helios, Poseidon, Apollon, Demeter, Ares, | Athena Areia, allen Göttern und Göttinnen und bei (Artemis) Tauropolos: Ich werde wahren die | Übereinkunft, die die Iaseer abgeschlossen haben mit Machaon und Hieron und Sopolis und |[45] deren Soldaten und mit den anderen, die in der Übereinkunft aufgeführt sind, | (und zwar) ohne List und Hintergedanken. Wenn ich den Eid halte, möge es mir wohl ergehen, wenn ich ihn breche, das Gegenteil hiervon." | Schwören sollen ferner die Iaseer dem Ptolemaios und Ptolemaios den Iaseern; der Eid soll | folgendermaßen lauten: „Ich schwöre bei Zeus, Ge, Helios, Poseidon, Apollon, Demeter, Ares, | Athena Areia, | allen Göttern und Göttinnen und bei (Artemis) Tauropolos: Ich werde dem Ptolemaios treu sein und Bündner sein, |[50] ihm und seinen Nachkommen für alle Zeit, in Freiheit und Autonomie und Freiheit von Besatzung |

und Tributverpflichtung, (und zwar) ohne List und Hintergedanken. Wenn ich den Eid halte, möge es mir wohl ergehen und meiner | Nachkommenschaft, wenn ich ihn breche, das Gegenteil hiervon." Ptolemaios soll den Iaseern schwören | folgenden [Eid]: „Ich sch[wöre bei Zeus, Ge, Hel]ios, Poseidon, Apollon, Demeter, Ares, A[thena Areia,] | | allen Göt[tern und Göttinnen und b]ei (Artemis) Tauropolos: Ich werde wahren [die Stadt der Iaseer |[55] – in Freiheit und Autonom]ie und Freiheit von Besatzung un[d Tributverpflichtung –" – | – | – | – ] die Tempelbau-Beamten auf[schreiben – |[60] – | – ] und aufstellen im Heiligtum des Zeus [ – ]

### 279 Iasos: Briefe ptolemäischer Funktionäre an die Stadt 305 oder später

ASAA 29/30, 1967/68, 437ff. Nr. 1 B Z. 7ff. (Ph); I. v. Iasos I 3. Marmorstele wie Nr. 278. Dossier aus 4 Texten.

Aristobulos sendet dem Rat und dem Volk der Iaseer Gruß. Gekom[men sind die Gesandten] |, haben mir vorgetragen und eure Forderungen überbracht, zu denen gehörte, daß die Stadt [frei | und] autonom und im Bündnisverhältnis sein solle. Als wir [von ihnen] forderten, Gewähr hierfür | zu geben, gestanden sie dies zu. So wurde ihnen dies gewährt. Sie trugen ferner ü[ber die Synta|[5]xis* vor] (mit dem Ziel,) daß sie den (Beitrag) für die Kontrolle der Gemarkung, mit der es sich richtig verhalte, bezahlen wollten, daß aber die | Häfen und die sonstigen Einkünfte unter eurer Hoheit stehen sollten. Hinsichtlich des Haf[ens] | haben wir ihnen ein Zugeständnis gemacht, hinsichtlich des Beitrags schien es mir richtig, die Sache zu verweisen an den | König, damit nicht hier die unterschiedlichen Ansichten beider Seiten über das Mehr oder Weniger | dem Abschluß der Verhandlungen über die Interessen der Stadt, wie wir ihn wünschen, im Wege stehe. Über|[10]dies schien es mir nun nützlich zu sein euch zu schreiben. Lebt wohl. |

Eid, den Aristobulos geschworen hat: „Ich schwöre bei Zeus, Ge, Helios, Apollon, Ares, Athena |Areia, allen Göttern und Göttinnen und bei (Artemis) Tauropolos: Ich werde bewahren die Freiheit | und die Autonomie dem Volk der Iaseer; ich werde die Iaseer die Einkünfte | der Stadt und die Häfen innehaben lassen° und sie einen Beitrag zahlen lassen, |[15] wie der König ihn festsetzt. Und wenn jemand die Iaseer beeinträchtigt, werde ich es nicht zulassen, sondern (ihnen) zu Hilfe kommen | zu Lande und zu Wasser, so gut ich kann, und ich selbst werde freundlich gesinnt sein der | Stadt der Iaseer und ihr

Gutes tun, wie ich nur kann, in Wort und Tat, ohne List | und Hintergedanken. Wenn ich den Eid halte, möge es mir gut ergehen, wenn ich ihn breche, das Gegenteil hiervon." |

Asklepiodotos sendet dem Rat und dem Volk der Iaseer Gruß. Vorgetragen haben uns die Gesandten |[20] und gefordert, wir sollten den Eid schwören, den schon Aristobulos geschworen hat. Ihr sollt nun wissen, daß wir | im gleichen Wortlaut geschworen haben. Lebt wohl.

Eid, den Asklepiodotos geschworen hat: | *(Z. 22–28 bieten denselben Eidestext wie Z. 11–17.)*

## 280 Teos: Zwei Briefe des Antigonos I. Monophthalmos über den Synoikismos* zwischen Teos und Lebedos um 303

Michel 34; Syll.[3] 344; RC 3 (A) und 4 (B) (Ü); Migeotte 86 (Ü).
Fragment einer Stele (verschollen). Dossier aus zwei Briefen (A, B); Paragrapheneinteilung der modernen Ausgaben.

*(A)* (§ 1) [– | – Wer immer] zum Panionion* geschi[ckt wird, glaub]ten wir, solle [vollziehen alle die | geme]insamen (Handlungen) für die gleiche Zeit und solle im Zelt wohnen und am Fest teilnehmen mit den von [euch Abgesand]|ten und solle Teïer genannt werden. (§ 2) Wir hielten es für richtig, daß auch ein Bauplatz einem jeden der L[ebedier gegeben werde] |[5] bei euch gleichwertig dem, den er in Lebedos verläßt. Bis sie ein Haus errichten, [sollen allen gegeben werden | H]äuser, den Lebediern, kostenfrei, (und zwar) falls die derzeitige Stadt weiter besteht, ein D[rittel der] | vorhandenen Häuser, falls jedoch die derzeitige Stadt abgerissen werden muß, [hat zu verbleiben] | von den vorhandenen Häusern die Hälfte, hiervon ist ein Drittel zu geb[en den Lebediern,] | zwei Drittel sollt ihr haben. Falls ein Teil der Stadt abgerissen wird [und die übrigbleibenden° (Häuser) ausreichen,] |[10] euch und die Lebedier aufzunehmen, ist den Leb[ediern davon | ein Dr]ittel zu geben°; falls die verbleibenden Häuser nicht ausreichen, um aufzunehmen euch [und die Lebedier, soll° von den Häu|s]ern, die abzureißen sind, eine hinreichende Zahl stehen bleiben; sobald aber fert[iggestellt sind | ge]nügend Häuser in der zu errichtenden (neuen) Stadt, soll man abreißen die Häuser, die [stehengelassen worden waren, so|weit] sie außerhalb der ummauerten Stadt liegen. Bebau[en sollen die Lebedier |[15] all]e die Bauplätze binnen drei Jahren; wo nicht, sollen städtisches Eigentum werden die [Bauplätze. Wir hielten es] | für richtig, daß auch die Dächer der Häuser den Lebediern gegeben werden, [damit alsbald erste|llt]

werden die Häuser, [binnen] vier [Jah]ren der Anteil, (der) auf jedes Ja[hr (entfällt). (§ 3) Wir hielten es] | für richtig, ferner den Lebediern einen Platz anzuweisen, an dem sie beerdigen können ih[re Toten. (§ 4) Was an Zinsen | sch]uldet die Stadt der Lebedier, das soll beglichen werden aus den gemein[samen Einnahmen alljährlich;] |[20] diese Schulden sollt ihr auf eure Polis, so (= unter den Konditionen) wie die Leb[edier sie schuldeten, übernehmen.] | (§ 5) Und alle Proxenoi*, die die Stadt der Lebedier hat, und Wohltät[er, die das Bürgerre|cht] oder ein anderes Privileg oder Ehrenrecht bekommen haben von den Lebediern, [sollen dasselbe haben auch bei | e]uch, und man soll diese Leute dort aufschreiben, wo auch eure Proxenoi [und Wohltäter auf|ge]schrieben sind°, binnen Jahresfrist. (§ 6) Die Rechtsstreitigkeiten wegen Rechtsverletzung oder wegen (Nichterfüllung von) Verträgen, [die derzeit laufen in einer der |[25] be]iden (Städte), sollen durch Schlichtung beendet werden oder durch gerichtliche Entscheidung g[emäß den in der betreffenden Stadt (geltenden) | G]esetzen und unserem Erlaß binnen zwei Jahren von dem Zeitpunkt, [zu dem der Erlaß (?) vor|g]elegt wird. Hinsichtlich der Rechtsstreitigkeiten, die ⟨ihr⟩ mit den Lebediern habt oder die Lebedier m[it euch, sollen bei|d]e (Städte) eine Vereinbarung abschließen° und die Vereinbarung schriftlich niederlegen {*oder*: als Antrag der Volksversammlung vorlegen}, und wenn es Eins[pruch gibt gegen die | V]ereinbarung, soll darüber in der Schiedsrichter(-Stadt) entschieden werden binnen sechs Monaten; Schiedsrichter[–Stadt soll sein, so |[30] wie] beide (Seiten) übereingekommen sind, Mitylene. Alles Sonstige, me[inen wir, über derartige Fragen | soll aufs]etzen der Ausschuß zur Abfassung der Vereinbarung nach eigenem Ermessen; da wir [indessen er]fahren°, [daß so zahlreich] | sind die Klagen wegen (Nichterfüllung von) Verträgen und sonstiger Verstöße, daß, wenn nach dem [Gesetz entschieden wird während der gan]|zen Zeit (= ohne Unterbrechung ?), niemand (das Ende des Verfahrens) erwarten könnte – und bis he[ute hat das° offenbar keinen Fortschritt ge]|macht und sind die Ver[einbar]ungen nicht ausgeführt, weil s[o lange Zeit ohne gerichtliche Entscheidung] |[35] bei euch die Klagen liegen(geblieben sind) – und wenn die Zinsen aufgeschlagen werden fü[r jedes Jahr, wird es niemandem | m]öglich sein, (das) zu bezahlen. Wir halten es für richtig, daß, falls freiwillig za[hlen die Schu|d]ner, der Ausschuß zur Abfassung der Vereinbarung festlegt, daß nicht mehr als das Doppelte zu zah[len ist von der Schuld;] | falls sie aber vor Gericht gehen und unterliegen, das Dreifache. (§ 7) Sobald die Vereinbarung [Gültigkeit erlangt,] | sollen die Klagen [erho]ben und (die Prozesse) binnen Jahresfrist entschieden werden. Wer nicht Klage erhe[bt oder die Entscheidung herbeifü|40hr]t in der festgelegten Zeit, obgleich Verfahren stattfinden (= die Gerichte tätig sind), (denen) soll es nicht mehr möglich sein, Klage zu erheben oder [die Entscheidung zu erzwingen. Wenn aber] einer | von euch oder von den Lebediern nicht in der Stadt weilt in der Verjährungsfrist, soll es mög[lich sein, ihn in seiner Abwesenheit | vo]rzuladen vor dem Amtsgebäude und vor seinem Wohnhaus, wobei man darlegt gegenüber dem [Magistrat –] | vor zwei vollgültigen Zeugen. (§ 8) In Zukunft sollen Strafe [und Genugtuung stattfinden nach Gese]|tzen, die nach eurer Ansicht für beide Teile gerecht sind. B[estimmen soll jede der beiden Seiten] |45 drei Nomographoi*, nicht jünger als vierzig Jahre, [unbestech|l]ich. Die Gewählten sollen schwören, Gesetze aufzusetzen, die [nach ihrer Meinung die be]|sten sind und der Stadt Nutzen bringen werden. Sobald sie den Eid geleistet haben, [sollen sie (Gesetze) aufsetzen, die nach ihrer Mei|nu]ng beiden Seiten gerecht werden, und sollen sie einbringen binn[en sechs Monaten. Es soll aber möglich sein | a]uch jedem anderen, der es will, ein Gesetz aufzusetzen und einzubringen. Was von den [eingebrachten (Bestimmungen)] |50 unstrittig ist und vom Volk ratifiziert wird, das soll man anwenden; [was hingegen strit]|tig ist, soll uns zugesandt werden, damit wir entweder selbst die Entscheidung treffen [oder eine Stadt bestim|m]en, die die Entscheidung fällt. (Uns) zusenden soll man auch die einvernehmlich beschlosse[nen Gesetze und kenn]|zeichnen die von den Nomographoi eingebrachten und die [von anderen aufgesetzten, | dami]t, wenn welche offenbar nicht die besten Gesetze aufgesetzt haben, sondern [ungeeignete, wir diese] |55 rügen und bestrafen. Dies soll binnen Jahresfrist abgeschlossen sein. [Bis die gesam|te]n Gesetze fertiggestellt sind, meinten eure Delegierten, sollte man eure [Gesetze anwenden, die Delegierten | d]er Lebedier forderten, man solle (Gesetze), die aus einer anderen Stadt übernommen würden, [anwenden. Da wir es für gerech]|ter halten, aus einer anderen Stadt [Gesetze] zu übernehm[en, forderten wir be]|ide Seiten auf zu sagen, aus welcher Stadt sie Gesetze anwenden wollten; da sti[mmten |60 b]eide überein, die Gesetze von Kos anzuwenden; so haben wir entschieden und die [Koer aufgefor|d]ert, euch die Gesetze zur Abschrift zu geben. Wir halten es für [richtig, zu bestimm]|en drei Männer alsbald, wenn [das] Antwortschreiben verlesen wird, und sie zu entsen[den nach Kos binnen] | drei [Tage]n° zur Abschrift der Gesetze; die Entsandten [sollen zurückbringen die Ge]|setze, versiegelt mit dem Siegel der Koer, binnen dre[ißig] Tagen. [Sobald gebracht sind] |65 die Gesetze, sollt ihr und die Lebedier die Magistrate bestimmen [in] | zehn [Tagen]°. (§ 9) Wer bereits Chorege* oder Trierarch* war oder eine andere [Leiturgie* in einer der] | beiden Städte geleistet hat, soll nach unserem Dafürhalten nicht mehr (zur Ableistung) der[selben Leiturgie verpflichtet sein. Nun ford|er]ten die Delegierten der Lebedier, sie sollten auch für eine bestimmte Zeit befreit sein [von den Leiturgien, während der] | Synoikismos* vor sich gehe. Wir halten es für richtig, wenn ihr alle bl[eibt in der alt]|[70]en (Stadt), sollen die Lebedier befreit sein von den Leiturgien auf drei Jahre; w[enn jemand von euch] | umsiedelt auf die Halbinsel, soll auch dieser befreit sein für [dieselbe Zeit; alle die, | deren] Hausstand nicht verlegt wird, sollen die Leiturgien ableisten. (§ 10) Es brachten die Delegierten der L[ebedier vor, man müsse für die Getrei|d]eversorgung von den Einnahmen abzweigen [eintausend]vierhundert Gold(statere), | [so] daß ein jeder, der dies wolle, dieses Gold gegen Sicherheit leihen, [Getreide einführen in |[75] di]e Stadt und es das Jahr über verkaufen könne, wann er wolle; wenn das J[ahr zu Ende gehe,] | habe er das Gold an die Stadt zurückzuzahlen und die Zinsen, unter de[nen er es bekommen habe. Als sie besonders forderten, wir° sollten be]|-fehlen, daß dies jetzt geschehe, damit vorhanden sei [eine hinreichende Menge] Ge[treide in der St]|adt – denn ihr produziertet nicht genug –, hielten es für richtig auch e[ure Delegierten, daß es so geschehe; sie verlangten aber] | daß mehr Gold bereitgestellt werde, da der Synoi[kismos* durchgeführt werde und ihr zahl|[80]reich]er würdet durch das Zusammenziehen. Wir [wollten] früher nic[ht, daß irgendeiner St]|adt Getreideimporte erlaubt würden oder daß Bereitstellung von Getreide erfolge; [denn wir wünschten nicht, daß die | S]tädte hierauf hohe Geldsummen verwenden, obgleich es nicht erforderlich [ist, und wir wollten es | a]uch jetzt nicht tun angesichts der Nähe des tributpflichti[gen (königlichen) Landes, so daß, wenn Bedarf] | an Getreide entsteht, nach unserer Ansicht leicht geholt werden kann von [dort, sovi|[85]e]l man will. Wir haben hierauf Wert gelegt, weil wir den [Städten hel]|fen [wollten]°; denn daß aus der Angelegenheit privat nichts her[ausspringt für uns, erkennt | i]hr ebenso wie die andern alle; vielmehr ordnen wir dies an, weil wir es im Au[ge haben, daß von dem, was sie sch|u]ldig sind, die Städte frei werden. Wir meinen [nämlich, euch, soweit dies in unserer Macht] | stand, frei und autonom gemacht zu hab[en, und gedachten deshalb, hier]|[90]für Sorge zu tragen, damit (die Schulden) so schnell wie möglich abgetragen werden. [Da aber nützlich ersch]|eint der Plan der Getreidebeschaffung, halten° wir es – so daß nichts unter[lassen wird was einerseits gerecht, andererseits] | für das Volk nutzbringend ist – für richtig, daß erfolgen di[e Getreidebeschaffungen] | so wie die Delegierten der Lebedier es vorgebracht haben, wobei wir mei[nen, an Gold] | solle gegeben werden gegen Sicherheit höchstens eintausend[vierhundert] Gold(statere).

[(§ 11) Die Getreide]|[95]importe und -exporte ausnahmslos sind zu deklarieren [in der Stoa* am Mar]|kt, damit, wenn es für jemanden nicht lohnend ist, (das Getreide) zu transportieren auf den M[arkt und von dort durchzufüh]|ren den Export, er die Möglichkeit hat, die Abgaben zu zahlen für die [auf dem Markt dekla]|rierten (Waren) und (direkt) zu exportieren. Was die Dörfer oder Gehöfte betrifft außer[halb eurer° Stadt,] | soll nach unserem Dafürhalten einem jeden vorgeschrieben werden, zu registr[ieren, wieviele Feld|[100]frücht]e er ausführen will aus seiner Landwirtschaft, so daß er es melden kann [dem Agoranomen*, die | A]bgaben zahlen und exportieren. (§ 12) Es wünschten ferner eure Delegierten [und die der Lebe]|dier, es sollten von beiden Seiten je drei Männer ernannt werden, die, [falls noch etwas übersehen worden] | ist an Förderlichem für den Synoikismos, dies aufschreiben. [Uns scheint es nun nützlich] | zu sein, diese Männer zu ernennen binnen dreißig Tagen [von dem Tag an, an dem die Antwo|[105]r]t verlesen wird. Die Gewählten sollen niederschreiben, was überse[hen worden ist von uns.] | Von den niedergeschriebenen (Bestimmungen) sollen die von beiden Seiten akzep[tierten gültig se]|in, die strittigen sollen uns übersandt werden in weiteren zwei M[onaten, damit wir beide Seiten an]|hören und entscheiden können, so wie wir glauben, daß es beid[en Seiten nützen werde.] |

*(B)* [Kö]nig Antigonos (entbietet) dem Rat und dem Volk der Teïer seinen Gruß. Als wir [früher überlegten,] |[110] wie der Synoikismos am schnellsten durchgeführt werden könne, sahen wir nicht, woher° das [nötige] | Geld beschafft werden könnte, um euch in die Lage zu versetzen, den Lebediern den Wert ihrer Hä[user alsbald auszuzah]|len, weil der Ertrag der (städtischen) Einnahmen euch über [längere] Zeitspannen zufließ[t. Als wir empfing]|en eure Delegierten und die der Lebedier, fragt[en wir sie, ob sie] | uns eine Quelle aufzeigen [könnten]°; sie antworteten, es gebe keine außer den Abgaben. Bei Durchs[icht ihrer° Beschlüsse] |[115] stellen wir fest, daß stets nur die Wohlhabendsten unter euch die Steuern vorgeschossen haben. [Uns scheint es nun zweckmäßig] | zu sein, daß unter (die Kategorie) „Wohlhabende" sechshundert fallen und daß [diese] Vorschüsse leisten [–] | im Verhältnis zu ihrem Vermögen, so daß ein Viertel der (Häuser-)Kosten sofort [den Lebediern] zur Verfügung steht, | daß die Rückzahlung an die Vorschußleistenden (?) erfolgt erstmals aus den Einkünften [der Stadt nach einem Jahr] | (Zahlungs-)Pause, wobei alle (Einkünfte?) herangezogen werden. Die Leute, die die Schätzer [der Häuser] herbeiholen, [und die |[120] Ab]schreiber der Gesetze von Kos sollen sofort gewählt werden, sobald die Abwahl (?) [stattgefunden

hat, und abge|sch]ickt werden binnen fünf Tagen nach ihrer Wahl; und die wegen der Gesetz[e Abgesandten sollen sie bring]|en aus Kos und vorlegen in der Zahl von Tagen, die wir festgelegt haben im Ant[wortschreiben. Die wegen der | Sch]ätzer Abgesandten sollen die Schätzer bringen so schnell wie möglich. Wir h[alten es für richtig –] | die Häuser zu zählen, die den Lebediern gegeben werden sollen zur U[nterkunft binnen] | fünfzehn [Tagen]° vom Tag der Verlesung des Antwortschreibens und daß diejenigen, die [die Häuser] zählen [und] | den Unterzubringenden anweisen sollen, gewählt werden in der nächsten Volksversammlung von einer jed[en Phyle*.]

### 281 Athen: Ehrenbeschluß der Freiwilligen für Demetrios I. Poliorketes 303/2?

AM [= MDAI(A)] 66, 1941, 221 ff. (Ph); ISE I 7 (Ü).
Fragment einer Marmorstele aus der Umgebung der platonischen Akademie (EM). Stoichedon.

[Beschluß] der freiwilligen Ep[ilektoi*: Nachdem (schon) früher Demetrios] | Megas gekommen ist nach [Griechenland mit Flotte und Heeresma]|cht und die Gegner der D[emokratie vertrieben und befreit hat das] | Land der Athener und der [meisten] an[deren Hellenen, ist er jetzt er]|schienen, um mit einer [noch größeren] Mac[ht] zu Hilfe zu kommen, [und ist der Feinde Herr] | geworden und hat schon viele Stä[dte der Hellenen zugeführt seinem] | Königreich, wobei er [jede] Gefahr und Strap[aze auf sich nimmt und diejenigen, die bei ih]|m sind, ehrt und [ihrem Wohl] einen hohen Stellenwert [zumißt. Als diese] | ihn auch darum baten, sich zum Führer de[r gemeinsamen Freiheit und des (gemeinsamen) Heils zu machen und sich der] | Sache der Peloponnes anzu[nehmen, da hat er sogleich mit den freiwilligen Epile]|ktoi di[e Gegner] aus dem Land vertrieben. [Daher: Zum guten Glück! Besch|lie]ßen mögen die freiwilligen Epilekto]i: Belobigen soll man um seiner Tüchtigkeit und seiner freundlichen Gesinnung willen | D]emetrios Sohn des Antigonos, König und K[önigssohn, und aufstellen ein Standbild von ihm | z]u Pferde auf der Agora* neben (dem Standbild) der Demo[kratia. Aufrufen sollen die Athener auch | d]ie anderen Hellenen, dem D[emetrios Altäre und Kultbezirke] zu errichten. [Die Be]|auftragten für die Opfer, die [vollzogen werden für (das Wohlergehen des) Königs Demet]|rios und (zu Ehren des) Demetrios Soter, sollen opfern [– und an den Altären Gebete sprechen] | in der feierlichsten und prächtigsten Weise, un[d verkünden sollen sie die Ehrungen, die die freiwilli]|gen Epilektoi dem König erw[iesen haben, damit so, wie sie auf eige]|[20]ne Kosten ihre Wohltäter geehrt haben, [auch andere sie mit glänzenden Eh]|ren feiern, wobei sie fo[lge]n [dem Beispiel (?) –]

## 282 Epidauros: Gründungsurkunde eines Hellenenbundes unter Antigonos I. Monophthalmos und Demetrios I. Poliorketes 302, Frühjahr

IG IV $1^2$, 68; ISE I 44 (Ü); W. Peek, Inschriften aus dem Asklepieion von Epidauros. (Abh. Sächs. Akad., phil.-hist. Kl. 60, 2) Berlin 1969, 23 (Ph); StV III 446.

12 Fragmente einer Kalksteinstele aus dem Asklepieion (Magazin). Oben beiderseits beschrieben. Sinnabteilungen durch Paragraphos am Rande markiert (in der Übersetzung durch § wiedergegeben).

*(Vorderseite, I) vacat* | [– dem K]önig mög|[lich (?) – | –] Griechen in |[5] [–] die Städte bevollmäch|[tigt – | –] zu machen die Synhe|[droi* –]. Den am Synhedrion* Teilnehmenden soll Freundschaft sein und | [Bundesgenossenschaft für alle Zeit (?) –] kämpfen [–] mit Antigonos und Demetrios |[10] [–] und dieselben als Feinde und Freunde behandeln | [–] zu Lande und zu Wasser, die Könige Anti|[gonos und Demetrios. § Wenn aber irgendwelche von d]en Bundesgenossen oder den Teilnehmern am Synhe|[drion – ei]ne der Städte, die an der Vereinbarung teilneh|[men – L]and abschneiden oder Forts einnehm|[15][en § oder die Königsherrschaft des Antigonos un]d Demetrios und ihrer N[achkomme]n stürzen § oder Bü|[rger (?) – g]erecht [–] von den Über[tretern (?) – | –]

*(II)* [– S]tädte | [– | – S]ynhedroi |[20] [– auffo]rdern | [– einem j]eden, was | [– Fr]ieden, und nicht | [–] § Ernähren das | [Heer (?) – d]en Synhedroi |[25] [– soll (?) s]ein Heer- | [– den Bü]ndnissen {*oder:* Hilfs]truppen} in den | [– entsprechend der T]radition. Wofür | [–] sein sollen sie | [– in wel]cher Stadt drinnen- |[30] [–] und sollen hinaufführ|[ren (*wohl* = an eine höhere Instanz verweisen) – Gesch]riebene | [– aus den Vereinbar]ungen (?) zu Felde zieh|[en – wenn ab]er nicht, soll gegen ihn (?) | [– Nicht erlaubt soll sein den Städ]ten, etwas anderes auszu|[35][führen als was geschrieben steht (?); wenn aber welche dagegen handeln in Wor]t oder Tat, soll° Anzei|[ge erstatten gegen sie, wer dies will, bei den Prohedroi* (?); die Syn]hedroi sollen das Urteil fäll|[en, und wenn sie verurteilt werden, sollen sie büßen, was ihnen nach Ansicht (der Synhedroi) zukommt zu erl]eiden oder zu zahlen. *vv* | [Sorge soll(en) tragen – daß das M]eer (von Piraten) rein sei. *vv* | [– Verf]as-

sungen sollen sie anwenden |40 [– gemäß dem Bü]ndnis. § Damit | [– wie es beiträ]gt (?) zum Heil | [–] der Könige | [– und nicht zum Umstu|[rz – Wenn aber jemand einen Antrag vorbringt oder zur Abstimmung stellt, demzufolge es nötig sei – u]nd beseitigen in |45 [– über den Antragsteller und den Abstimm]ungsleiter sollen das Urteil | [fällen die Synhedroi; wenn aber die Synhedroi das Urteil nicht fällen, soll Anzeige erstatten g]egen sie, wer das wil|[l – k]einen der Bundesgeno|[ssen –] eigenhändig | [–] gegen sie |50 [– d]en Erben | [–] in welcher Stadt | [er sei (?) –] sollen sie hinaufführen *(s. o.)* | [ – ] hineingetragen | [–] und verteilen {*oder:* verwalten; *oder:* beweiden} |55 [– de]m Land[–] |

*(III)* [–] soviel wie gegeben [wird (?) – | eini]ge von den Syn[hedroi (?) –] | oder von den Kämp[fern (?) – von j]|eden [–] |60 woher [–] § Nicht er]|laubt soll se[in, zu berauben die von den Griechen (?) als G]esandte Reisenden z[u d]en Synhe|droi [und ebensowenig die von den S]ynhedroi Abgesandten, auch nicht die zum gemein|samen Fe[ldzug] Ausgesandten, [weder bei ihrem Ausmar]sch zu den ihnen aufgetragenen Aufgaben | noch [auf dem Rückw]eg in [ihre Städte (?)]; (es soll) auch nicht (erlaubt sein,) sie festzunehmen oder als Geisel zu |65 nehmen, [aus keinerlei] Grund. Wenn aber je[mand dies tut, sollen° ihn die] Oberbeamten in einer jeden der | Stä[dt]e (daran) hindern und die Sy[nhedroi sollen rich]ten (?). § Versammeln sollen sich die Sy|nhedroi im Frieden an de[n heiligen Agonen* (?), während des Kriegs, sooft es | für nützlich halten° die Synhedroi (*Irrtum für* Prohedroi* ?) und [der Strate]gos*°, der von den Königen zur gemein|samen Wacht (in Griechenland) zurückgelassen worden ist; die Sitzungen sollen so viele Tage dauern, wie die Prohedroi |70 des Synhedrions in ihrer Ladung bestimme[n. § D]ie Versammlungen des Synhedrions sollen erfolgen b|is zur Beendi[gung] des gemeinsamen Kriegs, wo die Prohedroi und der König oder der von den Kö|nigen ernannte Str[a-t]egos durch Ladung festsetzt; sobald Friede eintr[itt,] | wo die Agone mit Kranzprämien [veranstaltet] werden. § Die Beschlüsse der Synhedroi sollen° [rechtskräftig] | sein. Sie sollen verhandeln, wenn mehr als die Hälfte (anwesend) sind; wenn weniger zusammenkomm[en], |75 sollen sie nicht verhandeln. § Wegen der Beschlüsse im Synhedrion soll es nicht gestattet sein [den] | Städten, Rechenschaft zu fordern [von] den delegierten Synhedroi. [§ Pro]|hedroi sollen sein fünf aus den S[yn]hedroi, durch das Los bestimmt, sobald der Krie[g beendet ist.] | Man soll nicht [mehr] als einen auslosen je Stamm (Bund) oder Stadt. § Die[se (Prohedroi) sollen ver]|sammeln die Synhedroi u[nd die] Schriftführer in einer Plenarsit[zung (?) und die] |80 Assistenten, und (dem Synhedrion) vorlegen, worüber [zu ber]aten [ist, und die]

Beschlüs[se mitteilen] | den Schriftführern, wobei sie selbst w[ohlversiegelte (?) Ab]schriften [behal]ten, und [(sollen) alle (?)] Pro|zesse einleiten und dafür Sorge tragen, d[aß völli]g [ord]nungsgemäß (?) ver[fah]ren wird, wobei sie berechtigt | sind, den Zuwiderhandelnden zu bestrafen. § [Wer etwas vor]schlagen will, was | den Königen un[d den Griec]hen Nutzen bringt oder jemand anz[ei]gen (will), weil sie ab|träglich handeln gegen die Bundes[genossen oder n]icht gehorchen den Beschlü|ssen, oder wer sonst etwas den Sy[nhedroi] zur Behandlung vorlegen will, soll sich eintragen lassen [bei] den Prohedroi; | diese werden den Synhedroi eine Vorlage machen. § Rechenschaftspflichtig [sollen sein] die durchs Los bestimmten | Prohedroi für ihre Handlungen; die [Anklageschr]iften soll einreichen gegen s[ie, wer dies wi]ll, bei | den nächsten durch das Los bestimmten Prohedroi. [Diese sollen (die Klageschriften) vorl|egen den Sy[nhedroi] in der ersten [in ihrer Amtsperiode statt]findenden Versammlung. Solange bis der gemeinsame Krieg beendet [ist], sollen den Vorsitz ausüben [jeweils die (Vertreter)] der Könige. § Wenn | aber eine Stadt nicht gemäß den [Vereinbarungen d]ie Synhedroi absen[det] zu den | Versammlungen, soll sie bezahlen f[ür einen je]den von di[esen z]wei [Drachmen] für jeden Tag, | bis sich die [Syn]hedroi wieder auflösen, es sei denn, daß ein[er der Synhedr]oi durch Krankheit eidlich entschuldigt wird. | § Und wenn eine Stadt n[icht a]bsendet die festgesetzte Str[eitmacht] entsprechend der Auf]|forderung, soll sie za[hl]en pro Tag [§ für] den Reiter eine halbe Mine*, fü|r den Hopl[iten] zwanzig Drachmen*, § für de[n Leichtbewaffnet]en zehn Drachmen und fü|r den Seemann [zehn (?)] Drachmen, bis für al[le ausläuft die Z]eit des Feldzugs, | (für) die anderen He[llenen –]. *vacat* | *vacat*

*(Rückseite, IV) vacat* | Nicht erlaubt soll sein, an [de]ren Stelle oder [–] | abzusenden [Reit]er [s]tatt Infant[eristen (?) – j]|eden Mann [–] nicht sin[d – | d]ie Söldner aufge[schr]ieben worden sind und die Söld[nerführer (?) – | –] ermangelt, soll entscheiden der [– Wenn aber eine | Sta]dt oder eine Einzelperson üb[er]tritt etwas von d[em – | Geschr]iebenen, sollen bestrafen die [Synhedroi – | –] die Strafen gegen die Einzel[personen – | –] gegen die Städte der Strate[ge – | –] die eingetriebenen Gelder [– | –] wofür die Synhedroi es beschließen [– | – de]s Synhedrions wollen. Nicht erlaubt soll sein [– | –] die Synhedroi [–] |

*(V)* [– | – | –] | [– Sy|n]hedroi [–] | Synhedr[– A]|ufwendung [– | – | –] § Damit n[icht –] | sondern auf gleiche un[d gerechte Weise –] | Eisphorai (Beiträge) einkomm[en – nach (?)] | Möglichkeit und damit [–] | Bundesgenossen [–] | wenn sie den Wunsch haben, etwas [zu verbessern (?) – über] | das Nützliche [– und] | diese [sollen] verbes-

sern. [– Aufzeichnen sollen die Bedin]|gungen und die [Eide diejenigen, die teilnehmen wollen am Synhedrion (?), auf Ste]|len aus Marmor un[d sie aufstellen, die – in –, die – in –,] | die Eleer i[n Olympia, –] |, die Achaier in [Aigion (?) – Aufzeichnen sollen] | die Bedingungen und die Eide auch die andern Teilnehmer (?) am Sy]|nhedrion bei ih[nen in den bedeutendsten Heiligtümern. § Eid: § „Ich schwöre] | bei Zeus, Ge, Helios, P[oseidon, Athena, Ares und allen Göttern und Göttinnen: Ich werde fest]|halten an dem Bünd[nis mit den Königen Antigonos und Demetrios] | und der[en Nachkommen (?) und – die Teilnehm]|er (?) am Syn[hedrion (?) § und ich werde als Feinde und Freunde behandeln diesel]|ben § und nicht [werde ich Waffen erheben in feindlicher Absicht (?) – gegen keinen derer, die fest]|halten an d[en Verträgen, weder zu Lande noch zu Wasser (?), und ich werde nicht La]|nd abschneiden [– und nicht die Kö]|nigsherrschaft des An[tigonos und des Demetrios und ihrer Nachkommen stürzen. § Wenn aber | e]in anderer hier[von etwas tut (?) – indem er zuwider|hand]elt gegen das in [den Verträgen Niedergelegte (?), werde ich es nicht dulden nach meinen Mög|lichkeiten (?)], sondern werde Krieg [führen gegen den – Vertragsverletzer (?) – das | Bün]dnis [– | – | –"]

## 283 Delphi: Brief des Adeimantos aus Lampsakos an Demetrios I. Poliorketes 302/1

G. Daux, Delphes au II et au I siècle. Paris 1936, 351 Anm. 2 = SEG 14, 411; ISE II 72 (Ü).

Kalksteinblock des sog. Perseus-Pfeilers in Delphi (Museum). Schrift des 2. Jh.s v. Chr. (Wiederaufzeichnung; vgl. BCH 119, 1995, 125 ff.).

Adeimantos sendet dem König Demetrios seinen Gruß. Der Beschluß, den die Amphiktionen gefaßt haben im ver[gangenen] | Jahr, wobei sie ihn bei den Isthmien vorgelegt und in Delphi ratifiziert haben, habe ich (an dich) abgeschickt, so wie du es für tunlich hieltest. [Eben|s]o auch die Briefe seitens der Freunde, damit du auf dem laufenden bist, was einem jeden [–] nachdem sie aufgezeichnet haben auf einer St[ele | –], den Beschluß aufzustellen, den wir [ge]faßt haben im S[ynhedrion* und die ergangenen [– sei]tens der Amphiktio[nen –]

### 284 Athen: Regelung über den Asklepios-Kult (Volks- oder Demos-Beschluß) 4. Jh., Anfang

IG II² 47 Z. 23ff.; Syll.³ 144 Z. 23ff.; LSCG Suppl. 11 (mit eigener Zeilenzählung ab Z. 1).

Stele aus dem Piräus (Museum Piräus); Z. 1–22 enthalten eine Inventarliste von anderer Hand.

Beschluß des Volkes {*oder:* des Demos*}; Athenodo[ros] stellte den Antrag: Hinsichtlich dessen, was der Pr|iester des Asklepios, Euthydemos, vorträgt, möge beschließ|25en das Volk {*oder:* der Demos}: Damit die Einleitungsopfer dargebracht werden, | über die Euthydemos, der Priester des Asklepios, berichtet (?) un|d das weitere (= Haupt-)Opfer stattfinde im Namen des Volkes der Athene|r, möge das Volk {*oder:* der Demos} beschließen: Die Epistatai* des Ask|lepieion (Asklepios-Heiligtums) sollen opfern die Einleitungsopfer, über die [Eu]thyde|30mos berichtet (?), von dem Geld aus dem Steinbruch, [das überschießt (?) über | d]as (für das Haupt-Opfer) Reservierte (?); das übrige Geld soll man [au]sg[eb]e|n für die Erbauung des Heiligtums. Damit auch die Ath|ener möglichst viel Fleisch verteilt bekommen, sollen die Hierop|[oi]oi*, die im Amt sind, Sorge tragen für das F|35[e]st, das auf Veranlassung (?) des Volkes {*oder:* des Demos} stattfindet. Verteilen soll man das | [Flei]sch des Leitstiers an die Prytanen* | [und d]ie neun Archonten* und d[ie] Hieropoioi [u]nd | [die Prozessions]teilnehmer, das übrige [Fleisch soll man an die Athener vertei|len –]

### 285 Xanthos: Epigramm des lykischen Dynasten Arbinas 4. Jh., Anfang(?)

Journal des Savants 1975, 143f.; SEG 28, 1245 B; CEG II 888 I; J. Bousquet/Ch. Le Roy, in: H. Metzger (Hrsg.), Fouilles de Xanthos IX, Paris 1992, 156 A (Ü).

Kalksteinpfeiler, in einer Porticus aus römischer Zeit im Letoon bei Xanthos verbaut (Museum Xanthos). Verse (auf zwei Seiten griechische Distichen; auf den beiden anderen Seiten lykische Inschrift).

[Errichtet hat mich Arb]i[n]as, der Sohn [des] Gerg[is, der Vollbringer von Taten, | die seiner Vorfahren] Heldenhaftigkeit [würdig sind,] dessen st[erbliche Hülle° hier ruht | in (dieser) Grablege; während diese [Stele {*oder*: Statue}] errichtet wurde [anzuschauen] zum Gedenken [daran, | wie er über die Lykier herr]schte {*oder*: ... Gedenken. [Dieser herr]schte [über Lykien]} mit seinem Verstand und an Macht [der Stärkste. |[5] Noch] im [ganz] jugendlichen Alter hat er binnen eines Monats drei Städ[te] zerstört: | Xanthos sowie Pinara und Tel[messos] mit seinem schönen Hafen; | weithin unter den Lykiern Schrecken verbreitend herrschte er als Tyra[nn] (über sie). | Daran erinnerndes Mal weihte er nach dem Rat des Gottes Apoll[on]. | Nachdem er in Pytho ihn befragt hatte, weihte der Leto er mich als sein eigenes |[10] Standbild, dessen Haltung zum Ausdruck brin[gt die Bedeutung] seiner Taten. | Denn viele erschlug er, verherrlichte mit Ruhm [seinen] Vater [Gergis] | und zerstörte viele Städte: Herrlichen Ruhm hat i[m] gan[zen] | Lande Asiens Arbinas sich und seinen Vorfahren hinterlassen, | unter allen in allen Fähigkeiten, worauf sich geschickte Männer v[erstehen,] sich auszeichnend: |[15] im Bogenschießen, in Tapferkeit und im Jagen der Pferde. Von Anbeginn bis zum Ende hast du, Arbinas, große Taten ver[richtet] | und den unsterblichen Göttern willkommene Gaben d[arg]ebracht.

(*Darunter, in einigem Abstand:*) Symmachos, der Sohn des Eumedes aus Pallene, un[tadliger] Seher, | hat als Geschenk für Arbinas die(se) Distichen kunstvoll verfertigt.

## 286 Delphi: Siegesepigramm auf Theogenes aus Thasos
## 4. Jh., 1. Hälfte

Syll.[3] 36 A; IG XII 8 p. viii; Hiller 36; Moretti (wie Nr. 201) 21; J.Pouilloux, Recherches sur l' histoire et les cultes de Thasos I. Paris 1954, 79 (Ph); Ebert (wie Nr. 201) 37 (Ü); CEG II 844.

Kalksteinbasis, Delphi. Stoichedon. Verse; unter dem Epigramm Katalog der Siege des Geehrten in drei Kolumnen.

Noch n[iemals hat Th]asos [einen solchen Mann hervorgebracht], Sohn des Timoxenos, und [bei weitem] den g|r[ößten Ruh]m unter den Griechen hast du für deine ausdauernde Kraft, denn niemals wurde in Olympia bekr|änzt ders[elb]e [Ma]nn als Sieger im Faustkampf und im Pankration („Allkampf"). Dir fiel auch in P|ytho (= Delphi) von drei Kränze[n] kampflos einer zu. Dies hat kein anderer° Sterblicher vollbra|[5]cht; bei neun Isth[mi]aden (waren es) zehn Siege – denn zweimal rief der Herold | nur dich allein aus in der Runde der Erdenbewohner als Faust- und Pankrationsieg|er an ein und demselben Tage; und neunmal (siegtest du), Theogenes, in Nemea. Deine eigenen Siege | sind eintausenddreihundert und – so künde ich – nicht bist du im Faustkampf besiegt worden | in zweiundzwanzig Jahren.

## 287 Orchomenos (Arkadien): Eingemeindungsvertrag (Synoikie) mit Euaimon
### 4. Jh., 2. Viertel

IG V 2, 343 + BCH 39, 1915, 98 ff. (Ü); DGE 665; SF⁴ 3; Buck 21; StV II 297 (Ü); M. Moggi, I sinecismi interstatali greci I. Pisa 1976, 43 (Ph, Ü); Piccirilli 52 (Ph, Ü); SEG 28, 423; L.Dubois, Recherches sur le dialecte arcadien II. Louvain-la-Neuve 1986, 146 ff.; IPArk 15 (Ü).

Fragmente eines Marmor-Cippus, auf 3 von 4 Seiten beschrieben, aus dem Stadtbereich (jetzt Levidi, Schule) bzw. vom Heiligtum der Artemis Mesopolitis in Orchomenos.

Gottheit! Zu gutem Glück! | Synoikie (soll sein) den Euai|mniern mit den Orchome|niern zu glei|⁵chen und überein|stimmenden (Rechten). Die religiösen Handlungen | in Euaimon sollen° st|[ets j]eden Monat dort, so [w|ie] es Brauch ist, vollz|¹⁰[ogen werden –] *(einige Zeilen fehlen)* | Die früheren E|inwohner sollen° von der Tom|as (= dem parzellierten Land *oder* dem Tempelland?) durch das Los (Anteil {*oder*: Nutzung}) erhalten, so | wie es beschlossen haben be|¹⁵ide (Partner). Falls° ein Stück° Land° der (Neubesitzer?) aus (dem Amtsjahr | des) Chairiades | Gegenstand eines Rechts|streites ist in der Toma|s, sollen die Heraier die Dia|²⁰dikasie* (hierüber) entscheiden sowie die Prozesse, | die das Vorverfahren durchlaufen | haben, allesamt. Entsendun|gen (von Richtern? von Prozessen?) sollen stattfinden | drei Jahre lang auf der Ar[ka|²⁵de]r {*oder*: der Oberbeamten} Beschluß hin. Und | die gemeindlichen Schulden | sollen sie gemeinsam tragen b|eide. Urkund|en (hierüber?) sollen sie abfassen und nieder|³⁰[legen], wo es für gut befi[n|d]en beide. D|en (Neubürgern) (?) (des Amtsjahres) des Chairiadas sollen° sie | für die Schulden, die sie habe|n bei der Göttin, nachdem sie über deren A|³⁵[u]fteilung (auf die Haushalte) {*oder*: über die Rückzahlung} be|raten (und entschieden) haben, eine Fri|st setzen. Und hinsichtlich | [der] Pachtzahlungen für das Land, | [das] Mnasiteles verpachtet |⁴⁰ hat, in gleicher Weise. Wer eine Frem[de] | geheiratet hat, die Kinder [u|n]d die Frauen sollen O[r]|chomenier sein. Die Ei|de(srituale sollen) sämtlich in gleicher Weise (bleiben), |⁴⁵ bei jeder Gelegenheit; man soll niemanden° ausschließen | oder zwingen. | Aber was die Rechtsstreitigk[ei|ten] betrifft, die die fremden (Richter) e[nt|sch]ieden haben, sowohl die in E|⁵⁰uaimon wie die in | [Orchomen]os [– | – *(einige Zeilen fehlen)* – | je]der der beiden Seiten das Lo|s {*oder*: das Vermö|gen}. Es haben geschworen die Euai|mnier folgendes: „Ohne Trug |⁵⁵ will ich halten die Synoikie | mit den Orchomeniern | nach den Vereinba|rungen, beim Zeus A|res, bei der Athena |⁶⁰ Areia, beim E|nyalios Ares. Und | ich werde niemals° wegziehen | von den Orchomen|iern, nicht beim |65 Zeus Ares, nicht bei der |Athena Arei|a, nicht beim Enyalio|s Ares. Und dem, der seinen Schwur | hält, soll es wohl ergehen, |70 den, der meineidig wird, soll Vern|[ich]tung treffen, ihn selbst und seine Si|ppe." Geschworen haben die Orch|omenier folgendes: „Ohne | Trug werde ich halten die Syno|75ikia mit den Euaimni|ern nach den Vereinba|rungen, beim Zeus A|res, bei der Athena | Areia, beim En|80yalios Ares. Und | ich werde niemals° vertreiben | die Euaimnier, | nicht beim Zeus Ar|es, nicht bei der Athena |85 Areia, nicht beim En|yalios Ares. *vacat.* | Und dem, der seinen Schwur [hält], soll es | wohl ergehen, den, der meineidig wird, | soll Vernichtung treffen, ihn |90 selbst und seine Sippe." *vacat* | Aristanor | Onomantos | Laeas | Saokles |95 [– | – *(einige Zeilen fehlen)* –] | oder wenn er abwesend [ist (?) –,] | soll (die Sache wieder) vor Gericht gebracht werden (?). *vacat* | *vacat*

## 288 Olbia: Gesetz über auswärtige Währungen 4. Jh., Mitte (?)

Michel 336; Bleckmann 58; Syll.$^3$ 218; IOSPE I$^2$ 24 (Ph); Epigraphica I 7.
Marmorstele aus Anadoli-Kavak am Bosporos (Ankara, Universität).

[In den Bo]rysthenes einfahren dürfen soll jeder, der es wün|[scht], unter folgenden Bedingungen: Beschluß von Rat | [und Vo]lk; Kanobos Sohn des Thrasydamas | [stellte den Antrag:] Von jedem geprägten Gold |5 und geprägten Silber soll die Einfuhr | und Ausfuhr erlaubt° sein°. Wer wünscht, zu verkaufen [oder | zu ka]ufen geprägtes Gold oder geprägtes° Sil|[ber, soll es verkaufen und kaufen | auf] dem Stein auf dem Volksversammlungs[pl|10atz]. Wer anderswo verkauft oder kauf[t, | wird der Strafver]folgung unterliegen: der Verkäufer (mit einer Buße in Höhe) de[s ver|kauft]en Geldes, der Käufer (in Höhe) de[s] | Kauf[preises]. Verkäufe und Kä[u|fe] sind sämtlich gegen die Münzwährung de|15[r Sta]dt zu tätigen, (also) gegen die Bronze und Silber(währung) | [von] Olbia. Wer gegen eine andere (Währung) [v|erk]auft oder kauft, hat mit Beschlagnahme zu rechnen: der [Ve|rkä]ufer (in Höhe) dessen, was er erlöst hat, der Käuf[e|r] in Höhe des Kaufpreises. Eintreiben sollen (diese Summen) bei de[nen, die |20 ge]gen d(ies)en Beschluß verstoßen, | diejenigen, die (die Einziehung der Bußen) gepachtet haben, von den Gesetzes|übertretern; (und zwar sollen sie eintreiben,) nachdem sie ihre gerichtliche Verurteilung veranlaßt haben. | Das Gold soll (folgendermaßen) verkauft und gekauft werden: [d|e]n Stater* aus Kyzikos um [zeh|n]einhalb Statere und nicht teurer | [no]ch billiger. Alles° sonstige | [gepräg]te Gold° und geprägte Silber | soll man verkaufen und kaufen, wie sie si[ch] | einigen. Keinerlei Abgabe soll [erhoben werden, weder] | von geprägtem Gold noch von [geprägtem] Silb[er] |, weder vom Verkäufer noch [vom Käufer – | –]

## 289 Piräus: Demos-Beschluß über das Thesmophorion 4. Jh.

Michel 144; LGS II 33; IG II$^{2}$ 1177; LSCG 36.
Marmorstele (Piräus, Museum). Stoichedon.

[– Sorge tragen soll | zusammen mit] der Priesterin [der jeweils amtierende Demarch]|o[s]* für das Thesmophorion, [damit n|ie]mand geweihte Tiere freiläßt (?) oder Thia[so|i] (*hier* = ungeordnete Kultgruppen) zusammenbringt noch man in den Heiligtümern lagert {*oder*: Heiligtümer aufgestellt werden} | und man nicht Reinigungsriten vollzieht und nicht | sich den Altären oder dem Megar|on (= dem Tempel) nähert ohne die Priesterin, [auß]|er wenn das Fest der Thesmophoria (stattfindet) | und an den Plerosia und an den Kalamaia u|nd den Skira und falls an einem anderen Ta|g die Frauen sich zusammenfinden na|ch der Tradition. *v* Beschließen mögen die Peirai|eer: Wenn jemand etwas hiervon entgegen die|sen (Vorschriften) tut, soll eine Ordnungsstrafe (?) auferlegen d|er Demarchos und ihn vorführen vor das Ge|richt unter Anwendung der Gesetze, | die hierüber vorliegen. *v* Hinsichtlich | des Holzsammelns in den Heiligtümern (?), wenn jemand | Holz sammelt, sollen angewandt werden die al|ten Gesetze, die vorliegen hierü|ber. Aufschreiben lassen sollen diesen Beschl|uß die Horistai (Kommission zur Festlegung von Grundstücksgrenzen) zusammen mit dem Demarch|os und ihn aufstellen lassen beim Aufweg | zum Thesmophorion.

## 290 Epidauros: Berichte über Wunderheilungen im Asklepieion 4. Jh.

Syll.$^{3}$ 1168; IG IV 1$^{2}$, 121; R. Herzog, Wunderheilungen von Epidauros. (Philologus Suppl. 22. 3) Leipzig 1931, 8ff. (Ü); E. J. und L. Edelstein, Asclepius: A Collection and Interpretation of the Testimonies. Baltimore 1945, 423 A; L.R. LiDonnici, The Epidaurian Miracle Inscriptions. (SBL Texts & Translations 36) Atlanta 1995 (Ph: Peek – wie Nr. 282 – Tf. XI).

Marmorstele aus dem Asklepieion von Epidauros (Museum). Stoichedon. Dorischer Dialekt.

Gott! Zu [gu]tem Glück! | [Hei]lungen des Apollon und des Asklepios. |

[Kl]eo war fünf Jahre lang schwanger. Diese kam°, als sie fünf Jahre lang schwanger war, zum | [Go]tt als Hilfeflehende und schlief im Abaton*. Sobal|d sie hinausgegangen und außerhalb des Heiligtums war, gebar sie einen Knaben, der | [gl]eich nach seiner Geburt sich selbst an der Brunnenquelle wusch und zusammen mit seiner Mutter | [h]erumging. Nachdem ihr dies zuteil geworden war, setzte sie auf ihre Weihung die Inschrift: „Nicht die Grö|[ße] der Tafel ist das Wunderbare, sondern die Gottheit, denn fünf Jahre lang war schwanger und trug im Lei|b Kleo die Last, bis sie (im Abaton) in Schlaf versank und die Gottheit sie gesund machte.“

Eine dreijährige | [Schwanger]schaft: Isthmionike aus Pellene kam ins Heiligtum wegen einer Geburt; nachdem sie sich zu | [Schl]af gelegt hatte, sah sie ein Traumgesicht: Ihr schien, daß sie den Gott darum bitte, mit einem Mä[dchen°] schwanger zu sein, | und daß Asklepios erwidere, sie werde schwanger sein, und wenn sie sonst noch etwas | e[rbit]te, werde er auch dies erfüllen; daß sie jedoch erwiderte, keine weitere | Bitte zu haben. Sie wurde schwanger und trug drei Jahre im Leib, bis sie sich | als Hilfeflehende wegen der Geburt an den Gott wandte. In Schlaf versetzt, | sah sie ein Traumgesicht: Ihr schien, daß der Gott sie fragte, ob ihr zuteil geworden sei | all das, worum sie gebeten habe, und sie schwanger sei; sie habe ja wegen der Geburt | nichts hinzugefügt, obgleich er doch gefragt hätte, wenn sie° sonst noch eine Bit|te habe, so solle sie es sagen, da er auch dies verwirklichen werde. Da sie jetzt deswegen | hergekommen sei als Hilfeflehende, werde er, so sagte er, ihr auch dies erfüllen. Darauf | ging sie eilends aus dem Abaton hinaus und, als sie außerhalb des Heiligtums war, geb|ar sie ein Mädchen.

Ein Mann, der an seiner Hand die Finger nicht rühren konnte mit Ausnahme | eines einzigen, kam als Hilfeflehender zum Gott. Beim Anblick der im Heiligtum (aufgestellten) | Tafeln wollte er an die Heilungen nicht glauben und spottete über die Inschrift|en. Als er (im Abaton) schlief, hatte er ein Traumgesicht: Ihm schien, er spiele unterhalb des Tempels mit Klickern (Astragaloi) | und würfle gerade, als | [d]er Gott erschien°, auf seine Hand sprang und ihm die Finger auseinanderstreckte; | und als er zurücktrat, schien es ihm, daß er die Hand ballte und jeden einzelnen | Finger ausstreckte° und daß, als er alle ausgestreckt hatte, der Gott ihn fragte, | ob er noch immer den Berichten nicht glaube, die aufgezeichnet seien auf den Tafeln | im Heiligtum, er selbst aber dies verneinte. „Weil du also früher ihnen° nicht glauben wolltest, | obwohl sie nicht unwahrscheinlich waren, sollst du“, sagte er, ‘Ungläubig’ | h[eißen]“. Nach Tagesanbruch ging er gesund hinaus.

Ambrosia aus Athen, | [einä]ugig. Diese kam als Hilfeflehende zum Gott. Als sie herumging |35 [im] Heiligtum, verlachte sie einige der Heilungen als unwahrscheinlich und unmög|[li]ch, daß Lahme und Blind[e al]lein° dadurch (schon) gesund würden, daß sie einen Traum geseh[en | hätten]. Als sie (im Abaton) schlief, hatte sie ein Traumgesicht: Es schien ihr, daß der Gott zu ihr trat | [und sagte,] daß er sie gesund machen werde, daß sie jedoch verpflichtet sei, als Lohn | im Heiligtum ein silbernes Schwein zu [weihen] zum Gedenken an ihre Unwissenheit, nach [diesen°] Wort|40en ihr krankes Auge aufschlitzte und ein Heilm[it|tel hineinträufel]te. Nach Tagesanbruch ging sie gesund hinaus.

Ein stummer Knabe. | [Dieser k]am seiner Stimme wegen ins Heiligtum. Als er das Voropfer dargebracht und | [die] üblichen Riten vollzogen hatte, [forderte° ihn] darufhin der Knabe, der dem Gott das Feuer bringt, | mit einem Blick auf den Vater des Knaben [auf], zu versprech|45[en, daß er binnen eines] Jahres, wenn er erlangt habe, weshalb er hier sei, das Heil-(Dank)opfer zu verrichten. | [Da] sagte der Knabe [plö]tzlich: „Ich verspreche es!“. Der Vater, entsetzt, [hieß°] ihn, es nochmals | zu sagen, und er sagte es noch einmal. Und hierauf wur[de] er gesund. |

[Pandar]os aus Thessalien hatte Male auf seiner Stirn. Dieser | [hatte im Schlaf ein T]raumgesicht: Es schien ihm, daß mit einer Binde verbinde seine Ma|50[le der Gott un]d ihn auffordere, wenn er außerhalb des Abaton sei, | [di]e Binde [abzunehmen und im Tempel] zu weihen. Nach Tagesanbr|[uch stand er auf] und nahm d[ie Bin]de ab, und sein Gesicht | [war, wie er sah, frei von de]n Male[n]. Er weihte [d]ie [B]inde in dem Tem|[pel,] welche die [Z]eich[en] von seiner Stirn [trug.]

Echedoros, (der) des Panda|55[ros Zeichen] zusätzlich zu denen bekam, die er (selbst schon) hatte. Dieser erhielt von [Pan|daros Geld,] um es dem Gott in Epidauros in seinem Namen zu weihen, | gab es aber [nicht] ab. Als er (im Abaton) schlief, hatte er ein Traumgesicht: Es schien ihm, daß der Go[tt] | zu ihm trete und ihn frage, ob er Geld von Pandaros a[us Eu]|thenai {*oder*: [für eine A]|thena(-Statue)} habe als Weihgabe für das Heiligtum. Er aber erwiderte, nein, empfangen habe er nichts |60 dergleichen von ihm. Wenn er aber ihn gesund mache, werde er ihm ein Bild malen° lassen°. | Darauf (so schien es ihm) verband der Gott mit der Binde des Pandaros | seine Male und forderte ihn auf, wenn er hinaus | gegangen sei aus dem Abaton, die Binde abzunehmen und sein Gesicht° zu waschen | an der

Brunnenquelle und im Spiegel des Wassers sich zu besehen. |[65] Nach Tagesanbruch ging er aus dem Abaton hinaus und nahm die Binde ab, | die keine Zeichen trug. Als er in das Wasser blickte, sah er, daß sein | Gesicht zusätzlich zu seinem eigenen Malen auch des Panda⟨r⟩os Zei[ch]|en hatte.

Euphanes, ein Knabe aus Epidauros. Dieser hatte ein Steinleiden und schl|ief (im Abaton). Da schien es ihm, daß der Gott zu ihm trete und sage: „Was gibst du mir, wenn ich di|[70]ch gesund mache?“ Er erwiderte: „Zehn Klicker“. Da lachte der Gott | und sagte, er werde ihn erlösen. Nach Tagesanbruch ging er gesund hinaus. |

Ein Mann kam als Hilfeflehender zum Gott; er war so erblindet, daß er nur° noch° die | Augenlider hatte, in ihnen aber nichts mehr war, sondern sie völlig° leer wa|ren. Einige von den Leuten im Heiligtum lachten über seine Einfältigkeit, zu |[75] glauben, er werde die Sehkraft erhalten, obgleich doch überhaupt nichts mehr vorhanden sei vom Au|ge, sondern nur noch die Höhle. Als er (im Abaton) schlief, erschien ihm ein Traumgesicht: Es schi|en ihm, daß der Gott eine Ar[znei] koche und sie [dann], die Augenli|der hochziehend, hineinträufle. [Nach] Tag[esanbruch] ging er, auf beiden Augen sehend, hinaus. |

Der (einhenkelige) Becher. Ein Geschirrträger kam z[um] Hei|l[igtum] und, als er ungefähr ze|[80]hn Stadien* entfernt war, stürzte er. [Als] er aufgestanden war, öffnete er den Ranzen und untersuch|te das zerstoßene Geschirr. Beim Anblick des zer[bro]chenen Bechers, | aus dem gewöhnlich sein Herr trank, ward er betrübt, setzte° sich° und versuchte, zusammenzufügen [die] Sch|erben. Einer, der des Weges kam, sag[te°] bei seinem Anblick: „Unglücklicher, was | fügst du vergebens den Becher zusammen? Den könnte° nicht einmal in Epidau|[85]ros Asklepios wieder heil machen“. Als der Bursche dies hörte, | legte er die Scherben in den Ranzen und ging ins Heiligtum. Als er (dort) angekommen | war, öffnete er den Ranzen, nahm den Becher heraus, der heil wa|r, und erklärte seinem Herrn, was vorgefallen und geredet worden war. A|ls der (dies) vernahm, weihte er dem Gott den Becher. *vacat* |[90]

Aischines stieg°, als die Hilfeflehenden bereits (im Abaton) schliefen, auf einen Baum | und spähte von oben ins Abaton. Er stürzte vom Baum herab | auf Pfähle und schlug sich beide Augen aus: übel zu|gerichtet und erblindet wandte er sich hilfeflehend an den Gott, | schlief (im Abaton) und wurde gesund. |[95]

Euhippos trug sechs Jahre lang eine Lanzenspitze im Kinnbacken. Nachdem er° in Schlaf versetzt war, | zog der Gott die Speerspitze heraus und legte sie ihm in die Hände. Nach Tages|anbruch ging er mit der Lanzenspitze in den Händen gesund hinaus. |

Ein Mann aus Torone mit Blutegeln. Dieser hatte, als er (im Abaton) schlief, ein Traumgesicht: | Es schien ihm, daß der Gott ihm mit einem Messer die Brust aufschlitze, die Blut|egel herausnehme, ihm in die Hände gebe und wieder zusammennähe die Bru|st. Nach Tagesanbruch ging er mit den Tieren in den Händen hinaus | und wurde gesund. Er hatte sie, überlistet von seiner Stiefmutter, verschluckt, die sie in einen Mi|schtrank getan hatte. |

Ein Mann mit einem Stein im Glied. Dieser sah einen Traum: Es schien ihm, daß er mit einem schönen Knaben | Verkehr habe; bei der Ejakulation stieß er den Stein ab, hob ihn auf | und ging mit ihm in den Händen hinaus. |

Hermodikos aus Lampsakos, der seinen Körper nicht rühren konnte. Diesen, als er (im Abaton) schlie|f, heilte er und forderte ihn auf, hinauszugehen und einen Stein zu bringen ins | Heiligtum, so groß, wie er nur könne. Den, der vor dem Abaton la|g, brachte er. |

Nikanor, ein Lahmer. Während er dasaß, raubte im Wachen ein Knabe den Stab | und floh. Er aber erhob sich, verfolgte ihn und wurde hierauf gesund. |

Ein Mann wurde von einer Schlange am Zeh geheilt. Dieser, am Zeh d|urch das heftig eiternde Geschwür in schlimmer Verfassung bei Tage von den Die|nern hinausgetragen, saß auf einem Stuhl. Als ihn der Schlaf | umfing, kam unterdessen eine Schlange aus dem Abaton; den Zeh | heilte sie mit ihrer Zunge und kehrte, nachdem sie dies verrichtet hatte, in das Abaton wieder zurück. | Als er, erwacht, gesund war, sagte er, ein Traumgesicht gehabt zu haben: Es schien ihm, daß ein Jüng|ling von schöner Gestalt ein Heilmittel auf den Zeh lege. |

Alketas aus Halieis. Dieser, ein Blinder, hatte ein Traumgesicht: Es schien ihm, daß der Gott zu ihm trete, mit seinen Fi|ngern die Augen(lider) hochziehe und er zuerst die Bäume im Heiligtum sehe. Nach Tagesan|bruch ging er gesund hinaus.

Heraieus aus Mytilene. Dieser hatte auf seinem Haupt keine | Haare, aber ungeheuer viele am Kinn. Voller Scham, [weil] er verlacht wurde von | den anderen, schlief er (im Abaton). Der Gott bestrich mit einem Heilmittel sein Haupt und bewirkte, | daß er (wieder) Haare hatte.

Lyson aus Hermione, ein blinder Knabe. Die[ser], im Wachen von einem der Hunde | im Heiligtum an den Augen g[ehei]lt, ging gesund hinweg.

## 291 Lebadeia: Tarif für Konsultation des Trophonios-Orakels mit Liste von Konsultanten
**4. Jh.**

SGDI 413 + p.393; IG VII 3055; LSCG 74 (nur Z. 1–7); F. Salviat/C. Vatin, Inscriptions de Grèce Centrale. Paris 1971, 81 ff. (danach übersetzt).

In einer Moschee verbauter Stein (verschollen; Text durch Abschriften des 18. und 19. Jh.s bekannt). Vgl. Pausanias 9, 39, 5 ff.

[Zu gutem Glück! Besch]luß der Stadt der Lebadei|[er: Weihen soll man, wenn man hinabgestiegen ist in des T]ropho[nios | Höhle, nicht weniger als im Silber]mü[nzenwert | von zehn Drachmen*] zehn [Opferkuch]en j[eweils für sich selbst]. |[5] Wer hinabgestiegen ist und geweiht hat | Opferkuchen [von höher]em [Wert]° als ze[hn] D[r]achmen, den soll man° [aufzeich]|nen auf d[er S]tele.

[Am]ynt[as] Sohn des P[erdik]|kas, K[önig] der [Mak]edonen, ist hinabgestiegen und hat [ein° Talen]|t* für sich selbst geweiht, für s[ein]e° [Begleit]ung |[10] [z]w[anzig St]a[te]r[e*. Arch]en[aui]da[s] Sohn° des [D]am[e]|as aus Pellana (= Pellene) ist hinab[gestiegen und hat] gew[eiht d]|rei Silber°-Minen*. Te[lemach]os Sohn des [P]ole[m]archos, [D]or[i]er | aus Kytenion, hat° dem Trophonios in den O[pferst]ock | [nach dem Hinabstei]ge[n] fünfzehn D[arei]ken* geweiht. |[15] Aision – dr[ei] | Dra[ch]m[en] [und] fünfundzwanzig Statere –]| – Amph[i]d[amas – einen° Darei|kos.] Euanthidas Sohn des [Mikrion] aus Lo[kr]is | siebzig Drachmen. [Archenau]idas |[20] Sohn des Dameas [aus Pellana (= Pellene) drei Silberminen.] Euanthidas [Sohn des Mikrion aus Lokris fünfundsiebzig] | Drachmen – Silber | – Py[tho]nikos Sohn° des Phil[o]|krates [aus Tanagra] | zehn Statere. |[25] Pythonikos [Sohn des] Philokrates [aus Tanagra] | zehn Statere. Pythonikos aus Tana|gra, Sohn des [Philo]krat[e]s, drei[ß]ig [Statere]. | – fünf Sta[tere.] Kal[–] |[30] Sohn des Aristion aus Chalki[s –] | Asklepiadas Sohn des Zenodotos [– fün]|f Statere – | Euanthidas [Sohn des Mikrion aus Lokris] | – Silber-M[inen –]

## 292 Oropos: Regelungen für den Kult des Amphiaraos
**4. Jh., 2. Hälfte (?)**

IG VII 235; SGDI 5339; Michel 698; LGS II 65; Syll.[3] 1004; DGE 811; Buck 14; SF[4] 67; B.Ch.Petrakos, Ho Oropos kai to hieron tou Amphiaraou. Athen 1968, 177 f. (Ph); LSCG 69; SEG 31, 416.

Marmorstele, in 3 Stücke zerbrochen. Stoichedon; Absätze sind durch 3 übereinander stehende Punkte getrennt (hier mit § wiedergegeben); manche Wörter sind durch Ausmeißeln (*rasura*) ungültig gemacht. Ionischer Dialekt.

Götter! | Der Priester des Amphiaraos soll in das Heiligtum gehen, | sobald der Winter kommt, bis zur Zeit des Pflügens, | wobei er nicht mehr als drei Tage auslassen darf und |5 im Heiligtum bleiben muß mindestens zehn Tage | in jedem Monat; § und er soll veranlassen den K|üster des Heiligtums, sich zu kümmern gemäß de|m Gesetz um die ins Heiligtum Kommenden. | Wenn jemand im Heiligtum eine Rechtsverletzung begeht, sei es ein Fremder oder ein Angehöriger des Demos*, |10 soll ihn der Priester bestrafen bis zur Höhe von fünf Drachmen, | dazu bevollmächtigt, und soll Pfand nehmen vom Bestraf|ten. Wenn dieser das Geld bezahlt, soll er es in Anwesenheit des | Priesters in das Schatzhaus legen. § Urteilen | soll der Priester, wenn jemand privat beeinträchtigt wird, sei es einer der Fre|15mden oder einer der Demos-Angehörigen, im Heiligtum, bis zum Streitwert (?) von drei | Drachmen. Die höherwertigen Angelegenheiten sollen dort°, wo die Prozesse | nach den Gesetzen festgelegt sind (= für Fremde bzw. Demos-Angehörige), verhandelt werden. | Laden soll man aber noch am selben Tag wegen der | Verstöße im Heiligtum; wenn aber der Prozeßgegner nicht gest|20eht, soll auf den nächsten Tag der Prozeß festgesetzt werden. § Als Opferge|bühr (?) soll geben, wer geheilt werden will v|om Gott, nicht weniger als [[*in rasura*: neun Obolen laute]]ren Silb|ers und es in das Schatzhaus einlegen in Anwe|senheit des Küsters. [– |25 –] Das Opfergebet vorsprechen über den Opfergaben und sie auf | den Altar legen soll der Priester, wenn er anwesend ist, | wenn er nicht anwesend ist, der Opfernde (selbst); und beim Opferfest (?) | soll jeder sein Opfergebet für sich selbst sprechen, für die gem|eindlichen aber der Priester. *v* Von den im Heiligtum geopferten (Tieren) |30 allen soll das Fell [[*in rasura*: der Gott erhalten]]. Opfern soll man dür|fen alles, was ein jeder will, das Fleisch | soll man aber nicht außerhalb des heiligen Bezirks verbringen dürfen. *v* Dem | Priester sollen die Opfernden geben von einem jeden Opfertier | die Schulter, außer wenn das Fest stattfindet; dann soll er von |35 den gemeindlichen Opfern die Schulter bekommen von jedem | Opfertier. *v* Sich zur Inkubation niederlegen darf, wer es begehrt, | bis [[– *rasura* – | – *rasura* –, ]] | sofern er den Gesetzen gehorcht. Den Namen des Inkubanten |40 soll, sobald dieser das Geld einzahlt, aufschreiben d|er Küster, sowohl seinen Eigennamen wie den seiner (Herkunfts-)Stadt, und soll ihn ver|öffentlichen im Heiligtum, indem er ihn aufschreibt auf eine Holztafel, damit ihn s|ehen kann, wer will. In der Inkubationshalle sollen | schlafen für sich die Männer und für sich *vacat* |45 die Frauen, die Männer in der (Halle) im O|sten des Altars, die Frauen in der im West|en. [– Die Inkub]ationshalle die In|kub[anten (?) –] Gott | ink[ubieren (?) – |50 – | – | – | –] in de|m Amphi|araion (?)

– st|raf|55bar (?) [– Anzeigen] soll, wer |wi[ll, den gegen die Ordnung Verstoßenden (?) beim Pries]ter.

### 293 Ephesos: Todesurteile wegen Religionsfrevels in Sardeis 4. Jh., 2. Hälfte

ÖJh 46, 1961/3, 175ff.; I. v. Ephesos 2 (Ph, Ü).
Marmorstele, im Prytaneionbezirk verbaut (Selçuk, Museum). Stoichedon.

Die Anwälte haben° zugunsten (= in Vertretung der Interessen) der Göttin auf Ver[ur]|teilung zum Tode entschieden gemäß der Vorla|dung zum Prozeß, (die) wie folgt (lautet): „Als Theoren*| entsandt worden waren von der Stadt bezüglich |5 der Chitone (Kleidungsstücke zum Schmuck des Kultbildes) für die Artemis gemäß dem | althergebrachten Brauch, und als die heiligen Gaben und | die Gesandten eingetroffen waren in S[ar]|deis und im Artemisheiligtum, | das von den Ephesiern begründet worden ist, da haben sie (die Verurteilten) sich an den [heiligen Gaben] |10 vergriffen und die Gesandten mißhan[delt]. | Beantragung im Prozeß: Todesstrafe." | Verurteilt wurden folgende: | *(Es folgen die Namen der 46 aus Sardeis und benachbarten Dörfern stammenden Verurteilten; als Berufe werden u. a. genannt: Bader, Schuhsohlenverkäufer, Sandalenhändler, Metzger, Goldschmied, Ölhändler, Opferherold.)*

### 294 Milet: Volksbeschluß über die Erneuerung eines Isopolitievertrags mit Phygela 4. Jh., 4. Viertel

Milet I 3, 142; StV III 453; I. v. Ephesos 3110.
Fragment einer Marmorstele aus dem Stadtgebiet von Milet (Berlin, Pergamon-Museum).

[Beschluß von Rat und] Volk; Kteson | [– stellte den Antr]ag: Da Gesandte anwesend sind aus de[r | Sta]dt Phygela, um zu erneuern die | [Freundsch]aft und das Bürgerrecht, die |5 [für die Phyg]eleer in Milet und für die Milesier | in Phygela aus früheren Zeiten | bestehen°, und (da) sie der Wohltaten gedenken, die | das Volk von Milet ihnen erwiesen hat, | möge die Volksversammlung beschließen, die Stadt der |10 [Ph]ygeleer zu loben wegen ihrer freundlichen Gesinnung, die sie gegenüber den Milesiern hegt. Damit die Freundschaft und die | enge

Verbindung zwischen Phygeleern und | Milesiern auf alle Zeit bestehen bleibe: Zu gutem | Glück! Es sollen die Milesier und die Phygeleer Bürger sein |[15] jeweils beim anderen, und sie sollen teilhaben an den kultischen Rechten und an den Wahlämtern | und (allem) anderen, was vorhanden ist {*oder*: dem Bürger offensteht} in Milet | [und] Phygela. Die Prytanen* sollen [einlosen | in die] Phylen* diejenigen, [die sich in die Bürgerliste eintragen beim | Amtslokal des Rates in jeder der beiden Städte (?) –]

### 295 Attika: Regelung über Schutz der Bäume im Heiligtum des Apollon Erithaseos 4. Jh., Ende

Michel 686; LGS II 34; IG II² 1362; Syll.³ 984; LSCG 37.
Marmorstele aus einem attischen Dorf (EM). Stoichedon. Oben Giebel.

Götter! | Der Priester des Apollon Erithaseos ge|bietet und verbietet im eigenen Namen | und dem der Demos*-Angehörigen und des Volkes der Athen|[5]er: weder abzuholzen das Heiligtum des Apollon noch weg|zuschaffen Holz oder Zweige, Reisig oder | Laub aus dem Heiligtum. Wenn aber jemand ertappt wird, wie er (Holz) sch|lägt oder etwas verbringt von den verbotenen (Gütern) aus dem [Hei]|ligtum, soll der Ertappte, wenn es sich um einen Sklaven handelt, ausgepeitscht |[10] werden mit fünfzig Hieben, und übergeben wird | ihn und den Namen seines Herrn der Priester d|em Basileus* und dem Rat gemäß dem Beschluß | von Rat und Volk der Athener. | Wenn es sich um einen Freien handelt, wird ihn bestrafen der Priester |[15] zusammen mit dem Demarchos* mit fünfzig Drachmen* | und wird seinen Namen dem Basileus | und dem Rat übergeben gemäß dem Beschluß von Rat | und Volk der Athener.

### 296 Kyparissia: Gesetz über Ein- und Ausfuhrzölle 4. oder 3. Jh.

Bleckmann 57; IG V 1, 1421; SGDI n 44; Syll.³ 952; DGE 75; Epigraphica I 8.
Marmorstele (EM).

[Go]tt! | Wenn jemand in das Land° der Kyparissier importiert, | soll er, sobald er die Waren ausgeladen hat, eine Waren|liste einreichen bei den Einhebern des Fünfzigstels (= des Zolls von 2%) |[5] und das Fünfzigstel entrichten, b[ev]|or er etwas hinaufbringt (= vom Kai stadteinwärts zum Markt) oder verkauft; widrigenfalls hat er (als Buße) zu entrich|ten den zehnfachen Betrag. Wenn jemand etwas exportiert auf dem | Seeweg, hat er eine Warenliste einzureichen bei den | Einhebern des Fünfzigstels und zu entrichten da|[10]s Fünfzigstel und darf dann (die Fracht) verladen, nachdem er hinzugezogen | hat den Zolleinheber, vorher | darf er nicht verladen; widrigenfalls hat er zu zahlen | den zehnfachen Betrag der Zollgebühr entsprechend d|er Warenliste. Wenn jemand den Warenwert zu niedrig deklariert, |[15] soll der Zolleinheber eine [Zuschlags-]Strafgebühr erheben, | [wie er es] für erforderlich hält nach Maßgabe der Warenliste.

### 297 Astypalaia: Besuchsordnung für einen Tempel um 300

SGDI 3472; Michel 794; IG XII 3, 183; LGS II 123; Syll.[3] 980; DGE 242; LSCG 130; Pfohl 127.
Stein (in einer Kirchenmauer verbaut). Dorischer Dialekt.

In das Heiligtum (darf) nicht eintreten, w|er nicht rein ist oder (nicht) vollkommen, | sonst wird er es gewahr werden (wie die Götter ihn strafen).

### 298 Teos: Beschluß über Aufnahme von Neubürgern um 300

SGDI 5633; SEG 2, 579; Epigraphica I 22 (danach übersetzt); SEG 26, 1305.
Marmorstele (in der Mauer eines Friedhofs zwischen Klazomenai und Teos verbaut). Ionischer Dialekt.

[– (dieselben Privilegien), an denen a]uch die übrigen Teier Anteil haben, [indem sie°] für [einen Zeitraum von] vier [Jahren] | von Steuern [freigestellt sind (?)]. Befreit sein sollen sie auch [von] Choreg[ien*, | von der Pflicht, Fremde (?)] aufzunehmen, von der Gestellung von Rindern, von der Leitung und Ausstattung eines Fackellaufs sowie von der Steue[r] | für sämtliche in ihrem Besitz befindlichen [Ochsen], die beim Pflügen eingesetzt und die, welche (nur) als Ersatz eingespannt werden (= Masttiere sind). |[5] [Ihre] für Landarbeiten eingesetzten Ochsen [sollen] befreit [sein] von [al]len° Arbeitsleistungen, welche a[usfüh|ren läßt die Stadt]. Gewährt werden soll ihnen auch die Atelie* für ihre Esel [und | ihre Sklaven, so]wohl wenn sie für Lohn arbeiten als auch wenn sie Holz transportieren oder sonst eine Ar|[beit verrichten od]er etwas verkaufen, was den Holzverkauf betrifft, und für ihre Schafe | [–] {*oder*: und (Atelie) für ihre Schaf|[zucht]}. Denjenigen, die es wünschen, soll es erlaubt sein, Schweine zu züch[te]n bis zu der Anzahl, |[10] [die] für die Schafe [festgesetzt ist,] und diese (Schweine) sollen steuerfrei sein. Sie sollen auch | [von den anderen Steuer]n befreit sein mit Ausnahme der Steuer für (die Bezahlung eines öffentlichen) Arzt(es). Soweit von ihren Sklaven | [einer Holz {*oder*: Kohle} oder] sonst etwas verkauft, was den Holzverkauf betrifft, sollen° [sie] die Steuerfreiheit | [auch] hierfür [haben]. Diejenigen, welche Mäntel anfertigen oder [Überwürf|e aus Wolle] oder sonst ein Produkt aus rauher oder wei[cher] milesischer Wolle |[15] [oder entsprechend anderes (?)], sollen hierfür von Steuern befreit sein sowohl [beim] Verkauf an Ort und Stelle | [als auch bei der Ausfuhr]. Für alles, was sie einführen zum Zwecke der Herstellung von Mänteln [aus Wol|le (?) –] {(oder: Mänteln [oder | was sie benötigen für]} Purpurstoff, sollen sie [hierfür] Steuerfreiheit haben. | [Steuerfrei sein sollen sie auch] für Gärten und Bienenstöcke. Ste[uer]freiheit haben sollen sie | [–] vollständig, wenn sie ausführ[en] wollen, [– |[20] –] Steuerfreiheit sollen sie [haben] für zehn Jahre; begin[nen | soll die Steuerfreiheit] mit dem Monat Leukatheon und dem (Jahr des) Prytanen* Aristippos.

## 299 Aigai: Vertrag über wirtschaftliche Fragen mit den Olympenoi um 300 oder später

Michel 13 (nur Z. 10–18); DGE 644; SF[4] 11; StV III 456.
Trachytplatte aus Yenice Köy nahe Aigai in Nordwestkleinasien (verschollen). Aiolischer Dialekt.

[– | – | – | – |[5] –] Kit|[tel ...] echtes am|[orgi]n[isches (Leinen, *also:* Stoff von der Insel Amorgos)], anderthalb (Ellen ?), Überge[wänd|er aus Wol]le, Wein, alles was | [sie zum eigenen Verzehr] kaufen (?). In Olympe (soll man) W|[10][oll]e, welche es auch sei, nicht verarbe[it]|en. Die Streitpunkte, die | bestanden zwischen Aigaiern und Oly|mpenern vor diesem Ver|trag, sollen alle beigel|[15]egt sein. Wolltragende (Hammel ?) und Scha|fe: abgabenfrei hinsichtlich der Wolle. Ziegen, die Junge geworfen haben, | abgabenfrei. Von den Schafen die J|ährlinge: abgabenfrei.

### 300 Delphi: Weihung des Krateros zwischen 300 und 270

FdD III 4, 137 (Ph); ISE II 73 (Ü); CEG II 878.
Zwei Blöcke der Stützmauer des Löwenjagd-Monuments oberhalb des Apollon-Tempels. Verse (5 Distichen).

Der Sohn des Alexandros, Krateros, hat dies dem Apollon | gelobt, ein geehrter und weitberühmter Mann. | Doch errichtet hat es der, den er in seinem Hause gezeugt und als Kind hinterlassen hat, | Krateros, der jegliches Versprechen für den Vater erfüllte, | damit ihm ewigen, lockenden Ruhm der Fang, | o Fremdling, dieses Stiere schlagenden Löwen bringe. | Diesen (Löwen) hat er einst mit Alexander, als er ins Feld zog und verheerte | zusammen mit diesem weitgerühmten König Asien, | solcherart (= wie in der Statuengruppe dargestellt) getroffen und, als er ihm in die Hände geriet, | getötet an der schafeweidenden Syrer Grenzen.

### 301 Milet: Ehrenbeschlüsse für Königin Apame und Thronfolger Antiochos (I.) 299

A: Th. Wiegand, Siebenter vorläufiger Bericht über die ... in Milet und Didyma unternommenen Ausgrabungen. Berlin 1911, 68f.; I. v. Didyma 480; W. Günther, Das Orakel von Didyma in hellenistischer Zeit. (Ist. Mitt. Beih. 4) Tübingen 1971, 23ff. (Ü); SHH 281 E 1 (Ü).
Zwei nicht aneinanderpassende Fragmente einer Marmorstele aus Milet.
B: OGIS 213; Th. Wiegand, Sechster vorläufiger Bericht (w. o.) 1908, 43ff.; B. Laum, Stiftungen in der griechischen und römischen Antike II. Leipzig 1914, 128 (Ü); I. v. Didyma 479; Günther (w. o.) 29ff. (Ü); SHH 281 E 2 (Ü).
Vier Fragmente einer Marmorstele (Istanbul, Archäologisches Museum).

*(A)* Beschluß von Rat und Volk; Lykos Sohn des Apollodot[os stellte den Antrag:] | Bezüglich der Punkte, die Demodamas Sohn des Ar[isteides] auf die Tagesordnung des Rates setzen ließ, | damit Apame, die Gattin des Königs Seleukos gee[hrt werde,] | soll es Beschluß des Rates und des Volkes sein: Da Apa[me, die Kö]|nigin, in der Vergangenheit großes Wohlwollen und eifrigen [Einsatz] | bewiesen hat für die Milesier, die im Heerdienst [unter] | König Seleukos stehen, und (da) sie auch jetzt, nach dem Eintreff[en der | Abg]esandten, die Seleukos zu sich kommen ließ, [um zu verhandeln | ü]ber den Bau des Tempels in Didym[a, sich mit un]|gewöhnlichem Eifer eingesetzt hat, (und da) Antioch[os, ihr Sohn,] | im Wetteifer mit dem

Programm° seines Vaters Seleu[kos für das Heilig]|tum sich bereit erklärt [hat] zum Bau [einer Halle mit den Ausmaßen eines Sta]|dion* (als Stiftung) für den Gott, damit von den [aus ihr erzielten] Einkünf[ten die Aus]|schmückung des Heiligtums finanziert werde; (deshalb) [soll es] Besch[luß der Milesier sein, damit] | alle [wissen°], daß das Vol[k der Milesier ständig° die gebührende Aufmerk]|samkeit wid[met denen, die dem Volk Wohltaten erweisen: | – | – | – Die Anataktai (Budget-Beamten) im Stepha|n]ephorat* des Apollon [nach dem (Amtsjahr des) Athenaios sollen für das St]|andbild aus dem Gesamteinkommen de[r – das Geld entnehmen°]. Auf|[zeichnen soll man diesen Beschluß auf eine Stele aus Marm[or und sie aufstellen] | im Heiligtum der Artemis in Didyma; die (Herstellung der) Stele | und die Aufzeichnung sollen die Baukommissare verdingen ohne irgend|eine Verzögerung; Die Auszahlungen sollen die Schatzmeister [vornehmen] | aus dem Fonds, der für die gemäß den Beschlüssen bestimmten Zwecke bereitgestellt ist. Aufschrei[ben] | soll man diesen Beschluß auch auf eine weiße Anschlagtafel. Aufseher der [(Anfertigung der) Statue:] | Demodamas Sohn des Aristeides, Lykos Sohn des Apollodotos, Arist[eides] | Sohn des Minnion.

*(B)* Beschluß des Volkes; Beschlußvorlage der Synhedroi*; Demodamas | Sohn des Aristeides stellte den Antrag: Da Antiochos, der älteste | ⟨Sohn⟩ des Königs Seleukos schon in der Vergangenheit gro[ßes | W]ohlwollen und großen Einsatz st[ändig] bewiesen [hat | f]ür das Volk der Milesier und sich jetzt – angesich[ts (der Tatsache, daß) sein | V]ater sich mit ganzer Energie [einse|tz]t für das Heiligtum [in] Didyma, sowie in der [An]nahme°, daß es gut [sei,] | sich [an]zuschließen dem [Pro|gr]am[m] seines Vat[ers, | bereit erkl]ärt, eine Halle errich[ten zu lassen (mit den Ausmaßen) eines Sta|dion* (als Stiftung) für den Go]tt in der Stadt, (eine Halle,) die [jährliche (?) | Einkünfte] erbringen° soll°, [die] nach seiner Vorstellung verwendet werden sollen (zur Finanzierung) der Bau|[arbeit]en im Heiligtum von Didyma; die | [aus diesen Mitteln finanzierten] Arbeiten sollen seine We[ih|gabe] darstellen°. (Daher) soll [Be]schluß der Milesier sein: Belobigen soll man | [Antiochos wegen sein]er Frömmigkeit gegenüber dem Gott und seines | Wohlwollens [gegenüber den Griech]en, und man soll ihm geben | [für die Halle] den Bauplatz, den der [gewähl]te° Baumeister zusammen mit den Männern, die | Antio[cho]s beauf[tragt hat], bezeichnet. Die Schatzmeister [– | – u]nd die [jeweils] amtierenden Prytanen* | sollen [entgegen]nehmen [die von] der Halle eingehenden Ein|[künfte,] sie für sich (= als Sondertitel) verbuc[hen] und die Verdin[g|ung] vornehmen, [so] wie das Volk es beschließt. | [Na]ch Aus[führ]ung des Beschlusses | sollen sie eine In-

schrift anbringen lassen, die [An]tiochos, den | [äl]testen Sohn des Königs Seleuk[os]°, als S[tif]|ter (nennt). Damit auch andere es sich zum Grundsatz ma[chen, sich einzuset]|zen für das Heiligtum in Di[dym]a u[nd für das Volk] | der Milesier – in der Erkenntnis, daß di[e Wohltä]ter [des Heiligtums] | geehrt werden vom V[olk] – [soll es Beschluß] | der Milesier [sein°], aufzustellen eine [Bronzestatue] des Antiochos | zu Pferd an dem Ort, den der [Rat zuwei]|st durch Beschluß. Das Geld für [die Statue] | sollen entnehmen die Anataktai, di[e in dem nach Athenaios folgenden] |35 Stephanephorat (amtieren), wenn sie die [übrigen Ausgabenposten verteilt] | haben. Man soll ihn (= Antiochos) einladen [auf einen Ehrensitz in Milet] | bei den Dionysien und in Didym[a bei den Didymeia während der] | kyklischen° Agone*. Erhalt[en soll er ferner Speisung] | im Prytaneion* und die Atelie* [von allen Abgaben und Sicherheit] |40 in Frieden und Krieg unter Un[verletzlichkeit (des Eigentums) und ohne förmliches Abkommen;] | er soll ferner die Proma[ntie* besi]tzen [im Heiligtum von] | Didyma. Diese (Privilegien) sollen [auch die Nachkommen des Anti]|ochos besitzen°. Damit das Standbild fertig[gestellt werde, so schnell es geht,] | soll das Volk alsbald drei M[änner wähl]en; [diese sollen] |45 die Ausfüh[rung über]wachen [–]

### 302 Euromos (Karien): Ehrenbeschluß für einen Wohltäter 299/8

Epigraphica Anatolica 21, 1993, 15ff. Nr. 1 (Ph).
Kalksteinblock vom Tempel des Zeus Lepsynos.

Im [...ten] Jahr der Herrschaft des Pleistarchos | [im Monat D]ystros, im Amtsjahr des Priesters Iatro|[kles Sohnes des Th]yssos, Hauptvolksversammlung: | Da Stephanos Sohn des Bal|5[– aus –]erone in vielfacher Hinsicht sich ver|[dient] gemacht hat um die St|[adt der] Euromeer und in öffentlichen Belangen wie in privaten | [jedem einzelnen] ohne Unterlaß Wohltaten erweist, soll man aufzeich|[nen ih]n als Proxenos* und als Wohltäter. Verlie|10[hen werden soll] ferner die Isopolitie* an ihn und an seine Nach|[komm]en sowie das Recht zum Erwerb von Grund- und Hausbesitz. Teil|[nehmen dürfen soll] er an allen Opfern, welche die Sta|dt darbringt, und ihm ein Opferanteil gewährt werden. Zugehören | soll er einer Phyle* nach seiner Wahl und berech|15tigt sein zu den Ämtern und allem anderen, | wozu seine Phylengenossen und die übrigen Bürg|er berechtigt sind. Stets soll er an den Prozessionen teilnehmen (dürfen), | wenn er anwesend ist, zusammen mit denen, die auserwählt werden | für den Opfervollzug. Er soll das Recht haben, |20 wenn er es wünscht, zusammen mit dem Priester auf einer Kli|ne zu liegen. Kümmern sollen sich die jeweils a|[mtie]renden Beamten um die Anliegen, die er vorbringt.

### 303 Delphi: Bündnis zwischen Aitolern/Phokern und Boiotern 292?

Syll.³ 366; IG IX 1² 1, 170 + p. 85; StV III 463.
Drei Fragmente (a, b, c) einer Kalksteinplatte aus Delphi (Museum). Koine.

*(b)* [– | –] wen[– | –] Reisegeld [– | – von (?) den Aito]lern die Boioter [– |5 -solan]ge sie sie brauchen, sollen sie sich bedie[nen der Hilfstruppe (?) – | – Aitoler von seiten der Boiot]er oder Boioter von seiten der Aito[ler – | –] entlassen die Aitoler die Boio[ter – | – oder (?) die Boioter] die Aitoler. Geben soll man [– | – w]enn vorweg aufgewendet haben die Boi[oter – |10 – ausz]ahlen {*oder:* abg]eben} sollen die Bularchen* binnen (?) [– | –] und im bevorstehenden Sy[nhedrion* (?) – | –] Ebenso, was die Ait[oler – | – vorweg aufgewendet ha]ben, sollen auszahlen di[e Behörden der Boioter – (*etwa 12 Zeilen fehlen*)

*(a)* [– ] dem gemeinsamen {*oder:* dem Gemeinwesen} [– ] die Hopl[i|ten –]. Stelen soll man aufstellen, auf die man aufgezeichnet hat *vacat* | [das Bünd]nis und den Eid, in Aitolien in Thermos | [– A]itolien und in Lophrion, bei den Boiotern im Heiligtum |5 [des Poseidon] in Onchestos und im Alalkomeneion und in Ko|[roneia] im Heiligtum der Athena, und eine gemeinsame (Stele) in Delphi. Schw|[ören] sollen beide folgenden Eid: Ich schwöre bei Zeus, Ge, Helios, Po|-[seid]on, Ares, der Athena Areia, bei allen Göttern und Göttinnen: Ich werde Bundes|[genosse se]in gemäß den Eiden und dem Vertrag, der geschlossen worden ist |10 [zwischen Boiot]ern und Aitolern und Phokern, die den Aitolern zugehören, ohne Arglist, | [und nicht] werde ich desertieren weder im Krieg noch im Frieden, *vacat* | [sondern he]lfen werde ich mit aller Kraft, so wie sie mich aufrufen. Wenn ich halte | [den Eid,] möge mir viel Gutes widerfahren, wenn ich ihn breche, möge ich zugrundegehen, | [ich selbst und] meine Sippe. Wenn aber jemand die Waffen erhebt gegen die Boioter in krie|15[gerischer Absicht oder gegen die Ai]toler, (wollen wir) einander helfen mit aller Kraft. *vacat* | [ Als – Archon*] bei den Boiotern war; das Bündnis [wurde in Kraft gesetzt,] als Boio[tarchen* | waren –] aus Thespiai, – | – aus Tana[gra –]

*(c)* [– | – i]n Aitolien [– | –] und das übr[ige (?) – | – di]e Behörden (?) [– | –]

## 304 Didyma: Brief des Seleukos I. über Weihgeschenke 288/7

Michel 39; OGIS 214; RC 5 (Ü ab Z. 10); I. v. Didyma 424; Choix 37 (Ü); Günther (wie Nr. 301) 43ff. (Ü); SEG 41, 952 (Abschrift des 17. Jh.s).

Vorderseite einer allseits beschriebenen Stele (Z. 1–22 verloren, nur noch in Abschriften erhalten; Didyma, Grabungshaus). Die 3 anderen Seiten enthalten Tempelinventare. Die Zahlenangaben sind hier in Ziffern übersetzt.

Im Jahr, da Poseidippos Stephanephoros* war, | und als Schatzmeister des heiligen Schat|zes Timeas Sohn des Phyrson, Aristagoras | Sohn des Philemon, Kleomedes Sohn des Kre|⁵son, Philippos Sohn des Sosistratos, Alexan|dros Sohn des Lochegos, Polyxenos Sohn des Babon waren, | haben folgendes geweiht die Könige Seleukos und | Antiochos, was in ihrem Brief aufge|schrieben ist: *vacat* |¹⁰

„König Seleukos (sendet) dem Rat | und dem Volk der Milesier° seinen Gruß. Wir haben gesandt in | das Heiligtum des Apollon in Didyma | als Überbringer° des großen Leuchters und von Trinkgefäßen | aus Gold und Silber als Weihgaben für die Rettenden° Götter |¹⁵ den Polianthes. (Die Weihgaben) tragen° Auf|schriften. Ihr nun, wenn er anko|mmt, nehmt sie entgegen und, zum guten Glück, | bringt sie in das Heiligtum, damit ihr euch ihrer zu Trankopfern | und anderen Verwendungen bedienen könnt°, während wir gesund und erfolgreich |²⁰ sind und die Stadt heil und unversehrt bleibt, wie ich | es wünsche und ihr es euch erfleht. In Auftrag gegeben haben wir | dem Polyanthes, als wir auch die Weihung veranlaßten | der zugesandten (Votivgegenstände), mit euch das Opfer darzubringen, | das wir selbst zusammengestellt haben; tragt mit Sorge dafür, |²⁵ daß es nach der Ordnung verläuft. Von den | Gold- und Silber-Gegenständen, die ich abgesandt habe | ins Heiligtum, habe ich für euch die Liste unten beifügen lassen, | damit ihr Art und Gewicht | eines jeden kennt°. Lebt wohl! *vacat* |³⁰

Liste der abgeschickten Gold-Gegenstände: | eine Trinkschale mit (Verzierung in Form von) Datteln, „Der Agathe (guten) Tyche*“, Gewicht | 247 Drachmen*. | Eine weitere mit Dattelverzierung „des Os[ir]is“ {*oder*: „der The[m]is“}, Gewicht | 190 Drachmen°. Eine weitere mit Dattelverzierung „der Leto“, |³⁵ Gewicht 198 Drachmen | 3 Obolen*. Eine weitere mit Strahlendekor „der Hekate“, Gewicht | 113 Drachmen. Von Doppeltrinkhörnern | mit Hirschprotomen, Aufschrift | „des Apollon“, ein Paar, Gewicht |⁴⁰ 318 Drachmen° 3 Obolen. Ein weiteres Doppeltrink[horn] | mit Bockshirschprotome, Aufschrift | „der Artemis“, Gewicht 161 Drachmen. | Ein Horn mit der Aufschrift „Zeus dem Retter (Soter)“, | Gewicht 173 Drachmen |⁴⁵ 3 Obolen. Ein Weinkrug (Oinochoë) „der Rettenden Götter“, | Gewicht 386 Drachmen. | Ein Kühlgefäß (Psykter) barbarisch(er Herkunft), mit Edelsteinverzierung, Aufschr|ift „der Retterin“, von dem abgefallen sind | sieben Dattel(verzierunge)n, Gewicht 372 Drachmen. | Ein Mazonómon (Brotschüssel ?) aus Gold, Gewicht | 1088 Drachmen. Insges|amt: an Gold-Gegenständen | 3248 Drachmen° 3 Obolen. | Ein silberner Skyphos, getrieben, mit Tierdekor | und Schnur(dekor ?), Gewicht 3|80 Drachmen°. | Ein großes Kühlgefäß aus Silber | mit zwei Henkeln, Gewicht 9000 Drachmen. | An Weihrauch 10 Talente*, an Myrrhe | 1 Talent, an Kassia 2 Minen, an Zimt | 2 Minen, an Kostos (Gewürz) 2 Minen*. Ein Leuchter | aus Bronze, groß. Er hat ferner zugeführt als Opfer | für den Gott 1000 Schafe und 12 Rinder.

### 305 Athen: Regelung über das Heiligtum der Aphrodite Pandemos um 287/6

Michel 682; LGS II 36; IG II$^2$ 659; Syll.$^3$ 375; LSCG 39.
Marmorstele vom Westabhang der Akropolis (EM).

In dem Jahr, da Hegesipyle Priesterin | und Euthios Archon* waren, die (Phyle*) | Aiantis hatte die zwölfte Pry|tanie* inne, für die Nausimenes | Sohn des Nausikydes aus (dem Demos*) Cholargos | Schriftführer war, im (Monat) Skirophorio|n „am alten und neuen“ (= am letzten Tag des Monats); Kallias Sohn des Ly|simachos aus (dem Demos) Hermos stellte den Antrag: Dami|t die Astynomen*, die jeweils erlost | werden, Sorge tragen | um das Heiligtum der Aphrodite | Pandemos nach dem Herkommen, zum guten | Glück! Es soll Beschluß sein des Ra|ts: Die Prohedroi*, die gelost wer|den zur Prohedrie* für die näch|ste Volksversammlung, sollen vorführen den | Verwandten (?) der Priesterin und verhandeln | darüber und die Entschließung | des Rates vorlegen° dem Volk, wo|nach der Rat für gut befindet, daß die Astyno|men, die jeweils das Los trifft, wenn | der Festzug für Aphrodite Pande|mos stattfindet°, beschaffen sollen zur Reinigung | des Heiligtums eine Taube und ringsum| salben die Altäre und mit Pech bestreichen die | [Türen] {*oder:* die Decken} und die Statuen abwaschen. Bereitste|[llen sollen sie fern]er Purpur im Gewicht von 2 Drachmen* [–]

## 306 Priene: Ehrenbeschluß für Lysimachos und Antwortbrief des Königs um 285?

GIBM III 1, 401 f.; OGIS 11–12; I. v. Priene 14–15 (+ p. 308; Ph); RC 6 (nur B; Ph, Ü).

Anten*-Blöcke vom Athena-Tempel in Priene (London, British Museum). Dossier aus zwei Texten (Ehrenbeschluß A und Antwortbrief B).

*(A)* Für König [Lysimachos]. | Beschluß des Volkes; Antra[g der Strategen*: Da Kö]|nig Lysimachos in der [Vergangenheit stets] | Sorge getragen hat [für das Volk der Prie]|[5]neer, und jetzt durch Abs[end]ung von Trupp[en gegen Magne|sia] und gegen die anderen Bewohner der Ebene zu Lande [gerettet hat | die] Stadt, möge das Volk beschließen: Wählen soll man als Gesand[te | aus al]len Bürgern zehn Männer, die | zu ihm reis[en]°, den Beschluß überbringen und Glückwünsche |[10] ausdrücken dem König, daß er selbst sich wohl befindet und seine Streit|kräfte und es ihm auch sonst nach Wunsch verläuft, und die ihm betonen | [die Lo]yalität, die das Volk allezeit hegt gegenüber dem König | [Lys]imachos und ihn bekränzen mit einem Kranz [aus Gold, | hergestellt] aus tausend Goldstücken. Aufstellen wird das Vol[k] |[15] ein ehernes Standbild [des Königs auf dem Markt und wird da]nebenstel|len zu sei[ner] Re[ch]ten [–] | nahe bei [– erricht]|en auch einen Altar für [ihn. Opfern sollen alle (?) in je]|dem Jahr, die [Priester und die Priesterinnen in] |[20] der Stadt, und die Bürger sollen al[le] bekränzt gehen | und eine Prozession sollen veranstal[ten d]ie Priester und die Synarch[iai] (die Gesamtheit der Beamten) | und die Bürger al[le an den Geburtstagen (?) des Königs] | Lysimachos, teilnehm[en sollen ferner – Geb]|en soll der Verw[altungs-(Magistrat) für die Opfer den] |[25] Hieropoioi* der Phyl[en* ebensoviel Geld, wie an den P]ana|thenaia* gegeben wird [– | – al]ler Bürger | [–] Opfertiere pro Jah[r | –] das Opfer vollzieht |[30] [–] auf dem Land gemäß (?) | [– einen Altar erbau]en und opfern dem (?) Kö|[nig (?) –] den | [– T]eil [– | –] mit |[35] [– den K]önig [–] T[ei]le (?) | [–]

*(B)* [König Lysimachos sendet dem Rat der Prieneer | und] dem Volk Grüß[e. Eure | Ge]sandten, Antisthene[s und seine Gefährten | sind ein]ge[tro]ff[en, haben euren Beschluß übergeben] |[5] an uns u[nd] haben auch persönlich ihre Glückwünsche ausgesprochen z[u] | unserem Wohlbefinden und dem unserer Freu[nde und (der guten Verfassung) der] | Truppen und der Verwaltung im [ganzen] | Land; sie haben vorgetragen entsprechend dem, was im | [Besch]luß geschrieben steht, wobei sie betonten die |[10] loyale Gesinnung, die das Volk uns gegenüber hegt, sowie, daß | (das Volk) unserem brieflichen

Befehl, ihr solltet gehorchen So[sthenes (?) dem] | Strategen*, bereitwillig Folge leistete und in k[einer Weise] | unsere Sache verläßt, obglei[ch] | euer Land von den Magnesiern [– verwüstet°] worden ist |15 und von den So[lda]ten, die mit ihnen zog[en. | Da es unser Wunsch ist, für euch°] alle [gemeinsam] und individuell | [für einen jeden von euch Sorge zu tragen, und es für vorteil]haft für uns | [halten, daß ihr uns wie] zuvor | [freundlich gesinnt seid, gestatten wir, s]o wie es erbe[ten haben |20 eure Gesandten –]

(*Ein weiteres Fragment läßt erkennen:*) [–] uns [– | –] und der Festgesandt[schaft – | –] euch machen [– | –] dankbar [– |5 – der Toc]hter und der Söh[ne – | – der Wohl]taten Kön[ig – | – | –] wir [–]

## 307 Athen: Ehrenbeschluß für König Spartokos III. vom Bosporos (Krim) 284

Michel 124; IG II$^{2}$ 653; Syll.$^{3}$ 370; (vgl. StV III 401) (Ph: Kirchner$^{2}$ Tf. 32 Nr. 75).

Zwei Fragmente einer Marmorstele von der Akropolis (Athen, EM; London, British Museum). Stoichedon. Unten Kranz.

[Im Jahr, da D]iotimos Archon* war; die (Phyle*) Anti[gonis hatte die s|ieben]te Prytanie* inne, in der Lysistrato[s Sohn des Aristoma|chos] aus (dem Demos*) Paiania Schriftführer war, im (Monat) Ga[melion am „alten | und] neuen“ (= am letzten Tag des Monats), am neunundzw[anzigs]ten de[r Prytanie, |5 Volksver]sammlung: von den Prohedroi* [leitete die Abstimmung – | Sohn des Aut]osthenes aus (dem Demos) Xypet[e mit seinen Amtskollegen. Besch|luß] des Volks; Agyr[rios Sohn des Kallimedon aus (dem Demos) Kolly]|tos stellte den Antrag: Da [früher die Vorfahren des] | Spartokos Nutzen [gebracht haben dem Volk, und] |10 jetzt Spartokos üb[ernommen hat gegenüber dem Volk die Freu]|ndschaft und allgemein [dem Volk Nutzen bring]|t und jedem einzelnen der Athe[ner, die] zu° ihm° [kommen,] | (Verdienste,) wegen [deren das Volk der Athener sie] | zu Bürgern gemacht [hat und sie geehrt] hat [mit eh]ernen° [Standbildern] |15 auf der Agora* und] im Handelshafen [und] | mit anderen Privilegi[en, mit denen es sich zie]mt, zu ehren die | trefflichen Männ[er, und festgelegt] hat, wenn jemand ziehe | gegen die Herrschaft seiner [Vorfahre]n oder die des Spar|tokos, zu helf[en mit aller Kraft] zu Lande und |20 zu Was[ser; (da) ferner Spart]okos, als er durch die Ankunft | einer Gesandtschaft [von den Athenern er]fuhr, daß das Volk | wieder erhalten [hat die Stadt, gratuliert] hat zu dem Glück | des

Volk[s und gegeben hat] als Geschenk [an Weiz]en fünfzehn|ta[usend Me]dimnen* und in Aussicht stell|[25][t, auch in Zukunft Nu]tzen bringen zu wollen de[m | Volk der Athener, so gut] er es vermag, und da er die|[s tut, entschlossen], zu wahren die | [freundliche Gesinnung gegenüber dem Vol]k, die er übernommen hat | [von seinen Vorfahre]n; damit nun sichtbar wird, |[30] [daß auch das Volk bemüht] ist um diejenigen, die die Freundschaft | [in der Vergangenh]eit bewahrt haben ih|[m gegenüber: zu gutem Glück, be]schließen möge das Volk, zu be[lobi|gen den Köni]g Spartokos, Sohn des Eumelos [vom Bosp|oros und ihn zu bekrän]zen mit goldenem Kranz [gemäß |[35] dem Gesetz,] wegen [der Trefflichkeit] und der freundschaftlichen Gesinnung, die er heg[t im|merdar gegenüber dem] Volk, und zu verkünden die Kra[nz|(verleihung)] an den Großen [Dionysien*] bei dem Tragödien-|[Wettbewerb. Für die An]fertigung des Kranzes und die V|[erkündung] sollen sorgen die mit der Verw[a|[40]ltung Beauftragten. Man soll aufstellen] ferner von ihm ein ehernes Standbild auf de[r | Agora neben] seinen Vorfahren und ein weiteres a[uf der Akr|opolis. Dami]t auch erfährt der König Spart[o|kos, was beschlos]sen hat das Volk, soll man wählen als Ges|[andte dre]i Männer aus allen Athenern, wel[ch|[45]e, sobald gewäh]lt, sofort abreisen und den Beschluß ü|[bergeb]en und melden die freundschaftliche Gesinnung, die | [gegen] ihn das Volk [hegt], und ihn auffordern, | [zu helf]en dem Volk, so gut er kann. Geb|[en soll man als Reisege]ld einem jeden der Gesandten die fest|[50][gesetzte (Summe)]. Damit ein Denkmal sei der freundschaft-| [lichen Verbindung u]nd der Privilegien, die für ihn° hinzugefügt worden sind | [z]u den schon vorhandenen, soll der Schriftführer | [der P]rytanie aufzeichnen diesen Beschluß | [auf eine] Marmor[st]ele und (diese) aufstellen auf der Akropolis. Die |[55] entstehenden [Ko]sten sollen anweisen die mit der | [Verw]altung (Beauftragten).

*(Im Kranz):* Das Volk.

## 308 Athen: Ehrenbeschluß für den Komödiendichter Philippides 283/2

IG II[2] 657; Syll.[3] 374; Choix 1 (Ü); Shear T 11; Bielman 20 (Ph, Ü); SHH 6 (Ü) (Ph: Kirchner[2] Tf. 33 Nr. 78 [Z. 28–47]).

In zwei Teile gebrochene Marmorstele, die obere Hälfte im Dionysostheater, die untere in Eleusis gefunden (EM). Stoichedon. Unten Kranz.

In dem Jahr, als Euthios Archon* war, während (die Phyle*) A[kamantis] die dr[itte | P]rytanie* inne hatte, für die Nausimenes Sohn des Nausikydes aus (dem Demos*) Cholar[gos] | Schriftführer war, am achtzehnten Boedromion, [den n|e]unzehnten der Prytanie; Hauptversammlung: |[5] von den Prohed[r]oi* leitete die Abstimmung Hieromnemon Sohn° des Teisimach|os aus (dem Demos) Koile und die mit [ihm] amtierenden Prohedroi. Beschluß des Rats u|nd des Volks; Nikeratos Sohn des Phileas aus (dem Demos) Kephale stellte den Antrag:

D|a Philippides unentwegt bei jeder Gelegenheit | sein Wohlwollen gegenüber dem Volk erwiesen hat und, |[10] nachdem er zu König Lysimachos gereist war, nach vorausge|gangenen Verhandlungen mit dem König für das Volk mitbrachte als Ge|schenk zehntausend attische Medimnen* Weizen, die ver|teilt wurden an alle Athener in dem Jahr, als Euktemon Archon | war; (da) er ferner Verhandlungen führte bezüglich einer Segelstange und eines Masts [für das Panathenäenschiff], damit |[15] diese der Göttin für die Panathenäen* zusammen mit dem Peplos übergeben würden – sie | wurden überbracht in dem Jahr, als Euktemon Archon war – ; und (da) er nach dem Sieg des | Königs Lysimachos in [der] Schlacht, die bei Ipsos geschlagen worden war | gegen Antigon[os und] Demetrios, die | in der S[chlacht] gefallenen Mitbürger bestatten ließ auf seine |[20] eigenen Kost[en, und über diejenigen, die] in Gefangenschaft geraten waren, | den Kö[nig] informierte [und], nachdem er ihre Freigabe bewirkt hatte, | für die, welche [im Heer die]nen wollten, Maßnahmen traf, da|ß sie verschiedenen Kommanden zugeteilt wurden, denen aber, welche lieber | ziehen wollten, Kleidung und Reisegeld gab aus |[25] seinen eigenen Mitteln und sie ziehen ließ, wohin sie jeweils wollten, mehr | als dreihundert; (da) er ferner darum bat, daß | die Mitbürger freigelassen würden, die man in | Asien in der Haft des Demetrios und des Ant[i]gonos vorfand°; und (da) er den Athenern, die jeweils ihm begegnen, |[30] ständig in dem Maße behilflich ist, wie [ihn] ein jeder darum bittet, | und, nachdem das Volk die Freiheit wieder bekommen hat, un|ermüdlich in Wort und Tat eintritt für das, was förderlich ist für das | Wohl der° Stadt, und (unermüdlich) den König um Unterstütz|ung mit Geld und Getreide bittet°, damit dem Volk erhalten bleibe |[35] seine Freiheit und es den Piräus sowie die | Festungen so rasch wie möglich zurückbekomme° – alles Dinge, über die häu|fig der König Zeugnis für ihn abgelegt hat gegenüber den | zu ihm geschickten athenischen Gesandten; und (da) er, | als er in dem Jahr, als Isaios Archon war, zum Agonotheten* gewählt° [worden war], auf die Wünsche |[40] [des V]olks bereitwillig und auf seine Kosten einging, er die traditionell|[en Opfer] an die Götter im Namen der Volkes verrichtete, die | [Zwei-Obolen*-Auszahlung (?)] allen Athenern gab für alle | [Agone* sowie] als [E]rster° einen [zu]sätzlichen Agon einrichtete zu Ehren von Dem|[eter und Kore] zum Gedenken an des Volkes |45 [Freiheit, die Fürsorge] auch für alle anderen Agone und | [Opfer für die Stadt] übernahm° und, nachdem er für all dies aus sein|[en eigenen Mitteln große S]ummen [aufgewendet hatte,] Rechenschaft ableg|te gemäß den Gesetzen und er niemals° [etw]as, was im Widerspruch stand zur [D]|emokratie, [unternahm, weder in Wort noch] |50 in Tat:

Damit es nun [für alle] offenkundig ist, [daß das Volk ver]|steht, s[einen Wohltätern den gebührend]en Dank abzustatten | für ihre Wohltaten, [soll es,] zu gutem [Glück!, Beschluß sein des] | Rats, daß die Prohedroi, die durch das Lo[s bestimmt sind, den Vorsitz zu führen] | in der Volksversammlung nach Ablauf der [gesetzlich vorgeschriebenen Fri]|55st für das Gesuch über [diese Punkte] verhandeln lassen [in der] | nächsten Volksversammlung gemäß dem Gesetz und eine Beschlußvor[lage] | des Rats dem Volk [vor°]legen (des Inhalts), daß d[er R]|at es für gut befindet°, daß man Philippides Sohn des Philokles aus (dem Demos) Kephal[e] belobigt | in Würdigung seines Verdienstes und Wohlwollens, das er unentwegt |60 dem Volk der Athener erweist°, daß man ihn bekränzt | mit einem Kranz aus Gold gemäß dem Gesetz und ausruft den K|ranz bei den Großen Dionysien* am Tragödien-Ag|on; daß man von ihm eine Bronzestatue errichtet im Thea[t]|er; daß er das Privileg der Speisung im Prytaneion* hat sowie von seinen Nach|65kommen der jeweils älteste und den Ehrensitz bei allen | Agonen, welche die Stadt veranstaltet; daß für die Anfertigung d|es Kranzes und für seine Ausrufung verantwortlich sein sollen | die mit der Verwaltung Beauftragten; daß aufzeichnen lassen soll diesen Beschl|uß der Schriftführer der Prytanie auf einer Stele |70 aus Marmor und (diese) aufstellen lassen beim Dionysos-Tempel und für | die Aufzeichnung auf der Stele anweisen sollen die mit der | Verwaltung Beauftragten 20 Drachmen* [aus] dem Fonds für Beschlüss|e des Volks.

(Im Kranz:) Das Vo[lk].

### 309 Samos: Brief des Lysimachos über einen Territorialstreit mit Priene 283/2

Michel 36; OGIS 13; I. v. Priene 500; RC 7 (Ü); Piccirilli 4 (Z. 11–24; Ü) Marmorstele (Oxford, Ashmolean Museum). Oben Giebel.

König Lysimachos grüßt den Rat und das Volk der Samier. | Erschienen sind vor uns die Gesandten, die von euch und von den Pr[ie]|neern abgesandt wurden wegen des Landes, über das sie gest[rit]|ten haben zuvor in unserer Gegenwart. Wenn wir zuvor gewußt hätten, daß ihr die|[5]ses Land seit so vielen Jahren besessen und bebaut habt, hätten wir ü[ber]|haupt die Entscheidung nicht an uns gezogen. So aber nahmen wir an, | daß eure Besitzergreifung nur ganz kurze Zeit gedauert habe; | denn dies war die Darstellung, die uns in ihren früheren E[rklärungen] gaben [die] | Gesandten der Prieneer. Freilich, als hier waren sowohl eure Abgesandten |[10] wie die der Prieneer, war es erforderlich, die Einlassungen [beider Sei]ten° zu hören. | Die Prieneer: daß bei ih[nen] ursprünglich gelegen sei | der [Besit]z der Landschaft Batinetis, versuchten sie zu beweisen anhand der Geschichtsdarstellung[en und | der ü]brigen Zeugnisse und Dokumente einschließlich der Sechsjährigen W[aff]enru[he. | Spä]ter gaben sie zu, daß bei Lygdamis' Einmarsch nach Io[ni|[15]en mit H]eeresmacht alle übrigen das Land verließen und die Sam[i|er sich auf ihre I]nsel zurückzogen; Lygda[mis] habe nach [drei(?)-jähriger B]esetzung | [ihnen] dieselben Grundstücke wieder zurückgegeben und die Prie|-[neer hätten sie übernomm]en; von den Samiern sei überha[upt] niemand da gewesen [da|mals mit Ausnahme] von zufällig bei ihnen ansässigen (Fremden). Dieser (= Lygdamis?) habe [die |[20] Felderträ]ge den Prieneern zugewandt. Später | [seien] die Samier [zurückgekehrt] und hätten [g]ewalt[sam] das Land an sich gerissen. Ab|[gesandt worden sei daraufhin seitens der] Prieneer Bias zum Abschluß eines Friedens mit den Sa[miern mit | Vollmacht. Diese]r habe Frieden herbeigeführt zwischen den Städten und die Sie[dl]er seien a|[bgezogen aus dem Ba]tinetis-Land. Früher nun, s[agten sie, |[25] sei der Stand der Dinge für sie] so verblieben, und bis in die letzte Ze|[it hätten sie besessen das Lan]d; nun aber baten sie uns, gemäß de[n u]rsprünglichen [Bes|itzverhältnissen ihnen] das Land [zurückzugeben]. Die von euch abgesandten | [Vertreter sagten°, den Besitz, de]n sie hätten an dem Batineti[s-|Land, hätten sie von den Vorfahren] übernommen. Sie räum]ten° ein°, daß nach Lygdam[is' |[30] Einfall das Land° verlassen hätten] wie alle anderen auch sie selbst; | [sie seien abgezogen au]f die Insel; später aber [– | –] sie[de]lten tausend S[amier – | –]

## 310 Nysa: Brief des Seleukos I. mit Privilegien für das Plutonion 281

RC 9 (Ph, Ü) (danach übersetzt); SEG 35, 1094.

Kalksteinblock, in einem Haus in Salavatli nahe Nysa verbaut (Istanbul, Archäologisches Museum).

[– Kön]ig Seleukos und Antiochos (senden) dem Sopat[ros Gruß: | Nachdem] die Athymbrianoi zu uns [als Gesandte° geschickt haben] wegen des [Rechts, Schutzflehende aufzunehmen (Hikesie), der Asy|lie* und Abgabenfreiheit (Atelie)] Iatrokles, Artemidoros und Timoth[eos – | –] haben wir [–] die Ein[zelheit]en und haben dir geschrie[ben, damit du | ihnen ausführlicher] Bescheid gibst. [Denn unser Grundsatz ist es | allezeit, den Bür]gern der° griechischen° [Städte] durch Wohlt[aten Freundlichkeiten zu erweisen, nicht zulet|zt auch in Ver]ehrung mich an der Vermehrung der [Ehren] der Götter zu beteiligen, [so daß wir Gna|de denen, die nach u]ns (kommen), für alle Zeit weitergeben [– | können. Wir sind] überzeugt, schon in frühere[n Zeiten viele | bedeutende B]eweise [unserer] persönlichen [Verehrung] gegeben zu haben; | [wir wollen au]ch jetzt im Einklang mit unserer [Handlungsweise] von [Anfang an] bleiben [und gewäh]ren (daher) allen Heiligtümern, die die As[ylie besitzen | –]

### **311 Dodona: Weihung des Pyrrhos I. von Epirus. 280**

HH² 162; SGDI 1368; Syll.³ 392; SEG 16, 386.
Fragment einer Bronzeplatte aus dem Heiligtum von Dodona. Buchstaben durch Punkte dargestellt.

[Köni]g Pyrrho[s und | die Epiro]ten und T[arentiner] | (die Beute) von den Römern und [ihren] | Bundesgenossen dem Zeus Na[ïos].

### **312 Ehrenbeschluß des Nesiotenbundes für Ptolemaios II. mit Anerkennung der Ptolemaia in Alexandreia um 280**

Michel 373; IG XII 7, 506; Syll.³ 390.
Marmor-Stele, gefunden auf der Insel Nikuria (in einem Privathaus verbaut). Auf der Rückseite kaum etwas zu erkennen. Fragmente eines Exemplars aus Delphi: SEG 13, 351.

[Beschlu]ß der Synhedroi* der Nesioten*: Bezüglich der Angelegenheiten, in denen | [Philokle]s, der König der Sidonier, sowie Bakchos, der Ne|[siarch (Oberbeamter des Nesiotenbundes) an die Städte [geschrie]ben haben (mit der Aufforderung), | sie sollten Synhedroi nach Samos ent[se]nden, welche | [beratschla]gen sollten bezüglich des Opfers, der The|[ore]n* und des Agons*, den König Pt[o|le]maios als dem olymp[ischen (Agon)] gleichrangig in Alexandreia ausrichtet zu Ehren seines Vaters | [und nun] mit den aus den Städten eingetroffenen Sy[n|hedroi] Philokles und Bakchon Verhandlungen geführt haben, |[10] soll es Beschluß der Vollversammlung der Synhedroi sein: da |[K]önig Ptolemaios Soter* vieler | bedeutender Wohltaten (wörtl.: Glücksgüter) Urheber war sowohl bei den | Nesioten als auch bei den übrigen Griechen, indem er die Stä|dte befreite, (ihnen) ihre Gesetze zurückgab, |[15] bei allen die traditionelle Verfassung einrichtete | [u]nd Erleichterungen von Kontributionen gewährte, und (da) nun König | [P]tolemaios, nach der Übernahme der Königsherrschaft von | seinem Vater, dasselbe Wohlwollen und dieselbe Fürsorge | unentwegt erweist sowohl den Nesioten als auch |[20] den anderen Griechen, zu Ehren seines Vater[s] ein Opfer darbringt | und einen (mit dem Agon in) Olympia gleichrangigen gymnischen (= athletischen), | musischen und hippischen (= in Reitdisziplinen) Agon° ausrichtet°, und so den Göttern gegenüber seine [Frö|mmigk]eit beibehält und gegenüber seinen V[orfah|re]n sein Wohlwollen, und (da) er appelliert an |[25] [di]e Nesioten und die übrigen Griechen, zu b[e|schließ]en, daß der Agon im Rang dem olympischen gleichgestellt sei, so geb|[ühr]t es sich für alle Nesioten, die als Ers|[te] Ptolemaios Soter mit gottgleichen Ehrunge[n] geehrt° haben° | [sowohl auf Grun]d seiner all[gemein allen (erwiesenen) Wohltaten] als auch auf Grund seiner Einzel[nen |[30] (gewährten) Hilfe König Pto]lemaios anläßlich seines Appell|[s in sonstigen Belangen zu unterstü]tzen und nun entsprechend | [seinem Vorhaben mit aller] Bereitwilligkeit [zu beschlie]ßen | – | –] gebührende Ehren zu verleihen |[35] [–] ihrer Loyalitä[t,] das Opfer [anzuerkenn]en und die Theoren [zu ent|senden in Zu]kunft immer zu den ent[spre|chenden Zeitpunkten,] so wie der König (im Schreiben) mitgeteilt hat, | [und] (zu beschließen,) daß der Agon mit dem olympischen gleichrangig sei, daß es für die Sieger, |[40] [soweit sie Nesioten sind,] dieselben Ehrungen geben soll, welche | für jeden Nesioten [in] den Gesetzen | für die Sieger in Olympia [verzeichnet] sind°; daß man | ferner bekränze° König Ptolemaios, den Sohn des Königs | Ptolemaios [S]oter mit einem Kranz aus Go[ld] als Auszeichnu|[45][ng im Wert von] tausend Sta[ter]en* in Würdigung seines Verdienstes und Wohl|[wol|l]ens gegenüber den Nesioten; und daß aufzeichnen lassen sollen die | [Syn]hedroi diesen B[esch]luß auf einer Marmorstele und | [(diese) aufstellen lassen in] Delos neben dem Altar des | [Pt]ole[mai]os Soter°. [In der] gleichen Weise sollen diesen |[50] [B]eschluß fassen° auch die Städte, die Mitglieder sind dieses Syn|[he]dri[on*], und (ihn) aufzeichnen lassen auf Marmorstelen | [u]nd (diese) aufstellen lassen in den Heiligtümern, in denen auch die sonstigen Eh|rungen jeweils aufgezeichnet sind. Gewählt werden sollen | von den Synhedroi drei Theoren*, welche nach ihrer An|$^{55}$kunft in Alexandreia das Opfer darbringen sollen im Namen des | [K]oinon* der Nesioten für Ptolemaios Soter | und [den K]ranz dem König überreichen sollen. Den für | [d]en Kranz (erforderlichen) Geldbetrag, für Wegzehrung und die Rei[s|e] sollen für die Theoren die Städte die Beiträge aufbringen, je[de |$^{60}$ entsprechend dem] auf sie [ent]fallenden Anteil, und dem aushändigen, den Bak[cho|n benennt]. Als Theoren wurden gewählt: Glaukon aus Kyth[nos, | .....]as aus Naxos und Kleokritos aus Andros.

## 313 Lisos (Kreta): Bündnis zwischen Magas von Kyrene und den Oreioi zwischen 280 und 250

I.Cret. II xvii 1 (Ph); StV III 468.

Marmorstele aus den Ruinen von Lisos in Südwestkreta (Chania, Museum). Dorischer Dialekt.

[– | – | –] unter welchen Bedingungen (?) mit dem König M[a]|gas, so wie die Gortynier, {*oder:* so wie mit den Gortyniern} B[ün|dn]is zu schließen (ist) in Anwes[enhe|$^{5}$it] der Gortynier und der Bundesge|-nossen, und eine Stele zu beschreiben | und aufzustellen im Diktynna[io]|n in Lisos: denselben Freund | und Feind haben zu wollen, und wenn jemand g[egen] |$^{10}$ das Herrschaftsgebiet des Magas zu Felde | zieht, sollen zu Hilfe kommen die Oreioi, eb|enso wenn jemand gegen da|s Oreioi-Gebiet zu Felde zieht, soll zu Hilfe | kommen Magas. Eid: *vacat* |$^{15}$ Ich schwöre bei Diktynna und den | Tempelgenossen der Diktynna | und den Göttern in Poikilasion und | dem Zeus Kretagenes (= „in Kreta geboren“) und | allen Göttern° und Göttinnen, loyal zu sein |$^{20}$ gegenüber dem König Magas. Wenn wir unseren Eid halten, möge uns [vi]|el Gutes widerfahren, wenn wir ihn brechen, | das Gegenteil. *vacat*

## 314 Kos: Volksbeschluß über Dankopfer anläßlich der Rettung Delphis vor den Kelten 278

Syll.$^{3}$ 398; G. Nachtergael, Les Galates en Grèce et les Sôtéria de Delphes. Brüssel 1977, 401 ff. Nr. 1 (Ü).

Marmortafel aus Kos. Dorische Koine.

Diokles Sohn des Philinos stellte den Antrag: Da, nachdem die Bar|baren einen Feldzug unternommen haben gegen | die Hellenen und gegen das Heiligtum in | Delphi, die Nachricht eintrifft, daß die | gegen das Heiligtum Gezogenen° ihre Strafe erhal|ten haben von dem Gott und von den Männern, | die dem Heiligtum zu Hilfe gekommen waren bei dem | Ansturm der Barbaren, daß das Heiligtum bewahrt | geblieben ist und geschmückt ist mit den | Waffen der Angreifer, | und daß von den übrigen Teilnehmern am Feldzug | die meisten zugrundegegangen sind in den | Kämpfen gegen die Hellenen; *vvvv* damit nun deutlich werde°, daß das Volk | an der Freude teilnimmt über den | von den Hellenen errungenen° Sieg und dem Gott Dank|opfer abstattet für° seine Epiphanie („Erscheinung“, tätiges Eingreifen), | welche erfolgte in den dem | Heiligtum (drohenden) Gefahren, und (für) die Rettung° der Helle|nen: *vvv* Zum guten Glück, es soll Be|schluß des Volkes sein: Der Architheoros* und | die gewählten Theoren* sollen, sobald | sie ankommen in Delphi, opfern dem Apol|lon Pythios einen Stier mit vergoldeten Hörnern für | die Rettung der Hellenen und darum | beten, daß dem Volk der Koer Gutes° wider|fahre und daß es einträchtig le|ben möge in demokratischer Verfassung, und daß es denjenigen Hellenen°, die zu Hilfe | geeilt sind dem Heiligtum, gut ergehen möge | für alle Zeit. Ein Opfer darbringen | sollen aber auch die Prostatai* dem Apollon | Pythios und dem Zeus Soter (Retter) und der | Nike (Sieg); sie sollen opfern einer jeden dieser Gottheiten | ein ausgewachsenes Opfertier. Der Tag, an dem sie das Op|fer darbringen, soll ein heiliger Tag sein, und | die Bürger sollen bekränzt gehen und die | Paroikoi* und die übrigen, die sich auf|halten in Kos alle; der Hierokeryx* | soll verkünden, daß das Volk den Tag als heiligen (Tag) begeht | anläßlich der Rettung und des Siegs der Hellenen, | und den Kranztragenden möge es zum Vorteil und zum G|uten gereichen. Das Opfer sollen sie darbringen in | dem Monat Panamos; die Schatzmeister sollen auszahlen | für das Opfer in Delphi | vierhundert Drachmen*°, für das auf Kos | einhundertsechzig Drachmen°; die Prostatai sollen dafür sor|gen, daß den Theoren zuges|andt werde das Geld und daß die Opfer auf Kos voll|zogen werden. Die Poleten* sollen verdingen die A|ufzeichnung des Beschlusses auf eine Marmorstele | und deren Aufstellung im Heiligtum des Asklepios.

## 315 Delphi/Athen: Ehrung der Amphiktyonen für die Dionysischen Techniten von Attika 278/7

Zwei sich gegenseitig ergänzende Inschriften aus Delphi bzw. Athen.

A: FdD III 2, 68 Z. 61 ff. (nach einem Amphiktyonenbeschluß d. J. 130 v. Chr.; Ph); Syll.[3] 399 (danach übersetzt)

Delphi, auf der Süd-Ante* des Athener-Schatzhauses.

B: Michel 1009; SGDI 2506; IG II[2] 1132 Z. 1–39.

Athen, Fragmente eines Marmorpfeilers im Dionysos-Theater (teils EM, teils verloren).

Alter Beschluß der Amphiktio|nen*.[1] Im Jahr, da Hieron Archon* war in Delphi, während der Frühjahrs-Pylaia*, | Hieromnemonen* waren: von den Thessalern Hippodamas, Leon; von den Ai|tolern Lykeas, Dorimachos; von den Boiotern Asopon, Dionysi|[5]des; von den Phokern Euphreas, Chareas. *vv* Beschluß der Amphikti|onen und der Hieromnemonen und der Agoratroi*: Damit | für alle Zeit Asylie* und Leistungsfreiheit (Atelie) bestehe für die Techni|ten* in Athen und keiner irgendwoher in Pfandhaft genommen werden könne, | weder im Krieg noch im Frieden, und auch nicht ihre Habe, |[10] sondern damit für sie sicher° bestehe die Asylie und die Sicherheitsgarantie für alle Ze|it, die ihnen von allen Hellenen zugestanden worden ist, sollen | die Techniten frei sein von der Militärdienstpflicht zu Lande und zu Wass|er und von jeglicher Eisphora*,[2] damit den Göttern die Ehren und die Op|[fer, f]ür die die Techniten bestimmt sind, vollzogen werden zu den |[15] [geziemenden Zeiten, weil (die Techniten) unbela|stet sind° und] geweiht zu den [Diensten der Götter. | Erlaubt sein] soll es niemandem, in Pfandhaft zu nehmen den T[echniten, weder im Kr|ieg noc]h im Frieden, noch ihn durch Beschlagnahme zu schädigen, es sei denn, [er ist° auf Grund einer Verpflichtung | einer Stadt gegenüber] verschuldet, auch wenn [der Techni]te° auf Grund eines privaten Kon[trakts Schuldner] ist. |[20] Wenn jemand hiergegen verstößt, [soll er sich verantworten | vor] den Amphiktionen, er selbst und die Stadt, in welcher der Ü[bergriff zuungun|sten] des Techniten vorgefallen ist. Es sollen aber bestehen die Leistungsfrei[heit und die Si|ch]erheitsgarantie, welche die Amphiktionen verliehen haben, für die | Techniten in [Athen]° auf alle Zeit, so daß sie (von Lasten und Sorgen) unbeschw[ert] sind. |[25] Die Schriftführer sollen den Beschluß aufzeichnen lassen auf einer Stele aus [Marm]|or und sie aufstellen in Delphi, ferner zu den Athenern senden | eine gesiegelte Abschrift dieses Beschlusses, damit | die Techniten wissen°, daß die Amphiktionen höchste Fürsorge wenden | auf die Frömmigkeit gegenüber den Göttern und daß sie Folge leisten | den Aufforderungen der Techniten und daß sie versuchen werden, | auch in Zukunft diese Haltung zu bewahren für alle | Zeit und, so wie sie können, weitere Vorteile hinzuzufü[gen für] | die Techniten (im Dienst des) Dionysos. Gesandte: [Astydamas, | D]ichter von Tragödien; Neoptolemos, [tragischer Schauspieler].

[1] Im athenischen Exemplar steht statt dieser Worte: „Götter! | Aus dem Metroon. *vvv*“

[2] Im athenischen Exemplar fehlt: „und von jeglicher Eisphora“.

## 316 Thyateira: Weihung zum Dank für die Errettung aus der Galater-Gefangenschaft 276/5

TAM V 2, 881.
Marmorstele (in einem Haus in Süleymanli verbaut).

Zum guten Glück! | Unter der Königsherrschaft des Antiochos | und Seleukos Sohns des Antiochos | im siebenunddreißigsten Jahr, Mo|nat Hyperberetaios, hat° dem Apollon | Pityaenos auf Grund eines Gelübdes Argeios | Sohn des Phanokritos geweiht die(se) Ste|le für sein und seiner | Frau Wohlergehen und seines | Sohnes Phanokritos Errettung | aus der Gefangenschaft bei den Galatern. | Möge Apollon gnädig sein | allezeit dem Argeios, seiner° Frau, | seinen Nachkommen und | Brüdern!

## 317 Ilion: Königliche Korrespondenz über Landschenkungen an Aristodikides aus Assos um 275?

Michel 35; OGIS 221; RC 10–13 (Ph, Ü); I. v. Ilion 33 (Ü).
Marmorstele aus Ilion (Berlin, Museum für Völkerkunde). Oben Giebel und Akrotere. Dossier aus vier Texten: A = Begleitbrief des Statthalters Meleagros (RC 13); B = erster, C = zweiter und D = dritter Brief des Antiochos I. an Meleagros (RC 10, RC 11 und RC 12). Die Zahlenangaben sind hier in Ziffern übersetzt.

*(A)* Meleagros sendet Rat und Volk der Ilier Gruß. | Aristodikides aus Assos hat uns übergeben Br|iefe von König Antiochos, von denen wir Abschri|ften unten angefügt haben. Er hat sich auch persönlich zu uns begeben | und erklärt: obwohl auch viele andere sich an ihn wen|deten und ihm Kränze verliehen – wessen auch w|ir gewahr sind,

da auch einige° Gesandtschaften v|on den Städten zu uns kommen – wolle er das | Land, das ihm geschenkt worden sei von König An|[10]tiochos, sowohl wegen des Heiligtums wie auch wegen seines Wohlwoll|ens euch gegenüber, an eure Stadt anschließen. Was | er sich von der Stadt wünscht, | wird er euch selbst erklären. Ihr würdet gut daran tun, zu beschließen | alle Privilegien für ihn und die Bedingungen, unter denen er |[15] (das Land eurer Stadt) zuweist, aufzuzeichnen auf eine Ste|le und diese im Heiligtum aufzustellen, damit euch | auf alle Zeit die Zuweisung sicher bleibe°. | Lebt wohl.

*(B)* König Antiochos (sendet) dem Melea|gros Gruß. Wir haben dem Aristodikides aus Assos gegeben |[20] 2000 Plethra* Ackerland (mit der Maßgabe,) es anzuschließen | an die Stadt der Ilier oder der Skepsier. Gib du nun Anordnung, | dem Aristodikides aus dem (Land), das an die (Gemarkung) | von Gergis oder von Skepsis angrenzt, wo du es (für besser) hältst, die 2000 | Plethra Land auszuweisen° und sie der (Gemarkung) der Ilier oder der |[25] Skepsier anzuschließen°. Leb wohl.

*(C)* König Antiochos (sendet) Mele|agros Gruß. Zu uns ist gekommen Aristodikides aus | Assos mit der Bitte, ich möge ihm in der Satrapie°* am Helles|pont Petra geben, das früher | Meleagros besaß, und von der Gemarkung von Petra |[30] 2500 Plethra Ackerland, und weitere | 2000 Plethra Ackerland aus dem (Gebiet,) das | dem ihm früher geschenkten Anteil benachbart ist. | Und wir haben ihm sowohl Petra gegeben, unter der Voraussetzung, daß | es nicht früher schon einem anderen gegeben worden ist, und das Land |[35] bei Petra und weitere 2000 Plethra | Ackerland, weil er unser Freund ist und | uns seine Dienste geleistet hat in aller | Loyalität und Bereitwilligkeit. Du prüfe nun, | ob Petra nicht schon einem anderen gegeben worden ist, |[40] weise sie und das umliegende Land dem Aris|todikides zu, und gib° Anweisung°, aus dem Königsland, das ang|renzt an das seinerzeit dem Aristodikides gegebene Land, | auszumessen und ihm° zuzuweisen | 2000 Plethren, und es ihn anschließen zu lassen |[45] nach seiner Wahl an eine der Städte sowohl auf Reichsgebiet | wie im Bündnis (mit mir). (Was) die königlichen Bauern aus dem Be|zirk, in dem Petra liegt, (betrifft): falls sie wohnen wollen in | Petra der Sicherheit halber, haben wir dem Aristo|dikides befohlen, sie wohnen zu lassen. Leb wohl. |[50]

*(D)* König Antiochos (sendet) dem Meleagros Gruß. Zu uns gekommen ist | Aristodikides und hat mitgeteilt, er habe den Ort Petra und das | dazugehörige Land, über die wir früher geschrieben haben, | daß wir sie ihm gäben, bis heute nicht erhalten, da es Athe|naios, dem Kommandanten des Kriegshafens, zugesprochen sei; und er hat gebe|[55]ten, ihm° an Stelle des Landes von Petra (anderswo) zuzuweisen | die gleiche Anzahl von Plethren, ferner ihm weitere | 2000

Plethra zu gewähren°, um sie anzuschließen nach seiner Wahl | an eine der Städte im Bündnis (mit mir), so | wie ich schon früher geschrieben habe. Da ich nun sehe, daß er | loyal ist und sich meinen Interessen widmet, | will ich den Mann fördern, und | er hat meine Zustimmung hierin. Er sagt, im | Gebiet von Petra seien ihm gewährt | 2500 Plethra. Gib nun die Anordnung, dem Aristodikides° auszu|messen und zuzuweisen an Acker|land die 2500 Ple|thra sowie, an Stelle der (Plethra) in der Gegend von Petra weitere | 2 500 Acker(land) aus dem Königsla|nd, das angrenzt an das (Land,) das ihm° zuerst | von uns gegeben° worden° ist. Ferner soll man anschließen lassen | den Aristodikides das Land nach seiner Wahl | an eine der Städte im Bündnis (mit mir), so | wie ich schon in dem früheren Brief geschrieben habe. | *vacat* Leb wohl. *vacat*

## 318 Ilion: Ehrung für den Arzt Metrodoros zwischen 275 und 269 (?)

Michel 526; OGIS 220; I. v. Ilion 34 (Ü).
Stele aus Kum Köy nordwestlich von Ilion/Troja (verschollen).

Da König Antiochos in einem Schrei|ben mitteilt, daß er nach einer Verwundung | am Hals in der Schlacht | behandelt worden sei von Metrodoros, dem | Arzt, dergestalt, daß er außer Gefahr sei, ⟨und⟩ (da) in einem Schreiben | über ihn auch Meleagros informiert°, der Stra|tege*, der das Wohl° der Stadt im Auge hat, | so soll es Beschluß sein des Rats | und des Volks: Belobigen soll man | Metrodoros Sohn des Timokles aus Amphi|polis in Würdigung seines Verdiensts und seiner | Loyalität gegenüber den Königen | Antiochos und Seleukos sowie dem | Volk, und er soll Proxe|nos* sein° und Wohltäter der Stadt. | Es soll ihm auch verliehen werden das Bürgerrecht | und das Recht zum Erwerb von Grund- und Hausbesitz sowie Zugang zum | Rat und zum Volk (= Volksversammlung) gleich | nach den den Kult betreffenden Angelegenheiten; ferner soll es für ihn möglich sein, | in eine Phyle* und eine Phratrie* seiner Wah|l e[inzutreten –]

## 319 Vertrag Narykas und der Aianteioi mit den Ostlokrern („Lokrische Mädcheninschrift") vor 272?

ÖJh 14, 1911, 163ff. (Ph, Ü); DGE 366; Buck 60; IG IX 1² 3, 706 (Ph); StV III 472 (danach übersetzt); SEG 30, 511 (Z. 20f.); SEG 32, 558.

Marmorstele aus Vitrinitsa/Westlokris (EM). Auf der Vorderseite (A) und linken Schmalseite (B) beschrieben. Oben Schmuckleiste. Mischung aus nordwestgriechischer Koine und lokrischem Dialekt.

*(A)* Zum guten G[lück!] | Unter folgenden Bedingungen haben die Aianteioi und die Stadt der Narykaier es für die Lokrer auf sich genommen, die Mädchen zu entsenden: Die Aianteioi sollen frei sein von Festnahme | [u]nd Beschlagnahme in Kriegs- und in Friedenszeit, und wegen Blutschuld soll man sie nicht behindern und Prodikie* [ihnen geben, wenn ihre Rechte irgendwie verletzt werden,] | (ihnen) und der Stadt selbst. Von den Gastrechten soll, wer als Gast kommt, nicht ausgeschlossen werden aus dem Gemeindehaus (?) [der Narykaier (?); wird er aber doch ausgeschlossen, so soll° fünfzehn] |[5] Drachmen* der Archon* bezahlen; wird der Archon (dazu) in einem Prozeß verurteilt, soll° er dreißig Drachmen [bezahlen; derjenige, der den Prozeß anstr]|engt nach dem Gastrecht (Fremdenrecht), soll straflos bleiben. Wer an (jemanden) von den Aianteioi wissentlich Pfand nimmt, soll° dreiß[ig Statere* bezahlen, und die Ar|ch]onten sollen das gepfändete Gut wieder aufbringen und zurückgeben, am selben Tag oder am folgenden; wenn [sie es nicht wieder aufbringen oder nicht zurückgeben, sollen° sie das Dop|p]elte bezahlen. Wer (jemanden) von den Aianteioi zu Unrecht festnimmt oder in Haft hält, soll° hundert State[re bezahlen für jeden Tag] | und für jede Nacht weitere (hundert), bis er ihn wieder freiläßt. Unterhaltsmittel an die Eltern der Mädchen, eines jed[en (von den beiden) – (soll man) geben und den beiden] |[10] Mädchen einem jeden fünfzehn Minen* zu Schmuck und Unterhalt gewähren, solange bis [– . (Einer) von den Aianteioi soll ausgelöst] | werden, wenn er bei den Feinden in Gefangenschaft ist. Die verbrannten Häuser des Themon, welche der Stad[t – sind wieder aufzubauen.] | Überall im Gebiet der Lokrer, wenn einer der Aianteier unter den Lokrern sich niederzulassen wünscht, soll (für ihn) Atelie* bestehen so [wie zuhause {*oder:* wie früher}. Teilnahme an den] | Opferschmäusen soll offenstehen den Aianteiern, offenstehen für alle, und dem Priester soll man die Häute abgeben und die [Schenkel und die sonstigen Ehrengaben. Ein Fest feiern sollen] | die Lokrer alle der Lokris Aiantia in Naryka; Agonotheten* sollen sein die Naryka[ier – In Kriegszeiten sollen° die Aiantei]|[15]oi ihre Kinder nicht gegen ihren Willen als Geiseln stellen müssen. Für die Mädchen(gestellung?) soll für die Narykaier Atelie bestehen von der für [den Krieg (bestimmten) Pferdehaltung und Eisphora*;] | falls sie aber jemand zwingt, Pferde zu halten oder ihre Kinder als Geiseln zu stellen, sollen° die Lokrer den Aufwand [den Narykaiern ersetzen. Die Stadt

der Nary]|kaier soll als Geisel keinen von den Aianteiern senden. Ein Rechtsverfahren soll der Archon eröffnen binnen drei Tagen [einem Aianteier, der eine Klage erhebt,] | und die Vollstreckung vornehmen binnen zehn Tagen nach dem Gastrecht (?). Nicht ablehnen soll man die Anerkennung eines benannten vertrauensw[ürdigen] Zeugen. Wenn jemand Berufung einlegt gegen den Prozeß, den] | vorigen, soll der (neue) Prozeß stattfinden vor denselben Richtern; wenn die Zeugenaus[sage] befunden wird als [wahrheitswidrig, soll der Prozeß ungültig sein und der Zeuge soll° wegen Mein]|eids belangt werden und soll den Prozeß(streitwert) doppelt zahlen. Wenn nicht vollstreckt der Ar[chon, sollen die Aianteioi (?) ankündigen, daß der Prozeßsieger (an Stelle des Verurteilten) pfänden werde,] | wen er greifen könne aus der Stadt, aus der der Klageanlaß kommt. Für den Pro[zeß soll man Richter wählen nach ihrem Vermögen {*oder:* nach ihrer Herkunft} (bei einem Streitwert über ?)] | dreißig Drachmen elf Männer, in Naryka aus der Gesamtheit [–] | Recht sprechen für die (beiden) Mädchen, (durch Rechtsspruch) zuerkennen den beiden vorigen (Mädchen), soweit es mög[lich ist – Die Archonten der Nary|k]aier sollen nach den gleichen Grundsätzen den Rechtsweg eröffnen und vollstrecken. Eid: Unter die[sen Bedingungen versöhnen wir uns (?) und werden festhalten an dem] | Vertrag und an den Eiden; wenn wir den Eid halten, (soll uns) viel [Gutes widerfahren, wenn wir ihn brechen, das Gegenteil. – Schwören sollen Män]|ner, fünfzig, nach ihrem Vermögen (ausgewählt), wobei sie schw[ören den gesetzlichen Eid. – Wegen (?)] | der Mädchen, die geschickt wurden [*etwa*: in früheren Zeiten, soll niemand mehr prozessieren (?) – | – | –]

*(B)* Von den Perikymasiern: | *(es folgen 9 Namen mit Vatersnamen, vermutlich von Eidesleistenden)* | Von den Eassiern: *(es folgen bis zur Bruchstelle 9 Namen mit Vatersnamen)*.

## 320 Athen: Ehrenbeschluß für Kallias aus Sphettos 270/69

Shear 1 ff. (Ph, Ü); SEG 28, 60; SHH 16 (Ü).
Stele aus pentelischem Marmor (AM).

Das Volk | (ehrte) Kallias | Sohn des Thymochares | aus (dem Demos*) Sphettos. | Im Amtsjahr des Archon* Sosistratos, als (die Phyle*) Pandionis als sechste | die Prytanie* inne hatte, für die Athenodoros Sohn des Gorgippos aus (dem Demos) Acharnai Schrift|führer war, am achtzehnten des (Monats) Posideon, dem ein[u]ndzwanzigst[en d]|er Prytanie; Hauptversammlung; von den Prohedroi* leitete die Abstimmung | Epichares Sohn des Pheidostratos aus (dem Demos) Erchia und die mit (ihm) amtierenden Prohedroi. |[10] Beschluß von Rat und Volk; Euchares Sohn des Euarchos aus (dem Demos) Konthyle stellte den Antrag:

Da Kallia[s], | als das Volk sich erhob gegen di|e, welche die Stadt besetzt hielten, und aus der Stadt selbst die | Truppen vertrieb, während die Festung am |[15] Museion noch besetzt gehalten wurde und das (freie) Land sich im Krieg | befand mit den Piräus(-Truppen) und, als Demetrios | mit seinem Heer aus der Peloponnes | vor die Stadt kam°, Kallias auf die Nachricht von der Gefahr, welche | die Stadt bedrohte, mit einer Auswahl von tau|[20]send mit ihm in Andros stationierter Soldaten, | nachdem er ihnen den Sold und den Proviant ausgeteilt hatte, | unverzüglich in der Stadt eintraf°, um dem Volk zu helfen, wobei er sich mit seinem Handeln in Übereinstimmung befand mit des | Königs Ptolemaios Wohlwollen gegenüber dem Volk, durch sein Aus|rücken mit seinen Truppen auf das Land |[25] der Getreideernte (militärischen) Schutz gab unter Anwendung aller erdenklichen | Mühe, daß möglichst viel Getreide in die Stadt ge|schafft werde;

und da, als Demetrios eintraf, | die Stadt (Asty) einschloß und belagerte, Kallias° den Kampf aufnahm | für das Volk, einen Ausfall machte mit den Trup|[30]pen, die er mitgebracht hatte, und trotz seiner Verwundung | zu keinem einzigen Augenblick er irgendein Risiko scheute für | das Wohl des Volkes; und, als König Ptolemai|os Sostratos entsandte, der die Interessen der Stadt° vertreten sollte, | und Sostratos eine Gesandtschaft |[35] zu sich in den Piräus kommen ließ°, um mit ihr Vereinbarungen zu treffen bezüglich des | im Namen der Stadt mit Demetrios (zu schließenden) Friedens, da kam | hierin Kallias den Bitten der Strategen* und des Rats nach°, | indem er für das Volk als Gesandter fungierte und sich in jeder Hinsicht einsetzte für die Interes|sen der Stadt, in der Stadt blieb mit s|[40]einen Truppen, bis der Frieden geschlossen war, und danach zurückreis|te zu König Ptolemaios und vereint mit den Gesandtschaften, die | das Volk entsandte, sich mit einsetzte | in jeder Hinsicht und die Interessen der Stadt mit förderte;

u|nd da Kallias°, als er° nach der Übernahme der Königsherrschaft durch König° Ptolemaios den Jüng|[45]eren sich in der Stadt aufhielt und di|e Strategen ihn (zu sich) riefen, ihn informierten über die | Situation, in der die Stadt sich befand, und an ihn appellierten, | sich bei König Pt[o]lemaios für die Stadt dafür einzusetzen, da|ß die Stadt so rasch wie möglich Hilfe erhalte durch° Getrei|[50]de- und Geld(zuwendungen), Kallias auf eigene Kosten die Reise | nach Zypern unternahm, sich engagiert an de[n K]önig wandte i|m Interesse der Stadt und für das Volk | fünfzig Talente* Silber und zwanzigtausend Medimnen* Weizen als Geschenk erhielt, | die von Delos aus zugeteilt wurden an diejenigen, die entsandt worden waren vom |55 Volk;

und da, als der König zum ersten Mal die Ptolemaia veranstaltete, d[a]|s Opfer und die Agone* zu Ehren seines Vaters, und (als) das [Vo]lk den Beschluß [faßte,] | eine Festgesandtschaft zu entsenden, und [Kalli]|as darum bat, einver[standen zu sein,] als Architheoros* im Namen d[e]s Volkes [die Festgesandtschaft] anzuführen, | K[al]lias sich mit allem Eifer dazu einverstanden erklärte, auf [die durch Beschl]|60uß ihm vom Volk für die (Kosten der) Leitung der Festgesandtsch[aft bewilligten fünfz]|ig Minen* verzichtete und sie dem V[olk] stiftete, [die Festgesandtschaft,] | die er aus eigenen Mitteln finanzierte und erfolgreich und in einer des [Vo]lks [würdigen Weise] leitete, sich° [des] | Opfers im Namen der Stadt annahm und a[ller] ander[en] Angelegenheiten, | die mit den Theoren* zusammenhingen;

u[nd] (da), als das Volk [erstmals] |65 die Panathenaia zu Ehren der Archegeti[s] (Stadtgründerin ) veranstalten wollte, s[eitdem es d]|as Stadtgebiet (Asty) (zurück-)bekommen hatte, K[allias] mit dem König verhandelte [bezügli]|ch der Takelage, die man für den (am Panathenäenschiff anzubringenden) Peplos* vorzubereiten hatte, [und, als] | der König (diese) der Stadt stiftete, er (Kallias) sich dafür einsetzte, da[ß sie] | in möglichst guter Qualität für die Göttin angefertigt wurden, und die Gesandten, die mit [ihm zusammen ge]|70wählt worden waren, unverzüglich [die Takelage] hier[her] brachten;

[und] | (da) nun, nach seiner Einsetzung in Halikarnassos durch [König Ptol]|emaios, Kallias sich unentwegt engagiert einsetzt [für die G]|esandtschaften und die Festdelegationen, die vo[m] Vol[k zu Kö]|nig Ptolemaios entsandt werden, und er privat [jedem einzelnen der] |75 Bürger, die zu ihm kommen, [jede erdenkliche Für]|sorge angedeihen läßt, wie auch den Sold[aten, die dort station]|iert sind mit ihm, wobei ihm am wichtigsten ist [der Nutzen] | und allgemein das Wohlbefinden der Stadt [– i]|n (?) seiner Vaterstadt Kallias niemals [–] akzeptierte, |80 als das Volk (= die Demokratie) gestürzt war, sondern sogar sich darein fand, daß sein [eigenes] Vermögen | hergeschenkt wurde während der Oligarchie, dergestalt, daß [er nichts] | tat, was im Gegensatz stand zu den Gesetzen und zur Demok[rati]|e, die von allen Athenern ausgeht;

damit (deshalb) nun all diejenigen, [welche be]|reit sind, sich für die Stadt engagiert einzusetzen, wissen°, daß das Volk ste|85ts eingedenk ist seiner Wohltäter und ihnen jeweils den Dank | bezeigt, soll es – zu gutem Glück! – Beschluß des Rats sein, daß die P|rohedroi, welche durchs Los bestimmt sind, den Vorsitz zu führen in der Volksversamm[l]|ung, die (als nächste) gesetzlich vorgesehen ist, über diese Punkte zu verhandeln, und eine Beschlußvorlage | des Rats dem Volk vorzulegen (des Inhalts), daß der Rat für gut befindet, |[90] daß man Kallias Sohn des Thymochares aus (dem Demos) Sphettos belobige in Würdigung seines Verdienstes und seines W|ohlwollens, das er unentwegt dem Volk von Athen erweist, (und) | ihn mit einem goldenen Kranz nach Maßgabe des Gesetzes bekränzt und | den Kranz proklamiert bei den Großen Dionysien* | beim neuen Agon der Tragödie°; daß für die Anfertigung des Kranzes und die |[95] Proklamation die mit der Verwaltung Beauftragten verantwortlich sind; daß | das Volk von ihm eine Bronzestatue auf der Agora* errichten° läßt; daß | er ferner den Ehrensitz innehaben soll bei allen Agonen, welche die Stadt v[er]-|anstaltet, und der für Kultangelegenheiten gewählt[e] Architekt* | ihm den Ehrensitz zuweist; daß das Volk (durch Handabstimmung) |[100] unverzüglich drei Männer aus der Reihe aller Athener wählt°, die verantwort|lich sein sollen für die Anfertigung der Statue und ihre Aufstellung; daß | die Thesmotheten* das Überprüfungsverfahren bezüglich des | ihm bewilligten Privilegs vor dem Gericht einleiten° sollen°, wenn die vom Gesetz vorgeschriebenen Tage | verstrichen sind; und daß, damit auch in Zukunft die Erinnerung an |[105] die von Kallias dem Volk erwiesenen Großzügigkeiten erhalten bleibt, | der Schriftführer der Prytanie* diesen [Be]schluß aufzeichnen lassen soll [auf] | einer Marmorstele und sie neben der Statue aufstellen lassen soll, und für die Auf[zeich]|nung sowie die (Anfertigung der) Stele die mit der Verwaltung Beauftragten anweisen sollen den | entstandenen Kostenbetrag.

### 321 Kandahar: Bilingues Manifest des indischen Königs Aśoka zwischen 268 und 233

SEG 20, 326; Choix 53 (Ü); U. Schneider, Die großen Felsenedikte Aśokas. Wiesbaden 1978.

Felsinschrift (Kabul, Museum). Dem griechischen Text folgt ein inhaltsähnlicher aramäischer Text.

Nach Ablauf von zehn Jahren hat König | Piodasses den Menschen Frömmigkeit gezeigt, | und seitdem hat er frömmer | die Menschen gemacht und alles |[5] gedeiht auf der ganzen Erde. Und es enthält sich | der König (des Verzehrs) der Lebewesen, und die übrigen | Menschen und alle Jäger oder Fischer | des Königs haben aufgehört zu jagen; und | die sich nicht beherrschen können, haben ein Ende gesetzt ihrer Unbeherrscht |[10]heit, so gut sie konnten. Und sie (sind) gehorsam (geworden) dem Vater | und der Mutter und den älteren Menschen im Gegensatz | zu früher, und hinfort werden sie besser | und vorteilhafter in jeder Weise, indem sie so | handeln, ihr Leben verbringen.

### 322 Ehreninschrift aus dem Galaterkrieg 267

Chiron 5, 1975, 59ff. (Ph, Ü); Bielman 23 (Ph, Ü).
Marmorstele aus der Nähe von Denizli (Antikendepot). Oben Giebel.

Als Könige waren Antiochos und [S]|eleukos, im fünfundvierzig|sten Jahr, im Monat Peritios, als | Helenos Epimeletes* des Topos (Bezirks) war, in einer Volksversamm|[5]lung beschlossen die Neoteichitai | und Kiddiokomitai: Weil Bana|belos, der Verwalter der (Besitztümer) des Achaios, und La|chares Sohn des Papos, der Buchhalter der (Besitztümer) | des Achaios, ihre Wohltäter geworden sind |[10] in allem und sich gemeinsam und einzeln eines | jeden angenommen haben zur Zeit des | Galatischen Krieges und vie|le von ihnen, die gefangengeno|mmen worden waren von den Galatern, nach Infor|[15]mation des Achaios [freige]ka[uft] haben, | soll man sie belobigen und aufzeichnen | ihre Wohltat auf einer Ste|le aus Marmor und diese aufstellen in dem | Heiligtum des Zeus in Babakome und |[20] in dem des Apollon in Kiddiu|kome; verliehen werden soll ihnen und ihren Nachkommen | auf alle Zeit ein Ehrensitz | bei den von der Gemeinde veranstalteten Festen. | Opfern soll man ferner dem Achaios, dem Herrn des To|[25]pos und Retter, jährlich | im Zeus-Heiligtum einen Stier, | dem Lachares und dem Banabelos als Wohltätern | zwei Widder im Apollon-|Heiligtum in Kiddiukome: drei Opfertiere, |[30] damit auch alle anderen wissen, daß die Neot[ei]|chitai und Kiddiokomitai denen, von denen | sie Gutes erfahren, | zum Dank Ehren zu erweisen wissen.

### 323 Athen: Volksbeschluß über das Bündnis mit Sparta (Antrag des Chremonides) zwischen 267 und 265

Michel 130 (Z. 1–40), IG II$^{2}$ 687+686; Syll.$^{3}$ 434/435; HAI 51; StV III 476 (Ph: Kirchner$^{2}$ Tf. 34 Nr. 84).
6 Fragmente einer Marmorstele von der Akropolis (EM). Stoichedon.

Götter! | Im Jahr, da Peithidemos Archon* war; die (Phyle)* Erechtheis hatte die zweite P|rytanie* inne; *vacat* | im (Monat) Metageitnion am neunten (Tag) der ersten Dekade, am neunten (Tag) der Prytanie; |[5] Hauptvolksversammlung; von den Prohedroi* leitete die Abstimmung Sostratos Sohn des K|allistratos aus (dem Demos*) Erchia zusammen mit seinen Amtskollegen. *vvv* Beschluß des Vo|lkes: *vvv* Chremonides Sohn des Eteokles aus (dem Demos) Aithalidai stellte den Antrag: | Früher sind Athener und Lakedaimonier und die Bundesgenoss|en beider (Städte) gemeinsame Freundschaft und Bundesgenossenschaft eingegangen |[10] miteinander und haben viele ehrenvolle Kämpfe gekämpft mi|teinander gegen jene, die die Städte zu knechten sich unterf|ingen, woraus sie sich selbst Ruhm erworben und den übrigen | Griechen die Freiheit verschafft haben. Und nun, da eine ähnliche° Krise | ganz Hellas erfaßt hat durch die, die den Umsturz |[15] der Gesetze und der bei allen bestehenden traditionellen | Verfassungen anstreben°, ist auch der König Ptolemaios, in Übereinstimmung mit der | Haltung seiner Vorfahren und seiner Schwester, sichtbar | bemüht um die gemeinsame Freiheit der Hellenen. Und | das Volk der Athener hat ein Bündnis geschlossen mit ihm und |[20] hat beschlossen, auch die übrigen Hellenen aufzurufen zu derselbe|n Einstellung. Ebenso haben die Lakedaimonier, Freunde und Bundes|genossen des Königs Ptolemaios, auch mit dem Volk d|er Athener ein Bündnis beschlossen zusammen mit Eleiern, | Achaiern, Tegeaten, Mantineiern, Orchomeniern, |[25] Phi(g)a[leiern], Kaphyeern und mit den Kretern, die im Bünd|[nis m]it Lakedaimoniern und Areus und den übrigen Bundesgenossen stehen°, | [und] sie haben Gesandte von den Synhedroi* abgeschickt an das Vo|[lk], und die von ihnen Gekommenen unterstreichen der L|akedaimonier und des Areus und der anderen Bundesgenossen Engagement, |[30] das sie gegenüber dem Volk an den Tag legen, und bringen° die Vereinbarung (= Vertragsentwurf) über das Bündnis | mit. Damit nun allgemeine Eintracht eintrete | unter den Hellenen und sie gegen die derzeitigen vertragsbrüchigen Vergewaltiger | der Städte zusammen mit dem König Ptolemaios |und mit einander bereitwillig kämpfen und künftig in Eintr|[35]acht das Wohl der Städte wahren: *vvv* Zum guten Glück! Es möge Beschluß de[s V]|olks sein°: Die Freundschaft und Bundesgenossenschaft soll zwischen Athenern und | Lakedaimoniern und den Königen der Lakedaimonier | und Eleiern und Achaiern und Tegeaten und Mantineer[n un]|d Orchomeniern und Phi(g)aleiern und Kaphyeern und den Kret[ern] |[40] im Bündnis mit den Lakedaimoniern un[d Areus] | und den anderen Bundesgenossen gültig sein auf alle [Zeit, wie sie] | die Gesandten überbringen. Und aufschreiben [lassen soll sie der Schr]|iftführer, (der) während der Prytanie (amtiert,) auf eine eherne Stele [und diese aufstellen a]|uf der Akropolis neben dem Tempel der

Athena Po[lias*. Schwören sollen | die] Magistrate den Gesandten, die gekommen [sind von ihnen, de|n Eid] über das Bündnis gemäß der [Tradition (?). *v* Die] | vom Volk [gewählten] Ges[andten soll man absenden, die di|e E]ide abneh[men sollen den übrigen Hellenen. *vvv* Wäh|l]en soll ferner [das Volk zwei] Synhedroi [auf der Stelle aus] | allen [Athenern°,] die zusammen mit Areus [und den von den Bündnern d]|elegierten Synhedroi beraten solle[n über die gemeinsamen In]|teressen. Auszahlen sollen den Gewählt[en die mit der Verw]|altung (Beauftragten) ein Reisegeld für die Zeit ihrer Abwesen[heit in der Höhe, die durch Handaufheb]|ung das Volk beschließt. Belobigen soll man [die Ephoren* der Lakedai]|monier und den Areus und die Bundesgenossen [und sie bekränzen] | mit einem goldenen Kranz (im Wert) entsprechend dem Gesetz. Be[lobigen soll man ferner die Gesa]|ndten, die von ihnen gekommen sind: *v* Theom[– aus Lakeda]|imon (und) *vv* Argeios Sohn des Kleinias aus Elis, *v* und bekränzen soll man je]|den von ihnen mit einem goldenen Kranz (im Wert) entsprechend [dem Gesetz, ihres Pflichteifers] | und der freundschaftlichen Gesinnung [weg]en, die sie hegen gegen [die anderen Bündner und] | das Volk der Athener; sie sollen [beide auch andere Aus]|zeichnung erhalten vom Rat [und vom Volk, wenn sie einer solchen] | würdig zu sein [scheinen°]. Laden soll man s[ie ferner zum Gastmahl ins Prytanei]|on* auf morgen. Aufschreiben lassen [soll diesen Beschluß der Schriftführer,] | (der) während der Prytanie (amtiert), auf eine [Marmorstele und ebenso den Vertragstext un]|d (sie) aufstellen auf der Akropolis; für [die Aufzeichnung und Aufstellung d]|er Stele sollen zuteilen die mit [der Verwaltung (Beauftragten) die Kosten, die anfallen] | werden. *vvv* Als Synhedroi wurden folgende g[ewählt: *vacat*] |*vvv* Kallippos aus (dem Demos) Eleusis, [–] | *vacat* | Vertrag und Bündnis [der Lakedaimonier und der Bundesgenossen de]|r Lakedaimonier mit [den Athenern und den Bundesgenossen der Athen]|er auf alle [Zeit. Beide Seiten sollen ihr Land besitzen in Frei-h]|eit und Auto[nomie und ihre Verfassung haben gemäß] | der Tradition. Wenn j[emand in kriegerischer Absicht zieht gegen das Land der Athen]|er oder die Geset[ze umstürzt oder in kriegerischer Absicht zieht gegen die Bundes]|genossen der Athen[er, sollen zu Hilfe kommen die Lakedaimonier und die Bundesgenos]|sen der L[akedaimonier mit aller Kraft, soweit es ihnen möglich ist. Wenn j]|emand zieht in k[riegerischer Absicht gegen das Land der Lakedaimonier oder die] | Gesetze um[stürzt oder in kriegerischer Absicht zieht gegen die Bundesgenossen der L]|akedaim[onier, sollen zu Hilfe kommen die Athener und die Bundesgenossen der Athen|er mit aller Kraft, soweit es ihnen möglich ist. – | – | – die Lakedaimonie]r und ihre Bundesgenossen den Athen[e|rn und ihren Bundesgenossen. *vv* Schwö]ren sollen die Athener den Lakedai|[85][moniern und den (Abgesandten) aus jeder] Stadt die Strategen* und d|[er Rat der 600 und die Ar]chonten und Phylarchen* und Taxi|[archen* und Hipparchen*: *vv* Ich sch]wöre bei Zeus, Ge, Helios, Ares, der Athena Are|[ia*, Poseidon und Demeter, *vv* festzuh]alten an dem abgesch[lossenen] Bündnis; | [wenn wir den Eid halten,] soll uns vie[l G]utes (widerfahren), wenn wir ihn brechen, das Gegen|[90][teil. *vv* Von den Lakedaimoniern sollen] den Athenern schwören in gleicher Weise die | [Könige und die Ephor]en [und] die Mitglieder der Gerusia*. In gleicher Weise | [sollen schwören auch in den anderen] Städten die Archonten*. *vv* Wenn | [die Lakedaimonier und] ihre Bundesgenossen und die Athener | [es für besser befinden°, etwas hinzuzusetzen] oder zu streichen an dem Bündnis, |[95] soll, [was beide Seiten beschließen, sich in Übereinstimmung mit] dem Eid befinden. Aufzeichnen lassen sollen den Ve|[rtrag die Städte auf Stele]n und (diese) aufstellen in einem Heiligtum nach ihrem Be|[lieben.] *vacat*

### 324 Athen: Ehrenbeschluß für Strombichos
### 266/5

IG II² 666–667 [667, Z. 1ff. = 666, Z. 12ff.]; Syll.³ 386–387; Shear T 7 und T 8. (Ph: Kirchner² Tf. 33 Nr. 83).

Zwei Marmorstelen (EM), da Aufzeichnung in zwei Kopien.

*(A)* [In dem Jahr, als Nikias] aus (dem Demos*) Otryne [Archon* war, während (die Phyle*) -is als sechs]|te die Prytanie* inne hatte, für die Isokrates [Sohn des] Isokra[tes aus (dem Demos) Alopeke Sch]|riftführer war; Haupt-Volksversammlung; von den Prohedroi* leitete die Abstimmung M[ne]|[5]sistratos Sohn des Sosippos aus (dem Demos) Kydathenai und die mit amtierenden Prohedroi. Beschluß des Rats und des Volks; Phytios Sohn des Pamphilos aus (dem Demos) Thor[ik]|os stellte den Antrag:

Da Strombichos, der früher im Heer diente | bei Demetrios und zurückbelassen worden war in der Stadt zusammen mit S[pi]|ntharos, als das Volk für seine Frei[he]it zu den Waffen griff |[10] und auch an die Soldaten (der Garnison) appellierte, sich | auf auf die Seite der Stadt zu stellen°, dem Aufruf des Volkes zur Freiheit folgte [u|n]d auf der Seite der Stadt kämpfte, da er der Ansicht war, man dürfe | nicht dem Interesse der Stadt sich in° den° Weg° stellen, sondern müsse mit beitragen | zur Rettung, auch an der Belagerung des Mus[ei]on teilnahm auf der Seite [de]|[15]s Volks und, als die Stadt in diesen Angelegenheiten ihr

Ziel erreicht hatte, | er auch die sonstigen Dienste unermüdlich° und vorbehaltlos erwiesen hat, | an seinem Wohl[wollen] für das Volk unverbrüchlich festgehalten hat [un]|d, als der Krieg ausbrach, sich verdi[ent] gemacht [hat um das Volk un|d] bei seinem Kampf für [dessen Interessen alles tat, was angeordnet wurde vom S|20trateg]en*,

*(B)* [un|d (da)] er [auch für die Zukunft sich erbiet]et, Dienste zu erweis|10en [dem Volk der Athener:
Damit es n]un zum Wettstreit [anregt | alle, die Gutes zu erfah]ren [wünschen] von Seiten de[s | Volks, im Wissen, daß sie Ehrungen erhalten werden] vom Volk, [so soll es, zum guten Glück, Beschluß sein des Rats,] daß die Prohedr|[oi, welche durchs Los bestimmt sind den Vorsitz zu führen im] Volk bei der |15 [nächsten Volksversammlung, nach Abl]auf der vom G|[esetz vorgesehenen Tage, über diese Angelegenheiten verhandeln lassen und eine B]eschlußvorlage [des Rats°] vor[l|egen dem Volk] (des Inhalts), daß es für gut befindet der R|[at, daß man Strombichos belobigt und be]kränzt mit einem |[Kranz aus] Go[ld gemäß dem Gesetz] in Würdigung seines [Verdienstes] und E[n|20gagements für das Volk;] daß athen[ischer (Bürger) sein kann] sowohl er [als auch seine Nachkommen und] er sich in eine Phyle [einschrei]ben lassen kann | [sowie in einen Demos* und in eine Phratrie* seiner Wahl] gemäß dem G|[esetz; daß die Prytanen* über ih]n abstimm[en lassen | in der nächsten Volksversammlung und die Thes]mothe[ten* |25 bezüglich des ihm verliehenen Privilegs das Überprüfungsverfahren einleiten, sobald –]

## 325 Athen: Ehrenbeschluß des Demos Rhamnus für den athenischen Strategen Epichares 264/3

SEG 24, 154; Bielman 24 (Ü; Ph)
In mehrere Teile zerbrochene Marmorstele (EM und Museum Rhamnus). Unten Kranz.

Götter! | Nikostratos Sohn des Epiteles aus (dem Demos*) Rhamnus stellte den Antrag: Da Epichares, der in dem Jahr, als Lysithe[ides] (Archon*) war, | zum Hipparchen* gewählt wurde, in verdienstvoller Weise und entsprechend den Gesetzen auf die Kavallerie | seine Fürsorge verwendet° hat und von Rat und Volk sowie von der Kavallerie mit einem Kranz geehrt wurde, [und°] (da) er wiederum |5 in dem Jahr, als Peith⟨i⟩demos Archon war, und ihn das Volk zum Strategen* wählte und ihm | das Kommando über das Küstengebiet übertrug, in verdienstvoller und engagierter Weise sich des |

[Schutzes] annahm, dem Volk die Festung erhielt, solange der Krieg währte, *vacat* | für die Einbringung des Get[reides und] der Baumfrüchte in einem Umkreis von dreißig Stadien* sorgte, | indem er, weil das [Militär]lag[er auf dem] freien Land sich befand, (getarnte) Wachsoldaten *(kryptoi)* in Beoba| [chtungsposten] stationierte° und dort selbst Wache bezog, damit ungefährdet | [die E]rnte von den Bauern [eingebracht] werden° könne°; (da) er ferner für den Sch[u]tz der Rebstöcke sorgte, soweit | er [die Kontrolle hatt]e über das Land, aus [eige]nen Mitteln eine Stoa* erbauen ließ, damit bei Bedarf | alle (dort) nächtigen könnten und, wenn es die Lage erfordere, u[nverzügli]che Hilfe erfolgen könne; (da) er ferner | zwei Wachttürme bauen° ließ, zu den bereits vorhandenen (Wach-) Hunden noch zusätzliche einstellte und persönlich (für sie) zur Verfügung stellte | das Futter, damit der Schutz verstärkt werde; und (da) er seine Kommandantur im Heiligtum | [der Nemesis] einrichtete, damit sie Respekt genieße und Wohlergehen und Pietät bewirke bei den | [Angehörigen des Demos]*; (da) er ferner 500 Medimnen* Weizen und 500 (Medimnen) Gerste herbeischaffen ließ, wofür er zuvor persönlich° entrichtet | [hatte] den Kaufpreis, und diese an die Bürger und Soldaten verteilen ließ | zum feststehenden Preis; (da) er ferner zugunsten der in Gefangenschaft Geratenen eine Vereinbarung traf, | daß sie gegen Entrichtung von (jeweils) einhundertzwanzig Drachmen* durch die Vermittlung eines Herolds wohlbehalten zurückkehrten, daß k|[e]in Bürger entführt und keine Sklaven getöten wurden; und (da) er diejenigen, | welche den Piraten den Weg ins Land wiesen, ergreifen ließ, einem Verhör unterzog und sie, die Leu|[te] aus der Stadt waren, strafen° ließ°, [wie sie es] für ihre Taten [verdienten]; (da) er außerdem für die von Patroklos | zur Verstärkung [ge]schickten [Sold]aten Unterkünfte in hinreichender Anzahl zur Verfügung stellte | [–] ohne bei einem Bürger einzuquartieren noch bei | [–] und bei den Bürgern, damit gegeben werde [– | – den Soldat]en nichts im Rücksta[nd (?) – | – | – in Würdigung] seines Verdienstes [– | – Rham]nusier und [– | –] den Strat[egen – | –] Fürsorge [– | –] |

*(im Kranz:)* [Di]e Soldaten.

### 326 Thermos: Grenz-, Isopolitie- und Bündnisvertrag zwischen Aitolischem und Akarnanischem Bund 263/2?

Syll.$^3$ 421 A; DGE 381; IG IX $1^2$ 1, 3 A (+ p. 82); Buck 67; StV III 480; TDGIS II 10 (Ph: EG II 548 Abb. 171).

Bronzestele (aus 4 Tafeln zusammengesetzt) aus dem Apollontempel in

Thermos (Athen, EM). Rückseitig mit einem anderen Text beschrieben. Oben Giebel. Nordwestgriechische Koine. Ein zweites Exemplar auf einer Bronzetafel aus Olympia (I. v. Olympia 40) bewahrt 2–9 Buchstaben von Z.35–41.

Vertrag und Bündnis | (zwischen) Aitolern und Akarnanen. | Zu gutem Glück! Vertrag (zwischen) Aitolern und Akarnanen in Übereinkunft: Friede | soll sein und Freundschaft mit einander, (wobei wir) Freunde sind und Bundesgenossen auf alle |[5] Zeit {*oder*: ohne Arg, engverbunden} und als Grenzen des Landes haben den Acheloos-Flu|ß bis zum Meer. Das (Gebiet) im Osten des Acheloos soll den Aitolern gehören, das | im Westen den Akarnanen, mit Ausnahme des Pras und der Demphís; auf diese (Gebiete) erheben° die Akarnan|en keinen Anspruch. Hinsichtlich der Grenzen des Pras, falls Stratier und Agrai|er sich selbst untereinander verständigen, soll dies gültig sein; falls nicht, sollen Akarnanen und Aitoler |[10] das Land von Pras abgrenzen, wozu sie, eine jede Seite, zehn Mann wählen mit Ausnahme von Stratiern und Agrai|ern; wie (diese) die Grenzlinie ziehen, so soll sie gültig sein. Bestehen soll auch Epigamie* untereinander und das R|echt zum Erwerb (von Grund- und Hausbesitz) dem Aitoler in Akarnanien und dem Akarnanen in Aitolien; und Bürger soll sein | der Aitoler in Akarnanien und der Akarnane in Aitolien, gleich und gleichberechtigt. Aufzeichnen | sollen dies auf bronzenen Stelen auf Aktion die Magistrate der Akarnanen, in Therm|[15]os die Magistrate der Aitoler, in Olympia und in Delphi und in Dodona gemeinsam bei|de. In der Amtszeit (folgender Magistrate): in Aitolien des Strategen* Polykritos aus Kallion (= Kallipolis), zum zweiten | Mal, des Hipparchen* Philon aus Pleuron, des Schriftführers Neoptolemos aus Naupaktos, | der Epilektarchen* Lamedon aus Kalydon, Aristarchos aus Erta (?), Leon aus Ka|phre, Kallias aus Kallion, Timolochos aus Poseidonia, Pamphaidas aus Physkos, Simos |[20] aus Phytaion, der Schatzmeister Kydrion aus Lysimacheia, Dorimachos aus Trichonion, Arist|on aus Daia (?), Aristeas aus Histor, Hageson aus Dexis (?), Timandros aus Erineon, | Agrios aus Sosthenis; in Akarnanien: der Strategen Byntharos aus Oiniadai, Epil|aos aus Deris (?), Hageson aus Stratos, Alketas aus Phoitiai, Alkinos aus Thyrrheion, Theon | aus Anaktorion, Polykles aus Leukas, des Hipparchen Hippolaos aus Oiniadai, |[25] des Schriftführers Perikles aus Oiniadai, des Schatzmeisters Agelaos aus Stratos (?). | Bündnis (zwischen) Aitolern und Akarnanen immerdar auf alle Zeit. | Wenn jemand einfällt nach Aitolien in kriegerischer Absicht, sollen zu Hilfe kommen die | Akarnanen mit tausend Infanteristen und hundert Reitern, welche die Magistrate | entsenden, binnen sechs Tagen. Und wenn jemand nach Akarnanien einfällt in kriegerischer Absicht, |30 sollen zu Hilfe kommen die Aitoler mit tausend Infanteristen und hundert Reitern binnen sechs Tagen, welche | die Magistrate entsenden. Wenn aber mehr (Krieger) benötigt eine der beiden Seiten, | sollen zu Hilfe kommen mit dreitausend die einen den andern binnen zehn Tagen. Von der Hilfstruppe, d|ie entsandt wird, sollen ein Drittel Hopliten* sein. Absenden sollen die Hilfstruppe | aus Akarnanien die Strategen der Akarnanen und die Synhedroi*, aus Aitolien |35 die Magistrate der Aitoler. Aufkommen für den Unterhalt der abzusendenden Soldat|en soll jede Seite für die eigenen dreißig Tage lang. Wenn jedoch auf längere Zeit Bedarf° besteht an der Hilfs|truppe bei denen, die die Hilfe angefordert haben, sollen sie den Unterhalt geben, bis sie | die Soldaten nach Hause senden. Das Unterhaltsgeld soll sein für die überschießende Zeit | für den [Reiter ein Sta]ter* nach korinthischem Münzfuß für jeden Tag, für den Träger der vollen Hoplitenrüstung |40 [zwei Drachmen*], für den, der (nur) die Brustplatten trägt, neun Obolen*, für den Leichtbewaffneten sieben Obolen. Das Kommando haben sollen | [in Aito]lien die Aitoler, in Akarnanien die Akarnanen [– | – | – | – |45 –]

## 327 Pergamon: Vertrag zwischen Eumenes I. und aufständischen Truppenkontingenten zwischen 263 und 241

I. v. Pergamon I 13 + II p. 507; Michel 15; OGIS 266; StV III 481.
2 Stücke einer Marmorstele aus Pergamon (Berlin, Pergamon-Museum).

[For]derungen, die zugest[anden] hat Eumenes, Sohn des Philhetairos [den | in] Philhetaireia (stationierten) Soldaten und denen in Attaleia. *vacat* | [Für G]etreide (ist) als Preis (zu) zahlen für den Medimnos* vier Drachmen, | für Wein für den Metretes* vier Drachmen. Hinsichtlich des |5 Jahres: daß es auf zehn Monate ausgelegt wird und es einen Schaltmonat | nicht geben wird. Hinsichtlich derer, die die gültige Zahl abgeleistet haben | und dienstunfähig geworden sind: daß sie den Sold erhalten | der vorher gearbeiteten Zeit. Hinsichtlich der Waisen: daß | die nächsten Verwandten sie bekommen oder der, dem er sie hinterläßt. Hinsichtlich der Abgaben: |10 daß die Atelie* besteht, die im vierundvier|zigsten Jahr (gewährt wurde); wenn einer dienstunfähig wird oder um seinen Abschied bittet, soll er entlassen | werden und abgabenfrei sein bei der Ausfuhr seiner Habe. Hinsichtlich | des Soldes, den er zugestanden hat für die vier Monate: daß er ausgezahlt werde [entsprechend der V|e]reinbarung und nicht angerechnet werde auf den Sold. Hinsichtlich der Weißpappel(-Leute =

mit einem Kranz aus Weißpappellaub ausgezeichnete Soldaten): | daß sie auch das Getreide erhalten für die Zeit, in der sie den Kranz (tragen dürfen). | Den Eid und den Vereinbarungstext soll er aufschreiben lassen auf vier° Marmorstelen | und sie aufstellen lassen, eine in Pergamon im | Athena-Heiligtum, eine in Gryneion, eine in Delos, eine in Myti|lene im Asklepios-Heiligtum. *vacat* Der Eid, den geschworen haben Paramonos und die | Offiziere und die unter ihrem Kommando stehenden Soldaten in Philhetaireia | am Fuß des Ida, und Polylaos und die unter seinem Kommando stehenden Offiziere und S[ol]|daten in Attaleia, und Attinas der Hipparch* und die unter seinem | Kommando stehenden Reiter und ⟨Hom⟩oloïchos und die unter seinem Kommando stehenden Traleis: Ich schwöre bei Zeus, Gaia, | Helios, Poseidon, Demeter, Ares, Athena Areia und der Tauropolos | und allen anderen Göttern und Göttinnen: Ich beende den Streit in der | [be]sten Weise mit Eumenes Sohn des Philhetairos und ich werde loyal sein gegenüber ihm | und [den S]einen, und ich werde nichts planen zum Nachteil des Eumenes Sohns des Philhetairos und werde nicht die Waffen | [gegen ihn] heben und werde nicht desertieren von Eumenes, sondern werde kämpfen | [für i]hn und seine Interessen bis um Leben und Tod. | [Ber]eiten werde ich ihm auch den anderen Nutzen loyal und ohne Aus|[re]de mit aller Bereitwilligkeit, soweit es in meinen Kräften steht. | Wenn ich aber gewahr werde, daß jemand etwas plant zum Nachteil des Eumenes Sohns des Philhetairo[s | oder son]st etwas Feindliches unternimmt gegen jenen oder seine Interessen, | [werde ich es nicht] zulassen, soweit es in meinen Kräften steht, und werde melden auf | [der Stel]le oder so schnell wie möglich den, der solches tut, | [dem Eume]nes Sohn des Philhetairos oder dem, von dem ich annehme, daß er ihn am schnellsten | [benachrichtigt.] Bewahren werde ich auch, wenn ich etwas von ihm entgegennehme, Stadt oder Fo|[rt oder Sch]iffe oder Geld oder sonst etwas, daß mir übergeben wird, und ich werde es zurückgeben, richtig | [und] gerecht dem Eumenes Sohn des Philhetairos oder dem, den dieser benennt, vorausgesetzt, daß [er]° tut, | was vereinbart worden ist. Ich werde von den Feinden entgegennehmen keinen Brief | noch Gesandte annehmen und auch selbst keine zu ihnen schicken. | Wenn aber jemand mir (einen Brief) bringt, werde ich den Brief versiegelt bringen und | den Überbringer abführen, so schnell ich kann, zu Eumenes Sohn des Philhe|tairos, oder zu dem, von dem ich annehme, daß er ihn am schnellsten benachrichigt, zu dem | werde ich abführen und bringen. Ich werde nichts Arglistiges unternehmen hinsichtlich dieses Eides | mit keinem Kunstgriff und unter keinem Vorwand. Ich entbinde ferner Eumenes, den Sohn | des Attalos von seinem Eid und diejenigen, die zusammen mit ihm den Eid geleistet haben, sobald erfüllt ist | das Vereinbarte. Wenn ich den Eid halte und verharre in der | Loyalität gegenüber Eumenes Sohn des Philhetairos, möge es mir gut ergehen, mir selbst und den Meinen, |[50] wenn ich eidbrüchig werde und etwas von den Vereinbarungen übertrete, möge ich dem Untergang geweiht sein, | ich selbst und meine Nachkommenschaft. *v* Eid des Eumenes: Ich schwöre bei Z[eus, Gaia], | Helios, Poseidon, Demeter, Ares, Athena Areia und [der Tauropo]|los und allen anderen Göttern und Göttinnen: Ich werde loyal sein dem Param[onos] | und den Offizieren und den anderen im Sold Stehenden, die in der Strate[gie*] |[55] in Philhetaireia am Fuß des Ida dem Paramonos unterstellt sind, und dem | Arkes und der ihm unterstellten Wachtruppe und dem Philonides, und den Unbesoldeten, die | sich am Eid beteiligt (= an der Meuterei teilgenommen) haben, denen und den Ihren allen, und dem Polylaos und den | [Off]izieren und den anderen Soldaten, die unter seinem Kommando stehen | [in A]ttaleia, allen, Infanteristen, Reitern und Traleis, solange sie |[60] [bei u]ns dienen, und ich werde nicht(s gegen sie) planen und auch sonst auf mei[ne Veranlassung | niemand.] Und ich werde sie nicht ausliefern an irgendeinen Feind, weder sie selbst noch [etwas,] was ihnen gehört, | [und nicht die unter (?)] ihnen (Stehenden) {*oder:* | [noch die] Ihren} und nicht die von der Gemeinschaft Gewählten, auf k[eine] Weise | [und unter kei]nem Vor[wand], und ich werde nicht die [Waffen] gegen (sie) erheben und nicht [–]

### 328 Olympia: Ehrung von Tauromenion für Hieron II. zwischen 263 und 215

F. Eckstein, in: E.Kunze (Hrsg.), VI. Bericht über die Ausgrabungen in Olympia. Berlin 1958, 205ff. (Ph); SEG 17, 196; 19, 332; ISE I 58 (Ü).
Fragment einer steinernen Statuenbasis aus Olympia.

(Die Statue des) [Königs Hieron,] Sohnes des Hierokles, | [hat geweiht die St]adt der Tauro[meniter | dem Zeus O]lympios. | Mikion Sohn des Niker[at]os aus Syrakus |[5] hat sie hergestellt.

### 329 Erythrai: Brief des Antiochos II. (?) mit Privilegien nach 261?

Michel 37; OGIS 223; RC 15 (Ph, Ü); I. v. Erythrai I 31.
Stele aus Erythrai (in Smyrna 1922 zerstört).

König Antiochos sendet Rat und Volk der Erythraier | Gruß. Tharsynon, Pythes und Bottas, eure Ges|andten, haben uns den Beschluß übergeben, in dem ihr beschlossen habt | die Ehrungen, und haben uns den Kranz überbracht, mit dem ihr uns° bekränzt |5 habt, ebenso das Gold als Geschenk; und | sie haben persönlich vorgetragen über die loyale Gesinnung, die ihr allezeit | gehegt habt gegenüber unserem Haus, und allgemein über die Dank|barkeit, die eure Bevölkerung allen Wohltätern erweist, | ferner über die Achtung, in der die Stadt unter den frü|10heren Königen stand°, und sie haben gebeten mit allem Nachdruck und | Eifer, wir möchten uns gegen euch freundschaftlich verhalten und zugleich in allem, was | Ehre und Ruhm betrifft, die Sache der Stadt fördern. Die | Ehrungen und den Kranz haben wir freundlich entgegengenommen, ebenso | auch das Geschenk, und wir belobigen euch, da ihr dankbar seid in al|15len Dingen; denn ihr scheint grundsätzlich diese Haltung einzunehmen. Daher hegen° wir von Anfang an | ständig gegen euch Wohlwollen, da wir sehen, | daß ihr euch in allen Dingen aufrichtig und ehrlich verhaltet, und jetzt | fühlen wir uns noch viel mehr zu euch hingezogen, da wir eure° edle Haltung erkennen | aus vielem anderem, nicht zuletzt aber aus dem Be|20schluß, der uns übergeben wurde, und aus den Worten | der Gesandtschaft. Und da Tharsynon, Pythes und Bot|tas dargelegt haben, daß unter Alexander und Antigonos | eure Stadt autonom und abgabenfrei war, und da unsere Vorfah|[ren] stets um sie bemüht waren, erkennen wir, daß jene |25 gerecht entschieden haben und wollen selbst nicht zurückbleiben mit Wohlta|[ten]. Daher werden wir euch helfen, eure Autonomie zu wahren, und die Tribut|[frei]heit gestehen wir euch zu, nicht nur von allen anderen Abgaben, sondern auch | [von den] Beiträgen [für] die Galater-Abgabe. Ihr sollt auch die [– °] haben | [und] jedes andere Privileg, das wir uns ausdenken oder |30 [das ihr euch wünscht]. Wir fordern euch ferner auf, euch zu erinnern, | [daß wir uns stets] die größte Mühe gegeben haben [– | –] Wohlwollen, wie es rechtens ist, und | [–] euren früheren Taten (?) ent|[sprechend –] euch gebührend zu erinnern, [von wem] ihr Wohltaten erfahren habt. |35 [Ausführlicher hierüber und über] die anderen Punkte, die wir besprochen | [haben, werden euch die] Gesandten [berichten], die wir allgemein wegen | [ihres Tuns belobigen und im besonderen w]egen des Eifers, den sie bewies|[en haben für die Interessen eures Volkes.] Lebt wohl.

## 330 Ehrenbeschluß des Koinon der Hellenen in Plataiai für Glaukon aus Athen zwischen 261 und 246

AAA 6, 1973, 375 ff.; BCH 99, 1975, 51 ff.
Marmorstele aus der Gegend von Plataiai (Theben, Museum).

[Im Amtsjahr] des Priesters Nikokleides, Sohnes des Chaireas; | als Agonothet* amtierte Archelaos Sohn des | Athenaios. Beschluß der Hellenen; | Eubulos Sohn des Panarmostos aus Boiotien stellte den Antrag: |5 Da Glaukon Sohn des Eteokles | aus Athen sowohl früher, solange er | in seiner Heimat lebte, in öffentlichen Belangen un|entwegt allen Griechen sein Wohlwollen erwies | wie auch in privaten denjenigen, welche in |10 seiner Stadt eintrafen°, als auch in der folgenden Zeit, als er einen Posten bekleide|te bei König Ptolemaios, | dieselbe Gesinnung zeigte | im Wunsch, daß seine Einstellung offenkundig° sei | durch sein Wohlwollen gegenüber den Hellenen, |15 und (da) er das Heiligtum durch Weihgeschenke schmück|te und durch Einkünfte (bereicherte), die aufzu|bewahren sich gebührt° für Zeus Eleutherios („Befreier") [und] | für die Homonoia („Eintracht") der Hellenen, | und er ferner beitrug zu einem stattlicheren Opfer an Zeus |20 Eleutherios und die Homonoia und er den | Agon*, welchen die Griechen veranstalten zu Ehren | der heldenhaften Männer, die gekäm|pft haben gegen die Barbaren | für die Freiheit der Hellenen; |25 deshalb soll es° – damit jedermann weiß, daß die Bun|desversammlung (Synhedrion* des Koinon*) der Hellenen sowohl noch zu Leb|zeiten als auch nach dem Tode denjenigen° | den angemessenen Dank bezeugt für die Wohlta|ten, welche Ehre erweisen dem Heiligtum des Zeu|30s Eleutherios – Beschluß sein der | Hellenen, Glaukon zu belobigen, | zum Ehrensitz einzuladen ihn | und seine Nachkommen für alle | Zeit, wenn die gymnischen (= athletischen) Agone |35 in Plataiai durchgeführt werden, so wie | (man) bei den übrigen Wohltätern (verfährt). Aufzeich|nen lassen soll diesen Beschluß der Agonothe|t* auf einer Marmorstele und (diese) aufstellen lassen | neben dem Altar des Zeus Eleuthe|40rios und der Homonoia. Der Schatzmeister, | [w]elcher zuständig ist für den Fonds der heiligen Gelder, soll zur Verfügung stellen d[en] | hier[fü]r erforderlichen Betrag.

## 331 Milet: Beziehungen zu Ptolemaios I. und II. um 260

Milet I 3, 139; RC 14 (nur A; Ü); SHH 275 (Ü).
Marmorstele, schräg durchgebrochen, aus dem Delphinion (Berlin, Pergamonmuseum). Dossier aus drei Texten (A, B, C).

*(A)* König Ptolemaios sendet Rat und Volk der Milesier seinen Gruß. | Schon früher setzte ich mich in jeder Weise für eure Stadt ein, | indem ich Land schenkte und auch sonst meine Fürsorge angedeihen ließ, wie es mir wohl anstand, | da ich sah, daß unser Vater freundschaftliche Beziehungen zu der Stadt unter|hielt und für euch zum Urheber vieler Vorteile wurde, daß er euch von | harten und drükkenden Kontributionen° und Durchgangszöllen entband, die gewisse | Könige eingeführt hatten. Da nun eure Stadt die | Freundschaft und Bundesgenossenschaft mit uns eng bewahrt – geschrieben haben | mir mein Sohn und Kallikrates und die übrigen Freunde, die sich bei euch aufhalten, welchen Be|weis eurer Loyalität uns gegenüber ihr erbracht habt –, wollen wir uns entsprechend verhal|ten, indem wir unsere höchste Anerkennung aussprechen und versuchen wollen, uns zu revanchieren beim Volk (= der Milesier) | durch Wohltaten. Zugleich appellieren wir an euch, auch in Zukunft diesel|be Haltung uns gegenüber einzunehmen, damit wir, wenn ihr so gesinnt seid, in erhöhtem Umfang | uns eurer Stadt annehmen. Was das Weitere anbelangt, haben wir Hegestratos beauftragt, | mit euch darüber zu verhandeln und euch unsere Grüße zu überbringen. *vacat* Lebt wohl! |

*(B)* Beschluß von Rat und Volk; Antrag der Epistatai*; Epameinon Sohn des Hestiaios stellte den Antrag: | Das Schreiben, das Hegestratos von König Ptolemaios gebracht hat, | soll der Schriftführer des Rates der Volksversammlung vorlegen am 4. (Tag) nach Beg|inn des laufenden Monats und dem Volk vorlesen, ferner sollen | die Epist[at]ai Hegestratos in die Volksversammlung führen und soll das Volk ihn anhören und | beraten über das, was nach seiner Ansicht in seinem Interesse ist. *vacat* |

*(C)* Beschluß des Volks; Antrag der Epistatai; Peithenes Sohn des Tharsagoras stellte den Antrag: In | den übrigen Punkten Übereinstimmung mit dem Beschluß des Rats. Da das Volk sich schon früher ent|schieden hat für Freundschaft und Bundesgenossenschaft mit dem Gott und Retter | Ptolemaios, gelangte die Stadt zu Wohlstand und glanzvoller Stellung, und das | Volk wurde vieler großer Wohltaten gewürdigt; deshalb hat ihn° (= Ptolemaios I.) | das Volk geehrt mit den größten und glänzendsten Ehren. | Sein Sohn, König Ptolemaios, hat nach der Übernahme° der Königsherrschaft und der Erneuerung | der Freundschaft und Bundesgenossenschaft mit unserer Stadt sich in jeder Weise | eingesetzt für die Interessen aller Bürger, indem er Land schenkte, | dem Volk den Frieden brachte und zum Urheber sonstiger Vorteile | für die Stadt wurde. Als nun viele große° Kriege uns° bedrohten | zu Land und zur See und die Feinde einen Flotten|angriff gegen die Stadt unternahmen, hat der König, nachdem er erfahren

hatte, daß das Volk sich loy|al an die Freundschaft und das Bündnis mit ihm halte, | ein Schreiben und als Gesandten Hegestratos geschickt°, (er) spricht dem Volk auf Grund seiner Haltung seine Anerkennung aus | und erbietet sich, sich in jeder Weise der Stadt anzunehmen und | sich durch Wohltaten in erhöhtem Maß zu re[va]nchieren; zugleich appelliert er, daß auch in Zukunft | das Volk das freundschaftliche Verhältnis zu ihm beibehalte. Entsprechendes hat auch der Gesan[d|t]e Hegestratos deutlich gemacht bezüglich des Wohl[woll]ens, das der König hegt gegenüber der | Stadt. Deshalb soll es Beschluß des Volkes sein, König Ptolemaios dafür die Anerkennung auszusprechen, d[aß] | er bei jeder Gelegen[heit d]ie gleiche Haltung einnimmt gegenüber den Interessen der Stad[t. Damit] | es a[uch in Z]ukunft ersichtlich wird, daß das Volk sich für seinen | [Sohn u]nd für ihn einsetzt, sollen alle Bürger aufgerufen sein, und ihr Eid | soll lauten: daß sie einhalten werden die bestehende Freundschaft und Bundesgenossenschaft | der Stadt gegenüber König Ptolemaios und seinen Nachkommen für alle | Zeit. Schwören sollen auch die jeweiligen Epheben, wenn sie, nachdem sie g[esch]m[ückt (?)] | worden sind (= ihnen die Waffen verliehen worden sind?) und das Herkömmliche erfüllt haben, entlassen werden aus dem Gymna|sion: daß sie sich halten werden an die vom Volk in Kraft gesetzten Entscheidungen und beibehalten werden die Freundschaft | und Bundesgenossenschaft mit König Ptolemaios und seinen° Nachkommen. | Damit auf alle Zeit in Erinnerung bleibe die [Ges]innung° des Königs gegenüber der S[tadt] | und die Loyalität des Volkes gegenüber dem König, soll man aufzeichnen diesen Beschluß un[d | da]s Schreiben auf eine Marmorstele und diese aufstellen im Heiligtum des Apollon neben de[m | Standbil]d des Gottes und Retters Ptolemaios. Die Anfertigung der Stele | [un]d die Aufzeichnung des Beschlusses und des Schreibens soll die Mauerbaukommission° verdingen, | und die Kosten sollen die zum Schutz (der Stadt) Gewählten zur Verfügung stellen aus dem Titel | Mauerbau. Den Beschluß sollen dem König überbringen die Gesandten, die früher | vom Volk gewählt worden sind. Das Volk beschloß, den Beschluß° auch auf eine weißgestrichene Anschlagtafel aufzeichnen zu lassen.

## 332 Milet: Rechtsgewährungsverträge mit Knossos, Gortyn, Phaistos und 25 weiteren kretischen Städten nach 260

Milet I 3, 140 (Ph); I. Cret. I viii 6*; IV 161*; I xxiii 1*; StV III 482.

Marmorstele aus dem Delphinion in Milet (Berlin, Pergamon-Museum). Dorische Koine.

Die Vereinbarungen mit den Städten auf Kreta.

(Beschluß) der Knosier. | Es haben beschlossen der Kosmos* und die Polis* der Knosier: Hinsichtlich der Themen, derentwegen die | Milesier die Gesandten geschickt haben, Alkmeonides | und Euagoras, ist den Gesandten zu antworten, daß wir schon | seinerzeit, als von euch die Gesandten° kamen, | die Übereinkunft abgeschlossen haben, so wie | die Milesier es erbeten hatten, und sie aufgestellt haben im Heiligtum des | Apollon. Nach dem Brand des Tempels habt ihr gut | daran getan, die Gesandtschaft abzuschicken, damit | dasselbe auch bei euch *(wohl zu korrigieren in:* bei uns) aufgezeichnet werde AMEMMENON *(Text verderbt; Sinn wohl:* was wir eingehalten haben bzw. hätten) auch | ohne schriftliche Fixierung der Vereinbarung. Wir glauben | nämlich, daß ihr alle Vorrechte erhaltet von | uns, und wir wahren die Freundschaft und die loy|ale Gesinnung, die seit früheren Zei|ten zwischen uns herrscht°, so wie es gerecht ist. | Damit auch von den Kretern die übrigen mit größerer Bereitwilligkeit | auch ihrerseits mit euch eine schriftliche Vereinbarung abschließen, glauben wir | schriftlich fixieren zu sollen, so wie ihr es gewünscht habt: Nicht | soll kaufen der Knosier den Milesier oder der Milesier | den Knosier, wenn er weiß, daß es sich um einen Freien handelt. Wer den Kauf | wissentlich tätigt, soll den Kaufpreis verlieren, und die Person | soll frei sein. Falls er aber unwissentlich kauft, soll er heraus|geben die Person und den Kaufpreis erhalten, um den er sie gekauft hat. | Falls jemand einen Sklaven kauft, soll er den Kaufpreis erhalten, | um den er ihn gekauft hat, und die Person herausgeben. Falls er (sie) aber nicht | herausgibt, sollen sie ihn vorführen in Knosos vor die | Kosmoi*, in Milet vor die Prytanen*; die | Oberbeamten in der jeweiligen Stadt sollen ihn zwingen, heraus|zugeben die Person an den Anspruchserhebenden entsprechend der Vereinbarung. | Wenn es aber Differenzen gibt wegen irgendeines Punktes, sollen die Entscheidung treffen in Knosos | der Kosmos* und der Rat, in Milet die Handelshafen-|Aufseher binnen 5 Tagen von dem Tag an, an dem sie vorgeführt | wurden ins Amtsgebäude. Die Vollstreckung der Entscheidungen soll erfol|gen in Knosos nach dem Gesetz über die Proxenie*-Beziehungen, in | Milet nach dem Gesetz über den Handelshafen. In gleicher Weise (haben beschlossen) | die Tylisier, Rhaukier, Chersonesier, Milatier, Eltynier, | Herakleoten, Priansier, Apolloniaten, Petraier, Itanier, | Praisier, Istronier, Oluntier, Drerer, Latier, Eleuthernaier, | Axier, Kydoniaten, Phalasarnier. *vacat*

(Beschluß der) Gortynier. | Wenn ein Milesier in Gortyn oder ein Gortynier in Milet | Anspruch erhebt auf eine Person, sei es ein Sklave oder ein Freier, (und) wenn ver|weist der Besitzer (der Person) auf einen zuverlässigen (= zahlungsfähigen) Verkäufer oder in eine Stadt, in der dieses Recht geltend gemacht werden kann (?), dann soll, nach Erlegung | des früheren Kaufpreises, der Anspruchерhebende die Person herausgeben (*wohl zu korrigieren in:* wegführen). | Kann er einen solchen Verweis („Gewährenzug") nicht leisten, soll herausgeben der Besitzer die Person dem Anspruchеrheb|[45]enden am selben Tag. Falls es hinsichtlich der Person Streitigkeiten gibt | in irgendeinem Punkt, sollen entscheiden in Milet die Handelshafen-|Aufseher binnen 5 Tagen, in Gortyn die Kosmoi | binnen 5 Tagen. Die Vollstrekkung der Entscheidungen soll erfolgen in | Milet nach dem Gesetz über den Handelshafen, in Gortyn |[50] nach dem Gesetz über die Proxenie-Beziehungen. In gleicher Weise (haben beschlossen) die Lyktier, | Arkades, Ariaier, Hyrtaier. *vacat*

(Beschluß der) Phaistier. | Folgendes haben vertraglich vereinbart die Phaistier und die Milesier in der Amtszeit des Kosmenkollegiums unter Vorsitz des Metiochos | in Phaistos, in Milet im Amtsjahr des Stephanephoren* Demetrios. Eine | freie Person° soll (man) nicht kaufen, der Milesier nicht einen Phaistier und der Phaistier nicht einen Mile|[55]sier, es sei denn, er kauft ihn auf dessen Geheiß. Falls er ihn auf sein Geheiß hin kauft, soll (man) den Kaufpreis | ersetzen. Wenn er ihn nicht auf sein Geheiß hin kauft, soll weggeführt werden der Phais|tier aus Milet und der Milesier aus Phaistos. Wenn aber jemand einen Sklaven gekauft | mit Kauf und Verkauf (= in rechtmäßigem Verfahren) und nicht durch Menschenraub erworben hat, soll den Kaufpreis erlegen | der Anspruchеrhebende dem Besitzer, um den (dieser) gekauft hat, und die Person wegführen. Wenn |[60] es Streitigkeiten gibt über irgendeinen Punkt, sollen entscheiden in Milet die | Handelshafen-Aufseher binnen 5 Tagen, in Phaistos das | Bürgergericht binnen 5 Tagen. Die Vollstreckung soll erfolgen in Mile|t nach dem Gesetz der Aufseher des Handelshafens, in Phaistos | sollen die Kosmoi vollstrecken und herausgeben, so wie sie wollen, |[65] binnen 10 Tagen vom Tag der Entscheidung an (gerechnet). Aufzeichnen soll man den | Vertrag in Phaistos im Prytaneion*, in Milet im Heiligtum des | Apollon. In gleicher Weise (haben beschlossen) die Matalier und die Polyrrhenier.

## 333 Delphi: Bürgerrechtsverleihung der Aitoler an eine Stadt Herakleia 256/5?

SEG 2, 257; IG IX 1² 1, 173; FdD III 3, 144; ISE II 77 (Ü).
Block einer Exedra aus Delphi.

[Im Jahr, da Stra]tagos* der [Ai]toler Arki[son das zwei|te Ma]l war; Beschluß der Aitoler: Da die Her[ak]leioten | [einen Be]schluß geschickt haben und als Ges[and]te Menekrat[es | und – – d]ie [Ver]wandtschaft erneuert haben un[d auf die]|[5] seitens ihrer Stadt [beste]hen[den] Privilegien für di[e | Aitoler hingew]iesen haben, mögen die Aitoler beschließen: Bür|[ger] sollen sein die Herakleioten bei den Aitolern, da sie |[wohlge]sinnt sind° gegenüber unserem Koinon*, und, wenn eine Gesandtschaft abgeschickt wird | zu [Kön]ig Ptolemaios, soll (diese) für sie plädieren entsprechend |[10] den von der Stadt der Herakleioten gegeb[enen Auf]t[rägen], | [dami]t (der König) [sich küm]mern mö[ge] um das, worin nach Ansicht der Heraklei|oten [der König] sich ihrer annehmen sollte°, da sie Kolonisten *(apoikoi)* | [de]r Aitoler sind; [un]d wenn (der König) [di]es tut, wird er zu Gefallen sein den Aito|lern. Aufsch[reiben soll man a]uch den Beschluß in Delphi im |[15] Heiligtum des Apollon.

## 334 Athen: Ehrenbeschluß für Phaidros aus Sphettos um 255/4

IG II[2] 682; Michel 129; Syll.[3] 409; Shear T 1; SHH 15 (Ü) (Ph: EG II 23 Abb.1)

Marmorstele (EM). Teile von Z. 37–52 um 200 v. während Athens antimakedonischer Phase getilgt. Unten Kranz.

[– | –] belagerte er [– | –] soweit es dem gegnerischen Bündnis angehörte. [Thymo|cha]re[s], dessen Sohn und Vater des Phaidros, [sege]lte°, |[5] nachdem er vom Volk zum Strategen* (mit dem Kommando) über die Flotte gew[ählt°] worden war, | mit den Schiffen, die das Volk im Verband° [der Makedonen-Flotte] | nach Asien entsandt hatte, nahm während der ganzen Zeit am Krieg | auf Kypros teil und nahm Hagnon aus T[eos] gefangen | und die mit ihm segelnden Schiffe. In dem Jahr, als Praxibulos Archon* |[10] war, Glauketas Kythnos in seiner Gewalt hatte | und von dort aus Schiffe kaperte°, nahm er die Stadt ein sowie | Glauketas selbst° und seine Schiffe gefangen und brachte | den zur See Fahrenden Sicherheit. Als° Kas|sandros Oreos belagerte und er entsandt wurde als S|[15]tratege (mit dem Kommando) über die Schiffe der Stadt, | trat er für seine auf den Schiffen mitfahrenden Mitbürger ein, so daß | die Athener als einzige von den Bundesgenossen freigestellt | waren von den Belagerungseinsätzen. | Phaidros selbst, der dieselbe Gesinnung hat wie seine Vorfah|[20]{fah}ren, hat sich unentwegt würdig erwiesen | des Wohlwollens dem Volke gegenüber. In dem Jahr, als Nikias Ar|chon war, wurde er vom Volk zweimal° gewählt zum Strategen für die | Kriegsrüstung und nahm sich aller Verpflichtungen | erfolgreich und in engagierter Weise an. Für (das Strategenamt für) den Landschutz | mehrmals gewählt und (für das Kommando) über die Söldner dreimal, wandte er allen erdenklichem Eifer daran, daß die Soldaten | durch bestmögliche Ausrüstung von Nutzen seien | dem Volk. Als er eine Gesandtschaft unternommen hatte | zu König Ptolemaios dem Älteren, brachte er dem Volk Getreide-| und Geld(spenden). Als er vom Volk zum Strategen° gewählt wurde (mit dem Kommando) über das | Hopliten*-Aufgebot für das Jahr, als Kimon Archon | war, setzte er sich unermüdlich für das allgemeine Wohl ein, | und als Krisenzeiten die Stadt bedrohten, bew|ahrte er dem Land den Frieden, indem er sich für das jeweils Beste entschied; | daß das Getreide und die übrige Ernte vom Land | (in die Stadt) hineingeschafft wurde, bewirkte er durch seinen Rat an das Volk, abzuschließen [[den Frieden mit König Demet|rios]]. Als eine freie, demokratisch regierte und au|tonome übergab er die Stadt° und rechtskräftig die Gesetze an seine° Nach|folger [[– | –]] bewirkte unermüdlich in Wort und Tat Gutes, soweit er vermochte, für das Volk; [[– | – | –]]. Als er vom Volk als Erster zum Strategen (mit dem Kommando) über das Hopliten-Aufgebot gewählt wurde | für das Jahr, als Xenophon Archon war, | befand er sich mit allen seinen Handlungen stets in Übereinstimmung mit den Gesetzen und | mit den Beschlüssen des Rats und des Volkes [[– | – | – | – | – | –]]. Als er vom Volk zum Agonotheten* gewählt wurde in dem Jahr, als Nikias | Archon war, kümmerte er sich um die Opfer, daß sie verrichte[t | wurden] allesamt gemäß der Tradition, und daß die Agone* möglichst prächtig | und des Engagements des Volkes würdig [wa]ren. Als spä[t|er] sein Sohn Thymochares zum Agonotheten gewählt wurde | [für das] Jahr, als Eubulos Archon war, da nahm er sich | auch all dieser Angelegenheiten mit | (ihm) an und brachte damit einen eindeutigen Erweis | in all seinem Tun, welches Wohlwollen er gegenüber dem Volk hegt. Auch die üb|rigen Leiturgien* hat er allesamt in engagierter Weise erfüllt | und, sofern Epidoseis (Spendenumlagen) im Volk erfolgten, hat° er an al|len sich beteiligt. Auf Grund all dieser (Verdienste) ist er mit einem Kranz geehrt | worden vom Rat und vom Volk. Damit | es nun offenkundig ist, daß das Volk die Männer° ehrt, die sich verdient gemacht haben | und des Gedenkens würdig sind, soll es°, zum guten Glück, Beschluß | sein des Rats, daß die Prohedroi*, welche durch das Lo|s bestimmt sind, im Volk (= in der Volksversammlung) den Vorsitz zu führen, nach | Ablauf der gesetzlich vorgeschriebenen Tage° über diese Angelegenheiten verhandeln | und eine Beschlußvorlage des Rats vorlegen dem | Volk (des Inhalts), daß der Rat es für gut befindet, daß man belobigt den Phaidros | Sohn des Thymochares aus (dem Demos*) Sphettos und ihn bekränzt | mit einem Kranz aus Gold (im Wert) gemäß dem Gesetz in Würdigung seines Verdienstes | und Wohlwollens, das er unverbrüchlich erweist bezüglich des Volkes d|75er Athener; daß der Kranz ausgerufen wird bei | den Großen Dionysien* beim neuen Agon der | Tragödie sowie bei den Großen Panathenaia* beim gy|mnischen (= athletischen) Agon und daß für die Anfertigung des Kranzes | und für die Ausrufung der mit |80 der Verwaltung Beauftragte verantwortlich ist; daß das Volk von ihm | eine Bronzestatue auf der Agora* errichtet und er das Privileg hat der Spei|sung im Prytaneion* sowie von seinen Nachkommen der jeweils° ältes|te und (daß er) den Ehrensitz (hat) bei allen Agonen, | welche die Stadt ausrichtet; daß das Vo|85lk unverzüglich drei Männer wählt aus der Reihe der Athener, die verantwortlich sein sollen für die Anfertigung der Statue | und deren Aufstellung; daß aufzeichnen läßt diesen Beschl|uß der während der Prytanie* amtierende Schriftführer auf einer | Marmors[t]ele und (diese) neben der Statue aufstellen läßt |90 und daß für die Aufzeichnung auf der Stele anweisen läßt d|ie entstandenen Kosten der mit der Verwaltung Beauftragte.

Lyandros Sohn des Lysiades aus (dem Demos) Anaphlystos stellte den Antrag: Zu gu|[t]em Glück! Beschluß des Volkes soll es sein, bei allem anderen | [insge]samt bezüglich des Geschenkes, das erbeten hat |95 Phaidros, gemäß dem früheren Beschluß zu verfahren°, den Lyandro|s beantragt hat. (Nur:) Die Thesmotheten* sollen einleiten für ihn das Überprüfungsverfahren bezüglich des Geschenkes vor dem Gerich|t entsprechend dem Gesetz. Für die Aufstellung de|r Statue sind folgende gewählt worden: Thymochar|100es aus (dem Demos) Sphettos, Menon aus (dem Demos) Acharnai, Straton | aus (dem Demos) Sphettos.

*(im Kranz:)* Der Rat | Das Volk.

### 335 Didyma: Königliche Korrespondenz über Landzuweisungen an die geschiedene Königin Laodike 254/3

OGIS 225 (B, C); RC 18 (B), 19 (A), 20 (C) (Ü); I. v. Didyma 492 (Ph).

Fragmente des unteren Teils einer Stele aus dem Heiligtum von Didyma. Dossier aus einst vier Texten: der Anordnung des Oikonomos* Nikomachos (verloren), dem Begleitbrief des Statthalters Metrophanes an jenen (A), dem Brief des Antiochos II. an den Statthalter Metrophanes (B) und dem Bericht des Hyparchos* (C).

*(A)* [– Ste]le [– Eine Abschrift des | Edikts (Prostagma), das geschrieben] wurde von ihm [– | –] den anderen [– | – aufstell]en die Stelen in d[en angegebe|nen Städten. Du] nun fertige° in Übereinstimmung mit dem Brief° d[es Kö|nig]s den Vertrag aus und veranla[sse,] | daß der Verkauf und die Grenzziehung [auf]gezeichnet werden auf | zwei Marmorstelen und daß diese aufgestellt werden, die e[ine] | in Ephesos im Heiligtum der Artemis, die andere | in Didyma im Heiligtum des Apollon, und daß die | hierfür entstehenden Kosten° aus dem Staatsschatz angewiesen werden. | Daß die Aufstellung der Stelen schnellstens erfolge, soll dir ein Anliegen sein, | und benachrichtige auch uns, sobald sie erfolgt ist. | Wir haben auch Timoxenos, dem Bibliophylax (Archivbeamten), brieflichen° Auftrag gegeben, abzule|gen den Kauf und die Grenzziehung im königlichen Ar|chiv in Sardeis, so wie der König es in seinem Brief befohlen [hat.] |

*(B)* Im (Monat) Daisios. König Antiochos sendet dem Metrophanes seinen Gruß. Ver[kauft] | haben wir an Laodike Pannukome und das Herrenhaus und das | zum Dorf gehörende° Land, begrenzt durch das Land von Zeleia und das von Kyzik|os und den alten Weg, der oberhalb von Pannukome verlief, | [aber von den] benachbarten Bauern [um]gepflügt [worden ist,] um sich | das Gelände anzueignen – das [je]tzige Pan[nukome] ist erst | später entstanden – und Siedlungen°, falls welche auf dieses Land ent[fa]|llen, und die dort lebenden Leut[e mit ihrem ganzen | Haushalt und ihrem ganzen Besitz sowie mit den | Einkünften des° 59. Jahrs, | zum Preis von dreißig Silber°-Talenten* – ebenso auch | Leute aus diesem Dorf, die eventuell° umgezogen sind an ander|e Orte – mit der Maßgabe, daß sie keine Abgaben an den Staatsschatz zu entrichten hat und berechtigt ist, | (ihr Land) an eine Stadt ihrer Wahl anzuschließen; ebenso | sollen auch diejenigen, die (das Land) von ihr kaufen oder erhalten, es ihrerseits besit|zen mit vollem Recht und es einer Stadt ihrer Wahl anschließen können, | falls nicht Laodike es schon vorher | an eine Stadt angeschlossen° hat; (in diesem Fall) werden sie das Land dort (= als Teil des Gebiets der Stadt) besitzen, wo es | von Laodike angeschlossen worden ist. Wir haben angeordnet, den Kaufpreis | an das Schatzhaus für den Feldzug (?; *vielleicht* „für ⟨die⟩ S⟨a⟩tra⟨p⟩ie" *oder* „in der Region Strat⟨onik⟩eia") zu zahlen | in drei Raten, der ersten im | Monat Audnaios im 60. Jahr, der zweiten im | Xandikos, der dritten in den anschließenden drei Monaten. | Gib nun Anordnung, zu übergeben (wörtl.: einzuweisen) Arrhidaios, dem Verwalter der Besitzungen Laodi|kes, das Dorf, das Herrenhaus und das dazugehörige Land | und die Leute mit ihrem ganzen Haushalt und all° ihrem Besitz, | und den Kauf aufzuzeichnen im königlichen Archiv | in Sar-

deis und auf fünf Marmorstelen. Von die|45sen ist eine aufzustellen in Ilion im Heiligtum der Athena, | die zweite im Heiligtum in Samothrake, die drit|te in Ephesos im Heiligtum der Artemis, die vi|erte in Didyma im Heiligtum des Apollon, die | fünfte in Sardeis im Heiligtum der Artemis. |50 Laß unverzüglich das Land abstecken und mit Grenzsteinen versehen und [zusätzlich] | die Grenzziehung [aufzeich]nen auf die [fünf (?)] Stelen | [und auch die oben erwähnten Abgrenzung]en. *v*

*(C)* (Im Monat) Dios. Im Jah[r 59, | (Monat, Tag) wurden an Laodike übergeben] Pann[ukome und das Herrenhaus | und das dazugehörige Land und die vorhandene]n Leut[e; übergeben |55 wurden] Arrhidaios, dem Verwalter der (Besitzungen) Laodikes, [von -|k]rates, dem Hyparchos*, das Dorf und das Herrenhaus und das dazugehörig[e La|nd] gemäß der Anordnung des Oikonomos Nikomachos, [der | be]igefügt waren sowohl die (Anordnung) des Metrophanes als auch die, die der K[ö|n]ig diesem geschrieben hatte, derzufolge eine Grenzziehung stattzufinden habe: Von |60 Sonnenaufgang vom Land von Zeleia, das | an das (Land) von Kyzikos angrenzt, der alte Königsweg, der nach | Pannukome führt oberhalb des Dorfes und des Herrenhauses – er wurde gemeinsam | nachgewiesen von Menekrates Sohn des Bakchios aus Pannukome | und Daos Sohn des Azaretos und Medeios Sohn des Metrodoros, (beide) aus Pannukome, |65 er ist aber umgepflügt von den (Bauern), die der Stelle benachbart wohnen; von | diesem (Weg) zum Altar des Zeus, der sich oberhalb des | Herrenhauses befindet° und, wie das Grab, rechts vom Weg; von dem | Grab der Königsweg selbst, der durch die Eupannese führt | bis zum Fluß Aisepos. Mit Stelen markiert worden ist |70 [das La]nd entsprechend den ausgewiesenen Grenzen.

## 336 Lyttos (Kreta): Erneuerung eines Bündnisses mit Antiochos II. 250

I. Cret. I xviii 8 (Ph); StV III 486.
Kalksteinblock aus der Gegend von Lyttos, oben abgebrochen (Herakleion, Museum).

[– d]em Vater, König Antiochos [– | u]nd die wohlwollende Einstellung, die allezeit hegt der Köni[g Antio]|chos gegenüber den Lyttiern und ihren Bundesgenossen, [wie Apol]|lonios dargelegt hat. Beschließen mögen die Kosmoi* der Lyttier [und |5 di]e Stadt (= Volksversammlung) und die andern Bundesgenossen, zu erneuern mit

[Kön|i]g Antiochos, dem Sohn des Antiochos, und seinen Nachkommen [die] | Freundschaft und das Bündnis, die mit ihm und seinem Vater schon [fr]üher bestanden, [gemäß | d]emselben Volksbeschluß, der schon für seinen Vater (ergangen ist), und gemäß den Steinurkunden, die früher be[stan|d]en. Aufzeichnen soll man diesen Beschluß in Lyttos in [dem Heiligtum | d]es Apollon Poitios (= Pythios), in Seleukeia auf der Agora*. [Die E|r]neuerung der Freundschaft und des Bündnisses erfolgte unter der Regier[ung | des A]ntiochos, im zweiundsechzigsten Jahr (der Seleukidenära), im Monat Artemisi[os, in] | Lyttos, als die Dymanen Kosmoi waren unter dem Vorsitz des Amnatos. *vacat* | *vacat*

### 337 Ilion: Tyrannen-Gesetz
### 3. Jahrhundert, Anfang

Michel 524; OGIS 218; Bleckmann 8; I. v. Ilion 25 (Ph, Ü).

Drei aneinanderpassende Fragmente eines auf allen vier Seiten (A, B, C, D) beschriebenen Blocks aus Yeniköy bei Troja (Istanbul, Archäologisches Museum). Sinnabschnitte nach der in OGIS eingeführten modernen Paragrapheneinteilung gegliedert.

*(A)* (§ 1) *(Z. 1–8 verloren, 9–15 nur geringe Buchstabenreste)* | und in der Demokratie [– | – | Wer] d[en T]yranne[n t]ötet [oder den An]|-führer der Oligar[ch]ie oder denjenigen, welcher die D[emokra]|tie stürzt, soll°, wenn er zur Bekleidung eines Amtes berechtigt (= Vollbürger) ist, [ein Ta]|lent* Silber(geld) e[rhalten von der St]|adt noch am selben oder am darauffolgenden Tag [u]nd eine Statu[e] | aus Bronze von ihm soll [er]ri[chten d]a[s Vo]lk und | er soll° das Privileg der Speisung [i]m Pry[ta]neion* haben°, [so]lange er lebt, | und bei den Ago[nen]* soll° er zu einem Ehrensitz öffentlich unter namentlicher° Nennung° [durch den Herold] eingeladen | werden, und man soll ihm° zwei D[r]achmen* | geben pro Tag, solange er lebt. Wenn es aber | ein Fremder ist, der die Tötung begangen hat, so soll man ihm dieselben (Privilegien) gewähren | und er soll Bürger sein [un]d die Möglichkeit haben, in eine [Phyl]e* | seiner Wahl einzutreten. Wenn es aber ein Sklave ist, | [der] die Tötung began[gen hat,] soll er rechts[fähig] sein und das Bürgerrech|[t gemäß dem G]esetz sowie dreißig M|[inen* erhalten von der Stadt] noch am selben oder [am | darauffolgenden Tag und, solange er lebt, pro] Tag erhal|[ten eine Drachme –] des Amts die [– | – sollen sie° ein Talent Sil]ber(geld) erhalten | [– (§ 2) –] dreißig Mine[n | –] soll Bürger [sein] |

*(B)* (§ 3) [– das | Ü]brige soll der Stadt gehören. | [Un]d wenn

einer geschädigt wurde von ih|[nen], soll er da[von°] zurückbekommen. | (§ 4) Wenn den Tyran|[nen oder d]en Anführer der Oli|45-[gar]chie oder denjenigen, der ⟨die⟩ Demokrati|e stürzt, einer° von seinen An|hängern töt|et und dadurch die Demokratie wieder|hergestellt in der Stadt, soll° straffrei |50 er sein für die Taten, die er begangen hat | mit ihnen zusammen, und ein Talent Sil|ber(geld) erhalten vom | Volk. (§ 5) Wenn jemand unter einem Tyrannen oder während | einer Oligarchie ein Strategen*-Amt |55 oder irgend° ein anderes Amt bekleidet hat, | durch das er zur Fina[n|z-R]echenschaftsablegung vepflichtet ist, oder eine (Dienstleistung zur) Aufl[a|ge] gemacht hat [einem°] Ilier oder | [einem Me]töken*, so soll° man v[o]n kei|60[nem, der zu diesem Kreis gehört, etwas kau]fen noch | [in Verwahrung nehmen, w]eder Land no|[ch ein Haus noch] Vieh noch | [Sk]laven [no]ch sonst et|was, noch soll man eine M[itgi]ft annehmen. |65 Wenn jemand von einem [die]ser (Genannten) | etwas kauft oder in Ver[wahrung] nimmt oder eine Mitgift | entgegennimmt oder auf eine andere [Art und] Weise etwas erwir|bt, so soll der Erwerb ungültig [sein] | und der Geschä[digt]e soll sich (schadlos) halten (können) an |70 dem Vermögen desjenigen, der (ihn) geschäd[igt] hat, ohne (vorherige) Abschätz|ung, wann er w[il]l. (§ 6) Wenn jemand | zum zweiten Mal das [S]trategen-Amt | oder sonst ein A[mt] bekleidet, soll er für alle | G[eld]er, welche° durch seine Hände gehen, |75 schulden, da sie öffentliches Eigentum sind, | und es soll [möglich] sein für | [jederma]nn zu pro[zessie]ren°, da es um öffentlich|[es Eigentum geht°, vor] Gericht, | [jeder]zeit°, bis ein Ger[ichts]urteil |80 [ergangen] ist [dann, wenn° eine de]mokrati|[sche Verfassung haben die Il]ier. (§ 7) Wenn jemand unter der Herrschaft eines Ty|[rannen] oder während einer Oliga[r]chie von die|[sen] (Genannten) öff[entl]iche [Geld]er vergibt oder entge|[gennimmt,] soll [es möglich sein,] (gegen ihn) zu prozessieren, da |85 [es um öffentliche] Gelder [geht, und° er soll°] be|[langt werden –]

*(C)* (§ 8) [–] sie von einem Verruchten abstammen und ihr Besitz | soll zur einen Hälfte der Stadt gehören, zur anderen Hälf|te den Kindern des ums Leben Gekommenen; wenn keine° Kin|der vorhanden sind, denjenigen, auf die (sonst) das Vermögen übergeht, |90 und ein diesbezüglicher Prozeß soll jederzeit stattfinden (können), bis ein | Gerichtsurteil dann ergangen ist, wenn eine demokratische Verfassung haben die Ilier. | Wenn (ein Bürger) verhaftet, eingekerkert [oder] verbannt wurde, soll° (der Täter) für die Haft das Strafmaß | in doppelter Höhe schuldig sein, für den angerichteten Schaden das Doppelte. | Hat er (= der Bürger) Geldbußen bezahlen müssen, so soll° in doppelter Höhe Buße zahle|95n der Ankläger. Ein

diesbezüglicher Prozeß soll stattfinden (können) | jederzeit, bis ein Gerichtsurteil dann ergangen ist, wenn eine demokratische Verfassung haben die Ilie[r]. (§ 9) Wenn jemand unter der Herrschaft eines Tyrannen oder während einer Oligar|chie auf Grund seiner amtlichen Stellung einen hinrichten läßt, sollen° alle, die | [mit dafür ge]stimm[t hab]en, als Mörder gelten, un[d | es soll] jederzeit gerichtliches Vorgehen möglich [sein], bis ein Gerichtsurteil| [dann ergangen ist, wenn eine demokratische Verfassung haben] die Ilier. Und wenn im | Proze[ß einer unterliegt] {*oder*: dem | Proze[ß(verfahren) sich einer entzieht]}, der mitge[stimmt] hatte für die | Hinrichtung, [soll er die bürgerlichen Rechte] verlieren, und verbannt sein soll sowohl er | als auch alle [seine] Nachkommen. Bezüglich des Mordes | soll keine Aussöhnung erfolgen, weder ⟨durch⟩ Einheirat noch durch Ge|ldzahlungen; andernfalls soll (der Zuwiderhandelnde) derselben Strafe verfallen sein.| (§ 10) Wenn ein Tyrann oder der Anführer einer Oligarchie oder sonst | ein Ilier, der° gemeinsam mit die|[sen (Genannten)] zusammen Ämter besetzt, | (persönlich) oder ein anderer stellvertretend für sie Grund und Boden kauft oder ein Haus oder Vieh | oder Sklaven oder sonst ein Objekt, soll der Kauf ungültig sein und | (das Objekt) an den Verkäufer zurückgehen. (§ 11) Wenn jemand während einer Oli|garchie mittels Gesetzesmanipulation *vacat* | *vacat* einen Rat oder sonstige Ämter wählen läßt | mit dem raffinierten° Vorwand°, daß er wie in einer Demokratie verfahren wolle, | sollen die Maßnahmen ungültig sein und dem so raffiniert Vorgehenden es so er|gehen wie dem Anführer einer Oligarchie. (§ 12) Wenn einer Tyrann | oder Anführer einer Oligarchie wird oder einen Tyrannen ein|setzt oder sich bei der Usurpation beteiligt oder die Demokratie stürz|t, soll° man°, wo der Name dieser (Betreffenden) steht, sei es in den | Priesterverzeichnissen, sei es auf einem Weihgeschenk oder auf einem Grabmal, | ihn überall ausmeißeln und, wenn man (ihn) aus den Priest|erlisten ausgemeißelt hat, verkaufen und der Käufer | soll nach seinem Belieben einen Namen aus dem Kreise derer, die (zum Priesteramt) berechtigt sind, eintragen lassen (dürfen). | Soweit es sich um Weihgeschenke handelt, die privat errichtet wurden, | soll man die Inschrift des Stifters tilgen und soll bera|tschlagen das Volk über das Weihgeschenk, damit n[ich]|ts von jenen stehen bleibe noch überhaupt irgendein Erinnerungszeichen weiter|besteht. Wo aber auf einem gemeinsam errichteten Weihgeschenk auch von anderen (die Namen) in|schriftlich genannt sind, soll man durch Tilgung unkenntlich machen d[en | Name]n von jenem. (§ 13) Wenn jemand unter einem Tyrannen oder während einer Ol[i|garchie –]

*(D)* (§ 14) [– Wenn] | die Archonten* n[icht ausrufen lassen den] |

Kranz bei den [Großen Dio]|nysien* oder wenn [sie] nicht mit daraufhinwir[ken,] |[135] daß sie (= die Namen) inschriftlich aufgezeichnet werden gemäß [dem Gese]|tz, so soll als Buße zahlen von den Archon|ten ein jeder dreißig Sta|[t]ere*, [vom] Ra[t] ein jeder ze|[hn] Statere, der Schatzmeister |[140] hundert Sta°[t]ere, und unter die Atimie* fallen {*oder*: ⟨von der Zwangsvollstreckung⟩ betroffen sein} soll|[len] diejenigen von den Genann|[t]en, gegen° die der [Vorwurf] betreffs der (vorenthaltenen) Ehrung erhoben wird, solange, b[is] | ihr Geld [zurück]erhalten haben die, welche den Vor|wurf erheben (?). Zutr|[145]itt soll° jederzeit möglich [sein°] zu den Archonten und | zu dem amtierenden Rat, | und dieses Jahr soll der Beginn sein, | und dieselben Strafen sollen gelten | für die amtierenden Beamtenkollegien, solange, b|[150]is ihr Geld zurückerhalten haben | [sowie] den Kranz die, welche den Vorwurf erheb|en, und bis die inschriftliche Aufzeichnung erfolgt ist. | (§ 15) Wenn jemand (Geld) zurückerhält, ohne daß er° | für die Einrichtung der° Demokratie |[155] Beiträge gegeben oder Ausgaben gehabt hätte, oder | Beträge, obwohl man sie ihm nicht° schuldet, oder in größerer Höhe, entgegennimmt, | soll er als Buße das Doppelte zahlen, wenn er° gerichtlich | unterliegt. (§ 16) Und wer von diesen (Genannten) | zwar (Geld) erhalten hat, ⟨aber nicht⟩ dafür verwendet, daß die Demo|[160]kratie eingerichtet wird, oder wer [vo]|n diese[n] empf̣angen hat, aber nicht den Nachw[eis führt], | daß es für diesen Zweck verwendet wurde, soll° [das] Dopp[elte] | der erhaltenen Summe als Buße zahlen, [w]|enn er gerichtlich unterliegt. Wenn gegen jemand Vorwurf |[165] erhoben oder Klage eingereicht wird, daß er nicht Bei|träge geleistet oder [Auf]wendungen gemacht habe [ge]|mäß dem Gesetz, oder daß er Beiträge, obwohl man sie ihm nicht schuld[ete], | oder in größerer Höhe entgegengenommen habe, soll° er nicht be[krän]|zt werden noch inschriftlich aufgezeich[net werden] |[170] auf der Stele [–] i|st und [– | –] Geld [–]

## 338 Erythrai (?): Wiederherstellung der Statue des Tyrannenmörders Philites 3. Jahrhundert, Anfang (?)

Syll.[3] 284; I. v. Erythrai II 503 (Ü).
Marmorstele, in Chios erworben (Wien, Kunsthistorisches Museum).

Beschluß von Rat und Volk; Zoilos Sohn des Chia|des stellte den Antrag: Da die in der Oligarchie (Herrschenden) von der Po|rträt-Statue° des Philites, des Tyrannen°-Mörders, | das° Schwert° entfernten, |[5] weil sie der Ansicht waren, ganz allgemein sei die Positur (der Statue) | gegen sie gerichtet; damit deutlich wird, daß das Volk | große Fürsorge aufwendet und stets° eingedenk ist seiner Wohltäter, sowohl zu deren Lebzeiten | als auch nach ihrem Tode, soll es – zu gutem Glück! – Beschluß sein |[10] von Rat und Volk: die Exetastai*, die | im Amt sind, sollen den Auftrag vergeben, nachdem° sie eine eingehende Überprüfung | zusammen mit dem Architekten* vorgenommen haben, wie sie (die Statue) | in ihrem früheren Zustand wiederhergestellt werden kann; (den Geldbetrag) zur Verfügung stellen | soll ihnen der monatlich (amtierende) Schatzmeister. Dafür, daß |[15] die Statue frei° von Rost ist und bekränzt wird jeweils zu | Monatsbeginn und an den sonstigen Festen, sollen | die Agoranomen* sorgen°. *vacat* |

Beschluß von Rat und Volk; Zoilos, Sohn des Chiades | stellte den Antrag: Da in dem vorigen Beschluß zur Auf|[20]lage gemacht wurde den Agoranomen, dafür zu sorgen bei der Porträt|statue des Philites, daß sie bekrän|zt wird und blank bleibt, und (da) der Agoranomos | darlegt, hierzu Mittel zu benötigen, soll° es – zu gutem Glück! – | Beschluß sein von Rat und Volk: Für das laufende J|[25]ahr sollen den hierfür (erforderlichen) Betrag die | monat[li]ch amtierenden Schatzmeister geben°, in Zukunft jedoch sollen° die [A|goranome]n bei der Verdingung der Aufträge hinzuse[t|zen die Anfertigung] der Krän[ze –]

## 339 Chersonesos (Krim): Bürgereid
## 3. Jahrhundert, Anfang

Michel 1316; Bleckmann 7; Syll.[3] 360; IOSPE I[2] 401 (Ph).
In zwei Stücke gebrochene Marmortafel aus Chersonesos (Museum). Oben Giebel. Dorische Koine.

Ich schwöre bei Zeus, Ga, Halios, der Parthenos, | den olympischen Göttern und Göttinnen, | und den Heroen, die Stadt und Land | und Mauern der Chersonasiten innehaben: |[5] Ich werde Eintracht halten im Interesse des Wohls | und der Freiheit der Stadt und der Bür|ger, und ich werde nicht verraten Chersonasos | noch Kerkonitis noch den Schönen Hafen | noch die anderen befestigten Plätze noch etwas von dem sonsti|[10]gen Land, über das die Chersonasiten gebie|ten oder geboten haben, an niemanden (werde ich verraten), sei er Hel|lene oder Barbar, sondern ich werde sie bewah|ren für das Volk der Chersonasiten. | Ich werde auch nicht die Demokratie stürzen, |[15] noch werde ich es einem, der verrät oder (die Demokratie) stürzt, | dies gestatten oder ihm bei der Verheimlichung helfen, sondern | ich werde ihn den

Damiorgoi* melden, die für | die Stadt (zuständig sind). Und ich werde Feind sein dem, der | konspiriert und verrät oder zum Ab|fall bringen will Chersonasos oder Kerkinitis oder | den Schönen Hafen oder die befestigten Plätze und das Land | der Chersonasiten. Und wenn ich Damiorgos | oder Ratsherr sein werde, werde ich diese Ämter ausüben auf die beste und gerechteste Weise | für Stadt und Bürger, und den SASTE|R *(unbekanntes Wort)* werde ich für das Volk bewahren und werde nichts | ausplaudern von den Geheimsachen, | weder gegenüber einem Hellenen noch gegenüber einem Bar|baren, was der Stadt schaden könnte. | Und ein Geschenk werde ich nicht geben noch annehmen | zum Schaden von Stadt und Bürgern. Und ich werde | auf keine unrechte Tat sinnen | gegen keinen der Bürger, die nicht abge|fallen sind, und wenn einer auf solches sin[nt, | werde ich es] nicht° [zulassen und ihm nicht bei der Verheimlichung helfen,] | sondern ich werde es melden und darüber richten mit meiner St[imme] | gemäß den Gesetzen. Und ich werde mich an keiner Verschwö[ru]|ng beteiligen, weder gegen die Gemeinsch[aft] | der Chersonasiten noch gegen irgendeinen° der [Bü]|rger, der nicht gebrandmarkt [ist | als F]eind des Volkes; wenn ich mich aber mit jemandem versch|[wo]ren habe und gegenüber jemandem gebunden bin durch Ei[d | oder Ge]lübde, dann soll mir, wenn ich (diese Bindung) löse, dies zum V[ort|ei]l ausschlagen, mir selbst und meiner Habe, wenn ich an ihr fest[h|a]lte, zum Gegenteil; und wenn ich | gewahr werde, daß eine Verschwörung besteht [oder ent]|steht, werde ich es melden den Dam[ior|g]oi. Und ich werde kein Getreide aus der Ebene zur [Aus]|fuhr verkaufen noch (selbst) aus|führen anderswohin aus der Ebene [als nach] | Chersonasos. Zeus und Ga und Halios [und] | Parthenos und olympische Gottheiten, wenn ich (am Schwur) festhal|te, möge es mir gut ergehen, mir sel[bst] | und meiner Sippe und meiner Habe; wenn ich nicht an ihm festh[al]|te, (möge es mir) schlecht (ergehen), mir selbst und meiner Sippe und [meiner] | Habe, und weder Land noch Me[er] | sollen mir Ertrag bringen, noch sollen die Fr[auen gesunden Nachwuchs ge|b]ären, noch [–] Tod [–]

## 340 Praisos (Kreta): Beschluß über die Rechte von Stalai
## 3. Jahrhundert, Anfang

Michel 440; SGDI 5120; Syll.³ 524; I. Cret. III vi 7 (Ph); StV III 553.

Kalksteinstele (Heraklion, Museum). Auf Vorder- (A) und Rückseite (B) beschrieben, unten abgebrochen. Nachlässige Schrift des 3. (?) Jahrhunderts. Dorisch-kretischer Dialekt, mit Koine-Formen gemischt.

*(A)* Zu gutem Glück! | Beschlu[ß] des Kosmos* und der Stadt (= Volksversammlung) der Praisier | in der Amtszeit des Protokosmos* [..]idios und seiner Amtskol|legen: Unter folgenden Bedingungen haben die Praisier den Staliten das L|[5]and und die Stadt und die Inseln gegeben, die sie auch jetzt besit|[zen u]nd von der Hafengebühr und vom Zehn[ten] von Purpur und Fischen |, von all diesem die Hälfte, von den Fischen so wi[e | sch]on zuvor. Dies haben sie gegeben auf alle Ze|[it], sicher und z[uv]erlässig, ihnen selbst und ihren Nachkommen. |[10] [In je]dem Jahr der Kosmos, der gewählt wird von der St|[ad]t *(s.o.)* der Praisier *(Anakoluth)*; sobald der Kosmos gewählt ist, | sollen [schwören] den Staliten der Kosmos und weitere zwölf | [Bürge]r der Praisier. Der Kosmos der Praiser soll schwören | [in jede]m Jahr im Monat Dionysios folgenden E[i|[15]d fü]r seine Amtszeit den Staliten: Ich schwöre beim Ze|[us Diktaios, bei Pos]eidon, Athena, dem Apollon Pythi|[os, allen Göttern] und Göttinnen: Ich werde wohlgesinnt sein den Staliten | [und das Land un]d die Stadt und das Meer | [und die Inseln] werden wir die [Sta]liten besitzen lassen, s[i|[20]cher auf alle] Zeit, und wir werden es ihnen nicht | [wegnehmen, und wenn ein an]derer es wegnimmt, [– | – werden wir es nicht zu]lassen, so gut [wir | können. Wenn wir] den Eid halten, [möge es uns sel|bst und unseren Nachkommen und] unserer H[abe |[25] wohl ergehen° – –]

*(B)* [– | – | – so wie ich beau]ftragt werde (?), wobei ich allen Eif[er einsetze], un[d den] | folgenden [Eid], so wie ich [ihn selbst] m[itgeschworen habe], werde ich auch d[ie |[5] ander]en Bürger zu schwören veranlassen, di[e am] Ort weilende[n – | – ,] die abwesenden [an d]em T[ag (?)] ihrer Ankunft. | [Wenn ich den Ei]d halte, soll mir selbst und meinen Nach[kommen und] | meiner [Habe] Gutes [widerfahren°]; wenn ich den E[id] breche, soll [ich unter]gehe[n, | ich se]lbst und meine Sippe. Dienste leisten sollen die S[ta]liten [der |[10] Stadt] der Praisier nach folgenden (Bedingungen): Für alle Seefahrten° (in Küstennähe) Kretas auf dem | südlichen Meer werden die Staliten fahren, indem sie | ihren Proviant selbst beschaffen°. Wenn es erforderlich ist, außerhalb von Kreta zu [f]|ahren, werden alle Fahrten nach Delphi und Olympia unternehmen | die Bewohner von Setaia zusammen mit den Staliten, wobei sie Proviant |[15] und Löhne selbst aufbringen°. Die Fahrten außerhalb [Kre]|tas haben die Leute von Setaia und Stalai anteilig nach den Ländern (= je nach der Lage der zu besuchenden Länder; *oder*: je nach Größe des Landbesitzes) auszuführen°. | Falls etwas anderes befiehlt der Kosmos der Prai|sier einer der beiden Städte, haben sie dementsprechend zu segeln. [– | Wenn –,] soll der Kosmos der Praisier eintrei|[20]ben die Löhne bei denen, die

nicht segeln | und denen, die segeln, auszahlen einem jeden eine Drachme* p[r|o] Tag anteilig nach den Ländern *(s.o.)* auf jede[– | –] Dienste leisten werden die Staliten auch [– | –] von Kreta, und wenn es erforderlich ist zu landen (?), [– | –] werden sie den Proviant stellen [–].

### 341 Itanos: Isopolitievertrag zwischen Hierapytna und Praisos
### 3. Jahrhundert, Anfang

SGDI n 37; DGE 197; I.Cret. III iv 1 (Ph); StV III 554.

Marmorstele (Herakleion, Museum). Schrift auf Vorderseite (A, fast völlig zerstört) und rechter Schmalseite (B). Oben Giebel. Kretischer Dialekt.

*(A)* [– ] Hierapytnie[– ]

*(B)* [–] | nachdem er geordnet | hat seine Eigentumsverhältnisse, | ein jeder (von beiden) | auf jeder Seite, der {*oder*: wie er} | einer Phy|le zugehört, und s|o soll er Bürger | sein, t|eilnehmend | an den kultischen u|nd profa|nen Dingen all|en, nachdem er um Erlaubnis | gebeten hat | seine S|tadt {*oder*: nachdem er verzichtet hat auf sein (altes) Bürgerrecht}. In wel|che | Stadt (von beiden ) er zie|ht, um dort das Bürgerrecht | auszuüben, (dort) sollen sie ab[st]|immen | in einer Haupt-|Volksversammlung, | ob man b|eschließe, (ihm) das Bür[gerre]|cht zu ver[leih]|en oder nicht; un[d w]|enn drei° Gegen|stimmen | abgegeben werden, | soll er nicht se|in Bürge|r. Weiderecht | soll bestehen für | den Hierap|[ytni]er in d|[er pr]aisischen (Gemarkung), | mit Ausnahme der (Tempel-?)B|ezirke | in Ar|danitos u|nd in Daros, | und für den Pr|aisier in d|er hierap|ytnischen (Gemarkung), wobei sie u|nbehindert geh|en und wieder | zurückkehren können, | jeder in | das eigene (Land). | Wenn aber der | Hierapytni|er einen Pferch | errichten will° in der | praisischen (Gemarkung), | soll° er einen | Synkrites (= Flurzeugen ?) | haben aus Prai|sos; eben|so auch der | Praisier, wenn | er einen Pferch | errichten will° | in der hierap|ytnischen (Gemarkung), soll er einen Syn|krites haben | aus Hierapy|tna. Tänze (Tanzgruppen?) | und (kultische) Läu|fe sollen gemein|sam sein | beiden, de|n Hierapy|tniern in P|raisos und d|en Praisiern | in Hiera[py|t]na [– | – | –]

### 342 Pergamon: Isopolitievertrag mit Temnos
### 3. Jahrhundert, Anfang

I. v. Pergamon I 5 (Abb.); Michel 18; OGIS 265; Bleckmann 4; StV III 555.

Marmorstele (Berlin, Pergamon-Museum). Z. 1–13 Koine, Z. 13–26 aiolischer Dialekt.

[Beschlossen haben R]at und Volk; Beschlußvorlage der Strategen*: | [Da das] Volk der Temniten in enger Verbindung sich stä[n|dig] befindet mit dem Volk der Pergamen[er, | zu gute]m Glück, so soll es Beschluß sein des Rates und des Vol|⁵[kes], zwei Gesandte abzusenden, die nach ihrem Ein|[treff]en die freundschaftliche Gesinnung hervorheben, die | ihnen gegenüber ständig das Volk der Pergamener hegt, | und dafür plädieren sollen, daß beschlossen werde von den Städten | [bei]derseits Isopolitie*. Wenn es aber |¹⁰ [den Te]mniten nützlich zu sein erscheint°, einen Vertrag abzuschließen hierü|[ber,] sollen die Abgesandten dazu bevollmächtigt [sein. | Gew]ählt wurden Apollonides Sohn des Apelles, E[– | Sohn des Her]mippos. *v*

Zu gutem Glück! Beschlossen haben die Tam[niten | un]d Pergamener im Amtsjahr des Prytanen, der n[ach Era|¹⁵k]leidas Sohn des Ditas folgt, im Monat Eraos (Heraios), in [Pergamon] | im Amtsjahr des Prytanen* Aristokrates Sohn des Iera[– ] | im Monat Eraos: *vacat* Bestehen soll für die Tamni[ten in Per]|gamon das Bürgerrecht und (ebenso) für die Pergamen[er in Tamnos,] | so daß sie teilhaben an allem, woran auch die andere[n Bürger teilha]|²⁰ben, und das Recht zum Erwerb von Grund- und Hausbesitz soll be[stehen für den Tamni]|ten in Pergamon und für den Perg[amener in Tamnos. Abgaben] | soll entrichten der Tamnite [in Pergamon in gleicher Höhe, wie sie auch der Per|g]amener entrichtet, und der P[ergamener in Tamnos in gleicher Höhe, wie sie auch | der] Tamnite entrichte[t. – |²⁵ sch]reiten oder zu [– | –]

## 343 Korkyra Melaina (Korčula): Urkunde über die Gründung einer Kolonie durch Issa unter Mitwirkung illyrischer Dynasten 3. Jahrhundert, 1. Drittel (?)

A. Wilhelm, Neue Beiträge zur griechischen Inschriftenkunde III (1913), in: Ders., Akademieschriften zur griechischen Inschriftenkunde I. Leipzig 1974, 138 (Ph); Syll.³ 141; DGE 147; F.G. Maier, Griechische Mauerbau-Inschriften. (Vestigia 1) Heidelberg 1959, 57; StV III 451.

Kalkstele (Zagreb, Archäologisches Museum). Dorische Koine.

Zu gutem Glück! Im Amtsjahr des Hieromnemon* Praxidamos, im (Monat) Ma[chaneus. Vertrag (?) {*oder:* In Anwesenheit} der Oikis]|ten* (?) aus Issa und des Pyllos und seines Sohnes Dazos: Folgendes [haben (als Beschlußvorlage) zusammengestellt die Oikisten (?)] | und hat das Volk beschlossen: Erhalten sollen in erster Qualität (?) die ersten, [die in Besitz genommen haben das La]|nd und ummauert haben die Stadt, im Stadtgebiet Baup[latz je einen vom Gebiet] |[5] innerhalb der Mauern, in erster Qualität mit dem Anteil (?), von dem au[ßerhalb (der Mauern gelegenen stadtnahen Gebiet?) sollen sie einen weiteren Anteil erhalten] | und vom Land in erster Qualität die Erste Hufe, [vom Weinbauland (?)] | 3 Plethren*, vom sonstigen (Land) anteilig. Aufzeichnen [soll man die Hufe und die Anteile, | w]o ein jeder sie durch Los erhalten hat. Unverlierbar sollen sein ihnen und i[hren Nachkommen eine Ple|thre] und eine halbe für einen jeden. Erhalten sollen die Hinzukommenden (= Zusiedler) von de[m Stadtgebiet einen Bauplatz |[10] und vo]m unverteilten Land vier und eine halbe Plethre. Di[e Magistrate sollen schwören, nie|mal]s die Stadt oder das Land neu zu verteil[en auf keine Weise. Falls aber etwas | ein Magistra]t zur Abstimmung stellt oder ein Mitbürger für (etwas) plädiert, was zuwiderläuft d[em Beschluß, soll° er selbst die bürgerlichen Ehrenrechte verlieren und | sein Verm]ögen soll eingezog[en werde]n; straflos [soll bleiben, wer ihn tötet (?) – | – |[15] – |- das V]olk besch[lossen (?) – | F]olg[ende] haben in Besitz genommen das Lan[d und ummaue]rt die Stadt: |

[Dyma]nen: [Hylleer:] Pamphyler: |

(*Es folgen in drei Kolumnen die Namen der Erstsiedler*).

## 344 Ialysos (Rhodos): Besuchsordnung für den Tempel der Alektrona 3. Jahrhundert, 1. Hälfte

IG XII 1, 677; Michel 434; SGDI 4110; LGS II 145; Syll.[3] 338; Buck 103; LSCG 136; TDGIS II 56.

Marmortafel (London, British Museum). Dorischer Dialekt.

Beschluß der Mastroi* und der Ialysier; | Strates Sohn des Alkimedon stellte den Antrag: | Damit das Heiligtum und der heilige Bezirk | der Alektrona gereinigt seien gem|[5]äß der Tradition, sollen dafür sorgen | die Hierotamiai*, daß drei° Stelen | ausgearbeitet werden aus lartischem Marmor | und (daß) auf die Stelen aufgeschrieben werde | sowohl dieser Beschluß wie auch, was nicht er|[10]laubt ist nach den Gesetzen, hineinzubr|ingen oder hineingehen zu lassen in den Be|zirk, sowie die Strafen für den, der han|delt gegen das Gesetz. Aufstellen soll man | die Stelen: eine an dem Eing|[15]ang für die aus der Stadt Kommenden, | eine oberhalb des Hestiatorion (Bankettshauses), | die übrige am Abstieg | von der (Akro-)Polis Achaia. |

Gesetz (über das,) was nicht erlaubt ist, hineinzugehen oder |[20] hineinzubringen in das Heiligtum und den heiligen Be|zirk der Alektrona: Nicht hineingehen | dürfen Pferd, Esel, Maulesel, Maultier | und auch kein anderes mähnentragendes (Tier), noch | darf jemand in den Bezirk hineinführen |25 eines dieser (Tiere), noch darf° man Schu|he hineinbringen oder (sonst) etwas aus Schweinsleder. | Was immer jemand entgegen (diesem) Gesetz | tut, er soll das Heiligtum und den heiligen Bezirk | reinigen und dazu opfern, oder er soll ver|-30fallen sein der (Strafe für) Gottlosigkeit. Falls jemand | Schafe hineintreibt, soll zahlen f|ür jedes Schaf einen Obolos*, | wer hineingetrieben hat. Anzeigen soll | den, der solches tut, wer es wün|35scht, bei den Mastroi.

### 345 Telos: Bündnis mit Rhodos 3. Jahrhundert, 1. Hälfte

AD 16, 1960, S. 94ff. Nr. A (Ph); StV III 561.
Oberteil einer Kalksteinplatte (Rhodos, Archäologisches Museum).

Beschluß der Sy[nhedroi* (?) und des Ra]|tes; [Antrag (?) der] Prytanen*: [Ein Bünd]|nis soll sein [mit den Rhodiern (?), und di]|eselben Freun[de sollen haben die Telie]|5r wie die Rhodi[er. Und wenn jemand] | gegen das Land der T[elier zu Felde zie]|ht, sollen zu Hilfe kommen die Rhod[ier, so gut sie] | können. Und wenn jema[nd gegen das La]|nd der Rhodie[r zu Felde zieht, sollen zu Hi|10l]fe kommen die Telier den Rh[odiern, so gut sie | kö]nnen. Wenn aber – | –] Krieg führen [– | –] der Bundesgenossen [– | – den Rho]diern des [– |15 – a]llen (?) [– |.. Bünd]nis [–]

### 346 Mesembria: Vertrag mit dem thrakischen Dynasten Sadalas 3. Jahrhundert, Mitte (?)

StV III 556; IGBulg. I² 307 (Ph.); ISE II 123 (Ü).
Marmorstele, oben und unten abgebrochen, aus Mesembria (Burgas, Museum).

[– | –] dem Sadalas möglich|[st schn]ell. Bekränzen soll man ihn mit einem gold[e|nen] Kranz als Wohltäter der Stadt |5 an den Dionysien* im Theater. Erhalten sollen er | selbst und seine Nachkommen das Bürgerrecht und die Proxenie* | und den Ehrensitz bei den Wettspielen und Einfahrt (in den Hafen) | und Ausfahrt, unverletzlich auch ohne formellen Vertrag. Bekrän|zen soll man ihn ferner jedes Jah|10r mit einem Kranz (im Wert) von fünfzig Stateren*. | Der Schatzmeister soll den Eid und die Vertrag(sbedingungen) | aufschreiben lassen auf eine Marmorstele mit vertieften Buch|staben und sie aufstellen lassen im Heiligtum des Apol|lon neben den Stelen der Vorfahren (des Sadalas), |15 Mopsuestis, Tarutinos, Medista | und Kotys. *vacat* | *vacat* | Vertrag zwischen Sadalas und den Messambrianern: | Wenn jemand von den Messambrianern Schiffbruch erleidet | [an (den Küsten) d]es (Landes des) Sadalas, sollen sie zahlen vom Strand|20[gut – Sta]tere und einen Halbstater | [–]

### 347 Kalaureia: Stiftung der Agasikratis 3. Jahrhundert

SGDI 3380; Michel 1344; IG IV 840; LGS II 52; LSCG 58.
Pfeiler von der Insel Kalaureia (Gefängnis). Kymatia am oberen und unteren Rand der Inschriftenseite. Dorischer Dialekt.

Götter! Zu gutem Glück! Unter folgenden Bedingungen hat geweiht A[g]asikratis, | Tochter des [Te]isias, dem Poseidan (= Poseidon) dreihundert Drachmen* Silber f|ür sich selbst und ihren Mann Sophanes und ihren So|hn Sosiphanes und die Töchter Nikagora und Aris|5tokleia, daß man von dem Betrag dem Poseidan opfere | ein tadelloses Opfertier und dem Zeus Soter ein tadelloses Opfertier, | nachdem man einen Altar errichtet hat beim Standbild ihres Mannes | Sophanes, und den Rest des Betrags verbrauch|e (?). Opfern soll man aber drei Jahre lang im Artemisios-|10Monat am siebten Tag der ersten Dekade. Die gewählten° Epimeletai* | sollen sich um alles kümmern, damit möglichst an|genehm das Opferfest verlaufe und wann es stattfinde, (vor allem,) daß die Statuen gereinigt | werden, die auf der Exedra* (*hier* = dem Grabmonument der Familie) und die im Tempel, die der A|gasikratis, und auf die erfreulichste Weise bekränzt werden. Und sobald |15 sie Rechnung gelegt haben über ihre Ausgaben, sollen sie schwören, für|wahr richtig und gerecht ihre Aufgabe erfüllt zu haben.

### 348 Kalaureia: Stiftung eines Bürgerehepaars 3. Jahrhundert

Michel 178; IG IV 841; LGS II 53; Syll.3 993; LSCG 59.
Marmorstele aus dem Poseidonheiligtum auf Kalaureia (Schule).

Als Sophanes Sohn des Poli[–] Schatzmeister war, [im Mo]|nat Geraistios, Beschluß der Bür[ger: Für d]|as Geld und das Grundstück, die geweiht [haben A]|gasikles und Nikagora dem Poseidon, soll man zwei° Ep[ime]|[5]letai* einsetzen, die das Ge|ld ausleihen zu dreißig Drachmen* | gegen Bürgschaft oder Sicherheiten, die akzeptabel sind für die | Epimeletai, und die das Grundstück vergeben gegen Pa|cht unter Mitwirkung der Volksversammlung auf Grund eines Pachtvertrags (?), |[10] den Betrag des Geld(zins)es und di|e Pacht aus dem Grundstück eintreiben und darbringen dem P|oseidan ein tadelloses Opfertier und dem Zeus Sote|r ein tadelloses Opfertier, nachdem sie einen Altar errichtet haben vor ihren St|andbildern vor dem Rathaus. Das |[15] Opfer sollen sie vollziehen, so wie es auf der Stele gesch|rieben steht, in einem jeden Jahr und für alles übrige sorg|en aufs erfreulichste, und Rechenschaft ableg|en am ersten Tag über Trankopfern (?) und Rech|nung legen den gewählten Rechnungsprüfern am |[20] folgenden Tag und dabei schwören beim Zeus S|oter, nichts veruntreut zu haben. Bei dem Tr|ankopfer (?) soll man die Treuhänder wählen für das f|olgende Jahr am ersten Tag.

### 349 Skepsis: Bündnis und Isopolitie mit Parion
### 3. Jahrhundert (?)

Z. Taslikliogiu, Trakya'da epigrafya araştirmalari II. Istanbul 1971, 204f. Nr. 1 (Ph); J. u. L. Robert, BE 1972, 371 (nur Z. 10–24, Ü); I. v. Parion T 62 (nur Z. 10–24; Ü).

Fragment einer Marmor(?)stele aus Kurşunlu Köyü/Skepsis (Çanakkale, Museum).

[– | –] schon zwei | [– –] Tage [– | –] wo es scheint {*oder:* wo man beschließt, daß ...} |[5] [–] Stadt, die (als Schiedsrichterin) ange|[rufen wird –] sechs Drachmen* einem jeden | [– pro (?) T]ag. Die Hilfstruppe | [– binnen] fünf [T]agen von der Anforde|[rung an – die {*oder:* eine}] Gesandtschaft absenden binnen zehn |[10] [Tage]n vom Tag der Anforderung an. Bür|[ger] soll sein der Parianer bei den Skepsiern, wenn er wi|[l]l, und der Skepsier bei den Parianern, wenn er will; und | das Recht zum Erwerb (von Grund- und Hausbesitz) soll haben der Parianer in Skepsis, sowohl | wenn er in Skepsis wohnt wie auch, wenn er nicht (dort) wohnt; in gleicher |[15] Weise der Skepsier in Parion. Alle | Skepsier, die in Parion wohnhaft sind oder in der Gemarkung der Paria|ner sechs Monate oder länger, sollen Abgaben zahlen in gleicher Höhe, wie die Pari|aner sie zahlen, und wenn ein Parianer wohnhaft ist in | Skepsis oder der Gemarkung der Skepsier sechs Monate oder länger, |[20] soll er Abgaben zahlen in gleicher Höhe wie die Skepsier sie zahlen. Wenn | jemand Werte verlagert aus Fluchtgründen, | sollen diese {*oder*: soll er} abgabenfrei sein ein Jahr lang. Bei den Wettspielen | soll man durch Heroldsruf auf die Ehrensitze laden in Parion die Ske|psier und in Skepsis die Parianer. Einen zusätzlichen Eid | leisten sollen der Rat und die anderen Amtsträger in Pa|rion und der Rat der Skepsier und d[ie anderen] | Amtsträger zusätzlich zum sonstigen Eid [–] | Jahr zu beharren bei den Eidesabmachungen [–] | – den Parianern [– keinen (?)] | anderen Zusatzvertr[ag (?) –] | den Eiden [–] | die Hilfstruppe [–]

## 350 Dyme (Achaia): Beschluß über Bürgerrechtsverleihung 3. Jahrhundert

SGDI 1614; Syll.³ 531; SEG 40, 394.
Stele aus Kalkstein (in einem Privathaus in Dyme verbaut).

[– | Unter f]olgenden (Bedingungen) sollen das Bürger[recht] besitzen die Epoi|[koi (Zugewanderten), die in der S]tadt (wohnhaft sind): Wer beteiligt zu sein wünscht am Bürger|[recht, soll°, (wenn er)] ein Freier ist und von Freien (abstammt), zahlen | [– im Jahr, in dem Schr]iftführer der Achaier Menandridas ist, | [die eine Hälfte in] der ersten Jahreshälfte, den Rest | [in dem – M]onat nach dem achaiischen Kalender. Zahlt er nicht | [den gesamten Betrag in dem J]ahr, in dem Menandridas amtiert, sondern | [–], so soll er das Bürgerrecht nicht besitzen. Wenn einer | [einen Sohn hat von weniger als] siebzehn Jahren oder eine Tochter, | [die noch unverheiratet ist,] soll der Vater vor dem Rat [schw]ören den gesetzlich vorgeschriebenen Ei|[d: es handle sich ganz gewiß um s]eine Nachkommen, und [jün]ger als sieb|[zehn Jahre] sei sein Sohn [(und) vollbürtig.] Wenn er beschworen | [hat das] Alter [seines Sohnes, –] recht | [und rechtmäßig schwören] soll er | [den gesetzlich vorgeschriebenen Ei]d von neu[em (?) – | –] ih|[m und seinen Nachkommen. Wenn aber] die Witwe, (falls sie) eine Frei[e ist und von] Frei|[en (abstammt), wünscht, am Bürgerrecht tei]lzuhabe[n, – s]oll sein | [–] der Fra[u – das Bü]rg|[errecht, ihr und (ihren)] Nachkommen. W[enn sie einen Sohn hat jünger als] sieb|[zehn Jahre] oder eine Tochte[r, die noch unverheiratet ist, soll sie sch]wör|[en den gesetzlich vorgeschriebenen E]id vor dem [R]at: es handle sich [ganz gewiß um i]hre | [Nachkommen und] der [Sohn sei jünger als siebzehn J]ahre | [und vollbürtig (?) – –] von neu|[em –] sowohl die Frau al[s auch die Nachkomm]en. R|[egistrieren soll man sie] beim Bularchos (Ratsvorsteher), beim [Vors]teher der Da|[masiophylake]s (Archiv-Kommission) und beim Schriftführer. Diejenigen, die sich reg|[istrieren ließen und] das Alter ihrer [Söhn]e unter Eid bestätigt sowie | [den Geldbetrag] gezah[lt°

haben,] so wie es schriftlich festgelegt ist, sollen durch das Los |[30] [die Beamtenkolleg]ien möglichst gleichmäßig auf die Phylen* verteilen° und sie ver|[losen auf die (Phyle)] Stratis, auf die (Phyle) Dymaia und die (Phyle) Thesmi|[aia. Und beteil]igt sollen sie sein an den Priestertümern, welche die Stadt einrichtet in | ihrer [Phyle], und an den Ämtern, welche das Koinon* | [und die Stadt betreffen –] die das Koinon betreffenden [–]

**351 Teos: Eingemeindungsvertrag (Sympolitie) mit Kyrbissos**
**3. Jahrhundert**

SEG 26, 1306; SEG 30, 1376.
Marmorstele, oben abgebrochen, vermutlich aus Teos (Izmir, Museum).

[– | – damit –] in nützlicher Weise, sollen schw[ör]en die [Bürger] in der Stadt, | [nicht zu ze]rstören Kyrbissos und (dies) auch nicht einem anderen zu gestatten, so [gut | sie können, un]d keinen der Bürger im Stich zu lassen, die in Kyrbissos |[5] [wohn]en. Schwören sollen auch die in Kyrbissos Wohnenden, [nicht | im Stich zu lass]en den Phrurarchen*, den das Volk entsendet, | [und zu bew]ahren den (befestigten) Platz für die Stadt. Wenn einer den Eid nicht leistet, [soll eine Strafe be|schließen (?) ge]gen ihn das Volk als einen Schädiger (des Volkes). Ernennen soll man ferner einen Ph[ru|rarche]n für Kyrbissos, der nicht jünger ist als dreißig Jahre, für vier [Mona|[10]te, der] über einen schuldenfreien Zensus an Grund- und Hausbesitz verfügt von vier Talen|[ten*. Erne]nnen (?) soll ihn von den Bürgern, wer es wünscht, indem er einen Eid leistet in der Volksversamm|[lung; der] Eid soll (folgendermaßen) lauten: „Ich werde als Phrurarchen für Kyrbissos den ernennen, von dem ic[h | glaube,] daß er am besten und gerechtesten den Schutz des Platz[es] durchführen | und den Platz für die Stadt bewahren wird, fürwahr bei Apoll[on – | –] und wenn ich den Eid [hal]te, [mö]ge es mir gut ergehen, wenn ich ihn breche, schlecht." Denselb[en] | Phrurarchen soll man nicht ernennen vor Ablauf von fünf Jahren; damit wir wissen, wer Ph[ru]|rarch gewesen ist und [ – ], sollen aufschreiben lassen die | Timuchen* (die Namen) auf eine [w]eiße Anschlagtaf[el und diese anbringen] im Rathaus. An Gar[nis]|onssoldaten soll der Phru[rarch n]icht weniger als zwanzig haben, (die) aus den Bürgern (rekrutiert werden), und |[20] drei Hunde; die Hunde soll die Stadt° erwerben und dem Phrurarchen übergeben; | (die Kosten für) den Unterhalt der Hunde obliegen dem Phrurarchen. Wenn einer, der übernommen hat | (das Kommando über) den Platz, ihn nicht übergibt an den Phrurarchen, den die Stadt ents[en]|det jeweils im (Turnus von) vier Monaten, dann soll dieser verbannt sein als Verfluchter | aus Teos und aus Abdera und aus den Gemarkungen der Teier und Abderi|25ten, und seine Habe soll der Ge-[mein]de zufallen, und wer ihn tötet, soll (durch die Bluttat) nicht | befleckt sein; wenn er im Kampf [fällt, soll] seine Habe der Gemeinde [zufallen.] | Dem ernannten Ph[r]ur[archen soll es nicht erlaubt sein,] sich zu entfernen. Auszahlen | sollen ihm den Sold [für ihn und seine Soldaten {*oder:* in gesetzlich festgelegter Höhe} für die vi]er Monate die Schatzmei[ster,] | wenn er [zu] dem [Platz] abreist; dieser Termin ist obligatorisch. Der Sold soll betragen für den |30 Phrurarchen vier A[lex]ander-Drachm[en]*, für die Garnisonssoldaten | pro Mann [eine] Alexand[er]-Drachme. [Wenn] einer gegen die Disziplin [ver]-stößt oder nicht ge[h|o]rcht dem Phrurarchen, soll [der Phr]urarch ihn in Fesseln legen und | ihn ohne Sold (nach Hause schicken) können°. [Ein je]der der Garnisonssoldaten soll einen Schild, | eine Lanze, einen Säbel und einen Helm haben°. [Der] Phrurarch [und] |35 seine Soldaten haben vor ihrer Absendung [auf] der Agora* zu s[chwör]en, | wahrlich, der St[adt] den Platz zurückzugeben und zu bewahren; sie sollen schwören | den gesetzlich vorgeschriebenen Eid; vereidigen sollen si[e die S]trategen* und die Tim[u|ch]en. Schwören sollen auch alle, die [– | –] von den Garnisonssoldaten, welche sind [–] so wie (?) auch die in d[er |40 St]adt geschworen haben. Man soll ferner gewähren {*oder:* liefern} [–] in dem Platz. D[er | E]id der in der Stadt Wohnenden soll folgendermaßen lauten: „Ich werde nicht zerstören | [Kyr]bissos und dies keinem anderen gestatten, so gut ich kann, und ich werde nicht im Sti|[ch l]assen irgendeinen der Bürger, die in K[yr-bissos w]ohnen. Di|[es ist] wahr, bei Zeus u[nd Helios und Poseidon un]d Apollon und Athena |45 [und] allen [Gött]ern und Göttinnen, und wenn [ich meinen Eid] halte, möge es mir gut ergehen, w[enn ich ihn | breche,] schlecht." (Eid) der in Kyrbiss[os] Wohnenden: | [„Ich werde] ni[cht° im Stich] lassen den Phrurarchen, den das Volk aus der Stadt e|[ntsen]det, und ich werde den Pl[at]z der Stadt bewahren, und wenn ich [gewahr werde, | daß jemand] einen Anschlag plant auf den Platz oder den Phrurarchen, werde ich dies anzeigen be[i |50 der Stadt] und beim Phrurarchen, und ich werde es nicht [zu]lassen, so gut ich kann; | und was der Phrurarch mir befiehlt, werde ich ausführen, in allem, was zum Sch[utz | des Pla]tzes und des Landes (beiträgt), [wahr-lich bei Zeu]s und Helios und Poseidon und [A|pollon u]nd Athena und allen Göttern und Göttinnen, und wenn [ich] den Eid ha[lte, | möge es mit g]ut ergehen, wenn ich ihn breche, schlecht." Vereidigen sollen die Strate[gen |55 und die Ti]muchen die Bürger auf der Agora mit einem Stier, einem Widder [und einem E|ber. Vereidi]gen soll man auch die in Kyrbissos Wohnenden [– | –.] Die Tiere für die Eidopfer sollen die Schatzmeister bereitstellen. Diejenigen | [der] Bürger in Kyrbissos, die geschwo[ren° haben,] soll man aufschreiben auf ein weißes Anschlagbre[tt – | – u]nd im Rathaus. Aufzeichnen lassen sollen ferner [die° Timuch]en° [diesen] Volksbeschluß |[60] auf zwei S[te]len und sie aufstellen lassen, die [eine – | –] auf der Agora, die andere in [dem Hei]ligtum d[–] | *vacat* [–]

# III
# DER GRIECHISCHE OSTEN UND ROM
## (250–1 v. Chr.)

Inschriften HGIÜ 401–515

## 401 Athen: Zustimmungsbeschluß zur Umwandlung der delphischen Soteria in einen panhellenischen Agon etwa 249/8 (?)

IG II² 680; Michel 128; Syll.³ 408; HAI² 49; G. Nachtergael, Les Galates en Grèce et les Sôtéria de Delphes, 1977, 21; Teilabdruck: IG IX 1² 1, 194a.
Marmortafel, in einer Kirchenwand verbaut gefunden (EM).

[Gö]tt[er!] Im Jahr, in dem Polyeuktos Archon* war; (die Phyle*) Aigeïs hatte die neunte Pr|ytanie* inne, für die Chairephon Sohn des Archestratos aus (dem Demos*) Kephale Schri|ftführer war, am neunundzwanzigsten (Tag des Monats) Elaphebolion, am dreißig|-[st]en der Prytanie. Beschluß des Volkes; Kybernis Sohn des K|5[yd]ios aus (dem Demos) Halimus stellte den Antrag: Da das Koinon* der Ait|[ol]er im Beweis seiner Frömmigkeit gegenüber den Göttern | [besch]lossen hat, den Agon* der Soteria (Rettungsfest) einzurichten zu Ehren des Zeu|s Soter* und des Apollon Pythios zur Erinnerung an di|[e Sch]lacht gegen die Barbaren, die zu Felde |10 gezogen sind gegen die Hellenen und das Apollon-Heilig|tum, das gemeinsame (Heiligtum) der Hellenen, – (die Barbaren,) gegen die auch unser Volk ausgesandt | [hat] die Epilektoi* und die Reiter als Mitkämpf|[er] für die gemeinsame Rettung –; und da hierüber das Koi|[non d]er Aitoler und ihr Strategos Charixenos abgeschick|15[t haben an d]as V[olk] eine Gesandtschaft, die (uns) vortragen sollte, daß, | [wenn das Volk den Agon akzeptiere, und zwar den] musischen (Agon) im gleichen Rang wie die | [Pythien, den athletischen und den Reiter-Agon im gleichen Rang wie die Nem]een sowohl in de[n | Altersklassen wie in den Preisen –]

## 402 Kildara (Karien): Brief eines Funktionärs des Ptolemaios III. an die Stadt 246

Epigraphica Anatolica 20, 1992, 127 ff. (Ph) – SEG 42, 994.
Vier Fragmente (*A*, *B*, *C*, *D*) aus weißem Marmor (in einem Haus in Kildara/Kuzyaka verbaut).

(*A* + *B*) Tlepolemos entbietet dem Volk der Killareer seinen Gruß. Gekommen sind | zu uns Iatrokles, Uliades, Pindaros und Ischy|rias als Gesandte, haben den [Beschluß des Volkes und die] Gastgeschenke übergeben | und selbst Vortrag gehalten, [entsprechend dem im Beschluß schriftlich Niedergelegten.] |5 Wir haben mit Wohlwollen zur Kenntnis genommen, daß ihr euch angeschlossen habt der | Sache (*prágmata*) des Königs Ptolemaios und seiner Schwester, | Königin Berenike, und des Königs Antiochos, | des Sohnes des Königs Ant[io]chos und der Königin Berenike, und haben den | Gesandten freundlich Gehör gewährt. Und alle Anliegen, die ihr vorgebracht | [habt –]

(*C*) [–] | und zu den Opfern, di[e dargebracht werden für König] | Ptolemaios und sei[ne Schwester, Königin Bere]|nike und die andere[n Götter (?) –] | von dem von euch entrichteten Be[itrag (?) {*oder*: von dem (Tag) an, von dem an ihr entrichtet als Be[itrag} – jähr]|lich Drachmen* a[cht-]

(*D*) [–] sollen die Atelie* genießen sieben Tage [– | – O]pfer bringt ihr dar wie scho[n bisher – | –] was ihr jemandem schuldet [– | –] und wegen der Angelegenheiten des Hafe[ns – | – u]nd der im Amtsjahr des Bias vorgefalle[nen – | –] werden wir prüfen und uns darum kümmern [– | – in be]sonderer Weise. Erkennend, daß [– | –] wir euch verschafft haben. Auch in Zukunft [in öffentlichen Belangen – | – wenn] ihr und jeder einzelne der Bü[rger (?) blei]bt [– | – Gut] werdet ihr daran tun, wenn ihr auch eurerseits bei der Haltung° [gegenüber Kö|nig Ptole]maios und gegenüber seiner Schwe[ster, Köni|gin Be]renike und ihrem Sohn König [Antiochos, dem | Sohn des Köni]gs Antiochos, bleibt und [– | –] ihnen Bereitwilligkeit entgegenbringt. [– | –] werdet ihr auch von jenen die Vorteile haben. [Wir aber ] | werden [–] sein, damit euch Fürsorge von u[nserer Seite zuteil wird | – auf]getragen haben wir auch den Gesandten über [das, was | – ich euch brieflich ] geantwortet habe. *vacat* [Lebt wohl. (?)]

### 403 Adulis (am Roten Meer): Tatenbericht des Ptolemaios III. um 245

Michel 1239; OGIS 54; SB 8545 a; W. Wolska-Conus, Cosmas Indicopleustès: Topographie chrétienne, I, 1968, 373 ff. (Ü); E. Bernand/A. J. Drewes/R. Schneider, Recueil des inscriptions de l'Éthiopie des périodes pré-axoumite et axoumite, I–II, 1991, 276.

Basalttafel, im 6. Jh. n. Chr. von Kosmas Indikopleustes (Topographia Christiana II 58 f.) abgeschrieben (verschollen).

Der große König Ptolemaios, Sohn des Königs Ptolemaios | und der Königin Arsinoe, der Geschwistergötter, der Kinder von König | Ptolemaios und der Königin Berenike, der rettenden Götter, | von Vaterseite Abkömmling des Herakles, des Sohnes des Zeus, von Mut|terseite (Abkömmling) des Dionysos, des Sohnes des Zeus, übernahm von seinem Vater | die Königsherrschaft über Ägypten, Libyen, Syrien, | Phoinike, Kypros, Lykien, Karien und die | Kykladen-Inseln; er zog zu Felde nach Asien mit | Fußvolk und Reiterei, mit einer Flotte | und mit troglodytischen und aithiopischen Elefanten, die sein Vater | und er selbst als erste aus diesen Ländern erjagen, | nach Ägypten bringen und zum | Gebrauch im Krieg abrichten ließen. Er machte sich zum Herrn über alles° Land° diesseits des Euphrat, | über Kilikien, Pamphylien, Ionien, den Hel|lespont und Thrakien, über alle° Truppen in diesen° Ländern | und über indische Elefanten, und machte sich die Machthaber | in diesen Regionen alle untertan; er überschritt den Euphrat-|Fluß, und nachdem er sich Mesopotamien, Babylonien, Susi|ana, Persis und Medien und alles übrige Land bis | Baktrien seinem Gebot unterstellt hatte, ließ er aufsuchen, was | an heiligen (Gegenständen) von den Persern aus Ägypten weggeführt worden war, und ließ sie | mit der übrigen Beute aus den Ländern nach Ä|gypten bringen°; dann sandte er die Truppen heim durch die Kan|äle [–]

### 404 Athen: Volksbeschluß über Beiträge zur Militärkasse 244/3

IG II² 791; Michel 608; Syll.³ 491; HAI² 55; Hesperia 11, 1942, 287 f. Nr. 56 (Ph); SEG 32, 118; Migeotte, Souscriptions 17 (Ü) (Ph: Kirchner² Taf. 37 Nr. 90).

Sechs Fragmente einer Marmorstele, in einer Kirchenwand vermauert (EM) bzw. von der Agora von Athen (AM). Stoichedon ab Z. 3. Oben Giebel.

Schatzmeister der Militär[kasse:] | Eurykleides Sohn des Mikion [aus (dem Demos*) Kephisia.] | Im Jahr, da Diomedon Archon* war; die (Phyle*) [–is hatte als zehnte die Pr]|ytanie* inne, für die Phoryskides Sohn des Aristomenes (aus dem Demos) A[lopeke Schrift|führer] war, *v* am letzten Tag des Sch[altmonats] Elaphebolion, [am zweiten d|er] Prytanie. Volksversammlung; von den Prohedroi* l[eitete die Abstimmung Kallis|tr]atos Sohn des Telesinos aus (dem Demos) Erchi[a m]it seinen Kol[legen]. *vacat* Beschluß des Volkes: *vacat* | [The]ophemos Sohn des Timokles aus (dem Demos) Marathon stellte den Antrag: [*v* Damit nach Mittel|be]schaffung der Schatzmeister in der Lage ist, anzuweisen [die erforderlichen Beträge, und während de|r r]estlichen Zeit des Jahres eing[ebracht werden können aus dem Land die | F]rüchte in Sicherheit: *v* Zu gutem Glück! Be[schluß des Rates möge sein, daß | d]ie Prohedroi, auf die das Los fallen wird, in der bevorst[e]henden Volksversammlung verhand|eln lassen hierüber und die Beschlußvorlage [des Rates] vorlegen, wonach | der Rat es für richtig hält, *v* daß diejenigen der Bürger und der übri|gen Einwohner der Stadt, die° dazu° bereit° sind°, eine Geldspende (*epídosis*) zu leisten für das Heil | der Stadt und zum Schutz des Landes, sich beim Volk oder beim R|at oder bei den Strategoi* registrieren lassen bis zum (Monat) Mu|nichion. *v* Niemandem soll es erlaubt sein, mehr zu spenden als 200 *v* Drachmen* | und nicht weniger als *v* 50. *v* Den Spendern soll die Möglichkeit offenstehen, gemeinsam und einzeln | belobigt und vom Volk geehrt zu werden, so wie es verdie|nt ein jeder von ihnen. *v* Der Schriftführer des Volkes soll aufzeichnen lassen die|sen Beschl[uß] und die Namen der Spender auf einer Marmorstele | und diese aufstellen lassen auf der Agora*, damit allen sichtbar werde die Einsatzbe|reitschaft derer, die bereit sind, [dem] Vol[k] Wohltaten zu erweisen. Die Kosten, d|ie für die Stele und die A[ufz]eichnung der Namen anfallen, | soll der mit der Verwaltung Beauftragte anweisen. Dieser Be[sch]luß soll, da | er die Beschaffung von Geldern für Militärzwecke zum Inhalt hat, [ausschließlich] dem Sch|utz des Landes dienen°. *vacat* | Folgende haben gespendet zum Heil der St|adt und für den Schutz des Landes gemäß dem | Volksbeschluß: *vacat* |

(*Es folgen in drei Kolumnen die Namen der Spender mit den jeweiligen Spendenbeträgen, meist 200 Drachmen.*)

### 405 Samos: Ehrenbeschluß für Bulagoras 243/2

SEG 1, 366; Choix 3 (Ü).
Marmorstele aus dem Heraion von Samos.

Beschluß des Rats und des Volks, Beschlußvorlage der Prytanen*, bezüglich [des] | Antrags, den Hippodamas Sohn des Pantonaktides unterbreitet hat, (nämlich) daß dem Bulagoras Sohn des Alexis, | der in öffentlichen Belangen dem Volk viele Dienste erwiesen hat und privat einer ganzen Reihe von | Bürgern, die Anerkennung ausgesprochen und er mit einem Kranz geehrt werde, so wie es der Rat und das | Volk für gut befindet: Da Bulagoras in der Vergangenheit, als | die Rückerstattung gefordert wurde° der Ländereien im Gebiet der Anaitis, die damals | dem König Antiochos unterstand, und (als) die ihrer Ländereien verlustig gegangenen Bürger | sich hilfesuchend an das Volk wandten und um (die Entsendung) eine(r) Gesandtschaft zu Antiochos baten, | um ihr Eigentum zurückzuerhalten, er als Gesandter benannt, | zunächst nach Ephesos reiste und, als Antiochos aufbrach, | ihn bis nach Sardeis begleitete und allen erdenklichen Eifer und | Ehrgeiz zeigte, indem er während seiner Mission auftrat gegen die renommiertesten An[ti]|ochos-Freunde, welche die Besitzer der zurückgeforderten Ländereien waren, damit | das Volk, wenn es die Ländereien zurückerhalten° habe°, deren Rückerstattung zu jenem Zeitpunkt gefordert wurde, (diese) zurücker|statte an diejenigen, denen man sie zu Unrecht genommen hatte, und er diesbezügliche Schreiben mitbrachte | [v]on Antiochos (gerichtet) an unsere Stadt sowie an den in Anaia von ihm | eingesetzten Phrurarchos* und an den Dioiketes* – (Schreiben), durch welche die seinerzeit Entei|gneten wieder Herren ihres Eigentums wurden und es künftig | keiner der bei Antiochos einen Posten Bekleidenden mehr wagte, Anspruch zu erheben auf das | Eigentum der (= unserer) Bürger; und (da) er, mehrmals vom Volk gewählt als Rechtsver|treter bei Prozessen der Gemeinde, sich unentwegt° beharrlich und engagiert zeigte | und viel Nutzen und viele Vorteile, | (die) aus den Urteilen (resultierten,) für die Stadt bewirkte°; und (da) er, nachdem er gemäß dem Gesetz mittels Abstimmung zum Epistates*° des Gymnasions gewählt worden war | vom Volk, weil der amtierende Gymnasiarch* ausgefallen war, fair u[nd] | ausgezeichnet die Disziplin der Epheben* und der Neoi* überwachte und, als während des laufen|den Jahres die Entsendung von Theoren* nach Alexandreia anstand, | er im Bewußtsein, daß das Volk größten Wert legt auf die Ehrungen des Königs Ptolemaios | und seiner Schwester, Königin Berenike, weil für die | für sie (bestimmten) Kränze sowie für die Opfer, welche die Theoren darbringen sollten in Ale|xandreia, nur in begrenztem Maß Mittel zur Verfügung standen, für die Reisekosten des Architheoros* hingegen und | der Theoren, von welchen die Kränze überreicht und verrichtet werden sollten | die Opfer, gar keine Mittel vorhanden waren und es momentan auch keine Möglichkeit gab, welche zu beschaffen, im Wun|sch, daß keine Abstriche gemacht würden an den bereits beschlossenen Ehrungen für den König und | die Königin sowie für deren Eltern und Vorfahren, sich erbot, die hierfür (erforderliche) | Summe aus eigenen Mitteln vorzustrecken – ein Betrag, der nur wenig geringer war als sechs|tausend Drachmen°*; und (da), als das Volk unter Getreidemangel litt und die Bürger wegen des | dringenden Bedarfs drei Sitonien (Kommissionen für staatliche Getreideaufkäufe) bestimmten, er bei allen diesen | es nicht an Eifer und Ehrgeiz fehlen ließ, sondern bei der ersten Sitonie (= beim ersten Getreideankauf) den gesamten | Geldbetrag vorstreckte, der entsprechend dem Beschluß des Volkes für die Verwahrsumme (Depositum) (erforderlich war), für |40 die zweite (Sitonie) einen Betrag entsprechend dem Höchstbetrag derer, die ein großes Darlehen gaben, bei der | dritten nicht nur sämtliche für das Depositum erforderlichen Gelder aufbrachte aus seinem | eigenen Vermögen, sondern auch, als das Getreide in die Stadt geliefert worden war und der Sitones (Getreideeinkäufer) ein Darlehen | dafür (= die Ladung) aufgenommen hatte, er in der Volksversammlung auftrat und, weil keine Mittel vorhanden waren für die Rück|zahlung der Gelder, er sich° erbot°, persönlich das im Namen der Stadt aufgenommene Darlehen sowie die Zi|45nsen und sämtliche übrigen Unkosten abzulösen, dies in Eile betrieb | und den Darlehensgeber ablöste, ohne daß er sich irgendeinen schriftlichen Vertrag ausstellen ließ mit der | Stadt bezüglich dieser Gelder noch etwa verlangte, daß ihm Bürgen geste|llt würden, sondern das Gemeinwohl für das Wichtigste hielt und (das Ziel,) daß das Volk | stets wohlversorgt sei; und (da) er bei den sonstigen Gelegenheiten unentwegt sich bereitwillig und freundlich gesinnt |50 zeigt sowohl allgemein dem Volk als auch individuell jedem einzelnen Mitbürger, | indem er die trefflichsten [Ratschläge° gi]bt, zwischen Streitenden schlichtet und viele [Bedürf]|tige aus seinen Mitteln unterstützt; damit es ersichtlich ist, daß auch wir Ehren erweis[en] | den Männern, die sich verdient gemacht haben, und wir viele Mitbürger zu derselben Einstellung° er[munter]|n, soll es Beschluß des Volkes sein: Bula[g]oras Sohn des Alexis soll man die Anerkennung aussprechen in° Würdigung° seines Ver[dienstes] |55 und seiner freundlichen Gesinnung gegenüber seinen Mitbürgern und ihn bekränzen mit einem [Kran]z aus Gold | bei dem Tragödien(wettbewerb) an den Dionysien*; für die öffentliche Ausrufung soll der Agono[thet]* verantwortlich sein. | Die Exetastai* sollen diesen Beschluß auf einer Marmorstele aufzeichnen (lassen) u[nd (diese) auf]|stellen im Hera-Heiligtum; für die Unkosten soll° der Schatzmeister der sakralen Gelder (den Betrag) [zur Verfügung stell]|en aus der für ihn verfügbaren, aus Bußgeldern resultierenden Geldsumme. An[wesend waren:] |60 Hyblesios, Herodotos, Monimos, Demetrios.

## 406 Kos: Bestätigung der Asylie des Asklepios-Heiligtums durch Sparta 242

R. Herzog/G. Klaffenbach, Asylieurkunden aus Kos (Dt. Akad. d. Wiss. Berlin, Abh. d. Klasse f. Sprachen, Lit. u. Kunst 1952, 1), 1952, 4 = SEG 12, 371; Rigsby 14 (Ü).

Stele aus dem Asklepios-Heiligtum von Kos (Museum). Lakonischer Dialekt in „einer affektierten lakonischen Kürze" (Herzog). Der Stein enthält ferner die Asyliebestätigungen von Messene, Thelphusai, Elis und Aigeira auf der Peloponnes.

Von den Lakedaimoniern. | Beschluß der Lakedaimonier, unter dem Ephorat* des Euxenos: Wir akzeptieren den Festfrie|den (*ekecheiría*) für Aiglapios (= Asklepios) (für) immer, verkündet von den Koern Aristolochos, | Architheoros* sowie Herakleitos und Makareus. Wir bewilligen den Ko|[5]ern, worum sie ersuchen, (nämlich) die Asylie* des Heiligtums des Aglapios in Kos.

## 407 Kos: Bestätigung der Asylie des Asklepios-Heiligtums durch Städte in Makedonien 242

Herzog/Klaffenbach (s. Nr. 406) 6 = SEG 12, 373; Rigsby 25–27.
Stele aus dem Asklepios-Heiligtum von Kos (Museum).

Von den Kassandreern. | Die Strategoi* und die Nomophylakes* stellten den Antrag: Da Theoroi* gekommen sind von | der Stadt der Koer mit der Ankündigung der Asklepieia und der Agone*, | die dabei veranstaltet werden, und des Festfriedens (*ekecheiría*), und da sie betonen die |[5] loyale Gesinnung, die ihre Stadt ständig hegt gegenüber König An|tigonos und der Stadt der Kassandreer und gegenüber den übrigen Makedonen | allen, und da sie darum ersuchen, daß das bei ihnen befindliche Heiligtum des Asklepios unverletzlich (*ásylos*) sein möge, | so soll es – zu gutem Glück! – Beschluß sein des Rates: Annehmen soll man die Ankündigung der As|klepieia und der Agone und des Festfriedens und (die Bitte, daß) das Heiligtum des Asklepi|[10]os unverletzlich sei gemäß dem Willen des Königs. Belobigen soll man die Stadt der Koer, | weil sie allzeit Vorsorge trifft, daß die (Kulthandlungen) für die Götter | trefflich und ruhmvoll vollzogen° werden°, und weil sie ihre loyale Gesinnung bewahrt | gegenüber König Antigonos und unserer Stadt und allen Makedonen. | Der Schatzmeister soll den anwesenden (Gesandten) als Gastgeschenk auszahlen, was vorgeschrieben ist |[15] im

Gesetz. Man soll sie ferner einladen in das Archegeteion (Kultort für den Stadtgründer). Die Kosten | hierfür soll der Schatzmeister anweisen. Folgende (Theoren) haben (das Fest) angekündigt: Aristolochos Sohn des Zmendron, | Architheoros*, Makareus Sohn des Aratos, Theoros. Das Fest (findet statt) zum achten Mond (= in 8 Monaten). |

Von den Amphipoliten. | Unter der Regierung des Königs Antigonos, im 41. Jahr; Epistates* war Xenias | Sohn des Orgeus, Priester war Lysimachos; Beschlüsse am 19. (Tag des Monats) Gorpiaios: | Da der von der Stadt der Koer abgesandte Architheoros Aristolochos Sohn des Zmen|dron und in seiner Begleitung der Theoros Makareus Sohn des Aratos vor die Volksversammlung getreten sind, | an die enge Verbindung (*oikeiótes*) erinnert (*wörtl.*: erneuert) haben, die zwischen Koern und Makedonen besteht, | und auf die loyale Gesinnung hingewiesen haben, die die Stadt ständig hegt gegenüber | König Antigonos und den Makedonen, ferner die Asklepieia angekündigt haben, | die bei ihnen stattfinden, und den Festfrieden und gebeten haben, das Heiligtum des As|klepios in Kos möge unverletzlich sein, so möge es Beschluß der Stadt der Amphipoliten sein: die | Ankündigung der Asklepieia und des Festfriedens anzunehmen und | sie zu belobigen wegen der Ehrungen, die sie für die Götter vollziehen, und wegen der loyalen | Gesinnung gegenüber König Antigonos und den Makedonen; ferner soll das Heilig|tum unverletzlich sein°, so wie es der König wünscht. Ferner sollen | die Archonten* den Theoren als Gastgeschenk ebensoviel geben°, wie auch die Verkünder (des Festes) der Pythien | erhalten. Theorodoke* der Festgesandtschaft der Koer soll Dionysios Sohn des Epigenes sein. | Es wurde einstimmig beschlossen. |

Von den Philippern. | Betrifft die Kultfragen: über die Festgesandtschaft aus Kos; Entschließung der Volksversammlung: Da die Stadt der Koer gemäß | der Tradition und dem heiligen Orakelspruch des Asklepios abgesandt hat als Archi|theoros Aristolochos Sohn des Zmendron und mit ihm als Theoren Makareus Sohn des Aratos | (mit dem Auftrag,) das Fest für Asklepios und den Festfrieden anzukündigen, die | vor die Volksversammlung getreten° sind und die bestehende enge Verbindung der Stadt der Koer | mit der Stadt der Philipper und mit König Antigonos und den an|deren Hellenen und Makedonen betont und erneuert sowie gebeten haben, | daß das Heiligtum unverletzlich sein solle, zu gutem Glück! Die Volksversammlung möge beschließen: Die Stadt soll annehmen | die Ankündigung der Asklepieia in Kos und des Festfriedens, so | wie die Theoren appellieren; belobigen soll man auch die Stadt der Koer wegen der | Ehrungen, die sie für die Götter vollziehen, und wegen der loyalen Gesinnung gegenüber König An|tigonos und der Stadt der Philipper und den anderen Hellenen und Makedonen. | Ferner soll das Heiligtum des Asklepios in Kos unverletzlich <sein>, so wie es auch König Antigo|nos wünscht. Der Schatzmeister soll im Namen der Stadt den Theoren als Gastgeschenk ebensoviel auszahlen, |50 wie auch die Verkünder (des Festes) der Pythien nach dem Gesetz erhalten. Einladen | soll ferner der Archon* die Theoren zu den Opfern für die Stadt ins Prytaneion*; der | Schatzmeister soll dem Archon für jeden von ihnen das im Gesetz vorgeschriebene Geld geben. Damit | sie ungefährdet nach Neapolis geleitet werden, sollen die Strategoi ihnen mitschicken | die fremden Soldaten, die bei der Stadt Söldnerdienste leisten. Ferner soll Theorodoke |55 der aus Kos kommenden Festgesandtschaft derjenige sein, der die Festgesandtschaft aufgenommen hat: Herakleodoros Sohn des Aristion.

## 408 Kos: Bestätigung der Asylie des Asklepios-Heiligtums durch Kamarina 242

Herzog/Klaffenbach (s. Nr. 406) 12 = SEG 12, 379; L. Dubois, Inscriptions grecques dialectales de Sicilie, 1989, 117; Rigsby 48.

Stele aus dem Asklepios-Heiligtum von Kos (Museum). Dorische Koine.

[– der Ka]|marinaier den Koern [– welche] | mitbesiedelt haben, so wie [–] | Beschlossen sei zu gutem Glück und zur Ein[tracht und zum Woh]|5le des Volkes der Kamarinaier und de[r Koer: Das] | Heiligtum des Asklepios soll unverletzlich sein, einreihen [soll man die] | Asylie* und das Fest und die Agone* in | die Gesetze. *vvvv* Aufgrund einer Beschlußvorlage des Rates Beschluß der Volks[versammlung:] | Da die Koer Mitbesiedler unserer° Stadt gewesen sind |10 und bei uns die größten und | wichtigsten (Privilegien) genießen°, (nämlich) Verwandtschaft (*syngéneia*), enge Verbindung (*oikeiótes*) und Isopo|litie*, und da sie als Architheoros* Epidaurios Sohn des Nikarchos gesandt haben | und als Theoros* Sosistratos Sohn des Kaphisios und das Fest ankündigen, | das sie dem Asklepios feiern, und die Wettspiele, |15 die sie alle vier Jahre in musischen und athletischen Disziplinen veranstalten, | und da sie den Wunsch äußern, unsere Stadt solle teilnehmen, | wobei sie die enge Verbindung und freundschaftliche Beziehung zwischen beiden Städten hervorheben, ist es eine gute | Sache, ihre Ankündigung anzunehmen und | ihnen deutlich zu machen, daß wir uns ständig bewußt sind |20 der mit ihnen bestehenden Verwandtschaft, indem wir | bei den traditionellen Opfern, die wir von ihnen übernommen haben, wie | bei den Festen sie anrufen wie | die anderen Besiedler (*oikistaí*). Beschlossen sei zum guten Glück | und zum Heil und Wohlergehen und zur Eintracht des Volkes der | Kamarinaier und der Koer: Annehmen soll man von ihnen | das Fest, das sie dem Asklepios veranstalten, und die Wett|spiele; ferner soll man die Theoroi zum Gastmahl laden, die jetzigen | und die künftig jeweils zu uns kommenden, für alle Tage, die sie | sich hier aufhalten. *vacat*

## 409 Kos: Bestätigung der Asylie des Asklepios-Heiligtums durch Ziaëlas von Bithynien 242?

Syll.³ 456; RHE 20; RC 25 (Ü); Rigsby 11.
Einer von drei Königsbriefen auf einem Marmorprisma aus dem Asklepios-Heiligtum von Kos (Museum). Unbeholfene Koine.

Der König der Bithynier Ziaëlas | (sendet) Rat und Volk der Koer | seinen Gruß. *vacat* Diogeitos, Aristo|lochos und Theudotos, die von euch | gekommenen (Gesandten) haben gebeten, das Heiligtum | des Asklepios, das bei euch° erbaut ist, | als unverletzlich anzuerkennen und | auch sonst der Stadt Gunst zu erweisen, | so wie auch Nikomedes, | unser Vater, wohlwollend geson|nen war dem Volke. *vacat* Wir pflegen° uns al|ler zu uns° kommenden | Hellenen | anzunehmen, | in der Überzeugung, daß zum Ruhm nicht | wenig diese° Sache beitrage. | Besonders die | Freunde unseres Vaters | fördern wir ständig und (so) auch euch, | wegen der persönlichen° Beziehung°, die unseren Vater | verband mit eurem | Volk, und weil | König Ptolemaios | freundschaftlich mit euch verbunden ist, | der unser Freund und Bundes|genosse ist, *vacat* ferner weil auch die von euch | Abgesandten nachdrücklich | die freundliche Gesinnung betont haben, | die ihr gegen uns hegt . In Zu|kunft werden wir, so wie ihr uns bitten mögt, versuch|en, einem jeden einzeln und gem|einsam allen Gunst zu erweisen, so gut | wir können werden, *vacat* und der | Seefahrer | unter euren (Bürgern), die eventuell | landen an den | Territorien, die wir beherrschen, | (werden wir versuchen) uns anzunehmen, damit für sie Sicherheit | bestehe; ebenso (wollen wir) | auch für diejenigen, denen es passiert, daß sie durch ein Unglück | auf ihrer Seereise | an unsere Küsten geworfen werden, | uns größte Mühe geben, damit | ihnen von niemandem Unrecht geschieht. Wir erk[en]|nen ferner das Heiligtum als unverletzlich an, s[o] | wie ihr es gewünscht habt, und Diogeitos, | Aristolochos und Theudotos habe ich beauftragt°, über | dies und über unsere sonstigen | Absichten euch° Mitteilung |50 zu machen. *vacat* Lebt wohl.

### 410 Phigaleia: Isopolitievertrag mit Messenien (Messenischer Beschluß) kurz vor 240

Michel 187; SGDI 4645; IG V 2, 419 (Ph); DGE 71; Syll.[3] 472; E. Bourguet, Le dialecte laconien, 1927, 91 f. Nr. 22; StV III 495; IPArk 28 (Ü); Ager 40 I.

Kalksteinplatte aus Phigaleia/Pavlitza (EM). Stoichedon. Dorische Koine.

[Da erschienen] (sind) als Gesandte und Schie|[dsmänner (*dialaktaí*) von den Aito]lern Timaios, Kleopatros, | [– und den Beschl]uß der Aitoler über|[geben und selbst] vorgetragen haben in Übereinstimmung mit dem Inhalt d|5[es Beschlusses, indem sie den Wunsch] äußerten, daß beigelegt werde (der Streit) mit de|[n Phi(g)aleiern, in A]nwesenheit auch der aus Phi(g)aleia | [erschienenen] Tharykidas, Onomandros, Anphima|[chos, –]das, Ortholaïdas, Krataimenes, Ti|[– , D]amaretos, die denselben Wunsch äußerten, beschloß die |10 [Polis* der M]essanier: Bestehen soll zwischen den Messaniern un|[d den Phi(g)a]leiern Isopolitie* und Epigamie* | [wechsel]seitig. Abschließen soll man auch eine Symbolá*, w|[ie sie (richtig) erscheint] beiden Städten. Das L|[and sollen nutz]en beide Seiten, die Messanier |15 [und die Phi(g)]aleier, so wie wir es auch jetzt nutzen. | [Was wir sons]t miteinander vereinbaren werden, | [sollen bei]de beschwö[ren°], und Stelen soll man aufstellen in den | [Heiligtümern], wo es beschließen beide Poleis. | [Wenn nicht ver]harren die Phi(g)aleier bei der Freund|20[schaft mit den M]esseniern und Aitolern, soll unwirksam | [sein diese Überein]kunft. Beschlossen haben auch die Phi(g)alei|[er, so zu handeln, wie d]ie Messanier beschlossen haben. [Ei|d der Messanier: Ich schw]öre beim Zeus Ithomatas, der Hera [– | –]os und den Schwurgöttern [allen, |25 zu verharren –] bei der Freundschaf[t, die besteht (?) | zu den Aitolern und Phi(g)]aleiern, [– | –]

## 411 Samothrake: Ehrenbeschluß für den ptolemäischen Strategen Epinikos 240–221

American Journal of Philology 60, 1939, 452 ff.; Bulletin de correspondance hellénique 63, 1939, 133 ff.; Historia 28, 1979, 88 f.
Marmorblock aus Samothrake (EM).

Beschlossen hat der [Ra]t; [der B]a[si]|leus* P[o]lychares Sohn des [L]eocha|res stellte den Antrag: Da Epinikos, | eingesetzt von Kö|5nig Ptolemaios (als Strategos*) über | Maroneia, ein Mitbürger und | Freund, der wohlgesonnen ist unserem [V]olk | und sich in den die Götter betreffenden Angelegenheiten pie|tätvoll zeigt, unabläs|10sig Dienste erweist sowohl | allgemein unserer Stadt als auch im einzelnen all denen | von unseren M[itbür]gern, die sich an ihn wenden, | ohne bei irgendeiner der an ihn gerichteten Bit[te]|n unserem Volk gegenüber Einwände zu erheben, |15 und (da er,) als die „Festung" (= die Peraia*) von | den Barbaren bekriegt wurd|e, alles Erdenkliche an Engagement und Be[reit]|willigkeit zeigte, daß sie | erhalten bleibe, indem er Soldaten |20 entsandte, die den Sch|utz übernehmen sollten, sowie Katapulte, | Geschosse und Leute zu ihrer° Bedienung, | und (da er,) als man ihn ersuchte, als Darle|hen Geld zur Verfügung zu stellen für die Sold|25zahlungen an die (thrakischen) | Tral(l)er, die den Schutz° der „Festung" übernommen° hatten°, (der Bitte) Gehör schenk|te im Bestreben, in Übereinstimmung mit der Hal|tung des Königs zu handeln | und entsprechend den bereits [vo]n° i[hm]° gewährten |30 Privilegien für | [d]ie [St]a[dt], und er, als eine Ge[sandt]schaft | zu ihm entsandt° worden war, | als zinsloses Darlehen Geld zur Verfügung stellte für die | [Einrich]tun[g eines] Get[reidefonds] in Krisenzeiten, | [–]

## 412 Dreisprachiger Ehrenbeschluß der ägyptischen Priesterschaft für Ptolemaios III. und Berenike (sog. Kanopos-Dekret) 238

M. L. Strack, Die Dynastie der Ptolemäer, 1897, 227 ff. Nr. 38 (*A*/*B*); Michel 551 (*B*); OGIS 56 (griech. Text nach *B*, Zeilenabteilung nach *A*; so auch in unserer Übers.); J. G. Milne, Greek Inscriptions [Caire], 1905, 22186 (*B*) und 22187 (*A*); K. Sethe, Hieroglyphische Urkunden der griechisch-römischen Zeit, II, 1904, 124 ff. (*A*, auch griech. Text); SB 8858; M. Vandoni, Feste pubbliche e privati nei documenti greci, 1964, 1; A. Bernand, Le Delta égyptien d'après les textes grecs, 1970, 989 ff. Nr. 1 (Ph, Ü); E. Bernand, Inscriptions grecques d'Égypte et Nubie au Musée du Louvre, I, 1992, 1 (nur

*C*; Ph, Ü); A. Bernand, La prose sur pierre dans l'Égypte hellénistique et romaine, 1992, I 9–10 (*A* und *C*; Ü).

Drei jeweils dreisprachige Exemplare (hieroglyphisch, demotisch, griechisch): *A* Oberteil einer Kalksteinstele aus den Ruinen von Tanis (Kairo, Museum), oben Rundgiebel mit Relief (Flügelsonne). – *B* Kalksteinstele aus Kom-el-Hisn (Kairo, Museum), oben Rundgiebel mit Relief (Flügelsonne, darunter Anbetung von Göttern durch die Königsfamilie; Abb. bei G. Hölbl, Geschichte des Ptolemäerreiches, 1994, 102). – *C* Fragment einer Granitstele mit Rundgiebel aus Kairo (Paris, Louvre).

Unter der Regierung des Königs Ptolemaios Sohn des Ptolemaios und der Arsinoe, der Geschwistergötter, im neunten Jahr, als Apollonides Sohn des |2 Moschion Priester° war des Alexander und der Geschwistergötter und der Wohltätigen Götter; Kanephore (Korbträgerin) der Arsinoe Philadelphos war Menekrateia | Tochter des Philammon; am siebten (Tag) des Monats Apellaios, (nach der Zeitrechnung) der Ägypter am siebzehnten Tybi (= März 238). Beschluß: Die Erzpriester |4 und Propheten* und die ins Adyton* zur Bekleidung der Götter Einziehenden und die Pterophóroi („Flügelträger") und Hierogrammateis („Tempelschreiber") und | die übrigen Priester, die sich aus den Heiligtümern im Lande versammelt haben zum fünften (Tag) des (Monats) Dios, an dem gefeiert wird der Geburtstag des |6 Königs, und zum fünfundzwanzigsten (Tag) desselben Monats, an dem er die Königsherrschaft von seinem Vater übernommen hat, haben° während ihrer Sitzung | an diesem Tag im Heiligtum der Wohltätigen Götter in Kánopos den Antrag gestellt: Da König Ptolemaios Sohn des Ptolemaios und der Arsinoe, der Geschwistergötter, |8 und Königin Berenike, seine Schwester und Gemahlin, die Wohltätigen Götter, allzeit den Heiligtümern im Lande viele bedeutende Wohltaten erweisen und | die Ehrungen für die Götter ständig mehren und für (die heiligen Stiere) Apis, Mnevis und die anderen hochgeschätzten heiligen Tiere im Lande |10 in jeder Weise sorgen mit hohen Kosten und großem Aufwand, und (da) der König° die heiligen Götterbilder, die aus dem Land fortgeschleppt worden waren durch | die Perser, in einem Feldzug nach Ägypten zurückgebracht und den Heiligtümern zurückgegeben hat, aus denen ein jedes seinerzeit weggeführt worden war, und (da er) das |12 Land in dauerhaftem Frieden bewahrt, indem er für es gegen viele Völker und die über sie Herrschenden Krieg führt, und da sie (= das Königspaar) den (Bewohnern) des Landes | allen und den übrigen Untertanen ihres Königtums gedeihliche Ordnung (*eunomía*) bieten, und (da), als die Nilschwemme einmal unzulänglich |14 ausfiel und alle Bewohner des Landes niedergeschlagen waren wegen dieser Tatsache und sich erinnerten an das Unglück, das sich ereignete | unter einigen der früheren Könige, unter denen die Bewohner des Landes unter Dürre litten, sie fürsorglich eintraten |[16] für die Menschen in den Heiligtümern und für die anderen Bewohner des Landes und dabei große Umsicht zeigten und auf einen nicht geringen Teil ihrer Steuereinnahmen ver|zichteten um der Rettung der Menschen willen, und indem sie aus Syrien und Phoinike und Kypros und zahlreichen anderen Gegenden Getreide herbei|[18]holen ließen in das Land zu höheren Preisen, haben sie die Bewohner Ägyptens gerettet und so eine unsterbliche Wohltat und von ihrer Vortrefflichkeit | eine großartige Erinnerung den heute Lebenden und den künftigen Generationen hinterlassen. Dafür haben die Götter ihnen Stabilität ihrer Königsherrschaft geschenkt, |[20] und sie werden ihnen allen weiteren Segen auf alle Zeit schenken. – Zu gutem Glück! Es möge Beschluß der Priester im Lande sein, daß die bereits bestehenden Ehrungen | in den Heiligtümern für König Ptolemaios und Königin Berenike, die Wohltätigen Götter, und ihre Eltern, die Geschwistergötter, und ihre Großeltern, |[22] die Rettenden Götter, gemehrt werden, und daß die Priester in jedem Heiligtum im Lande auch die Bezeichnung „Priester der Wohltätigen Götter" tragen und (mit dieser Bezeichnung) einzutra|gen sind in allen Dokumenten, und daß in ihre Siegelringe auch die Priesterschaft der Wohltätigen Götter eingraviert werden soll. (Und es soll beschlossen sein,) daß zusätzlich |[24] zu den jetzt bestehenden vier Phylen (*hier* = Abteilungen) der Priesterschaft in allen Heiligtümern eine weitere eingerichtet werde mit dem Namen „fün|fte Phyle der Wohltätigen Götter", da, zu gutem Glück!, auch die Geburt des Königs Ptolemaios Sohnes der Geschwistergötter sich ereig|[26]nete am fünften Dios, für alle Menschen der Anfang großen Segens. In diese Phyle sind einzutragen die | Priester, die seit dem ersten (Regierungs-)Jahr (des Ptolemaios III.) Priester sind, sowie diejenigen, die hinzukommen werden bis zum Monat Mesoré im neunten Jahr sowie deren Nachkommen für alle |[28] Zeit; diejenigen, die früher bis zum ersten Jahr Priester gewesen sein, sollen in denselben Phylen bleiben, in denen sie bisher waren; ebenso sollen auch | ihre Nachkommen von jetzt an eingereiht werden in dieselben Phylen, in denen ihre Vorfahren sind. Anstelle der zwanzig Mitglieder des Priesterrates, die gewählt wurden |[30] alljährlich aus den bisherigen vier Phylen, von denen fünf aus jeder Phyle genommen wurden, sollen° (jetzt} die Priester°ratsmitglieder fünfundzwanzig | sein, indem aus der fünften Phyle „der Wohltätigen Götter" weitere fünf hinzugenommen werden. Teilnehmen sollen die aus der fünften |[32] Phyle

„der Wohltätigen Götter" (Gewählten) an den Lustrationen und allen anderen (Riten) in den Tempeln, und sie sollen einen Phylenvorsteher haben, so wie sie den anderen vi|er Phylen vorstehen. Und da in jedem Monat in den Heiligtümern entsprechend dem früheren Beschluß als Festtage der Wohltätigen Götter gefeiert werden |34 der fünfte, der neunte und der fünfundzwanzigste (Tag), und den anderen bedeutendsten Gottheiten Festtage und öffentliche Festversammlungen gewidmet werden, | soll alljährlich eine öffentliche Festversammlung gefeiert werden, in den Heiligtümern und im ganzen Lande, für König Ptolemaios und Königin Berenike, |36 die Wohltätigen Götter, an dem Tag, an dem das Gestirn der Isis (= Sirius) aufgeht, der nach den heiligen Schriften als Neujahrstag gilt und derzeit, im | neunten Jahr, auf den Neumondstag (= 1.) des Monats Paÿni fällt, an dem die Kleinen und die Großen Bubastia gefeiert werden, die Feldfrüchte geerntet werden und die |38 Nilschwelle einsetzt. Falls der Aufgang des Gestirns sich innerhalb von vier Jahren auf einen anderen Tag verschiebt, soll man nicht | die Festversammlung verlegen, sondern weiterhin am 1. Paÿni begehen, an dem sie seit Beginn im neunten Jahr begangen wird; sie soll ausgedehnt werden auf fünf° Tage |40 mit Tragen von Kränzen, Opfern, Libationen und den sonstigen angemessenen (Riten). Damit sich aber auch die Jahreszeiten in allem ordnungsgemäß verhalten nach der derzeitigen | Einteilung des Kosmos und es nicht dazu kommt, daß manche der öffentlichen Feste, die im Winter gefeiert werden, einmal in den Sommer fallen, weil das Gestirn |42 sich in vier Jahren um einen Tag verschiebt, und wieder andere, die jetzt im Sommer gefeiert werden, in den Winter fallen, in künftigen Zeiten, so wie es frü|her geschehen ist und auch jetzt geschehen würde, da der Zuschnitt des Jahres bleibt bei den dreihundertsechzig Tagen und den später hinzu|44gerechneten fünf Epagomenen (Zusatz-, Schalttagen), soll von nun an alle vier Jahre ein Tag als Festtag der Wohltätigen Götter hinzuaddiert werden zu den fünf | Epagomenen vor dem Neujahrstag, damit alle wissen, daß das frühere Manko in der Ordnung der Jahreszeiten und des Jahres und der Gewohn|46heiten in der gesamten Organisation des Kalenders berichtigt und aufgefüllt worden ist durch die Wohltätigen Götter. Und da die dem König Ptolemaios | und der Königin Berenike, den Wohltätigen Göttern, geborene Tochter mit Namen Berenike, die alsbald zur Basilissa (*hier* = Prinzessin) erhoben wurde, (da es) geschah, daß sie noch als° Mädchen |48 alsbald hinüberging in das ewige All, als die Priester aus dem Lande noch zu ihrer jährlichen Zusammenkunft beim König weilten, | die alsbald große Trauerbekundungen wegen des

Trauerfalls bezeigten und durch ihre Bitten den König und die Königin dazu brachten, die Göttin neben Osiris zu konsekrieren im |50 Heiligtum in Kanopos, das nicht nur zur ersten Klasse der Heiligtümer, sondern auch zu den vom König und allen Bewohnern des Landes höchstverehrten gehört, | und auch die Ankunft des Heiligen Schiffes des Osiris erfolgt alljährlich in diesem Heiligtum aus dem Tempel im Herakleion am neunundzwanzigsten des (Monats) Choiach, wenn die (Priester) aus den |52 Heiligtümern der ersten Klasse alle Opfer vollziehen auf den von ihnen errichteten Altären im Namen eines jeden Heiligtums der ersten Klasse auf beiden Seiten der Zugangsstraße (= Sphingenallee); | danach vollzogen sie die Riten zu ihrer (Berenikes) Konsekration und die Beendigung der Trauerzeit in hervorragender und sorgfältiger Weise, so wie es auch für (die heiligen Stiere) Apis |54 und Mnevis üblich ist; (deshalb) sei es Beschluß, der Prinzessin Berenike, der Tochter der Wohltätigen Götter, ewige Ehrungen zu vollziehen in allen | Heiligtümern des Landes, und da sie dahingegangen ist zu den Göttern im Monat Tybi, in dem auch die Tochter (= Hathor-Tefnut) des Helios (= Re) einst dahingeschieden ist – sie, die ihr Vater in Liebe |56 sein Königreich und manchmal auch sein Augenlicht genannt hat; und man begeht für sie ein Fest und eine Rundfahrt in zahlreichen Heiligtümern der ersten Klasse in diesem Monat, in dem ihre Vergöttlichung | einst erfolgt –, (sei beschlossen,) auch der Prinzessin Berenike, der Tochter der Wohltätigen Götter, in allen Heiligtümern im Lande im Monat Tybi ein Fest und eine Ru|58ndfahrt zu feiern, vier Tage lang vom siebzehnten an, an dem erstmals die Rundfahrt und die Trauerbeendigung für sie erfolgte. Man soll von ihr ferner anfertigen | ein heiliges Götterbild aus Gold und Edelsteinen in jedem der Heiligtümer erster und zweiter Klasse und es aufstellen im Tempel; der Prophetes oder einer der ins Adyton zugelassenen |60 Priester zur Bekleidung der Götter(statuen) wird es auf den Armen tragen, wenn die Prozessionen und Festversammlungen der anderen Götter erfolgen, damit es von allen gesehen | und kniefällig verehrt werden kann, und es soll heißen „(Bild) der Berenike, der Herrin der Jungfrauen". Die Königskrone (*basileía*), die dieses Bild trägt, soll, anders als diejenige, die aufgesetzt ist |62 den Bildern ihrer Mutter Königin Berenike, aus zwei Ähren bestehen°, zwischen denen das schlangenförmige Königszeichen (= Uräusschlange) ist, dahinter ein gleichgroßes | papyrusförmiges Zepter°, wie es die Göttinnen in den Händen zu haben pflegen, um das der Schwanz des Königzeichens (Uräus) gewunden ist, so daß auch die Anlage der Krone erken|64nen läßt den Namen „Berenike" in Zeichen der heiligen

Schrift (Hieroglyphen). Und wenn (das Fest) Kikellia begangen wird im Monat Choiach vor der Rundfahrt des Osiris, sollen | die Töchter der Priester ein weiteres Bild der Berenike, Herrin der Jungfrauen, vorbereiten, für das sie gleichfalls Opfer und die sonstigen Riten vollziehen |66 an diesem Fest. Es sollen in gleicher Weise auch die anderen Jungfrauen, die es wollen, der Göttin die Riten spenden können. Preislieder sollen ihr gesungen werden v|on den auserlesenen heiligen Jungfrauen, die im Dienst der Götter stehen und die eigenen Kronen der Gottheiten tragen, als° deren Priesterinnen sie gelten; |68 und wenn die Frühsaat reif ist, sollen die heiligen Jungfrauen Ähren (vom Ufer) hinauftragen, die dem Bild der Göttin beigegeben werden; besingen sollen sie | täglich, auch an den Festtagen und Festversammlungen der anderen Gottheiten, die Sänger und Sängerinnen mit den Hymnen, die die Tempelschreiber auf|70zeichnen und dem Gesangsleiter geben und deren Abschriften in die heiligen Bücher aufgenommen werden. Und da den Priestern der Unterhalt zugeteilt wird aus | den Heiligtümern, sobald sie in den Verband (*pléthos*) eingeführt worden sind, sollen die Töchter der Priester aus den Tempeleinkünften vom Tag ihrer Geburt an den |72 Unterhalt bekommen°, festzusetzen° durch die Priesterratsmitglieder in jedem Heiligtum entsprechend (der Höhe der jeweiligen) Tempeleinkünfte, und das Brot, das man den Frauen | der Priester gibt°, soll eine eigene Form haben {*oder*: einen bestimmten Siegelabdruck tragen} und „Berenike-Brot“ heißen. Der im jeweiligen Tempel eingesetzte Epistates* und der Erzpriester und die Tempel|74schreiber sollen diesen Beschluß aufschreiben lassen auf eine Stele aus Marmor oder Bronze, in heiligen Zeichen und in ägyptischen und in griechischen, und sollen sie aufst|ellen lassen an der am besten sichtbaren Stelle der Heiligtümer erster, zweiter und dritter Klasse, damit sichtbar wird, daß die Priester im Lande die Wohltätigen Götter und ihre Kinder ehren, |76 so wie es recht ist.

**413 Beroia (Makedonien): Freilassungsurkunde um 235**

SEG 12, 314; Choix 38 (Ü); ISE II 109 (Ü).
Marmorstele mit Giebel (Veria, Museum).

*vacat* Zu gutem Glück! *vacat* | Als Demetrios König war im siebenundzwanzigs|ten Jahr, im Monat Peritios, als Priester war Apolloni|des Sohn des Glaukias. *v* Gezahlt haben für ihre Freilassung Kosmos, |5 Marsyas und Ortyx an Attinas Sohn des Alketas für sich selbst *v* | und für ihre Frauen Arnion, Glauka, *v* Chlidane, | und für ihre Kinder, die derzeit vorhandenen und falls welche später | hinzukommen, und für all ihre Habe, für einen | jeden fünfzig Gold(-Statere*). *v* Und Spazatis hat für sich |10 selbst und ihre Habe gezahlt | fünfundzwanzig Gold(-Statere)°. Wenn sie bleiben bei *vvvv* | Attinas, solange Attinas lebt, und tun, was (ihnen) At|tinas befiehlt, können sie nach dem Ableben des Attinas fortgehen, | wohin sie wollen. Nicht erlaubt soll es sein dem Alketas oder des Al|15ketas Frau oder den Nachkommen des Alketas oder Lare|tas, auf sie die Hand zu legen oder auf ihre Frauen oder | auf ihre Kinder oder auf Spazatis, noch sie in die Skla|verei zu führen° oder ihnen etwas von ihrer Habe wegzunehmen, | unter keinem [Vor]wand; und auch keinem anderen in ihrem Namen (soll dies erlaubt sein). Widrigenfalls |20 sollen sie frei sein, und der, der sie in Sklaverei führt, soll zahlen | für eine jede Person hundert Gold(-Statere) und dem König *v* | hundert weitere für jede Person, und wenn ihnen jemand etwas von ihrer | Habe wegnimmt, soll er zahlen | den doppelten Wert° dessen, was er ihnen weggenommen hat. [Wenn sie aber] nicht b[le]iben |25 oder nicht tun, w[as A]ttinas [bef]iehlt, sie selbst und [ihre] | Frauen un[d ihre Kinder, so]lange Attinas [lebt, soll für d]en, der das nicht tut, | unwirksam sein die Frei[lassung –]

## 414 Orchomenos: Beschluß des Achäerbundes über den Beitritt der arkadischen Stadt um 234 (199–190?)

SGDI 1634; Michel 199; IG V 2, 344 (Ph); Syll.[3] 490; DGE 428; StV III 499; IPArk 16 (Ü); Ager 43.

Fragment einer Stele (in Levidi bei Orchomenos verbaut). Schrift des letzten Drittels des 3. Jh.

[–] übertritt [– sei es daß – | –] sendet oder daß ein Archo[n – den Antrag | stellt (?) oder daß ein Privatmann dafür stimmt [– soll schuldig sein] | dreißig Talente*, die geweiht sein sollen dem Zeu[s Hamarios, und ein jeder, der will, {*oder:* der Stratagos*}, soll eine Klage |5 auf T]odesstrafe einbringen dürfen beim Koinon* d[er Achaier. *vacat* Folgendermaßen sollen schwören den Eid, den] | gleichlautenden, die Orchomenier und die Achaier, in [Aigion die Synhedroi* {*oder*: die Damiorgoi*} der Achaier und der Stra|t]agos und der Hipparchos* und der Nauarchos*, in [Orchomenos die Archonten* der Orchomeni|er:] Ich schwöre bei Zeus Hamarios, bei Athena Hamaria, bei Aphr[od]ite [und allen] G[öttern, wahrlich in]

| allen Punkten festzuhalten an der Stele und der Übereinkunft und dem Beschluß, [der gefaßt worden ist vom | [Koinon] der Achaier; und wenn einer nicht daran festhält, werde ich es nicht zulassen, so gut ich kann. [Und wenn ich den Eid | ha]lte, möge es mir gut ergehen, wenn ich ihn breche, das Gegenteil. *vacat* Von denen, die in Or[cho|menos] ein Grundstück oder ein Haus bekommen haben°, nachdem sie Achaier geworden sind, soll es keinem erlaubt sein, (dies) zu veräußel[rn] auf zwanzig Jahre. *vacat* Wenn aus den Zeiten, bevor die Orchomenier Achaier gew|[orden] sind, eine Anschuldigung vorliegt gegen (den bisherigen „Tyrannen") Nearchos oder seine Söhne, soll alles völlig nichtig sein, und n[icht | soll prozess]ieren irgend jemand aufgrund der früheren Anschuldigungen, bevor die Orchomenier Achaier gew[or|den sind; wer trotz]dem prozessiert, soll tausend Drachmen* schuldig sein, und die Klage soll nicht behandelt werden. *vacat* Betre[ffs | der] goldenen [Ni]ke des Zeus Hoplosmios, welche als Pfand hinterlegt haben die Methy[dri|er, die umgesied]elt sind nach Orchomenos, und das Geld verteilt haben, und welches einige von ihnen wegge[schafft | haben nach Methydrio]n: wenn sie das Geld nicht den Megalopoliten zurückzahlen, so wie es ein[ge|räumt hat die Po]lis* der Orchomenier, sollen diejenigen, die nicht tun, was rechtens ist, gerichtlich verfolgt werden. *vacat*

### 415 Athen: Ehrenbeschluß für Eurykleides nach 229

Michel 1492; IG II$^{2}$ 834; Syll.$^{3}$ 497; HAI$^{2}$ 56; GrMBI I 15 (Ph); SEG 32, 119 (zu Z. 2f., 16f.) (Ph: Kirchner$^{2}$ Taf. 37 Nr. 93).
Fragment einer Marmortafel aus dem Piräus (Museum).

[– als Schatzmeister] | der Militär[kasse –] | Sorgfalt {*oder*: Amtsführung} [un]d das Militär[schatzmeister-Amt ließ er ver]walten durch seinen Sohn, und auch [er selbst] hat vorgeschossen [nic]|ht wenig Geld. Und als Agonothet* folgte er einem Appell [und wand]|te sieben Talente* auf, und erneut stellte er seinen Sohn [für dieses] | Amt, und er [bekleidete] die Wettkampfleit[ung] hervorragend | und streckte nicht wenig Geld vor. Und als [das Land zu Zeiten] | der Kriege brach und unbebaut la[g, veranlaß]|te er seine Bearbeitung und Einsaat, [wofür er Gelder besorg]|te. Und die Freiheit stellte er wieder her [für die Stadt zusammen mi]|t seinem Bruder Mikion nach denen, die zurück[gegeben haben den Pi]|räus, und die [Geld]er° zur Finanzierung des Kranzes für die Sol[daten, die] | mit Diogene[s die Forts] zurückgegeben hatten, | besorgte er, und die Häfen ließ er befestigen, [und die Mauern der] | Stadt und des Piräus richtete er [her mit Mikion, seinem] | Bruder, und griechische Städte u[nd Bundesgenossen {*oder*: Könige}] | zog er [heran], und er sorgte° dafür°, daß° [von] allen, die dem Volk Gel[d schuldeten,] | der Gerechtigkeit Genüge getan wurde. [–] | indem er Geld [be]sorgte und Ath[en (?) – | –] herbeischaff[te – dem] | Volk Nützliches, [er schoß] (für andere) die Steuer vor (*proeisphorá*). | Ferner initiierte er Ges[etze, die dem Volk Nutzen brachten. Er veranstal]|tete ferner Festvorstellungen [für die Götter in prächtigster Weise, und ein zusätzliches] | H[opliten*-]Wettspiel führte er ein [zum Gedenken an die Freiheit. | Er f]örderte ferner das V[olk, indem er Heiligtümer der Götter errichtete und Kultbez]irke und eine Stoa* wei[hte und in allem Zeugnis ablegte (?) | s]einer [ehrgeizigen Bemühung] um alle A[thener – | –]

### 416 Akraiphia: Amphiktyonen-Dekret über die Asylie des Heiligtums des Ptoios und den heiligen Frieden während der Ptoia; Orakel des Trophonios 228–226? 190–178?

IG VII 4135; Michel 760; LGS 70; Syll.[3] 635; LSCG 73; Rigsby 2 (= *B*), 3 (= *A*) (Ü).

Fragment einer Marmorstele aus dem Heiligtum des Apollon Ptoios bei Akraiphia (Theben, Museum). *A* Koine; *B* boiotischer Dialekt.

(*A*) [– fünf Tag]e auf dem Hinw|[eg und auf dem Rückweg ebenso] viele und solange das Fes|[t gefeiert wird, für sie selbst und ihre] Begleitung und für das, was sie mitführen | [an Habe, allerorten.] Wenn aber jemand [gegen] diese Bestimmungen jemanden (gewaltsam) wegführt oder an ihm Pf|[and nimmt, soll er sich ver]antworten vor den Amphiktyonen. Es soll aber auch die Asy|lie* genießen das Heiligtum des Apollon Ptoios in Akraiphia, in der Weise, wie | die Stelen es abgrenzen, so wie das (Heiligtum) in Delphi. Gegen das übrige | dem Apollo Ptoios geweihte Land soll sich niemand einen Übergriff leisten; | wenn sich jemand einen Übergriff leistet, soll er sich verantworten vor den Amphiktyonen. Der | heilige Friede und die Sicherheitsgarantie sollen beginnen am fünfzehn|ten (Tag) des Monats Hippodromion „gemäß der Gottheit" (= nach dem Mondumlauf) nach dem boiotischen Kalender, | nach dem delphischen (am 15.) Apellaios. Die Vollmacht zur Verwaltung | der Angelegenheiten des Heiligtums soll liegen beim Prophetes*, beim

Priester des Apollo|n Ptoios, der Stadt der Akraiphier und beim Bund |[15] der Boioter, wie bisher, sowie bei dem Agonotheten*, | der benannt wird für die Spiele der Ptoia. Aufzeichnen soll den Be|schluß auf Stelen Ptoiokles Sohn des Potamodoros und aufstellen, | eine in Delphi im Heiligtum des Apollon, eine in A|kraiphia im Heiligtum des Ptoios, die (dritte) an der Pylaia (= Thermopylen?). Aufstel|[20]len soll man sie auch in anderen Heiligtümern, wo man es am besten befindet. | Wenn ein Verstoß geschieht gegen den Beschluß der Amphikty|onen, soll der Übeltäter zweitausend Statere* zahlen und dazu die | Schadenssumme; die Summe, auf die erkannt ist, soll geweiht | sein dem Apollon Ptoios. Übermitteln sollen den Beschluß die |[25] Hieromnemonen* an ihre jeweiligen Städte und Stammesverbände, damit alle° wis|sen, was die Amphiktyonen beschlossen haben.

(*B*) Kalliklidas, Lokrer aus Opus, stieg hinab in das Tropho|neion und kündete daraufhin, Lebadeia sei dem Zeus Basileus zu weihen | und dem Trophonios, und Akraiphia dem Apollon Ptoios, und | niemand dürfe sie beeinträchtigen. So sollen sammeln bei|[5]de (Städte) die heiligen Gelder gemeinsam zu ihrem Heil im gesamten Gebi|et und den Agon* als heilig ankündigen. Wer des | Zeus Basileus Tempel besorgt, soll° den Kranz | tragen. *vacat*

## 417 Keos: Asyliebeschluß des Aitolerbundes, keische Isopolitie mit Naupaktos und für die Aitoler 223/2 (?)

Michel 27; IG XII 5, 526 + 527A + 532 + p. 319, 321; Syll.[3] 522; DGE 386 (nur *I*); IG IX 1[2] 1, 169 A (*I*); IX 1[2] 3, 654 (*II*); StV III 508.

Fragmente zweier Anten*-Blöcke des Apollontempels von Karthaia auf Keos (EM).

(*I*) Beschluß der Aitoler: Gegenüber den [Ke]iern soll man die bestehende Freundschaft wah|ren und in Pfandhaft führen (*ágein*) soll die Keier° niemand von den Aitolern oder den in Aitolien das Bürgerrecht Ausübe|nden, von keinem Ausgangspunkt aus, weder zu Lande noch zu Was|ser, weder jemals wegen einer Anschuldigung vor den Amphiktyonen noch jemals wegen einer sonstigen, so wie wenn die Keier° Aitoler |[5] wären {*oder*: da die Keier Aitoler sind}. Wenn aber jemand die Keier in Pfandhaft führt, soll der jeweils amtierende Stratagos* | berechtigt sein, die nach Aitolien weggeführten (Güter) [wiederbeizubring]en, und die | Synhedroi* sollen° berechtigt° sein°, im Interesse der Keier [diejenigen, die sie i]n Pf[andhaft geführt haben, zu einer St]rafe zu verurteilen, | die sie für angemessen halten. Als [–] Stra[tagos war zum vi]|erten Mal; als Gesandte waren gekommen aus Ke[os –]

(*II*) |10 Als Sokrates Sohn des Timonos Theoros* war; Besch[luß des Volkes der Naupaktier:] | Die mit den Ke[iern] bestehende Freundschaft [soll man bewahren, und die Beschlüsse, die er]|gangen sind zu ihren Gunsten [früher über alle Privilegien, sollen Bestand haben (?) – | –] |

(*III*) Herakleides stellte den Antrag; Beschluß von Rat und Volk: Da die Ges|andten, die abgesandt worden waren nach Naupaktos und zu den Synhedroi der Aitoler, vermelden°, | daß jegliches Wohlwollen und Entgegenkommen erwiesen haben die Naupaktier und die Synhedroi | der Aitoler gegenüber den Städten der Keier, und daß ein Beschluß der Naupaktier vorliegt, |5 demzufolge die Keier das Bürgerrecht und das Recht, Grund- und Hauseigentum zu erwerben, erhalten, und daß die Keier auch sonst an allem teilhaben sollen, | woran auch die Naupaktier teilhaben: Beschluß von Rat und Volk der Keier: | Erhalten sollen die Aitoler das Bürgerrecht in Keos und das Recht, Grund- und Hauseigentum zu erwerben, und auch sonst | sollen sie teilhaben an allem, woran auch die Keier teilhaben – | –] die [Ar]chonte[n*, welche –] |10 Aito[l –] | nach Keos [– | – | –]

### 418 Delos: Weihung des Antigonos III. und des Hellenenbundes 222

IG XI 4, 1097; Syll.3 518; Durrbach 51; vgl. SEG 16, 450 und StV III 507. Fragment einer Marmortafel aus Delos (Museum).

König Antigo[nos, Sohn des Königs] | Demetrios un[d die Makedonen] | und die Bundesgenossen [aus der bei] | Sellasia (gewonnenen) Schla[cht, dem Apollon].

### 419 Malla und Lyttos: Bündnis und Asylievertrag um 221?

SGDI 5100; I. Cret. I xix 1; StV III 511; Chaniotis 11 (dat. Mitte 3. Jh.). Kalksteintafel unbekannter Herkunft (verloren). Kretischer Dialekt.

[– | –] in der Stadt (?) [–] in sechzi[g Ta]|gen die Hälfte, die andere Hälfte der [–] | Anzeiger; widrigenfalls s[ollen] sie selbst verfallen [sein der] | doppelten (Strafe). Wenn wir in gemeinsamem Feldzug [mit der Götter] | Willen etwas° von den Feinden erobern [und es sind zu Felde gezo]|gen die Lyttier und Mallaier, sollen erl[osen] | beide (Partner) die Anteile entsprechend den M[ännern,] | die marschiert sind. Nicht erlaubt sein soll es, gewaltsam zu nehmen (*sylan**), [weder] | dem Lyttier auf der Gemarkung der Mallaier noch d[em Mal]|laier auf der Gemarkung der Lyttier. Wenn aber jemand gew[altsam nimmt,] | soll er bezahlen die Schuld für das, was er gewaltsam genommen [hat, und] | hundert [Stater]e*. Der Kosmos (*hier* = Kollegium der Kosmoi*) soll erzwinge[n binnen ze|hn] Tagen (die Freilassung) des Freien, wenn ei[ner] etwas anderes [gewaltsam | genommmen] hat, binnen zwanzig Tagen. Wenn aber der K[osmos] (dies) nicht erzwingt, | sollen sie bezahlen, ein jedes Mitglied des Kosmos | fünfhundert Sta[tere°] an die Stadt, aus der der gewaltsame Übergriff erfolgt ist. [Versamm]|eln soll der Kosmos in jedem Jahr [die Age]|la*, die jeweils (die Jugendkleider) auszieht, und zwar die Lytti[er in Mal]|la beim Fest Monnitia (?), die Mallaier in Lyt[tos] bei [den Pythia.] | Verlesen sollen sie die [S]tele in jedem J[a]|hr in Lyttos beim (Fest) Periblema[ia in An]|wesenheit der Mallaier, in Malla b[ei] | den Hyperboia in Anwesenheit der Lyt[tier. Wenn sie] | die Agela nicht versammeln, [soll] bezahlen | der Kosmos hundert Statere, der von Lyttos [an die Mall|]aier, der von Malla an die Lyttier un[d – | –]

## 420 Labraunda: Brief Philipps V. an Mylasa 220

J. Crampa, Labraunda, III 1, 1969, 5 (Ph); vgl. SEG 40, 972.
Drei Blöcke von der Süd-Ante* des Andron (Banketthauses) des Maussollos in Labraunda.

[König Philipp sendet der Mylaseer Rat | u]nd Volk [seinen Gruß. Die Gesandten von e|u]ch, *v* Kallis[tr]a[tos], Pl[–] | haben den Volksbeschluß übergeben, [dem]zufol[ge (?) ihr dargelegt {*oder*: beschlossen} | h]abt hinsichtlich des Briefs, den erhalten [hat Hekatom|<nos (?)>, der Pr]iester des Zeus Labraundos, vo[n meinem] | Vater (adressiert) an (das karische Koinon* der) Chrysaoreis, des Inhalts, daß ihm° zu[komme die] | Priesterwürde, und daß des Ortes Si[cher]|heit (gewährleistet) sei und daß die Atelie* de[s Landes] | seinen Vorfahren [immer] zugestanden worden [sei] | von den Königen: Betrogen [habe] | Hekatomnos und kein wahres Wort gesprochen | – deswegen habe er auch den Brief° nicht sofort übergeben, | sondern (erst), als mein Vater dahingegangen war –; das | Heiligtum gehöre weder den Chrysaoreis noch [den] | übrigen Karern, sondern euch; wenn di[e] Ch[ry]|saoreis sich bemühten, es sich a[nz]ueignen, [benähmen sie sich wie Tr|unke]ne. *v* Und sie (= die Gesandten) grüßten mich im Namen [des] | Volkes und beglückwünschten mich wegen meiner Gesund[heit] | und wegen der wunschgemäßen Entwicklung meiner Angelegenheiten, so wie | der Beschluß es ihnen aufgetragen hatte, und sie trugen vor, *vv* | daß das Heiligtum euer sei, erbaut von euren | Vorfahren, und daß der Ort und das Land um | Labraunda *v* dem Volk gehöre, und daß die Einkünfte *vv* | aus diesem (Land) immer *vv* | ihr eingenommen hättet, und daß ihr mit diesen (Geldern) Opfer und | Feste feiert. Hierüber haben sie auch Beschlüsse vorge|lesen, und die Abrechnungen, die gegeben wurden der *v* | Stadt über die Einkünfte vom Priester und von den | Pächtern der Besitzungen, die dem Gott° gehören, | haben sie vorgelegt. *v* Sie legten ferner dar, daß die (Personen, die) sich in dem | Heiligtum aufhalten, eure Mitbürger sind und zu Phylen* *v* | gehören und unter denselben Gesetzen [[steh]]stehen, und *v* | daß Seleukos (II.?), als er der Stadt die Freiheit schenkte, euch° gegeben | habe zusammen mit den anderen Örtlichkeiten, die der Stadt gehören, au[ch | d]as Heiligtum, so wie ihr es seit alters besaßt, und daß (der Dynast) Olympichos, | als Seleukos ihm auftrug, [d]ie [Streitkräfte] abzuzieh[en], | [weiterhin (?) außerhalb der Stadt (?) geblieben sei | in] den Kastellen in dem Lande, f[erner, daß entsprechend sei|nen] Zugeständnissen ein Eid gel[eistet und] | auf Stelen aufgezeichnet und auf[gestellt] worden sei [in den | Hei]ligtümern, worin er festgestellt habe in der [Urkunde (?), daß] | dieses [He]iligtum und das Land um [Labr]au[nda] | und das übrige Land euch gehört, worüber er sel[bst sch|on] ausführlicher mir geschrieben hatte, daß er es [euch°] schenken {*oder*: zurückgeben} [werde], | wie sie es auch mit Recht und Billigkeit verlangen, | [und daß er] es gemäß den Eiden bekräftigen [werde]. Ich stimme damit überein | [und bedenke] die s[einerzeit] geg[enüber] meinem Vater | [von euch bewiesene loyale Gesinnung –]

## 421 Tegea: Denkmal eines Schauspielers vor 219

IG V 2, 118; Syll.[3] 1080; B. Snell, Tragicorum Graecorum Fragmenta, I, 1971, 41 Nr. 11; H. J. Mette, Urkunden dramatischer Aufführungen in Griechenland, 1977, VI D 1; Nachtergael (wie 401) 69.

Vorderfläche eines Marmorpfeilers (Ph: Bulletin de correspondance hellénique Suppl. VI, 1980, 252) vom Theater in Tegea (Museum). Jeder der sechs Abschnitte ist mit einem Kranz umgeben (*I*, *IV* und *VI* Efeu, *II* Lorbeer, *III* Ölbaum, *V* Eiche). Auf der rechten Seitenfläche Lyra.

(*I*) Bei [den] Großen° | Dionysien°* | [in] Athen | [mit dem Or]estes |5 des [Eu]ripides. |

(*II*) [Bei den Sot]erien* | [in] Delphi | mit dem Herakles | des [Eu]ripides |5 und mit dem [An]taios | des Archestratos. |

(*III*) [Bei den Pto]lemaia* | in Alexandreia | (in der Altersklasse der) [Mä]nner | [im Fau]stkampf. |

(*IV*) Bei den Heraia | mit dem Herakles | des Euripides | und dem Archelaos |5 des Euripides. |

(*V*) Bei den Naïa | in Dodona | mit dem Archelaos | des Euripides |5 und dem Achilleus | des Chairemon. |

(*VI*) Ferner bei den in den einzelnen | Städten veranstalteten | Agonen* | im Schauspiel |5 zu Ehren des Dionysos, und an so|nstigen Festen, | die die Städte veranstalteten: | achtund°|achtzig°.

## 422 Larisa (Thessalien): Volksbeschlüsse über zwei Briefe Philipps V. an die Stadt 219 und 214

SGDI 345; Michel 41; IG IX 2, 517; ILS 8763; Syll.[3] 543; Archiv für Papyrusforschung 6, 1920, 336; DGE 590; SF[4] 12; RHE 30–31 (nur Z. 1–9; 23–39); Buck 32.

Marmorstele, unten abgebrochen (Larisa, Museum). Beschlußtexte in thessalischem Dialekt, Königsbriefe in Koine.

(*I*) [Als Tag]oi* waren Anankippos Sohn des Petthalos (= Thettalos), Aristonus Sohn des Eunomos, Epigenes Sohn des Iason, Eudiko[s | Sohn des Ada]mas, Alexias Sohn des Klearchos, und als Aleuas Sohn des Damosthenes Gymnasiarch* war: Nachdem Philipp, der König, einen Brief a|bgeschickt hatte an die Tagoi und die Stadt wie folgt:

(*II*) „König Philipp (sendet) | den Tagoi und der Stadt der Larisaier° seinen Gruß. Petraios und Anankippos und Aristonus haben°, als sie auf ihrer Gesandtschaft(sreise) kamen, |5 mir dargelegt, daß auch eure Stadt infolge der Kriege mehr Einwohner braucht. Bevor wir nun an ande|re denken, die eurer Bürgergemeinschaft (*políteuma*) würdig sind, entscheide ich für die derzeitige Situation, daß ihr einen Beschluß faßt, daß den | bei euch wohnhaften Thessalern oder anderen Griechen das Bürgerrecht (*politeía*) gegeben werde. Denn wenn dies vollzogen wird und | alle zusammenbleiben° infolge der gewährten Vorteile, bin ich sicher, daß sich noch viele andere positive Folgen ergeben werden für mich wie für eure Stadt, und daß das | Land stärker bebaut wird. Jahr 2, am 21. Hyperberetaios (= etwa Sept. 219).“

(*III*) Nachdem die Stadt einen Beschluß gefaßt hat | wie folgt: „Am sechsundzwanzigsten Panamos fand eine Sondertagung statt, die Versammlung wurde geleitet von sämtlichen Tagoi, | da König Philipp einen Brief geschickt hatte an die Tagoi und an die Stadt, weil Petraios und Anankippos und | Aristonus, als sie auf ihrer Gesandtschaft (zu ihm) kamen, ihm darlegten, daß auch unsere Stadt infolge der Kriege zu|sätzlicher Einwohner bedürfe; bevor wir nun an andere dächten, die würdig seien der Bürgergemeinschaft° mit uns, | entscheide er für die derzeitige Situation, daß wir beschließen, daß den bei uns wohnhaften Petthal|lern (= Thessalern) und sonstigen Griechen das Bürgerrecht gegeben werde. Denn wenn dies vollzogen werde und alle zusammenblieben | infolge der gewährten Vorteile, sei er sicher, daß sich noch viele andere positive Folgen ergeben würden für ihn wie für unsere Stadt, und | daß das Land stärker bebaut werde. Die Bürgerschaft (*politeía*) hat beschlossen, in diesen Fragen zu handeln, wie der Kö|nig geschrieben hat, und daß den bei uns wohnhaften Petthalern und sonstigen Griechen gewährt sein soll das Bürger|recht (*politeía*), ihnen selbst und ihren Nachkommen, und daß ihnen auch die sonstigen Rechte alle offenstehen sollen wie den Lasaiern (= Dialekt für Larisaier), wenn sie sich Phylen* auswäh|len ein jeder, welche er will. Dieser Beschluß soll gültig sein auf alle Zeit, und die Schatzmeister sollen ihn ver|dingen zur Aufzeichnung auf zwei Marmorstelen und (dazu) die Namen der in die Bürgerliste Eingetragenen, und aufstellen soll man | die eine im Heiligtum des Aplun (= Apollon) Kerdoios, die andere auf der Akropolis, und die Kosten, die | hierfür entstehen, sollen sie auszahlen.“

(*IV*) Und als später König Philipp einen weiteren Brief schickte an | die Tagoi und die Polis im Amtsjahr der Tagoi Aristonus Sohn des Eunomos, Eudikos Sohn des Adamantos, Alexippos Sohn des Hippolochos, | Epigenes Sohn des Iason, Nymeinios Sohn des Mnasias, als Gymnasiarch Timunidas Sohn des Timunidas war, wie folgt: |

„König Philipp sendet den Tagoi und der Polis seinen Gruß. Ich erfahre, daß die (Namen derer,) die eingebürgert wurden entsprechend | meinem Brief und eurem Beschluß und auf die Stelen aufgeschrieben wurden, (wieder) ausgemeißelt sind. Falls | dies sich so verhält, haben die, die euch dazu rieten, verstoßen sowohl gegen die

Interessen eurer Vaterstadt | wie gegen meine Entscheidung. Denn daß es das Allerbeste ist, wenn möglichst viele an der Bürgergemeinschaft (*políteuma*) teilhaben | und dadurch die Stadt stark ist und das Land nicht wie jetzt als häßliche Brache ist, würde doch, meine ich, auch von euch keiner be|streiten. Man kann es aber auch an den anderen beobachten, die sich ähnlicher Einbürgerungen bedienen, unter denen auch die Röm|er sind, die sogar ihre Sklaven, wenn sie sie freilassen, in die Bürgerschaft (*políteuma*) aufnehmen und ihnen zu den Magistraturen (!) Zu|gang gewähren und auf solche Weise nicht nur ihre eigene Vaterstadt groß gemacht, sondern sogar Kolonien (*apoikíai*) an nahezu | [si]ebzig Orte entsandt haben. Indessen ermahne ich euch auch jetzt noch, unparteiisch | [diese] Angelegenheit anzugehen und die von den Bürgern Ausgewählten ins Bürgerrecht zurückzuversetzen; wenn | [einige] etwas Unverzeihliches verbrochen haben gegen das Königtum oder gegen die Stadt oder aus einem anderen Grund nicht würdig sind, | [einbezogen] zu sein in diese Stele, (ermahne ich euch) über diese [die Entscheidung] zu verschieben, bis ich nach meiner Rückkehr vom | [Feldz]ug (die Fälle) anhören kann. Indessen warnet vorab die, welche gegen jene Anklagen vorbringen wollen, damit es nicht erkennbar wird, daß sie aus P[a|rteil]ichkeit dies tun. Jahr 7, am 13. Gorpiaios (= Juli/August 214)."

(*V*) Die Stadt hat einen Beschluß gefaßt wie | folgt: „Am einundzwanzigsten Themistios, als Alexippos eine Tagung der Versammlung über sakrale Angelegenheit leitete, auf Antrag des Alexippos, | hat die Bürgerschaft (*politeía*) beschlossen: alle diejenigen der Eingebürgerten, die ausgenommen werden, sollen die Tagoi au[f]schrei[ben] | auf eine weißgestrichene Tafel und (diese) persönlich aufstellen auf der Agora*, von den übrigen Eingebürgerten gemäß dem Bri[e]|f des Königs die Namen sowie die Briefe des Königs und die Beschlüsse, den früher gefaßten | und den heutigen sollen sie aufzeichnen lassen auf zwei Marmorstelen und die eine aufstellen lassen im Heiligtum des Aplun Kerdoios, | die andere auf der Akropolis im Heiligtum der Athena, und die hierfür anfallenden Kosten sollen die | Schatzmeister auszahlen aus den allgemeinen Einkünften, und dieser Beschluß soll gültig sein für alle Zeit.

(*VI*) Die ins Bürgerrecht | Aufgenommenen gemäß den Briefen des Königs und gemäß den Beschlüssen der Stadt: | Aus Samothrake: (*1 Name*). Aus Krannon: (*142 Namen*). Aus Gyrton: (*mehr als 60 Namen; dann ist die Inschrift abgebrochen*).

## 423 Epidauros: Epigramm auf Philipp V. nach seinen Siegen über Aitoler und Sparta 218

IG IV 1372; J. Geffcken, Griechische Epigramme, 1916, 174; F. Hiller von Gaertringen, Historische griechische Epigramme, 1926, 102.

Zwei Teile einer Marmorbasis aus Epidauros. Verse (vier Distichen; Zeilenenden mit Versenden identisch).

Solange die Sonne [und die Sterne den] weit[en Himmel] durch[wan]dern, | ist zu rühmen der Hellenen Heg[emon* aus (dem Geschlecht) der Argeaden.] | Bin ich auch aus Erz, [so verkündige ich doch, wer auf der weiten] Insel | Apis (= Peloponnes) verderbenbringende [Knechtschaft] abw[ehrte]. |[5] Viel [Schlimmes] hat er über die S[chlimmes vollbringenden] Aitoler gebracht, | unendliches Leid über das an Fohlen reiche [lakonische Land]. | So hat nun mich Epidauro[s errichtet; do]ch du beschütze, | o Zeus, den, der über Sparta h[errlichen] Ruhm [sich erwarb].

## 424 Athen: Ehrenbeschlüsse für Eumaridas aus Kydonia für die Befreiung von Piratenopfern 217/6 und 209/8

IG II$^{2}$ 844 Z. 1–48; Michel 131; Syll.$^{3}$ 535–536; A. Bielman, Retour à la liberté, 1994, 119f. Nr. 31 (dat. 229/8; Ph, Ü).

Marmortafel aus der Gegend nördlich des Hephaisteion (EM). Oben Giebel. In Z. 49ff. folgt ein späterer Ehrenbeschluß für den Sohn des Eumaridas.

(*I*) Götter! | In dem Jahr, da Heliodoros Archon* war, die (Phyle*) Kekropis hatte als elf|te die Prytanie* inne, im (Monat) Thargelion; Lysistratos Sohn des Phylarchi|des aus (dem Demos*) Oinoe stellte den Antrag: Da Eumaridas schon bei früherer |[5] Gelegenheit, als Bukris bei Raubzügen durch unser La|nd zahlreiche unserer Mitbürger nach Kreta verschleppte und | auch der sonstigen Mitbewohner der Stadt, viele wertvolle Diens|te dem Volk erwiesen und Geld vorgestreckt hat a|us seinem Privatvermögen für die zwanzig Talente, die vereinbart worden waren für |[10] die Gefangenen, (da) er ferner den Gefangenen Geld geliehen hat für die Reisekosten, | und (da) er jetzt, als das Volk Gesandte schickte, damit die | Vorrechte gültig bleiben, an alle Kreter, und damit, | falls irgendwo den (in den Hafen) einlaufenden Seefahrern das Recht des Beuteverkaufs zugestanden sein sollte, dieses aufgehoben werde, | mit seiner Fürsprache dafür eintrat, daß alles in die Tat umgesetzt werde, was förderlich ist |15 unserem Volk; er hat ferner teilgenommen an der Gesandtschaft nach Knosos und zu (dessen) Bundes|genossen und hat den Gesandten nach Polyrhen Briefe mitgegeben | an seine Freunde, damit diese sich mit ihnen zusammen bei den Verhandlungen einsetzten | für die Interessen. Er nahm es auf sich, seine ganze Für|sorge darauf zu verwenden, daß die Vorrechte des Volkes gültig bleiben |20 bei allen Bewohnern Kretas. Damit nun | klar ersichtlich wird, daß das° Volk diejenigen ehrt, die den Erweis dafür erbringen, welche Gesinnung sie haben, | zu jeder Zeit, soll es – zu gutem Glück! – Beschluß des Volkes sein, | daß man Eumaridas Sohn des Pankles aus Kydonia belobigt und ihn bekrä|nzt mit einem goldenen Kranz im gesetzlich festgelegten Wert in Würdigung seines Wohlwollens |25 und seines Einsatzes für Rat und Volk der | Athener, und daß man von ihm eine Bronzestatue auf der Akropolis errichtet; | er soll ferner, wenn er auch künftig Dienste erweist, | in einer seinen Wohltaten angemessenen Weise geehrt werden. Aufzeichnen lassen soll die|sen Volksbeschluß der Schriftführer des Volkes auf eine Marmorstele |30 und sie aufstellen lassen neben der Statue. Die entstandenen Kosten | für die Aufstellung der Statue und der Stele sollen anweisen der | Schatzmeister der Militärkasse und die mit der Verwaltung Beauftragten. | *vacat* |

(*II*) Im Amtsjahr des Archelaos, im Schaltmonat Anthesterion; Dionysios Sohn des Theo|philos aus (dem Demos) Elaius stellte den Antrag: Da wegen des Wohlwollens, das |35 Eumaridas aus Kydonia stets dem Volk entgegenbringt°, schon bei früherer Gelegenheit | das Volk beschlossen hat, eine Bronzestatue von ihm zu errichten, und (da) nun Euryklei|des und Mikion die Dienste darlegen, die er er|weist, und darum ersuchen, daß bewilligt werde die Errichtung im Heiligtum des | Demos und der Chariten, so soll es – zu gutem Glück! – Beschluß des Volkes sein, |40 daß dem Eumaridas gestattet werde die Aufstellung der Statue, die früher | das Volk beschlossen hat, im Heiligtum des Demos und der Chariten, | so wie es für ihn Eurykleides und Mikion erbitten, und daß | auch die übrigen für ihn beschlossenen Ehren gültig sein sollen. |

(*In einem Kranz*:) Rat |45 und Volk | (ehrten) Eumaridas | Sohn des Pankles | aus Kydonia.

## 425 Sardeis: Brief des Antiochos III. an die Stadt 213

Ph. Gauthier, Nouvelles Inscriptions de Sardes, II, 1989, 13ff. Nr. 1 (Ph, Ü) = SEG 39, 1283.
Marmorblock, gefunden in der Synagoge von Sardeis (Grabungshaus).

[–] | werdet ihr binnen drei Jahren regeln; a[l]sb[a]ld ist° Holz | zum Wiederaufbau der Stadt zu fällen und abzufahren | aus den Wäldern von Taranza, entsprechend der Entscheidung des Zeuxis. *vacat* |5 Wir erlassen euch ferner den Zwanzigsten (Abgabe von 5 %), der aufgeschlagen worden ist | auf den städtischen (Zwanzigsten) {*oder:* auf das städtische (Land)}; und ich° habe° angeordnet°, das Gymnasion, das ihr früher benützt habt, | euch wiederzugeben, und habe | über alle Punkte an Zeuxis und Ktesikles geschrieben°. Über | diese (Angelegenheiten) werden euch auch Metrodoros und seine Begleiter Bericht erstatten. *vacat* | *vacat* Lebt wohl! *vacat* (Jahr) 99, am 5. Xandikos (= etwa 5. März 213).

## 426 Sardeis: Volksbeschluß; Briefe der Königin Laodike und des Antiochos III. an die Stadt 213

Gauthier (wie 425) 47ff. Nr. 2 (Ph, Ü) = SEG 39, 1284.
Marmorblock, gefunden in der Synagoge von Sardeis (Grabungshaus). Dossier von drei Dokumenten (*A–C*).

(*A*) Herakleides Sohn des Sokrates stellte den Antrag: D[a es geziemend ist (?), d]en Br|ie[f, d]en die Königin geschrieben hat [an de]n Rat | und das Volk über die vom Volk beschlossenen Ehrungen für den | König und die Königin und ihre Kinder, aufschreiben zu lassen auf den |5 Wandpfeiler des Tempels im Metroon*, soll es Beschluß sein des Rates und d[es] | Volkes, daß der Schatzmeister die Aufzeichnung vornimmt; die hierfür entstehenden Kosten soll er° anweisen | aus den von ihm verwalteten Einnahmen. *vacat* Im (Monat) Oloios. |

(*B*) Königin Laodike sendet Rat und Volk der Sardeianer ihren Gruß. | Metrodoros, Metrophanes, Sokrates und Herakleides, eure |10 Gesandten, haben den Beschluß übergeben, demzufolge ihr die Weihung eines heiligen Bezirks „Laodikeion“ | und die Errichtung eines Altars beschlossen habt, ferner die Begehung eines Festes „Laodikeia“ | alljährlich im Monat Hyperberetaios am fünfzehnten | und die Veranstaltung eines Festzugs und eines Opfers an Zeus Genethlios (= Schützer der Familie) zu meines° Bruders | König Antiochos und meinem und unserer Kinder *vacat* |[15] Heil; und die Gesandten haben uns gebeten (diese Ehrungen anzunehmen) in Übereinstimmung mit dem, was in | dem Beschluß vorgesehen ist. Die Ehrungen haben wir entgegen|genommen mit Freuden, und wir loben den Eifer des Volkes | [und werden versuch]en, allzeit eurer Sta[dt] einen Vorteil zu verschaffen. | [Berichten] werden euch hierüber auch eure Gesandten. *vacat* |[20] *vacat* Jahr 99, am 10. Panemos (etwa 6. Juni 213).

(*C*) [König Antio]chos sendet Rat und Volk der Sardeianer seinen Gr[u|ß. Eure Ges]andten Metrophanes, Metrodoros, Mos[chion (?) | – Ar]temid[o]r[– | –]

## 427 Sardeis: Brief des Antiochos III. an die Stadt 213

Gauthier (wie 425) 81 ff. Nr. 3 (Ph, Ü) = SEG 39, 1285.
Marmorblock, gefunden in der Synagoge von Sardeis (Grabungshaus).

[– haben wir euch zu]|gestanden alles, was sich auf die Wiederherstellung (eurer Stadt) bezog, und jetzt | liegt es uns am Herzen, eure Lage zu verbessern; daher haben wir getan, was | möglich war: Denn für die Néoi* haben wir für die Versorgung mit Öl (für die Körperpflege der Sportler) bestimmt, | an Stelle dessen, was ihr früher bekommen habt, jährlich zweihundert° Metretai* Öl, |[5] und bis zu dieser Menge haben wir die Reservierung von Einkünften° befohlen, | auf Grund deren, als aus einem etatisierten Fonds, ihr (das Öl) regelmäßig bekommen werdet. Und hinsichtlich der | bei euch einquartierten (Soldaten) konzedieren wir, daß sie | von den Häusern, die ihr besitzt, nicht die Hälfte, sondern (nur) ein Drittel bekommen. Wir erlass|en euch ferner die Miete, die ihr für die Werkstätten entrichtet, so|[10]fern sie auch von den anderen Städten nicht eingezogen wird. Wir halten es ferner für richtig, daß bei den | von der Stadt gefeierten Laodikeia ihr Abgaben|freiheit genießt für drei Tage, und über alle diese Punkte haben wir a[n] Zeux[is] geschrieben | [–]

## 428 Thyrrheion: Bündnis zwischen Rom und dem Aitolerbund 212 oder 211

G. Klaffenbach, Der römisch-ätolische Bündnisvertrag vom Jahre 212 v. Chr. (Dt. Akad. d. Wiss. Berlin, Sitz.-Ber. d. Klasse f. Sprachen, Lit. u. Kunst 1954, 1), 1954 (Ph) = SEG 13, 382; IG IX 1² 2, 241; StV III 536; ISE II 87 (Ü).

Fragment einer Kalksteinstele aus Thyrrheion (Museum). Nordwestgriechisch-dorischer Dialekt.

[– ge]|gen diese alle [– die | B]ehörden der Aitoler [sollen ha]nde[ln {*oder:* eintreiben}], | wie er (?) wünscht, daß gehandelt sein solle. Wenn aber von den |5 Städten dieser Stämme die Römer einige mit Ge|walt nehmen, sollen diese Städte und ihre | Gemarkungen, soweit es das Volk der Römer angeht (*wörtl.*: des Volks der Römer wegen), | dem Volk der Aitoler gehören können. | [Was] aber außer der Stadt und der Gemarkung die Röm|10er nehmen, das sollen die Römer besitzen. Wenn aber einige (*acc.*) | dieser Städte die Römer und die Aitoler gem|einsam nehmen, sollen diese Städte und ihre Gemar|[kungen,] soweit es das Volk <der Römer> angeht, den Aitolern gehören kön|nen; was sie aber außer der Stadt nehmen, soll gemeinsa[m |15 b]eiden gehören. Wenn aber einige dieser | [St]ädte zu den Römern oder zu den Aitolern über|[tr]eten oder übergehen, sollen diese | [Me]n[sch]en und die Städte und die Gemarkungen, | [soweit es das V]olk der Römer angeht, die Aitoler |20 [in ihren] Bund aufnehmen | [dürfen; diese sollen aber a]lle autonom | [sein (?) –] des von den Rö|[mern (?) –] den Fried[en | –]

## 429 Kos: Volksbeschluß mit Bürgereid über die Eingemeindung von Kalymna zwischen 205 und 201/0 (?)

Annuario della Scuola Archeologica di Atene 22/23, 1944/45 (ersch. 1952) 9f. Test. XII (Ph); StV III 545.

Marmorstele aus dem Asklepios-Heiligtum von Kos (Museum). Dorischer Dialekt. Oben Zierleiste.

Stasilas Sohn des Lykophron stellte den Antrag: Wählen soll man zwei Eidabnehmer aus jeder | Phyle*, die den Bürgern den Eid abnehmen sollen auf der Agora* | vor den Amtsträgern, und einen Schriftführer für jede Phyle und den | Vorsprecher des Eides. Ferner soll man wählen (zur Entsendung) nach Kalymna einen |5 aus jeder Phyle und einen Schriftführer für diese (Kommission). Den Eid abnehmen sollen | diese, wo der Stratagos*, den das Volk (dorthin) entsandt hat, | es anordnet. Die Poleten* sollen alsbald den Auftrag vergeben, doppelte Opfer|tiere den Bürgern bereitzustellen, (je einen Satz für) hier und für Kaly|mna. Die Opfertiere sollen sein Stier, Eber, Widder, voll erwachsen |10 allesamt. Die Bürger alle, die im (wehrfähigen) Alter sind, sollen den Eid leisten, zuerst | die

Prostatai* und die Stratagoi, von den anderen alle, die sich | hier aufhalten, vor den hier° gewählten Vereidigern, | die übrigen vor denen, die nach Kalymna geschickt | werden. Schwören lassen sollen die Männer folgenden Eid: *v* „Ich werde festhalten | an der bestehenden Demokratie und an der Wiederherstellung | der Homopolitie° (= Sympolitie*) und an den Gesetzen, die in Kos von alters her | bestehen, und an den Beschlüssen der Volksversammlung und den schriftlichen Auf|zeichnungen über die Homopolitie. Ich werde auch festhalten an der | Freundschaft und Bundesgenossenschaft mit König Ptolemaios und an den Ver|trägen mit den Bundesgenossen, die durch (Beschluß des) Volks in Kraft gesetzt sind. | Eine Oligarchie oder einen Tyrannen oder eine andere Regierungsform als die Demo|kratie werde ich nicht einrichten, unter keinem Vorwand, und wenn ein anderer | sie einrichten will, werde ich es nicht° zulassen, sondern ihn hindern, so gut ich kann. Und ich werde keines der | Forts noch auch die Zitadelle besetzen, weder indem ich sie mir selbst an|eigne noch indem ich einem andern behilflich bin, unter keinem Vorwand. | Und ich werde nicht zusehen, wie das koische (Gemeindegebiet) geschmälert wird, sondern werde es mehren | nach meinen Kräften. Ich werde auch ein gerechter Richter sein | und ein unparteiischer {*oder:* die Gleichberechtigung achtender?} Bürger und in offener und geheimer Abstimmung ohne Ansehen der Person für das entscheiden, | was mir dem Demos nützlich zu sein scheint. Fürwahr bei | Zeus und Hera und Poseidon: wenn ich diesen Eid halte, möge es mir gut | ergehen, wenn ich ihn breche, das Gegenteil. – Die Eidabneh[mer sollen vereidigen (?)] | unverzüglich vor Opfern, die in der Volksvers[ammlung verbrannt werden (?) gemäß den Be]|schlüssen der Vol[ksversammlung – Kö]|ni[g (?) –]

**430 Ikaros/Failaka: Brief eines seleukidischen Gouverneurs 204**

SEG 20, 411; Chiron 15, 1985, 13 ff. (Ph, Ü) = SEG 35, 1476; Classica et Mediaevalia 39, 1988, 94 ff. (Ü); K. Jeppesen, Danish Archaeological Investigations of Failaka/Kuwait: Ikaros, the Hellenistic Settlements, III, 1989, 82 ff. (Ph, Ü) (vgl. zur Dat. SEG 39, 1560).

Mehrere Fragmente einer Kalksteinstele von der Insel Failaka vor Kuwait (Kuwait, Nationalmuseum).

Anaxar[ch]o[s (sendet) den] Siedlern [in] Ika[ros] Gruß und Heil. | Von dem Bri[ef, den] uns Ikadio[n geschrieben] hat, | [haben wir für euch die Absch]rift unten beigef[ügt;] | so[bald ihr den] Brief [erhaltet,] |[5] beschreib[t eine Stele und] stellt sie auf | im Heilig[tum. (Jahr) 109, im (Monat) Art]emisios am [2]7. Lebt wohl. | *vacat* | Ikadion (sendet) dem Anaxarchos Gruß und Heil. Eifrig bemüht ist | der König um die Insel Ikaros, |[10] weil schon seine Vorfahren L[än]der[eie]n (?) | geweiht haben und das Heiligtum der <S>o[t]eira* verlegen° wol|lten und schriftlichen Auftrag gegeben haben den mit der | Verwaltung (*prágmata*) Beau[ftr]agten, die Verlegung vorzunehmen. | Aber diese, se[i es w]eil es ihnen° nicht gelang, |[15] se[i es aus irg]endeinem a[nderen] Grund, | haben (das Heiligtum) nicht verlegt. Als uns der König° schrieb, | haben wir uns [mit Eifer] an die Verlegung gemacht, und | wir haben eingerichtet [–] einen Agon* in sport|lichen und m[usischen (?) Disziplinen, in der Ab]sicht vorzu|[20][g]e[h]en nach d[er] Politik [des Kö]nigs und | seiner Vor[fahren]. Und hinsichtlich der auf der | Insel Nieder[gelassenen], der Neokoroi* wie auch der | anderen [–] des Soter* | und die [–] der Insel, an der Be|siedlung beteiligt gewesen (?) [rings um das Temen]os*, darin nicht ein|[25]dringen (?) [–] auf keine Weise, | sondern (unbehelligt) lassen [–.] Angelegen | möge es dir also s[ein, daß d]ie berechtigten Ansprüche erfüllt werden | der Leute [und daß sie von] niemandem beeinträchtigt | oder verpflanzt [werden. Und wenn] von diesen jemand den Wunsch hat, |[30] auf der Insel Land zu er [werb]en, so wei|[se ihnen Land an, das sie,] wenn sie es bearbeitet und bepflanzt | [haben, besitzen können] als Erbgut. Bestehen soll | [für sie auch die] Atelie*, so wie die Vorfahr|[en des König]s sie ihnen zugestanden haben |[35] [für alles, was] sie a[uf di]e Insel ausführen. Doch in | [die Gebiete in Ar]abien erlaube nie|[mandem Getreide auszuführen und auch] sonst nichts. Wenn | [aber –] von dem Fälligen | [– V]erkauf, damit es nicht passiert, |[40] [daß sie in Krank]heit (?) verfallen | [– Befiehl] nun, daß sie [diesen° (?)] Brief | [aufschr]eiben und im Heiligtum | [aufstellen. *vacat*] (Jahr) 109, [im Ar]temisios am 17. Lebe wohl.

## 431 Teos: Bestätigung der Asylie der Stadt durch die Könige der Athamanen um 204

RC 35 (Ü); SEG 38, 1227 (danach die Übers.); Rigsby 135.

Block von der Wand des Dionysos-Tempels in Teos (in Smyrna/Izmir verschollen); enthielt auch einen Asyliebeschluß der Delpher. Text in zwei Kolumnen (Z. 1 ff., Z. 15 ff.)

Von den Atham[anen]. | [K]önig [Th]eodoros [und] Amynand[ro]s entbieten dem Rat und d[em] Volk der T[e]ier | ihren Gruß. Pythago[r]as und Kleitos, die von [e]uch geschickten G[e]|sandten, haben den Beschluß überreicht [und persönlich] mit uns [Ver]handlungen [darüber] geführt, | daß unsererseits konzediert werde, daß die Stadt und ihre Gemarkung geheiligt sei dem | Dionysos und die Asylie* besitze und frei sei von Kontributionen. Nach ihrer Anhörung haben° wir bereit|willig allen ihren Bitten Gehör geschenkt und konzedieren, daß sowohl | eure Stadt als auch ihre Gemarkung geheiligt, unverletzlich und frei von Kontributionen ist. So | verfahren wir, weil wir° allen Griechen gegenüber freundschaftlich verbunden | auftreten – sind wir doch verwandt mit eben dem, | auf welchen die allen Griechen gemeinsame Benennung zurückgeht – vor allem aber, weil | wir uns mit eurer Stadt eng verbunden fühlen. Ferner, | da wir zugleich auch euch auf euer Ersuchen hin die Gefälligkeit erweisen wollen | und, wie wir meinen, [uns°] des Gottes Gnade erwerben (wollen), | [und desgleichen auch es zu unserem Grundsatz machen, bei jeder Gelegenheit] all [das] zu [tun, | was recht und billig sowie in Ordnung ist, haben° wir, nachdem] die Städt[e mit trefflichen und ruhmvollen Beschlüssen vorangegangen sind, | anerkannt die] Grenzregelung der fr[ühe|ren Könige und wollen in Zukunft versuchen,] sorgfältiger | [uns darum anzunehmen und die Fürsorge] danach [noch | vermehrt walten zu lassen und] immerdar [einer euch (erwiesenen) Wohltat Urheber zu sein]. Lebt wohl!

### 432 Dion: Bündnis zwischen Philipp V. und Lysimacheia zwischen 202 und 197

G. P. Oikonomos, Epigraphai tes Makedonias, I, 1915, 2ff. Nr. 1 (Ph); StV III 549; Ancient Macedonian Studies in Honor of Ch. F. Edson, 1981, 285ff. (Ph) (zu Z. 11–14 = SEG 31, 628; danach die Übers.); vgl. SEG 38, 603 (anderer Ergänzungsversuch).

Bläulicher Stein aus Dion (Museum). Zwei Fragmente, die in Z. 13 zusammenstoßen (alte Zeilenzählung des Fragments *b* in Klammern); ein drittes Fragment (*c*) bleibt dazu unverbunden.

[–] in de[m (?) – | – gemeinsam siege]ln sollen sie [die Vertragsausfertigung(en) – | – die] Strategoi* und die [– | – und der Schriftfüh]rer (?) mit den Gemeinde[siegeln und ein jeder mit seinem privaten Siegelring (?) – | –] den König Philipp [– | – aufzeichnen (und aufnehmen)] soll er sie in die st[ädtischen Urkunden und verharren sollen (?) beide Seiten bei den Eiden (?) | und dem V]ertrag; weder sollen° die Lysimach[eer (*z. B.*) ein Bündnis mit irgend jemandem | schließen,] das zuwiderläuft dem mit Kön[ig Philipp und seinen Nachkommen (?) geschlossenen (?) | – noch soll Kön]ig Philipp ein Bündni[s schließen, das zuwiderläuft dem mit den Lysimacheern – |10 – geschloss]enen bleibe (?). Damit aber au[ch – | – die Stadt] und die Forts und d[ie Befestigungsmauern (?) – | –] gemeinsam [– wenn es erforderlich erscheint (?) | – zu ver]bessern, über alles, was in gemein[samer Beratung beschlossen wird (?) – | (*z. B.*:) Schwören sollen den unten angefügten Eidestext] die Lysimacheer [vor den Gesandten, |15 die abgesandt wurden von] König Philipp; Köni[g Philipp soll schwören | vor den] Gesandten, die die Lysimacheer [abgesandt haben.] Schwö[ren sollen von den Lysimacheern die – |(5) folgenden E]id: *v* Eid der Lysimacheer: „Ich schwöre bei Ze[us, Ge, Helios, Ares, Athena Areia und der (Artemis) Tauropolos (?) | –] und den Göttern in Samothra[ke und allen anderen Göttern und Göttinnen und bei der Tyche des Königs Philipp (?) | Ich werde festhalten an d]er Freundschaft und dem Bündnis, das ich abge[schlossen habe mit König Philipp auf alle Zeit, und ich werde kein Bündnis abschließen, das zuwiderhandelt dem mit König |20 Philipp (?)], so wie ich mich zusätzlich vertraglich verpflichtet habe zu schwör[en (?) – und ich werde nichts übertreten von den | (Bedingungen) des Bün]dnisses auf keinerlei Weise. Und wenn [ich bemerke, daß jemand etwas gegen Philipp plant (?) {*oder*: wenn jemand gegen König Philipp zu Felde zieht (?)} – werde ich |(10) es nicht dulden {*oder*: werde ich zu Hilfe kommen} nach den Möglichkeiten, d]ie ich habe. Wenn ich den Eid halte, [soll es mir wohl ergehen, wenn ich ihn breche, soll Verderben kommen über mich und meine Nachkommenschaft." Schwören soll aber auch König Philipp | folgenden Eid: „Eid Philipps:] Ich schwöre bei Z[eus, Ge, Helios usw. – | –"]

(*c*) [– | – | – | –] autonom [– |5 – | – | – Kö]nig Philipp[os –]

### 433 Delphi: Asylie- und Ehrenbeschluß der Amphiktyonen für Antiocheia-Alabanda 202/1 (?)

SGDI 2529; Michel 252; OGIS 234; FdD III 4, 163 (vgl. zur Dat. SEG 37, 393); Rigsby 163.

Seitenfläche einer quadratischen Kalksteinbasis von der Westecke der Polygonalmauer von Delphi (Museum).

Götter! | Im Jahr, als in Delphoi Philaitolos Archon* war, auf der Herbst-Pylaia*; als Hieromna|monen* amtierten von den Aitolern

Telesarchos aus Apeiros, Leon aus Naupa|ktos, Stomios aus Machetis (?), Theodoros aus Argos (Amphilochikon), Nikobulos aus Thebai (Phthiotides), |5 Eurymachos aus Thaumakos, Dorymenes aus Hypata, Theodoros aus Kotta|is (?), Lattamios aus Bukation (?), Eudamos aus Arsinoe, Lamios aus Apollo|nia; von den Kephalleniern Oianthios; von den Delphern Aristomachos, Kallikra|tes; von den Athenern Aristokles; von den Boiotern Phoxos, Kallikrates; | von den Magneten Polemaios; von den Chiern Metrophanes; Schriftführer |10 für die Hieromnamonen war Menandros aus Thaumakos. | Zu gutem Glück! Beschlossen hat das Koinon* der Amphiktyonen: da die Stadt | der Antiocheis aus dem Ethnos* der Chrysaoreis, verwandt | mit den Hellenen, an mehrere (Städte) Gesandte abgeschickt und so | alle Ehrungen und Privilegien erhalten° hat°, und da Pausimachos, |15 ihr Gesandter, sich in jenen (Städten) ehrenvoll und würdig der Helle|nen aufgehalten und nun vom Gott einen Orakelspruch erhalten hat | und in dessen Befolgung vor unser Synhedrion* getreten ist | und über seine Heimatstadt viel Lobendes vorgetragen hat, wobei er unterstrich ihre° | Gottesfurcht und Vortrefflichkeit; ebenfalls hat er über König |20 Antiochos, den Wohltäter der Antiocheis, eine Lobrede gehalten, in der er ihm° dankte, | weil er den Antiocheis die Demokratie und den Frieden | bewahre entsprechend dem Vorbild seiner Vorfahren. (Daher) soll es Beschluß sein, ihm° zu antwor|ten, daß das Koinon der Amphiktyonen die Stadt der Antio|cheis und ihre Gemarkung als unverletzlich (*ásylos*) proklamiert und als dem Zeus Chrysaore|25us und dem Apollon Isotimos geweiht° (*hierá*), und (daß es) ihr Volk und den König Antiochos | belobigt und beide bekränzt mit einem acht Ellen hohen Bronzestandbild wegen aller | oben beschriebenen (Verdienste). Aufstellen soll man die Standbilder im Heiligtum des Apol|lon Pythios und (ihre Aufstellung) verkünden bei den Pythien. (Das Koinon) belobigt ferner Pausi|machos Sohn des Iatrokles und bekränzt ihn mit einem goldenen Kranz wegen seiner Tüchtigkeit |30 und seines Engagements für seine Heimatstadt; und verkünden soll man den Kr|anz in seiner Heimatstadt, wenn er den (bei) den Soteria* (gewonnenen) Kranz vorzeigt. | Zum Gedenken dessen für alle Zeit soll man aufzeichnen | diesen Beschluß auf der Basis (des Standbilds) des Königs Antiochos im | Heiligtum des Apollon Pythios und es an die Antiocheis senden |35 versiegelt mit dem gemeinsamen Siegel der Amphiktyonen. Meidias hat (das Standbild) gemacht.

## 434 Hierapytna: Bündnis mit Rhodos
## um 201/0 (?)

Michel 21; SGDI 3749; Syll.$^{3}$ 581; DGE 288; I. Cret. III iii 3 A (Ph); StV III 551.

Kalksteinstele, gefunden in Portogruaro (Friaul) in einem Haus verbaut, doch zweifellos aus Hierapytna, da sie zwei weitere Dokumente aus dieser Stadt enthält (Venedig, Arch. Museum). Z. 1–70 nur noch in Abschriften erhalten. Sinneinschnitte bis Z. 73 durch Leerstellen (*vacat*) oder Zeichen gekennzeichnet, danach die modernen Paragraphen.

Gott! Zu gutem Glück! | (*§ I*) Beschluß des Volkes, zu gutem Glück: Beten sollen die Priester und | die Hierothytai* zu Helios und zu Rhodos und zu allen° anderen Göttern | und Göttinnen und zu den Archagetai (Gründergottheiten oder -heroen) und den Heroen, die innehaben | die Stadt und das Territorium der Rhodier, daß nützen möge den Rhodiern und |5 Hierapytniern, was beschlossen wurde über das Bündnis. Wenn vollzogen | sind die Gebete, sollen sie ein Opfer und eine Prozession veranstalten, so wie | das Volk beschließt. *vacat* (*§ II*) Wenn der Bündnis(vertrag) in Kraft gesetzt ist und die | Eide vollzogen sind entsprechend dem schriftlichen (Vertrag), soll bestehen ein Bündnis|(verhältnis) <für die Hierapytnier> mit dem Volk der Rhodier, und die Hierapytnier sollen unterstützen |10 das Volk der Rhodier, und (ihm) Stadt und Hafen und (Flotten)stützpunkte | zugänglich machen, und loyal gesonnen und Freunde und Bundesgenossen sein für | alle Zeit. *vacat* (*§ III*) Und wenn jemand gegen Stadt oder Territorium | der Rhodier zu Felde zieht oder die Gesetze oder die Einkünfte oder die bestehlende Demokratie stürzt, sollen die Hierapytnier den Rhodiern zu Hilfe kommen |15 mit aller Kraft, so gut sie können. Wenn aber das Volk der Rhodier | eine Hilfstruppe von den Hierapytniern anfordert, sollen die Hierapytnier° abschicken | die Hilfstruppe binnen dreißig Tagen von dem (Tag) | der Anforderung durch die Rhodier an, zweihundert Mann mit Waffen, wenn | nicht die Rhodier weniger brauchen; von den Abzusenden|20den sollen mindestens die Hälfte Hierapytnier sein. *vacat* (*§ IV*) Wenn | sich die Hierapytnier im Krieg befinden, sollen sie so viele absenden, wie | sie können. *vacat* (*§ V*) Den von den Hierapytniern abgeschickten (Kriegern) sollen | die Rhodier Transportmittel zur Verfügung stellen für die Reise von Kreta | nach Rhodos. Und wenn die Rhodier° eine Hilfstruppe anfordern |25 in den ersten vier Jahren (= nach Vertragsabschluß), sollen° die Rhodier° vom Tag der An|kunft der Bundesgenossen in Rhodos an geben pro | Mann und Tag neun Obolen, den | Offizieren, die wenigstens fünfzig Mann kommandieren, | einem jeden pro Tag zwei Drachmen*. *vacat* (*§ VI*) Wenn |30 nach der genannten Zeit die Rhodier anfordern | die Hilfstruppe, sollen die übrigen (Vorkehrungen) dieselben bleiben; doch sollen° vom | Tag der Ankunft der von den Hierapytniern abgeschickten Bundesgenossen | in Rhodos die Hierapytnier den abgeschickten Bundes|genossen den Sold dreißig Tage lang zahlen°, für die fernere Zeit |35 sollen (ihn) die Rhodier zahlen, wie es schriftlich vereinbart ist. *vacat* (*§ VII*) Wenn ein Krieg entsteht zwischen den Rho|diern und einem (Gemeinwesen), das im Bündnisverhältnis steht mit den Hierapytniern, (und) falls | die Rhodier die Angegriffenen sind, sollen die Hierapytnier° den Rhodiern die Hilfstruppe senden; | wenn sie aber die Angreifer sind, die den Krieg angefangen haben, soll° es nicht zwi|ngend sein für die Hierapytnier, den Rhodiern eine Hilfstruppe zu senden. *vacat* (*§ VIII*) Wenn |40 die Rhodier einer Söldnertruppe aus Kreta bedürfen, sollen | die Hierapytnier der Söldnertruppe sicheres Geleit in der Stadt verschaffen | und auch auf ihrem Territorium und auf ihren Inseln, so gut | sie können, und sollen jede Unterstützung bieten, damit | den Rhodiern die (Aufstellung der) Söldnertruppe gelingt°. Niemandem sonst sollen° sie eine gegen die Rhodier (gerichtete) Söldnerwerbung |45 gestatten, unter keinerlei Vorwand, und es soll keiner° von den Hierapytniern Kriegsdienst leisten | gegen die Rhodier, unter keinerlei Vorwand; widrigenfalls soll er unterliegen der(selben) | Bestrafung, wie wenn er gegen die Stadt der Hierapytnier Kriegsdienst leistete, | mit Ausnahme derer, die vor (Abschluß) dieses Vertrags in Kriegsdienst getreten sind. *vacat* (*§ IX*) Den | von den Rhodiern entsandten Truppen sollen jegliche Unterstützung |50 leisten die Hierapytnier, so gut sie können, und für sie jegliche Fürsorge | treffen wie für ihre eigenen Mitbürger. *vacat* (*§ X*) Und wenn | Piraterie entsteht° in Kreta und die Rhodier zur See kämpfen | gegen die Piraten oder gegen die, die ihnen Unterschlupf oder Unterstützung gewähren, | sollen die Hierapytnier am Kampf teilnehmen zu Lande und zu |55 Wasser mit aller Kraft, so gut sie können, auf ihre eigenen Kosten; | und die gefangenen Piraten und ihre Schiffe | sind den Rhodiern zu übergeben, von der übrigen (Beute) soll (der gleiche) Anteil (= die Hälfte) jedem | der Mitstreiter zufallen°. *vacat* (*§ XI*) In derselben Weise sollen auch die Rhodier | den Hierapytniern loyal gesonnen und Freunde und Bundesgenossen sein für alle |60 Zeit, und die Befehlshaber, die von den Rhodiern entsandt werden | (zum Kommando) über die Marinestreitkräfte, sollen sich der Stadt der | Hierapytnier annehmen°, wie wenn es ihre eigene wäre, indem sie alles tun, | was zur Sicherheit und Unversehrtheit der Stadt der Hierapyt|nier (beiträgt). Und wenn ein König oder Machthaber oder sonst jemand | gegen die Stadt der Hierapytnier zu Felde zieht, sollen sie zu Hilfe kommen den Hierapyt|niern in deren Stadt mit aller Kraft, so gut sie können. *vacat* (*§ XII*) Wenn aber jemand | die rechtmäßigen Einkünfte der Hierapytnier° aus dem Meer | wegnimmt oder die bestehende Demokratie | bei den Hierapytniern stürzt und die Hierapytnier° eine Hilfstruppe anfordern, | sollen die Rhodier den Hierapytniern zwei Trieren senden; | [die Kosten für die Trieren für] zw[ei Monate sollen] die Rhodier tragen; für die fernere Zeit | [sollen die Hierapytnier für jede der beiden] Trieren pro Monat zehntausend Drachmen zahlen. (*Zierblatt*) (*§ XIII*) Wenn sich [die Rhodier°] im Krieg befinden, | [sollen sie entsenden] eine Hilfstruppe in dem Umfang, der ihnen möglich ist. (*Kreuz*) (*§ XIV*) Wenn die Hierapytnier einen Angriffskrieg beginnen | [gegen irgend jemanden ohn]e die Zustimmung der Rhodier, soll es für die Rhodier nicht zwingend sein, eine Hilfstruppe zu entsenden. (*§ XV*) Die Hilfs|truppe sollen die Rhodier entsenden binnen dreißig Tagen von dem (Tag) der Anforderung durch die Hierapytnier an, mit Ausnahme des | zwischen den Hierapytniern und den Knosiern und deren Bundesgenossen bestehenden Kriegs; für diesen dürfen | die Rhodier den Hierapytniern keine° Bündnishilfe leisten. (*§ XVI*) Und es soll auch kein Rhodier Kriegsdienste leisten gegen die Hierapytnier, unter keinerlei° Vorwand, | widrigenfalls soll er der(selben) Bestrafung unterliegen, wie wenn er gegen die Stadt der Rhodier Kriegsdienst leistete, mit Ausnahme derer, die vor (Abschluß) dieses | Vertrags in Kriegsdienst getreten sind. (*§ XVII*) Wenn aber jemand von denen, die den Piraten Unterschlupf oder Unterstützung gewähren, | nach Teilnahme der Hierapytnier an einem Vernichtungszug der Rhodier gegen die Piraten, einen Angriffskrieg führt | gegen die Hierapytnier wegen dieser Unternehmung, sollen die Rhodier den Hierapytniern Hilfe bringen mit aller Kraft, so gut sie kön|nen, und wer so (wie beschrieben) handelt, soll Feind der Rhodier sein. (*§ XVIII*) Wenn die Hierapytnier in Asien Söldner werben für einen eigenen | Krieg, sollen ihnen die Rhodier jede mögliche Unterstützung zukommen lassen, damit die Söldnertruppe sicher transportiert werden kann | nach Hierapytna; keinem anderen dürfen die Rhodier bei einer gegen die Hierapytnier gerichteten Söldnerwerbung helfen, | unter keinerlei Vorwand. (*§ XIX*) Es soll möglich sein, den Vertrag zu verbessern, wenn beide Städte dies beschließen | nach Gesandtschaftsaustausch; (*§ XX*) was gemeinsam beschlossen wird, soll rechtskräftig sein. Sobald der Vertrag ratifiziert ist, soll | das Volk alsbald fünf Männer wählen; die Gewählten sollen zusammen mit den aus Hierapytna gekommenen | Gesandten allen erwachsenen Rhodiern den gesetzlich vorgeschriebenen Eid abnehmen (des Inhalts), „verharren zu wollen bei dem Bündnis | und den Vereinbarungen, die das Volk mit den Hierapytniern geschlossen hat, ohne Trug und Ausflucht; wenn ich den Eid |[90] halte, soll es mir gut ergehen, wenn ich ihn breche, das Gegenteil". In gleicher Weise den Eid abnehmen sollen auch den Gesandten | der Hierapytnier die Prytanen* alsbald in der Volksversammlung; die Eidopfer soll der Opferpriester bereitstellen | und die Schatzmeister sollen (dafür) die im Gesetz vorgesehene (Summe) auszahlen. Damit auch die Hierapytnier unserem Volk den Eid leisten, | soll man einen Kurier wählen; der Gewählte soll nach seiner Ankunft bei den Hierapytniern diese vereidigen, in der gleichen Weise, so wie für die Rhodier | die Eidesleistung (im Vertrag) schriftlich festgelegt ist, und er soll das Wohlwollen betonen, das ihnen gegenüber |[95] das Volk der Rhodier hegt. (*§ XXI*) Damit die Beschlüsse über das Bündnis und die Vereinbarungen durch Auf|zeichnung auf Stelen für alle Zeit manifestiert seien, soll das Volk eine Stele aufstellen in Rhodos in [dem | H]eiligtum der Athena; die Poleten* sollen nach den Anweisungen des Architekton* die Verdingung vornehmen, daß (die Stele) aus lartischem° Marmor | hergestellt werde, die Beschlüsse der (beiden) Städte über das Bündnis daraufgeschrieben werden und (die Stele) im Heiligtum aufgestellt werde, mit einem [maxim]|alen Aufwand von hundert Drachmen; die tatsächliche Summe sollen die Schatzmeister auszahlen aus den Mitteln, die für Volksbeschlüsse |[100] veranschlagt sind. Auch die Hierapytnier sollen (den Vertrag) aufzeichnen und (die Stele) aufstellen in ihrer Stadt in einem Heiligtum ihrer Wahl. [*vacat*] | (*§ XXII*) Gewählt wurde zum Kurier *vacat* nach Hierapytna *vacat* Diogenes Sohn des Aristondas; *vacat* zu Eidesabnehmern in Rhodos: | Hierombrotos Sohn des Agesitimos, Aristolochos Sohn des Peisistratos, adoptierter Sohn des Archyllos, | Timaratos Sohn des Nikotimos, *vacat* Nikomachos Sohn des Aristarchos, *vacat* Spartion Sohn des Pheidianax.

### 435 Teos: Beschluß für die Dionysischen Techniten um 200

Bulletin de correspondance hellénique 46, 1922, 312 ff. (Ph, Ü) = SEG 2, 580; L. Robert, Études Anatoliennes, 1937, 39 ff. (zu Z. 2 f., 18 f.); Epigraphica I 37.

Fragment einer Marmorstele aus Teos.

[– soll im Gebet – | der Priester] de[s Dionysos bei den Dionysi]en* und [der | Pr]ytane* im Pry[taneion* und der Hi]erokeryx* [bei | d]en Volksversammlungen den Segen erbitten° auch für das Koinon* der | Dionysischen Techniten*. Kaufen soll man für sie ein G[ru|nd]stück im Gebiet der Stadt oder auf deren Gemarkung im Wert von 6000 Dra(chmen*) | [und] das gekaufte Grundstück benennen „Heiliges (Land), das | das Volk geweiht hat für den Verband der Dionysischen T[e|ch]niten“, das freigestellt ist von den von der Stadt erhobenen Steuern. Be|nennen soll man ferner zwei Männer, die den Grundstückskauf durchführen [sollen] | mit der Auflage, dem Volk darüber Rechenschaft abzulegen. Damit der Geldbetrag | [vor]handen ist für den Grundstückskauf, sollen die Schatzmeister, die [im] | Amt befindlich sind, den (zwei) noch zu benennenden Männern | [3]000 Dra(chmen) zur Verfügung stellen° aus den vom Konto für F[estungs]|bau umgebuchten° Mitteln, die für Getreidekauf zur Verfügung gestellt worden sind; den | [Re]stbetrag von 3000 Dra(chmen) sollen die im Amt nachfolgenden Schatzmeister zur Verfügung stellen aus d[en | er]sten an sie aus der Königskasse für d[as] | Budget der Stadt überwiesenen Zahlungen. Gewährt werden soll ihnen (= den Dionysischen Techniten) ferner ein Mora|[torium] für fünf Jahre, beginnend mit dem Monat Leukatheon im Amtsjahr des Pry[tanen] | Metrodoros. Damit von den beschlossenen Maßnahmen des Volk[s | al]le Kenntnis haben, soll man diesen Beschluß aufzeichnen auf einer [Ste|le] aus Marmor, desgleichen den Kranz, und (diese Stele) aufstellen bei|[m] Dionysos-Tempel. Aufzeichnen soll man ferner auf der (Parodos-)Wa|nd des Theaters diesen Beschluß sowie den Kranz. | [Für die] Aufzeichnung der Kränze und der Beschlüss[e | sowie d]ie Anfertigung der Stele haben die Auftragsvergabe | die im Amt befindlichen Schatzmeister [vorzuneh]men; die Kosten | sollen die im Amt befindlichen Schatzmeister [zur Verfügung stellen.]. Wenn die Ges[and|ten] designiert sind, sollen sie diesen° Beschl[uß] | den Dionysischen Techniten überbringen und ihnen° die A[nerkennung aussprechen] für die freundliche Gesinnung, die sie stä[ndig] | dem Volk von Teos erweisen. Benannt wurd[en] als für den Kauf Beauftragte: | [–]s Sohn des Epitimides und Thersion Sohn des Phanes.

## 436 Milet: Einrichtung der Didymeen als penteterischer Kranzagon um 200

R. Herzog, Das panhellenische Fest und die Kultlegende von Didyma (Preuß. Akad. d. Wiss. Berlin, Sitz.-Ber. d. Philos.-Histor. Klasse 1905, 47), 1905 (Ph); Syll.[3] 590; W. Günther, Das Orakel von Didyma, 1971, 101 ff. (Ü). Marmorstele aus dem Asklepios-Heiligtum von Kos (Museum).

Im (Amts-)Jahr des Hippokrates, Monat Artemitios (= Artemisios). | Beschluß des Rats und des Volks, | Beschlußvorlage der Epistatai*; Herakleotes | Sohn des Dionysodoros stellte den Antrag: Da das V|olk der Tradition entsprechend die Fes|te und Agone* veranstalt|et in Didyma zu Ehren des Apollon von Di|dyma und (da) die Stadt und ihre Gemarkung | geheiligt worden sind durch die an diesem | Ort (vollzogene) Vereinigung von Leto und Zeus sowie durch die | Orakelsprüche des Gottes, auf Grund deren nich|t wenige Ethne*, Städte sowie diejenigen Könige, | welche die größte Förderung erfahren haben durch die | Ratschläge seitens des Gottes, die Heili|gung und die Asylie* | spontan proklamierten° und damit dem Gott sowie | der Stadt den hierfür gebührenden Dank | erwiesen, und (da) es wohl ansteht dem Vo|lk, den ergangenen | Orakelsprüchen entsprechend zu handeln° und auszurichten den Agon | der Didymeia als einen Kranzagon (= Agon mit Kranz als Siegesprämie) und | die Griechen hierzu einzula|den, weil ja die Wohltaten allgemein ihnen° al|len vom Gott erwiesen worden | sind, so soll es Beschluß des Rats sein, daß man Gesa|ndte zu den Koern wählt°, die Freunde und Verbünde|te unseres Volkes sind, und daß die Ge|wählten nach ihrer Ankunft (in Kos) einen Bericht geben | über die Verdienste des Orakels | gegenüber den Königen und allgemein den Griechen | sowie über die vom Volk ihnen° erwiesenen | Wohltaten und dazu aufrufen | und darum ersuchen, in Anbetracht der Haltung, | welche das (= unser) Volk allezeit kontinuier|lich einnimmt bezüglich des die Agone betreffenden | Prestiges, ebenfalls entsprechend zu hande|ln und mit beizutragen zu der Vermehrung der Ehren für den Gott | sowie des diesbezüglichen Engagements des Volkes | und seines Einsatzes durch die Anerkennung des | Agons als eines Kranzagons und durch das Festsetzen | von möglichst hohen Ehrungen für die Sieger – in dem Bewußtsein, | daß das (= unser) Volk in seiner Dankbarkeit versuchen w[ird], | sich ihnen in der Weise erkenntlich zu zeigen, die angemessen ist ihrer [dem] | Göttlichen (gezeigten) Frömmigkeit und ihrer de[r Stadt] (erwiesenen) | freundlichen Gesinnung. Als Gesandte [wurden] gewählt: | Demosthenes Sohn des Erginos und Simos Sohn des Aris[tophon].

## 437 Malla (Kreta): Bündnis mit Attalos I. von Pergamon um 200

Kretika Chronika 21, 1969, S. 281 ff. Nr. 2 (Ph); Bulletin de correspondance hellénique 94, 1970, 638 ff. Nr. 2 (Ph, Ü).

Marmorstele, beiderseits (*A*, *B*) beschrieben, oben abgebrochen, unten mit Zapfen, aus Malla (Iraklion, Museum). Koine mit Dialektelementen; Z. 8 und 19 getilgte Dittographien.

(*A*) [– | – de]n nachstehenden |5 [Eid – W]enn etwas von den schriftlich niedergelegt|[en (Bedingungen) – in] dem Vertrag die Mallaier nicht | [einhalten (?)], sollen sie schuldig sein des Vertrags|bruchs und der Vertragsauflösung. [[(*Dittographie*:) In]] | In gleicher Weise, wenn die Mallaier Bedarf ha|10ben an einer Hilfstruppe und darum zu König Attalos° senden, | soll ihnen schicken König Att|alos dreihundert Mann sowie Offizier[e | a]n ih[re]r Spitze, falls diese Zahl nicht ausreicht | wegen irgendwelcher Umstände, so viele wie er (senden) kann, |15 vorausgesetzt, daß (die Mallaier) sie nicht gegen die Hierapytnier, Priansier oder Arka|der anfordern; diese sollen ausgenommen sein sei|tens des Königs Attalos. Den (zu Hilfe) geschickten (Männern) | soll König Attalos die Transportmittel, | den Sold und das für die Reise Erforderliche stellen. [[(*Dittographie*:) Soba]] |20 Sobald sie bei den Mallaiern angekommen sind, | sollen diese selbst für den Unterhalt des Hilfskontingents sorgen, | und zwar indem sie jedem Mann pro Tag eine Drachme* | aiginetischen Standards, jedem Offizier zwei° Drachmen | geben° sowie pro Person einen att[isch]en Choinix* (Getreide), sofern sie ni |25cht im Feindesland sind, wo man sich mit Lebensmitteln versorgen kann. | Die abgeschickten (Truppen) sollen bleiben, | solange die Mallaier ihrer bedürfen. Sobald | (diese) das Hilfskontingent zurücksenden an König A|ttalos, sollen sie ihnen die Transportmöglichkeiten stellen [–]

(*B*) [– v|er]einbar[– falls nicht sie (= die Mallaier) | den Vertr[ag übertr]eten, [soll er verloren sein und] | vernichtet, er sel[bst und seine Frau und seine Kinder] |5 und seine Heimat und des Köni[gs Freunde; we]|nn sie die [vereinbarten (Bedingungen)] halten, | soll er ein glückliches Leben genießen, [er selbst und] | seine Frau und Kinder und seine Heimat und seine [F]|reunde. E[i]d des Königs Attalos: Ich schwöre bei Ze[us], |10 Ge, Helios, Poseidon, Demeter, Ares, Athen|a Areia und der (Artemis) Tauropolos und bei allen° a|nderen Göttern und Göttinnen: zu verhar|ren in der Freundschaft und der Bundesgenossenschaft und bei d|[en] mit den Mallaiern vereinbarten (Bedingungen) |15 auf alle Zeit, mit ihnen selbst und ih|ren Nachkommen, und nichts zu verletzen | von den vereinbarten (Bedingungen). Wenn ich den Eid halte, | möge es mir gutgehen, wenn ich ihn breche, das Gegenteil. | *vacat*

**438 Lykosura: Regelungen für das Heiligtum der Despoina**
**3. Jahrhundert**

LGS 63; IG V 2, 514; Syll.$^3$ 999; DGE 675; LSCG 68; M. Guarducci, Epigrafia Greca, IV, 1978, 20ff. (Ph, Ü); IPArk 34 (Ü).
Oberteil einer Kalksteinstele aus der Umgebung des Heiligtums (EM). Stoichedon mit Silbentrennung.

(Stele?) der Despoina. *vacat* | [–] Es soll nicht erlaubt sein, | zu betreten das Heiligtum der | Despoina mit° goldenen Gegenständen außer zur Wei|5hung, oder mit purpurnem Gewand | oder buntem oder [schw]arzem oder San|dalen oder Fingerring. Wenn aber jemand | hineingeht mit etwas, was die Stele verbietet, | muß er es im Heiligtum weihen. Auch nicht mit |10 geflochtenen H[aa]ren° oder (mit) bedeck|t(em Kopf); auch keine Blumen mit sich tragen; auch soll° nicht | an den Mysterien teilnehmen [[*Rasur*]] eine schwangere oder stil|lende (Frau). Die Opfernden sollen zum (Brand-)Op|fer verwenden: Olive, Myrte, Honigwabe, |15 Gerstenkörner frei von Lolch, Götterbild, | weiße Mohnkapseln, Lämpchen, Räucher|mittel, Myrrhe, Würzkräuter. Wer o[p|fer]t der Despoina, soll Opfertiere opf[ern] | weiblichen Geschlechts, weiß [– | –]

**439 Itanos (Kreta): Bürgereid**
**3. Jahrhundert**

Michel 1317; SGDI 5058; Syll.$^3$ 526; I. Cret. III iv 8 (Ph).
Marmorstele aus Itanos/Palaiokastro (Iraklion, Museum). Kretischer Dialekt. Zierleiste.

Guter [Go]tt! | [Folgen]des haben geschworen die Itanier al[le|samt] beim Zeus Diktaios und bei Hera und | den G[ötte]rn in Dikte und bei Athen|5aia Polias* und allen° Göttern, den[e|n] im Athena-Heiligtum geopfert wird, | und beim Zeus Agoraios und beim Apollon | Pythios über frisch verbrann|ten (Opfern): Die Stadt der Itanier werde ich nicht prei[s|10g]eben und auch nicht das Territorium oder die In|[s]eln der [It]anier, und ich werde nicht | [Fein]de (ins Land) hereinführen und nicht die Schif[fe | der] Itanier preisgeben, | [und] von den Bürgern werde ich [keinen°] preisgeben |15 und auch nicht die Habe der Bürg|[er. Und keine] Versammlung und keine Verschw[ö|rung] werde ich machen zum Schaden d[e|r Stad]t oder der Bürger, und auch mit keinem° an|[deren] werde ich gemeinsame Sache machen, falls je[mand | ver]s[u]cht, etwas hiervon zu tun, s|[ondern] ich werde es den Archonten* melden. Und keine | Neuaufteilung [des Landes] oder der Häuse[r | oder der Gr]undstücke und keine Schuldenst|[reich]ung werde ich machen, und keine rechtswidrige (*wörtl.*: korrupte) Klage | auf Aberkennung des Bürgerrechts werde ich e[rheben] gegen [irgendein]en° der Bürger, | unter ke[inem] Vorwand, | und ich werde planen gegen di[e | Sta]dt keinerlei Übel; mein Bürgerrecht | [werde ich ausüben] in völlig gleicher Teilhabe aller° re[l|igiösen u]nd säkularen Rechte ge|[mä]ß den best[ehen]den Gesetzen, | die wir anwenden hin|[sichtlich] religöser <und säkularer> (Angelegenheiten), derer, die wir jetzt beschlossen haben, u[nd] | solcher, die wir künftig noch besch|[l]ießen werden üb[er religiöse] oder über ziv|[ile] (Angelegenheiten). Und ich werde nicht im S[tich lassen d]ie Bürger|schaft, weder i[m Kri]eg noch im Fr[i|ed]en, so gut ich k[an]n. Möge denjenigen, die | [recht schw]ö[r]en und den [Eid] halten, | Kindersegen beschieden se[in | u]nd das Land Früchte t[ra]gen und die [He|r]den reich [sein] un[d] vie[le andere] | Vorteile [gewährt] sein, ihnen selbst | und ihren Kindern; denen, die meineidig | [sind], möge die Erde nicht (Frucht) tragen und kein Kind|[e]rsegen beschieden sein und die Her|[den] nicht reich ein, sondern sie sollen zugrunde gehen, | Üble in [üb]ler Weise, (sie) und ihre° N[achkommensch]aft.

### 440 Gambreion (Mysien): Gesetz über Begrenzung der Trauerzeit 3. Jahrhundert

IJGr I, Nr. III; Michel 520; LGS 193; Syll.[3] 1219; LSAM 16.
Marmorstele aus Gambreion (Berlin, Pergamon-Museum).

Zu gutem Glück! Im Jahr, da als Hieronomos (ein Kultmagistrat) | Demetrios amtierte°, im Monat Thargelion | am zweiten (Tag); Alexon Sohn des Damon stellte | den Antrag: Gesetz soll sein für die Gambreioten, | daß die trauernden Frauen ein graues Gewand tragen, | das nicht zerrissen sein darf. Tragen | sollen auch die Männer und die Knaben, | wenn sie trauern, ein graues Gewand, | falls sie nicht ein weißes vorziehen. Vollzie|hen soll man die Riten für die Dahinge|henden längstens in drei Monaten; im | vierten sollen die Männer die Trauer beenden, | die Frauen im fünften, | und sich erheben aus der Trauer | sollen die Frauen und teilnehmen | an den Prozessionen, die im Gesetz | als verbindlich niedergeschrieben sind. Der Gy|naikonomos*, den das Volk ge|wählt hat, soll bei den Reinigungsriten vor | den Thesmophoria* darum beten, daß es denen, die | beachten und befolgen die|ses Gesetz, gutgehen und ihrer | Habe Segen beschieden sein möge, den Männern, die es nicht befol|gen, und den Frauen, die es nicht beachten, das Ge|genteil; und es soll ihnen (den Frauen) nicht erlaubt sein, als | Frevlerinnen, irgendeinem Gott zu opfern für ze|hn Jahre. Der im Jahr nach Demetrios' | Stephanephorat* gewählte Schatzmeister | soll dieses Gesetz aufzeichnen lassen auf zwei | Stelen und sie aufstellen lassen, die | eine vor den Türen des Thesmopho|rions, die andere vor dem Tempel der Arte|mis Lochia; vortragen | soll der Schatzmeister die Kosten, die ent|stehen für die Stelen, beim | nächsten Rechnungslegungs-Termin.

## 441 Delos: Gesetz über Holz- und Kohlenhandel
### 3. Jahrhundert, 2. Hälfte

Syll.[3] 975; I. de Délos 509; Epigraphica I 10; vgl. SEG 27, 455 (zu Z. 5–7).
Marmorstele, gefunden bei der Stoa Philipps V. im Apollon-Heiligtum von Delos.

Weder Kohlen noch Rundholz, no[ch Hölzer darf° verkaufen°, wer nicht verwen]|det die (offiziellen) Holzmaß[e. Nicht] | verkaufen darf er, was er in Delos gekauft hat, und auch nicht, was er [an Bord seines] | Schiffes von diesen (Waren) gekauft hat. (Nur) wenn er auf seinen Namen | sich hat registrieren lassen, darf er verkaufen. Auch darf er nicht | verkaufen, wenn er bei öffentlicher Versteigerung dafür den Zuschlag erhalten hat (?), auch nicht | Holz oder Rundholz oder Kohlen, die Eigentum eines anderen sind (= in Kommission). | Erlaubt sein soll der Verkauf ausschließlich den | Importeuren, und zwar zu keinem höheren Preis als dem, den sie | schriftlich deklariert haben bei den Einhebern des Fünfzig|stels (= Zoll von 2 %), und auch zu keinem niedrigeren. Registrieren lassen sollen | die Importeure sich auch bei den Agoranomoi* | vor dem Verkauf in der Höhe ihrer Deklaration | bei den Einhebern des Fünfzigstels. Wenn aber jemand | beim Verkauf gegen diese Bestimmungen verstößt, soll er fünfzig | Drachmen* (Buße) schuldig sein, und anzeigen soll ihn können | ein jeder Bürger, der es will, bei | den Agoranomen. Die Agoranomen haben | diese Anzeigen vorzulegen der | (Behörde der) Einunddreißig im gleichen Monat, in dem die Anzeige erfolgt | ist. Den Lohn hat der Anzeiger° dem Gericht als Kaution zu er|legen; wenn er (= der Angezeigte unterliegt, so daß er) zahlen muß, | hat er den Lohn zu zahlen an den, der die Kaution erlegt | hat, und vom schriftlich festgelegten Streitwert zwei |25 Drittel, das dritte Drittel an die Gemeindekasse, und die Ago|ranomen sollen (diesen Betrag) bei ihm eintreiben binnen zehn Tagen vom Tag der | Verurteilung an, ohne hierfür zur Verantwortung gezogen werden zu können. Wenn sie dazu nicht imstande sind, | sollen sie dies eidlich versichern und ihn (den Verurteilten) und seine | Habe dem Anzeiger überantworten°, (ein Protokoll hierüber) aufschreiben au|30f die Holztafel, wo sie auch ihre sonstigen Berichte aufzeichnen, und diese überge|ben an den Rat für das Gemeindearchiv. *vacat* | Diejenigen, die Zollfreiheit (Atelie) genießen und Holz, Rundholz | oder Kohle einführen°, sollen ihre Ware unter Verwendung des (offiziellen) Holzma|ßes registrieren lassen bei den Agorano|35men vor dem Verkauf (unter Angabe) des beabsichtigten Verkaufspreises, | und es soll ihnen nicht erlaubt sein, um einen höheren oder n|iedrigeren Preis zu verkaufen als den registrierten. Denen, die | die Bestimmungen nicht befolgen, denen sollen die Ago|ranomen (den Gebrauch) weder der Waagen noch |40 der Kohlenmaße gestatten°, und für den Platz, an dem ih|re Hölzer, Kohlen oder Rundhölzer lagern, | sollen sie der Stadt (als Miete) zahlen pro Tag eine Dra|chme, bis sie sie wieder entfernen, und die Agoranomen sollen (diese Summe) eintreiben | bei ihnen, ohne hierfür zur Verantwortung gezogen werden zu können.

## 442 Aigiale (Amorgos): Ehrenbeschluß wegen Rettung aus den Händen der Piraten 3. Jahrhundert, 2. Hälfte

Michel 384; IG XII 7, 386; Syll.[3] 521; Bielman (wie 424) 141 f. Nr. 38 (Ph, Ü; dat. Ende 3. Jh.).

Marmortafel aus den Ruinen des Tempels der Athena Polias in Aigiale auf Amorgos (EM).

[Be]schluß von Rat und Volk; | [Sot]erides Sohn des Pheidis aus (der Phyle*) Kosyllis | führte den [Vor]sitz, Philoxenos Sohn des Philothemis | [(aus der Phyle A]lsis stellte den Antrag: Da Piraten in |5 das Land bei Nacht einfielen, | Mädchen, Frauen | und andere Personen, Freie wie Skla|ven, im ganzen mehr als dreißig, gefangennahmen°, | die Schiffe im Hafen zerstörten |10 und sich das Schiff des Dorieus nahmen, mit dem sie | davonfuhren mit den Gefangenen und | ihrer sonstigen Beute, und da in dieser Lage | Hegesippos und Antipappos, die Söhne | [des] Hegesistratos, selbst unter den Gefan|genen, gemeinsam den Pi|ratenkapitän Sokleidas überredeten°, gegen Lösegeld | freizulassen die Freien und einige | der Freigelassenen und Sklaven, | während sie selbst es auf sich nahmen, für jene | [als Ge]iseln zu bleiben; dabei setzten sie sich nachdrücklich | dafür ein, daß keine der Bürgerinnen | und keiner der Bürger als | Beute behandelt° oder verkauft werde, | Leiden und Mühsal zu ertragen habe | und daß kein Bür|ger umkomme°; vielmehr sind durch diese (beiden) | die Gefangenen gerettet° worden° und wohlbehalten° zurückgekehrt in die | Heimat: Daher möge Beschluß des Vo|[l]kes sein, zu bekränzen Hegesippos und | Antipappos mit je einem Kranz aus Ölzweigen | wegen ihrer Tüchtigkeit und ihrer Einsatzbereitschaft, | die sie bewiesen haben | [für] die in Gefangenschaft° geratenen° Mitbürger. | Bekanntmachen soll man diesen Be|schluß an den Dionysien beim Agon* der T|ragödien; der Herold soll verkün|den: „Das Volk bekränzt Hegesip|pos und Antipappos wegen ihrer Tüchtigkeit | und Einsatzbereitschaft für diejenigen, die | mit ihnen in Gefangenschaft geraten waren.“ Aufzei[chnen] | soll man diesen Beschluß auf eine Stele und | (diese) aufstellen im Heiligtum der Athena | Polias; für die Aufzeichnung soll | Hegesistratos sorgen.

### 443 Gortyn: Volksbeschluß über Kupferwährung
### 3. Jahrhundert, 2. Hälfte

IJGr II, Nr. XXXII; SGDI 5011; Syll.³ 525; I. Cret. IV 162 (Ph); Epigraphica III 22.

Rechte Fläche des Eckblocks eines Gebäudes aus Gortyn; auf anderen Flächen standen zwei weitere Inschriften. Kretischer Dialekt.

[Götter! | Folgendes beschloß d]ie [Polis*], bei der Abstimmung waren drei|[hundert a]nwesend: – Verwen[de]n soll man das Geld | aus Kupfer, das die Stadt prägen ließ. Die | Silber-Obolen* soll man nicht annehmen. | Wenn jemand (diese) annimmt oder das (Kupfer-) Geld nicht | annehmen will° oder gegen Naturalien verkauft, wird er (als Buße) | fünf Silber-Statere* zahlen. Anzeige erstatten soll man | bei der Neotas („Jugend“: ein Gremium); von der Neotas sollen nach Eides|leistung das Urteil fällen die Sieben, die (zur Aufsicht) über den Markt | durch das Los bestimmt sind. Siegen (im Verfahren) soll der, auf dessen | Seite die Mehrzahl schwört (= unter Eid abstimmt), und (die Richter) sollen | (die Summe) eintreiben vom

Unterlegenen und die Hälfte [dem Si|eg]er geben, die andere Hälfte [der Stadt].

### 444 Istros: Ehrenbeschluß für Hephaistion aus Kallatis
### 3. Jahrhundert, 2. Hälfte

D. M. Pippidi, Histria, I, 1953, 487 ff. = SEG 18, 289; ISE II 130 (Ü); D. M. Pippidi, Inscriptiones Scythiae minoris, I, 1983, 9; Migeotte, Emprunt 41 (Ü).
Fragment einer Marmorstele aus Istros. Überall außer links abgebrochen. Oben Giebel.

Beschluß des Rates und des V[olkes], | Epimenios* war D[io]nysi[os Sohn des | Hi]eron; [Antrag] der Archonten*: | Da Hephaistion [Sohn des] M[atris] | aus Kallatis, nachdem ihm° geschuldet w[urde ] | seitens der Stadt eine von seinem [Va]ter gewährte Anl[eihe] | von dreihundert Goldstücken [ge|mäß] schriftlichem Vertrag seit v[ielen] Jahren | und Zinsen aufgelaufen waren [in nicht geri]|nger Höhe, als ein vortrefflicher Mann, | der Ver[ständnis hat] | für die Probleme der Stadt, [die] | Zinsen erlassen hat, | vierhundert Gol[dstücke]°, und z[ugestan]den° hat°, daß er die | gemäß dem Vert[rag geschu]ldete Summe, | dreihundert Goldstücke, | ohne Zins zurückerhält [binnen] | zwei [Jah]ren, [de]shalb soll man belobigen den He|phaistion Sohn des Matris aus Kalla[tis – | –]

### 445 Oropos: Volksbeschluß über eine Anleihe der Stadt zum Mauerbau
### 3. Jahrhundert, 4. Viertel

IG VII 4263; Michel 587; Syll.³ 544; GrMBI I 26 (Ph); Migeotte, Emprunt 9 (Ü).
Marmorstele aus dem Amphiaraion (Museum).

Götter! | Lysandros stellte den Antrag: Damit Beschaffung von Geldern | erfolge für den Mauerbau, und damit | wir durch die Fertigstellung der Mauern einen Nutzen | erweisen uns selbst und dem Koinon* der Boioter, | soll es Beschluß des Volkes sein, daß die Mauerbau-Beamten und | die Polemarchen* Darlehen aufnehmen, | wo sie dazu in der Lage sind, zu Zinsen, die so nied|rig wie möglich sind, und den Darlehensgebern | das Geld zurückzahlen in dem Jahr | nach dem Amtsjahr des Priesters Oropodoros, sowohl (das Darlehen) selbst wie auch die | Zinsen für die jeweils aufgenommenen Darlehen. Diejenigen, | die der Stadt für die Ummauerung

Darlehen gegeben haben | bis zu einem Talent* oder mehr zu Zinsen | von einem Zehntel, sollen 'Proxenoi* und Wohl|täter der Stadt der Oropier' sein, sie selbst | und ihre Nachkommen, und sie sollen das Recht° auf Erwerb° von Grund- und Hauseigentum haben | und Isotelie* und Sicherheit und | Unverletzlichkeit (Asylie) in Krieg und Frieden, zu Lande | und zu Wasser, und alle übrigen Rechte wie | die Bürger; und aufzeichnen lassen soll man sie (= ihre Namen) mit Angabe ihres Vaters|namens auf einer Marmorstele und diese aufstellen im Heiligtum | des Amphiaraos. Was die angeht, die weniger als ein Talent | der Stadt geliehen haben, soll über diese das Volk | überlegen, wie ein jeder von ihnen in angemessener Weise | geehrt werden kann von der Stadt. Aufzeichnen sollen die | Polemarchen den Beschluß auf einer Marmorstele | und diese aufstellen im Heiligtum des Amphiaraos; der | Schatzmeister soll die Kosten zur Verfügung stellen. |

Folgende sind gemäß dem Beschluß Proxenoi und Wohltäter: | Nikon Sohn des Charmis. (*Es folgt kein weiterer Name.*)

### 446 Dyme (Achaia): Urteil gegen Falschmünzer<br>3. Jahrhundert, 4. Viertel?

SGDI 1613; Michel 1339; Syll.$^3$ 530; SEG 13, 274; Epigraphica I 11; Tyche 4, 1989, 171 ff. (Ü).

Als Treppenstufe in einem Privathaus in Dyme gefunden. Dorische Koine.

[Im Amtsjahr des Theo]kolos (Priester) Philokles, | [Schrif]tführer: Damokri|[tos, Bul]archos*: Kleon. | [Folgende (Männer)] hat die Polis* verurteilt | [zum To]d, weil sie sakrales Eigentum stahlen | [und M]ünzen schlugen aus (silberüberzogener?) Bro|[nze:] Thrakion – auch Anti|[ochos] kann sein Name sein, | [Kra]tis, Goldgießer, | [Kyll]anios alias Pantale|[on] oder sonstiger Name, | [Mo]scholaos Sohn des Moscholaos. | [Im Amtsjahr des] Bularchos [Eu]phanes: | [Askla]piadas Sohn des Dromas. | [Im Amtsjahr des B]ularchos [Ph]ileas: | [–]ias Sohn des Olympichos.

### 447 Soloi (Kilikien): Brief eines Königs (Ptolemaios IV.?) an einen Statthalter<br>3. Jahrhundert, 4. Viertel

RHE 4; RC 30 (Ü); vgl. SEG 40, 1312.

Fragment einer Marmorstele aus Soloi (Mersin, im Rathaus verbaut).

[–], du habest keine Zeit gehabt und nicht einmal | eine Untersuchung durchgeführt; die Stadt werde in nicht ge|ringem Maß in dieser Hinsicht bedrückt: denn° abgesehen | davon, daß von den Soldaten, welche ohne Ordnung biwa|kierten, nicht nur die äußere Stadt, sondern auch | die innere besetzt sei, die nicht einmal zur Zeit Alexanders | des Königs je von Einquartierung betroffen worden sei, | werde die Belastung insbesondere von den Leuten vom Troß hervorgerufen; | denn diese° seien° es, die einen Großteil der Häuser besetzt hielten. | Ich glaube, dir, als du bei mir warst, ü[ber] | dieses Thema einen Befehl erteilt zu haben; indessen, [selbst wenn] | dies nicht der Fall ist, wäre es deine Pf[licht gewesen], höch[ste Sorg|falt walten zu lassen –]

## 448 Sidon: Epigramm auf den Nemeen-Sieger Diotimos 3. Jahrhundert, 4. Viertel

G. Kaibel, Epigrammata Graeca ex lapidibus conlecta, 1878, 932; Geffcken (wie 423) 178; L. Moretti, Iscrizioni agonistiche greche, 1953, 41; Nouveau Choix 35 (Ü); J. Ebert, Griechische Epigramme auf Sieger an gymnischen und hippschen Agonen, 1972, 64 (Ü).

Marmorbasis aus einem Garten in Saida/Sidon (im „Khan des Français“). *A* oben links, *B* oben rechts, links darunter das Epigramm *C*. Verse (Zeilenenden mit Versenden identisch). Auf der Rückseite eine Inschrift der Kaiserzeit.

(*A*) Die Stadt der Sidonier | (ehrte) Diotimos Sohn des Dionysios, „Richter“ (= Sufet), | den Sieger bei den Neme|ia mit dem Viergespann.

(*B*) Timocha[ri]s aus Eleutherna hat (diese Statue) angefertigt.

(*C*) Als in Argos’ [Schluchten die schnellen Pferde] alle | Le[nker°] {*oder*: We[ttkämpfer]} von den Wagen aus in den Wettkampf trieben, | da [kam zu] dir, Diotimos, [des] phoronis[chen Sieges] herrlicher | Ruhm und empfingst du ewigen Gedenkens würdige Kränz[e]. | Hast du doch als erster Bürger d(ies)er Stadt aus Griechenland hippischen Ruhm (d.h. Ruhm eines Rennsiegs) | ins Haus der edlen Agenoriden gebracht. | Es frohlockt auch Theben, des Kadmos heilige Stadt, | beim Anblick der durch Siege zu Ruhm gelangten Mutterstadt. | Für deinen Vater Dionysi[os] erfüllt sich [sein] Wettkampf-[Wunsch], | denn Griechenland ließ laut [ertönen] den Ruf: „Nicht nur mit (deinen) Schiffen machst du dir, [Sidon, einen hervorragenden] Namen, | sondern auch mit Kampfpreis [erringenden Wagen]gespannen.“

## 449 Dreros (Kreta): Eid der Jungmannschaft
## 3. Jahrhundert, Ende/2. Jahrhundert, Anfang

Michel 23; SGDI 4952; Syll.$^3$ 527; DGE 193; SF$^4$ 41; I. Cret. I ix 1 (Ph); StV III 584 (Z. 36–60); Chaniotis 7 (Z. 1–60; Ü).

Kalksteinstele in Form eines Pyramidenstumpfes aus Dreros (Istanbul, Arch. Museum), auf vier Seiten (*A–D*) beschrieben. Abschrift einer älteren, offenbar stoichedon geschriebenen Urkunde. Kretischer Dialekt.

(*A*) Gott! Tyche! | Zu gutem Glück! | (Im Jahr,) als die (Phyle*) Aithale|is die Kosmoi* stellte, |5 (nämlich) unter dem Vorsitz des Ky<dil>as | Kephalos, Pyros, Hi<p>|pios, Bision; | Schriftführer war | Philippos. |10 Folgenden Eid haben geleistet | die Ageláoi* völlig | ungegürtet (= waffenlos und nackt) einhun|dertacht|zig (an der Zahl): „Ich schwöre |15 bei der Hestia | im Prytaneion* | und beim Zeus | von der Agora* und beim Ze|us Tallaios |20 und beim Apellon (= Apollon) | Delphinios und | der Athena | Poliuchos* und beim | Apellon Poitios (= Pythios) |25 und bei Lato und | Artemis und Ares |und Aphordita (= Aphrodite) und | Hermes und Halios (= Helios) | und bei Britomartis |30 und Phoinix und | Amphiona und Ga | und Uranos und | den Heroen und Heroinen | und den Quellen und Flüs|35sen und allen Göttern | und Göttinnen, daß ich wahrlich | niemals den Lyttiern | freundlich gesonnen sein will, | mit keinem Trick und keiner Ma|40chenschaft, weder bei Nacht | noch bei Tag; und | ich will, so gut ich kann, Schlimmes° bereiten | der Stadt der Lyttier. | (*B*) An Prozessen und Ein[treibung]|45en soll nichts eidlich verpflichtend | sein. Und ich will sein | drerierfreund|lich und | knosierfreundlich | und weder die Sta|50dt preisgeben, | die der Drerier, | noch die Grenzfestungen | der Drerier, | noch die der Kno|55sier; noch (will ich) Män|ner den Fei|nden preis|geben, weder die dre|rischen noch die kno|60sischen, noch eine Sta|sis (Spaltung der Bürgerschaft) anzetteln, und | dem, der eine Stasis anzettelt, | werde ich entgegentreten, | und werde keine Verschwörun|65gen organisieren, | weder in der Stadt | noch außerhalb der | Stadt, noch | bei einem anderen teilneh|70men; wenn ich aber von anderen | erfahre, daß sie sich ver|schwören, | werde ich es melden | der Mehrheit des° Kosmos. |75 Wenn ich aber dies | nicht einhalte, | mögen mir die Götter, | bei denen ich geschworen habe, zür|nen, |80 alle Götter und Göt|tinnen, und in der ärgsten | Vernichtung soll ich unter|gehen, ich selbst und | meine Habe, |85 und weder soll mir die Erde | Frucht tragen | (*C*) [noch die F]rauen | [gebäre]n, so wie es na[türlich ist, | noc]h das Vieh, |90 [wenn ich den Eid aber ha]lte, mögen mir | [die ] Götter, bei denen | [ich geschworen habe,] gnädig sein | [und (mir) vi]el Gutes |

ge[b]en. Ich schwöre |95 bei denselben Göttern, | fürwahr, das Ko|smen(kollegium), wenn sie nicht vereil|digen die Age|la, die jeweils (die Jugendkleider) au|100zieht, auf den|selben Eid, den | auch wir geschworen | haben, zu ziehen | vor den Rat, so|105bald sie (aus dem Amt) scheiden, im Monat Ko|mnokarios oder im | Haliaios; der Rat | soll eintreiben von je|110dem der Kosmoi | fünfhundert° | Statere° | vom Vorladungs|tag an binnen drei Monaten; |115 wenn er aber zahlungsunfähig ist, | sollen sie aufzeichnen | im Delphinion | alles Geld°, das sie nicht ein|treiben können, |120 wobei sie Namen und Vatersnamen | und die Höhe der Su|mme nennen; | was sie nicht (*sic*) eintreiben, | soll an die Hetairien* |125 verteilt werden, an die | in der Stadt und falls | Drerier sich in den Grenzfestungen aufhalten. | (*D*) Falls aber nicht ein[trei]|bt der Rat, sollen (die Ratsmitglieder) se[lbst] |130 das Doppelte b[ezah]|len; ein[trei]|ben sollen die Ereutai (Finanzfahnder) | der nichtsakralen (Kassen) | und sollen es verteilen |135 an die Hetairien | in derselben Weise." | Folgendes ist das Aide-memoire des drerischen | Territoriums, | des alten (*diese Beschreibung fehlt*), für die |140 hinzukommenden Ungegür|teten, den Sch|wur zu leisten | und zu halten. | Und die Bewohner von Milatos |145 haben einen Anschlag gemacht | bei Neu|mond gegen die Sta|dt der Dre|rier wegen |150 unseres Landes, | dessentwegen wir strei|ten. | Sieger | der Agela |155 [–] | und einen Ölbaum soll j|eder pflanz|en und ihn, wenn er aufgewach|sen ist, vorwei|160 sen; wer aber keinen |[pf]lanzt, soll be|zahlen Sta|tere fün|fzig. *vacat*

## 450 Hierapytna: Isopolitie- und Rechtsgewährungsvertrag mit Priansos Zwischen 200 und 184 (?)

SGDI 5040 ; Michel 16; I. Cret. III iii 4 (Ph); Chaniotis 28 (Ü; dat. kurz nach 205); Ager 67 (Z. 47–74).

Kalksteinstele unbekannter Herkunft, wohl aus Hierapytna (Oxford, Ashmolean Museum). Dorische Koine mit kretischen Dialektelementen.

Gut[er] Gott! | Zu gutem Glück und Segen, im Amtsjahr der Kosm[oi* in] | Hierapytna unter Vorsitz des Enipas Sohn des Hermaios, im M[onat] | Himalios, in Priansos im Amtsjahr der Kosmoi unter Vorsitz des [Neon Sohn des] |5 Chimaros und im Monat Dromeios. *vacat* (*§ I*) Folgendes haben vertraglich festgel[egt und ver]|einbart untereinander die Hierapytnier und die Priansier [unter Beibehal]|tung der schon bestehenden Verträge (*wörtl.*: Stelen), sowohl des speziellen, [der besteht] | zwischen Gortyniern und Hierapytniern wie auch des gemeinsamen zwischen [Gortyniern] | und Hierapytniern und Priansiern, sowie der Freundschaft [und Bundesgenossen]|10schaft und der eidlichen Abkommen, die in diesen [Städten] vorher geschlossen worden sind, | sowie auf der Grundlage der Territorien, in deren Besitz und Verfüg[ung] beide Seiten [den Ver]|trag geschlossen haben, auf alle Zeit. *vacat* (*§ II*) Für Hierapytnier | und Priansier sollen beieinander Isopolitie* bestehen und Heiratsverbin|dungen und das Recht des Erwerbs (von Haus- und Grundeigentum) und die Teilhabe an allen° religiösen und säkularen (Rechten), |15 soweit sie in einer der beiden Städte zu einer Phyle gehören; Verkauf | und Kauf, Verleihen und Ausborgen | und alle anderen Geschäfte sollen gültig sein nach | den jeweils vorliegenden Gesetzen. *vacat* (*§ III*) Erlaubt sein soll | dem Hierapytnier zu säen in der (Gemarkung) von Priansos und dem Prian|20sier in der (Gemarkung) von Hierapytna, wobei sie die Abgaben zu zahlen (haben) wie die übrigen | Bürger gemäß den beiderseits geltenden Gesetzen. *vacat* (*§ IV*) Falls | ein Hierapytnier etwas° nach Priansos auslagert oder der Priansier | nach Hierapytna, was immer (es sei), soll dies abgabenfrei bleiben bei Ein- und | Ausfuhr, (das ausgelagerte Gut) selbst und seine Erträge, zu Land |25 und zu Wasser. Was von° den° ausgelagerten° (Gütern) jedoch verkauft und zur See | exportiert wird, davon soll er die Abgaben zahlen | gemäß den beiderseits geltenden Gesetzen. *vacat* (*§ V*) In gleicher Weise | soll [abgaben]frei bleiben, wer gegebenenfalls (seine Herde auf Partnerland) weid[en läßt]; wenn er aber Schaden anrichtet, | soll der Schädiger die Bußen zahlen° gemäß den beiderseits geltenden Gesetzen. |30 *vacat* (*§ VIa*) Einer Gesandtschaft sollen, soweit es erforderlich ist, Wegegeld gewähren | die hierapytnischen Kosmoi den priansischen {*oder*: den Priansiern}, und die priansischen | Kosmoi den hierapytnischen {*oder:* den Hierapytniern}; wenn sie es nicht gewähren, sollen | die ortsanwesenden Kosmoi der Gesandtschaft zehn Statere* zahlen. | (*§ VIb*) Der Kosmos (= das einzelne Mitglied *oder* das Kollegium?) der Hierapytnier soll in Priansos Zutritt haben zu |35 dem Amtshaus und in der Volksversammlung auf der Bank der Kosmoi Platz nehmen; | ebenso soll der Kosmos der Priansier Zutritt haben in | Hierapytna zum Amtshaus und in der Volksversammlung auf der | Bank der Kosmoi Platz nehmen. (*§ VII*) Bei den Heraia und den anderen Festen | sollen die (in der Partnerstadt) Anwesenden jeweils beim Partner in das Andreion (Männerhaus) gehen dürfen |40 wie die Bürger (der Wirtsstadt). (*§ VIII*) Verlesen sollen (den Vertragstext auf) der | Stele alljährlich die jeweils amtierenden Kosmoi auf beiden | Seiten beim (Fest der) Hyperboia, und sie sollen (diese Verlesung) einander ankündigen | zehn Tage vor dem vorgesehenen Verlesungstermin. | Wer aber nicht verliest oder nicht ankündigt, (dort) |45 sollen die dafür Verantwortlichen hundert Statere zahlen, und zwar die | hierapytnischen Kosmoi der Stadt der Priansier, die | priansischen der Stadt der Hierapytnier. *vacat* (*§ IX*) Wenn sich jemand vergeht, | indem er diese gemeinsamen Vereinbarungen auflöst, ein Kosmos oder ein Privatmann, | soll es einem jeden erlaubt sein, Klage zu führen vor dem Gemeinsamen Ge|50richtshof (= des Kretischen Koinon*?), wobei er in der Klageschrift den Strafwert entsprechend dem | begangenen Delikt anzugeben hat; und wenn (der Kläger) siegt, soll er erhalten ein | Drittel der Strafsumme; der Rest soll | den Städten gehören. (*§ X*) Wenn wir mit dem Willen der Götter Beute machen | von den Feinden, sei es in gemeinsamem Kriegszug (der beiden Poleis), sei es in einem Privatunternehmen |55 mit beiderseitiger Beteiligung, zu Land oder zu Wasser, dann sollen | beide Seiten Anteil (an der Beute) erhalten entsprechend der Zahl der teilnehmenden Männer, | und die Zehnten sollen beide Seiten für ihre eig|ene Stadt erhalten. (*§ XI*) Hinsichtlich der früheren auf beiden Seiten | verübten Vergehen seit der Zeit, da das Koinodikion* zu tagen aufgehört hat, |60 sollen die Behandlung einleiten (?) die Kosmenkollegien unter Vorsitz des Enipas bzw. des Neon | vor dem Gericht, auf das beide Städte sich einigen werden, | noch im laufenden Amtsjahr, und sie (die Parteien?) sollen die Bürgen hierfür stellen | binnen einem Monat nach dem Tag der Aufstellung der Stele. | (*§ XII*) Hinsichtlich der künftig anfallenden Vergehen sollen° sie ein Vor|65verfahren anwenden, wie es das Diagramma* vorsieht. Was das | Gericht betrifft, sollen alljährlich die auf beiden Seiten ihr Amt antretenden | Kosmoi eine (dritte) Stadt bestimmen, mit der beide (Partner-)Städte | einverstanden sind und aus der das *epikritérion* (Urteil {*oder:* Gerichtshof}) kommt, und sie sollen Bürgen stellen | binnen zwei Monaten von dem Tag ihres Amtsantritts im Amtsgebäude an, |70 und zu Ende führen sollen sie das Verfahren im gleichen Amtsjahr gemäß dem | gemeinsam beschlossenen Rechtsgewährungsvertrag (*sýmbolon*). (*§ XIII*) Falls die Kosmoi nicht so handeln, | wie es geschrieben steht, soll ein jeder von ihnen fünfzig° Statere zahlen, | und zwar die hierapytnischen Kosmoi an die Stadt der Priansier, | die priansischen Kosmoi an die Stadt der Hierapytnier. (*§ XIV*) Falls |75 beide Städte in Beratung beschließen, zum | gemeinsamen Nutzen etwas abzuändern, soll die Änderung rechtsgültig sein. | (*§ XV*) Aufstellen sollen die Stelen die beiderseits° amtierenden | Kosmoi in ihrem laufenden Amtsjahr, die hierapy|tnischen im Heiligtum der Athena

Polias* und die |80 priansischen im Heiligtum der Athena Polias. | Diejenigen, die sie nicht aufstellen, wie es (hier) geschrieben steht, sollen | dieselben Bußen zahlen, wie es hinsichtlich der | Rechtsfragen geschrieben steht.

### 451 Herakleia am Latmos: Briefe des Antiochos III. und seines Statthalters Zeuxis an die Stadt 198 oder später

Chiron 18, 1988, 421 ff. (Ph, Ü).
Vier Blöcke (*I–IV*) von der Nord-Ante* des Athena-Tempels (in situ).

(*I*) [– daß ihr ehren wolltet (?) Laodik]e und unseren Sohn Anti[ochos über d]ie v[on | euch beschlos]senen Ehrungen hinaus° mit den Kränzen, die ihr erwähnt habt, (und daß ihr) ebenso | [mit Kränzen ehren] wolltet Seleukos und Mithridates, unsere anderen Sö|[hne; dies]e (Kränze) haben eure Gesandten überbracht und uns gegrüßt von |5 [eurem V]olk, haben den Volksbeschluß über die Ehrungen übergeben | [und ih]rerseits vorgetragen° in Übereinstimmung mit den (darin gemachten) Ausführungen. Die | [Eh]rungen und die Kränze haben wir mit Wohlwollen entgegengenommen, und | wir loben [eur]en Eifer. Da wir auch künftig | für euch So[rg]e tragen wollen, bestätigen wir das, was Zeuxis euch genehmigt hat, |10 [und] zusätzlich zu der bereits festgelegten Menge be[stimmen wir] für die Versorgung der jungen Männer (*néoi*) mit Öl (für die Körperpflege im Gymnasion) | [pr]o Jahr weitere dreißig Metretai°. Die | [entstehenden K]osten für die Reparatur der Wasserleitung | [sollen nach unserem] Dafürhalten [bestritten] werden aus der königlichen Kasse auf drei Jahre, und hierüber haben wir geschrieben | [an –, d]en Dioiketes*. Wenn ihr auch künftig in euren [Ta|15ten die ge]bührenden Beweise eurer [Loyalität] gegenüber unseren Interessen {*oder*: unserer Herrschaft} | [erbringt –]

(*II*) [–] | [Üb]er eben diese Punkte [werdet ihr] info[rmiert werden durch d]ie Gesandten. Lebt wohl. | *vacat* |

Im dritten Stephanephorat* des Gottes nach (dem Amtsjahr des) Demetrios Sohn des Demetrios, im (Monat) Heraion. | Zeuxis sendet Rat und Volk der Herakleoten seinen Gruß. Eure Gesand|5ten Phanias, Hermias, Aischrion, Apollonios, Hermogenes, Iason, Aineas, Par|menides, Pankrates, Dias, Euandros, Thargelios, Hermias, Aristeas, Mene|krates, Herakleodoros, Dionysios, Proteas, Dionysiokles, Antileon, Hiero|kles und Menes haben den Volksbeschluß überbracht, demzufolge ihr es für erforderlich haltet, daß – nachdem

| wir dem König die Stadt wiedergewonnen haben, die seit alters seinen Vorfahren gehört hatte – | Opfer vollzogen werden an die Götter und an die Könige und ihre Kinder | und daß künftig in gleicher Weise verfahren werde jeden Monat am sechsten (Tag) der dritten Dekade*; | ferner, daß Gesandte gewählt° werden°, die verdeutlichen sollen den Landman|[ge]l, den die Stadt erlitten° hat° in der Vergangenheit durch die Kriege und die Ka|[tastr]ophen, und darum ersuchen sollen, daß die Zugeständnisse der Könige | [auch weiterhin gewährt werd]en, damit auch künftig bestehe die Freiheit von Einquartierungen und die | [– u]nd die Gefälle und Ländereien und die Import- und Exportzöl[le | *1 Zeile fehlt*]

(*III*) [Verk]auf {*oder*: Verp]achtung}, und daß aus der könig[lichen Kasse] ausgezahlt werde [zum Gebr]auch der Stadt möglichst | mehr, mindestens aber [–] Talente* [w]ie früher, und daß die Ölversorgung wei|terlaufe, die bestimmt ist für die J[ungmänner] und bei der Hafenpacht (als Bedingung) ausgeschrieben worden war; | ferner sollen (die Gesandten) darum nachsuchen, daß Atelie* gewährt werde für alle Erträge des Bodens | und hinsichtlich der Weidesteuer (*ennómion*) auf Vieh und Bienenstöcke für so viele Jahre und° Joche°, wie es (nötig) erscheint, | zugunsten der Bürger, und sie sollen daran gemahnen, daß der Stadt Getreide gegeben werde | ohne Bezahlung sowie Atelie für das in die Stadt eingeführte und verkaufte (Getreide), | und daß diejenigen, die aus dem Königsland exportieren in die Stadt, sowohl zum | eigenen Gebrauch wie zum Verkauf, die Atelie genießen sollen; ferner, daß euch zurückgegeben werde das Territorium | und die (Dorf-)Gemeinden und die Bewohner zusammengeführt werden, wie sie früher waren. Und die Ges|andten haben uns über die genannten Punkte mit Eifer Vortrag gehalten in Übereinstimmung | mit den Ausführungen im Volksbeschluß wie auch hinsichtlich der ihnen° mitgege[be|n]en Aide-memoires. Da nun auch wir bemüht sind, das Volk wieder° in den fr[üh|er]en Zustand zu versetzen und dazu beizutragen°, daß das, was unter den Vorfahren des Königs | [zugest]anden war, ihm erhalten bleibe und daß die S[tadt] in allem° anderen gefördert werde, | indem sie [Anteil ha]t an allem, was zu den [–] einer Stadt gehört [–].

(*IV*) [*4 Zeilen fehlen* | – im]portiert [– | –] ihr sollt es euch angelegen sein lassen [– | –] des Königs, das Territorium u[nd – | – be]freien wir auch vo[n –] die [– | – es sich ge]hört hätte, es zu nehmen. Da wir wollen, daß auch hierin | [–] gestatten wir euch, auch das Fest {*oder:* den Markt} abgabenfrei zu veranstalten, s[o | wie] ihr es auch früher zu tun gewohnt wart, und wir werden überhaupt auch sonst dafür Sorge | [tragen, daß ihr i]n nichts, was möglich und angemessen ist, zu kurz kommt, sondern | [die geb]ührende Fürsorge erh[altet]. Daher werdet ihr gut daran tun, auch eurerseits zu bewahl|[ren eure] Loyalität [gegenüber] unseren Interessen {*oder*: unserer Herrschaft}. Denn so werden auch wir um so mehr | [es in keiner Weise fehlen lasse]n an unserer Bereitschaft, dazu beizutragen, daß ihr erhaltet [– | –] Privil[egien – | –]

### 452 Euromos (Karien): Bündnis zwischen Antiochos III. und Philippeis 197

Epigraphica Anatolica 8, 1986, 1 ff. (Ph, Ü) = SEG 36, 973.
Marmorblock vom Zeus-Lepsynos-Tempel (in situ; vgl. Nr. 453). Oben vier Rosetten.

Unter der Regierung der Könige Antiochos und Antiochos | des Sohnes, (im Jahr) 115, im (Monat) Gorpiaios. Unter folgenden Bedingungen | haben einen Vertrag geschlossen Zeuxis, der v|on dem König Antiochos mit den Angelegenheiten° diesseits | des Tauros Beauftragte°, und die Philippeis durch die | von der Stadt abgeschickten Gesandten | Andronomos (Sohn des ?) Sotades, Antiochos (Sohn des ?) Chenon: | unter der Bedingung, daß die Philippeis Freunde und Bundesgenossen des | Königs Antiochos und seiner Nachkommen sein° | und aufrechterhalten werden die Freundschaft und Bundesgenossensch|[aft] für alle Zeit ohne Falsch und ohne V[or]w[and –]

### 453 Euromos (Karien): Beschluß über die Einführung neuer Ämter kurz nach 197

Epigraphica Anatolica 21, 1993, 24 ff. Nr. 5 (Ph, Ü) = SEG 43, 707; vgl. BE 1995, 525.
Marmorblock vom Zeus-Lepsynos-Tempel (in situ; auf der rechten Nebenseite Nr. 452).

[–] bei den Beamtenwahlen zuerst drei Kosmoi*, nach | [diesen] drei Prostatai* des Volkes. Durchgeführt werden soll die Wahl in diese° Ämter | im Turnus aus den Phylen*. Verantwortlich sein sollen die Kos|moi für den Schutz der Stadt und ihres Territoriums und | ihnen sollen die Schlüssel ausgehändigt werden. Sie sollen auch |

zuständig sein° für die Forts und für alle militärischen Aktionen und den | die Symmachie* betreffenden Vertrag, der abgeschlossen worden ist | durch die Vermittlung des Zeuxis mit dem großen König Antiochos {*oder*: König Antiochos dem Großen}. Keine andere Behörde | soll mehr Vollmachten haben als diese mit Ausnahme des Rates, und unterstellt sein sollen | sie keinem anderen. Die Prostatai sollen° für alles, was die offiziellen Doku|mente betrifft und was sonst in den Gesetzen angeordnet ist, verantwortlich sein. | Wenn Schreiben versandt werden sollen, welche die Stadt oder etwas anderes betreffen, | so sollen sie durch diese Behörden abgesandt werden, geschrieben i|[n Gegenwart] der Kosmoi und der Prostatai. Berechtigt sein soll kei|[ne] dieser [beiden] Behörden, für sich allein Schreiben zu versenden. Nicht | soll man [zweimal dieselb]en Amtsträger im Turnus aus den Phylen wählen. | [Wählen soll man j]edes Jahr bei den Beamtenwahlen im Turnus | [aus den Phylen den St]ephane[phoros* und den Priest]er des Zeus Kretage|[nes (= „des in Kreta Geborenen“) und der Diktynna –]

### 454 Chyretiai (Perrhaibien): Brief des T. Quinctius Flamininus an die Stadt zwischen 197 und 194

Michel 44; IG IX 2, 338; Syll.[3] 593; RDGE 33; Classical Philology 81, 1986, 32 ff. (Ü).

Marmorstein, in einer Kirchenwand bei Chyretiai/Domeniko verbaut gefunden (Elasson, Museum).

Titus Quinctius, Consul (*strategós hýpatos*) der Römer, | (entbietet) den Tagoi* und der Stadt der° Chyretier° seinen Gruß. Da wir auch bei allen anderen (Gelegenheiten) | klar gemacht haben unsere und des römischen Volkes | Einstellung, die wir allgemein gegenüber euch hegen, haben wir den Wunsch gefaßt, auch | künftig in jeder Hinsicht uns zu erweisen als Verfechter | des Ehrenvollen, damit es auch hierin keine Handhabe gibt, uns zu ver|leumden, für die Leute, die gewohnt sind, sich nicht nach den besten Grundsätzen auf|zuführen. Denn aller noch verbliebener | Land- und Haus-Besitz°, der dem öffentlichen (Eigentum) der Römer zugefallen ist, | den geben wir sämtlich eurer Stadt zurück, | damit ihr auch hierin unsere Vortrefflichkeit erkennen könnt, | und daß wir in keiner Weise uns bereichern wollten, | weil wir Ruhm und Ehre obenanstellen. Alle, die | ihr Eigentum nicht zurückbekommen haben, | wenn sie euch dies mitteilen und die Wahrheit zu sprechen scheinen,

| (denen) soll° – wobei ihr euch zu richten habt nach meinen schriftlichen Entscheidungen – nach meinem Urteil, daß es rechtens sei, es zurückgegeben | *vacat* werden. *vacat* | *vacat* Lebt wohl!

### 455 Larisa (Thessalien): Volksbeschluß über Renovierung des Gymnasion mit Spenderliste zwischen 197 und 186

SEG 13, 390 + 393; ISE II 102; Chiron 13, 1983, 21 ff. = SEG 33, 460; Migeotte, Souscriptions 33 (nur *I*; Ü).
Drei Metopen, vermutlich vom Gymnasion (Larisa, Museum).

(*I*) Als Tagoi* waren Kr[a]tinos Sohn des Kleoma|chidas, Philo[– Sohn des –]ida|s, Rhadios *vv* Sohn des Pandok[os], Moluros | Sohn des Simos, Nyssandros Sohn des Theodotos, |5 und Schatzmeister der Stadt *v* Theodo|tos Sohn des Archelaïdas, *v* Damoitas Sohn des Simak|os. *vv* Die Tagoi legten einen Antrag vor | dem Volk über die | Reparatur des Gymnasions *v* und da|10ß das Erfordernis dringend sei und sie dringen darauf, | daß durch Subskription | die Reparatur erfolge°, da kein *v* | [G]eld ist° in der Gemeinde(kasse) und sie rufen | die Vermögenden auf. *vacat*

(*II*) König Philipp, | Hippodromos Sohn des Andromachos, | Omphalion Sohn des Makunos, | Argeadas Sohn des Hippostratos, |5 Petthalos Sohn des Mikinas, | Philiskos Sohn des Petthalos, | Menandros Sohn des Polyainidas, | Lyson *vvv* Sohn des Pheidias, | Alexandros Sohn des Admatos, |10 Admatos Sohn des Alexandros, | Theophilidas Sohn des Thersippos, | Lykormas Sohn des Adamas, | Thersandros Sohn des Krateisippos, | Damophilos Sohn des Damarchos, |15 Nikostratos Sohn des Anaxippos, | Aristokleas Sohn des Aristonos, | Perseus *vv* Sohn des Philippos | des Königs, | Antiochos Sohn des Echekratida[s, |20 –]ios Sohn des Mnasia[s], | Astokrates Sohn des Ast[okrates].

### 456 Xanthos: Ehrenbeschluß für den Gymnasiarchen Lyson 196

Revue des études grecques 109, 1996, 1 ff. (Ph, Ü).
In vier Teile zerbrochene Marmorstele im Letoon bei Xanthos (in situ).

[Unter der Königsherrschaft] des Antiochos und seines Sohnes Antiochos, | [(im Jahr) 116, M]onat Gorpieios; amtierender Oberpriester (des seleukidischen Königskults): Nikanor; | amtierender

Priester (des Kultes) der Könige [in Xanthos]: Prasi|das Sohn [des Nik]ostratos, (des Kultes) „vor der Stadt“: Tlepolemos |5 Sohn des Ar[tap]ates. *v* Beschluß der Neoi* von Xanthos: Da | Lyson Sohn des Demosthenes, der sich politisch so betätigt, wie es sich gebüh|rt für treffliche, verdiente Männer, viele | Erweise seiner freundlichen Gesinnung gegenüber der Stadt und | gegenüber den Neoi erbracht hat in den schwierigsten Si|10tuationen in einer Weise, die seiner selbst und dem Verhalten seiner Vorfahren würdig ist; | – Verdienste, für die er von der Stadt ausgezeichnet wird mit | den angemessenen Ehrungen; und (da) er nach seiner Wahl zum Gymnasi|archen* den Betrieb des Gymnasions | und seinen Bau {*oder*: Wiederinstandsetzung} mit aller Energie leitete |15 und es ausschmückte, wofür er viel aus eigenen Mitteln aufbrachte, | mit dem Grundsatz, nicht nur in den im öffentli|chen Bereich von ihm vollbrachten hervorragenden und ruhmvollen Leistungen kon|sequent zu erscheinen, sondern auch unserer Nachwelt | eine Erinnerung zu hinterlassen an die innere Einstellung, die er hatte |20 gegenüber den Interessen der Stadt und den Ne|oi – weshalb wir unsererseits, die wir schon in den | voraufgegangenen Zeitläufen seine Vortrefflichkeit erkannten, | in Anbetracht (der Tatsache), daß die | gegenwärtige Situation jeden Mann erfordert, | der würdig und in der Lage ist, zu walten in einwandfreier |25 Weise seines Amtes im Gy[mnasio]n, den Appell gerichtet haben | an ihn, auch für d[as] darauf folgende Jahr zu erweisen | seinen Dienst, und, als er sich bereitwillig zur Verfügung stellte, | (wir) [ihn] zum Gymnasiarchen* ge[wählt haben]; da er nun in allen | die Stadt und gleich[ermaßen°] die Neoi [betreffenden Interessen] |30 [dasselbe] Engagement hat und bei nichts sich verweig|[ert, was förderlich ist,] *v* soll es, zum guten Glück, Beschluß sein, daß man belob|[igt den Lyson] Sohn des [De]mosthenes, in Würdigung seines Verdienstes und seiner freundlichen Gesinn|[ung, die er kontinuier]lich [hegt] gegenüber seiner Heimatstadt, den | [Neoi und den] Interessen [de]r Könige, *v* daß man |35 [ihn] auch mit einer Bronze[stat]ue ehrt° und diese aufstellt im | [Gymnasion] an der auffallendsten Stelle | [und (darauf)] folgende Inschrift aufzeich°[net]: *v* „Die Neoi von Xanthos | [(ehrten) Lyson Sohn des De]mosthenes, der [zwei°] Jahre lang das Gymnasiarchenamt bekleidet hat, | in Würdigung [seines Verdienstes] und seiner freundlichen Gesinnung ihnen gegenüber |40 [und (gegenüber) der Sta]dt“ *v*; daß man ferner zwei Altäre errichtet an | [der auffallend]sten Stelle des Gymnasions, den einen | [für Zeus S]oter*, den anderen für Lyson *v* | [–], auf denen Lyson, solange er lebt, das Opfer verrichten soll – oder ein an|[derer an sein]er Statt – dem Zeus, am anderen (Altar) der jährlich |45 [gewählte] Gymnasiarch, wobei (die Mittel) zur Verfügung gestellt werden von der | [Gemeinschaft der N]eoi und dem Gymnasiarchen aus der | [– zwei (?)] dreijähr[ige St]iere [–]

### 457 Ilion: Bündnis zwischen Antiochos III. und Lysimacheia um 196

*a*: A. Brückner, in: W. Dörpfeld, Troja und Ilion, 1902, 448ff. Nr. 3 (Ph); *b*: Zeitschrift für Papyrologie und Epigraphik 17, 1975, 101f. Nr. 1 (Ph); *a* + *b*: I. v. Ilion 45; SEG 38, 1252.

Zwei Fragmente einer (?) Marmorstele aus Ilion (*a*: Akropolis, *b*: römische Bäder; Troja, Museumsdepot). Zusammengehörigkeit und Gleichzeitigkeit von *a* und *b* werden bezweifelt (SEG 31, 1056).

(*a*) [*etwa*: man soll diesen Vertrag aufzeichnen lassen auf drei Stelen und diese aufstellen, die eine in Ilion im Heiligtum der Athena, die (zweite) in] | Lysimacheia beim Altar des | Zeus Soter, die (dritte) in Samo|thrake im Heiligtum der Großen° Götter. |5 Schwören soll [der König | An]tiochos den un[ten angefügten Eid –]

(*b*) [„Ich schwöre bei Zeus, Ge, Helios – | und bei allen übrigen Götte]rn | [und Göttinnen, festzuhalt]en an der | [Freundschaft und Bundesgenossen]schaft, die ich abgeschlossen habe |5 [in meinem Namen und dem] meiner Nachkommen | [mit den –], so wie ich es ver|[traglich vereinbart habe, und] ich werde achten und wahren die Stadt | [in Autonomie und] Demokratie, | [als frei] und frei von Besatzung |10 [und von Tributerheb]ung, und wenn jemand Krieg führt | [gegen die Stadt d]er Lysimacheer oder ihre For|[ts oder gegen ihre Ge]markung, werde ich zu Hilfe kommen, so wie ich es ver|[einbart habe], und dabei die Häfen der Lysima|[cheer als Aus]gangsbasen verwenden°, durch meine jeweiligen Beauftragten |15 [und w]ie ich es im Vertrag klargelegt | [habe], und ich werde nicht verlassen das Bünd|ni[s, das ich gesch]lossen habe mit den Lysima|cheern, auf keine Weise und unter keinem° Vor|wand, solange auch° sie° festhalten |20 an dem Bündnis mit mir. | Wenn ich diesen Eid [ha]lte, soll es mir gut ergehen; | [wenn] ich ihn [breche], das Gegenteil. | Eid der Lysimacheer: | Ich sch[wö]re bei Zeus, Ge, Helios, Poseidon, |25 [Deme]ter, Apollon, Ares, Athena | [Ar]ei[a und] bei der (Artemis) Tauropolos und allen | ü[brigen] Göttern und Göttinnen, | festzuhalten an der Freundschaft und Bundesgenossenschaft, | [die ich abgesch]lossen habe mit König Antiochos |30 [und] seinen Nachkommen, und wenn jemand | K[rieg führt gegen ihn], werde ich Bundeshilfe leisten, und ich werde nicht ver|lassen das Bündnis, das | ich mit

König Antiochos ges[chlo]ssen habe, | auf keine Weise und unter keinem Vorwand, | solange auch König Antiochos festhält | an dem Bündnis. Wenn ich diesen Eid halte, soll es mir | gut ergehen, wenn ich ihn breche, das Gegenteil.“ | *vacat*

## 458 Lampsakos: Ehrenbeschluß für Hegesias
## 196 oder 195

Michel 529; IGRR IV 179; Syll.³ 591; I. v. Lampsakos 4 (Ph, Ü).
Zwei Fragmente (*a*, *b*) einer Marmorstele (EM).

(*a*) [– in | den Beschlüssen, di]e oben verzeichnet [sind. Als das Vo|lk (Leute) suchte] und aufrief mit allem [Nach|druck, die] sich zur Verfügung stellen sollten, und einen Beschluß faßte, [da|mit de]n im Namen der Stadt als Gesandte Reisenden zu den | [Massali]oten und den Römern eine Ehrung zuteil werde seitens de[s | Volkes u]nd damit, wenn die Gesandten zurückkehren würden, | [der R]at ein Probu[leuma* beschließen solle,] demzufolge sie geehrt würden, und als [etliche°] vorgeschlagen wur[den | und] nicht akzeptierten, einige sogar gewählt [wur|den und unter Ei]desleistung (= nicht fähig zu sein) ablehnten wegen der Größe der Aufgabe [und | der Kost]en, da wurde Hegesias vorgeschlagen und, anstatt den Entlastungseid [zu | leisten, (folgte) er dem Ap]pell und der Aufforderung des Volkes, und oh[ne | zu achten der] Gefahren auf der Reise, sonder[n indem er | hintansetz]te seine (Interessen) dem Nutz[en] der Stadt, | [nahm er] die Gesandtschaft [auf sich] und reiste ab; an[geko|mmen in] Griechenland, traf er mit seinen Mitge[sa|ndten mit Lucius°, dem St]rategos* (Praetor) der Römer zusammen, der die Flo[t|te befehligte,] legte ihm ausführlich dar, daß | unser Demos, v[erwandt un]d befreundet mit dem römischen Volk, [sie°] abges[andt | habe] zu ihm und daß er ihn bitte und auf[ford|ere zusammen mit seinen K]ollegen, da wir doch Verwandte de[r Rö|mer seien, Vorsorge zu treffe]n für unsere Polis, damit erreicht werden könne, [was] | dem Demos nützlich [erscheine;] denn es komme ih[nen | immer zu, einzut]reten für die Interessen unserer Polis wegen [der] | zwischen uns und ihnen [bestehenden] Verwandtschaft, welche [sie°] ebenfalls an[näh|men (?), u]nd deswegen, weil die Massalioten unsere Brüd[er] seien, | [die (wiederum) Freun]de und Bundesgenossen des römischen Volkes sind. U[nd | sie sorgten dafür (?), zu be]kommen angemessene Antworten, (die sie) | [unserem Volk zu]leiten (konnten); durch diese (Antworten) wurde der De[mos] ermutigt; | [denn dar]in erklärt er, unter Anerkennung der Verb[unden|heit und Verwandtsch]aft, die zwischen uns und den Röm[ern] besteht, | [wie er es versprochen] hatte: wenn er mit jemand Freundschaft oder einen beschworenen Vertrag schließe, [daß er | darin] unsere Stadt einbegreifen werde, und er [werde] (ihr) bewahren | [die Demokra]tie und die Autonomie und den Frie[den, und | werde, wie er jeweils kö]nne, uns nützen, und daß, wenn jemand [(uns) zu belä|stigen versuch]e, er es nicht zulassen, sondern ihn hindern werde. Als er [zusammen mit | seinen Mitges]andten den Schatzmeister der Marine (= Flottenquaestor) traf° [– | – und] ihn [dazu brachte,] stets Gutes (für uns) herbeiführen (zu wollen), | [erhielt er auch v]on ihm einen Brief an [unser] Volk, | [den in der Erkenntnis,] daß er nützlich sei, [unser° Volk°] in [das Archiv] einordnete. | Nach ihrer Überfahrt [– | –]

(*b*) [–] und worüber er die Volksbeschlüsse hatte, unter[nahm er ferner | nach Massal]ia eine lange und gefahrvolle Seereise; er tr[at vor | (den Rat der) Sechshu]ndert und erreicht[e es, daß | er Gesan]dte [erhielt], die mit i[hm] zusammen die Gesandtschaftsreise unternahmen [im Interesse | unserer Stadt na]ch Rom; in der Annahme, dies sei wünschenswert, erba[ten und erhiel|ten sie von den] Sechshundert einen [das Volk betreffenden] nützlichen Brief | [an das Vol]k der keltischen Tolistoagier. Nach seiner Überfah[rt nach | Rom zusammen mit sei]nen Mitgesandten und seinen Beglei[tern | aus Massa]lia verhandelte er mit dem Senat zusammen mi[t diesen, | welche darleg]ten die loyale Gesinnung und die Einstellung, die sie [allezeit] heg[en | ihnen gegenüber], und erneuerten die [sie | mit] ihnen verbind[ende° Freundschaft und ihnen auch mitteilten [über uns, | daß sie] Brüder unseres Volkes sind [und daß die | loyale Gesinnung sich entsp]rechend verhalte zur Verwandtschaft; er (= Hegesias) legte ih[nen auch | seinerseits hierüber {*oder*: über die Lage}] dar, und aus welchen Notwendigkeiten heraus das Volk [diese] | Gesandtschaft [abgeschickt habe], und er appellierte an sie zusammen mit d[en Mit|gesandten, wie (?)] für die Si[cherheit] ihrer anderen Freunde und eng Verbundenen, | [so (?) a]uch für unsere Stadt Sorge zu tragen; und w[egen der | Verwandtschaft und] der zwischen uns und ihnen bestehenden guten Bez[iehungen und | der] uns durch die Massal[ioten zuteil geword]enen Empfehlung [bat | er darum, auch einen Brief zu er]halten, der dem Demos Nutzen bringe. Und [als darauf drangen (?) | die Gesan]dten, daß wir einbegriffen würden [in den | Vertrag], den die Römer abschlossen mit dem [K]ö[nig Philipp, hat der Senat] uns [einbe]griffen in den Vertrag m[it dem Kö|nig, so w]ie sie selbst es schreiben; wegen [aller an|deren (Fragen) verwies] sie der Senat an den [römisch|en] Consul Titus und die Zehn(-Männer-Kommission) f[ür die griech|ischen Angelegenheiten]. Und als er nach Korinth kam zusammen mi[t – | – und Apo]llodoros, traf er zusammen mit dem (Pro)consul [und den | Zehn und ver]handelte mit ihnen über das Volk und ap[pellier|te an sie mit großem] Nachdruck, sie sollten Vorsorge treffen [für uns | und dazu beitrag]en, daß [unsere] Stadt erhalten werde [in Au|tonomie] und Demokratie; hierüber erh[ielt er einen Beschl|luß voller Freundlichkeit] und Briefe an die König[e –; | da er erkannte, daß (diese) nütz]lich für es waren, sandte er [sie – | – das Vol]k, so wie es zuvor beschlossen [hatte –]

### 459 Gytheion: Ehrung für T. Quinctius Flamininus 195

SGDI 4565; ILS 8766; IG V 1, 1165; Syll.$^{3}$ 592.
Marmorstein aus Gytheion (Venedig, Arch. Museum).

Den Titus Sohn des Titus Quinctius, Consul der Rö|mer, (ehrt) der Demos der Gytheaten als seinen Ret|ter.

### 460 Iasos (Karien): Brief der Königin Laodike an die Stadt; Ehrenbeschluß für Antiochos III. nach 195

*I* und *III*: Annuario (wie 429) 29/30, 1967/68, 445 ff. Nr. 2 + 2 bis (Ph); BE 1973, 837; Zeitschrift für Papyrologie und Epigraphik 13, 1974, 197 f. (Z. 33–50). *II*: Ch.Th. Newton, Ancient Greek Inscriptions in the British Museum, III 1, 1886, 442; Michel 467; OGIS 237. *I–III*: I. v. Iasos 4; zur Reihenfolge der beiden Urkunden vgl. SEG 36, 984.
*I* und *III*: Marmorstele aus einem Baukomplex in Iasos; rechts und unten abgebrochen. Schrift in zwei Kolumnen. *II*: Marmorstele, oben und unten abgebrochen, gefunden in der Mauer eines byzantinischen Bades in Iasos (London, British Museum).

(*I*) [[(*Rasur*)]] | In dem Jahr, da Kydios Sohn des Hierokles Stephanephor* war. | Brief, am 14. des (Monats) Elaphebolion: | Königin Laodike (sendet) dem Rat und dem Volk der Iaseer | ihren Gruß. Ich habe oft von meinem Bruder erfahren, welche | Hilfe er seinen Freunden und Bundesgenossen | unaufhörlich angedeihen läßt und daß er nach° der° Wiedergewinnung° eurer Sta|dt, die von unerwarteten Katastrophen heimgesucht war, | euch die Freiheit | zurückgegeben hat und die (angestammten) Gesetze und auch sonst sich vorgesetzt | hat, zur Förderung des Gemeinwesens beizutragen und es in einen besseren Zu|stand zu führen. (Daher) habe auch ich mir vorgenommen, entsprech|end seinem eifrigen Bemühen zu handeln und des|wegen eine wohltätige Stiftung zu errichten für die | (wirtschaftlich) Schwachen unter den Bürgern, die zugleich einen gemeinsamen Nutzen | für das ganze Volk (erbringen soll). (So) habe ich geschrieben an Struthi|on, den Dioiketés*, er solle zehn Jahre lang jährlich tausend | attische Medimnoi* Weizen° in die Stadt liefern | und den vom Volk (Beauftragten) übergeben lassen. Ihr werdet nun gut daran tun, | die Schatzmeister zu beauftragen, es zu überneh|men und dafür eine festgesetzte Summe einzuhandeln, und die Prosta|tai* und wen ihr sonst dafür bestimmt (zu beauftragen), die | hieraus erlöste Summe zu deponieren für Mitgiftzahlungen | an die Töchter der wirtschaftlich schwachen Bürger, wobei sie geben | sollen höchstens vierhundert Antiochos-Drachmen* einer je|den der Bräute. Wenn ihr euch verhaltet gegenüber meinem | Bruder und überhaupt gegenüber unserem Hause, wie es sich gehört, | [un]d aller unserer Wohltaten eingedenk bleibt | in [Dan]kbarkeit, werde ich mich bemühen, euch auch anderes, was ich erdenken kann, mit|[zuver]schaffen, da ich auf jede Weise parallel handeln mö|[chte] mit dem Willen meines Bruders. Denn ich weiß, daß i|[hm s]ehr viel liegt an dem Wiederaufbau | [eurer] Stadt. *vacat* Lebt wohl! *vacat*

[In dem Jahr, da] Kydios Sohn des Hierokles Stephanephor war, | *vacat* im (Monat) Elaphebolion; *vacat* | [als die Pryt]anen* die Volksversammlung einberiefen am Dreißigsten, beschl|[loß] das Volk; Menoitios Sohn des Hierokles hatte den Vorsitz inne; | Beschlußvorlage der Pry[tan]en* Hermokrates Sohn des Theodotos, Astiades | [Sohn des] Hekatonymos, Hermias Sohn des Artemidoros, Hekataios Sohn des Di|[ope]ithes, Menoitios Sohn des Hierokles, Menoitios Sohn des Me|[ne]demos, Pindaros Sohn des Sostratos durch dessen Vertreter {*oder:* Vormund} Diony|[sios] Sohn des Menekleis: Da der Großkönig Antio|[cho]s die Haltung seiner Vorfahren fortsetzt gegenüber allen | Hellenen und den einen den Frieden verschafft, | [vie]len, die Unheil erlitten haben, hilft, sowohl einzelnen wie Gemeinden, | [ma]nche aus Sklaven zu Freien gemacht hat und | [üb]erhaupt es sich zum Grundsatz gemacht hat, daß das Königtum zur Wohltat | [–] sei für die Menschen, und (da er) unsere Stadt zunächst | aus der Knechtschaft erlöst und frei gemacht hat [– | –] di[e B]esatzungssoldaten und die [– | –] uns berechtigt [–] |

(*II*) [die Demokr]atie und Autonomie zu bewahren, hat er gesch]rie|ben oftmals an das Volk hierüber, wobei er handelte entsprechend | der ihm von den Vorfahren überkommenen Wohltätigkeit° gegen die Hellenen, | und der göttliche Stammvater der Dynastie der | Könige hat sich mit seinem Zeugnis auf die Seite des Königs gestellt, indem er dazu auf|rief, unser Gemeinwesen in Eintracht zu führen; das Volk (= von Iasos), das (ohnehin) | diese Einstellung hat°, hegt um so mehr eine Politik der Eintracht, | seitdem es im Besitz der größten Wohltaten von seiten des | Königs ist, und wahrt diese. Damit nun deutlich sichtbar werde sowohl dem | König wie allen anderen, welche Einstellung das Volk hegt | erstens gegenüber dem Großkönig Antiochos und | der Königin Laodike und ihren Kindern, zweitens | [–]

(*III*) (*In den stark zerstörten Zeilen der Rückseite lassen sich an dem für den König errichteten Altar Opfer erkennen, die ihm, seinen Vorfahren und „den gemeinsamen Göttern der Stadt" geweiht sind [Z. 71 ff.]; ferner zu Ehren der Laodike die alljährliche Wahl „einer jungfräulichen Priesterin der Königin Aphrodite Laodike" [Z. 76 ff.] und eine alljährliche städtische Feier des Geburtstags der Königin unter Beteiligung der Brautpaare [Z. 83 ff.].*)

## 461 Teos: Brief des Praetors M. Valerius Messala an die Stadt 193

Michel 51; Syll.³ 601; IGRR IV 1557; RDGE 34; Rigsby 153 (Ü).
Block aus den Ruinen des Dionysos-Tempels von Teos.

(Brief) der Römer. | Marcus Valarius (*sic*) Sohn des Marcus, Strategos* (*hier* = Praetor), und die | Demarchoi* (*hier* = Tribunen) und der Senat senden der Teier Rat und | Volk ihren Gruß. *v* Menippos, der von König° Antiochos | zu uns geschickte Gesandte, | den auch ihr damit betraut habt, für eure Stadt als Gesandter zu fungieren, | hat uns euren Beschluß übergeben und selbst in Übereinstimmung damit | voll Eifer vorgetragen. Wir unsererseits haben den Ma|nn freundlich aufgenommen, wegen seines° frühe|ren guten Rufes und wegen seiner Qua|litäten, und wir haben bereitwillig angehört, was er erbeten hat. Und daß | wir allezeit die höchste Bedeutung beimessen | der Verehrung der Götter, das kann man am besten erm|essen aus der Gnade, die uns | deswegen von der Gottheit zuteil° wird°. Doch wir sind überzeugt°, daß auch aus | vielen anderen (Anzeichen) deutlich geworden ist | unsere hohe Achtung gegenüber den Göttern. Deshalb, aus diesen Grü|nden und wegen unserer freundlichen Gesinnung euch gegenüber und um des Gesandten° willen, der für euch gebeten hat, | entscheiden wir, eure Stadt und euer Territ|orium soll heilig sein, wie schon jetzt, und unverletzlich und tribut|frei von seiten des römischen Volkes, und die Ehren° für | den Gott und die Privilegien für euch werden wir versu|chen zu mehren, wenn ihr bewahrt für die | Zukunft eure freundliche Gesinnung uns gegenüber. *vv* Lebt wohl!

## 462 Brief des Antiochos III. zur Einsetzung eines Kultes für die Königin Laodike 193

*A*: Michel 40; OGIS 224 (+ II p. 548); Bulletin de correspondance hellénique 54, 1930, 245 ff. (Ph) = M. Holleaux, Études d'épigraphie et d'histoire grecques, III, 1942, 165 ff. (ohne Ph); RHE 14; RC 36/37 (Ü); L. Robert, Hellenica, VII, 1949, 9 ff. – *B*: L. Robert, Hellenica, VII, 1949, 5 ff. (Ü). – *C*: Comptes rendus de l'Académie des Inscriptions et Belles-Lettres 1967, 281 ff. = L. Robert, Opera Minora Selecta, V, 1989, 469 ff.

In drei Exemplaren (*A*, *B*, *C*) erhalten, deren Text im wesentlichen nur in den die Provinz betreffenden Angaben abweicht. *A*: Marmorstele aus Eriza/Dudurkar in Karien (Paris, Louvre). – *B*: Steinstele mit Giebel (darin Kranz), Akroteren und Rahmen aus Laodikeia/Nihawend nordöstlich von Susa (Teheran, Museum). – *C*: Stele aus der Umgebung von Kirmanschah, oben (bis einschl. Z. 18 des Königsbriefs) und rechts abgebrochen. Die Übersetzung folgt der Zeilenzählung und dem Text von Exemplar *A*.

(*I in A*) [Anaxim]brotos sendet dem Dionytas seinen Gruß. Von dem | Erlaß, den der König geschrie[ben] hat | dar[übe]r, daß ernannt worden ist zur [O]berpriesterin der Königin | in der Satrapie Berenike, | die Tochter des Ptolemaios Sohn des Lysimachos, | ist die Abschrift unten beigefügt. Befolge | also die zugesandten (Anordnungen), führe sie aus, so wie | er es für richtig hält, und sorge° dafür°, daß auch die Abschriften aufgezei|chnet werden auf eine Marmorstele und aufgestellt an dem | am besten sichtbaren Ort. | *vacat* Leb wohl! Jahr 1[19], am 19. des (Monats) Artemisios. |

(*I in B*) Menedemos sendet Apollodoros und | den Archonten* und der Stadt der Laodikeer° seinen Gruß. Von dem | an uns geschriebenen Prostagma* | [von de]m König ist unten angefügt | [die Ab]schrift. Befolgt nun | die zugesandten (Aufträge) und sorgt dafür, daß das Prostagma auf einer Marmorstele aufgezeichnet | und aufgestellt werde in dem am besten sichtbaren | der Heiligtümer in der Stadt. *vacat* | *vacat* Lebt wohl. (Jahr) 119, am 10. Panamos.

(*II in A*) [Köni]g Antiochos sendet dem Anaximbrotos seinen Gruß. | [Da wir wünsch]en, unserer Schwester Königin Laodike | Ehren weiter zu mehren, und da wir dies für höchst wich|[tig] für uns halten, weil sie° | [nicht n]ur mit uns in Liebe und Fürsorge | zusammenlebt, sondern auch gegenüber der Go[tt|heit sich ver]ehrungsvoll verhält, tun° wir° allezeit° in Li[ebe]° alles, | [was bi]llig und recht ist, daß sie es von uns |20 [erh]ält; | und jetzt haben wir [ent]schieden, daß – so wie | [für u]ns [er]nan[nt] werden im Königrei|[ch O]b[er]priester – auch für sie eingesetzt werden | [in] denselben Bezirken Oberpriesterinnen, die tr|25[ag]en sollen goldene Kränze mit | [einem Bild von] ihr, und die ferner genannt werden sollen in | [den] Kontrakten nach den | Oberpriestern für unsere° [Vorfahr]en und für uns. Da nun | [ern]annt ist für die unter deiner Verwaltung stehenden Gebiete |30 [Ber]enike, die Tochter° des Ptolemaios Sohn des Lysimachos, | der uns in Verwandtschaft [nahe(?)]steht, | ist alles auszuführen den oben gemachten Anordnun|gen zufolge, und die Abschriften der | Briefe sind auf Stelen aufzuzeichnen |35 und aufzustellen an den am besten sichtbaren | Stellen, damit jetzt und in Zukunft | allen die Einstellung° deutlich werde, die wir auch hier|[in] gegenüber unserer Schwester (hegen).

(*II in B und C aus derselben seleukidischen Provinz. Größere Abweichungen: Adressat Menedemos; Oberpriesterin Laodike; Datierung am Ende* (*Jahr*) *119, im Xan[dikos].*)

(*I–II in C. Abweichungen: Das Begleitschreiben des Gouverneurs folgt hier dem Königsbrief* (*trotzdem sagt es: „ist die Abschrift unten angefügt“*). *Der Adressat ist ein Thoas* (*daher alle Imperative im Singular*)*; die Inschrift ist „in dem am besten sichtbaren der Heiligtümer im Fo[r]t“ aufzustellen; „lebe wohl“ fehlt; Datierung: Jahr 119, am 3. Panamos.*)

## 463 Herakleia am Latmos: Brief von L. und P. Cornelius Scipio an die Stadt
## 190/89

Syll.³ 618; RDGE 35 (Ph: Chiron 20, 1990, 51).
Vorderseite eines Marmorblocks von der Süd-Ante* des Athena-Tempels von Herakleia am Latmos (Paris, Louvre).

[Lucius Cornelius Scipio], Consul der Römer | [und Publius Scipio, sein Bru]der, senden dem Rat und dem Vo[lk] der Herakleoten | [ihren Gruß.] Vor uns sind ersch[ienen] eure Gesandten Dias, Dies, Diony|[sios, –]am[an]dros, [Eu]demos, Moschos, Aristeides, Menes, her|5[vorragende] Männer°, die den [Volksbe]schluß übergeben und selbst Ausführungen gemacht haben in Übereinstim|[mung mit de]m in de[m Be]schluß Festgelegten, wobei sie nichts fehlen ließen

| [an Eif]er. Wir sind° allen Hellenen wohlgeson[nen] | und werden versuchen, nachdem ihr eingetreten seid in unsere | [Garantie (*fides*)], (für euch) angemessene Vorsorge zu treffen und stets etwas Gutes zu bewir|10[ken]. Wir gewähren euch die Freiheit, so wie auch | [den an]deren Poleis, die uns die Entscheidung über sich übertragen haben (= *deditio*), so daß ihr die Möglichkeit habt, i[n | eigener Hoheit al]le eure gemeindlichen Fragen zu regeln nach euren Gesetzen, | [und in] anderen Fragen werden wir versuchen, euch hilfreich zu sein und stets etwas Gutes | [zu bewir]ken. Wir nehmen eure Gefälligkeiten und |15 [Sicherheiten] entgegen° und werden unsererseits versuchen, in unserer Dankesbezeugung in nichts zurückzustehen. | [Abgesa]ndt haben wir an euch den Lucius Orbius, verantwortlich zu sorgen für die | [Stadt u]nd die Gemarkung, damit niemand euch schadet. Lebt wohl!

## 464 Samos: Weihung einer Statue des Populus Romanus 190–150

Mitteilungen des Deutschen Archäologischen Instituts Athen 105, 1990, 259ff. (Ph) = SEG 40, 736.

Marmorblock von einem über 8 m hohen Pfeiler, der wohl die Statue getragen hatte, im Heraion von Samos.

Das Volk der Samier | (weiht) das Volk der Römer | wegen seiner Trefflichkeit | und Wohltätigkeit ihm (dem samischen Volk) gegenüber | der Hera.

## 465 Stymphalos: Dankesbeschluß der Elateer für Stymphalos um 189

Revue des études grecques 59/60, 1946/47, 150 (Ph) = SEG 11, 1107; Rivista di filologia e di istruzione classica 77, 1949, 217 (Ü); GrMBI I 30; ISE I 55 (Ü); vgl. SEG 38, 355 (zu Z. 15/16).

Kalksteintafel aus Kionia im NO des Stymphalischen Sees (FM). Dorische Koine.

[– | –] und mit Eife[r und Freundl]ichkeit, wie sie der V[erwandtschaft ange]messen sind, und [– | –] nahmen sie auf, ein jeder in sein eige[nes] Haus mit größtem Ent|[gegenkommen, und auf] Gemeindekosten verpflegten sie sie über längere Zeit und von allem°, dessen |5 [sie bedurften, gaben sie ihnen Anteil (?)]; und an den sakralen Angelegenheiten und Opfern ließen sie sie teilnehmen, da sie sie auffaßten wie eigene | [Bürger; und v]on ihrer Gemarkung teilten sie ein Stück ab und verteilten es an die Elateer und (dazu) die Ate|[lie* von allen Abgaben auf] zehn [Jahre]; und über all dies fertigten sie eine Aufzeichnung auf einer Bronzestele an | [und stellten diese auf im Heiligtum] der Artemis [Braur]onia, ohne es irgendwie fehlen zu lassen an der Wohltät|[igkeit ihnen gegenüber. Später,] als nach etlichen Jahren wiederum die Römer nach Griechenland kamen | [mit Heeresmacht (?) und] Manius (= Acilius Glabrio) sich der Gegend um Elateia [bemäch]tigte, schickten die Stymphalier Gesandte an | [die Achaier, um zu erreichen, daß] eine Gesandtschaft geschickt werde an Manius über die Rückführung der Elateer in ihre [Heim|at; die Achaier ent]sandten als Gesandte Diophanes und Athe[no]kles, und Manius gesta[n|d zu,] den Elateern die Stadt und d[ie] Gemarkung und die Sklaven [zurückzugeben;] als die Elateer aber b|[lieben in Sty]mphalos längere Zeit in [un]tadeliger und ihrer Ahn[en] würdiger Weise, | [bevor sie abreisten in] ihre Heimat; da Ausfuhr von Getreide bei den Achaiern nicht erlaubt war wegen des herrsch[enden | Krieges (?) und des Ge]treidemangels, sandten die Stymphalier an die Achaier, (um zu erreichen,) daß bei ihrer Heimke[hr | die Elateer unbeanstandet ihr] eigenes Getreide mitnehmen könnten aus dem Land der Stymphalier, dankbar, [– | –] sich zu vereinigen (?) und wieder bearbeiten zu können (?) die [–]. Und als es nach d[er | Rückkehr in di]e Heimat Meinungsverschiedenheiten gab [unt]er den Elateern über den Synoikismos* (*hier* = Wiederbesiedlung, Wiederaufbau) und | [sie desh]alb an die Stymphalier [sandten], schickten die Stymph[alier] treffliche Männer, | [– Sohn des –], Euremon und Thearidas Sohn des I[s]agoras, die [nach El]ateia kamen und die | [Entscheidung darüber] richtig und gerecht [fäll]ten, wo das Diateichisma (Zwischenmauer) zu errichten sei. Damit nun deutlich werde, | [daß auch unsere Stadt einge]denk ist der Freundlichkeiten seitens der Stymphalier und D[ank ab]stattet | [ihren Wohltäter]n, soll es Beschluß sein d[er] Elateer, daß die ernannten Män[ner] Daphnaios | [Sohn des –, – Sohn des –]krates, Theondas Sohn des Python, Ag[e]as Sohn des Theokles, Aitolos Sohn des Aristolaos und Kritol[n Sohn des – dafür Sorge tr]agen, daß die Wohlt[aten bei El]ateern und Stymphaliern au[fge]zeichnet werden | [auf eine steinerne Stele und auf]gestellt in Elateia auf der Agora* beim Altar des Zeus Soter*, | [in Stymphalos im H]eiligtum der Artemis Brauronia. Zu Gebote stehen sollen den Stymphaliern in El[lateia die Sicherheit (?), die Asyl]ie* und die Möglichkeit des Zugangs zu Rat und Volksversammlung als ersten nach den Einleitungsopfern, und [t|eilnehmen können sollen sie in

Elat]eia an den gemeinsamen Opferfeiern und al[len] anderen Ehrenrechten und Privilegien. | [Auszeichnen soll man das Volk d]er Stymphalier mit einem goldenen Kranz, und verkünden sollen diesen all|[jährlich die Hierokerykes* bei de]m gym[nischen] Agon* der Boadromia, wobei sie proklamieren, daß [die | Stadt der Elateer die Stadt der Stymphalier auszeichnet mit einem gold]enen [Kranz] als Auszeichnung [wegen°] ihrer Tüch[tigkeit | und ihrer Wohltätigkeit ihr gegenüber –]

### 466 Delphi: Brief eines römischen Consuls (C. Livius Salinator?) an die Stadt 189/8

Syll.[3] 611; Holleaux (wie 462) V, 1957, 284 f.; RDGE 38.
Block von der Marmorbasis der Reiterstatue des Manius Acilius Glabrio (in situ); die diesem gewidmete Inschrift steht Syll.[3] 609–610 = RDGE 37.

[Gaius Livius Sohn des Marcus,] Consul [der] R[ö]m[er, sowie die Vol|ks]tribunen und [der Sen]at [entbieten] den Behörden und der Sta[dt Delphoi ihren Gruß]. | Die von euch geschickten Gesandten, Herys Sohn des Eudoros (und) [D]amo[sthe]|nes Sohn des Archelas, haben das Schreiben überreicht und persönlich die Verhandlungen geführt entsprechend | den darin aufgeführten Punkten, mit allem erdenklichen Engagement und ohne in ihrem eifrigen Bemühen | nachzulassen, und sie haben dargelegt, daß ihr° den gymnischen (athletischen) Agon* | und das Opfer für uns durchführt. Der Senat hat° dem Beachtung | geschenkt und den Beschluß gefaßt bezüglich der früheren Gesandten | Bulon, Thrasykles und Orestas, die zwar bei euch angekommen, bei | ihrer Rückkehr nach Hause aber ums Leben gekommen sind, zu schreiben an Marcus Fulvius, | unseren Strategos* (*hier* = Proconsul), daß er, wenn uns(erem Wunsch) gemäß ihren Gang genommen haben | die Angelegenheiten in Same, sich° darum° kümmere°, nach den Delinquenten fahnden zu lassen und Sor|ge dafür zu tragen, daß sie die gebührende Strafe erhalten und der Gesandten | Eigentum ihren Angehörigen vollständig zurückerstattet wird. Er (= der Senat) beschloß auch | bezüglich der bei euch begangenen Übergriffe an die Aitoler zu schreiben, daß | sie jetzt alles, was geraubt worden ist, zurückerstatten sol|len an euch und daß in Zukunft nichts mehr vorfallen dürfe. Bezüglich der in Delphoi Wo|hnenden hat der Senat gestattet, daß ihr die Vollmacht habt auszuweisen, | welche ihr wollt, beziehungsweise bei euch diejenigen wohnen zu lassen, mit denen einverstanden ist die | Gemeinschaft der Delpher. Die Bescheide, welche erteilt worden sind den zuvor zu | uns gekommenen Gesandten, haben wir diesen mitgegeben entsprechend | ihrer Bitte an uns, und wir wollen in Zukunft bestrebt sein, stets Gutes | den Delphern zu erwirken um des Gottes und um eurer willen und weil es | bei euch Tradition ist, die Götter zu verehren und sie zu ehren als | die Urheber von allem° Guten.

## 467 Chios: Ehrenbeschluß für einen Wohltäter etwa 189 oder 188

Rivista di filologia e di istruzione classica 108, 1980, 33ff. (Ü) = SEG 30, 1073; Annual of the British School at Athens 77, 1982, 79ff. (Ph); vgl. SEG 34, 863; 36, 777; 37, 711.

Fragment einer Marmortafel aus Chios (Arch. Museum). Schrift eher des 3. Viertels des 3. Jh.

[– teil]|haben an den [–] Privilegien [–] | mit seinen Angehörigen (?) ehren d[ie Römer würdig (?) ih]|rer (*plur.*) Epiphanie* im Krieg [– stiftete er für jeden der Bür]|ger {*oder*: der (in der Stadt) Anwesen]|den} eine Amphore alten Weins. *vacat* Als das [Volk beschloß, der Ro]|ma nach den Theophánia (Fest zu Ehren der erschienenen Götter) einen Festzug, [ein Opfer und {*oder*: nach Festzug und [Opfer auch} Agone*, sowohl musische] | wie gymnische, zu veranstalten, und sich bemühte, [die Festfe]ier [so schön wie möglich zu gestalten,] | weil es (damit) Dank abstatten wollte [dem Volk der Römer, würdig] | seiner (des Volkes von Chios) selbst und der anderen Hellenen [–. Als ausfiel (?) {*oder*: starb}] | der Agonothet*, da kam (er?) aus Rom [–, bewies seine] | Vortrefflichkeit, indem er jenen Ehre erwies, und [–] | und [übernahm] aus freien Stücken diese Agonothes[ie. *vv* Er verpflichtete sich] | ferner, die anreisenden Römer zu be[herbergen in der Festspielze]|it und gegebenenfalls auch andere, falls die Magistrate dies be[schlössen. *vv* –] | dies zusammen mit seinen anderen Versprechungen [– | –] bei dem Fest der musisch[en wie der gymnischen Agone das Pass]|ende für eine jede der Beschaffung[en – *vv* Er befaßte sich ferner mit der] | sonstigen Ausstattung und O[rdnung] im Theater, [und den musischen Agon] | leitete er so, daß er schön war und würdig der Stadt und derer, die sich° [für das Fest zur Verfügung gestellt hatten] | und der Festzugbegleiter. *vv* [Ferner richtete er ein Festmahl aus für alle] | anwesenden Römer. *vv* Ferner [besorgte er neben anderem auch die Salböl-]|Bereitstellung für die Neoi* *vv* und die [gesamte Durchführung] der gy[mnischen Agone vollzog er,] | wie es recht ist. *vv* In der Absicht, auf jede [Weise kenntlich zu machen die] | Anhänglichkeit und Dankbarkeit des Volkes und zu be[wirken, daß die Bürger wahren] | und mehren, was zu Ruhm und E[hre gereicht, ließ er herstellen auf] | eigene Kosten ein Weihgeschenk für die Roma im Wert von [tausend] Alex[ander-]Drachmen*, [das die Geschichte {*oder*: die bildliche Darstellung} | z]eigt der Herkunft des Gründers von Ro[m, des Romulus und seines Bruders] | Remus, *v* derzufolge sie [von Ares selbst gezeugt {*oder*: von einer Wölfin aufgezogen} wurden], | was man mit Recht für wahr halten kann an[gesichts der Tapferkeit der Römer.] | *vv* Er sorgte ferner für die [Bereitstellung] der Waffen, [die ausgesetzt wurden von dem] | Volk für die Sieger in den gymnischen Ag[onen, und veranlaßte, daß] | in sie Texte zum Ruhm der Römer [eingra]viert wurden. *vv* In der Absicht, außerdem die] | Ehren der Musen zu mehren bei den Bürgern, [*etwa*: da er meinte, daß es schicklich und recht für die]|se sei, die M[usen] in glänzenderer Weise zu ehren, [–] | wegen des Ruhmes, mit dem die Stadt umkleidet worden ist [seitens der Dichter, schenkte er aus] | eigenen Mitteln t[ausend] Alexander-Drachmen [– zur Her]|stellung eines Altares für die Musen und [–] | *vacat* (?)

### 468 Seleukeia in Pierien: Liste der Priester der Götter- und Königskulte zwischen 187 und 175

OGIS 245; M. Sartre, Inscriptions grecques et latines de la Syrie, III 2, 1953, 1184 (Ü); SEG 35, 1521.

Nur in Abschriften erhalten. Text in zwei Kolumnen (*A*, *B*).

(*A*) [Jahr°] | einhundertund[–°] | Priester: | des Olympischen Zeus | und des Zeus vom (Berg) Koryphaion: | Nikeratos Sohn des Nikeratos; | des Apollon von Da[phn]e: | Kallikles Sohn des Diogen[es]; | des Apollon: | Zenobios Sohn des Zenon; | des Seleukos Zeus | Nikator (Sieger) und des Antiochos | Apollon Soter* | und des Antiochos Theos (Gott) | und des Seleukos Kallinikos (durch Sieg erhaben) | und des Seleukos Soter | und des Antiochos und | des Antiochos Megas (des Großen): | [–]ogenes Sohn des Artemon; | des [Köni]gs Seleukos: | [–]krates Sohn des Anaxion; | [Zep]terträger: | [– Sohn des D]emetrios.

(*B*) [Jahr] | einhundert°und| [–°] | Priester: | des Olympischen Zeus [und] | der Rettend[en]° Götter | und des Zeus | Ka<s>ios und des Zeus | vom (Berg) Ko[ryph]aion: | A[nd]ron Sohn des Philoph[ron;] |10 des Apollon: | Theophilos Sohn des Ant[–]ates; [–] | des Seleukos Zeus | Nikator und des Ant[iochos] | Apollon Soter |15 und des Antiochos Theos | und des Seleukos [Kallinikos] | und des Seleukos Sote[r] | und des Antiochos und | des Antiochos Megas: |20 Aristia[s Sohn des –] | Sohn des Aristarkos; | des Königs Seleukos: | Nume<ni>os Sohn des Nu[meni]os; | Zepterträger: |25 Thoas Sohn des <P>ythokles; | Blitzträger: | Hieron Sohn des Sozon, | [– Sohn des –]iraporas (?).

### 469 Milet: Beschluß über Bündnis und Isopolitie mit Herakleia am Latmos zwischen 184 und 181

Milet I 3, 150; Syll.³ 633; Ager 108; (Ph, Ü: Milet VI 1, S. 186ff.).
Marmorstele aus dem Delphinion (Berlin, Pergamon-Museum). Abschnittmarkierung durch Leerstellen. Oben und unten Profile.

Im Jahr, als Menandros Stephanephor* war, im (Monat) Taureon. | (*§ I*) Beschluß der Volksversammlung; Beschlußvorlage der Prytanen* und der für den (Landes)schutz gewählten (Magistrate) | und der benannten Synhedroi* Minnion Sohn des Leodamas, Antikrates | Sohn des Pythonymos, Protagoras Sohn des Hegelochos, Theogenes Sohn des Leodamas, Mene|5krates Sohn des Antiphanes, Artemidoros Sohn des Demetrios, Theukylides Sohn des Kalliteles, | Asklepiodoros Sohn des Kydimos, Pythion Sohn des Poseidonios, Eirenias Sohn des Eirenias: *vacat* Die Pry|tanen und die für den (Landes)schutz gewählten (Magistrate) und die gewählten Synhedroi Minnion | Sohn des Leodamas, Antikrates Sohn des Pythonomos, Protagoras Sohn des Hegelochos, Theogenes Sohn des Leodamas, Menekra|tes Sohn des Antiphanes, Artemidoros Sohn des Demetrios, Theukylides Sohn des Kalliteles, | Asklepiodoros Sohn des Kydimos, Pythion Sohn des Poseidonios, Eirenias Sohn des Eirenias |10 stellten den Antrag: *vacat* (*§ II*) Da die Herakleoten, Freunde und | Nachbarn unserer Stadt, einen Volksbeschluß und Gesandte geschickt und | das Volk aufgefordert haben°, mit ihnen einen Vertrag abzuschließen über die Isopolitie* und über die anderen Privi|legien, und da ihre Abgesandten Theodoros Sohn des Aineas, Archedemos Sohn des Delphinos, Mai|on Sohn des Hypsikles vor den Magistraten und dem Rat und der Volksversammlung |15 detailliert dargelegt haben, welche Bedingungen sie für den Vertragsabschluß wünschten; und da das Volk | hierüber die Entscheidung dem Orakel in Didyma vorgelegt° und der Gott einen Spruch erlassen hat, in dem er ver|deutlichte, der Vertragsabschluß mit den Herakleoten werde uns nützen, *vacat* (deshalb) soll Beschluß der Milesier sein: | Damit alles durchgeführt werde mit der Gunst der Götter zum Nutzen bei|der Städte entsprechend dem Rat des Apollon, soll der Prophetes* |20 zusammen mit dem beisitzenden Tamias im Heiligtum Opfer darbringen und Prozessionen | der Opfertiere durchführen zum Apollon von Didyma und zu Artemis, Leto, Athena und Zeus | Soter*, in gleicher Weise der Stephanephor mit seinen Amtskollegen zum Apollon Delphi|nios, die Prytanen und die für den (Landes)schutz gewählten (Magistrate) mit dem Priester und dem Hierokeryx* | zur Hestia Bulaia (= Hestia des Rates), und sie sollen darum beten, es mögen die Beschlüsse nutzbringend sein sowohl für das Volk der Milesier als auch |25 für das der Herakleoten. (*§ III*) Vereinbart soll sein mit den Herakleoten der folgende Vertrag: Zu gutem Glück! In dem Jahr, als Stephane|phor in Milet Menandros Sohn des Maion war, im Monat Taureon, in Herakleia, als der Gott | zum vierzehnten Mal nach Demetrios (das Stephanephorat innehatte), im Monat Gamelion, haben folgendes vertraglich festgelegt und ver|einbart die Milesier und die Herakleoten; Verfasser waren seitens der Miles[ie]r die Prytanen und die | für den (Landes)schutz gewählten (Magistrate) und die benannten Synhedroi Minnion Sohn des Leodamas, |30 Antikrates Sohn des Pythonymos, Protagoras Sohn des Hegelochos, Theogenes Sohn des Leodamas, Menekra|tes Sohn des Antiphanes, Artemidoros Sohn des Demetrios, Theukylides Sohn des Kalliteles, Asklepiodoros | Sohn des Kydimos, Pythion Sohn des Poseidonios, Eirenias Sohn des Eirenias, von seiten der Herakleoten ihre A|bgesandten Theodoros Sohn des Aineas, Archedemos Sohn des Delphinos, Maion Sohn des Hypsikles: | (*§ IV*) Bürger sollen sein die Milesier bei den Herakleoten und die Herakleoten bei den Milesiern; haben sollen sie auf |35 ewige Zeit denselben Feind und Freund, unter der Voraussetzung, daß die Völker nichts tun, was verstößt | gegen das Bündnis mit den Rhodiern. (*§ V*) Es soll ferner Amnestie bestehen für beide Seiten hinsichtlich der früheren | Klagegründe aus der Kriegszeit, sowohl was Individuen betrifft als auch die Gemeinden; ausgenommen davon sind Beschwerden, | für die schriftliche Klagen vorliegen oder ein Gericht ein Urteil gefällt hat sowie, wenn jemand verhaftet | worden ist von den Behörden wegen Verstößen gegen die Gemeinde. (*§ VI*) Wenn jemand als Feind gegen Sta|40dt, Land oder befestigte Plätze der Milesier zieht oder ihre – der Milesier – Einkünfte vernichtet, sollen zu Hilfe kommen | die Herakleoten den Milesiern mit aller Kraft; ebenso, wenn jemand als Feind zieht gegen der Herakleo|ten

Stadt, Land oder befestigte Plätze oder ihre Einkünfte vernichtet, sollen die Milesier den Herakleoten zu Hilfe kommen mit aller Kraft. *vacat* (*§ VII*) Diejenigen der Herakleoten, die teilnehmen wollen an dem Bürgerrecht in Milet | und an den kultischen Handlungen und an den Magistraturen und allem übrigen, woran auch für die übrigen Milesier Teilhabe besteht, sollen sich (in die Bürgerliste) ein|schreiben lassen in jedem Jahr bei den Prytanen und den für den (Landes)schutz gewählten (Magistraten), | und zwar ihre Namen, ihre Phylenzugehörigkeit und, soweit sie Frauen und Kinder haben, | auch deren Namen in gleicher Weise, und zwar sollen sie die Einschreibung vornehmen lassen im Monat Antheste|rion. Es soll auch ihre Einlosung erfolgen in demselben Monat seitens der Prytanen | und der für den (Landes)schutz gewählten (Magistrate), wobei diese sie einlosen zu gleichen Teilen in eine jede | Phyle*. Sie sollen zu allem übrigen sofort Zugang erhalten, zur Phru|rarchie* und zum Wachtdienst in der Stadt und in den befestigten Plätzen sollen sie erst Zugang erhalten nach Ablauf | von zehn Jahren nach der Einlosung eines jeden. Im übrigen soll die Losung bei den Beamtenwah|len geregelt sein nach dem Gesetz über die Ratsmitglieder. Es sollen aber auch diejenigen der Milesier, die in He|rakleia Bürger sein wollen°, sich eintragen lassen bei den Prytanen in Herakleia im Mo|nat Thesmophorion; einzutragen sind sie selbst und die Phyle, der sie angehören; soweit sie | Frauen und Kinder haben°, sollen sie auch deren Namen eintragen; die Prytanen sollen | ihre Einlosung vornehmen in gleicher Weise in demselben Monat. Falls Herakleoten wohnhaft waren | weder in ihrer Vaterstadt noch in Milet bis zum Monat Artemision im Stephanephorat des Gottes | nach Philidas, soll es ihnen nicht erlaubt sein, sich eintragen zu lassen in die Bürgerschaft der Milesier, wenn sie nicht vor|her in Herakleia wohnen oder umziehen nach Milet auf fünf Jahre. Ebenso, wenn Milesier | weder in ihrer Heimatstadt gewohnt haben noch in Herakleia bis zum oben genannten Zeitpunkt, sollen° sie nicht | eingetragen werden können in Herakleia, wenn sie nicht vorher wohnhaft waren in Milet oder in Hera|kleia für fünf Jahre. Und wenn jemand später als Bürger eingetragen wird in Milet oder in Herakleia, soll diesen | Teilhabe am Bürgerrecht der jeweils anderen (Gemeinde) offenstehen, wenn sie zuvor in der Stadt, in der sie (als Bürger) eingetragen wurden, wohnhaft waren | zehn Jahre. *vacat* Wenn aber jemand entgegen diesem Vertrag am Bürgerrecht teilhat, soll er sich verant|worten in Milet im Verfahren wegen Usurpation des Bürgerrechts und in der Verfahrenseinleitung bei den Molpoi*, in Herakleia im | Verfahren wegen Usurpation des Bürgerrechts. *vacat* (*§ VIII*) Wenn einer der Milesier oder der in Milet Ansässigen wegen | eines Krieges etwas von seiner Habe abtransportieren will° oder auslagern in die Stadt der Herakleoten oder ihr Terr|itorium oder es im Transit durch die Stadt oder das Territorium der Herakleoten transportieren, soll er frei sein von allen Abgaben | für vorgenannte (Warenbewegungen). Ebenso, wenn einer der Herakleoten oder der in Herakleia Ansässigen | es vorzieht, aus Kriegsgründen etwas von seiner Habe abzutransportieren oder auszulagern in die Stadt der Mile|sier oder deren Territorium oder im Transit durch die Stadt oder das Territorium der Milesier zu transportieren, soll er abgabenfrei sein. *vacat* (*§ IX*) Eben|so, wenn jemand, der im Territorium der Milesier Grundbesitz hat oder Landwirtschaft betreibt, Waren {*oder*: Vieh} hindurchtransportiert | aus milesischem Territorium ins milesische Territorium durch Territorium oder Stadt der Herakleoten, nach mi|75lesischer Zeitrechnung vom Monat Metageitnion im Amtsjahr des Stephanephoren Menandros an, nach herakle|otischer Zeitrechnung vom Jahr nach dem vierzehnten Stephanephorat des Gottes nach Demetri|os, dann soll er abgabenfrei sein, wenn er eidlich versichert, daß der Transit zum Eigenbesitz erfolgt. | (*§ X*) Hinsichtlich des umstrittenen Stückes Bergland, das nach Darle|gung der Milesier zum Territorium von Myus gehört und dem Apollon Terbintheus geweiht ist, und dessen, von dem sie sagen, es gehöre |80 der Frau aus Teos und den Besitzern in Kysselis, während die Herakleoten (behaupten), es gehöre zum Land von Kisara und zum Land an | der Kyklopenhöhle und zum städtischen und Tempel-Land, *vacat* ebenso auch hinsichtlich des Platzes, wo die | Ziegelstreicherei sich befindet, und der angrenzenden Gegend, die nach Darlegung der Milesier zum | Land von Ionopolis (= Ioniapolis) gehört, nach Darlegung der Herakleoten aber zu dem ihrigen, sollen Milesier und Herakleoten gemeinsam bestimmen eine | freie Stadt mit demokratischer Verfassung, aus der sie Richter berufen werden, so viele sie gemeinsam beschlie|85ßen, welche die Gegend begehen und über die umstrit|tenen (Gebiete) die Entscheidung fällen° werden°, beides in dem Jahr nach dem Stephanephorat des Menandros. Wenn | in diesen Gebieten etwas Frucht trägt, soll diese bis zur Entscheidung an neutraler Stelle aufbewahrt werden. (*§ XI*) Alle leibeige|nen Personen, die aus Milet nach Herakleia oder aus Herakleia nach Milet entlaufen sind und vorgeführt werden | den Gebirgswächtern in der jeweiligen Stadt vom Jahr nach dem Stepha|90nephorat des Menandros an, sollen in Milet die Pächter des (Gebirgswacht-)Amtes benachrichtigen | die Prytanen und für den (Landes)schutz gewählten (Magistrate) über die vorgeführten Personen binnen | zehn Tagen jeweils nach der Vorführung; diese sollen einen Brief schreiben an die | Prostatai* in Herakleia, worin sie die Einzelheiten darlegen. Die Pächter° des Gebirgswacht-Amtes° in Herakleia | haben darüber Mitteilung zu machen an die Prostatai in der gleichen Zeit; diese |95 sollen schreiben in gleicher Weise einen Brief nach Milet an die Prytanen und die für den° (Landes)schutz° gewählten (Magistrate). | Die Herren der Sklaven aus der jeweiligen Stadt sollen diese wiederbeko|mmen, nachdem sie den Gebirgswächtern als Fangprämie pro Person zwölf° alte rhodische Drachmen* gezahlt haben, | für die Kost pro Tag einen Obolos*, maximal für vier Monate von dem Tag, | an dem der Brief an die Behörden geschrieben wurde; wenn (sie) nicht (zahlen,) sollen (die Sklaven) den Gebirgswächtern zufallen. (*§ XII*) Es sollen |100 die Anataktai (Budget-Beamten) in Milet vornehmen die Verpachtung des Zolls für die Fäh|re in den Golf von Ionopolis, und zwar mit der Auflage, daß die Pächter für das Jahr | nach dem Stephanephorat des Menandros (ebensoviel an Zoll) einkassieren von den Herakleoten und den bei° ihnen° Ansässigen | und von den Unfreien, die von Ionopolis nach Milet fahren oder von Mile|t nach Ionopolis, wie auch die Milesier (zu) zahlen (haben). Ebenso haben die Fährleute ebensoviel (an Fährgeld) zu bekommen, wie | sie von den Milesiern bekommen. (*§ XIII*) Damit alles ausgeführt werde im Interesse bei|der Städte, soll das Volk der Milesier drei Männer wählen nach der Beschlußfassung über den | Volksbeschluß und den Vertrag; die Gewählten sollen zusammen mit dem Hierokeryx | die Gesandten aus Herakleia vereidigen und nach Herakleia reisen und | (dort) das Volk (vereidigen). Der Eid soll folgendermaßen lauten: *vacat* „Ich werde festhalten an den Vereinbarungen auf alle Zeit und |110 werde (sie) nicht übertreten mit keiner List und keinem Trick, und einem anderen, der den Vertrag übertreten will, | werde ich es nicht erlauben, und wenn ich gewahr werde, daß ein anderer das Abkommen übertritt, werde ich es nicht zulassen, | so gut ich kann, sondern werde es dem Rat und dem Volk anzeigen. Dies ist wahr, beim | Apollon von Didyma und der Hestia Bulaia und bei Zeus und Athena und | den anderen Göttern. Und wenn ich den Eid halte, möge es mir gut ergehen, wenn ich ihn breche, möge ich untergehen, ich selbst |115 und meine Habe." *vacat* Die Gesandten der Herakleoten sollen vereidigen die Prytanen und | die für den (Landes)schutz gewählten (Magistrate) und die Synhedroi, die mit diesen aufge|setzt haben den Vertrag, und das Volk der Milesier auf den oben aufgeführten Eid. (*§ XIV*) Die hierüber aufgesetzten (Texte) soll jedes der beiden Völker aufschreiben auf eine Marmorstele und | aufstellen, die Milesier im Heiligtum des Apollon Delphinios, die Herakleoten im | Heiligtum der Athena. (*§ XV*) Und wenn es den Städten gemeinsam richtig erscheint, etwas zu verbessern an diesem | Vertrag, sollen sie die Verbesserung vornehmen können, nachdem die Völker Gesandtschaften | ausgetauscht haben. *vacat* (*§ XVI*) Der Vertragspartner, der nicht festhält an den Festlegungen im Vertrag, | soll vor den Göttern, bei denen er geschworen hat, als sündig dastehen, und die (den Vertrag) nicht Haltenden sollen zahlen | denen, die an ihm festhalten, fünfzig Talente*. *vacat* (*§ XVII*) Gewählt wurden als die Männer, die vereidigen sollen | die Gesandten aus Herakleia und die Herakleoten: Autokles | Sohn des Poseidonios, Theogenes Sohn des Leodamas, Pasikles Sohn des Philidas.

## 470 Milet: Eingemeindungsvertrag (Sympolitie) mit Pidasa 80er Jahre des 2. Jahrhunderts

Milet I 3, 149 (Ph); (Ph, Ü: Milet VI 1, S. 184 f.).
Marmorstele aus dem Delphinion von Milet (Berlin, Pergamon-Museum).

Zu gutem Glück! Im Amtsjahr des Stephanephoren* Pasikles, im Monat Anthesterion. | (*§ I*) Folgendes haben vereinbart und vertraglich festgelegt die Milesier und die Pidaseer, im Namen des | Volkes der Milesier die Prytanen* und die für den (Landes)schutz gewählten (Magistrate) und die benann|ten Synhedroi*: Minnion Sohn des Leodamas, Theogenes Sohn des Leodamas, Polyxe|nos Sohn des Melesippos, Menestratos Sohn des Anaxileos, Herodes Sohn des Zenon, Antigonos | Sohn des Hekataios, Myrmex Sohn des Hekataios, Herodes Sohn des Minnion, Philiskos Sohn des Lysimachos, Demetrios | Sohn des Artemon, im Namen des Volkes der Pidaseer die von ihnen geschickten bevoll|mächtigten Gesandten: Menexenos Sohn des Aristeas, Demetrios Sohn des Polites, Artemon Sohn des Meni|pos, Melanthos Sohn des Polites, Hermias Sohn des Polites, Melanthios Sohn des Polites, Menestheus Sohn des Aristeas, | Aison Sohn des Hermias, Polites Sohn des Hermias, Polites Sohn des Menippos. (*§ II*) Die Pidaseer sollen Mitbürger der Milesier sein | und ihre Kinder und ihre Frauen, soweit sie von Geburt Pidaseerinnen sind oder einer griechischen Polis | Bürgerinnen. Übergeben sollen ins Rathaus eine Liste der Namen | die von den Milesiern gewählten Männer, und teilhaben sollen sie, sobald sie den Eid geleistet haben und | (namentlich) gemeldet worden sind, an kultischen Handlungen und Magistraturen und an allem anderen, woran auch für die übrigen Milesier° Teilhabe be|steht. (*§ III*) Senden sollen die Milesier nach Pidasa den aus den Bürgern auszulosenden | Garnisonskommandanten und so viele Wachsoldaten, wie es ihnen ausreichend zu sein scheint, und sie sollen Vorsorge treffen, daß | die (Stadt)mauern erhalten und an Ort und Stelle bleiben, und für die Garnison sollen sie sor|gen, wie es ihnen zweckmäßig erscheint. (*§ IV*) Von den Erzeugnissen | in der Gemarkung der Pidaseer soll das Öl den Abgaben unterworfen sein, | die auch die Milesier bezahlen. Für die anderen sollen sie einen Chalkus* zahlen während der fünf Jahre | von dem Stephanephorat des Philidas an, und für die Herden, die | in der Pidasis stehen°, soweit sie den in Pidasa wohnenden Pidaseern gehören, | und für die Bienenvölker dieselbe (Summe) während drei Jahren von demselben Stephanephorat an; [[nach]] | nach Ablauf der genannten Zeit sollen die Pidaseer nach Milet | dieselben Abgaben zahlen, denen auch die übrigen Milesier unterworfen sind. (*§ V*) Geben soll | das Volk der Milesier den Pidaseern, die niedergelassen und ansässig | sind bis zum jetzigen Zeitpunkt in Pidasa oder der Gemarkung der Pidaseer, | Behausungen, die sich auf dreihundertneunzig Schlafplätze belaufen. (*§ VI*) Den Nießbrauch haben sollen die | Pidaseer an den (derzeit) vorhandenen Tempel- und Gemeinde-Ländereien und an dem | gegebenenfalls hinzukommenden Besitz der Götter oder des Volkes während der fünf Jahre | vom Stephanephorat des Philidas an gegen Bezahlung eines Chalkus aus (?) den Erträgen, | nach Ablauf der genannten Zeit (gegen Bezahlung) derselben Abgaben, die auch die Milesier | entrichten. Von dem in dem abgegrenzten Gebiet der Heiligen Berge geernteten | Getreide sollen sie nach Ablauf der fünf Jahre ein Hundertstel (1 %) zahlen | auf ewige Zeit. (*§ VII*) Es sollen aber die (in die Bürgerliste) hinzuzuschreibenden Pidaseer | befreit sein von Leiturgien* für zehn Jahre vom Stephanephorat | des Philidas an. (*§ VIII*) Entschädigung leisten (?) {*oder*: die Rechtsvertretung übernehmen} soll das Volk der Milesier auch für das Land, | das ihnen von den Strategoi* zurückgegeben worden ist, wenn eine | Entscheidung ergeht. (*§ IX*) Erlaubt sein soll den Pidaseern, die durch Eintragung hinzutreten werden | zur Bürgerschaft und in der Gemarkung von Euromos Grundbesitz haben, einzuführen aus der | Weinernte auf ihren eigenen Besitzungen bis maximal | tausend Metretai* vom Monat Posideon (im Amtsjahr) des Philidas gegen Entrichtung einer Hafen|gebühr (in Höhe) von einem Chalkus auf ewige Zeiten, sobald registriert sind beim Rats|gebäude(archiv) die Besitzungen in der Gemarkung von

Euromos. Herstellen sollen die Milesier |45 einen für Gespanne befahrbaren Weg aus der Gemarkung von Pidasa nach Ioniapolis. (*§ X*) Gelten soll | für die früher eingebürgerten Pidaseer all dasselbe wie für alle | Pidaseer mit Ausnahme der Befreiung von Leiturgien. (*§ XI*) Es soll ferner | auch alles, was sonst in dem Volksbeschluß über das | die Sympolitie* Betreffende festgelegt ist, gültig sein, und es soll ausgeführt werden, so wie es |50 zugestanden ist, sobald die Pidaseer ihre Stadt und das Land und die | hieraus fließenden Einnahmen einbringen°. (*§ XII*) Vereidigen soll der Stephanephor zusammen mit dem Hierokeryx* | die aus Pidasa anwesenden Gesandten und die Prytanen und | die für den (Landes)schutz gewählten (Magistrate) und die gewählten Syn|hedroi auf den folgenden Eid: „Ich werde festhalten an den vereinbarten und aufgezeich|55neten Bedingungen für alle Zeit und werde nicht zuwiderhandeln, mit keiner List und keinem Trick, | und ich werde nicht dulden, daß ein anderer dem Vertrag zuwiderhandelt, und wenn ich bemerke°, daß ein | anderer den Vereinbarungen zuwiderhandeln will, werde ich es nicht zu|lassen, soweit ich kann, sondern es dem Rat und der Volksversammlung mitteilen. | Dies ist die Wahrheit, bei der Hestia des Rats und bei den anderen Göttern. |60 Und wenn ich meinen Eid halte, möge es mir gut ergehen, wenn ich ihn breche, soll ich zugrunde gehen, ich selbst und | meine Habe." Schwören sollen in Pidasa auch die anderen Pidaseer, soweit sie | (in der Stadt) anwesend und erwachsen sind°, denselben Eid, wobei sie auch schwören sollen | bei den Göttern, die ihre Stadt innehaben. (*§ XIII*) Diejenigen (von beiden Seiten), die nicht festhalten sollten | an den Festlegungen in diesem Vertrag, sollen Sünder sein |65 vor den Göttern, bei denen sie geschworen haben, und zahlen sollen die nicht Festhaltenden | denen, die (am Vertrag) festhalten, dreißig Talente*.

### 471 Amphipolis: Makedonisches Militärreglement aus der Regierungszeit Philipps V. vor 179

Revue archéologique 1934, 39ff. (Ph) + 1935, 29ff. (Ph); ISE II 114 (Ü); SEG 40, 524.

Zwei Marmorfragmente (*A*, *B*), gefunden im Bett des Strymon. Text in 3 bzw. 2 Kolumnen; Reihenfolge nicht gesichert.

(*A 1*) [– die Wachposten, wobei sie] den Kontrollgängern nicht antworten dürfen, sondern schweigend | zu zeigen haben, daß sie anwesend und auf den Beinen sind. | Betrifft Kontrollgänger: | In jeder

Strategie* haben den Kontrollgang (*wörtl.*: die Runde) der Reihe nach |5 die Tetrarchen* zu übernehmen°, ohne Licht, und jeden sitzend oder schl|[lafen]d (angetroffenen) Wachposten sollen die Tetrarchen bestrafen für jeden | Disziplinverstoß mit einer Drachme*, und die Schreiber sollen die Eintreibung vornehmen | [–]

(*B 1*) [–] sollen diejenigen, die einen Teil der für sie vorgeschriebenen W|affen nicht t[ra]gen, bestrafen gemäß den Vorschriften: für den Kotthybos (Panzerteil?) | zwei Obolen, für den Konos (Helmtyp) dasselbe, für die Sarisse (lange Lanze) drei Obolen, für das Kurz|schwert dasselbe, für die Beinschienen zwei Obolen, für den Schild eine Dra|5chme. | Im Fall von Offizieren, für die erwähnten Waffen | die doppelte Strafsumme, und für den Brustpanzer zwei Drachmen, für den Halbpanzer eine Drachme. | Entgegen[neh]men sollen die Strafsumme die Schreiber und die Archy|[peret]ai*, nachdem sie die Zuwiderhandelnden dem König gemeldet haben. |10 Betrifft Disziplin hinsichtlich der Beute: | [Wenn] jemand Beute in das Lager bringt, sollen (ihnen) entge|gengeh[en die] Strategoi* und als ihre Beglei[tung]° die Speirarchen* und Tetrarchen | [un]d die übrigen Offiziere und mit diesen die | [Hyper]etai* in hinreichender [Zahl] {*oder*: mit Erfahr[ung]}, auf drei Stadien* Entfernung vom Lager; |15 [und] sie sollen [nic]ht [gest]atten den Plünderern (die Beute zu behalten). Wenn aber ein | [derar]tiger Disziplinverstoß vorfä[llt], haben den Gegenwert zu bezahlen die | [Offiziere (?) {*oder*: Strategoi},] Speirarchen, Tetrarchen und Archyperetai, | [dessen, was ein jeder schu]ldig ist (?) | – Sold]aten (?) {*oder*: Gefang]ene?} |20 [– tun] sollen sie die gebüh|[rende? –] der Tetrarchen | [–] fre|[i –]

(*A 2*) [– wenn sie nicht melden dem Kö]|nig die gegen die Disziplin Verstoßenden, sollen sie bestraft werden mit drei° Zwölfteln (einer Drachme?) {*oder*: drei Zwölfer-Einheiten}, | und (diese) sollen den Hypaspisten* übergeben werden, falls | diese als erste eine schriftliche Anzeige gegen die Zuwiderhandelnden eingereicht haben. |5 Betrifft Lagerbau: | Sobald sie die Einfriedigung für den König vollendet haben | und den übrigen Quartierbau (= für das Gefolge?) und ein Abstand (freigelassen) ist, | sollen sie alsbald für die Hypaspisten ein Quartier errichten | [–]

(*B 2*) [– | – | –] | wenn aber ein[– |5 –] oder der S[–] | oder der jeweilige [Quartiermeister (?) – Qua]|rtiere und das S[onstige –] | eintreib[–] | zwing[– Disziplinv]|10erstöße begehen [– der Intendant] | des Hofes; wenn [aber –] | mit einem Zwölftel und dazu [–; das]|selbe soll auch tun der Intendant d[es Hofes.] | Über das [Fouragieren (?):] |15 Wenn jemand auf dem Territorium der F[einde fouragiert (?), soll eine Anzeigerprämie (?) au]|sgelobt und erteilt werden. [– Wenn jemand (?)] | Getreide(felder) anzündet oder Weinrebe[n abschneidet oder einen anderen Ver]|stoß begeht, sollen eine Anzeigerprämie a[usloben die Strategoi (?) –]

(*A 3*) [– St]rategie [– wem zuerkannt worden (?)] | ist ein Kranz, der soll bekommen den doppelten Antei[l an der B]|eute; dem (die Verteilung vornehmenden?) Intendanturbeamten ist nichts zu geben; ent[scheiden (?) sollen] | die „Freunde“ des Königs. |5 Betrifft Losu[ngsw]orte: | Sie sollen ferner entgegennehmen das L[osungswort – sobald (?)] | sie die Zugänge zur Ei[nfriedigung des Königs (?)] schließen [–]

*Ein weiteres, beidseits beschriebenes kleines Fragment* (*SEG 35, 705*) *scheint auf der Vorderseite von der Vergewaltigung von Frauen zu handeln. Die Rückseite enthält anscheinend Bekleidungs- und Disziplinvorschriften:* Mantel (?) [–] | Chlamys [–] | und einen Petaso[s (Hut) –] | niemand [– ma]|5rschieren soll [–] | nach Sonnenunterga[ng –] | und in Schweigen [–].

## 472 Stiris (Phokis): Eingemeindungsvertrag (Sympolitie) mit Medeon
## um 175?

SGDI 1539; Michel 24; IG IX 1, 32 (Abb.); Syll.[3] 647; DGE 353; SF[4] 50; Buck 56; vgl. F. Salviat/C. Vatin, Inscriptions de Grèce centrale, 1971, 76ff. (zu Z. 25, 63f.; Ph); Migeotte, Emprunt 28 (Z. 1–10).

Marmorplatte von der Akropolis von Stiris (in situ). Nordwestgriechischer Dialekt.

Gott! Zu gutem Glück! | Im Amtsjahr des Strategoi* | der Phoker Zeuxis, | im siebten Monat: Vereinbarung |5 zwischen der Stadt der Stirier und | [der] Stadt der Medeonier. Eine Sym|politie* sind eingegangen Stirier und | Medeonier, beide im Besitz von Heiligtümern, St|adt, Land, Häfen, (die) sämtlich |10 unbelastet (sind), unter folgenden Bedingungen: Es sollen sein | alle Medeonier | Stirier zu völlig gleichem Recht, | und sie sollen zusammen in der Volksversammlung tagen und gemeinsam | die Magistrate wählen mit der |15 Stadt der Stirier; und urteil[le]n sollen in allen° Prozessen, die in die Zuständigkeit der Gemeinde | fallen, (und zwar) diejenigen, die erreicht haben | das entsprechende Alter. Ernennen sollen sie auch | einen Hierotamias* aus den Reihen der Medeo|20nier, einen (an der Zahl), der vollziehen soll die | traditionellen Opfer für die Medeon|ier, alle, die im Polisgesetz {*oder*: Bürgergesetz} aufgeführt sind, | zusammen mit den Archonten*, die aufgest|ellt sind in Stiris. Erhalten | soll der Hierotamias das Geld, das die | Archonten bekommen hatten, eine halbe | Mine*, sowie von den Libationen den An|teil, der dem Hierotamias zusteht. Mitein|setzen wird der Hierotamias zusammen mit | den Archonten die Prozesse, die | die Archonten ein(zu)setzen (haben), und | er wird auslosen die Gerichtshöfe, die | auszulosen sind, zusammen mit den Ar|chonten. Es soll nicht obligator|isch sein, leiturgische* Ämter° in Stiris° zu bekleiden, für diejenigen Mede|onier, die | gewesen sind in Medeon Ar|chonten, Xenodikai („Fremdenrichter"), Einzugsbeamte, | Damiurgoi*, Priester, Hierarchen (Beamter im Kultbereich), und für | diejenigen der Frauen, die Priesterinnen | gewesen sind, es sei denn, jemand amtiert freiwillig. | Man soll (die Amtsträger) benennen aus denen, die noch keine Ämter | bekleidet haben, sowohl aus den Medeoniern a|ls aus den Stiriern. Verwal|ten sollen sie auch die in Mede|[on] (gelegenen) Heiligtümer {*oder*: Kulte (?)}, so wie das Polisge|setz es vorschreibt. Und das L[a|nd] der Medeonier soll | ganz stirisch sein und das sti|rische (Land) medeonisch, gemeinsam g[anz und | ga]r. Teilnehmen sollen die Mede|onier an den Opfern in Sti|[ris], an allen, und die Stirier an den in Me|deon, an allen. Nicht erlaubt soll sein | eine politische Separation der | Medeonier von den Stiri|[ern] oder der Stirier von | den Mede[oni]ern. Welcher der beiden (Bevölkerungsteile) | nicht bleibt bei den | schriftlichen Festlegungen, hat zu entrich|ten denen, die sich daran hal|ten, zehn° Silber-Talente*, | [und] sie sollen [vor Gericht verantwortlich] sein. [Auf|sch]reiben sollen sie die Überein|kunft auf eine Stele und diese au[fste]|llen im Heiligtum der A[then]|a; hinterlegen sollen sie die (Urkunde über die) Über[ein]|kunft ferner bei einem Privatmann, ver[sie]|gelt. Die Urkunde (ist hinterlegt) b[ei] | Thrason aus Lilaia. Zeu|gen: Thrason Sohn des Damatrios aus E|lateia, Eupalidas Sohn des Thra|son aus Lilaia, Timo|krates Sohn des Epinikos aus Tithorea. | Die Stirier sollen | der Ph⟨r⟩atrie* der Medeonier | innerhalb von vier Jahren | fünf Minen Silber geben° und | als Platz die sogenannte | [D]a[ma]treia.

### 473 Pergamon: Athenischer (?) Ehrenbeschluß für Eumenes II. wegen der Rückführung des Antiochos IV. in dessen Reich 175 oder wenig später

I. v. Pergamon I 160 + II p. 508; Michel 550; OGIS 248 (+ p. 655); HAI$^2$ 61.

Zwei Fragmente (*a*, *b*) einer Marmorstele aus dem Theaterbereich in Pergamon (Berlin, Pergamon-Museum).

(*a*) [– Beschluß des Volkes: | Da König Eume]n[es –] |

(*b*) [– als –] Archo[n* war (?) – | – in –] Weise sich verhiel[t – |5 –] jüngeren lieb[– | –] des Vaters [– | – gestalt]end seine Lebensführu[ng | –]weise; zur Empfehlung (?) [– | –] und des {*oder*: eines} fünften Bruders [– |10 –;] als Seleukos starb [und | dieses Unglü]ck dazu aufrief, sahen sie, | daß der Kairos (= günstige Gelegenheit) [einen Anlaß] dazu bot, | Gunst und Wohltat zu er[wei]sen, setzten° sie alles andere° als unwichtig | hintan, stellten sich ihm zur Verfügung, und |15 indem sie ihn bis an die Grenzen seines Königreiches beglei|teten. ihn mit Geld versorgten, ihm | Truppen zur Verfügung stellten und ihn mit dem Diadem | und der übrigen Ausstattung schmückten, | wie es sich ziemte, und indem sie Opfer darbrachten und Treuegelöbnisse |20 mit ihm austauschten, in voller Zuneigung | und Freundschaft, halfen sie in rühmenswerter Weise mit, | den König Antiochos in° die° ererbte Herrschaft einzusetzen°. Damit nun | sichtbar werde, daß das Volk führend ist im Abstatten des Dankes, | und damit es° deutlich° werde, daß er diejenigen, die ihm und seinen Freunden unaufgefordert° Wohltaten erweisen, |25 ehrt und gute | Taten zu unvergänglichem Gedenken emporhebt, jetzt wie | schon früher, – zu gutem Glück! – soll es Beschluß des Rates sein, | daß die für die nächste Volksversammlung zu erlosenden Prohedroi* | hierüber verhandeln lassen und vorlegen die Beschlußvorlage |30 des Rates dem Volk, wonach der Rat beschlossen hat, | man solle belobigen den König Eumenes, Sohn des Königs Atta[los] | und der Königin Apollonis und ihn auszeichnen mit einem gold[enen] | Kranz in gesetzlich vorgeschriebener Weise, als Auszeichnung für seine Vortrefflichkeit, | seine gute Gesinnung und die Hochherzigkeit, die er bewiesen hat |35 vor allen Menschen durch seinen Einsatz für König Antiochos | und seine Mitwirkung bei dessen Einsetzung in die [Herrschaft] der Vorfahren. | In gleicher Weise solle man auch Attalos mit einem Kranz auszeichnen, weil er mit seinem | Bruder Eumenes gemeinsam in allem mitwirkte, entschlossen | und der Gefahren nicht achtend. Belobigen soll man ferner ihre° Brüder |40 Philetairos und Athenaios und auszeichnen mit einem goldenen | Kranz beide ihrer guten Gesinnung und | des Einsatzes wegen°, den sie bewiesen haben anläßlich der Rückkehr des | Königs Antiochos. Belobigen soll man ferner ihre° Eltern, | den König Attalos und die Königin |45 Apollonis, und sie bekränzen mit einem goldenen Kranz | als Auszeichnung für die Vortrefflichkeit und Hochherzigkeit, | die sie ihren Söhnen mitgegeben haben, indem sie deren° Erziehung | ehrenvoll und weise leiteten°. Verkünden soll man ferner | diese Kränze bei den Agonen*, die wir je[we]ils v[eran]st[alten], | ebenso auch bei denen, die König Eumenes mit seinen | Brüdern und dem Volk der Pergamener (veranstaltet), und ebenso | bei denen, die König Antiochos in Daphne veranstalten wird, so wie | es bei ihnen üblich ist. Und damit das Gedenken hieran offensichtlich bleibe | für ewige Zeiten, soll man diesen Beschluß aufschreiben lassen auf Marmor°stelen | und diese aufstellen, eine auf der Agora* neben den Standbildern | des Königs Antiochos, eine weitere im Heiligtum der Siegbringenden | Athena, eine dritte in Daphne im Heiligtum des Apollon. | Mit seiner (= des Beschlusses) Überbringung an den König und seine | Mutter und seine Brüder soll man die Strateg[oi]* beauftragen, | damit dies mit Sorgfalt und Schnelligkeit ausgeführt werde.

### 474 Delphi: Römischer Brief (?) mit Anklagen gegen Perseus von Makedonien 171 oder 170

Bulletin de correspondance hellénique 34, 1910, 249ff. (Ph); Syll.[3] 643 (danach die Übers.); FdD III 4, 75 (mit erheblich kürzeren Ergänzungen; Ph); RDGE 40 (Lang- und Kurzversion).

Marmorplatte aus Delphi, möglicherweise vom Monument des Aemilius Paullus.

[– | – | – die e]ingesetzt [sind] v[on (?) – | –] damit die A[mphiktyonen] selbst [– | –] den Göttern [– | –] v[erfa]hret so wie es zuko[mmt –] | daß Perseus unter Verstoß gegen das, was sich gehört, m[it seinem Heer nach Delphi marschiert ist im heiligen Frieden | (des Festes) de]r Pythien; nicht rechtmäßig war es g[anz und gar, jenen das Heiligtum betreten, das Orakel befragen] | und an Opfern, Agonen* und [am gemeinsamen amphiktyonischen Synhedrion* der Hellenen teilnehmen zu lassen. Denn jener] | hatte herbeigezogen die jenseits de[r Donau wohnenden Barbaren, die schon in früherer Zeit] keineswegs° [zu gutem Zweck,] | sondern zur Knechtung [aller Hellenen sich zusammengerottet hatten, nach Hellas eingefallen und] | zu Felde gezogen waren gegen das Heiligtum [des Apollon Pythios in Delphi in der Absicht, es zu plünd|e]rn und zu zerstören; (freilich) erhielten sie vo[m Gott die verdiente Strafe, und die meisten kamen um.] | Er übertrat ferner die [von uns mit seinem Vater] getauschten [Eide und die Vertragsbedingungen, die er selbst erneuert hatte.] | Und Thraker, die uns[ere Freunde und Bündner] waren, [besiegte und vertrieb er. Abru]|polis, den wir einbegriffen hatten in den [Vertrag mit ihm, unseren Freund und Bundesgenossen, ver]|jagte er aus seiner Königsherrschaft. Gesan[dte, die von den Hellenen und von den Königen abgesandt wurden] | nach Rom um Waffenhilfe, die von den [Thebanern bohrte er in den Grund, andere versuchte er auf andere Weise aus dem Weg zu räumen.] | Ja, er ging so weit in seinem Irrsinn, [daß er sogar beabsichtigte, unseren Senat mit Gift zu beseitigen. Die Doloper verl]|oren ihre Freiheit durch sei[ne militärischen Einfälle. In Aitolien plante er Krieg und Mordtaten] | und versetzte das ganze Ethnos* in Unru[hen und inneren Zwist. Und zum Schaden von ganz Hellas hat er Übel|ste]s unaufhörlich getan; unter anderen [schlimmen Dingen, die er ersann, nahm er auch die Flüchtlinge aus den Städten bei sich auf. | Un]d er korrumpierte die Magistra[te und umschmeichelte zugleich die Massen, versprach Schuldenbefreiung | u]nd zettelte Putsche an und [machte so] deut[lich die politische Haltung, die er einnimmt gegenüber den Hellenen und den Rö|mern.] Als Folge davon widerfuhr es den Pe[rrhaibern und den Thessalern und den Aitolern, daß sie stürzten in unheilbares] | Unglück und daß die Barbaren sch[recklicher noch die Hellenen bedrohten. Gegen uns sann° er seit lang|em] auf Krieg; um uns ohne Helf[er zu überraschen und, wenn niemand im Weg stünde, die helle|nischen Stä]dte zu unterjochen al[lesamt, lockte er den Illyrier Genthios mit Geld und hetzte° ihn gegen uns;] | den König Eumenes, [unseren Freund und Bundesgenossen, trachtete er mit Hilfe des Euandros | zu ermord]en, als er (Eumenes) zur Erfüll[ung seines Gelübdes nach Delphi pilgerte; dabei kümmerte er sich weder um | die Sicherheit, die der] Gott allen, die zu ihm komm[en, gewährt, noch | darum, daß be-s]teht die bei allen Men[schen geachtete Gottgeweihtheit und Unverletzlichkeit der Stadt der Delpher | für die Hellenen] wie für die Barbaren seit all[er Zeit – | – is]t, daß ihr in hö[chstem Maß – | –] gemeinsam sein [– | –] der and[eren – | –]

## 475 Thisbe (Boiotien): Senatusconsulta für Thisbai (Thisbe) 170

IG VII 2225 (latein. Ü); Michel 69; Syll.$^{3}$ 646; FIRA$^{2}$ I 31 (latein. Ü); GrMBI I 28 (Z. 1–5 und 27–31; Ph); RDGE 2.

Marmorstele aus Thisbe (EM). Griechische Wiedergabe einer lateinischen Urkunde.

(*I*) Quintus Maenius, der Sohn des Titus, Strategos* (= Praetor), beriet mit dem Sen|at (*senatum consuluit* ) im Comitium am | siebenten Tag vor° den Iden des Oktober. Zeugen° der Niederschrift (*scribendo adfuerunt*): | Manius Aquilius, der Sohn des Manius, aus der (Tribus) Volt[i|5nia], Titus Numisius, der Sohn des Titus. Hinsichtlich dessen, was die This|[ba]ier vortrugen über ih|re Probleme, daß° ihnen, die in der Freundschaft mit | uns verharrt seien, (Ansprechpartner) benannt werden möchten, | denen sie ihre Probleme darlegen könnten: über die|10se Angelegenheit wurde wie folgt beschlossen (*de ea re ita censuere*): daß Quintus | Maenius, der Strategos, aus den Senatoren | fünf auswählen solle, die ihm im Interesse des Gemeinw|[es]ens und nach seiner eigenen Verantwortung (*e re publica fideque sua*) (geeignet) erscheinen. Beschlossen. | (*II*) Am Vortag der Iden des Oktober. Zeugen der Niederschrift: |15 Publius Mucius, der Sohn des Quintus, Marcus Clau|dius, der Sohn des Marcus, Manius Sergius, der Sohn des Manius. | Ebenso, wie dieselben (= Thisbaier) vorgetragen haben hinsichtlich ihrer Gemarkung | und ihrer Häfen und Einkünfte und ihrer Berge: was davon ihnen ge|hört hat, das sollen sie, so wurde beschlossen, besitzen können, soweit es uns betrifft. |20 Hinsichtlich der Magistraturen, Heiligtümer und Einkünfte, daß sie selbst | darüber verfügen können: Über diesen Punkt ist wie folgt beschlossen worden: | daß alle diejenigen, die in unsere Freundschaft (eingetreten sind), bevor Gaius Lucre|tius das Heer gegen die Stadt Thisbai geführt | hat, daß diese für die kommenden zehn Jahre darüber das Verfügungsrecht haben sollen. Beschloss[en.] |25 Hinsichtlich des Landes, der Häuser und ihrer Habe: wer je | etwas davon zu Eigen° gehabt hat, wurde° beschlossen°, daß er sein Eigentum besitzen sollen dürfe. | Ebenso hinsichtlich ihres Vortrags, daß | ihren eigenen Überläufern, die dort als Flüchtlinge sind, erlaubt° sein solle, die Zitadelle | zu befestigen und dort zu wohnen, so wie sie es dargelegt haben, so |30 ist beschlossen worden: daß sie dort wohnen und es befestigen (dürfen). Beschl|lossen. Die Befestigung der Stadt wurde nicht beschlossen. Ebenso, hinsichtlich ihres | Vortrags, das Gold, das sie für einen Kranz zusammengebracht haben, u|m für das Capitol einen Kranz anfertigen zu lassen, daß ihnen, so | [wie] sie dargelegt haben, (das Gold) übergeben werde, da[mi]t sie diesen Kranz für |35 [das] Capitol anfertigen lassen können: so ist beschlossen, es ihnen zu übergeben. Eben|so hinsichtlich ihres Vortrags, die Menschen, die geg|[en] unsere und ihre öffentlichen Interessen eingestellt seien, | [da]ß diese gefangengehalten werden sollen: über diesen Punkt wurde° beschlossen°, so wie es dem Strategos Quin|[tu]s Maenius im Interesse des Gemeinwesens und nach seiner eigenen Verantwortung |40 richtig erscheine, daß er so handeln solle. Daß° diejenigen, die sich in andere Städte be|geben und nicht unseren Befehlshaber aufgesucht haben, | nicht in ihre Position zurückkehren sollen: über diesen Punkt wurde beschlossen, an Aulus | Hostilius, den Hypatos (= Consul), einen Brief zu senden, damit er sich dieser Frage an|nehme, wie es ihm im Interesse des Gemeinwesens und |45 nach seiner eigenen Verantwortung richtig erscheine. Beschlossen. | Ebenso hinsichtlich ihres Vortrags über | die Prozesse gegen Xenopithis und Mnasis, daß sie aus Chalkis vertrieben werden sollen, | und Damokrita, (die Frau (?) {*oder*: Tochter} des Dionysios, aus Theben: diese (Frauen) aus diesen Städt|en zu vertreiben wurde beschlossen, und daß sie nicht nach Thisbai zurückkehren dürfen. Beschlossen. – |50 Ebenso hinsichtlich ihrer Behauptung°, daß diese Frauen Vasen mit Silber | dem Befehlshaber gebracht haben sollen: über diese Angeleg[en|hei]t solle später in Anwesenheit des Gaius Lucretius verhandelt werden, wurde beschlossen. | Ebenso, hinsichtlich der Darlegung eben der Thisbaier, daß sie über Getreide und Ö|l eine Teilhaberschaft mit Gnaeus aus Pandosia eingegangen seien: wenn° sie° über die|55se Angelegenheit Richter erhalten möchten, sollen ihnen, so wurde° beschlossen°, Richter gegeben werden. | Ebenso hinsichtlich ihres Vortrags, man solle | den Thisbaiern Briefe (zur Vorlage in) Aitolien und Phokis geben: über diese | Angelegenheit wurde° beschlossen°, den Thisbaiern und Koroneiern für Aitolien und Phoki|s und für alle anderen Städte, für die sie es wünschen, freundliche Briefe |60 mitzugeben.

## 476 Thyrrheion: Proxeniebeschluß des Akarnanenbundes für Q. Baebius 168/7?

Klio 75, 1993, 131 ff. (Ph) = SEG 43, 227.
Oberer Teil einer Kalksteinstele aus Thyrrheion (Museum).

Gott! Zu gutem Glück! Im Amtsjahr des Strategos* | der Akarnanen, Alkimenes Sohn des So|sandros aus Leukas (sowie) des Hipparches* Ai|schrion Sohn des Kleonymos aus Thyrrhei|5on; amtierender Schriftführer des Rats: Kleope[i]|thes Sohn des Kleosthenes aus Thyrrheion, Pr[o]|mnamon (Vorsitzender des Ratsausschusses): Hesperion Sohn des Anti[kra]|tes aus Astakos; Beschluß des Rats und [der] | Tausend: Proxenos* sein soll und Wohl[täter] |10 der Akarnanen für alle [Zeit] | Gnaeus Baebius, sowohl er selbst als auch [(seine) Nachkommen,] | und bestehen soll für ihn als auch (seine) Nachkomm[en Sicherhe]|it und Asylie* sowohl für sie selbst (= ihre Person) [als auch (ihre) Habe] | im Krieg und im Fried[en, zu

Lande |15 und zu]r See, [sowie das Recht zu Grund- und Haus|erwerb und die sonstigen Vorrechte und Vergünstigungen | allesamt, welche es auch für die übrigen Proxenoi und | Wohltäter des Koinon* der Akarnanen gibt].

### 477 Kibyra: Foedus mit Rom
### 167 oder später? nach 188?

OGIS 762; E. Täubler, Imperium Romanum, I, 1912, S. 55.
Kalksteinblock einer Ante* aus den Ruinen von Kibyra.

[– | was dem Vol]k [d]er [Rö]me[r möglich ist zu tu]n. [W]enn aber jemand als erster Kri|eg beginnt gegen das Volk der Römer oder die Ver|träge übertritt, dann soll das Volk der Kibyraten dem | Volk der Römer Hilfe bringen entsprechend den Gegebenheiten, wie |5 das entsprechend den Vertrag(sbedingungen) und dem Eid das Volk° der Kibyraten | tun kann. Und wenn zu diesem Vertrag | das Volk der Römer und das Volk der Kibyraten in gemeinsamem | Beschluß etwas hinzufügen oder (davon) wegnehmen wollen, soll dies, wenn beide dies in gemeinsamem Beschluß von St|aats wegen wollen, möglich sein. Was sie aber |10 dem Vertrag hinzufügen, soll eingeschlossen sein | in den Vertrag, was sie wegnehmen vom Vertr|ag, soll ausgeschlossen sein. Diesen Vertrag sollen sie auf einer Br[on]|zetafel aufzeichnen und aufstellen lassen, in | Rom im Heiligtum des Kapitolinischen Zeus, in [Kibyra] |15 auf der Basis der Roma, der sie eine gold[ene] (Statue) beschlossen haben.

### 478 Aphrodisias (Karien): Weihinschrift dreier Städte in Karien bzw. Lykien anläßlich eines Bündnisses
### nach 167?

J. Reynolds, Aphrodisias and Rome, 1982, 1 (Ph, Ü; neigt zu Dat. nach 129); Epigraphica Anatolica 3, 1984, 33 f.; Phoenix 38, 1984, 102 ff. (zu Z. 18/9); Chiron 17, 1987, 104 f. = SEG 37, 844 (Dat. w. o.).

Marmoraltar, wiederverwendet in der Parodos des Theaters (Aphrodisias, Museum). Oben und unten Profile.

Dem Zeus Philios (= Schützer der Freundschaft), der Homonoia (Eintracht) und | der Göttin Roma die Völker von | Plarasa-Aphrodisi|as, von Kibyra und von Ta|5bai, die Eide geleistet haben | über frisch verbrannten Opfergaben und Bl[ut|opfer] über das zwischen ihnen (bestehende) n[atür|liche {*oder*: b[esteh|ende}] Bündnis und die Eintracht | [auf e]wig und Bruderschaft und |10 darüber, daß sie nichts tun° werden°, was gerichtet ist | gegen die Römer oder | gegen sie selbst, und daß niemand einen schriftlichen Antrag stellen od|er befürworten oder einbringe[n od]|er etwas aufzeichnen darf, was gegen die in den |15 Eiden niedergelegten (Bedingungen verstößt); | wer aber etwas gegen diese (Bedingungen) unternimmt, | der soll dem Untergang geweiht sein, er selbst und seine Si[pp]|e, und er soll verfallen sein der Be[st]|rafung mit dem Tode° durch jeden, der es will, |20 in Übereinstimmung mit dem gemeinsamen Vertrag; | und daß sie einander Nutzen, wie immer sie kö|nnen, verschaffen wollen ohne Vorbe|halt, und die Vereinbarungen ein|halten werden. *vacat*

### 479 Araxa (Lykien): Ehrenbeschluß für Orthagoras nach 167? (um 180? nach 129?)

Journal of Hellenic Studies 68, 1948, 46ff. Nr. 11 (Ph) = SEG 18, 570; Choix 4 (Ü).

Oberteil eines Kalksteinblocks aus Araxa/Ören Köyü.

Im Jahr, als Orthagoras und Menokritos Priester waren, im Monat | Dystros am zweiten, in der gesetzlichen Volksversammlung, | Beschluß des Volkes der Araxeer und der Ar|chonten*: Da Orthagoras Sohn des Demetrios, unser Mitbürger, |5 ein hervorragender Mann wie schon seine Vorfah|ren, viele bedeutende Beweise abgelegt | hat seines Engagements gegenüber dem Volk seit fr[ü]|her Jugend, und, als wir uns im Krieg befanden | gegen Moagetes und die Buboneer, zum Kommandeur gewählt vom |10 Volk allezeit in vorderster Front kämpfte und jede Gefa|hr und jede Strapaze auf sich nahm; (und da er,) abgesandt | als Gesandter zweimal wegen Moagetes und der Buboneer | an die Kibyrate[n ü]ber Fragen des Kriegs, | dem Volk allen Nutzen verschafft hat; |15 (und da er,) als der Krieg gegen Moagetes beendet war, und er|neut, als Moagetes eine Räuberschar ausschickte | und etliche der Bürger entführen ließ, ent|sandt vom Volk als Gesandter an das Koi|non* und, nachdem er die Einzelheiten vorgetragen hatte, gewählt vom |20 [K]oinon als Gesandter an die Kibyraten gegen Moa|getes und an Moagetes selbst wegen der Räube|reien und wegen aller Rechtsverletzungen, die er begang|en hat gegen uns, da hat er alle Gefahren und Strapaz|en auf sich genommen und seine Gesandtschaften durchgeführt in einer Weise, die würdig war unse|25res Volkes und des ihn entsendenden Ethnos*; und überhaupt | hat er keine Gelegenheit versäumt°, den Tyrannen Paroli zu bieten, | und ist dadurch in viele Gefahren | und Anschläge geraten wegen seiner für das Vater|land (unternommenen) Kämpfe. In dem Krieg, in dem w[ir uns] | befanden gegen die Kibyraten, diente er in der Reiterei und kämpfte stets in der vordersten | Reihe. Als Gesandter entsandt vom | Volk an das Koinon der Lykier (mit einer Mission) gegen die Kibyraten | mehrmals wegen der Verwüstung unseres Landes und des | befestigten Vorwerks und der aus dem Land geraubten (Güter) hat er den no|twendigen Nachdruck walten lassen, damit wir erhielten | die Hilfe seitens des Ethnos. Als Lysanias und | Eudemos die Stadt der Xanthier eroberten, | Gemetzel veranstalteten und gewaltsam eine Tyrannis errichte|ten, ist er als Subalternoffizier und Befehlshaber der Jungsoldaten | mit den Lykiern zu Feld gezogen gegen die Erhebung° der Tyr[an]|nen. Als Eudemos die | Stadt der Tloer eroberte°, Gemetzel veranstaltete und gewaltsam° eine Tyran|nis errichtete, zog er mit den Lykiern zu Feld | und kämpfte mannhaft bis zur Wiedereroberung | der Stadt der Tloer und zum Sturz der Tyrannis. | Als die Lykier in Krieg mit den Termessiern gerieten, | zog er in der Reiterei zu Felde unter Verzicht auf Besoldung, kämpf|te auf seiten der Lykier im Territorium der Termessier und | dies stets in der vordersten Reihe. Als wir im Prozeß lagen | um das Land in Soasa gegen diejenigen, die es° uns bestritten, | zeigte° er sich als Gesandter an das Koinon als wackerer | Streiter in Wort und Tat, so daß alle | Vorteile für unser Volk erreicht und in keinem Punkt | geschmälert wurden. Die Leute von Orloanda sind unsere Nachbarn; als er sah, | daß unser Volk sich bemühte, daß sie befr|eit und in die Sympolitie*° des Ethnos der Lykier | aufgenommen würden, hat er als Gesandter unseres Volkes | an die lykischen Städte einzeln und an das Koi|non der Lykier seine Missionen durchwegs ausgeführt in einer Weise, die wür|dig war unseres Volkes und des Ethnos der Lykier und dazu bei|getragen, daß sie aufgenommen wurden in die | Sympolitie der Lykier. Als Gesand|ter zu den römischen Legaten unter | Appius, und erneut als Gesandter zu den | römischen Legaten unter Publius | hat er beide Missionen erfüllt in einer Weise, die würdig | war unseres Demos und des (lykischen) Ethnos, und hat allen Nutzen | unserer Stadt verschafft. Und viele andere Gesandt|schaften hat er ohne (Ersatz der) Reisekosten im Dienst (der Stadt) auf sich genommen. Und da das Koi|non der Lykier ein penteterisches* Fest | der Erschienenen Göttin Roma feiert°, hat er, als Theoros* zur | ersten Feier entsandt, die Opfer vollzogen | mit seinen gewählten Kollegen in schöner und passender Weise, und | sein Aufenthalt war würdig unserer Stadt | und des Ethnos. Bei der zweiten Feier, die |

das Koinon für Roma veranstaltete, wurde er (wiederum) zum Theoros gewählt und hat sich gewl|idmet kostenlos mit seinen gewählten Kollegen [– | –]

### 480 Milet: Ehrenbeschluß für Eirenias zwischen 167 und 159

Mitteilungen des Deutschen Archäologischen Instituts Istanbul 15, 1965, 73 ff. (Ph, Ü); Nouveau Choix 7 (Ü); SEG 36, 1046; K. Bringmann/H. v. Steuben (Hgg.), Schenkungen hellenistischer Herrscher an griechische Städte und Heiligtümer, I, 1995, 284 E 1 (Ü).

Acht in einem Brunnen in Yeniköy bei Milet verbaute Marmorblöcke eines Rundmonuments; die Inschrift auf drei (*I–III*) Blöcke verteilt (Milet, Museum).

(*I*) Beschluß des Volks; die Prytanen* und die für den (Landes)schutz gewählten (Magistrate) stellten den Antrag: Da | Eirenias Sohn des Eirenias kontinuierlich in vortrefflichster Weise sich für die Interessen der | Stadt einsetzt und stets zu dem, was Glanz und Ruhm verleih|t° seiner Vaterstadt, mit beiträgt, und er, nachdem er zusammengetroffen ist mit König Eumenes gemäß der |5 ihm von der Menge erteilten Erlaubnis und auf Grund seiner persönlichen Beziehung | an ihn den Appell richtete, der Stadt einhundertsechzigtausend Medimnen* Getreide zu stiften | sowie die Holzausstattung für die genannten (Zwecke) | in hinreichender Menge, und (da), als das Volk auf Grund der genannten (Ereignisse) die gebührenden Ehren° beschloß | für den König und Eirenias als Gesandten (zu ihm) schickte, er die Ver|10handlungen mit allem erdenklichen Eifer führte und ihn dazu bewog, noch zu erhö|hen den Betrag der in Aussicht gestellten Stiftung sowie die Kosten der Aus|führung der Ehrungen von sich aus zu übernehmen, um so der Men|ge Dankbarkeit gegenüber ihren Wohltätern allen manifest zu machen und die | für die genannten Zwecke bestimmten Aufwendungen aus den Mitteln des Königs zur Verfügung zu stel|15len, er nicht nur da, wo es ihm zukam, eine treffliche und förderliche [– (*ca. 7 Zeilen verloren*)]

(*II + III*) (des Königs) Antiochos und er sie bewog, bewilligt zu erhalten von ihrem Bruder, | König Antiochos, die Atelie* für alle aus dem milesischen Gebiet | in das Königreich eingeführten Produkte, so daß dank dieser | Konzession ruhmvoll sei für alle Zeit das Geschenk, |5 das ein Beitrag ist zur Mehrung der Einkünfte° der Stadt und eines jeden einzelnen ihrer | Bürger, und (da) er dabei bei allen (Gelegenheiten) in Wort und Tat sich einsetzt für seine | Vaterstadt, wie es sich für einen guten Bürger geziemt: | damit es nun auch ersichtlich wird, daß das Volk die gebührenden Ehren zuteil werden läßt den tüchtigen | und verdienten Männern, die von ihrem eifrigen Engagement für das Volk und von ihrer freundlichen Gesinnung die |[10] großartigsten Beweise bei mehrfachen Gelegenheiten erbracht haben und gerade durch ihre Leistungen | Verfechter der ruhmreichsten Angelegenheiten geworden sind, soll es Beschluß sein der Milesier: | daß man Eirenias auf Grund dieser (Verdienste) belobige und er die Fürsorge erhalte durch den | Rat und das Volk; daß man von ihm eine vergoldete Statue errichtet an der vom | Volk bezeichneten Stelle und, nach der Bestätigung vor dem Gerichtshof, |[15] [– die Proklama]tion [erfolgt] durch die Agonothe|[ten* – die] Basileis* bei [dem Fest° {*oder*: der Prozession°}] der Dionysien* | [– und daß die Budgetbeamten] den ausreichenden Betrag (hierfür) reservieren | [–]; daß man Kommissionsmitglieder (Epistatai*) wählt, | [drei (?) Männer, welche verantwortlich sein sollen für die] Anfertigung [de]r Statue |[20] [– und daß man aufz]eichnet [dies]en° Beschluß | [auf der Basis der Statue. *vacat*]

## 481 Drymos (Phokis): Vertrag mit den Oitaiern über die Rückzahlung einer Anleihe 161? 158?

SGDI 1529; IG IX 1, 226–230 (Abb.); Michel 1363; IJGr II, Nr. XXXVII (Ü); DGE 355; Epigraphica III 39; Migeotte, Emprunt 29 (Ü).

Marmorstele aus Drymos/Glunista (in einer Kirchenmauer verbaut). Schrift in zwei dicht aneinanderstoßenden Kolumnen (*I*, *II*).

(*I*) [– Wenn] | die Stadt der Drymier [nich]t entrichtet | alle [Rat]en, so wie sie es durch Gesandtschaft [versprochen haben | und] es ihnen zu[gest]anden wurde, soll rechtskräftig (?) bleiben | [die] ursprüngliche Anleihe in voller Höhe zugunsten des Gottes und |[5] [der] Oitaier, und die sonstigen Vorgehensweisen (?) gegen | [die] Stadt der Drymier. Wenn aber entrichtet die St|[adt] der Drymier die neunzig Minen, so | wie es in dem Abkommen niedergelegt ist, an den Gott und | die Oitaier, soll sie befreit sein |[10] von der gesamten Schuld, und der Kontrakt soll nich|tig und aufgehoben sein. Das Abkommen | werden verwahren Kleotimos und Lochagos aus Kallipo|[lis] und Laïadas aus Amphissa. Sie haben (= die erste Rate) voll bezahlt. | [Ze]ugen: Eurydamos, Petalos und Leonto|[15]menes aus Kallipolis, Kallistratos aus Phy|skos, Androbolos aus Kytenion, Oxymachos | und Sopatros aus Erythrai, Thrason, Kalleidas und | Philonikos aus Hyampolis, Zeuxis und Teisippos aus El|lateia, Polyxenos und Aristoteles aus Teuthro|nion, Patrokleas, Timokrates, Xenokra|tes und Aristion aus Lilaia. *vacat* |

Als am Oita (= bei den Oitaiern) als [B]ularchen* amtierten Antanor aus Hera|kleia, Phaikias aus Antikyra und Aristion | aus [Ho]milai; als Hierothytai* amtierten Euthyphron aus Hera|kleia, Alexis aus Antikyra, Bombylas | [aus Am]phanai {*oder*: [aus Aky]-phanai} und Menekrates aus Oleai, im Monat | Apellaios; als Strategos* der Phoker | Kaphis aus Phanoteia war, im ersten Monat; (zu dieser Zeit) haben sie bezah|lt d]ie zweite R[ate. –] *vacat* |

(*II*) [Sie haben sich verpflichtet (?),] die dritte (Rate) bei der Pylaia* | [im Somme]r nach der Bularchie | des Antagoras, und die letzte (Rate) im [d]|arauffo[lg]enden Jahr nach der dritten Ra|te zu zahlen, bei der Pylaia [im S]om[m|er (?)]. Z[eug]en: Aristodamas und Tho[– aus –] |, Alkimos, Aristagoras und Ain[–] | aus Naupaktos, Menippos aus Akrai. |

Als am Oita als Bular[che]n amtierten Euthy[phron] | aus Herakleia, Kleophanes aus Dryope und | Krino[la]os aus [Ho]milai, als Hierothyten waren La[–] | aus Herakleia, [A]ristion aus Chara[dra] (?) | und Lysan[dr]os aus [–], im Monat Apellaios, | als Stra[te]ge der Phoker Teisa[n|d]ros aus [E]l[atei]a war°, im ersten Monat; (zu dieser Zeit) haben | die Drymi[er d]ie dritte Rate gezahlt an den Gott | und di[e Oit]aier, in Herakleia bei den Herákleia. | Zeugen: [–]damos und A[–] aus Kalydon, | [–]tas und Eupolemos aus Halai (?), Mikkos | aus Amphissa. *vacat* |

Als am Oita als Bularchen amtierten Soteros aus Herakl|[ei]a, Euagoras aus Dryope und Theodoros aus Ko[l|lak]eia (?) {*oder:* Kottai}; als Hierothyten waren Archinos aus Herakle|ia, [–]teles aus Dryope und Timokritos aus | [–], im Monat Apellaios; als bei den Phok|ern als Strategos Kallikrates aus El|[a]teia amtierte°, im ersten Monat, bei der Versammlung haben° im | [Synhed]rion* die Oitaier den [Drymi]ern° die Rückzahlung bescheinigt, | nachdem sie be-[kommen ha]ben (?) das [gemein]sam dem Gott | [und den Oitaiern] gehörende [Geld –] {*oder*: nachdem sie ge[löscht haben die gemein]same Niederschrift des Gottes und der Oitaier *z. B.* über die Anleiheschuld der Drymier, die 90 Minen –}

**482 Kyrene: Testament und Treuhandbestellung des Königs Ptolemaios (später Ptolemaios VIII.) zugunsten Roms 155**

SEG 9, 7; Pfohl 115 (Ü) (Ph: A. Laronde, Cyrène et la Libye hellénistique, 1987, 441).
Marmorstele vom Apollontempel (Kyrene, Museum).

Im fünfzehnten (Regierungs-)Jahr im Monat Loos. | Zu gutem Glück! Dies hat testamentarisch verfügt König | Ptolemaios Sohn des Königs Ptolemaios | und der Königin Kleopatra, der |5 Erschienenen Götter°, der Jüngere; hiervon ist auch eine Abschrift | nach Rom gesandt worden. Möge es mir | mit der Gnade der Götter (beschieden) sein°, (jene) gebührend zu strafen, | die gegen mich vorbereitet haben | das ruchlose Attentat und geplant haben, |10 mich nicht nur meiner Königsherrschaft, sondern auch | des Lebens zu berauben. Wenn mir aber etwas zustößt | nach Menschenlos, bevor ich Nachfolger | meines Königtums hinterlassen kann, hinterlasse ich | den Römern die mir zukommende Königsherrschaft, |15 denen ich von Anfang an die Freundschaft und | Bundesgenossenschaft unverfälscht bewahrt habe. | Den nämlichen (Römern) vertraue ich mein Reich (*pragmata*) | zum Schutze an, indem ich sie beschwöre bei allen° Göttern | und ihrer eigenen Ehre, falls jemand |20 die Städte oder das Territorium angreift, zu Hilfe zu kommen | gemäß der Freundschaft und Bundesgenossenschaft, die [[zwischen]] | zwischen uns begründet ist, und entsprechend der | Gerechtigkeit, mit aller Kraft. | Zu Zeugen hierfür mache ich den Zeus |25 Kapetólios (*Juppiter Capitolinus*) und die Großen Götter | und Helios und Apollon Archagetes (den Gründer), | in dessen Schutz der Text dieser Verfügungen geweiht ist. | Zu gutem Glück!

**483 Chersonesos (Krim): Eide auf das Bündnis mit Pharnakes I. von Pontos 155? 179?**

B. Latyšev, Inscriptiones antiquae orae septentrionalis Ponti Euxini Graecae et Latinae, I, ²1916, 402 (Ph).
Unterer Teil einer Marmortafel aus Chersonesos (Museum). Koine (Eid der Chersonesiten in dorischer Koine).

[„– sondern | wir werden beitragen zur Erhaltung seines Kön]igt[ums, | so gut wir können, vorausgesetzt, daß er festhä]lt an der

[Freundschaft°] mit u[ns | und mit den Röm]ern die Freundschaft wahr[t | und nicht]s Feindliches gegen sie unternim|[mt; wenn] wir den Eid [halten], möge es uns gut ergehen, wenn wir ihn brech|[en, das Ge]genteil." Dieser Eid ist gelei|[st]et worden im Monat Herakleios am 15., | im Amtsjahr des Basileus* Apollodoros Sohn des Herogei|tos, als Schriftführer Herodotos Sohn des Hero|dotos war°. *vacat* Der Eid, den König Pharnakes geschworen hat, | nachdem zu ihm Matris und Herakleios als Gesandte gereist waren: | „Ich schwöre bei Zeus, Ge, Helios, allen olympischen Göttern | und Göttinnen: Ich werde Freund sein den Chersonesiten auf al|le Zeit, und wenn die umwohnenden Barbaren zu Felde ziehen | gegen Chersonesos oder das von den Cherso|nesiten beherrschte° Land oder sich an den Chersonesiten vergehen, und wenn sie (die Ch.) mich° zu Hilfe | rufen, werde ich ihnen zu Hilfe kommen, so wie es mir die Um|stände erlauben; und ich werde nichts Feindliches planen gegen die Chersonesiten, in keinerlei | Weise, und werde nicht gegen Chersonesos zu Felde ziehen und nicht | die Waffen in feindlicher Absicht erheben gegen die Chersonesiten, und ich werde nichts tun | zuungunsten der Chersonesiten, was schaden könnte | dem Demos der Chersonesiten, sondern ich werde beitragen | zur Erhaltung der Demokratie, so gut | ich kann, vorausgesetzt daß sie festhalten an der Freundschaft° mit mir | und den gleichen Eid schwören | sowie die Freundschaft gegenüber den Römern wahren | und nichts Feindliches gegen sie unternehmen. | Wenn ich den Eid halte, möge es mir gut ergehen, wenn ich ihn breche, das Ge|genteil." Dieser Eid ist geleistet worden | im einhundertsiebenundfünfzigsten | Jahr, im Monat Daisios, nach des Königs Pharnak[es] | *vacat* Zeitrechnung. *vacat*

## 484 Dyme (Achaia): Brief des Proconsuls Q. Fabius Maximus an die Stadt 155?

Syll.$^{3}$ 684; RDGE 43.
Marmorblock aus den Ruinen von Dyme, in vier Teile gebrochen (Cambridge, Fitzwilliam Museum).

(In dem Jahr,) als Leon als Theokolos („Gottesdiener") amtierte und Schriftführ|er des Synhedrions* Stratokles war. | Quintus Fabius Maximus Sohn des Quintus, Proconsul der Römer, | entbietet den Behörden und den Synhedroi* der Dymaier und der Stadt seinen Gruß. Die | Synhedroi, welche den Kyllanios begleiteten°, haben mich informiert über die bei euch beganglenen Delikte, ich meine: den Brand | und die Vernichtung der Archive und der öffentlichen Urkunden, wobei | Sosos Sohn des Tauromenes Anstifter der ganzen Wirren war, der | auch die Gesetze eingebracht hat, welche sich gegen die den |10 [A]chaiern von den Römern gegebene Verfassung richten; diese (Angelegenheiten) haben wir° im Detail erörtert | in [P]atrai mit dem hin[zugezogenen] Beraterstab. So | erschienen mir diejenigen, welche dies ins Werk gesetzt haben, als des übelsten Z[ust]andes | [un]d des [all]e Griechen (bedrohenden) Chaos W[eg]bereiter, (eines Weges, der) nicht nu|r für unversöhn[lichen Umgang m]iteinander und für Sch[uldenannullierung be|15zeichnend ist,] sondern auch mit der generell den Griech[en] verliehenen [F]|reiheit und unse[ren] (politischen) Grundsätzen sich nicht vereinbaren läßt. Ich habe°, | nachdem die Ankläger triftige Beweise [bei]gebracht haben, daß° So|sos der Anstifter der Aktionen ist und Ge|setze verfaßt hat zum Sturz der gegebenen Verfassu|20ng, ihn des Todes für schuldig befunden und (zur Hinrichtung) gegeben, desgleichen auch | [den Phor]miskos Sohn des Echesthenes, Mitglied der Demiurgen*, der beteiligt war an der Aktion | [derer, welche] die Archive und die öffentlichen Urkunden in Brand steckten, zumal er auch | [selbst] ein Geständnis abgelegt hat. Den Timotheos Sohn des Nikias, der zusammen mit Sosos | als Gesetzgeber [fungiert] hat, habe ich, da sein Delikt weniger schwer erschien, |25 [angewiesen,] sich nach Rom zu begeben, nachdem ich ihn durch Eid verpflichtet habe, zu Beginn des n|[eunten Monat]s dort zu sein, und informiert habe d[en f]ür die Fremden (zuständigen) Praeto|[r über meinen Beschlu]ß, [daß er nicht] eher wieder [nach] Hause reisen dürfe, als bis [–]

### 485 Larisa (Thessalien): Beschluß des Thessalischen Bundes über Getreidelieferungen an Rom um 150–130?

Archaiologikon Deltion 111, 1976 (ersch. 1984), B 176ff. (Ph); Journal of Roman Studies 74, 1984, 36f. (Ü); SEG 34, 558 (Z. 16–56) (Ph: Bulletin de correspondance hellénique 109, 1985, 807).

Marmorstele aus Larisa (Museum), oben abgebrochen; sie enthielt zwei weitere Beschlüsse des Thessalischen Koinon*.

Da Quintus Caecilius Metellus Sohn des Quintus, Agoranomos* (= Aedil) in Rom, | ein tüchtiger und verdienter Mann, befreundet und wohlgesinnt | unserem Ethnos*, vor dem Synhedrion* auftrat und in Erinnerung rief die |[20] von seinen Vorfahren erwiesenen Wohltaten und bei seinen Verhandlungen | – da er gewählt war in das Aedilen|amt und ihr (= der Römer) [Land] derzeit unter | einer Mißernte litt – darum° bat°, daß von unserem Ethnos soviel° Getreide geliefert werde an den Senat | und das Volk, als [verkäuf]lich {*oder*: [möglich]} sei, beschlossen die Synhedroi*, daß man° eingedenk |[25] der Wohltaten, die unserem Volk erwiesen worden sind von Quin|tus und se[inen] Vorfahren sowie vom Volk d[er] | Römer, nach Rom für den Senat und das Volk | gemäß den Verhandlungen des Quintus vierhundertdreißigtausend Kophinoi (boiot. Hohlmaß) Weizen sende° | und daß die genannte Getreidemenge aufteilen lasse au|[30]f die Städte der [S]tratege* Petraios zusammen mit seinen Amtskollegen und [den] | Synhedroi. Jede Stadt soll für das angeforderte Getreide | den Transport übernehmen bis zum Hafen Demetreion (= Demeterheiligtum in Pyrasos) oder in Phalara oder in | Demetrias; für dreihundertzwanzigtausend (Kophinoi) die Pelasgioter und | Phthioter im Monat Aphri[os], die Histioter und Thessalioten im Mo|[35]nat Thy<os> vor dem Zwanzigsten; für die einhundertzehntausend (Kophinoi) im Monat | Phyllikos vor dem Fünfzehnten in dem Jahr, in dem Petraios als Strate|ge amtiert; die Kosten, die durch die Verladung des Getreides | auf die Schiffe entstehen°, soll jede Stadt jeweils für das auf sie (anfallende) Quantum zahlen. | Was die Verschiffung des Getreides nach Rom anbelangt, hielten sie es für billig, daß Quintus |[40] sich darum kümmere, daß – weil die Thessaler über keine Schiffe verfügen – er | die Aufträge in der ihm am vorteilhaftesten erscheinenden Weise vergibt° und daß die Frachtkosten | von den diesbezüglich° nach Rom geschickten Gesandten gezahlt werden | aus dem Getreidepreis. Wenn Quintus nicht in der Lage ist, | die Schiffe zu entsenden und Männer (mit dem Auftrag) schickt, Schiffe zu chartern, |[45] soll der Strategos* Petraios gemeinsam mit den (hierfür) Beauftragten dafür verantwortlich° sein, | daß das Getreide nach Rom verschifft wird; und dafür, daß° die Schiffsmannschaft | entsandt wird, (soll) Petraios (verantwortlich sein); die (Bezahlung) der hierfür (anfallenden) Unkosten sowie die Ent|sendung soll Petraios, der Strategos, vornehmen zusammen mit seinen Amtskol|legen, nachdem Petraios den Städten die Anforderung schriftlich mitgeteilt hat. Wenn jemand |[50] nicht das Getreide zu den Häfen liefert innerhalb der anberaumten Fris|ten, soll er für jeden Kophinos eine Buße zahlen von zwei Stateren* und neun Oboloi*, | und diese Buße {*oder*: dieser veranschlagte Wert} soll vollstreckt werden (können) von Petraios | dem Strategos und den von ihm Beauftragten aus dem Besitz | der Stadt und der in der Stadt Wohnenden in der Weise, wie | es ihnen beliebt, ohne daß sie zur Verantwortung gezogen werden und bestraft werden können für die Art und Weise, wie sie vollstreckt | haben.

### 486 Beroia (Makedonien): Gymnasiarchengesetz vor 148

Ancient Macedonia II, 1977, 139ff. (Ph) = SEG 27, 261; Ph. Gauthier/ M. B. Hatzopoulos, La loi gymnasiarchique de Beroia, 1993 (Ph, Ü) = SEG 43, 381.

Marmorstele aus einer frühchristlichen Grabanlage bei Beroia (Beroia, Museum), auf der Vorder- (*A*) und Rückseite (*B*) beschriftet.

(*A*) Im Amtsjahr des Strategos* Hippokrates Sohn des | Nikokrates *vacat* 19. *vacat* des (Monats) Apellaios. *vacat* | Nach der Einberufung der Volksversammlung stellten Zopyros Sohn des Amyntas, | Gymnasiarch*, sowie Asklepiades Sohn des Heras und Kallippos | Sohn des Hippostratos den (folgenden) Antrag: Da auch die übrigen Beamten allesamt | gemäß einem Gesetz ihr Amt bekleiden und in den Städten, in denen es Gymnasien* | gibt und die Einrichtung des Trainings (*aleimma*: „Einölen“) besteht, die Gymnasiarch|en-Gesetze in den öffentlichen Archiven hinterlegt sind, so ist es angebracht, daß auch be|i uns dasselbe durchgeführt wird und das (Gesetz), welches | wir den Exetastai* gegeben haben, im Gymnasion aufgestellt° wird, nachdem es aufgezeichnet worden ist | auf einer Stele, und (daß es) desgleichen auch im öffentlichen Archiv (aufbewahrt wird). | Denn bei einem solchen Verfahren wird° die Jugend größeren Respekt | zeigen und der Leitung größeren Gehorsam erweisen und ihre° Einkün|fte werden nicht vergeudet werden, wenn die jeweils gewählten | Gymnasiarchen gemäß dem Gesetz ihr Amt bekleiden und zur Rechenschaft gezogen | werden können. *vacat* Die Stadt beschloß, daß das Gymnasiarchen|gesetz, das eingebracht worden ist von Zopyros Sohn des Amyntas, dem Gymnasi|archen, sowie von Asklepiades Sohn des Heras und Kallippos Sohn des Hippostratos, rechtskräf|tig sein und im öffentlichen Archiv aufbewahrt werden solle und daß es° angewandt werden solle von den | Gymnasiarchen und daß es aufgestellt werde im *v.* | Gymnasion, nachdem es auf einer Stele aufgezeichnet worden ist. In Kraft getreten im (Monat) Peritios *v.* | zu Monatsbeginn *v.* Gymnasiarchengesetz. *vacat* Wählen soll die Stadt | einen Gymnasiarchen, wenn (sie) auch die anderen Beamten (wählt), nicht jünger | als drei[ßig] Jahre und nicht älter als sechzig; der gewählte | Gymnasiarch soll das

Amt bekleiden, nachdem er den im Folgenden (im Wortlaut) verzeichneten Eid geschworen hat: | „Ich [schw]öre bei Zeus, Ge, Helios, Apollon, Herakles und Hermes: Das Gymnasiarchenamt werde ich führen | im Einklang mit dem Gymnasiarchengesetz und bei allem, wofür im Ge|setz keine° Bestimmung steht, mich an mein eigenes Urteil halten, | so gewissenhaft und so gerecht als möglich, ohne einem Freund einen Gefallen zu erweisen no|[30]ch einem Feind widerrechtlich zu schaden, und ich werde° von den | für die Neoi* zur Verfügung° stehenden° Einkünften weder selbst Beträge zweckentfremden noch einem anderen | (dies) wissentlich gestatten, auf keine Weise und ohne Ausflüchte. | Wenn ich den Eid halte, soll mir viel Gutes widerfahren, wenn ich ihn breche, das Gegent|eil." *v* Nach seiner [Wahl] soll° der Gymnasiarch beim Antritt seines |[35] [A]mt[es] am Ersten des Monats Dios eine Versammlung einberufen | im [Gymnasi]on und drei Männer zur Wahl vorschlagen, welche, wenn sie durch Handaufheben gew|ählt worden sind und den im Folgenden (im Wortlaut) verzeichneten Eid geschworen haben, assistieren werden bei der Aufsicht über | die [Jünger]en (= Neoi) gemäß der Wertschätzung, die sie bei ihnen haben, | und [d]en Gym[n]asi[archen] täglich b[eg]leiten werden im Gy|[40]mnas[ion –] des Gymnasiarchen zusammen mit denen, deren es bedarf | und die [–] am zweiten Tag des Dios [– | –] die Politarchen (Oberbeamte in makedonischen Städten) und Exetastai* | [–] das G[ymn]asion zusammen mit den zuvor genannten Männern | [–] das von diesen Zugewiesene |[45] von den Einkünften (= Mitteln), die er erhält, für das Einölen [zur Verfügung gestellt] wird und so | [aus –]. Wenn sich einer nicht hält an die genann|ten (Bestimmungen), soll er eine Buße zahlen [–; die] Vollstreckung soll erfolgen durch den städt|ischen Praktor*, [nachdem] die Exetastai (ihm) eine schriftliche Notiz zukommen ließen; wenn sie° nicht | [schriftlich informieren, sollen auch diese eine Buße in der gleichen Höhe zahlen und der Anklä]ge|[50][r soll ein Drittel erhalten –] Holzlieferung [– | –] zusammen mit den Exe[t]ast[ai –] Männer und nicht mehr [– | – die vorhand]enen Besitztüm[er | – | –] durch [Geri]chtsentscheid. |[55] [– „Wir schwören bei Zeus, Ge,] Helios, Apollon, Herakl[es | und Hermes – | – uns an unser eigenes Urteil] zu halten | [nach besten Kräften, so gewissenhaft und so korrekt wie möglich | – und auch von den zur Verfüg]ung ste[henden Ein]künften |[60] [der Neoi keine Beträge zu zweckentfremden, weder einem Freund einen Gefallen zu erweisen] noch einem Feind Schaden zuzufüg|[en widerrechtlich, auf keine Weise und ohne Ausflüchte.] Wenn wir den Eid halten, | [soll uns viel Gutes widerfahren, wenn wir ihn brechen, das Gegenteil. –] der Knaben. Der | [Gymnasiarch, nach seiner Wahl, –]

(*B*) Keiner der unter Dreißigjährigen soll nackt (zum Training) antreten dürfen, | wenn das Signal eingeholt ist, sofern es nicht der die Leitung Innehabende es gestattet; *v* | wenn das Signal hochgezogen ist, (soll) kein anderer (dürfen), sofern nicht der Leit|er es gestattet, und niemand soll sich mit Öl einsalben dürfen in einer anderen Palaistra* in der|selben Stadt; andernfalls soll es der Gymnasiarch verbieten und mit einer Buße belegen von | fünfzig Drachmen*. Wen der Gymnasiarch dazu bestimmt, die Leitung zu übernehmen, dem sollen gehorchen alle Besucher des Gymna|sions, so wie es für den Gymnasiarchen schriftlich fixiert ist; den Ungehorsam|en soll, wenn für ihn die Rute angewendet werden darf, der Gymnasiarch auspeitschen (lassen), die | anderen mit einer Geldbuße belegen. *vacat* Im Speerwerfen und im Bogenschießen sollen trainieren die | Epheben* und diejenigen, die unter zweiundzwanzig Jahre alt sind, täglich, nachdem | die Knaben trainiert haben, und in der gleichen Weise auch, wenn eine andere Disziplin° geboten erscheint. | *vacat* Bezüglich der Knaben: Zugang zu den Knaben | soll keiner von den jungen Männern (= Neoi) haben und nicht mit den Knaben reden dürfen; widrigenfalls soll° der Gy|mnasiarch eine Geldbuße verhängen und den, der so etwas tut, davon abhalten. Einfin|den sollen sich die Paidotribai* täglich zweimal im Gymnasion | zu der vom Gymnasiarchen festgesetzten Stunde, sofern nicht einer krank ist *v* | oder es sonst eine dringende Abhaltung gibt; andernfalls soll er den Gy|mnasiarchen benachrichtigen°. Wenn es sich zeigt, daß ein Paidotribes nachlässig ist und sich nicht einfin|det bei den Knaben zu der festgesetzten Stunde, so soll er (= der Gymnasiarch) ihn mit einer Geldbuße belegen, pro Ta|g mit fünf Drachmen. Der Gymnasiarch soll ermächtigt sein, | undisziplinierte Knaben auszupeitschen und diejenigen Knabenaufseher (Paidagogoi), *v* | welche unfrei sind, die Freien aber mit einer Geldbuße zu belegen. Unbedingt | verlangen soll er ferner von den Knabentrainern (Paidotribai), eine Vorführung der Knaben abzuhalten, *v* | dreimal im Jahr, alle vier Monate, und er soll für sie eine Jury einsetzen | und den Sieger mit einem Kranz aus Laub bekränzen. *vacat* Welche nicht berechtigt sind, Mitglie|der zu sein des Gymnasions: Nicht nackt antreten darf im Gymnasion ein S[klav]e noch ein Frei|gelassener, noch deren Söhne noch, wer nicht tauglich ist für die Palaistra, noch ein Prostituierter, no|ch wer zu den das Krämergewerbe Betreibenden gehört, noch wer betrunken oder von Sinnen ist. Wenn | der Gymnasiarch zuläßt, daß einer d(ies)er Aufgeführten zum

Training antritt, sei es wissentlich | [oder] obwohl ihn jemand informiert und den Hinweis gegeben hat, so soll er eine Buße zahlen von | tausend Drachmen°; damit sie vollstreckt wird, soll derjenige, der die Anzeige macht, eine schriftliche Klage einreichen bei den Exe*v*|[t]asten der Stadt, und diese sollen durch eine Notiz den Praktor der Stadt benachrichtigen. *v* | [Wen]n sie nicht schriftlich informieren oder der Praktor nicht vollstreckt, sollen auch sie die gleiche | Buße zahlen, und der, welcher das Verfahren angestrengt hat, soll ein Drittel (davon) erhalten. Wenn der Gymnasiarch° glaubt, daß zu Unrecht | (sein Name) notiert worden sei, soll er Einspruch einlegen können binnen [z]ehn° Tagen | und vor dem zuständigen Gericht eine Entscheidung erhalten. Ausschließen sollen auch die | nachfolgenden Gymnasiarchen diejenigen, welche entgegen dem Gesetz zum Training anzutreten scheinen; | widrigen[falls] sollen sie denselben Bußen unterliegen. *vacat* Niemand° soll es erlaubt sein, den Gymna|[si]archen im Gymnasion zu beleidigen, andernfalls soll (dies)er ihn mit einer Buße belegen *vacat* | von fünfzig Dra[ch]men. Wenn jemand den Gymnasiarchen im Gymnasion schlägt *v*, | sollen (ihn) die Anwesenden daran hindern und es nicht zulassen, und in der gleichen Weise soll er mit einer Buße belegen | den Täter in Höhe von einhundert Drachmen, und er soll außerdem von ihm verklagt werden (können) nach den | gemeingültigen Gesetzen. Und wenn einer der Anwesenden, obwohl er in der Lage wäre, (ihm) nicht zu Hilfe kommt, so soll° er° mit einer Buße | von fünfzig Drachmen belegt werden. *vacat* Bezüglich der Hermaia (Hermes-Fest): Veranstalten soll der Gymnasiarch die Her*v*|[m]aia während des Monats Hyperberetaios und dem Hermes ein Opfer darbringen und als Preis eine schwere Waffe aussetzen sowie | drei weitere für Stattlichkeit, für Disziplin und *v* für Ausdauer (als Preis) für die unter Dreißigjährigen. *v* | Für die Jury, welche die <Stattlichkeit> zu beurteilen hat, soll der Gymnasiarch aus den Leuten vom Ort° eine Liste erstellen | von sieben Männern, unter diesen auslosen und die drei durch das Los Bestimmten einen Eid schwören lassen | bei[m] Hermes, fair zu urteilen, wer nach seinem Eindruck die beste körperliche Kondition habe, weder nach° Gefälligkeit | noch aus irgendeiner Feindschaft. Wenn die durch das Los Bestimmten nicht als Schiedsrichter fungieren | und nicht unter der eidlichen Versicherung ablehnen, dazu nicht in der Lage zu sein, soll der Gymnasiarch ermächtigt sein, mit einer Buße | von zehn Drachmen den Ungehorsam zu bestrafen und aus den übrigen als Ersatz für den Ausgefallenen | einen durchs Los auswählen. Bei der Disziplin und bei der Ausdauer soll der Gymnasiarch, nachdem er einen Eid geschworen hat | beim Hermes, beurteilen: bei der Disziplin, wer nach seinem Eindruck der Diszipliniertester | von [d]en unter Dreißigjährigen ist; bei der Ausdauer, wer nach seinem Eindruck am aktivsten | von den unter Dreißigjährigen während des laufenden Jahres trainiert hat. Die Sieger | sollen während dieses Tages einen Kranz tragen und es soll, wer will, ein Band tragen dürfen. | Er (= der Gymnasiarch) soll auch bei den Hermaia einen Fackellauf der Knaben und der Jünglinge veranstalten. Die für die | [W]affen anfallenden Ausgaben sollen aus den verfügbaren Einkünften finanziert werden. *vacat* Festlich begehen *v* sollen | die Hermaia auch die Hieropoioi* und dabei von jedem Besucher *v* | des Gymnasions nicht mehr als zwei Drachmen entgegennehmen° und im Gymnasion das Mahl ausrichten; er|nennen sollen sie andere an ihrer Statt, die im folgenden Jahr das Opfer besorgen für° He[r|mes]. Ein Opfer darbringen sollen dem Hermes auch die Paidotribai zur selben Zeit wie die Hieropoioi, *vacat* | und dabei von den Knaben nicht mehr als jeweils eine Drachme entgegennehmen sowie in Teile° | zerlegen das rohe Fleisch der geopferten Tiere. Die Hieropoioi und der Gymnasiarch sollen° kein Unterhaltungsstück | beim Umtrunk zulassen. *vacat* Die Preise, welche die Sieger erhalten, | sollen diese in dem Jahr, in dem der (nächste) Gymnasiarch sein Amt antritt, binnen acht Monaten weihen; andernfalls | soll sie der Gymnasiarch mit einer Buße° von einhundert Drachmen belegen; diejenigen, welche den Agon* entehren oder nicht in re|chtmäßiger Weise an den Agonen teilnehmen, soll der Gymnasiarch berechtigt sein auszupeitschen und | mit einer Geldbuße zu belegen, desgleichen auch, wenn einer einem anderen den Sieg überläßt. *vacat* Wahl des Lampadarchen*: | Wählen soll der Gymnasiarch aus den Leuten vom Ort drei (Männer) im | Monat Gorpiaios, welche nach ihrer Wahl Öl für die jungen Männer bereitstellen sollen, ein jeder | zehn Tage lang. Wählen soll er ferner drei Lampadarchen für die Knaben, die nach ihrer Wahl bereitstellen | sollen das Öl für die gleiche Anzahl von Tagen. Wenn einer von den Gewählten Einspruch erhebt oder sein Vater | oder (seine) Brüder oder die Waisenwärter, daß er nicht in der Lage sei, als Lampadarch zu fungieren, soll er unter Eid ablehnen b|innen fünf Tagen nach seiner Wahl. Wenn er nicht die Lampadarchie übernimmt oder nicht unter Eid ablehnt, | soll der Gewählte eine Buße° zahlen° von fünfzig Drachmen und gleichwohl Öl zur Verfügung stellen und die Lampadarchie versehen. In der gleichen | Weise auch, wenn es sich zeigt, daß derjenige, der unter Eid abgelehnt hat, nicht aus zwingenden Gründen geschworen hat, soll° er, wenn er überführt worden ist vom | Gymnasiarchen und den Neoi, eine Buße von fünfzig Drachmen zahlen und gleichwohl *v* | gezwungen werden, das Öl zur Verfügung zu stellen und die Lampadarchie zu versehen. Anstelle desjenigen aber, der berechtigterweise abgeleh|nt hat, soll der Gymnasiarch einen anderen ernennen und veranstalten den Knabenfack|ellauf (unter Auswahl) aus denjenigen Besuchern (des Gymnasions), die ihm geeignet erscheinen; in der gleichen Weise auch bei den jun|gen Männern (Jünglingen). *vacat* Betreffs der Wettkampfrichter: Der Gymnasiarch soll als Kampfrichter einsetzen, welche ihm |85 geeignet erscheinen, beim Fackellauf an den Hermaia, beim Langlauf und bei *v* | den übrigen Agonen. Wenn jemand einen Kampfrichter mit der Behauptung beschuldigt, von ihm unfair behandelt worden zu sein, | soll er ihn gemäß den gemeingültigen Gesetzen zur Rechenschaft ziehen. *vacat* Der Gymnasiarch soll die Verfügungsgewalt haben | über die den Neoi gehörenden Einkünfte und von diesen die Ausgaben bestreiten. Wenn | er aus dem Amt scheidet, soll° er die Höhe der Einkünfte sowie die auf Grund von Geldbußen oder Gerichtsurteilen ein|90gezogenen Beträge und die daraus bestrittenen Ausgaben auf einer Holztafel aufzeichnen und aufstellen (lassen) im Gymnasi|on im Monat Dios des neuen Jahres. Den Exetastai der Stadt soll° er alle vier Monat|e Rechenschaft ablegen, und wenn es welche wünschen, sollen sie berechtigt sein, mit diesen zusammen seinen° Rechenschaftsbericht zu überprüfen. | Den Restbetrag der Einkünfte soll er dem nach ihm (amtierenden) Gymnasiarchen aushändigen binnen [d]reißig° Tagen | von dem Tag an, an dem er aus dem Amt scheidet. Wenn er seine Rechnungen nicht übergibt oder die |95 überschüssigen Beträge gemäß den Vorschriften, soll er an die Neoi eine Buße von t*v*ausend Drachmen zahlen; einziehen soll von ihm (den Betrag) der *v* | Pra<k>tor der Stadt nach der schriftlichen Benachrichtigung durch die Exetastai und er (= der Gymnasiarch) soll gleichwohl die Rechnungen aushändigen und *v* | die überschüssigen Beträge. *v* Wer die Einkünfte aus den Resten des benutzten Öls (*gloios*) *v* kauft, soll den Palaistra-|Wachtdienst versehen° und die Anweisungen des Gymnasiarchen für all das ausführen, was ansteht im | [G]ymnasion. Gehorcht er nicht oder verstößt er gegen die Disziplin, soll er vom Gymnasiarchen ausgepeitscht werden. *vacat* Wenn |100 jemand etwas aus dem Gymnasion stiehlt, soll er wegen Sakrilegs (*hierosylía*) belangt werden, wenn er verurteilt worden ist vor dem zustän|digen Gericht *vacat* Bei allen Geldstrafen soll der Gymnasiarch inschriftlich den Grund aufzeichnen, [wes]halb | er die Buße verhängte, und er soll dies im Gymnasion ausrufen lassen und [von allen], die mit einer Geldbuße belegt wurden, die Namen bekanntgeben | auf einer weiß getünchten Tafel und durch eine Notiz den Praktor der Stadt benachrichtigen; der Praktor soll nach der Vollstreckung (den Betrag) zurück|leiten an den im Amt befindlichen Gymnasiarchen. Wenn jemand behauptet, zu Unrecht mit einer Geldbuße belegt worden zu sein, | soll er Widerspruch einlegen können und von den zuständigen Behörden eine Entscheidung erhalten. Obsiegt in dem Verfahren derjenige, der die Gel|dstrafe erhielt, soll der Gymnasiarch dem Erfolgreichen das Anderthalbfache als Buße bezahlen und als zusätzliche Buße entrichten ein Fünf*v*|tel und ein Zehntel. *vacat* Zur Verantwortung ziehen (können) soll den Gymnasiarchen jeder, der es will, sobald für diesen abgelaufen ist das | Jahr, binnen vierundzwanzig Monaten; die diesbezüglichen Verfahren sollen erfolgen vor den zuständig|en Gerichten. *vacat* | (Kopie zugestellt) von den Politarchen. *v* Bezüglich des Beschlusses eine Nein-Stimme.

### 487 Olympia: Milesischer Schiedsspruch zwischen Messenien und Sparta 138 oder früher

Michel 31; I. v. Olympia 52 (Abb.); IG V 1, p. XV; Syll.³ 683; O. Curty, Les parentés légendaires entre cités grecques, 1995, 6 (Z. 1–23; Ü); Ager 159.

Basis der Nike der Messenier in Olympia. Drei Abschnitte, *I* dorische Koine, *II–III* Koine. Z. 3–70 in zwei Kolumnen (*A*, *B*); das erste Wort jedes Abschnitts ausgerückt.

(*I*) Schiedsspruch über das Territorium | für Messanier und Lakedaimoni[er]. | (*A*) Nachdem als Gesandte gekommen sind von der Stadt | der Messanier Menodoros Sohn des Dionysios, | Apollonidas Sohn des Nikandros, Charetidas Sohn des Dor|konidas und das Schreiben übergeben haben, in dem darge|legt wurde, daß man erneuere die bestehende Verwandt|schaft und Freundschaft der Städte zueinander und dafür plädiere, d|aß die Stadt erlaube, daß in Olympia aufgezeichnet werde | der Schiedsspruch, der gefällt worden ist zwischen ihrer Stadt und der | Stadt der Lakedaimonier über das Territorium; und nachdem übergeben haben | die Gesandten auch einen Brief von den Milesiern, | der, mit dem Siegel versehen, den ergangenen Schiedsspruch enthält, | u[nd di]e Gesandten ferner vortragen in Übereinsti[mm]|ung mit den schriftlichen Texten; so haben die Synhedroi* beschlossen, eine Antwo|rt zu erteilen, daß sie die Verwandtschaft und die Freundschaft, die best|eht mit der Stadt der Messanier, erneue|rn und noch vertiefen, ferner hinsichtlich der Geneh|migung, in Olympia den Schiedsspruch aufzuzeichnen, der ergan|[20]gen ist zwischen ihrer Stadt und der Stadt der Lakedai|monier über das Territorium seitens des Volks der Milesier, | daß sie die Genehmigung erteilen, so wie die Stadt der Messanier | geschrieben hat und die Gesandten gefordert haben. Belobigen | soll man ferner die Gesandten wegen ihres Aufenthaltes und des Ver|[25]haltens, das sie an den Tag gelegt haben, und es soll ihnen geben Philoni|kos, der Schatzmeister, Gastgeschenke vom höchsten gesetzlich vorgesehenen Wert, | und die Archonten* sollen sie laden zum gemeinsamen | Herd. *vacat*

(*II*) Die Prytanen* und die für den (Landes)schutz gewählten (Magistrate) der Milesier | senden den Behörden und den Synhedroi |[30] der Eleier ihren Gruß. | Nachdem zu uns als Gesandte von den Messeniern gekommen sind | Menodoros Sohn des Dionysios und Philoitas Sohn des Kratias und | gebeten haben, ihnen für euch eine Abschrift zu geben | des ergangenen Schiedsspruchs zwischen Messeniern und |[35] Lakedaimoniern gemäß dem Beschluß des Senats (*synkletos*), und nachdem der | Rat und das Volk das Vorgenannte genehmigten | und uns beauftragt haben, ihnen den Schiedsspruch zu geben, | haben wir ihn unten angefügt an den Brief und den Gesand|ten gegeben, damit sie ihn euch überbringen, versieg|[40][elt] mit dem [Gem]eindesiegel. *vacat* |

(*III*) (*B*) Im Jahr, da Eirenias Sohn des Asklepiades Stephanephor* war, im Monat | Kalamaion am zweiten (Tag), gemäß dem [Schrei]ben des Praetors (*strategos*) Quin|tus Calpurnius, Sohn des Gaius, im vier[zehn]|ten Monat und am elften Tag nach dem Mondkalender nach dem [Tag], an welch[em der] |[45] Beschluß erging, wurde die Hauptvolksversammlung einberufen im [Thea|ter] an dem oben genannten Tag, so wie La[kedaimoni]|er und Messenier sich geeinigt hatten, und ausgelost wurde | ein Gericht aus dem ganzen Volk in der höchsten in den | Gesetzen (vorgesehenen Zahl), (nämlich) sechshundert Richter, und es wurde eingebracht die Entscheidung gemäß |[50] dem Schreiben des vorgenannten Praetors und | entsprechend dem Beschluß des S[en]ats ü[ber den] Streitfal[ll zwischen L]akedai[monier]n [und Messeniern: wer] | von ihnen dieses Territorium bese[ssen habe, als Lucius] | Mummius als Konsul oder Proconsul [in jener Prov]|[55]inz kommandierte, der solle es besitzen. [Und zuge]|teilt wurde ihnen das Wasser zur [(Zeit-)Messung, für das] | erste Plädoyer jeweils fünf[zehn milesische] Metre[tai*,] | für das zweite Plädoyer fünf° [milesische Metretai], | so wie sie es selbst gutgeheißen hatten; [und nachdem ges]prochen hatten |[60] unter Beobachtung der Wasser(uhr) von der Seite [der L]akedaimoni|er Eudamidas Sohn des Euthykles, von der Seite der Messenier Nikis |

Sohn des Nikon, und die Plädoyers von beiden Seiten vorgetragen waren, | wurde entschieden, daß das Land im Besitz der Messenier gewesen sei, als | Lucius Mummius als Konsul oder Proconsul in je|ner Provinz kommandierte, und daß diese folglich | es besitzen sollten. Von den Stimmen, mit denen beschlossen wurde, | das Land sei im° Be[sitz]° der Messenier [gewesen] und diese sollten es folgli[ch be]|sitzen: *vacat* fünfhundertvierundacht|zig; *vacat* mit denen (dafür gestimmt wurde,) es sei im Besitz der Lakedaimonier gewesen: | sechzehn. *vacat*

## 488 Pergamon: Gesetz über die Pflichten der Astynomen vor 133 (Wiederaufzeichnung im 2. Jahrhundert n. Chr.)

Mitteilungen des Deutschen Archäologischen Instituts Athen 27, 1902, 47 ff. Nr. 71 (Ph); OGIS 483 (+ p. 551 f.); G. Klaffenbach, Die Astynomeninschrift von Pergamon (Dt. Akad. d. Wiss. Berlin, Abh. d. Klasse f. Sprachen, Lit. u. Kunst 1953, 6), 1954 (Ph, Ü) = SEG 13, 521 (Ph: Kern Taf. 43).

13 Fragmente einer Kalksteinstele von der unteren Agora in Pergamon (Museum). Schrift des frühen 2. Jh. nach Chr. in vier Kolumnen (*I–IV*).

[–] hat das königliche Gesetz über die Astynomen* aus eigenen Mitteln als Weihgabe aufgestellt.

(*I*) *33 Zeilen verloren* [– sollen in Augenschein nehmen und entscheid|en, so wie es ihnen] gerecht | [zu sein scheint°. Und wenn] sie auch so nicht zum Gehorsam gebracht werden können, | sollen° [die] Strategoi* sie bestrafen | [mit der] im Gesetz vorgesehenen Strafe und sie (= ihre Namen) übergeben | dem Praktor (Eintreiber, Vollstreckungsbeamter) zur Eintreibung; die Astynomen | sollen eine Verdingung vornehmen der Wiederherstel|lung des Platzes in den ursprünglichen Zustand bin|nen zehn Tagen, die Summe eintreib|en von den Ungehorsamen in eineinhalbfacher Höhe | und erstatten den Bauunter|nehmern den ihnen zukommenden Teil (davon), den Rest | den Schatzmeistern (überweisen). Wenn aber nicht handeln die | Astynomen, so wie das Gesetz es vorschrei|bt, sollen die Verdingung vornehmen die | Strategoi, die (*getilgt*: übrige) Summe der | Verdingung soll eingetrieben werden bei den Astyno|men, und sie sollen darüber hinaus als Strafe bezahlen | hundert Drachmen*; die Eintreibung sollen | bei ihnen vornehmen° auf der Stelle die Nomophylakes*. | Ebenso soll verfahren werden auch mit den | sonstigen, die nicht Gehorsam leisten. Es sollen sein | von den Straßen auf dem Lande die | Heerstraßen (*leophóroi*) mindestens | zwanzig Ellen breit°, die anderen mindestens | acht Ellen, mit Ausnahme der in der | Nachbarschaft zur Verbindung° miteinander | genutzten Pfade. Es sollen |30 aber sauber und begehbar die Straßen halten° | [die] Grundstückseigentümer entlang den | [Straßen und] die angrenzenden (Gebiete) bis zu einer Entfernung von | [–] Stadien*, [indem sie gemeinsam die Kosten] tragen und gemeinsam ausbess|[ern. Und] wenn sie unge[horsam sind, sollen zur Pf]ändung schreiten |35 [an ihnen die – | –]

*(II) Z. 36–47 fast nichts erhalten*. [– diejenigen, die hin]ausgeworfen | [haben, – sollen die Amphodarchai (Straßenmeister)] zwingen, |50 [zu säubern den P]latz, so wie | [das Gesetz es vorschreibt; widrigenfal]ls [sollen sie] es melden | [den Astynomen.] Die Astyno|[men sollen eine Verdingung vornehmen zusammen mit dem A]mphodarchen und | [die entstandenen Kosten] eintreiben |55 [bei den Ungehorsamen alsba]ld und [sollen sie] bestrafen | [mit zehn (?) Drachmen. W]enn einer der Am|[phodarchen etwas unterläßt von d]en vorgenann|[ten (Pflichten), soll er bestraft werden von d]en Astynomen fü|[r jeden Pflichtverstoß] mit zwanzig Drachmen. Die |60 [sich ergebenden S]ummen aus den Straf|[geldern sollen übergeben werden] von Monat zu Mo|[nat den Schatzmeistern u]nd zur Verfügung stehen, falls | [Bedarf besteht (?),] zur Säuberung | [der Straßen (?); fü]r etwas anderes darf nichts zweckentfremdet |65 [werden. Für di]e Eintreibung auch | [all]er sonstigen° (Gelder) sollen die Astynomen zuständig sein. | [Wen]n diese aber etwas unterlassen von den verzeich|neten (Pflichten), sollen sie bestraft werden von den Strate|goi und dem „Leiter der Stadt“ für jeden |70 Pflichtverstoß mit fünfzig Drachmen, und | auch diese Strafsumme soll verwendet werden für die oben be|schriebenen (Zwecke). *vacat* Anschüttung *vacat* Wenn jemand auf den | Straßen die Anschüttungen oder Steine aufgräbt oder Lehm(brei) berei|tet oder Ziegelstreichen oder offene |75 Rinnen herstellt, sollen ihn daran hindern | die Amphodarchen; falls er aber nicht gehorcht, | sollen sie es den Astynomen melden; diese | sollen den Ungehorsamen bestrafen für | jeden Verstoß mit fünf Drachmen und |80 ihn zwingen, das andere im früheren Zustand wiederherzustel|len und die Rinnen zuzu|decken. Wenn aber auch jetzt nicht gehorchen | die Privatleute, sollen sie eine Verdingung vornehmen binnen | zehn Tagen und die entstandenen Kosten |85 eintreiben bei den Ungehorsamen in einein|halbfacher Höhe. Ebenfalls sollen sie es erzwingen°, daß die schon vorhandenen (offenen) Rin|nen zugedeckt werden. | Falls etwas hiervon unterlassen die | Astynomen, sollen sie selbst unterworfen sein denselben |90 Strafen. *vacat* Eintreibung *vacat* Wenn jemand | nicht zahlt von den (auf) gemeinsam(e Kosten) gereinig|ten Verkehrswegen den (auf ihn) entfallen-

den Anteil an der | Verdingung der Unrat(beseitigung) oder an den Strafgeldern, | sollen von ihm die Amphodarchen | Pfänder nehmen und ein Pfändungs(protokoll) hinterlegen | bei den Astynomen am selben Tag oder am fo|lgenden und, falls niemand eidlich (als sein Eigentum) beansprucht die | gepfändeten (Gegenstände) binnen fünf Tagen, sollen sie sie° verkaufen | entweder in der (zuständigen) Phratrie* oder auf der Agora* zur Zeit des vollen | Besuchs in Anwesenheit der Astynomen, | und den Erlös sollen sie bringen | [– | –]

(*III*) sollen sie in Augenschein nehme[n u]nd, wenn sie | ihnen reparaturbedürftig erscheinen°, sollen die Reparatur | die Eigentümer vornehmen. Wenn aber je|mand von ihnen nicht will, sollen verdingen | die Astynomen zusammen mit demjenigen der Geschädigten°, der dazu bereit ist. | Die entstandenen Kost|en sollen sie unverzüglich eintreiben, (und zwar) bei | dem Ungehorsamen drei Fünftel, bei | dem anderen zwei Fünftel, und sie erstatten | den Bauunternehmern. Von den | gemeinsamen Mauern, die der Reparatur bedürfen | oder eingestürzt sind, sollen° die Nachbarn°, falls sie die gesamten Mau|ern in gleicher Weise nutzen, gleichviel | für den Bau beisteuern. W|enn aber bei dem einen das Haus an die Mauer anstößt, bei dem | anderen der Hof, soll beisteuern | zu der Baumaßnahme der mit dem Haus Anstoßende | zwei Drittel, der mit dem Hof Anstoßende ein | Drittel. In gleicher Weise sollen sie auch zahlen, | wenn der eine ein zweistöckiges Haus an der Mauer | hat, der andere ein einstöckiges. Es soll aber, was die | gemeinsamen Mauern betrifft, gegen einen Beschädi|ger Vorladung erfolgen vor die Astyno|men, und wenn sie (= die Beschädiger) offenkundig haftbar sind, | nachdem sie durch Urteil unterlegen sind, sollen sie bezahlen | den ihnen (entstandenen) Schaden. Nicht gestattet soll es sein, | die gemeinsamen Mauern zu über|bauen oder zu durchbrechen oder sonst irgendeinen° Schaden | anzurichten, es sei denn mit Einverständnis | d[er] Besitzer. Falls angrenzende Mauern | den Bewohnern Schaden zufügen und | die Besitzer auf der freistehenden Seite | zu den Nachbarn hin Isoliergräben anlegen wollen, | sollen° sie, sofern dadurch die Nachbarn keinen Schaden erleiden, nicht gehin|dert sein, dies zu tun, wenn die Breite nicht überschreitet | eine Elle und sie (die Gräben) sofort bedecken | mit Steinplatten, sobald die Außenwand des | Isoliergrabens stabil gebaut ist, | es sei denn, daß die Deckplatten auf Fels aufliegen können. | Sie dürfen aber beim Abdecken | den Boden nicht° weiter über den übrigen Hof(boden) erhöhen, | als nötig ist, um den Wasserablauf zu ermöglichen. Eigentümer | der Isoliergräben sollen die Erbauer sein, | (Eigentümer) der darüberliegenden Stellen, sobald (die Gräben) gedeckt | sind, die Nachbarn, die sie aber zu nichts verwenden dürfen, wodurch | sie die fremden Mauern schädigen könnten. | Anlegen sollen sie die Zugänge zu den Isoliergrä|ben von ihren eigenen Häusern aus. Wenn dies unmög|lich ist nach der Beurteilung des Architekton* zusammen mit | den Astynomen, sollen die Nachbarn | Zugang gewähren denen, die hineingehen müssen zur | Reinigung, und ebenso, wenn nach einem Einsturz | eine Reparatur erforderlich ist. | Hinsichtlich derer, die in übler Absicht eindrin|gen, sollen die Astynomen entscheiden, und wenn sie | für schuldig befinden, sollen sie ihn (!) bestrafen | mit fünf Drachmen. Niemand aber soll an einer fremd|en oder gemeinsamen Mauer Grabungen vornehmen | oder Fässer aufstellen oder etwas anpflanzen | und auch sonst nichts tun, wodurch er beschädigen | könnte die Mauer; widrigenfalls, wenn der Eigentümer Klage erhebt, | sollen die Astynomen (den Schaden) in Augenschein nehmen und entschei|den, so wie es ihnen gerecht erscheint. | Und soweit Mauern der fremden Häus|er baufällig sind und | die Nachbarn den Schaden gemeldet haben° [–] –] entstanden [– | – | – sollen° sie] zwin-

(*IV*) gen, die Kanäle zu reinigen. | *vacat* Brunnen. *vacat* Hinsichtlich der in der Stadt | und in den Vorstädten (vorhandenen) Brunnen soll es angelegen sei|n den Astynomen, daß sie sauber sind | und die Kanäle, die das Wasser° in sie hineinleiten und (aus ihnen) h|erausleiten, ungehinderten Fluß haben. Wenn | welche der Reparatur bedürfen, sollen sie es mel|den den Strategoi* und dem Verwalter | der sakralen Einkünfte, damit von diesen | die Verdingungen erfolgen. Niemandem soll gestattet | sein, in den öffentlichen Brunnen | Vieh zu tränken oder Kleidungsstücke zu waschen | oder ein Gerät oder schlechthin irgend etwas. | Wer so etwas tut, soll°, wenn es sich um einen Freien | handelt, seiner Tiere, Kleidungsstücke und | Gerätschaften verlustig gehen und selbst be|straft werden mit fünfzig Drachmen; wenn (es sich) | um einen Unfreien {handelt) und er mit Zustimmung seines Herrn | etwas Derartiges tut, soll er ebenfalls (der betreffenden Gegenstände) verlustig gehen und | selbst ausgepeitscht werden im Halseisen mit | fünfzig Hieben°; wenn er es aber ohne Zustimmung des Herrn (tut), | soll er dessen verlustig gehen, was er bei sich hat, und ausgepeitscht | werden im Halseisen mit hundert Hieben, dann ge|fesselt sein im Block zehn Tage lang und vor seiner | Freilassung ausgepeitscht werden mit mind|estens fünfzig Hieben. Es soll aber einem jeden, | der das will, erlaubt sein die Festnahme derer, die einen Verstoß | begehen im Zusammenhang mit den Brunnen, und wer sie vorführt oder |

den Astynomen vorgelegt hat, was er (ihnen) abgenommen hat, | soll erhalten von der ihnen auferlegten Summe | die Hälfte; der Rest soll verwendet werden für die | Reparatur des Nymphenheiligtums. | *vv* Zisternen *v* Die im Amt befindlichen Astynomen | sollen die in den Häusern befindlichen Zisternen | auflisten im Monat Pantheios | und die Liste hinterlegen bei den Strategoi | und dafür Sorge tragen, daß die Eigentümer sie wasserdicht | halten und daß keine der vorhandelnen zugeschüttet wird; widrigenfalls sollen° sie diejenigen, die etwas Derartiges | tun, bestrafen, für jede Zi|sterne mit hundert Drachmen, und diese eintreiben | [und sie zwi]ngen, sie auszuräumen. Und wenn (Zisternen) | schon jetzt zugeschüttet sind, sollen sie | die Eigentümer auffordern, sie auszuräumen | binnen acht Monaten. Wenn sie dies nicht tun, sollen sie | auch von diesen die nämliche Strafe eintreiben und sie zwin|gen zur Ausräumung. Die resultierende Su|mme der Strafgelder ist zu übergeben von Monat | zu Monat den Schatzmeistern und soll zur Verfügung stehen für die | Reinigung und Reparatur der Zister|nen; für etwas anderes darf sie nicht zweckentfremdet werden. Sofern | Besitzer von Zisternen diese nicht abdichten | und dadurch die Nachbarn schädigen, | sollen die Astynomen sie [durch] Strafen dazu z[wi]ngen°, und w|enn deswegen Strafurteile ergehen, | sollen die Astynomen diese [ein]treiben und den G[esch]|ädigten übergeben°. Falls einer der Astynomen nicht | hinterlegt seine Zisternenliste | im Amtsgebäude oder nicht handelt, so wie | das Gesetz es befiehlt, sollen bei ihm eintreiben die | Nomophylakes hundert Drachmen | und diese denselben Einkünften zuführen. | *v* Latrinen *v* Die Astynomen sollen Sorge | tragen für die öffentlichen La|tr[in]en und für die aus ihnen (herausleitenden) Kanäle, und | [alle, die nicht] dicht sind und von [– | –] ihnen [– | –]

## 489 Milet: Aufgaben des Priesters des Populus Romanus und der Dea Roma ca. 130

Milet I 7, 203 (Ph); LSAM 49; (Ph, Ü: Milet VI 1, S. 200).
Zwei Stücke einer Marmor-Ante* aus dem Gebiet des Südmarktes (Milet, Museum). *A* auf der Vorderseite, *B* auf der linken Seite geschrieben.

(*A*) Zu gutem Glück! Der Käufer des | Priesteramtes des Volks der Rö|mer und der Roma soll als Priester | alsbald eintragen lassen bei | den Schatzmeistern und Basileis* einen Ma|nn, nicht jünger als zwanzig Jahre. | Der Eingetragene wird das Priestertum ausüben |

drei Jahre° und acht Monate, vom Beginn | des Monats Metageitnion im Jahr des |10 Stephanephoren* Kratinos an, oder er wird einen anderen | benennen, der Priester sein wird sta|tt seiner nach denselben Bedingungen, initiiert (in den Dienst des) Zeus | Telesiurgós („des Vollendung Bewirkenden"); und er wird erhalten von dem | Schatzmeister eines jeden Jahres am Neumond° des Monats |15 Taureon Dra|chmen* sechshundert und wird opfern dem Vo|lk der Römer und der Roma am | Neumond des Monats Taureon | ein voll ausgewachsenes Opfertier; am elften (Tag) |20 des nämlichen Monats sollen opfern die | ins Amt eintretenden Gymnasi|archen* zusammen mit den Epheben* ein voll ausgewachsenes° Opfertier | dem Volk der Römer und | der Roma. Ebenso sollen die aus dem Amt ausscheidenden |25 Gymnasiarchen opfern, zusammen mit | ihren Epheben ein [voll ausgewachse]nes° Opfertier, | und geben sollen beide Gruppen (?) [dem | Priester] die schriftlich festgelegten Ehrenanteile [–]

(*B*) und für die andern Wettbewerbsdisziplinen zuteilend jew|eils die passenden Preise, wobei er auch zur W|eihung Preise aussetzt, Kriegswaffen, nicht | weniger als drei, auf denen auch aufgeschrieben ist |5 die Disziplin; dabei soll er an den Tag legen den ehr|envollsten Eifer hierfür, entsprech|end der Verehrung des Demo[s gegenü]ber dem göttlichen Wesen | und der Dankbarkeit gegenüber den Rö[mer]n; | Sorge tragen zusammen mit dem Priester und |10 durchführen sollen auch die Gymnasiarchen der | Neoi*, damit die Wettbewerbe so prächtig wie möglich | gelingen. – Am achten (Tag) der ersten Dekade des | nämlichen Monats soll er einen Wettbewerb veranstalten in der Knabe|n-Palaistra* im Fackellauf und den and|15eren Disziplinen, wobei er die passenden | Preise zur Verfügung stellt; Sorge tragen | mit ihm zusammen und den Agon* durchführen sollen | die Paidonomoi*. Die Weihung° der Waffen, | die ausgesetzt sind bei den |20 Rhomaia*, soll erfolgen° derzeit im Gymnasion | der Neoi, sobald aber fertiggestellt ist das Heiligtum | der Roma, im Rhomaion*. Opfern soll ferner der Pri|ster in jedem Monat am Neumond dem Vo|lk der Römer und der Roma ein voll ausgewachsenes Opfertier; |25 wobei er vom amtierenden | Schatzmeister für das Opfer zehn Drachmen erhält°. Im | Monat Thargelion am siebten (Tag) soll opf|ern der Aisymnetes* dem Volk der Röm|er und der Roma ein voll ausgewachsenes Rind als Opfertier |30 und dem Priester die festgesetzten Ehrenanteile geben; | opfern soll er auch im Metageitnion | am zwölften (Tag) in gleicher Weise und die Ehrenanteile ge|ben. Wenn der Gott die Aisy|mnetie* kauft, sollen opfern die Proshetairoi (Repräsentanten der milesischen

Phylen) |35 des Gottes an jedem dieser beiden Tage ein voll ausgewachsenes Opfertier | und dem Priester die Ehrenanteile geben, | die vorgeschriebenen. Im Monat Boe|dromion am achtzehnten (Tag) sollen op|[fern] die Fünfzig Archonten* ein Opfer|40[tier, ein voll ausgewachsene]s, (nämlich) ein Schwein, und sollen die Ehrenanteile geben d[em | Priester –]

## 490 Kolophon: Ehrenbeschluß für Menippos nach 120/19

L. und J. Robert, Claros, I, 1989, 63 ff. (Ph, Ü) = SEG 39, 1244.
Marmorbasis, gefunden beim Apollontempel von Klaros (noch an der Fundstelle). In drei Kolumnen (*I–III*) beschriftet.

(*I*) [–] Nachdem er diese (Opfer) verrichtet hatte in einer sowohl des (ihn) entsenden|den Volkes als auch der Mutterstadt (= Athen) würdigen Weise, ver|brachte er seinen Aufenthalt mit dem Studium bei den besten Lehre|rn; nachdem er das schönste Vorbild seines Lebenswandels gegeben hatte und |5 von seiner Bildung, welche er in erster Linie in eben der Stadt° erhalten hatte, | welche sie (ihm) vermittelte, erhielt er die gebührende Auszeich|nung direkt bei den Athenern, indem er mit einem Kranz geehrt und | gemäß Beschluß eingebürgert wurde und insgesamt für seinen | Aufenthalt das gebührende Zeugnis empfing. |10 Nach der Rückkehr von seinem Studium hat° er, | gleich nach seinem Eintritt ins Erwachsenenalter, ein mit dem vorher Erwähnten übereinstimmendes° Verhalten gezeig|t, indem er als Gesandter fungierte, mit seinem Ratschlag aufs förderlich|ste wirkte und in seinem eifrigen Bemühen hinter keinem seiner (Mit)bür|ger zurückstand°: hat er doch viele Gesandtschaften durchgeführt zu den römischen° Stra|15tegoi* und Quaestoren und nach Asia komm|enden Römern sowie viele (Gesandtschaften) ins Attali|dische Königreich und in zahlreiche Städte; | er hat aber auch äußerst° wichtige° Gesandtschaften in dringlichsten Angelegenheiten direkt | an den Senat der führenden (Macht) durchgeführt, |20 wobei er zweimal für die unmittelbaren Interessen der Stadt die Reise nach Rom untern|ahm und erreichte, daß die Privilegien des Volkes unangetastet blieben, | beim dritten Mal bezüglich des Territoriums von Dioshieron und der be|i den Engen und beim Prepelaion (= Prepelaos-Heiligtum) gelegenen Gebiete, beim vierten Mal, als die | Ankömmlinge in Asia Gerichtsverfahren |25 dem Bereich unserer Gesetze entzogen und ihrer eigenen Machtvollkommenheit unterstellten und | die angeklagten Bürger jeweils im Turnus (?)

Bürgschaften | zu stellen gezwungen waren, beim fünften Mal, als | ein Schreiben aus Rom abgesandt worden war bezüglich | des Urteils, das ergangen war gegen die Stad|30t in Gegenwart der Konsuln und bezüglich des | Bürgers, der für eine Kapitalklage überstellt worden war. Bei | allen (diesen Gesandtschaften) hat er zusammen mit seinen Mitgesandten Erfolg geha|bt und äußerst günstige und förderliche Beschlüsse von | den Mächtigen mitgebracht; hinsichtlich des an der Küste gelegenen |35 Gebiets hat er den vollen Besitz gesichert für das | Volk und beim Gebiet an den Engen und beim Prepelaion | die Beibehaltung der traditionellen Grenzen erreicht. Die Ein|wohner der Stadt hat er befreit von Bürgschaftsleistungen | und von der Verfügungsgewalt des (römischen) Strategos*, wobei doch die Provinz (*eparcheía*) gegen die |40 Autonomie abgegrenzt ist. Er hat° den Gesetzen ihre Gültigkeit | bei jeder Klage bewahrt; selbst (bei Klagen) gegen die | Römer, da der Senat einen Beschluß ergehen ließ, daß sowohl | als Rechtsverletzer wie auch als Kläger gegen einen un|serer Bürger der Römer bei uns sein Urteil erhalte, und er hat° den |45 Mitbürger, welcher wegen Tötung eines Römers angeklagt | und für eine Kapitalklage überstellt worden war | und, wie zugleich auch die Stadt, einem Verfahren ausgeliefert wurde, ihn und gleichermaßen | die Gesetze bewahrt – Ereignisse, auf Grund deren, um gemeinsame Fr|eude mit dem Volk zu bekunden und das Opfer mit zu vollziehen, Gesandte° eingetroffen sind von |50 den Verwandten und Freunden (= Städten). Als° die Metropoli|ten die Anschuldigung vorbrachten, daß in ihrem Gebiet Leute | aufgegriffen worden seien von unseren Behörden | und diese mit lügenhaften Untersuchungsberichten vorgingen gegen diejenigen, | welche damals bei ihnen einen führenden Rang zu bekleiden schienen bei der [–

(*II*) –] bewahrte er [– *unsichere Reste*: vereitelte er nicht nur (?)] | die hinterhältige Aktion der Gesandtschaft der Gegenseite, son|dern brachte auch den an die Antwort (des Senats) angefügten Zusatz mit, | daß außerhalb der Provinz weder Recht zu sprechen noch |5 sich einzumischen dem Strategos zustehe; | ein für die Demokratie absolut passender und vorzüglicher Bescheid°, den er mitgebracht hat. | Nach seiner Wahl zum Strategos der | Hopliten* während des Kriegs und der Anwesenheit der römischen° Trup|pen und danach, als er ein weiteres Mal dasselbe |10 Amt übernommen hatte, hat er die in der Sta|dt eintreffenden Römer° persönlich bei sich aufgenommen, seiner Mitbürger | Häuser vor Einquartierungen bewahrt. Dem Allge|meinwohl wandte er seine größte Fürsorge zu, | indem er die Kosten vollständig übernahm. Bei allem, was erforderlich war für den Kr|15ieg, war er der führenden Macht (*hegoúmenoi*) behilflich | mit stets bestem Ratschlag und mit seinem Votum | und ersparte eine beträchtliche Geldsumme | der Stadt. Gemeinsam mit seinen Amtskollegen sorgte er für die Erhaltung | sowohl der allgemeinen Eintracht° der Bürger unterein|ander als auch des jedem einzelnen gehörenden | Besitzes. Da er insgesamt viel Nützliches und Förder|liches für alle Bewohner der Stadt eingefüh|rt hat, besitzt er ein Zeugnis seiner | stetigen Intention zum° Guten°. Nach seiner Wahl zum Agonotheten* | hat er in Aussicht gestellt, mit einer Geldsumme von einem Talent* die Tü|rgewände in der Tempelvorhalle (Pronaos) zu Ehren des Beschützers der Stadt, | Apollon, bauen zu lassen, hat sich aber selbst° übertroffen | und sie größer als in Aussicht gestellt war gebaut, | mit einem wesentlich höheren Betrag. Sorgfältig | und gerecht hat er die Agone* selbst geleitet und von | allen zu dem Fest angereist|en Griechen und Barbaren eine Auszeichnung erhal|ten, die nacheifernswert ist. In demselben Jahr | hat° er, als er auch den Prytanen*-Kranz trug, nicht nur | bei der Einbringung des Dionysos die im Namen der Sta|dt an die Götter zu verrichtenden Opfer glücklich dargebracht und ein öffentliches Ban|kett ausgerichtet, sondern er erwies° auch, indem° er bei den monatlichen Vers|ammlungen des Prytaneions* die Bürger im Turnus | an den Herd der Gemeinde einlud, (ihnen) eine Ehre. Anteil gewährte er | an seiner Generosität am zweiten Tag° des öffentlichen | Banketts auch den mit der Isotelie* Ausgestatteten und den Metöken*. | Als – und dies nicht nur einmal – eingetroffen war in der Stadt der | römische Strategos*, Quintus Mucius, sowie der Quaest|or und Militärtribunen, hat er sie alle bei sich aufgenommen und die von der | Stadt für die Unkosten gewährten Mittel wieder zurückgehen lassen an die Sta|dt. Als im Amtsjahr des Prytanen Euphranor der Beschluß gefaßt wurde | vom Volk, daß man das königliche Bankett für die Neoi* und für die Äl|teren (*presbýteroi*) ausrichte, und die hierfür zur Verfügung gestellten | Mittel nicht ausreichten, sondern die ernann|ten Monatsopferer (Epimenioi* = Hieropoioi*) hierfür erhebliche Beträge von sich aus beisteuer|ten, hat° Menippos die künftigen Monatsopf|erer von dem Aufwand entbunden und die | von seiten der Stadt zur Verfügung° gestellten° Gelder an die Stadt zurückgehen lassen. Die | Einstellung des Volkes und die jähr[lichen°] Königs-|[Bankette° (?) {*oder*: Einkünfte *oder* Zuschüsse} –]

(*III*) – die er unentgeltlich verrichtet hat. Viele weitere° (Stiftungs-)Angebo[te] | hat er dem Volk gemacht, ohne eine | Gelegenheit oder ein dringendes Anliegen unbeachtet zu lassen; bei | der Übernahme der Kosten (Choregien*) hat° er° sowohl gegenüber den Göttern als auch gegenüber den Me|nschen eindeutig seine Einsatzbereitschaft gezeigt. So | ist er deshalb, da er auf Grund seiner in allem (gezeigten) Qualitäten bei den bedeutendsten | Römern eine Empfehlung hatte und persönlich als Gesandter fungierte | in ihrem Namen und des Vertrauens für würdig befunden wurde, berühmt | geworden in vielen griechischen Städt|en. Da er sie (= die Römer) zu echten Patronen° der Stadt gemacht | hat, ist° er dem° Volk° von allergrößtem Nutzen gewesen bei der führ|enden Macht, welche die am dringlichsten erforderlichen | Dienste für alle Menschen leistet. Er stellt in Aussicht, | auch in Zukunft dieselbe Einstellung | gegenüber den Interessen seiner Vaterstadt beizubehalten. Damit | es nun ersichtlich wird, daß der Rat und das Volk die ver|dienten Männer in einer Weise ehrt, die angemessen ist ihren i|hnen erwiesenen Wohltaten, soll es Beschluß sein des Ra|ts und des Volkes: Belobigen soll man den Menippos Sohn° des Apol|lonides, von Geburt (Sohn) des Eumedes aus (dem Demos*) Prometheos und aus° der Phy|le* Seleukis, und bekränzen soll man ihn | mit einem Kranz aus Gold und einer vergoldeten Statue in Würdigung° seines Verdienstes | und seiner Zuneigung zum Volk. Ausruf|en soll man die Ehrungen jeweils an den Dionysien* und an den | Klarien (Fest des Apollon Klarios) bei den Agonen; für die Ausrufung | soll verantwortlich sein an den Dionysien der | Prytane, an den Klarien die Agonotheten | beim Waffentanz (Pyrrhiche) und den gymnischen (= athletischen) Agonen, wobei | der Herold proklamiert: „Das Volk bekränzt | den Menippos Sohn des Apollonides, von Geburt (Sohn) des Eumedes, | mit einem Kranz aus Gold und mit einer vergoldeten Statue, da er ein Wohltäter | ist und sich beharrlich und engagiert für das Gemeinwesen einsetzt | und seine Vaterstadt in den schwierigsten Situationen beschirmt hat.“ | Belobigen soll man ihn auch dafür, daß, weil in finanzieller Not war die | Stadt, er die Ehrung durch° das° Volk° als solche akzeptierte | und sich entsprechend dem vorher Dargelegten | verhielt mit dem Anerbieten, aus eige|nen Mitteln zu zahlen die anfallenden Kosten für die Statue[n]|errichtung, wiewohl das Volk auch die Unkosten | freudig übernommen hätte auf Grund seiner Zuneigung° zu Menippos. | Einladen soll man ihn auch zum Ehrensitz (Prohedrie) | bei den Agonen, wenn auch die anderen eingeladen werden, | und er soll (das Privileg der) Speisung im Prytaneion haben. Auf|stellen soll man seine Statue im Heiligtum de[s] | Apollon von Klaros an der | vom Schatzmeister zugewiesenen° Stelle und soll (auf ihr) aufzeichnen den | erwähnten Wortlaut der Proklamation. Daneben soll aufgestellt werden die St[e]|le mit dem Wortlaut dieses Beschlusses.

Ihre St|imme abgegeben haben eintausenddreihundertvierzi|[50]g (und) zwei; zustimmend: eintausenddreihundertse[chs]undzwanzig, | ablehnend: sechzehn.

### 491 Delos: Einigung zwischen Lato und Olus über die Annahme eines knossischen Schiedsspruchs; Vertrag über eine erneute Vermittlung der Knossier sowie Verlängerung des knossischen Mandats; Schiedsspruch der Knossier 118, 116 und 115

*I*: SGDI n 5; DGE 195; I. Cret. I xvi 3*; I. de Délos 1514; Chaniotis 54 (Ü); Ager 164 (dat. 117/6–111/0). *II*: Michel 28; SGDI 5149; Syll.[3] 712; Durrbach 111; I. Cret. I xvi 4*; I. de Délos 1513; Chaniotis 55A – 56A. Zweites Exemplar davon: Revue des études anciennes 44, 1942, 33 ff.; Chaniotis 55B – 56B. *III*: Revue ebd.; Chaniotis S. 327 Test. a (Ü).

*I*: Oberteil einer Marmorstele aus der Nähe der Stierhalle im Apollon-Heiligtum von Delos (Museum). Oben Giebel. Kretischer Dialekt. *II*: Marmorstele aus der Umgebung des Apollon-Tempels von Delos. Zweites Exemplar davon und *III*: Kalksteinstele aus Dera/Sta Leniká (Neapolis, Museum); dieser Stein bewahrt auch ein Schreiben römischer Gesandter aus dem Jahr 113, in dem der knossische Schiedsspruch bestätigt wird (Chaniotis S. 329 Test. b).

(*I*) Zu gutem Glück! In der Amtszeit der Kosmen* (aus der Phyle*) der Aithaleis, in Knosos | unter Vorsitz des Kydas Sohn des Kydas, im Monat Elchanios, in Lato | unter Vorsitz des Diokles Sohn des Heroidas im Monat Bakinthios, in Olus unter Vorsitz des Te|lemachos Sohn des Gnomis im Monat A[gria]nios, nachdem die Stadt der Knosier Gesandte geschickt hat |[5] an die Stadt der Latier und die der Oluntier | und diese aufgefordert hat, die zwischen ihnen bestehende | Differenz und den Stillstand der diplomatischen Beziehungen zu beenden sowie über die Punkte, die umstritten sind | zwischen den Städten, ihnen (= den Knosiern) die Entscheidung zu übertragen; *vacat* | (da) haben beschlossen die Latier und die Oluntier, Folge zu leisten der Auffor|[10]derung der Knosier; und sie haben (ihnen) die Entscheidung übertragen, uneingeschränkt über | alle (Fragen). Es soll also entscheiden die Stadt der Knosier, und zwar in Kydas' | Kosmenjahr binnen zehn Monaten, was ihnen gerecht zu sein scheint. | Was aber entschieden und aufgezeichnet wird von den Knosiern, das soll feststehend und | gültig sein auf alle Zeit, und es soll nicht mehr übrig- |[15] bleiben ein Klagepunkt zwischen ihnen, unter keinerlei Vorwand. Und auf|gezeichnet werden sollen das Vereinbarte und die [Entschei]dung (?) in Knosos in dem | Heiligtum des Apollon Delphi[dios] und in dem Heiligtum des Ares | [in] Dera auf einer Stele, in Lato im Heiligtum der Eleithyia, i[n | Olus] im Heiligtum des Zeus [Tall]aios, *vacat* in [D]e[los |20 im Heiligtum des Apollo]n. *vacat* Geb[en sollen] Latier [und Olun|tier (von dieser Inschrift) bei]de [eine Abschrift] der [Stadt] de[r Knosier | und einander. Wegen] die[ser Inschri]ft [sollen sie nach Delos senden *usw.* –]

(*II A*) Zu gutem Glück! Nachdem die Stadt der Knosier Gesandte geschickt hat an die St|ädte der Latier und der Oluntier mit der Aufforde|rung, ihnen die schon früher beschlossene Vollmacht (erneut) zu erteilen, worüber | schon ehedem die Latier und Oluntier beschlossen haben in gemeinsamer Berat|5ung, in dem Jahr, in dem als Kosmoi amtierten in Knosos das Kollegium unter Vorsitz des Nennaios Sohn des | Mopseios, im Monat Spermios am zweiten (Tag), in Lato das Kollegium unter Vorsitz des Dio|kles Sohn des Heroidas, im Monat Theodaisios am zweiten, in Olus | das Kollegium unter Vorsitz des Menontidas Sohn des Akasson, im Monat Eleusinios | am zweiten: daß die Latier und Oluntier die Vollmacht geben |10 der Stadt der Knosier über die Punkte, die umstritten sind zwischen ihnen, | Stadt gegen Stadt, alles über alles, und daß man eine Stele aufstellen soll bin|nen dreißig Tagen, in Knosos im Heiligtum des Apollon | Delphidios und im Heiligtum Dera, in Lato in dem der Elei|thyia, in Olus im Heiligtum des Zeus Tallaios, ferner |15 eine gemeinsame in Delos im Heiligtum des Apollon. Über die|se aufzustellende Inschrift haben nach Delos die | Knosier und die Latier und die Oluntier an den Epimele|tes* eine Gesandtschaft und Briefe geschickt° binnen dreißig Tagen (mit dem Ziel, daß) eine | Stele aufgestellt werde, auf die die Beschlüsse aufgezeichnet werden. Und diese sollen |20 gültig sein. Die Entscheidung fällen sollen die Knosier binnen sechs Monaten, beginnend | mit dem Monat Karonios im Jahr des Nennaios, nach der Zeitrechnung von Lato mit dem Monat | [S]artiobiarios, nach der Zeitrechnung von Olus mit dem Monat Delphinios. Und | berechtigt sollen die Knosier sein, die gefällte Entscheidung aufzuzeichnen auf | den Stelen in Kreta binnen dreißig Tagen, nach Delos sollen sie |25 senden in ebendiesen Tagen. Wenn | der von den Knosiern entsandte Gesandte nach Delos kommt°, | soll er berechtigt sein, die Entscheidung auf dieselbe Stele schreiben zu lassen. Was | von den Knosiern entschieden und aufgezeichnet wird, soll° beständig und rechtsgültig | sein für alle Zeit, und nicht mehr soll für sie übrigbleiben |30 eine Anschuldigung über irgend etwas, unter keinerlei Vorwand. Es sollen aber | die Latier und die Oluntier über diese Inschrift beide die Hand geben° der | Stadt der° Knosier und einander. Als Bürgen sollen stellen binnen | zwanzig Tagen Knosier (?) für (?) das amtliche Schuldenregister wegen dieser In|schrift die Latier und die Oluntier den Knosiern für je | zehn Silber°-Talente° nach Alexander-Standard, dafür daß sie an dieser Inschrift festhalten | und an den Entscheidungen der Stadt. Von denjenigen, die nicht daran festhalten, soll° die | Vollstreckung möglich sein bei den Bürgen, und die Kosmoi der Knosier sollen (das Geld) eintreiben | und denen geben, die (an der Entscheidung) festhalten, und in allem sollen die Entscheidungen | rechtsgültig sein°. Die Bürgen sollen bestehen, so lange bis die Entscheidung ausgeführt und aufgezei|chnet worden ist, so wie es oben geschrieben steht. Wenn aber späterhin die Städte, Kno|sier und Latier und Oluntier, beschließen°, etwas hinzuzusetzen oder zu streichen, soll° | dies gültig sein. *vacat* | *vacat* |

(*II B*) Zu gutem Glück. Im Jahr, als Sarapion Archon war, im Monat Pyanopsi|on. Der Gesandte, der gekommen ist von der Stadt | der Knosier, Adesipolis Sohn des Agathandros, hat hinzugeschrieben | den unten angefügten Volksbeschluß, mit Zustimmung | der anwesenden Gesandten, (nämlich) von der | Stadt der Latier Aristandros Sohn des Glaukias, von | der Stadt der Oluntier Ikadion Sohn des Archikomos, entsprechend den | Schreiben, die von den Städten beim Epimeletes abgegeben worden waren. | Beschlossen haben Latier und Oluntier in gemeinsamer Beratung, mit Zu|stimmung der Knosier, hinauszuschieben und zu vertagen | hinsichtlich der Vollmacht die auf der Stele° oben beschriebene Frist, | nämlich in Knosos das Jahr des Kosmos unter Vorsitz des Nennaios, des Diokles in La|to und des Menontidas in Olus; aufschreiben soll man, daß berechtigt sind | die Knosier zu entscheiden binnen zwölf Monaten, beginnend mit dem Monat Ne|kysios im Amtsjahr des Kosmos Hagemon in Knosos, in Lato in dem des Kollegiums unter Vorsitz des Ky|dannos Sohn des Enipas im Monat Thesmophorion, in Olus im Jahr | des Kollegiums unter Vorsitz des Antikles Sohn des Euboulos im Monat Apellaios. |

Geben sollen die Latier und Oluntier von dieser Urkunde bei|de eine Abschrift der Stadt der Knosier und einander.

(*III*) Schiedsspruch der Knosier. | Entschieden hat die Stadt der Knosier über die Fragen, über die (ihr) das Schiedsgericht übertragen hat die Stadt° [der Latier] | gegenüber der Stadt der Oluntier: über ein Territorium und das Heiligtum in Dera und d[ie] | an das Heiligtum angrenzenden heiligen Bezirke alle und die Insel Pyrrha und | das Riff daneben und das vierrudrige Schiff und die aus dem | [Sch]iff (stammenden) Silbergeräte und die S[il]b[er]münzen und die Bronzegerä[te] und an|deres Gerät aller Art und die verkauften

Personen, | zwei Freie° und einen Sklaven. Den Latiern sollen gehören die Insel Pyrrha und | das Riff daneben und das Territorium (namens) [Kr]esa und das Heiligtum in De|ra und die an das Heiligtum angrenzenden heiligen Bezirke al[le], so daß für sie die alten° Grenzen | gelten werden: vom Meer nach Ply[m]on den Bergrücken entlang zum al|ten Aphrodision und von dort gemäß den Grenzsteinen des heiligen Bezirks von Dera, | [die gege]n Norden zu li[eg]en, und nach Airepo und nach Promenetissa und zu | [dem Umgehungsw]eg (?) [der Kal]ola[kka] und nach Archelarchas zum Bergtal, vorbei an den | [Steineichen und nach Aka]m[as. Hinsichtlich] des Schiffes und der aus dem Schiff (stammenden) Silbergeräte [und | des S]ilbergel[des und der Bronzege]räte und aller anderen Geräte und der | verk[a]uf[ten] Per[s]onen, [zweier Freier und] eines [Sklaven], haben sie entschieden, daß al[l]es | den Oluntiern [gehören] soll [–] Prozeß über | [–] Silb[–] silberne Minen | fünfunddreißig in (dem Jahr, da) [Thar]siphanes Sohn des Kor[yptas (?)] (Kosmos ist), im Monat Bakinthios. *vacat*

## 492 Demetrias: Kultordnung für das Apollon-Orakel von Korope kurz nach 116

IG IX 2, 1109; Syll.[3] 1157; LSCG 83–84.
Marmorstele, in mehrere Teile zerbrochen (Volos, Museum).

(*I*) In dem Jahr, als Krinon Sohn des Parmenion Priester war, am zehnten (Tag) des Monats Areios. | Krinon Sohn des Parmenion aus Homolion, Priester des Zeus Akrai|os („vom Berggipfel"), und Dionysodoros Sohn des Euphraios aus Aiole, Strategos* der Ma|gneten, die Strategoi (= von Demetrias) Aitolion Sohn des Demetrios aus Pagasai, Kleo|genes Sohn des Amyntas aus Halos, Menes Sohn des Hippias aus Aiole, sowie die Nomophyla|kes* Menelaos Sohn des Philippos aus Iolkos, Ainias Sohn des Nikasibulos und Alexan|dros Sohn des Meniskos aus Spalauthra und Menandros Sohn des Nikias aus Korope | stellten den Antrag:

Da unsere Stadt allen Göttern gegenüber | sich fromm verhält, insbesondere gegenüber dem Apollon | von Korope, und sie mit besonderen Ehren auszeichnet wegen der | Wohltaten des Gottes, welcher klare Auskunft gibt mittels seines Ora|kels sowohl in offiziellen als auch in privaten Angelegenheiten einem jeden in den Gesundheit | und Wohlergehen betreffenden Belangen; und (da) es ein Gebot ist und wohl ansteht, daß | – da die Orakelstätte ein hohes Alter hat und hohes Ansehen genießt seit Generatio|nen und das

Orakel auch von Fremden in größerer Zahl besucht wird – | die Stadt es sich in besonderem Maße angelegen sein läßt, Maßnahmen zu treffen | bezüglich der Disziplin im Orakel, (so) soll es Beschluß sein des Rats und | des Volks, daß, wenn das Orakel (= die Orakelbefragung) vollzogen wird, sich auf den Weg machen der | von der Stadt gewählte Apollonpriester | sowie von der Behörde der Strategoi und der Nomophylakes je | einer, ferner ein Prytane* und ein Schatzmeister, der Schriftführer des | Gottes und der Prophet. Wenn einer der Genannten krank | oder auswärts ist, soll er einen Stellvertreter schicken. In eine Liste eintragen sollen die Stra|tegen und die Nomophylakes aus der Reihe der Bürger als Rhabduchen („Stabträger") | drei Männer, <nicht> jünger als dreißig Jahre, die bevollmächtigt sein sollen, | gegen den, der die Disziplin nicht wahrt, einzuschreiten. Dem Rhabduchen soll gezahlt werden aus den | eingehenden Kollekte- {*oder*: Steuer-} Geldern ein Verpflegungsgeld für zwei Tage, pro° Tag | eine Drachme*. Wenn einer <der> in der Liste Verzeichneten sich absichtlich nicht | einfindet, soll er der Stadt eine Buße von [50] Drachmen zahlen, und beischreiben | sollen ihn (= seinen Namen in der Liste) die Strategoi und Nomophylakes. Wenn | die Genannten beim Orakel eingetroffen sind und das Opfer voll|zogen haben nach überkommener Sitte und das Opfer günstig ausgefallen ist, soll° der Schriftführer | des Gottes sogleich danach die Listen (mit den Namen) derjenigen entgegennehmen, welche | das Orakel zu befragen wünschen°, alle Namen auf einer weiß getünchten Tafel aufzeichnen, | diese Tafel unverzüglich vor dem Tempel aufstellen und Einlaß gewähren in | der Reihenfolge jeder einzelnen Eintragung, durch Aufruf, sofern nicht welche das Vor|recht haben, zuerst vorgelassen zu werden. Ist der Aufgerufene nicht anwesend, soll° er (= der Schriftführer) den | Nächsten vorlassen, bis der Aufgerufene sich eingefunden hat. Sitzen | sollen die Genannten (Würdenträger) im Heiligtum in ordentlicher Haltung, in wei|ßen Gewändern, mit Lorbeerkränzen geschmückt, in (kultischer) Reinheit | und nüchtern, und sie sollen die Täfelchen entgegennehmen von denen, die das Ora|kel befragen. Wenn das Orakel (= die Befragung) erfolgt ist, sollen sie (die Täfelchen) | in eine Urne werfen° und (diese) versiegeln mit dem Stra|tegen- und Nomophylakes-Siegel, desgleichen auch mit dem | (Siegel) des Priesters, und für ihren Verbleib im Heiligtum sorgen. Bei Ta|gesanbruch soll der Schriftführer des Gottes die Urne herbeibringen lassen und, | nachdem er den zuvor Genannten die Siegel vorgewiesen hat, diese öffnen und | unter Aufrufung nach (der Reihenfolge) der Aufzeichnung jeweils die Täfel|[chen aushändigen° – die] Orakelsprüche – | – [– die

Rhabduch]|en sollen für die Disziplin sorgen. Wenn die ge[se]tz[lich (vorgeschriebene) Volksversamm]|lung im Monat Aphrodision stattfindet°, [soll]en zuallererst die Exetastai* schwören lassen | in Gegenwart des Volkes die vorgenannten Männer de[n im Folgenden aufge]|zeichneten Eid: „Ich schwöre bei Zeus Akraios, bei Apollo[n] |55 von Korope, bei Artemis von Iolkos und den üb[rigen] Göt|tern und Göttinnen allesamt, alle (Bestimmungen) jeweils so ausgeführt zu haben, wie in | dem (Volks-)Beschluß bezüglich des Orakels klar und deutlich geregelt ist, der in Kraft getreten ist | in dem Jahr, als Krinon Sohn des Parmenion Priester war.“ Legen sie den Eid ab, sollen | sie entlastet sein°; legt aber einer den Eid nicht ab, soll er zur Verantwortung gezogen werden von den Exe[tas]|60tai und von jedem anderen aus der Bürgerschaft, der dies will, wegen dieser | Verfehlung. Wenn die Exetastai nicht eine der vorweg ge|nannten (Bestimmungen) ausf[ühren]°, sollen sie verantwortlich sein den dana[ch] (amtierenden) Exetas|tai und jedem anderen, der es wünscht. Damit stets ausgeführt werden | die beschlossenen (Regelungen), sollen diesen Beschluß jeweils weiterreichen die |65 jährlich gewählten Strategoi und Nomophylakes an die | Amtsinhaber, die danach das Amt antreten werden. Aufzeichnen lassen soll man | ferner eine Abschrift des Beschlusses auf einer Marmor[sä]ule (= Marmorstele), nachdem | die Auftragsvergabe durch die Mauerb[aukommission] erfolgt° ist, und sie aufstellen lassen | im Heiligtum des Apollon von [K]orope. |

(*II*) In dem Jahr, als Krinon Sohn des Parmenion Priester war, am zehnten (Tag) des Monats Artemision. | Krinon Sohn des Parmenion aus Homolion, Priester des Zeus Akraios, | Dionysodoros Sohn des Euphraios aus Aiole, Bundes-Strategos, sowie die Strate|gen und Nomophylakes stellten den Antrag: Da die Bäume im Hei|ligtum des Apollon von Korope in Mitleidenschaft gezogen sind |75 und wir es für unabdingbar und förderlich erachten, daß man | diesem Umstand seine Aufmerksamkeit widme, [dergestalt, d]aß | durch die gemeinsame Förderung des Temenos* | [der] großartige° Ort ein stattlicheres Aussehen be[kommt], soll es deshalb Be|schluß sein des Rats und [des Volks], daß [derjenige, der] dazu bestellt ist, das Amt des Neokoros (= Küsters) zu versehen, | [all denen, die sich jeweils] <im Heiligtum> einfinden, klar und deutlich macht, daß es keinem |80 Bür[ger] erlaubt ist, [keinem (dort) An]sässigen und keinem sich (dort) aufhal|tenden Fremden, [Bäume an d]er bezeichneten Stelle [zu fällen] noch Zweige abzu|hauen; ebenso[wenig, H]erdentiere (ins Heiligtum) [hineinzutreiben], um sie (dort) weiden zu lassen oder | ihnen Unterstand zu geben; [widrigen]falls [sind an di]e

Stadt [50] Drachmen [(als Buße) zu entrichten,] und derjenige, der An|zeige erstattet [hat, soll] unverzüglich die Hälfte [des eingezoge]nen (Betrages) ausgezahlt bekommen |85 von den Schatzmeist[ern. Handelt es sich (bei dem Zuwiderhandelnden) um einen Sklaven, soll er Peitschenhiebe er]halten von den Strategoi und den No|mophylak[es auf der Agora*], einhundert [Schl]äge, und für je[des]° Herdentier als Buße zah|len [einen Obolos*.] Die betreffenden Anzeigen [sollen erfolg]en bei den | bezeich[neten Magistraten.] Ferner soll man von dem Beschluß [auf]zeichnen lassen eine Ab|schrift [auf einer weiß getünchten Tafel im (Heiligtum des) Apoll]on {*oder*: Tafel durch Phil]on} und diese aufstellen lassen vor dem Eingang |90 zum Neo[korion (= Küstergebäude), nachdem die Auftrags]vergabe durch die Mauerbaukommission [erfolgt ist], damit | alle [Besucher] die beschlossenen (Regelungen) [be]fol[gen]. Weitergereicht werden | soll [dieser Beschluß], der° Gesetzeskraft° hat°, [auch an die] künftig gewählten Strategoi | [(*Dittographie:*) Strategoi und Nomophy]lakes. Beschluß | [des Rates] und der Volksversammlung.

### 493 Astypalaia: Senatusconsultum und Foedus mit Rom 105

SGDI 3463; IG XII 3, 173 + IG XII Suppl. p. 278; Täubler (wie 477) S. 45, 48 ff., 56, 59 ff., 124 f., 363 ff., 458; IGRR IV 1028; SEG 15, 506; RDGE 16.

Stein aus einer Kirche auf Astypalaia (in Smyrna/Izmir verbrannt). Ausgaben auf Grund einer (ungenauen) Abschrift des 18. Jh.; Ergänzungen z. T. sehr fraglich. *A* (Senatsbeschluß) und *B* (Bündnis): Koine mit wörtlicher Wiedergabe römischer Amtssprache; *C* (Beschluß von Astypalaia): dorische Koine.

(*A*) [– | –] Über diese Angelegenheit wurde so beschlossen (*de ea re ita censuere*): [Mit | dem Volk der Astypalaieer sind Friede, Freundschaft, Bünd|nis (?)] zu erneuern. Man soll ihn als vorzüglichen Mann,[(gekommen) von einem] | vorzüglichen und befreundeten [Volk] anspre[chen (*eum virum bonum populi boni et amici appellandum*) und ihm] |5 eine freundliche Antwort erteilen (*benigne respondendum*). Beschlossen (*censuere*). Und [daß Publi|us] Rutilius, der Consul, eine Bronzetafel über [dieses] Bündnis [auf | dem] Kapitol befestigen lassen solle, [so, | wi]e es ihm im Sinn der öffentlichen Angelegenheiten | [und] nach seinem Ermessen° (= *e re publica fideque sua*) (richtig) erscheine: Beschlossen. Daß [ferner Publius Ruti|10li]us, der Consul, den Quaestor anweise°, gemäß dem Beschluß [ihm Gastgeschenke zu geben, ] | und daß [es ihm erlaubt sei,] ein Opfer auf dem Kapitol, wenn er wolle, zu veranstalt[en und nach] | der Lex Rubria Acilia [eine Abschrift aufzustellen an] | einem öffentlich zugänglichen [und gut sichtbaren O]rt, [wo sehr viele | Bürger vorbei]gehen, und (den Text) alljährlich [in der Volksversammlung] | zu verlesen: Beschlossen. Unter dem Consulat des Publ[ius Rutili|us], des Publius Sohns, und des [Gn]aeus Manlius, des Gnaeus Sohns, [Praetor] | urbanus war Lucius [–]onius, des Lucius Sohn, [(Praetor) peregrinus – | –], des Publius Sohn, [nach der Astypalaieer] | Zeitrechnung im Amtsjahr des [Phile]ta<i>ros Sohn des [–: es wurde beschlossen, | eine Tafel des Bündnisses aufzustellen, nach der Gesandtschaft des Rhodokles Sohn des Antimachos,] | und von diesem Bündnis zu geben dem Volk [der Astypalaieer eine Taf|el {*oder*: Abschrift}] gemäß dem Senatsbeschluß. |

(*B*) [– | – | – | – Zwischen dem Volk der | Römer und] dem Volk der Astypalaieer soll° Friede und [Freundschaft | und Bündnis] sein zu Lande und zu Wasser [für al|le Zeit;] Krieg soll hingegen nicht sein. Das Volk [der Astypalaieer soll nicht Durchzug | gewähren den] Feinden und Gegnern [des Volkes der Römer | durch sein eigenes Land und das, worüber das Volk der Astypalaieer gebietet, auf öf|fentlich]en Ratschluß hin (*publico consilio*), um das (Volk) der Römer und diejenigen, die den Römern | [u]ntertan sind, zu bekriegen; und den Fe[inden soll es] auch [weder mit Waffen] | noch mit Geld, noch mit Schiffen helfen, auf öffentlichen Ratschluß hin [in böser] Absicht (*dolo malo*). | Das Volk der Römer soll° den Feinden und Gegnern [– | – d]es Volkes der Astypalaieer durch sein eigenes Land und das, worüber | [das Volk der Römer gebietet, nicht Durchzug gewähren] auf öffentlichen Ratschluß hin in [böser] Absicht, | um das Volk der] Astypalaieer und diejenigen, die ihnen | untertan sind, zu bekriegen, und [den Feinden soll° es weder] mit Waffen noch mit Geld, noch | mit Schiffen helfen und nicht in böser Absicht. Wenn aber jemand [von sich aus Krieg] anfängt gegen das Volk [der] | Astypalaieer, soll das Volk [der] Römer [dem Volk der Astypalaieer helfen (?). Wenn aber | jemand] von sich aus Krieg anfängt [gegen das Volk der Römer, soll das Volk der Astypalaieer helfen gemäß | dem] Vertrag und den Eiden, [die erfolgt sind – zwischen] | dem Volk der Römer und dem Volk der Astypalaieer. | Wenn sie aber zu diesen Vertragsbedingungen in gemeinsamem Beschluß etwas hinzusetzen oder | etwas streichen wollen auf öffentlichen Ratschluß hin, soll gestattet sein, [was (?)] man will; was sie hinzusetzen | zu dem Vertrag oder streichen aus dem Vertrag, das soll separat (= als Zusatz) in dem | Vertrag geschrieben sein. [Aufstellen soll man] (die Vertragsinschrift als ?) Weihung bei den Römern im kapitolinischen Tempel des | Zeus, bei den Astypalaieern im Heiligtum der Athena und des Asklepios und bei |50 dem Altar [–] der Roma. |

(*C*) Beschluß des Volkes; <Ar>chonidas Sohn des Eukles war Vorsitzender, [Beschlußvorlage] der Prytanen*: | [Nach]dem der nach Rom abgeschickte Gesandte, Rhodokles Sohn des Antimachos, eingetroffen ist und | [das] üb[er das Bündnis] Beschlossene [übergeben hat,] gegeben (?) durch ihn [des] Volksbeschlusses | [–] die Gesandten über die Vaterstadt und Ro[m – |55 –] | sich entschieden [und] allen Eifer und Ehrgeiz [dar]eingesetzt | [– | –] Bündnis mit den [Römern – | –] Belobigen soll man [Rhodokles Sohn des Antimachos –]

## 494 Athen: Ehrenbeschlüsse des Rats für die Epheben, ihre Betreuer und den Kosmeten 100

Michel 610; IG II$^{2}$ 1028; Syll.$^{3}$ 717 + SEG 24, 188.
44 Fragmente einer Marmortafel von der Agora von Athen (EM). *II–VI* nebeneinander jeweils in einem Kranz.

(*I*) Zu gutem Glück! In dem Jahr, da Medeios Archon* war, die (Phyle*) Leontis hatte als dritte die Prytanie* inne, für die Phili|on Sohn des Philion aus (dem Demos*) Eleusis Schriftführer war, im (Monat) Boedromion am neunten (Tag) der ersten Dekade, am neunten | der Prytanie, Hauptvolksversammlung im Theater; von den Prohedroi* leitete die Abstimmung Epiteles | Sohn des Aretaios aus (dem Demos) Paiania mit seinen Amtskollegen; *vvvv* Beschluß des Volkes: *vvvvv* Nikostratos |5 Sohn des Demaretos aus (dem Demos) Lamptrai stellte den Antrag: Da die Epheben* im Jahr, da Echekrates Archon war (101/0), Opfer | darbrachten bei der Einschreibung (in die Listen) im Prytaneion* auf dem gemeinsamen Altar des Volkes | und dabei günstige Vorzeichen erhielten zusammen mit dem Kosmeten* und dem Priester des (Kults des) Volkes und der Cha|riten und den Exegeten*, in Waffen an der Festprozession zu Artemis Agrotera teilnahmen, | in Waffen den heiligen (Gegenständen auf dem Weg nach Eleusis) entgegenzogen und sie° geleiteten |10 und ebenso auch den Iakchos (Bild des Dionysos); (da sie) ferner anläßlich der Mysterien die Ochsen | in Eleusis bei der Opferung aufrechthielten° und selbst Ochsen opferten im Tempelbezirk; | sie vollzogen ferner auch alle° Läufe in den Gymnasia und bei den übr|igen Agonen* und hielten bei den Opferfesten die Ochsen untadelig aufrecht, und die | Fackelläufe führten sie alle durch und die Prozessionen; sie zogen ferner° |15 den Bundesgenossen und den Wohltätern des Volkes, den Römern, entgegen°; sie führten | ferner bei den Eleusinien* zwei Mastochsen mit und opferten sie, an den Peiraia (Dionysos-Fest im Piräus) dem Di|onysos einen Stier und opferten ihn, an den Dionysien* führten° sie einen weiteren besonders prächtigen Ochsen | im Festzug mit und opferten ihn im Heiligtum, und all dies | brachte ihnen günstige Vorzeichen ein. *vv* Sie exerzierten und paradierten bewaffnet |20 beim Theseusfest wie bei den Epitaphia (Gedenkfest für die Gefallenen). Sie veranstalteten ferner beim Festzug eine Wett|fahrt im Hafen, fuhren zu Schiff nach Munichia und opferten der Göt[tin (Artemis)]. | Sie marschierten ferner des öfteren in Waffen aus in die Kastelle und Grenzzonen Attikas, | wie es ihnen die Beschlüsse des Rates und des Volkes befahlen. Sie opfer|ten ferner an den Diogeneia (Fest für den ehem. makedonischen Kommandeur Diogenes) zwei Stiere; sie fuhren zu Schiff nach Salamis anläßlich des [Ai]|25as-Festes und opferten dem Aias, vollzogen auch sonst das Angemessene und kehrten | diszipliniert zurück, wofür sie denn auch geehrt worden sind vom Volk von Salamis; | zuvor waren sie hinausgefahren zum Tropaion (Siegeszeichen, wohl der Seeschlacht bei Salamis) mit zwei Schiffen und hatten geopfert dem Zeus Tro|paios. An den Proërosia („Fest vor dem Pflügen" in Eleusis) hielten sie die Ochsen in Eleusis aufrecht und verrichteten ihren Dienst | im Heiligtum diszipliniert. *vv* Sie weihten ferner bei den Großen Mysterien eine Schale |30 als Geschenk für Demeter und Kore im Wert von hundert Drachmen* offizieller Prägung (*wörtl.*: Drachme „des Heros Stephanephoros", dessen Heiligtum neben der Münzstätte lag). Die | sonstigen üblichen Opfer vollzogen sie allesamt mit dem Kosmeten und den Ausb|ildern, (die Opfer) für die Götter und die Wohltäter des Volkes und erhielten stets gute Vorzeichen. | Seit frühester Jugend nach dem Ehrenvollsten strebend trainierten sie beh[arr]|lich in den Gymnasia unter Führung des Kosmeten und besuchten zugleich das ganze J[ahr] hindurch |35 die Vorträge der Philosophen in voller Disziplin. *vv* Sie wohnten ferner [all]en Volksversamm[lungen] | unter Waffen bei, sowohl denen in der Stadt wie denen im Piräus, nahmen ebenfalls an allen° [Vorträg]|en in Disziplin teil, zogen die Schiffe ins Wasser und aufs Lan[d, wobei sie befol]|gten die Befehle der Strategoi*, und sie waren stets ein[träch]|tig und gehorsam dem Kosmeten und den Ausbildern während des gesamten J[ahr]|40es. *v* Sie weihten auch eine Schale der Mutter der Götter im Wert von s[ie]bzig Drachmen offizieller Prägung | gemäß dem Volksbeschluß, den Dioskurides Sohn des Dioskurides aus (dem Demos) Phegaia beantragt hatte. *vv* Sie leg|ten ferner zum Ende der Ephebie ihre Pro[be vor d]em Rat ab. Damit nun | deutlich werde, daß der° Rat und das Volk jene ehren, die den Gesetzen und | Volksbeschlüssen seit früher Jugend Ge[hors]am° erweisen, *vv* – zu gutem Glüc[k! – soll Besch]luß sein des Rates, *v* daß die zu erlo|senden <Prohedroi für die nächste Volksversammlung hierüber verhandeln lassen und dem Volk die Beschlußvorlage des Rates vorlegen sollen, wonach der Rat beschlossen hat,> *vv* man solle di[e Ephe]ben belobigen und sie mit einem goldenen Kranz auszeichnen | wegen ihrer [all]zeit bewie[senen] Disziplin und [Ver]ehrung gegenüber den Göttern | und ihres Engagements gegenüber de[m Rat] und dem Vo[lk u]nd ihrer positiven Einstellung gegenüber dem Kosm[eten], | und d[iesen] Kranz verkünde[n an den Diony]sien in der Stadt beim neuen (Agon der) Tragödien und | bei den gymnischen Agonen der Panathenä[en*] und der Eleusinien [und der Ptolemaia*]; für die Verkün|dung [des] Kranzes sollen verantwort[lich sein die S]trategen und der Schatzmeister der Militär|kasse. *vv* Belobigen soll man ferner die Aus[bilder: d]en Paidotribes* Timokrates aus (dem Demos) Halimu|s, den Hoplomachos (Lehrer im Kampf mit schweren Waffen) Herodot[os aus (dem Demos) Eit]ea, *v* den Akontistes (Speerwurf-Lehrer) Demostratos | aus (dem Demos) Sypalettos, den To[xotes (Bogenschuß-Lehrer) Zo]pyros aus (dem Demos) Aixone, *vv* den Katapult-Ausbilder Kallias aus (dem Demos) Aigil[ia], | den Schriftführe[r Epistrat]os aus (dem Demos) Perithoidai und den Assistenten Diodoros aus (dem Demos) Azen[ia], | u[nd jeden von i]hnen auszeichnen mit einem Kranz aus Ölzweigen. *vv* Aufschreiben lassen soll die[sen | V]olksbeschluß der Schri[ftführer] der Prytan[ie] auf eine Marmorstele und diese aufstell[en lassen auf | der Ag]ora*; *v* die hierf[ür] entstehen[den] Kosten soll ausza[hlen der Schatzmeister der Mili[tärkas]se. |

(*II*) [Der] Rat und das Volk | (ehren) die E|pheben und | den Kos|meten | Timon | aus (dem Demos) Bu[ta|dai].

(*III*) Der Rat | und das Volk | (ehren) die Ephe|ben.

(*IV*) Der Rat | und das Volk | (ehren) den Kos|meten | Timon | aus (dem Demos) Buta|dai.

(*V*) Das Volk | [von] Salamis | (ehrt) die Ephe|ben und den | Kosmeten | Timon | aus (dem Demos) Buta|dai.

(*VI*) Die Eph[ebe]n | (ehren) den Kos|meten | Timon | aus (dem Demos) Buta|dai.

(*VII*) Zu gutem Glück! In dem Jahr, da Medeios Archon war, die

(Phyle) Leont[is] hatte als dritte die Prytanie inne, für die Phi|lion Sohn des Philion aus (dem Demos) Eleusis Schriftführer war, im (Monat) Boedromion am sechsten (! Tag) der ersten Dekade, am neunten der Prytani|e, Hauptvolksversammlung im Theater; von den Prohedroi leitete die Abstimm[ung E]piteles Sohn des Aretaios aus (dem Demos) Paiania | mit seinen Amtskollegen; *vacat* Beschluß des Volk[es]: *vacat* | Nikostratos Sohn des Demaretos aus (dem Demos) Lamptrai stellte den Antrag: Da Tim[o]n Sohn des Timarchidas aus (dem Demos) Butadai, | zum Kosmeten gewählt über die Epheben für das [Ja]hr, in dem Echekrates Archon | war, nachdem er die ih[m] vom Volk übertragene [Ver]trauensposition angetreten, im Prytaneion° ein Opfer | auf eigene Kosten zusammen mit den Epheben [auf] dem gemeinsamen Altar gemäß den Beschlüs|sen des Volkes dargebracht° *vv* und auch alle anderen O[pfe]r, die in das Jahr fielen, vollzogen und günstige | Vorzeichen erhalten hatte, seines Amtes gemäß den G[esetz]en und Volksbeschlüssen waltete, *vv* | unter ihnen (= den Epheben) die Eintracht und Freundschaft bewahrte während des ganzen Jah|res und mitwirkte, daß sie di[szipl ini]ert aufnahmen die Befe[hl]|e der Strategoi, sei[ne eige]nen und die der Ausbilder; *v* er sorg[te] | ferner für die Bereitstellung des (Salb-)Öls [während des gan]zen Jahres, wobei er die (dazu) fä|higen Epheben dazu° brachte°, sich ebenfalls (dieser Aufgabe) zu [widm]en; *v* er kümmerte sich in gleicher Weise auch | um die den Epheben auferlegten Geldstrafen, indem er sie aufhob und es nich|t zuließ, daß auf irgendeine Weise ein Betrag der Gemeindekasse zufloß. *vv* Er rich|tete ferner sein Augenmerk und seine intensive Bemühung darauf, daß das andächtige Schweigen bewahrt wurde, | indem er mit Sorgfalt und Hartnäckigkeit darauf bestand, sie in die Gymnasia | führte Tag für Tag und den Studien beiwohnte. Er führ|te sie ferner des öfteren unter Waffen [in d]ie Kastelle und Grenzzonen Attikas, so | wie es ihm vorsch[rieben] die Gesetze und die Beschlüsse von Rat | und Volk; *vv* er trug ferner Sorge auch in vielen anderen Fragen mit vollem Ernst | und erreichte es, daß sie alle gesund und wohlbehalten blieben. *v* Er organisierte | auch ihre Probe und den Rechenschaftsbericht vor dem Rat über | seine Amtsführung und über alles, was mit den Epheben während des Jahres geschehen war, | wofür die Epheben ihrerseits, um ihn entsprechend der ihnen zuteil gewordenen | Wohlbehandlung zu ehren, ihn vor dem [R]at mit einem Kranz auszeichneten. Damit nun | deutlich wird, daß der Rat und das Volk die Magistrate, die dessen würdig sein, ehren und es [kl]|ar w[ird]°, daß alle, die sich ehrenhaft und gottesfürchtig verhalten, mit Ehrungen rechnen können en[tsprech]|end ihren Leistungen, *vv* – zu gutem Glück! – soll es Beschluß des Rates sein, daß die zu erlosenden <Prohedroi für die nächste Volksversammlung hierüber verhandeln lassen und dem Volk die Beschlußvorlage des Rates vorlegen sollen, wonach der Rat beschlossen hat,> [zu belo]|bigen den Kosmeten der Epheben, Timon Sohn des Tim[ar]chides aus (dem Demos) Butadai, und ihn auszuzeich[nen] | mit einem goldenen Kranz gemä[ß dem] Gesetz, seiner Vortrefflichkeit und Gerechtigkeit wegen, die er allz[ei]t bewiesen | hat gegenüber dem Volk [und] den Epheben und diesen [Kr]anz zu ver[künden] an den° Dionysi|[100]en in der Stadt beim n[eu]en (Agon der) Tragödien und [anläßlich der Panathenäen und der Eleu]sinien [un]d der Ptolemai|a bei den gymnischen Agonen; *vv* für die Ve[rkündung d]es Kran[zes] sollen [ver]antwortlich | sein die Strategoi. Er soll aber [auch anderen Vorteil] finden können s[eitens d]es Volkes, dessen er | würdig befunden wird. Aufschreiben lassen soll diesen [Beschluß der Schri]ftführer der Prytan|ie auf eine [Mar]morste[le] und diese aufstellen [lassen auf der Agora.] |

Die E[pheben,] die ihren Dienst leisteten [im Jahr, da Eche]krates Archon war:

(*Z. 106–143/44 folgen in drei Kolumnen die Namen der Athener mit Vaters- und Demosname, nach Phylen geordnet; dann gemäß Z. 45ff. in jeweils 2 bzw. 3 nebeneinanderstehenden Kränzen Ehrungen des Rates und des Volkes für die Epheben bzw. des Rates für die Ausbilder. Daneben stehen unter der Überschrift „Ausländer" in 2 Kolumnen die Namen von Epheben aus Tarent, Termessos, Iulis, Askalon, Antiocheia, Milet, Herakleia, Tanagra, Rom, Maroneia, Kyrene, Laodikeia, Sinope, Neapolis, Tenedos, Klazomenai, Arados, Tripolis; einige weitere Herkunftsbezeichnungen sind ungenügend erhalten.*)

### 495 Thisbe (Boiotien): Vertrag mit Chorsiai über Schuldentilgung 2. Jahrhundert, 1. Hälfte

SEG 3, 342; Revue de philologie, de littérature et d'histoire anciennes 39, 1965, 252ff. (Ü) = SEG 22, 407; ISE I 65 (Ü); StV III 565; Migeotte, Emprunt 11 (Ü).

Rechte Schmalseite eines Kalksteinblocks aus Thisbe (in einem Haus verbaut). Die Vorderseite enthält Proxenie*-Beschlüsse. Boiotischer Dialekt.

[Den Gött]ern. | Abkom[men zwischen der Sta]dt der Thisbeier und der Stadt | der Chorsieier über das Ersuchen der Stadt der Chorsie[ier] | an die Stadt der Thisbeier hinsichtlich der Geld[er, die] |5 die Stadt der Chorsieier der Stadt der Thisbe[ier] geschuldet hat, [Dra]|chmen elftausendfünfhund[ert]|achtunddreißig und fünf Obolen, und was auf ihr Zurede[n hinzu]|gefügt wurde für die (zusätzlichen) Zeiten, dreitausendsechshu[ndert]|fünfzig (Drachmen und) zwei Obolen, so daß, die Übereinkunft b[efolg]|10end, zurückzuzahlen hat diese Gelder [die St]|adt der Chorsieier der Stadt der Thisbeier im Laufe von elf J[ah]|ren, wobei entfallen auf jedes Jahr Drachm[en] | eintausenddreihundertachtzig und fünf Ob[olen. Und] | die Stadt der Chorsieier soll entrichten [der St]|15adt der Thisbeier die entfallende Summe in jed[em] Jahr, | so wie sie es selbst gefordert hat, sobald der Schatzmeister von° Thisbe° die Rec[hnungsleg]|ung vornimmt im Monat Damatrios in An[wesen]|heit der Polemarchen* und der Katoptai (= Finanzkontrolleure) vo[r dem | V]olk. Die Laufzeit der Ratenzahl[ung] soll beginnen |20 mit dem Jahr, in dem Empediondas Ar[chon*] | ist in Boiotien. Die Stadt der Thisbeier soll die [St]|adt der Chorsieier auf deren Land ernten lassen°, falls sie [be]|gleicht die Raten, die in der Übereink[unft festgelegt] | sind, in den festgeleg[ten] Zeiträumen, [und man soll sie nicht] |25 daran hindern unter Berufung auf das Verzugsprotokoll. Sobal[d be]|zahlt hat die Stadt der Chorsieier der Stadt der Thi[sbeier] | diese Summen, die in der Übereinkunft ver[zeichnet sind,] | soll die Stadt der Thisbeier auslöschen das Ver[zugsproto]|koll, das zu Lasten der Stadt der Chorsieier (besteht). [Falls sie] |30 das Verzugsprotokoll nicht auslöscht, obwohl | die Stadt der Chorsieier be[gl]ichen hat die [Geld]|er gemäß der schriftlichen Festlegung, soll das Verzugsproto[koll] | nichtig sein, und es soll bezahlen die Stadt [der Thisbeier] | der Stadt der Chorsieier das Doppelte der Sum[me.]

### 496 Lato: Bündnis- und Isopolitie-Vertrag mit Eleutherna 2. Jahrhundert, 1. Hälfte (vor 189?)

SGDI n 28; I. Cret. I xvi 17 (Ph); Chaniotis 37 (Ü).
Fragment einer Marmortafel aus Lato *pros Kamara*/Hagios Nikolaos (Iraklion, Museum).

[Götter! Zu gutem Glück! | Folgenden Vertrag haben geschlossen die] La[tier und die Eleuthernaier, im Amtsjahr | des Kosmen*-Kollegiums unter Vorsitz des – Sohn des – in] La[to und | im Amtsjahr des Kosmenkollegiums unter dem Vorsitz des – Sohn des – in] Eleuth[erna: |5 Freunde und Bundesgenossen (wollen wir) einand]er sein, e[hrlich | und ohne Falsch für al]le Zeit, und d[en|selben Freund und Feind h]aben. Es soll auch Bürger | [sein können der

Eleuthernaier in L]ato und der Latier in El[eu|therna und teilhaben an] all[en religiös]en und säkularen (Rechten), | [–] nachdem er seine Eigentumsfragen rechtlich geordnet | [und] seine Heimatstadt [um Erlaubnis gebeten {*oder*: verlassen} hat,] ferner öffentl|[lich und privat] das Recht° zum° Erwerb° [aller] vergänglichen und unvergänglichen Güter haben gemäß den | [Gesetzen der Latier; in gleicher Weise] auch der Latier in Eleutherna | [nach den] Gesetzen [der Eleuthernaier]. Wenn aber jemand einfällt in das | [Territorium der Eleuthernaier] oder etwas davon annektiert oder Kastelle oder Häfen | [einnimmt oder Landlose z]erstört oder die unfreie Landbevölkerung (?), oder (wenn er) Krieg führt, soll h[el]fe[n | der Latier ohne Vorwand] zu Lande und zu Was[ser mit aller | Kraft; ebenso, wenn jemand i]n das T[erritorium] der Latier [einfällt | oder es annektiert oder K]astelle oder Inseln oder Hä[fen einnimmt | oder Landlose zerstört oder die unfreie Landbevölkerung, soll die Hilfstruppe], zu der er verpfli[chtet ist, | der Eleuthernaier senden –]

## 497 Kolophon: Ehrenbeschluß für den Orakeldeuter Menophilos aus Smyrna 2. Jahrhundert, 1. Hälfte

Bulletin de correspondance hellénique 116, 1992, 279ff. (Ph, Ü) = SEG 42, 1065.

Drei Fragmente einer Stele von der Heiligen Straße in Klaros. Oben Giebel mit Relief (Schale), über der Inschrift zwei Dreifüße mit gedeckten Kesseln, dazwischen Lorbeerkranz.

Im Amtsjahr des (Prytanen*) Herokles, im (Monat) Kronion am zehnten (Tag), *vacat* | Beschluß des Rates und des V[olkes]; Beschlußvorlage° der Prohedroi*: | Da Menophilos [Sohn des Philhetairos aus Smyr]|na, der Orakeldeuter, [auf einen Orakelspruch] des Got[tes hin], | des Führers und Retters [der Stadt,] | Apollon, durch das Engagement und den E[ifer des Vo]|lkes berufen auf de[n Vorsitz] | des Orakels wegen seiner [Frömmigkeit] gegenüber [den Göttern] | und seiner untadeligen Halt[ung] gegenüber den Menschen, [den°] Vorsitz° [(*Adverb*)] | und angemessen dem [bei den Men]schen gerühm[ten] | Ruf des Orakelheiligtums [führt] | und angemessen seiner [eigenen s]|akralen Position sein Verhalten gestaltet [und sich würdig erwei]|st des Vertrauens des Gottes und des | Engagements [des Volkes°] und der Erwartung derer, die (das Heiligtum) aufsuch[en um des] | göttlichen Ratschlags [willen°], und (da) es [den Kolophoniern] ziemt, | hinsichtlich des E[ngagements

(?)] für das Orakel [und hinsicht]|lich des [Einsatzes] der vortrefflichen Männer | ihre eigene Einstellung deutlich für alle [darzuste]|20llen, soll – zu gutem Glück! – belobigt sein von [dem Ra]|t und dem Volk Menophilos Sohn des Phi[letairos] | aus Smyrna wegen seiner vor[trefflichen] Lebensführung | und wegen (seiner Führung) des Vorsit[zes (des Orakels), und] | er soll ausgezeichnet werden mit einem goldenen Kranz, u[nd verk]|25ündet werden soll d(ies)er Kranz sowohl an den [Dionysi]|en* wie an den Großen Klaria, wobei die [Verkün]|dung jeweils vorgenommen werden soll von den Agono[theten*] | und dem Prytanen, wenn sie auch die a[nderen] | Kranz(verleihungen) verkünden; und die Ver[kündung] |30 soll folgendermaßen lauten: „Das Volk zeichnet [Menophi]|los Sohn des Philetairos, den Hypophetes (= Prophetes*) des G[ottes aus° mit einem gol]|denen Kranz wegen seiner Frömmigkeit ge[genüber den] | Göttern." Gewährt sein soll ihm ferner ein Ehrensit[z bei al]|len Agonen*, die die Stadt veranstaltet. Verlie[hen] |35 sein soll ihm ferner das Bürgerrecht in völlig gleichem Umfang, wie all[e | K]olophonier (es haben). Aufgezeichnet werden soll dieser Be|[sch]luß vom Schatzmeister Posideos auf eine Stele | [aus Ma]rmor und aufgestellt werden im Heiligtum des | [Ap]ollon, am Eingang in das Tripylon (= dreifaches Propylon*) auf |40 [der rechten Seite] an der Anten*-Wand. *vacat* Abgestimmt in | [der] Volk(sversammlung) gemäß der gesetzlichen Vorschrift. *vacat* Abgegebene Stim|[men:] zweitausend; diese stimmten alle hierfür.

### 498 Paros: Gesetzentwurf zur Reform des Urkundenwesens 2. Jahrhundert, 2. Viertel

Chiron 13, 1983, 283 ff. (Ph, Ü) = SEG 33, 679.

Marmorstele, gefunden im Pflaster eines Klosterhofs (Paros, Museum). Verzierungen oben und unten.

Folgendes haben verfaßt und eingebracht die | vom Volk Gewählten°, Kleotharses Sohn des Silenos, Chares | Sohn des Kratistoleos, Eukrates Sohn des Kriton, über die | Urkunden der Mnemonen*, sowohl diejenigen, die depo|5niert sind im Heiligtum des Apollon, der | Artemis und der Leto, wie diejenigen, die künf|tig (dort) deponiert werden. Was die von irgend|welchen (Leuten) rechtswidrig behandelten oder mit Tilgungen oder Einfügungen versehenen | Urkunden der Mnemonen betrifft, die depo|10niert sind im Heiligtum, sollen° über diese | vorgefallenen Vergehen | die Archonten* unter Vorsitz des Nikesiphon und | die städtischen Priester Verfluchung vollziehen°: Wenn jemand an den | Urkunden der Mnemonen, die in dem Heiligtum | deponiert sind, eine rechtswidrige Handlung vorgenommen oder etwas geti|lgt oder eingefügt hat, seitdem sie im Heiligtum deponiert wurden, | soll der dem Untergang geweiht sein, und wenn jemand als Mitwisser es nicht geme|ldet hat an die Archonten und den Apode|ktes*, der für das Heiligtum zuständig ist, ebenso | auch wenn jemand in Zukunft eine rechtswidrige Handlung vornimmt oder etwas | tilgt oder einfügt in die Urkunden° der Mnemonen, | die deponiert werden im Heiligtum, soll er dem Unter|gang geweiht sein, und ebenfalls, wenn jemand als Mitwisser es nicht mel|det. Es soll jemand aber auch gerichtlich verfolgbar sein, wenn er eine rechtswidrige Handlung | vorgenommen hat an den Urkunden der Mnemonen, die im | Heiligtum sind, (verfolgbar) durch jeden Parier, der will, für alle | Zeit ohne Möglichkeit des Einspruchs; der Ankläger soll über | den gesamten Tatbestand eine öffentliche Klage einbringen gemäß dem Ge|setz beim Basileus*, unter Beifügung eines Strafvorschlags, | was (der Angeklagte im Fall der Verurteilung) erleiden oder bezahlen muß, in gleicher Weise, wenn | er später wegen rechtswidriger Handlungen an den Urkunden | jemanden anklagen will. Damit aber auch nach Möglichkeit | in Zukunft kein Rechtsverstoß geschehe, | oder, wenn doch, ein Nachweis möglich sei auch durch Duplikate, sollen° die Mne|mones im Amtsjahr des Archonten Nikesiphon auf|zeichnen lassen auf Papyrusrollen Abschriften aller Mnemo|nen-Urkunden, welche sie deponieren im Heiligtum des | Apollon und der Artemis und der Leto, | und sie sollen diese den Archonten übergeben zu dem Zeitpunkt, zu dem sie auch | die anderen Mnemonen(-Urkunden) übergeben an den Apodekten | und den Mnemon; und der Archon soll eintragen in | dem Gemeindearchiv, daß er auch den Archonten übergeben hat ebenso | wie jene; die Archonten sollen übergeben an den A|podekten, der für das (Archiv) für die Stadt zuständig ist, nachdem sie er|halten haben von den Mnemonen; der Apodektes | soll die Urkunden alsbald deponieren, in Anwesenheit der Archon|ten, im Heiligtum der Hestia, indem er sie in die Truhe legt, | die sich im Heiligtum befindet. Für die hierfür° entstehenden Kosten | sollen den Mnemonen geben die Archonten | unter Vorsitz des Nikesiphon aus dem Prytanie-Fonds einem | jeden 30 Drachmen, zur Hälfte im (Monat) Thargel|lion, zur Hälfte im (Monat) Apaturion. Für die künf|tige Zeit nach dem Archontat des Nikesiphon sollen° die | jeweiligen Mnemonen die Urkun|den, die sie erhalten von den vorherigen Mnemo|nen, nach Duplizierung dem Apodektes übergeben | für das Python nach dem Gesetz. Alle°

Urkunden°, die in ihrer Amtszeit er|richtet worden sind, und diejenigen, die ihnen übergeben worden sind | in Eingaben, diese sollen sie Stück für Stück | kopieren der Reihe nach und monatlich übergeben | an den für das Pythion(-Archiv) zuständigen Apodekten | ebenso wie die anderen Urkunden, und an die Archonten, | wie es geschrieben steht, und hinsichtlich dieser Dinge verfahren, wie oben | geschrieben steht. Für die hierfür entstehenden Kosten ist den Mnemonen | zu zahlen, was jeweils in der Etataufstellung niedergelegt ist. Damit auch, w|enn jemand wünscht, die Urkunden im Heiligtum | der Hestia einzusehen, ihnen dies möglich sei, falls jemand behauptet, es seien nicht | gleichlautend mit den Urkunden im Pythion geschrieben | die im Hestia-Heiligtum, sollen diejenigen, die die Nicht(übereinstimmung) behaupten, dies mitteilen | den Archonten in der Hauptvolksversammlung, so daß das Volk hören kann, | was angeblich nicht gleichlautend kopiert ist | mit den Urkunden im Pythion; der Apodektes soll° am | fünften (Tag) der ersten Dekade° das Heiligtum öffnen und (den Text) vorweis|en in Anwesenheit der Archonten, doch soll man aus dem Heiligtum heraus keine | der Rollen tragen dürfen, und weder die Archonten | noch der Apodektes dürfen dies erlauben, vielmehr hat in ihrer Anwesenheit | die Einsichtnahme zu geschehen, und gerichtlich verfolgbar sollen sein die | Archonten und der Apodektes, wenn sie einen Rechtsverstoß begehen hin|sichtlich der Urkunden oder der Einsicht in die Urkunden, ge|[mäß d]en Gesetzen; gerichtlich verfolgbar soll ferner sein, wer eine rechtswidrige | Handlung vornimmt an den Urkunden, die deponiert sind im Hei|ligtum der Hestia, [so] wie es geschrieben steht für den Fall, daß jemand eine rechtswidrige Handlung | vornimmt an den [Mne]monen-Urkunden im Pythion. | Damit aber d[ie]ser Text auch, falls das Volk es für richtig befindet ihn | anzuwenden, allen sichtbar sei, soll° der Apodektes, der | für das (Archiv) für die Stadt zuständig ist, (nämlich) Sokleides, | auf eine Marmorstele diesen Text aufschreiben | und (die Stele) aufstellen lassen beim Heiligtum der Hestia; die Kosten | für die Aufzeichnung und die Stele soll er auszahlen | aus den Einnahmen, über die er verfügt.

## 499 Teos: Stiftung des Polythrus zur Finanzierung des Schulunterrichts 2. Jahrhundert

Michel 498; E. Ziebarth, Aus dem griechischen Schulwesen, 2. Aufl. 1914, 54ff. (Z. 5–34; Ü); F. Bleckmann, Griechische Inschriften zur griechischen Staatskunde, 1913, 45; B. Laum, Stiftungen in der griechischen und römischen Antike, II, 1914, 90; Syll.$^3$ 578.

Zwei Fragmente (*a*, *b*) einer Marmorplatte aus Teos.

(*a*) [– be]stimmen [ferner nach der] | Wahl [des Gy]mnasiarchen* einen Paidonomos*, nicht jüng[er | als] vierzig [Jah]re. Damit alle freigeborenen Kinder unt[er|rich]tet werden, wie Polythrus Sohn des Onesimos in weiser Fürsorge in seiner Epangelie* verkündet | hat dem Volk, hat er, indem er sich ein herrliches Denkmal seiner Ruhmesliebe | setzte, hierfür vier°unddreißigtausend Drachmen* | gestiftet. Es sollen jedes Jahr gewählt werden bei den Beam[ten]|wahlen nach der Wahl der Schriftführer drei° Elementarleh|rer (*grammatodidáskaloi*), die die Knaben und die Mädchen unterrichten sollen. | Geben soll man dem für die erste Aufgabe (= Klasse) Gewählten | für das Jahr sechshundert Drachmen, dem für die zweite | fünfhundertfünfzig Drachmen°, dem für die dritte fünfhundert Drachmen. | Man soll ferner zwei Paidotribai* wählen; als Gehalt soll man je|dem von ihnen° für das Jahr fünfhundert Drachmen geben. | Wählen soll man ferner einen Kitharistés oder einen Psáltes (= Leute, die die Kithara mit dem Plektron bzw. mit den Fingern spielen) ; als Gehalt soll man dem | Gewählten für das Jahr siebenhundert Drachmen geben. Dieser | soll die Knaben unterrichen, die im folgenden Jahr zu entlassen sind, [und] | die um ein Jahr Jüngeren, und zwar in Musik und im Kitharaspiel mit dem Plektron bzw. mit den Fingern, | die Epheben* nur in Musik; über das Alter dieser Knaben soll die letzte | Entscheidung der Paidonomos haben. Als Lohnzuschlag soll man auszahlen, wenn wir einen Schaltmonat rechnen, den | auf den Monat entfallenden Gehaltsanteil. Einen Fechtmeister (*hoplomáchos*) und einen, der unterrichten soll | im Bogenschießen und Speerwerfen, sollen anstellen der Paidonomos und der Gymnasi|arch; (die Anstellung) unterliegt der Bestätigung durch das Volk; diese sollen unterrichten die | Epheben und die(jenigen) Knaben, von denen (oben) geschrieben steht, daß sie auch Musik lernen sollen. | Als Gehalt soll man dem Bogenschuß- und Speerwurf-Lehrer geben | zweihundertfünfzig Drachmen, dem Fechtmeister dreihundert Drachmen. | Der Fechtmeister soll mindestens zwei Monate (im Jahr) unterrichten. Daß | die Knaben und die

Epheben sich sorgfältig in den Unterrichtsfächern üben, | dafür haben der Paidonomos und der Gymnasiarch Sorge zu tragen, so wie es einem jeden | von ihnen vorgeschrieben ist nach den Gesetzen. Falls die Elementarlehlrer uneins sind über die Zahl der Knaben, soll die letzte Entscheidung | der Paidonomos haben, und so wie dieser entscheidet, haben sie zu gehorchen. Die Prü|fungen (*apodeíxeis*), die (früher) im Gymnasion abzulegen waren, sollen die Elementar|lehrer und der Musiklehrer im Rath[aus] abhalten [–]

(*b*) [| – | –] wenn sie die Strafe nicht zahlen, [soll°] man sie° zw[in|gen können]. Hinsichtlich des Fechtmeisters und des Bogenschuß- | und Speerwurf-Lehrers ist zu verfahren, wie oben | geschrieben steht. Falls die amtierenden oder die jeweils ins Amt gelangenden Schatzmeister | dieses Geld nicht entsprechend diesen Vorschriften auszahlen, oder wenn ein anderer Magistrat | oder Privatmann etwas beantragt, tut (?), zur Abstimmung stellt, einen Zusatzbeschluß oder ein Gesetz beantragt, das dem widerspricht | oder dieses Gesetz auf irgendeine Weise oder unter irgendeinem Vorwand aufhebt, (dahingehend,) daß man das Geld | umwidmen solle oder davon nicht ausgeben solle für die gesetzlich vorgeschriebenen Zwecke, oder es sons[two] | zuweisen und nicht für das, was in diesem Gesetz angeordnet ist, dann sollen die Handlun|gen ungültig sein und die darauffolgenden Schatzmeister sollen dem Haushaltstitel (*lógos*) gemäß | diesem Gesetz dieselbe Geldsumme zuweisen° a[us de]n stä[dtischen Ei]nkünf|ten, und sie sollen alles weitere durchführen nach diesem Gesetz. [Wer aber in Wo]rt oder [Tat] | etwas diesem Gesetz Zuwiderlaufendes unternommen oder etwas unterlassen hat, was vorgeschrieben ist in diesem° | Gesetz, der soll untergehen, er selbst und seine Sippe, und er soll *hierósylos* (*etwa*: in Acht und Bann wie ein Tempelräuber) sein und voll|zogen werden soll an ihm alles, was in den Gesetzen über Tempelraub geschrieb[en steht.] | Schulden soll ferner der Stadt ein jeder von denen, die diesem Gesetz zuwidergehandelt haben | hinsichtlich dieses Geldes oder das Vorgeschriebene unterlassen haben, zehntausend Drachmen; | verklagen soll ihn, wer will, in privatem wie in öffentlichem Verfahren, sowohl nach | dem monatlichen Finanz-Rechenschaftsbericht wie auch zu beliebigem Zeitpunkt; auf Grund von Fristversäumnis | oder auf sonst eine Weise darf keines dieser Verfahren hinfällig gemacht werden; | und wer verurteilt wird, hat das Doppelte zu zahlen; die Hälfte (der Strafsumme) fällt an die Stadt, geweiht | dem Hermes, dem Herakles und den Musen, und ist zuzuweisen dem oben genannten Haushaltstitel, | die andere Hälfte soll dem gehören, der ihn überführt hat. Die Eintreibung dieser Prozeßstrafen | sollen die Eúthynoi (Rechenschaftsbeamten) vornehmen, so wie bei den anderen öffentlichen Prozessen. | Ankündigen sollen die jeweiligen Timuchoi* bei der (öffentlichen) Verfluchung, wer das | von Polythrus Sohn des Onesimos für den Unterricht der freigeborenen Knaben° gestiftete Geld | zweckentfremde auf irgendeine Weise oder unter irgendeinem Vorwand oder es anderswo zuweise | und nicht zu der im Gesetz festgelegten Bestimmung, oder nicht ausführe, was festgelegt ist durch | das Gesetz, der solle zum Untergang bestimmt sein, er selbst und seine Sippe. | Wenn die Scha[tzmeister] das Kapital [ni]cht anlegen entsprechend den Vorschriften oder nicht auszahlen, was | [nach diesem] Gesetz den für die Unterrichtsfächer Angestellten (zusteht), dann soll ein jed[er von i]|hnen de[r Stadt] zweitausend [Dra]chmen schulden, und ihn kann verklagen, [wer wi]ll [– | – der Verur]teil[te] hat das Doppelte zu zahlen, und die [Hälfte davon – | –]

## 500 Magnesia am Mäander: Aufführungen bei den Rhomaia 2. Jahrhundert, 2. Hälfte

Michel 914; O. Kern, Die Inschriften von Magnesia am Mäander, 1900, 88 a–d; Syll.³ 1079; Snell (wie 421) 37 Nr. 13; Mette (wie 421) II B 2.

Auf Teilen des Architravs der westlichen Agora-Stoa von Magnesia (Berlin, Pergamon-Museum). Die Wettbewerbe stehen jeweils in Kolumnen (*a–d*) nebeneinander.

(*a*) Im Jahr, da Apollodoros Stephanephor* war; als Agonotheten* fungierten Euandrides Sohn des Euandrides, Mandrodoros | Sohn des Kleainos, Apollodoros Sohn des Leonteus. Folgende siegten im Agon* der Rhomaia als Dichter der neuen Schauspiele: |

(Im Wettbewerb der) Tragödien: | Theodoros Sohn des Dionysios, mit dem Schauspiel „Hermione"; | Schauspieler: Apollonios Sohn des Apollonios. |

(Im Wettbewerb der) Komödien: | Metrodoros Sohn des Apollonios, mit dem Schauspiel „Die Gleichen"; | Schauspieler: Agathokles Sohn des Agathokles | aus Milet. |

(Im Wettbewerb der) Satyrspiele: | Theodoros Sohn des Dionysios, | mit dem Schauspiel „Der Opferer".

(*b*) Im Jahr, da Sokrates Stephanephor war; als Agonotheten fungierten Diagoras Sohn des Demetrios, | Dionysarchos Sohn des Lampon, Gerontides Sohn des Gerontides. Folgende siegten im Agon | der Rhomaia als Dichter der neuen Schauspiele: |

(Im Wettbewerb der) Tragödien: Glaukon Sohn des Glaukon |

aus Ephesos. Schauspieler: Herakleitos | Sohn des Metrodoros aus Mallos. |

(Im Wettbewerb der) Komödien: Diomedes | Sohn des [A]thenodoros aus Pergamon. | [Schau]spieler: Menodotos Sohn des Metrodoros aus Pergamon. |

(Im Wettbewerb der) Satyrspiele: | Polemon Sohn des Neon. |

(*c* + *d*) [Im Jahr, da] Demetrios [Priester] und Attalos Stephanephor war; als Agonotheten fungierten Eukles Sohn des Aristokrates, Euandrides Sohn des Euandrides, | Kleainos Sohn des Kleainos. Folgende siegten im Agon [der] Rhomaia als Dichter: |

(Im Wettbewerb der) Tragödien: | Polemaios Sohn des Diodoros aus Ephesos | mit dem Schauspiel „Klytaimestra". | Schauspieler: Artemidoros | Sohn des Artemidoros des Sohns des Dioskurides. |

(Im Wettbewerb der) Komödien: | Agathenor Sohn des Aristonax aus Ephesos | mit dem Schauspiel „Die Milesierin". Schauspieler: | Hierokles Sohn des Hierokles, leiblicher Sohn | des Philotas, aus Tralleis.

(Im Wettbewerb der) Satyrspiele: | Polemaios Sohn des Diodoros aus Ephesos | mit dem Schauspiel „Aias". |

### 501 Xanthos: Siegerliste der Rhomaia-Agone
### 2. Jahrhundert, Ende/1. Jahrhundert, Anfang

Revue archéologique 1978, 277 ff. (Ph) = SEG 28, 1246.
Stele aus Kalkstein im Letoon bei Xanthos in Lykien.

Als Agonothet* | Andromachos Sohn des Andro|machos, des Sohnes des Andromachos, | aus Xanthos war°, | siegten folgende im Agon* der | Rhomaia, der veranstaltet wird vom Koinon* | der Lykier: Im Aulos-Spiel (= Flöten-Spiel): | Theogenes Sohn des Apollogenes aus Sardeis. | Im Kithara-Spiel: | Pythion Sohn des Pythion aus Patara. Den | Kitharöden-Kranz (= Preis für Gesang zur Kithara) habe ich geweiht auf den | Altar der Roma, weil durchgefallen sind die Kandi|daten. | Im Dolichos (= Langlauf) der Knaben: Glaukos Sohn des Artapates | aus Patara. | Im Stadionlauf der Knaben: Menephron Sohn des Theophanes aus Ephesos. | Im Diaulos (Doppelstadion-Lauf) der Knaben: Poseidonios Sohn des Ktesippos | aus Magnesia am Mäander. | Im Stadionlauf der Bartlosen: Nikandros Sohn des Nikandros | aus Argos. Im Ringkampf der Bartlosen: | Miltiades Sohn des Xenon aus Alexandreia. | Im Faustkampf der Bartlosen: Pateres Sohn des Diodoros | aus Philadelpheia. Im Dolichos der Männer: | Aristokritos Sohn des Charixenos aus Argos. Im

Männer-|25Diaulos: Aristokritos Sohn des Charixenos aus Argos. | Im Stadionlauf der Männer: Antiochos Sohn des Menestratos | aus Myra. Im Faustkampf der Knaben: Epigonos Sohn des Artemon | aus Pergamon. Im Pankration der Knaben: Artemidoros | Sohn des Apollonios, des Sohnes des Hagnon, aus Philadelpheia. |30 Im Pankration der Bartlosen: Idag[o]as Sohn des Antipatros | aus Patara. Im Hopliten*(-Lauf): Inachidas Sohn des So[an]dros (?) | aus Argos. Im Pentathlon (Fünfkampf): Glaukos Sohn des M[e]nema[ch]os | aus Patara. Den Kranz° für den Ringkampf der Knaben | habe ich auf den Altar der Roma geweiht, |35 weil die Kandidaten durchgefallen sind. | Den Kranz für die Männer im Ring|kampf und im Faustkampf und im Pankration habe ich | auf den Altar der Roma geweiht, weil niemand | sich (in die Kandidatenliste) eingetragen hat. Im Fohlenrennen: Kallippos Sohn des Philokl|40es aus Simena. Im Rennen mit ausgewachsenen Pferden: Gaius Octavius, | des Gaius Sohn Pollio aus Rom, der sich° auch ausrufen ließ | als (Bürger) von Telmessos. Im Fohlen-Zweigespann: Peitho Tochter des Make|don aus Ephesos, die sich auch ausrufen ließ als (Bürgerin) von Apol|lonia. Im Zweigespann mit ausgewachsenen Pferden: Demetrios Sohn des Demetrios, |45 des Sohnes des Nearchos, aus Apollonia. Im Fohlen-Wagenrennen: | Moschos Sohn des Euagoras aus Myra. Den | Kranz für das Wagen(rennen) mit ausgewachsenen° Pferden habe ich auf den Roma-|Altar geweiht, weil die gemeldeten (Kandidaten) kampfunfähig | geworden sind.

## 502 Pergamon: Vermittlungsbriefe des Proc. Q. Mucius Scaevola; Isopolitie- und Rechtsgewährungsvertrag (?) zwischen Ephesos und Sardeis 98/7 oder 94/3

I. v. Pergamon II 268 (Ph); OGIS 437 (danach die Numerierung); IGRR IV 297; RDGE 47 (Z. 1–55); I. v. Ephesos 7 (Ph, Ü); vgl. SEG 38, 1267; Ager 170.

Fünf Fragmente einer Marmortafel aus dem Bereich Theater/Athena-Bezirk in Pergamon (Berlin, Pergamon-Museum). Der Text ist – mit Ausnahme von Z. 1 – im Ober- und Mittelteil der Tafel (*a*, *b*) auf zwei Kolumnen (*A*, *B*) verteilt; im Unterteil (*c*) nehmen die Zeilen die gesamte Breite ein.

Reste eines zweiten Exemplars (?): W. H. Buckler/D. M. Robinson, Sardis, VII 1, 1932, 6 (*IV*; vor *III* einzureihen?).

(*a*) [Vertrag zwischen Sardia]nern u[nd Ephesi]ern. |

(*I A*:) [Quintus Mucius, des Publius Sohn, Scaevola, | Proconsul der Römer, sendet dem Rat u]nd | [dem Volk von Sardeis° seinen

Gruß. Da die in die *formula amicorum* aufgenommen]en |5 [Völker und Ethne* beschlossen haben, zu veranstal]ten | [pe]nte[terische* szenische und gymnische* Agone* – | –]

(*b*) [– |10 – | – | – | – zur Einheit (?) zu]sammen|[kommen, haben wir geschickt –] Sohn des Phylo|15[timos aus Athen, einen der Angesehenen, einen Ma]nn, der vor|[züglich ist und des höchsten Vertrauens° ge]würdigt | [wird bei uns, sowohl zu [eu|[rem Volk wie auch zu dem der Ephesier, mit dem Auftrag, an euch zu ap]p[el]-lie|[ren, euch die Hände zu reichen zur] Aussöh|20[nung. Da gefolgt sind] bei[de Völke]r | der Aufforderung und Gesandte° geschi]ckt | [haben, von euch die Strat]e|[gen* Menekrates Sohn des Diodoros, Phoinix Sohn des Phoi|nix, Archelaos Sohn des Theophilos, von den Ephesiern |25 Hikesios Sohn des Artemidoros, –]

(*II B*: *a*) Quintus Mu[cius, des Publius S]ohn, Scaevo[la], | Proconsul der Rö[mer, sendet] dem Rat [und ] | dem Volk [der Ephesier°] seinen Gr[uß. Da die in di]e *formula amicorum* aufgenom-[menen] | Völker und E[thne beschlossen] haben, | zu veranstalten penteteri[sche°] szen|ische und [gymnische Ago]ne |30 [–] über das | [– er]munter|[– | –]

(*b*) [– | – von den Sardia]nern etwas stö[r – | – Fei]ndschaft und Streit [–] |35 angesehener und ruhmvoll[er, damit die] | von ihnen [ab]gefallenen Völker mit [voller Loyali]|tät wieder zur Einigkeit zusammenkommen, [haben wir] geschickt –] | Sohn des Phylotimos aus Athen, einen der A[ngesehenen,] | einen vorzüglichen Mann, der [des höchsten] Ansehens° [gewürd]|40igt wird bei uns, zu [eu]|rem Volk und zu dem der Sardianer, [mit dem Auftrag, zu appel]|lieren, euch die Hände zu reichen z[ur Versöhnung.] | Da gefolgt sind [beide] Völker | der Aufforderung und [Gesa]ndte geschickt haben, |45 von euch Hikesios Sohn des Artemidoro[s, Posei]|donios Sohn des Dionysios, A[risto]|geiton Sohn des Patron, Artemidoros Sohn des Art[emido]|ros, Menekrates Sohn des Mene[kra]t[es] des Sohns des Ar[temi]|doros, Apollod[oros Sohn des Hermo]kr[ates, Hermip]|50pos Sohn des Menoites, von Sa[rdeis die Strate]|gen Menekrat[es Sohn des Diodoros, Phoinix Sohn des Phoinix,] | Archelaos Sohn des Theo[philos, – | –] | vermitt[–] |55 nütze [–]

(*III*: *c*) [– | – di]e vor eine Schiedsrichterstadt zu bringenden K[l|agen – an]kommt (eintrifft), soll der Gesch|[äd]igte den Prozeß° führen° [nach den oben beschrieb]enen (Regeln) in der Stadt des Täters. Wenn gepfänd|60et oder geschädigt [wird] einer° [der Sardianer oder Eph]esier von einem, der weder Sardianer noch Ephesier ist, | soll der Eph[esier in Sardeis u]nd der Sardianer in Ephesos recht erhalten können nach | den [Gesetzen] der St[adt, in der] der Täter gefaßt wird; Ausnahme: wenn jemand aus den Städten stammt, mit | denen [separate] Verträge bestehen, ist [dies] durchzuführen gemäß den separaten Verträgen.

Was jemand° im Krie|g auslagert [oder aus an]derem Grund deponiert in der Stadt oder der Gemarkung, sei es ein Ephesier nach | Sardeis oder ein Sard[ianer n]ach Ephesos, (das) soll man aufnehmen, und die Behörden sollen sich darum kümmern und | [beitragen] zur Erhaltung. [Von den Ephesier]n und den in Ephesos und seiner Gemarkung Ansässigen soll niemand zu Felde | [ziehen gegen die Sard]ianer und keinen Durchzug gewähren und keine Söldnerwerbung gestatten und keine Waffen | [geben und] den Feinden der Sardianer [nicht] Geld oder Lebensmittel [lief]ern und soll nicht | [Plündergut aufneh]men und auch sonst nichts Schädigendes tun. Ebenso soll auch nicht von den Sard[i|anern einer] oder von den in Sardeis oder seiner Gemarkung Ansässigen zu Felde ziehen gegen die Eph[e|sier und nicht Durch]zug gewähren oder Söldnerwerbung gestatten oder Waffen geben oder | den Feinden [der Ephes]ier Geld oder Lebensmittel lief[ern] noch auch Plündergut aufnehmen od|[er sonst et]was Schädigendes tun.

Falls eines der beiden Völker zuwider|[handelt] gegen etwas, was in diesem Vertrag niedergelegt ist, soll sein Recht bekommen können der Gesch|[ädigte] bei der Stadt, die ausgelost wird aus den Städten, die sie gemeinsam wählen, wobei das Losverfahren ausgeht von | [der] Stadt, die den Vertrag [vermit]telt hat. Das Volk, das behauptet, geschädigt zu werden, soll durch | [eine Gesan]dtschaft dem beklagten Volk die Klageschrift vortragen°, und es sollen erscheinen die (Vertreter) aus beiden | Städten zur Verhandlung, vom Tag der Vorlage des Beschlusses durch die Klageführenden binnen wei|teren dreißig Tagen, zum vermittelnden Volk; und binnen weiteren fünf Tagen sollen sie auslos|en das Volk, das richten wird. Nach der Auslosung binnen weiteren sechzig Tagen sollen sie erscheinen | vor dem ausgelosten Demos und den Prozeß führen, wobei sie aus ihrer jeweiligen Heimatstadt | Schriftstücke mitbringen° in die ausgeloste Stadt über die Einsetzung des (dortigen) Gerichtes, und das ergehende Urteil | sollen sie auf der Stelle vollziehen. Wenn aber einer nicht erscheint vor dem vermittelnden Volk | oder vor der ausgelosten Stadt, soll (die Entscheidung) zugunsten der anwesenden (Partei) fallen.

Diese (Bedingungen) sollen gelten für die Sardianer und | Ephesier für alle Zeit, ebenso, falls die Städte etwas Geeigneteres beschließen sollten. Auf|zeichnen auf Marmorstelen soll man diesen

Vertrag und diese aufstellen, in Ephesos in | dem Heiligtum der Artemis an der am besten sichtbaren Stelle, in Sardeis im Heiligtum des Zeus | an der am besten sichtbaren Stelle, in Pergamon an dem Ort, den die Städte gemeinsam erbitten werden als am besten° sichtbare | Stelle. In Kraft treten soll der Vertrag nach der Zeitrechnung von Ephesos mit Wirkung des Jahrs, in dem Seleukos Prytane* ist, Priester | der Roma Artemidoros, im Monat Taureon am vierten Tag der letzten Dekade*, nach der Zeitrechnung von Sardeis in dem Jahr, da Priester | der Roma Sokrates ist, (Priester) des Zeus Polieus* Alkaios, im Monat Daisios am vierten Tag der letzten Dekade. | Die von den beiden Völkern zur Aussöhnung benannten Männer sind: von seiten der Sardianer | Menekrates Sohn des Diodoros, Phoinix Sohn des Phoinix, Archelaos Sohn des Theophilos, von seiten der Ephesier Hikesios Sohn des Artemido|ros, Poseidonios Sohn des Poseidonios, des Sohnes des Dionysios, Aristogeiton Sohn des Patron, Artemidoros | Sohn des Artemidoros, Menekrates Sohn des Menekrates, des Sohnes des Artemidoros, Apollodoros Sohn des Hermokrates, | [He]rmippos Sohn des Menoites.

(*IV*) [–] das Bürgerrecht auszuüben in [Ephesos, | sollen ihn die Essenen (Artemispriester) einlosen i]n eine Phyle* und eine Chiliast[ys*, und | er soll Zutritt haben zum Rat und zu]m Volk und Abgaben ent[richten | in der völlig gleichen Höhe wie die anderen] Bewohner [der] Stadt. Wa[s | jemand transportiert durch Sardeis nach Ephesos oder durch Epheso]s nach Sardeis, | [dafür soll der] Trans[it° für ihn abgabenfrei sein –]

### 503 Thyrrheion (Akarnanien): Bündnis mit Rom 94

Syll.[3] 732; A. H. J. Greenidge/A. M. Clay, Sources for Roman History 133–70 B.C., 3. Aufl. 1986, S. 123; IG IX 1[2], 2, 242 (Ph).

Kalksteinstele, gefunden in einer Hauswand in Hagios Vasilios bei Thyrrheion (Museum). Unten und links abgebrochen; oben Kymation (früher Giebel).

Bündnis mit den Römern. | Im Jahr, als Consuln Gaius Coelius Caldus, des Gaius Sohn, | Lucius Domitius Sohn des Gnaeus Ahenobarbus waren°, als | Gaius Sentius, des Gaius Sohn, Pra[et]or urbanus | [un]d Lucius Gellius, des Lucius Sohn, [(Praetor) per]egrinus war, wurde° eine Tafel | [des Bündn]isses aufgestellt gemäß einem Senatsbeschluß, | nach [der Gesandtschaft] des Dorotheos Sohn des Iason | und des [Daidalos {*oder*: Menandros}] Sohn des Menandros.

(Zwischen) dem Volk | [der Röme]r [un]d dem Volk der Thyrrhei[er | sollen Friede, Freundschaft und Bundesgenossenschaft bestehen – | –]

## 504 Aphrodisias (Karien): Treuebeschluß für Rom im Mithradatischen Krieg 88

Reynolds (wie 478) 2 (Ph, Ü).
Zwei Blöcke eines dorischen Gebälks aus Aphrodisias. Der Schrift nach vermutlich von einem Erinnerungsbau des 2. Jh. nach Chr. Inschrift in einer Metope (*a*) und in zwei Kolumnen (*b1*, *b2*) auf dem Fries.

(*a*) Beschlossen haben Ra|t und Volk; | <Beschlußvorlage der Magistrate (?)> und des Pereitas | Sohn des Antiochos, des Schrift|führers des Volkes, | und des Attalos Sohn des Me|nandros, des für | das Territorium (zuständigen) Stra|*v*tegen*. *v* |

(*b1*) Da Quintus Oppius, des Quintus Sohn, Proconsul der Rö[mer], (Nachricht) geschickt hat, daß belagert werden Laodikeia und | er selbst, und (da) das Volk beschlossen hat, in großer Zahl zu Hilfe zu kommen und daß auch die Paroikoi* und die Sklaven mit ausmarschieren sollen, und (da) es auch gewählt hat in | der Volksversammlung einen Mann als Anführer, *v* und (da) es notwendig ist, ferner Gesandte zu entsenden, die den Proconsul informieren sollen | über die Einstellung, die unser Volk hegt gegenüber den Römern, den Rettern und Wohltätern, und die, falls der Statthalter etwas | darüber hinaus der Stadt auftragen sollte, dafür sorgen sollen, daß dies übermittelt und ausgeführt werde; (deshalb) soll es Beschluß des Volkes sein, Gesandte zu wählen aus den Reihen der Männer, die angeseh|en sind und Vertrauen genießen und den Römern gegenüber loyal gesinnt sind; diese sollen zum Proconsul Quintus Oppius reisen | und ihm darlegen, welche Einstellung unser Volk gegenüber ihm und allen Römern hegt, und ihm melden, daß wir° nicht | *vacat* nur in großer Zahl Waffenhilfe zu leisten beschlossen haben, sondern auch einen Mann gewählt haben, der die Hilfstruppe befehligen soll, *vacat* |

(*b2*) Artemidoros, den Stephanephoren*, einen Mann aus den Reihen der Angesehenen | und Vertrauen Genießenden, und der herausragt in militärischer Tüchtigkeit; | sie sollen ihm ferner darlegen, daß unser gesamtes Volk mit Frauen | und Kindern und unserer gesamten Lebensgrundlage (?) bereit (?) ist zu kämpfen für | Quintus und die Sache der Römer und daß wir ohne die | *vacat* Herrschaft der Römer nicht einmal leben möchten. *vacat*

## 505 Nysa (Karien): Brief des Proconsuls C. Cas(s)ius; Steckbriefe des Mithradates VI. gegen Chairemon aus Nysa nach 88

Michel 50; Syll.$^3$ 741; Archiv für Papyrusforschung 6, 1920, 341; RHE 62/63 (nur *III* und *IV*); RC 73/74 (nur *III* und *IV*; Ü); Pfohl 117 (nur *III*; Ü); RDGE 48 (nur *II*) (Ph: Kern Taf. 40).

Steinblock aus Nysa, im nahen Dorf Akçe eingemauert gefunden (Istanbul, Arch. Museum).

(*I*) [Das Vo]lk [der Nysaëer und der R]at [haben geehrt] | Ch[air]em[on] Sohn des Pythodoros. |

(*II*) Gaius Cas(s)ius (sendet) den Behörden von [N]ysa seinen Gr[uß. | Ch]airemon, des Py[thodor]os S[oh]n, euer Bürger, | ist zu mir gekomm[en i]n Apameia und hat gebeten, [daß] | ich ihm Audienz gebe vor meinem Beraterstab (*ut sibi potestatem mei facerem coram consilio*). | Diesem Mann habe ich also Audienz gegeben, da er [dem] | Berater[stab ver]sprach, aus Verehrung für [Se]|nat und V[olk] der Römer für das Heer | als Gesch[enk] zu geben sechzigtausend Modioi (= *modii*, „Scheffel") [M]ehl. | [Ich] habe hinsichtlich [dies]er Angelegenheit (*de ea re*) geantwort[et, daß er rühm]|lich ge[han]delt habe und daß ich, wie es sich gehöre, mir Mü[he]° g[eben würde] (*me operam daturum*), | da[mit er er]kenne, daß uns dies willkommen se[i. | W]ir [werden a]uch d[ies d]em Senat und dem Volk der [Röm]|er m[itteilen.] |

(*III*) Köni[g Mithrad]ates sendet° Leonippos, dem Satrapen*, | [*vacat* seinen Gr]uß. *vacat* | Da Ch[air]emo[n Sohn des Py]thodoros äußerst haßerfüllt und | feindli[ch ge]genüber unserer Herrschaft {*oder*: unseren Interessen} ein[gestellt] | ist und von Anfang an sich mit unseren ärgsten Feinden [zusammengetan] | hat und je[tzt], da er von m[eine]r Annäherung erfahren hat, seine [Söh]|ne Pythodoros und Pythion evakuiert hat und se[lbst ge]|flohen ist: lasse verk[ün]den, wenn jemand leben[d vor]|führe Chairemon oder Pythodoros oder Pythion, werde er erhalten | vierzig [Talen]te°, wenn [aber jemand] den Kopf eines [dieser Männer] | bringe, werde er [zw]anzig Talente erhalten. |

(*IV*) König Mithradates sendet Leonippos seinen Gruß. | Chairemon Sohn des Pythodoros hat früher die fl[üch]|tigen Römer zusammen mit seinen Söhnen in die Stadt° der Rhod[ier evaku]|iert; jetzt, da er von meinem Aufenthalt erf[uhr,] | hat er sich ins Heiligtum der Artemis Ephesia gefl[üchtet,] | und von dort sendet° er Briefe an die gemeinsam[en Fei]nde, die Römer. | Die Tatsache, daß [dieser Mann] | für seine Untaten nicht bestraft ist, ist eine

Au[sgangs]basis für die Unternehmungen gegen uns. Kü[mme]|re dich darum, daß du ihn möglichst [uns] vorführst | oder daß er in festem Gewahrsam sei, bis ich° [meiner] | Feinde ledig° werde.

## 506 Phanagoreia: Einbürgerung fremder Söldner 88/7

Chiron 22, 1992, 159 ff. (Ph, Ü).
Marmorplatte vom Ufer der Meerenge von Kertsch nahe Phanagoreia (Kertsch, Museum).

Unter der Regierung des Königs Mithradates Eupator, im Jahr 210 (der bosporanischen Ära), | haben der Rat und das Volk der Phanagoriten die aus der Fre|mde (stammenden) Soldaten in die Bürgerlisten eingetragen, weil sie seit | geraumer Zeit mit (den Phanagoriten) zu Feld gezogen sind und | in jeder Weise ihre Pflicht getan° und sonst in allem sich freundschaftlich und lo|yal verhalten haben gegenüber ihrer Stadt (Phanagoreia); und sie haben | ihnen diese Privilegien verliehen unter der Maßgabe, daß sie die städtische Steu|er, die fällig wird, nicht zahlen und keine Einquartierung | und nicht die Zusatz(zahlung leisten müssen) und daß sie frei sein sollen von Sonderumlagen (Eisphora*) und Lei|turgien* aller Art außer | (der Teilnahme an) einem Kriegsunternehmen unter Beteiligung al[le]r; und zustehen soll ihnen (freie) Ausf[ahrt] | und Einfahrt.

## 507 Kos: Zwei Briefe des L. Cornelius Sulla an die Dionysischen Techniten zwischen 84 und 81

Rivista di filologia e di istruzione classica 66, 1938, 253 ff. (Ph); RDGE 49; M. Segre, Iscrizioni di Cos, I–II, 1993, ED 7.
Beidseitig beschriebene Marmorstele (Kos, Museum).

(*A*) Zu gutem Glück! | L. Cornelius Sulla Sohn des Lucius, Ep|aphrodeitos („Liebling der Aphrodite"), Dictator, entbietet den Behörden der Koer, dem Rat | und dem Volk seinen Gruß. Dem Alexandros aus Laodikeia, Ki|tharaspieler – ein trefflicher und verdienter Mann und unser Freund | sowie Gesandter des Verbandes der Dio|[n]ysischen Techniten (Künstler) aus Ionien und vom Hellespont | [sowie d]er (Künstler) des Dionysios Kathegemon („Wegweiser") – habe° ich gest[at|tet,] bei euch an einem besonders ins Auge fallenden Platz [eine Stele] zu erric|h[ten, auf der] aufgezeichnet werden sollen die von mir | [den Künstlern] verliehenen° Privilegien. Nachdem er [nun°] als Gesandter gekommen ist | [nach Rom] und der Senat einen Beschluß [in | diesen Angelegenheiten gefaßt hat], ist es mein Wille, daß [ihr euch] darum kümmert, daß | [bei euch] ein besonders [ins Auge fallender Platz bestimmt wird], an dem aufgest|15[ellt werden soll die die Künstler betreffende Stele]. Unten beigefügt habe ich | [von meinem Schreiben und dem Beschluß] des Sena[ts die Abschriften –]

(*B*) [–] welch [freundliche] Ges[innung] ihr [un]s gegenüber habt, | so ist nun mein Wille, daß ihr Kenntnis davon habt, daß ich in Übereinstimmung mit meines Bera|terstabes Meinung die Entscheidung gefällt habe, daß diejenigen Privi|[l]egien, Ehrungen und Leiturgie*-Befreiungen, welche° auch auf Grund der Wertschät|5[zung] für Dionysos und für die Musen sowie eurem° po[li]|tischen Verhalten zuliebe Senat sowie unsere° Magistrate [beziehungsweise Pr]|omagistrate verliehen (und] b[ewilli]|gt haben, (daß) ihr diese behalten und [wie früher] | von jeglicher Leiturgie freige[stellt sein sollt] |10 und vom Militärdienst, daß ihr° weder eine [Eisphora* noch Umla]|gen zu entrichten braucht noch daß [man euch behelligen darf] | zwecks Gewährleistungen [und Einquartierung, und daß man euch° nicht | zwingen kann, einen [Quartier Suchenden] aufzunehmen [–]

## 508 Lagina: Briefe Sullas und Senatsbeschluß für die karische Stadt Stratonikeia. Anerkennung der Asylie des Heiligtums der Hekate von Lagina 81

Bulletin de correspondance hellénique 9, 1885, 437 ff. (Abb.); OGIS 441; RDGE 18 (*I–III*); vgl. SEG 29, 1076 (zu Z. 20); I. v. Stratonikeia 505 (= *I–III*; Ph), 507–508 (= *IV*).

13 Fragmente von Blöcken der Wand des Hekate-Tempels in Lagina. Schrift in fünf Kolumnen. *I* und *II* Briefe Sullas an Stratonikeia; *III* Senatusconsultum (Koine mit ungelenker Wiedergabe lateinischer Formeln); *IV* Beschluß Stratonikeias (Koine).

(*I*) [Lucius Cornelius, des L]ucius [Sohn], Sulla Epaphroditos, | [Dictator,] sendet den Mag[istr]aten, dem Rat und dem Volk von [Stratoni]keia seinen Gruß. | [Wir wissen sehr wohl, daß ihr] seit Generationen alles, was recht ist, | [gegenüber unsere]r Herr[sch]aft geleistet und zu |5 [jeder Zeit die] Loyalität uns [gegenüber] gewissenhaft gewahrt habt, | [und daß ihr im] Krieg [gegen Mithrada]tes als erste (Gemeinde) in | [Asia Widerstand geleistet un]d infolgedessen viele | [und vielfältige] Gefahren° um unserer öffentlichen | [Angelegenheiten (= *res publica*)] willen° [bereitwil]ligst auf euch genommen habt |[10] [–] sowohl d[ie gemeinsamen] wie die privaten | [um der Freundschaft m]it uns und der positiven Gesinnung und | [des Wohlwollens] willen°, [und daß ihr in der Krie]gszeit an | [die anderen Städte Asiens Ges]andte geschickt habt und ebenso an | [die in Griechenland –]

(*II*) |[15] Lucius Cor[nelius Sulla Epaphroditos, Dict]ator, | [sendet den Magistraten, dem Rat und dem Volk von] Strato[nikeia seinen Gruß.] | Eu[ren] Gesandten [habe ich] diesen° [vom Senat gefaßten] Beschluß | [übergeben.] |

(*III*) Lucius Corneli[us, des Lucius Sohn, Sulla Epaphroditos, Dict]ator, |[20] be[riet mit dem] Senat (*senatum consuluit*) [am sechsten Tag vor den Ka]lenden | des April in de[m Comitium {*oder*: im Z[ensorengebäude}. Zeugen der Niederschrift (*scribendo adfuerunt*): G]aius | Fannius, des Gaius [Sohn, – G]aius | Fundanius, des Gai[us Sohn, –. Hinsichtlich dessen, was die Stratonike]er (vom Stamm) der Chry|sao[reis,] *vacat* |[25] (nämlich) Paionios Sohn des Hier[okles, –] | Hekataios Sohn des Pa[–, –,] | Dionysios Sohn des E[– als Gesandte vorgetragen] haben, | [wobei sie] in Über[einstimmung und Entsprechung mit dem Volksbeschluß der Stratonikeer | den Wunsch vorbrachten, teilnehmen zu dürfen an der Freude darüber, daß d]ie öffentlichen Angelegen[heiten d]es Volkes |[30] [der Römer in besserer Ve]rfassung sind; | [daß es ihnen erlaubt° sei°, einen goldenen Kranz von i]hrer Stadt dem Senat | [zu widmen im Wert von z]weihundert [Talenten* | und daß] es ihnen erlaubt sei, [ein Opfer auf dem Kapitol] zu veranstalten aus Anlaß des S[ieg]es | [und der Führerstellung des Volkes der] Römer, |[35] [und daß hinkünftig Lucius Cornelius, des L]ucius Sohn, Sulla Epaphroditos, | [Dictator,] mit dem Volk [der Stratonikeer] freundschaftliche Verbindung halten möge. | [Da das Volk in der Friedenszeit] gewahrt hat seine | [loyale, treue und freundschaftliche Gesinnung] gegenüber dem Volk der Römer | [und als erstes der (Völker) in Asia, als Mithr]adates ebendort |[40] [seine Schreckensherrschaft ausübte, sich dafür entschieden hat, Wid]erstand zu leisten; | [als aber der König gegen die Stadt vorging] und sich ihrer durch Eroberung bemächtigte | [– *größere Lücke* –] | [– auf Lucius Cornelius, des Lucius Sohn, Sullas,] | des Dictators, An[ordnung hin – |[45] u]nd da das Volk [stets gewahrt hat die bei ihm obwaltende] | Loyalität und Tr[eue] und die Bundesgenossen[schaft mit dem Volk der Römer, wobei es seine ei]|genen Angelegenheiten a[n d]en Interessen [jener (= der Römer) ausrichtete, und da (das Volk von S.) mit Mithradates] | Krieg gef[ührt hat un]d seinen eigenen [Mut (?) be]wiesen und sich bereitwillig entgegengestellt hat] | der königlichen Ge[wa]lt und Macht [– |50 –] [ihrer eigenen Rechtsgrundsätze u]nd Gesetze und Bräuch[e, deren sie sich | früher bedienten:] daß sie deren sich bedienen könnten, und alle [Volksbeschlüsse, die sie gefaßt haben die|ses Kr]ieges wegen, den sie dem Kön[ig Mithradates erklärten: | daß d]iese sämtlich rechtsgültig sein sollten; *vacat* |55 [Pedasos (?),] Themessos, Keramos, die Orte, [Dörfer, Häfen und° die Einkünf|te der] Städte, die Lucius Corn[elius Sulla Imperator | wegen ihrer (= der Stratonikeer)] Tüchtigkeit und zu ihrer Ehre [zugewiesen und zugestanden | hat: daß ihnen] gestattet [sei, d]ies zu behalten; *vacat* | [das Heiligtum der] Hekate, einer sehr erhabe[nen und bedeutenden Göttin, das seit lan|60gem ver]ehrt wird und viel [– | und der heilige Bezi]rk: daß dieser die Asy[lie* genieße; *vacat* | hinsichtlich dessen, was sie im Krieg v]er[loren] hätten: daß] | der S[e]na[t dem Ma]gistra[t, d]er nach Asia geht, den Auftrag | erteile, sich darum zu küm[mer]n und Sorge zu tragen, daß das noch Auffindbare {*oder*: das Unstrittige} |65 ihnen wiedergegeben werde und sie die Gefangenen | zurückerhalten und daß ihnen hinsichtlich des Übrigen ihr Recht werde; | daß den Gesandten, die (künftig) von Stratonikeia nach Rom | kommen würden, die Magistrate außer der Reihe Gehör im Senat verschaffen sollten. | Über diese Angelegenheit wurde wie folgt beschlossen (*de ea re ita censuere*): Den Gesandten |70 der Stratonikeer solle man persönlich im Senat eine freund|liche Antwort erteilen, Wohlwollen, Freundschaft und Bundesgenossenschaft erneuern, | die Gesandten solle man als vortreffliche Mä[nn]er und als un[ser]e° Freunde | und Bundesgenossen, (gekommen) von einem vortrefflichen Volk, | das [un]ser Freund und Bundesgenosse sei, anreden. Beschlossen.

|75 Hinsichtlich dessen, was diese [Gesandten] vorgetragen haben und [wor]über | Lucius Corneli[us Sulla] Epaphroditos, Dictator, refe[riert | hat: (nämlich,) daß es den Rö]mern [bekannt sei durch die Briefe°, die zugesandt worden seien | vo]n den in Asia und Griechenland [amtierenden Statthaltern und den in | diese]n Provinzen [fungierenden] Lega[ten, |80 daß die] Stratonikeer die freundschaftliche, [treue und loyale Gesinnung gegenüber dem | Vo]lk der Römer allezeit [in Frieden und Krieg] | stets gewahrt haben [und] mit Solda[ten, Getreidelieferungen und großen | Kost]en die öffentlichen Angelegenheiten [des Volkes der Römer | be]reitwilligst geschützt haben [– |85 – (daß sie)] in dem [ihnen eigenen] Kampfes-

geist [ihnen (= den Römern) zur Seite ge|käm]pft und den [Feldherrn und Streit]kräften° des König[s Mithradates | im Interesse der Städte in Asia und] | Griechenland heldenmütigen° Widerstand geleistet haben: *vacat* |

[Über diese Angelegenheiten wurde wie folgt beschlossen: Der Senat beschließe, |90 sich trefflicher] und gerechter [Männer zu er]inn[ern und Sorge | zu tragen, daß Luci]us Cornelius Sulla Epaphrodit[os, | Dictator, dem Pr]oquaestor den Auftrag° erteile°, ihnen Gastgeschenke entsprechend dem Edi[kt zu ge|ben, und] die eigenen Gesetze und Bräuche, [deren] sie sich früher | [bedienten, de]ren sollen sie sich bedienen; *vacat* |95 [alle Gesetze] und Volksbeschlüsse, [die sie] beschlossen haben dieses [Krie|ges wegen, der ge]gen Mithradates geführt wurde: daß ihnen [diese | alle gültig bleiben] sollen; und was ihrer Tüchtigkeit [und Ehre | halber nach] dem Votum des Conciliums Lucius Sul[la Im|perator dens]elben zugewiesen und zugestanden hat, [Gemein|100den, Einkünfte, Or]te, Dörfer, Häfen: [daß dies | zu behalten ihnen erlaubt sei.] Und [da]s Volk der Römer [– | – gebüh]rend und würdig sei[ner – | –] und was (von ?) den Stratonikeern [beschlossen ist (?) – | –] solle akzep[tiert sei]n; *vacat* |105 [daß] ferner Lucius Corneli[us Sul]la Epaphroditos, Dictat[or, wenn es ihm (richtig) | sch]eine, (für) die von ihm als Imperator den Stratonikeern zugewiesenen° Gemein[den, | D]örfer, Gemarkungen und Häfen entscheide und verfüge, [wieviel eine jede] | an Gefällen den Stratonikeern zu zahlen hat. *vacat* | [Wen]n er diese Verfügung trifft, soll er an die Gemeinden, die er° den Str[atonikeern] |110 zugewiesen hat, einen Brief schreiben, damit sie A[bgaben] in dieser Höhe | den Stratonikeern entrichten. *vacat* | Hierum sollen stets die jeweiligen [Sta]tthalter° der P[rovinzen] Asia und Griechenland | sich kümmern und sich Mühe geben, da[ß dies] | *vacat* so geschieht. *vacat*

|115 Das [Heilig]tum der He[kate]: daß es [die Asylie genießen soll:] | Der Proconsul, der jeweils Asia als Pro[vinz] | innehat, soll feststellen, was ihnen f[eh]lt, | wer die betreffenden (Gegenstände) geraubt hat und wer sie im Besi|tz hat, damit er für deren Rückgabe und Wiedererstattung von diesen (Leuten) |120 sorgen kann. Damit sie die Gefangenen | zurückerhalten können und ihnen hinsichtlich der sonstigen | Fragen Recht verschafft wird, (soll) s[o (verfahren werden,) w]ie es | ihnen im Interesse des Gemeinwes[ens] | und nach seiner eigenen Verantwortung° (*e re publica fideque sua*) (geeignet) erscheint. Beschlossen. *vacat* |125 Ferner: Den Kranz, den das Volk [dem Senat] | gesandt hat: wo Lucius [Cornel]ius | Sulla Epaphroditos, Dictat[or, | es für gut befi]nde, [(wurde beschlossen,)

daß sie ihn dort weihen | dürfen, und wenn sie ein Opfer auf dem Kapitol |130 veranstalten wollen: daß es ihnen erlaubt sei. | Ferner: Den Gesandten, die aus Stratonikeia nach | Rom (künftig) kommen, wurde beschlossen, solle S]enatsgehör | [von den Magistraten außer der Reihe gegeb]en werden. [Beschlossen.] |

(*IV*) [– soll aufschreiben die Namen der Städte, Könige, Machtha]|ber und Ethne*, nachdem er folgende Einleitung vorangestellt hat: | „Angenommen haben folgende Städte und Köni[ge] | und Machthaber die Asylie des Heiligtums und den |5 penteterischen* Agon* | für Hekate Soteira Epiphanes (‚die persönlich erschienene Retterin') und die Göttin Roma Euer|getis (Wohltäterin)." Ebenso soll er aufzeichnen lassen die Namen | auch der Ethne, die (Asylie und Agon) angenommen haben. Die | für die Aufzeichnung entstehenden Kosten sollen auszah|10len die Schatzmeister aus den Gelde[rn] der Hekate. | Ebenso auch hinsichtlich der künftig Annehmen|den sollen Sorge tragen die amtierenden [Pryta]|nen*, daß ihre N[amen] hinzugeschrieben werden. | Gewählt wurde Herodes Sohn des Hippios aus Korai (?). |15 [–] | [My]lasa, | [K]aunos, | [B]argylia, | Herakleia am |20 Latmos, | Alinda, | Amyzon, | Euromos, | Hydisos, |25 Kys, | Stratonikeia |155 in Makedonien, | [– | – |30 – Mile]tos, | Iasos, | Ephesos, | Magnesia, | Tralleis, |35 Abydos, | Dardanos, | Alexandreia | Troas, | Delphi, |40 Naupaktos, | Elis, | Heraia, | Megalopolis, | Lakedaimon, |45 Argos, | Athen, |175 Megara, | Syros, | Aigina, |50 Abdera, | Tenedos, | [–]eia | in Makedonien, | Antigoneia in |55 Makedonien, | Anthedon | in Boiotien, | Theben, | Koroneia, |60 [–], | La[risa], | Oro[pos], | Nysa, | Aphrodi[tai], |65 Tegea, | Patrai, | Phleius, | Dyme, | Sikyon, |70 Antigoneia, | Aigion, | Aigeira, | Apameia am Mäan|der, |75 Patara, | Xanthos, | Pinara, | Tlos, | Limyra, |80 [M]yra, | Alabanda, | Demetrias, | Seleukeia [am] | Golf von Issos, |85 Kelenderi[s].

## 509 Ilion: Abkommen der Städte des Ilischen Koinon über die Finanzierung des Festes der Athena Ilias 77

*A*: Brückner (wie 457) 454ff. Nr. 15 (Ph); OGIS 444; IGRR IV 197; L. Robert, Monnaies antiques en Troade, 1966, 16ff. (Ü). – *B*: CIG 3601 (*a*) + Brückner ebd. 449 Nr. 6 (*b*). – *A* + *B*: Hermes 61, 1926, 113ff. = SEG 4, 661; LSAM 10; Epigraphica I 36; I. v. Ilion 10.

Fragmente einer Stele aus dem Gebiet von Ilion, wohl von der Akropolis (*A* und *Bb*: Istanbul, Arch. Museum; *Ba* verloren). Oben Giebel mit Relief (Rundschild).

(*A*) Übereinkunft und Abkommen zwischen den Städten über das Fest (Panegyris). | In der Amtszeit (des Kollegiums) der Agonotheten* unter Vorsitz des Demetrios Sohn des Hippodamas aus Ilion, im neunten Jahr, | im Monat Seleukeios nach der Zeitrechnung von Ilion. In Anwesenheit des Quaestors Lucius | Iulius, des Lucius Sohn, Caesar, haben sie untereinander geschlossen folgende Abkommen und Über|5einkünfte, zusammengekommen im Heiligtum der Athena (Ilias) und vor dem Quaestor Lucius Iulius, | des Lucius Sohn, Caesar; (und zwar) aus Ilion Demetrios Sohn des Hippodamas, Theokydes Sohn des Hermias, | Poseidonios Sohn des Apelles; aus Dardanos Diphilos Sohn des Arizelos, Apollophanes Sohn des Diphilos, | Herakleides Sohn des Herodes; aus Skepsis Kleandros Sohn des Pythodoros, Konon Sohn des Bakchios; | aus Assos Anodikos Sohn des Aristolochos, der Jüngere, Ladikos Sohn des Anodikos, Bombos Sohn des Lysi|10themis; aus Alexandreia Philitas Sohn des Simon, Zoilos Sohn des Leontiskos, Kallisthe|nes Sohn des Kleommis; aus Abydos Apolloniketes Sohn des Anaxagoras, Thespis Sohn des Laerti|ades, Hekataios Sohn des Kallipides; aus Lampsakos Pythogenes Sohn des Philiskos, Kleoti|mos Sohn des Archedemos. Für die Summen, die die Städte der Göttin schuldig sind, sollen sie zahlen | an Zinsen ein Sechzigstel zehn Jahre lang, denn alle waren sich einig angesichts der Probleme° der Städte; |15 für die vergangenen Jahre sollen alle Städte entlastet sein von der Zi|nszahlung und keiner Eintreibung unterliegen, in keinerlei Weise. Sobald aber verstrichen ist der obenge|[na]nnte Zeitraum, sollen die Zinsen ein Fünfzehntel sein, so wie [– | es vor]sieht. Falls einige Städte [diese Übereinkunft] lö[schen oder nicht | absen]den die Magistrate, oder die Op[fer für das Fest –]

(*B*) |20 [– | – Kr]an[z] als Siegespreis [–. Die Festprozession ist zu veranstalten auch | j]etzt und durchzuführen so wie f[rüher; das Opfer ist darzubringen | so [w]ie früher. Die Kühe sind von [der Einnahme aus a]ll[en° Feldern zu kaufen,] | die verpachtet sind von der [Göttin; opfern soll man der Göttin nach dem überliefert]|25en [Ges]etz eine weitere Kuh, so wie de[m Zeus Polieus* und allen Göttern | eben]falls, so wie es gesetzlich niedergelegt ist. Das Salb[öl sollen zur Verfügung stellen auch jetzt die Ago|nothe]ten und die Synhedroi*, indem sie es vorauslege[n für die künftige (Pacht-)Einnahme; | und] was den Bühnen(-Agon*) und die Vorträge betrifft, [sollen durchführen die Agonothe]|ten und die Synhedroi, indem sie (die Kosten) vorauslegen für di]e künftige Einnah]me; [der] |30 gymnische und hippische Agon sollen stattfinden bei de[n Große]n Panathe|n[äen]; reservieren soll man indessen auch bei den Kleinen

Panathen[äen* v]on der Einnah|me soviel wie [mö]glich, in gemeinsamer Entscheidung der Agonotheten und der Synhe|droi; und für die Kampfpreise und für die Tagungen der Magistrate und der Synhe|droi und das Sonstige soll man reservier[en], so wie es auch jetzt üblich ist, wobei man es | zunächst umwidmet° für die vorgenannten Zwecke, und anweisen sollen die Agonotheten und | die Synhedroi in Vorauslage für die [künftig]e Einnahme. Die Theo|ren* sollen die Städte entsenden so [wie] früher; die | für die Festgesandtschaften reservierten Gelder [soll man nicht reservieren] während der zehn Jahre. Die | E[rstlings]opfer soll man durchführen so w[ie früher. ] Wenn es erforderlich ist, | daß das Synhedrion* [eine Ge]sandtschaft° schickt, soll man geb[en entweder dreien der Theoren des] betreffenden Jahres oder drei|en Gesandten soviel, wie [die Agonotheten und die Synhedroi gemeinsam] entscheiden, wobei sie (den Betrag) vor|aus[leg]en für die [künftige Einnahme. Den Gesandten und den Theo|r]en soll anweisen das S[ynhedrion –]

## 510 Amphiaraion von Oropos: Aktenstücke, Dekrete und Senatsbeschluß über die Felder des Amphiaraion 73

IG VII 413; Syll.[3] 747; FIRA[2] I 36 (latein. Ü); RDGE 23.
Marmorstele aus dem Amphiaraion von Oropos (Museum). Koine mit wörtlicher Übertragung der römischen Amtssprache.

M[arc]us Terentius, des Marcus Sohn, Varro Lucullus (und) Gaius Cassius, des Luci[us Sohn, Lon]|ginus, Consuln, *vv* senden den Magistraten, dem Rat und dem Volk der Oropier ihren Gruß; wenn es euch wohl ergeht, ist das erfreulich. | Wir wollen euch wissen lassen, daß wir gemäß dem Senatsbeschluß, der ergangen ist un[ter] den Consuln° [Luci]|us Licinius (und) Marcus Aurelius, entschieden haben über die Streitigkeiten, die zwi[schen] | dem Gott Amphiaraos und den Steuerpächtern (*publicani*) bestanden (*Dittographie*:) entschieden haben. *vv*

Am Tag vor den I[den] | des October, in der Basilica Porcia; im Consilium waren anwesend *vv* Marcus Claudius, des Marc[us] | Sohn, (aus der Tribus) Arnensis Marcellus; Gaius Claudius, des Gaius Sohn, (aus der Tribus) Arnensis Glaber; | Marcus Cassius, des Marcus Sohn, (aus der Tribus) Pomentina; *vv* Gaius Licinius, des Gaius Sohn, | (*Dittographie*:) (aus der Tribus) Pomentina; *vv* Gaius Licinius, des Gaius Sohn} (aus der Tribus) Stellatina Sacerdos, | Lucius Voluscius, des Lucius Sohn, (aus der Tribus) Arnensis, *vv* Lucius

Lartius, des Lucius Sohn, | (aus der Tribus) Papiria, *vv* Gaius Annaeus, des Gaius Sohn, (aus der Tribus) Klytomina (= Crustumina), *vv* Marcus Tullius, des Marcus Sohn, | (aus der Tribus) Cornelia Cicero, *v* Quintus Axius, des Marcus Sohn, (aus der Tribus) Quirina, *vv* Quintus Pompeius, des Quin|tus Sohn, (aus der Tribus) Ar[nen]sis Rufus, Aulus Cascellius, des Aulus Sohn (*Dittographie*:) Sohn (aus der Tribus) Romilia, | Quintus Minucius, des Quintus Sohn, (aus der Tribus) Terentina Thermus, *v* Marcus Publicius, | des Marcus Sohn, (aus der Tribus) Horatia Scaeva, *vv* Titus Maenius, des Titus Sohn, *vv* (aus der Tribus) Lemonia, *v* Lucius | Claudius, des Lucius Sohn, (aus der Tribus) Lemonia. *vv*

Hinsichtlich dessen, was Hermodoros, des Olympichos Sohn, Priester | des Amphiaraos, der früher vom Senat „Bundesgenosse" genannt | worden ist, sowie Alexidemos, des Theodoros Sohn, und Demainetos, des Theoteles Sohn, als Gesand|te der Oropier vorgetragen haben: *vv* da in den Verpachtungsbedingungen die | Ländereien ausgenommen seien, die Lucius Sulla um des Schutzes° der heiligen Bezirke der unsterblichen Götter | willen zugestanden habe, (*Dittographie*:) ausgenommen seien *vv* und diejenigen Ein|künfte, um die es sich handle, Lucius Sulla dem Gott Amphiaraos zugewiesen | habe: daß sie für diese Ländereien dem Steuerpächter keine Gebühr zahlen müssen. | Und hinsichtlich dessen, was Lucius Domitius Ahenobarbus *vv* im Interesse der Steuerpächter gesagt hat: | Da in den Verpachtungsbedingungen diese Ländereien ausgenommen seien, | die Lucius Sulla um des Schutzes der heiligen Bezirke der unsterblichen Götter willen | zugestanden habe, *vv* Amphiaraos aber, dem diese Ländereien zugestanden worden | sein sollen, kein° Gott sei: daß die Steuerpächter° diese Ländereien ausbeuten dürfen sollten. |*vv* Nach dem Votum des Consilium haben wir eine Entscheidung gefällt; | unsere Erkenntnis werden wir dem Senat vorlegen, *vv* das, was wir auch | in die Tafel der Commentarii aufgenommen haben: *vv* Über das Land | von Oropos, über das es Streitigkeiten gab mit den Steuerpächtern: nach den | Verpachtungsbedingungen ist dieses ausgenommen; der Steuerpächter | soll es nicht° ausbeuten dürfen. Gemäß dem Senatsbeschluß haben wir entschieden.

| In den Verpachtungsbedingungen ist ja Exemtion so festgelegt: | Außer dem, was ein Senatsbeschluß, unser° Imperator (*autokrátor*) und unsere° Imperatoren | aus Ehrfurcht vor den unsterblichen Göttern und zum Schutz der heiligen Bezirke | zur Nutznießung gegeben oder belassen haben, *v* und außer dem, was Lucius | Cornelius Sulla Imperator nach der Meinung des Consilium | um

des Schutzes der unsterblichen Götter° und der heiligen Bezirke willen zur Nutznießung gegeben hat; | was vom Senat bestätigt und nicht später durch einen Beschluß | des Senats aufgehoben worden ist. *v*

Lucius Cornelius Sulla hat° nach | dem Votum des Consilium ja die Entscheidung gefällt: *vv* Um der Erfüllung des Gelübdes | willen teile ich dem Heiligtum des Amphiaraos an Land zu nach allen Seiten | tausend Fuß°, und zwar so, daß dieses Land auch unverletzlich sei. Ebenso (scheint er) dem Gott Amphiaraos | alle° Einkünfte° der Stadt und des Territoriums und der Häfen der Oropier geweiht zu haben | für die Agone* und die Opfer, die die Oropier | für den Gott Amphiaraos vollziehen, und ebenso für diejenigen, die sie künftig für den | Sieg und die Herrschaft des Volkes der Römer vollziehen werden, | mit Ausnahme der Felder des Hermodoros Sohns des Olympichos, des Priesters des Amphiaraos, der | ohne Unterlaß in der Freundschaft des Volks der Römer verharrt ist.

Über die|se Angelegenheit ist ja° ein Senatsbeschluß *v* im Consulat° des Lucius Sulla Epaphroditos | (und) des Quintus Metellus Eusebés (= Pius) *v* ergangen, | den der Senat in folgende Worte gefaßt hat:

Was dem Gott | Amphiaraos und seinem Heiligtum *v* Lucius Cornelius Sulla nach dem Votum° des Consilium | zugeteilt und zugestanden hat, ebendies hat der Senat als diesem Gott | gegeben und zugestanden erachtet.

Im Consilium waren anwesend | dieselben wie in Beschlüsse Tafel 1, | Wachstafel 14. *v* Folgender Senatsbeschluß ist° gefaßt | worden: Am siebzehnten Tag vor den Kalenden des November im Comitium; | bei der Niederschrift waren anwesend *v* Titus Maenius, des Titus Sohn, (aus der Tribus) Lemonia, | Quintus Rancius, des Quintus Sohn, (aus der Tribus) Claudia, Gaius Visellius, des Gaius | Sohn, (aus der Tribus) Quirina Varro. *vv* Hinsichtlich dessen, was Marcus Lucullus (und) Gaius Cassius, | die Consuln, nach Prüfung ihrem Bericht zufolge über das Territorium von Oropos und die | Steuerpächter festgestellt haben, (nämlich) daß ebenfalls das Territorium° der Oropier | exemt zu sein scheint gemäß den Verpachtungsbedingungen | (und) es nicht (rechtmäßig) erscheint, daß die Steuerpächter dies ausbeuten: so, | wie es ihnen im Sinn der öffentlichen Angelegenheiten und nach ihrem° Ermessen (= *e re publica fideque sua*) (richtig) | erschien, ist beschlossen worden.

### 511 Ephesos: Ehrung Caesars durch die Gemeinden Asiens 48

Syll.[3] 760; K. Tuchelt, Frühe Denkmäler Roms in Kleinasien, I, 1979, 141; I. v. Ephesos 251.

Statuenbasis (im byzantinischen Aquädukt verbaut).

Die Städte in Asien und die [Demoi*] | und die Ethne* (ehren) Gaius Iulius, des Gaiu[s So]|hn, Caesar, den Pontifex Maximus und Impe|rator und Consul zum zweiten Mal, |5 den von Ares und Aphrodi|te (abstammenden) erschienenen Gott und gemeinsamen | Retter des° menschlichen Lebens.

### 512 Philae: Weihung des Praefectus Aegypti C. Cornelius Gallus 29

CIL III Suppl. 14147, 5; OGIS 654; IGRR I 1293; ILS 8995; A. Bernand/ E. Bernand, Les inscriptions grecques et latines de Philae, II, 1969, 128 (Ph, Ü).

Tafel aus Granit, gefunden in einem Altar-Unterbau vor dem Augustus-Tempel auf Philae (Kairo, Ägypt. Museum), schon im Altertum senkrecht geteilt. Dreisprachig (hieroglyphisch, lateinisch, griechisch; letzteres hier übersetzt). Oben Rundbogen, darunter Flügelsonne; zwischen den Kolumnen des hieroglyphischen Textes (mit Dat. auf 20. Pharmuthi des Jahres 1 = 17. April 29) ein Relief (Reiter, der einen Barbaren überreitet).

[G]aius Cornelius, des Gnaeus Sohn, Gall[us, Ritte]r der Römer, nach dem Sturz der | in Ägypten (herrschenden) Könige als erster von Caes[ar über] Ägypten eingesetzt, (hat) die Thebaïs, die a|bgefallen war, binnen fünfzehn Tagen zweimal [in der Sch]lacht mit Macht besiegt und dabei die F|ührer der Gegner gefangen und fün[f St]ädte, teils beim ersten Angriff, teils durch Belager[ung] |5 eingenommen, (nämlich) Boresis, Koptos, Keramiké, Groß-[Diosp]olis, Ophieion, und mit seinem Heer | den Katarakt überschritten, wobei [das (dortige) Land] vor ihm von Heer[en] unbetreten war, und die gesamte | Thebaïs, die den Königen nicht untertan war, [unterworf]en, Gesandte der Aithioper empfangen in Phi|lai und die Proxenie* von dem König er[halten und einen Ty]rannen der Toparchie* Triakontaschoinos, | der einzigen (*sic*) in Äthiopien, eingesetzt, (weiht dies) den angestam[mten] Göttern (und) dem Helfer [N]il als Dankesgaben.

**513 Nysa (Karien): Rückgabe der heiligen Schriften**
**1**

CIG 2943; F. Hiller v. Gaertringen bei W. Diest, Nysa ad Maeandrum, 1913, S. 64; Syll.³ 781; V. Ehrenberg/A. H. M. Jones, Documents Illustrating the Reigns of Augustus and Tiberius, 2. Aufl. 1955 (u. ö.), 316; RDGE 69.
Verschollen.

(*I*) In der Amtszeit des Priesters der Roma und des Imperator Caesar August[us Hera|kl]eides Sohns des Herakleides aus Mastaura; Stephanephor* war | Diomedes Sohn des Athenagoras, des Sohnes des Diom[e]des, Priester | des Iuppiter Capitolinus auf Lebenszeit, im Monat Gorpiaios am neunze|⁵hnten (Tag), am Tag vor den Iden des August, als Cossus Cornelius Lentulus | und Lucius Piso Consuln waren, Schriftführer des Volkes (= der Volksversammlung) war Heli|odoros Sohn des Maiandrios, des Sohnes des Theodotos, Priester des Tiberius Clau|dius Nero auf Lebenszeit: Artemidoros, Sohn des Demetrios, Papas, aus (dem Kollegium) der | Stadt-Strategoi*, hat seinem Auftrag entsprechend rückerstat|¹⁰tet in das Archiv die heiligen Schriften über die Gottheiten | und ihre Asylie* und die Hikesie (Zuflucht für Schutzflehende) und über die das Heilig|tum betreffende Atelie*, nachdem er dem Proconsul Gn[ae]us Lentulus Augur vorgetragen | und den unten beigefügten Brief übergeben hatte. |

(*II*) Im Amtsjahr des Diomedes Sohns des Athenagoras, im Monat Daisios am 16. |¹⁵ Der Proconsul Gnaeus Lentulus Augur an die Magistrate von Nysa. An|gefragt [hat] Artemidoros, Sohn des Demetrios, Papas, ob es erforderlich sei | [–]

**514 Herakleia am Latmos: Orakel-Anfrage und -Antwort**
**1. Jahrhundert, 1. Viertel**

Chiron 20, 1990, 19 ff. (Ph, Ü) = SEG 40, 956.
Vorderseite eines Blocks von der Süd-Ante* des Athena-Tempels von Herakleia. Z. 9–16 Hexameter, gegenüber dem übrigen Text ausgerückt.

[Im Jahr, da Menandros Sohn des Apollonios], | des Sohnes des Kallikrates, zum zweiten Mal [St]epha[nephor*]° war, im (Monat) Posideon. | Das Volk der Herakleoten fragt an, ob | es für es vorteilhafter und besser und der Latmischen |⁵ Athena willkommen ist, wenn es verkauft | die Priesterschaft der° vorgenannten Göttin auf Lebenszeit oder | ihr einen Priester jeweils für ein Jahr wählt. | *vacat* Der Gott gab die Orakelantwort: *vacat* | „Wie ihr der wohlbewaffneten Pallas und hehren Tritonis |¹⁰ Opfervollzieher der Göttin wie dem ganzen Volk genehm | einsetzen sollt mit günstigen Entschlüssen und vortrefflichem Rat, | (darüber) höret des Phoibos allwahren göttlichen Spruch: | Wer nach Herkunft und Lebensführung der Vortrefflichste ist, | (den) wählet aus allen Bürgern in einem jeden Sonnenumlauf, | und wendet hierauf [Über]legung und Eifer, wie sich's gebührt; | denn es ist recht, daß [so]lche Männer zu der Göttin Herrscherhaus schreiten." |

Im Jahr, da Menandros Sohn des Apol|[ll]onios, d[es Sohnes des K]allikrates, zum zweiten Mal Stephanephor° war, | [vom] Mon[at A]nthesterion an, die jäh|[rigen Priester,] von denen der erste die Priesterwürde innehat | [dieses und d]as folgende Jahr: | [Hekatomnos] Sohn des Melas | [–] (*Es folgt auf mehreren weiteren Blöcken eine bis ins 1. Jh. n. Chr. reichende Priesterliste.*)

### 515 Perge: Ehrenbeschluß für den Arzt Asklepiades späthellenistische Zeit

A. Wilhelm, Neue Beiträge zur griechischen Inschriftenkunde, IV, 1915, 53 ff. (= Ders., Akademieschriften zur griechischen Inschriftenkunde, I, 1974, 227 ff.); Epigraphica Anatolica 11, 1988, 104 ff. Nr. 5.

Kalksteinstele aus Perge (in Smyrna/Izmir verschollen).

Folgende | [Städte] ehr[ten] Askle[pi]ades [Sohn des] Myr[on] | *vacat* aus Perge, *vacat* Arzt. *vacat* | Beschluß von Rat und Volk: Da Askl[epi]|ades Sohn des Myron aus Perge, ein hochangesehen[er] Mitbürger, | der die ärztliche Kunst ausübt, | bedeutende Beweise erbracht hat von seiner Erfahru|ng und durch seine Vorträge im Gymnasion viel Nütz|liches allein schon (?) durch diese (Vorträge) bewirkt hat für die Gesundheit der Bürger, | und (da) er die Pflege der Kranken | in einer Weise betrieben hat, die seiner und seiner Vorfahren würdig war, und | er ein Verhalten gezeigt hat, das schicklich und | fein ist und sich im Einklang befindet mit seiner Tätigkeit, | und (da) er, seit er auswärts weilt, vieles, was zu Ehre und Ru|hm gereicht, erhalten hat | und er die Städte aufführt°, die ihm ein (rühmendes) Zeugnis ausstellen in Form von | Beschlüssen, von offiziellen Schreiben | und ihm bei ihnen verliehener | Privilegien, so soll es (deshalb) Beschluß sein, daß Asklepiades die Anerkennung ausgesprochen sei auf Grund die|ser (Verdienste) und seines guten Leumundes und daß ihm ausgehändigt werde von diesem | Beschluß eine Abschrift, gesiegelt mit dem | Siegel der Gemeinde°. *vacat* Beschluß *vacat* von Seleukeia:

Beschluß von Rat und Volk von Seleukeia, | Beschlußvorlage der

Prytanen*°: Da Asklepiades Sohn des Myron, Arzt, | ein verdienstvoller Mann, der eifrig bestrebt ist um alles, was Tüch|25tigkeit und Ruhm betrifft, in der Vergangenheit mit einem Gehalt | von tausend Drachmen* dotiert wurde und während einer ganzen Reihe von Jahren eindrückliche | [Bew]eise seiner Fürsorge erbracht hat, | seine mittels seiner Kunst (erworbene) Erfahrung° auf hervorragendem Niveau präsentiert | und eine beachtliche Anzahl von Bürgern und |30 in der (= unserer) Stadt Wohnenden°, die sich in bedenklicher Verfassung befanden, [ge]rette[t hat,] | weil er die passenden Behandlungsmethoden anwandte mi[t all]|em (erdenklichen) Engagement, und (da) er bei den Operati[onen (?) viele] | ungewöhnliche Behandlu[ngsmethoden (?)] anwandte | und dadurch seinen Fortschri[tt ganz° deut]lich machte [sowie bei seinen Vortr]|35ägen vieles, was zur Gesundheit beit[rägt, darleg]|te und sich dadurch Anerkennung e[rwarb;] | und (da) er ferner stets ein Verhalten zeigte, (das) würdig (ist) [seiner Kunst und bei]|der Städte, indem er [darauf achtete, daß] unbescholten [blieb] die Stellung, | [die man ihm anvertrau]t [hatte] um d[er Krankenpfleg]e willen |40 – wofür er, von seiten des Vol[kes eines (rühmenden) Zeugnisses gewürd]|igt, nicht nur mit den gebüh[renden Ehrungen] geehrt wurde, [son]|dern auch das Bürgerrecht erlangte, [sowohl] er selbst [als auch seine Frau und seine] | Kinder; und (da) er nun, [seinem Grundsatz] treu bleibend, | sich noch übertrifft mit den [Wohltaten, die er uns erweist,] |45 auf Grund deren das Volk, das an [seiner Dankbarkeit (?)] festhält, | der Ansicht ist, man dürfe es nicht [zulassen, daß man] keine Notiz [nehme von] seiner° [grundsätzlichen Halt]|ung, so soll es (deshalb) Beschluß sein: Anerkennung soll man aussprechen dem [Asklepiades Sohn des Myron] | und (ihn) ehren bei dem gy[mnischen Agon* der Seleukei]|a mit einem goldenen Kranz und [einer Bronzestatue, und der He|50rold soll öffentlich ausrufen, daß [das Volk von] S[eleukeia –]

# ANHANG

# GLOSSAR

Im folgenden sind die transkribierten Fachbegriffe zusammengestellt, auf die in den Übersetzungen bei ihrer jeweils ersten Nennung ein Stern (*) verweist. Angeführt werden der Singular und ggf. der Plural des Begriffs, möglichst eine wörtliche Übersetzung und stets eine knappe Erläuterung.

| | |
|---|---|
| Adikíe | „Unrecht“: summarische Tatbestandsbezeichnung des griechischen Rechts. |
| Adyton | „Unbetretbares“: innerster Raum mancher Tempel. |
| Agéla | „Herde“: in Kreta die jungen Männer (Ageláoi) vor Eintritt in die Altersgruppe der Männer. |
| Agón, -es | „Wettspiele“ sportlicher und/oder musischer Art anläßlich kultischer Feste, u. a. die „kyklischen“ (regelmäßig wiederholten) panhellenischen Spiele und die Dramenwettkämpfe in Athen. Gymnischer A. = athletischer A.; hippischer A. = Reit- und Fahrwettbewerb; penteterischer A. = alle 4 Jahre stattfindender A. |
| Agonothétes, -ai | „Wettspielveranstalter“: für Organisation und Finanzierung eines Agon* Verantwortliche(r); i. d. R. ist die Agonothesíe eine Leiturgie*. |
| Agorá | Marktplatz, meist zugleich Versammlungsplatz. |
| Agoranómos | Marktaufsichtsbeamter; auch griech. Wiedergabe des latein. aedilis. |
| Agoratroí | Delegierte zu den Pylaia*. |
| Aisymnétes | „der das Gebührende bedenkt“: in Milet ältere Bez. für Stephanephoros*. |
| Ante | Stirn einer frei endenden Wand etwa eines Tempels. |
| Aparché, -ai | „Erstlingsgabe“: Weihung der ersten Feldfrucht an die Götter. |
| Apodéktes, -ai | „Annehmer“: Beamter (in Athen 1 je Phyle*), der für die Gemeinde Einzahlungen (die er dann an die einzelnen Ressorts verteilt) oder (in Paros) Urkunden entgegennimmt. |
| Apoikie | „Aus-Siedlung“: Von einer Mutterstadt entsandte (und anders als die Kleruchie*) souveräne Kolonie. |
| Architékton | „Erster Baumeister“: mit der Durchführung öffentlicher Arbeiten beauftragter Magistrat. |
| Architheorós | siehe Theoros. |
| Archon, -ónten | „Erster“, „Herrscher“: allg. (Ober-)Beamter in Poleis* (im Plural oft allgemein „Behörden“). Im Späthellenis- |

| | |
|---|---|
| | mus richtet Rom in Milet ein oligarchisches Gremium von 50 A. ein. In Westlokris findet sich der Titel Archós. |
| Archyperétes | siehe Hyperétes. |
| Astynómos, -oi | „Stadtordnender“ Beamter, dem Bauaufsicht und polizeiliche Maßnahmen obliegen. |
| Asylíe | Unverletzlichkeit von Person und Eigentum gegenüber gewaltsamer Pfandnahme (syle*), an Individuen und Gemeinden verliehen; ásylos „unverletzlich“. |
| Atelíe | „Abgabenfreiheit“: Befreiung von allen oder bestimmten Abgaben und Leistungen (z. B. Leiturgien*). Vgl. Isotelie. |
| Athená Areía | „wehrhafte Athena“: häufig als Schwurgöttin. |
| Athlothétes, -ai | „Kampfveranstalter“: bei den Agonen* Kampfrichter, -ordner. |
| Atimíe | „Ehrverlust“: Verlust aller oder bestimmter bürgerlicher Rechte. |
| Basileús, Basileís | „König“: Titel der Monarchen in Sparta, Makedonien, Epirus, Kypros und der Herrscher der hellenistischen Reiche; in vielen Poleis Inhaber eines (auch eponymen*) Priesteramtes (jährig oder auf Lebenszeit), das sakrale Funktionen des archaischen Königtums weiterführt, so der Archon* B. in Athen. |
| Boiotárches | einer der elf, seit 379 sieben auf ein Jahr gewählten Leiter des Boiotischen Bundes. |
| Búlarchos | „Vorsteher des Rats“: allg. Beamtentitel. |
| Chalkús | „Kupfermünze“: in Athen → eines Obolos*. |
| Chiliastys | „Tausendschaft“: in mehreren Poleis* Unterabteilung der Bürgerschaft, z. B. in Ephesos Unterabteilung der Phyle*. |
| Choínix | Trockenhohlmaß, je nach System etwa 1 bis 1,5 Liter. 1 Ch. = 4 bis 6 Kotylen = 1/48 Medimnos*. |
| Choregós | für Organisation und Ausstattung des Chores v. a. in dramatischen Aufführungen (eine Leiturgie*) verantwortlicher Bürger, der ggf. in der Siegerliste genannt wird und sich ein Chorégendenkmal setzen darf; seit 4. Jh. durch Agonotheten* entlastet. |
| Damiorgós, -oí | auch Damiergós, att. Demiurgós: „für die Gemeinde tätig“; in dorischen und nordwestgriechischen Gemeinden hohes, öfter eponymes* Amt. |
| Dareikós | persische Goldmünze. |
| Dekáde | Die Monatstage werden manchenorts in drei Gruppen eingeteilt: „ansteigender“ Monat, 11.–20., „schwindender“ Monat. In der Übersetzung werden diese Gruppen mit „erste, zweite, dritte Dekade“ wiedergegeben. |
| Démarchos, -oi | „Erster im Demos“: Vorstand eines Demos*, in Attika jährlich wechselnd. Auch griech. Wiedergabe des latein. tribunus (plebis). |

| | |
|---|---|
| Demiurgós | s. Damiorgos. |
| Démos | „Volk“: Stadt- oder Landbezirk einer Polis*, z. B. eine der über 100 Gemeinden in Attika; ist nicht diese technische Bez. gemeint, übersetzen wir „Volk“; D. kann in bestimmten Zusammenhängen auch „demokratisch organisiertes Gemeinwesen, Demokratie“ o. ä. bedeuten. Siehe auch Ethnos. |
| Demósion | „Gemeindliches“: In Athen die Kasse der Stadt. |
| Diadikasíe | Entscheidung zwischen strittigen Ansprüchen, z. B. auf einen Grundbesitz. |
| Diágramma | „Rundschreiben“: Erlaß eines hellenistischen Königs; in Kreta anscheinend eine Art Gesetzbuch des Kretischen Koinon* mit Straftarifen. |
| Dioiketés | „Verwalter“ von (z. B. königlichen) Landgütern; im Ptolemäerreich höchster Wirtschafts- und Finanzfunktionär. |
| Dionysien | Dionysosfest: z. B. finden in Athen die Großen D. im Monat Elaphebolion (Februar/März) statt. |
| Drachmé | „Handvoll“: Gewichts- und Währungseinheit; 1 Dr. = 6 Oboloi* = 1/100 Mine* = 1/6000 Talent*. Gewicht sehr unterschiedlich (zwischen 3,39 und 9,06 g), daher werden in den Urkunden u. a. attische, Alexander-, Antigonos-, Antiochos-Silber-Dr.n (offizielles Münzgewicht 4,37 g) oder aiginetische Dr.n als Zahlungsmittel festgesetzt. |
| Eisphorá | außerordentliche Vermögensumlage zur Abhilfe in einer Notlage der Stadt, meist für militärische Zwecke. |
| Eleusínia | penteterisches* Fest mit Agonen* in Eleusis im Kult von Demeter und Kore. |
| Epangelíe | öffentliche „Ankündigung“, etwa einer beabsichtigten Stiftung oder (in Athen) einer beabsichtigten Klageerhebung. |
| Ephébe | männlicher Jugendlicher zwischen Pubertät und Aufnahme unter die Neoi* oder Männer. Die E.n wurden u. a. durch Teilnahme an Opfern. Prozessionen usw., mancherorts auch durch vormilitärische Übungen auf ihre künftigen Bürgeraufgaben vorbereitet. In Athen betonte die Ephebíe seit dem 3. Jh. vornehmlich die höhere Bildung der Oberschichtsöhne; seit 119/8 wurden auch junge Ausländer aufgenommen. |
| Éphoros, -oi | „Aufseher. Beobachter“: mächtigste Behörde dorischer Gemeinden, so bes. die fünf E. in Sparta. |
| Epigamíe | Recht zum Abschluß gültiger Ehen mit Bürger(inne)n der Partnerstadt. |
| Epílektoi | „ausgewählte“ (Kern-)Truppe. ihr Befehlshaber: Epiléktarchos. |

| | |
|---|---|
| Epimeletés, -aí | „Besorger, Pfleger“: häufige Bez. für einen (meist niedrigen) Beamten oder Beauftragten. |
| Epiménios | „monatlich“: Bez. für Priester, Beamte oder Vorsteher von Kollegien mit monatlicher Amtszeit, s. auch eponym. |
| Epipháneia | „Erscheinung“ einer Gottheit, auch feierliches Auftreten eines – als übernatürlich vorgestellten – Herrschers oder Herrschervolkes. |
| Epistátes, -ai | „Vorsteher“: Bez. verschiedenster Leitungsfunktionen, oft in Rat oder Volksversammlung; in Athen der täglich wechselnde Vorsitzende der Prytanen* bzw. der Prohedroi*. |
| eponym | „der (dem Jahr oder einer kürzeren Amtsperiode) den Namen gibt“: Beamter oder Priester, nach dem die betreffende Polis* datiert. |
| Éthnos, -e | „Volk“, „Stamm“: auch Bez. für Bünde (s. Koinon*). |
| Exegetés, -tai | „Ausleger“ des sakralen Rechts, Magistrat in Athen. |
| Exetastés, -taí | „Prüfer“: Kontroll- und Revisionsbeamter. |
| Gymnasíarchos, -oi | Magistrat, der für die Leitung. meist auch für die Finanzierung des Gymnasion zuständig war. |
| gymnisch | siehe Agon. |
| Gynaikonómos, -oi | städtischer Magistrat mit der Aufgabe, über die Sittsamkeit der Frauen und Mädchen und allgemein über Ordnung, Kleidung usw. bei Festen und Ritualen zu wachen und Verstöße zu bestrafen. |
| Hegemón, -es | „Anführer“: die führende (Hegemonial-)Macht in einem Bündnissystem, in den Hellenenbünden von 337. 302 und 224 der Makedonenkönig; in den hellenistischen Heeren Bez. für Offiziere ohne selbständiges Kommando. |
| Heliaía | In Athen das als Gerichtsversammlung konstituierte Volk. |
| Hellenotamías, -ai | Kollegium von 10 Beamten, die im 1. Attischen Seebund die Tributeinnahmen für die Bundeskasse verwalten. |
| Hetaireía | in Kreta etwa = Phratrie*. |
| Hierokéryx, -kes | „Opferherold“: in Eleusis hohe Priesterwürde. |
| Hieromnémon, -es | (dor. Hieromnámon) „Heiliger Merker“: religiöser Funktionär, mancherorts eponymer* Beamter: Delegierter von Mitgliedern der delphischen Amphiktyonie zu deren Bundesversammlung (Pylaia*). |
| Hieropoioí | „die die Opfer vollziehen“: Opfervorsteher, in Athen eine 10-Männer-Kommission, die Feste und Opfer beaufsichtigt. |
| Hierotamías, -ai | „Schatzmeister der heiligen Kasse“: Beamtentitel. |
| Hierothytes, -ai | „Opferpriester“: auch Beamtentitel. |

| | |
|---|---|
| Hípparchos | „Reiteroberst“: hoher Beamter in Poleis und Bundesstaaten. |
| Hoplítes, -ai | Schwerbewaffneter Fußsoldat. |
| Hypaspistés, -aí | Gardesoldat, anscheinend auch in Funktion der Militärpolizei. |
| Hyperétes, -ai | „Diener, Gehilfe, Assistent“: Archyperétes, -ai „Chefassistent“. |
| Isonomíe | „Gleichheit vor dem Gesetz“: wichtiger Grundsatz der Demokratie, auch Synonym für diese. |
| Isopolitíe | Rechtsverhältnis zwischen zwei Poleis*, das den Bürgern Umzug und Annahme des Bürgerrechts der Partnerstadt ermöglicht, durch Vertrag oder Beschluß begründet. |
| Isotelíe | „Gleichbesteuerung“: Gleichstellung eines Ausländers mit den Stadtbürgern in den Abgabenpflichten, insbes. Befreiung von der Metöken*-Steuer. Siehe auch Atelie. |
| Kátoikoi | „Niedergelassene“: im Hellenismus in Städten oder Bünden Ansässige ohne Bürgerrecht, in den Reichen = Militärkolonisten. |
| Klerúchos, -oi | Athener, dem außerhalb Attikas ein Landlos (kleros) zur Besiedlung (in einer Kleruchie, einem Außenbesitz Athens) zugewiesen ist. |
| Koinodík(a)ion | „Gemeinsames Gericht“ (?) des Kretischen Koinon*. |
| Koinón, -á | „das Gemeinsame“: allgemeine nicht-technische Bez. für kultische und politische Bünde (Bundesstaaten, Staatenbünde usw.). |
| Kolakrétes, -ai | „Teilesammler“: athenischer Beamter, zuständig für die Finanzen der Stadt. |
| Kosmetés | „Ordner“: mit der Aufsicht über alle attischen Epheben* eines Jahrgangs beauftragter Magistrat. |
| Kósmoi | Kollegium von Oberbeamten in kretischen Städten, deren Vorsitzender meist eponym* war. Der Singular Kosmos kann sowohl den einzelnen Beamten wie das Kollegium bezeichnen. |
| Lampádarchos | Für die Durchführung kultischer Fackelläufe zuständiger Funktionär (eine Leiturgie*). |
| Leiturgíe | „Dienst für das Volk“: Bekleidung von Ämtern oder Sachleistungen, zu denen der vermögende oder sonst befähigte Bürger verpflichtet ist. |
| Logistés, -ai | „Rechner“: In Athen 30 Beamte, die die Abrechnungen der Hellenotamiai* prüfen. |
| Médimnos, -oi | „Scheffel“: Trockenhohlmaß, in Athen etwa 52,5 Liter. |
| Métoikos, Metöke | „Mitbewohner“: fremde Nichtbürger mit Recht der Ansässigkeit, einer M.-Steuer unterworfen. |
| Metretés | Flüssigkeitshohlmaß, in Athen etwa 39,4 Liter. |
| Metróon | Heiligtum der Méter (Göttermutter); in Athen Stätte des städtischen Urkundenarchivs. |

Mine — Gewichts- und Währungseinheit; 1 Mine (griech. mnaí) = 600 Oboloi* = 100 Drachmen* = 1/60 Talent*, Gewicht sehr unterschiedlich, vgl. Drachme.

Mnémon, -es — „Merker“: Registraturbeamter.

Molpoí — „Sänger“: in Milet Kultgemeinschaft im Dienst des Apollon Delphinios, an ihrer Spitze der Aisymnetes* (Stephanephoros*).

Mónarchos — eponymer* Magistrat (Priester?) auf Kos.

Na(o)poíes, -ai — „Tempelbauer“: auf Kos Beamtentitel.

Naúarchos — „Schiffsbefehlshaber“: Kapitän oder Admiral.

Néoi — „die Jungen“: Altersklasse zwischen Epheben* und Männern.

Neokóros — „Tempelbesorger“: Bez. für verschiedene, nicht nur niedrige Dienste und Bindungen in Kultstätten.

Nomophylax, -kes — „Gesetzeswächter“: Behörde zur Kontrolle der Einhaltung der Gesetze.

Nomothétes, -ai — „Gesetzgeber“: In Athen Kommission zur Revision der Gesetze.

Obolós, -oí — Gewichts- und Währungseinheit; 1 Ob. = 1/6 Drachme* = 1/600 Mine* = 1/36 000 Talent*; Silbermünze. Gewicht sehr unterschiedlich (zwischen 0,565 und 1,51 g; vgl. Drachme); attischer Ob. = 0,73 g.

Opisthodóm — „Hinterhaus“: als Schatzhaus fungierende Hinterhalle des Athena-Parthenos-Tempels auf der Akropolis von Athen.

Paidonómos, -oi — städtischer Magistrat, mit der Überwachung der Erziehung der Jugend, insbes. der Knaben (paídes) beauftragt.

Paidotríbes, -ai — „Knabentrainer“: Sportlehrer der Jugendlichen.

Palaístra — „Ringplatz“: wichtiger Teil des Gymnasion, auch Synonym für dieses. Mancherorts sind für die verschiedenen Altersklassen (Knaben, Jungmänner, Männer) getrennte P. bzw. Gymnasia belegt.

Panathénaia — Hauptfest Athens am 28. Hekatombaion (Juni/Juli). Die Großen P. fanden alle 4 Jahre, die Kleinen P. jährlich statt. P. wurden auch der Athena Ilias gewidmet.

Panhoplíe — Volle Rüstung eines Hopliten.

Pároikos, -oi — andere Bez. für Metoikos*.

pentetérisch — siehe Agon.

Peraía — „das Jenseitige“: Festlandbesitz am jenseitigen Ufer des Meeres oder der Meeresbucht.

Phálanx — Kadertruppe, Zentralformation hellenistischer Heere.

Phrátra, Phratría — „Bruderschaft“, sippenübergreifende Organisation: der Herangewachsene oder Fremde erhält erst durch Aufnahme in die Ph. die Bürgerschaft. Varianten: Pátra, Phátra. Siehe auch Hetaireia.

| | |
|---|---|
| Phrúrarchos | Kommandant einer Besatzungstruppe (phrurá) oder eines Forts (phrúrion); sein Amt: Phrurarchíe. |
| Phylé, -aí | „Stamm“: oberste Abteilung der Bürgerschaft; gemeindliche Aufgaben werden häufig auf die Ph. verteilt, so in Athen (10, im Hellenismus zeitweise bis zu 13 Phylen) die Prytanie*. |
| Polémarchos | „Kriegs-Anführer“: Beamter mit urspr. militärischer, dann sakraler und ziviler Funktion; in Athen als einer der 9 Archonten* bes. für Rechtsprechung zuständig. |
| Poletés, -aí | „Verkäufer“: in Athen u. a. für die Verwaltung der gemeindlichen Grundstücke und Bergwerke, die Verdingung gemeindlicher Aufgaben sowie für die Versteigerung beschlagnahmter Güter zuständig. |
| Polieús, Poliás | „der/die Stadtbeschützende“ (Gott bzw. Göttin). |
| Pólis, -eis | „Burg, Stadt“: mancherorts speziell die Akropolis (ist nicht diese technische Bez. gemeint, übersetzen wir „Stadt“); sonst Stadtgemeinde, daher (v. a. in Kreta) häufig = Bürgerschaft, Volksversammlung. |
| Poliúchos | „der/die die Stadt Innehabende“ (Gott bzw. Göttin). |
| Práktor, -es | „Eintreiber“: Vollstreckungsbeamter. |
| Probúleuma | „Vorberatung“ eines Antrags durch den Rat vor Einbringung in die Volksversammlung. |
| Próhedros, -oi | „Vorsitzender“: z. B. Mitglied der Leitungsgruppe der athenischen Volksversammlung. |
| Prophétes, -ai | „Verkünder“: inspirierter, Orakel auslegender Priester; im ptolemäischen Ägypten Priestertitel auch ohne Orakelzusammenhang. |
| Própylon | architektonisch betonter Torbau. |
| Próstátes, -ai | „Vorsteher“: häufige Bez. für Behörden(kollegien). |
| Próxenos, -oi | „statt eines Gastfreundes“: Bürger einer Stadt, der für die einer anderen die Funktion eines Gastfreundes (Proxeníe) übernimmt, insbesondere Schutz und Hilfe in Rechtssachen. Im Hellenismus häufig Ehrentitel ohne konkreten Inhalt; kommt auch als Eigenname vor. |
| Prytaneíon | Amtsgebäude der (bzw. des) Prytanen. |
| Prytanis, -eis | „Vorsteher“: der oder die höchste(n) Beamte(n) griechischer Städte, auch eponym*; in Athen die Mitglieder der Phyle*, die jeweils für einen der (10–13) Ratsmonate (vgl. Phyle) den geschäftsführenden Rats-Ausschuß (Prytaníe) stellt. P. kann auch Eigenname sein. |
| Ptolemaía | Kultfest mit Agonen* zu Ehren der Ptolemäer oder eines einzelnen Königs dieser Dynastie. |
| Pylaía | Sitzung der Delphischen Amphiktyonen; Teilnehmer: Delegierte der zugehörenden Stämme (Hieromnemonen* und Pylagoren bzw. Agoratroí). |

| | |
|---|---|
| Rhomaía | Agon* zu Ehren der Dea Roma; Rhomaíon: Roma-Heiligtum. |
| Satráp | Gouverneur einer Satrapie (Provinz) im Achämeniden- und Alexander-Reich und hellenistischen Nachfolgestaaten. |
| Sotér | „Retter“, „Erlöser“, femin. Sóteira: Kultbeiname von Gottheiten und Herrschern bzw. Herrscherinnen. |
| Sotéria | „Rettungsfest“ des Aitolischen Bundes in Delphi anläßlich der Rettung des Heiligtums vor dem Keltensturm 279. |
| Speirárches, -ai | Kommandeur einer Speira (Kompanie). |
| Stádion | „Laufbahn“: Längenmaß von 600 Fuß, örtlich verschieden lang (z. B. Athen: 177 m; Olympia: 192 m). |
| Statér | Doppeltes einer Gewichts- und Währungseinheit, speziell Goldmünze mit dem doppelten Gewicht einer Drachme*. |
| Stephanephóros | „Kranzträger“: meist hoher, öfter eponymer* Priestertitel; die Würde (stephanephoría) wird in der Übersetzung mit „Stephanephorat“ wiedergegeben. |
| Stoá | Säulenhalle. |
| Strategíe | Amt eines Strategos*, daher auch selbständige Truppeneinheit, Kommandobezirk, Provinz. |
| Strategós, -oí | dorisch stratagós: „Heerführer“, 1. Militärischer Wahlbeamter; z. B. in Athen Leiter des Aufgebots einer Phyle* mit finanziellen und rechtlichen Aufgaben im militärischen Bereich; seit dem 4. Jh. mit Ressorts (z. B. für die Flotte, die Landesverteidigung) gewählt; in den Bundesstaaten meist der oberste Beamte, 2. In den hellenistischen Reichen: Offizier mit selbständigem Kommando (General); Provinzgouverneur mit zivilen und militärischen Aufgaben, 3. Die römischen Titel praetor und consul werden im Griech. mit strategós (consul auch mit strategós hypatos) wiedergegeben. |
| Syle, sylon | gewaltsame Pfandnahme am Schuldner oder einem seiner Landsleute, Verbum: sylán. |
| Symbolé, -aí | dorisch Symbolá: Vertrag rechtlichen Inhalts, der z. B. Prozesse zwischen Bürgern zweier Städte ermöglicht („Rechtsgewährungsabkommen“); auch „Symbolon“, was aber auch ein Legitimationszeichen bedeuten kann, mit dem sich ein (z. B.) Empfangsberechtigter ausweisen konnte. |
| Sympolitíe | „Gemeinsames Bürgerrecht“: Grundlage der (und deshalb auch Bez. für) Bundesstaaten (z. B. Achaier-, Aitoler-Bund); auch Bez. für die Eingemeindung einer Stadt durch eine größere. |

| | |
|---|---|
| Synhédrion | „Sitzung“ bzw. Körperschaft von Synhedroi*, z. B. Bundesrat; Kronrat hellenistischer Könige. |
| Synhedros, -oi | „beisammensitzend“: v. a. Delegierte der Mitgliedsstaaten zu Bundesräten (Synhedrion*) der Hellenenbünde (337, 302 und 224) oder der Bundesstaaten; in manchen Poleis Kollegien von Beamten oder Ausschüsse von Volksversammlung oder Rat. |
| Synoikismós | „Zusammensiedlung“: v. a. die räumliche Vereinigung von Bürgern der durch Sympolitie* vereinigten Städte. Im Hellenismus oft = „Wiederbesiedlung“ zerstörter Siedlungen. |
| Tagós, -oí | Alter Titel für den thessalischen Oberfeldherrn; unter makedonischer Herrschaft und nach ihrer Beendigung (197) sind Tagoí das Kollegium der Oberbeamten der thessalischen Einzelstädte. |
| Talént | Gewichts- und Währungseinheit; 1 Tal. (griech. tálanton) = 36 000 Oboloi* = 6000 Drachmen* = 60 Minen*. Gewicht sehr unterschiedlich (vgl. Drachme); 1 attisches Tal. = 26,196 kg. |
| Technítes, -ai | „Handwerker, Künstler“. Dionysische T.: in Vereinen (Koiná*) zusammengeschlossene Schauspieler, die in bestimmten Regionen den Poleis Theateraufführungen, Festspiele u. ä. anboten. |
| Témenos | „abgeteiltes“ Landstück, heiliger Bezirk. |
| Tetrárches, -ai | Befehlshaber oder Fürst eines Viertels; im hell. Heer Kommandeur einer Tetrarchie von Speira*, also von etwa 60 Mann. |
| Theorodókos, -oí | dorisch Thearodókos: Bürger, der bereit ist, die reisenden Theoroi* in seinem Haus aufzunehmen und zu bewirten; Listen der Th. sind erhalten. |
| Theorós, -oí | 1. Festgesandter; Gruppen von Th. geben (ggf. unter Führung eines Architheorós) den Städten einer Landschaft das bevorstehende Fest ihrer Heimatstadt bekannt, 2. In mehreren arkadischen Poleis und auf Thasos ist Th. ein hohes städtisches Verwaltungsamt. |
| Thesmophória | sehr altes Frauenfest im Kult von Demeter (Beiname „Thesmophoros“) und Kore. Thesmophórion: Heiligtum dieses Kultes; Thesmophorión: Monatsname. |
| Timúchos, -en | „Ehrenamtsinhaber“: z. T. allg. Bez. für Polis-Beamte, mancherorts eine spezielle Behörde. |
| Toparchía | „Ortsverwaltung“: in Ägypten Verwaltungseinheit unterhalb der Provinz (Nomós). |
| Tyche | „Glück, Schicksal“, zur Göttin personifiziert. Man stellt sich vor, daß eine Stadt (z. B. T. von Antiocheia) oder ein Mensch eine ihm eigene T. hat, etwa einen Schutzgeist. |

## ORTSREGISTER

Fundorte; die kursiven Zahlen beziehen sich auf Nummern unserer Sammlung.


Abu-Simbel *8*
Acharnai *40*
Adulis (am Roten Meer) *403*
Aigai *299*
Aigiale (Amorgos) *442*
Akraiphia *416*
Amphiaraion von Oropos *510*
Amphipolis *237. 471*
Aphrodisias (Karien) *478. 504*
Aphytis *68*
Araxa (Lykien) *479*
Argos 45. 72. *233. 267. 275*
Arkesine (Amorgos) *239*
Astypalaia *297. 493*
Athen *17. 21. 23. 24. 31. 34. 36. 39. 41. 51. 53. 54. 57. 58. 60–66. 68–70. 74–82. 84–109. 111–113. 118–135. 140–142. 144–150. 152. 153. 202. 205–207. 211. 212. 214–217. 219–222. 224–227. 229. 231. 232. 234. 238. 240. 242. 243. 245–247. 249–252. 255. 258. 259. 263. 271. 274. 281. 284. 305. 307. 308. 315. 320. 323–325. 334. 401. 404. 415. 424. 494*
Attika *295*
Berezan *27*
Beroia (Makedonien) *413. 486*
Chaleion *30. 48*
Chersonesos (Krim) *483*
Chios *10. 265. 467*
Chyretiai (Perrhaibien) *454*
Delos *143. 418. 441. 491*
Delphi *5. 25. 32. 37. 42. 46. 116. 151. 235. 283. 286. 300. 303. 315. 333. 433. 466. 474*
Demetrias *492*
Didyma *20. 304. 335*
Dion *432*
Dodona *311*
Dreros (Kreta) *2. 449*
Drymos (Phokis) *481*
Dyme (Achaia) *350. 446. 484*
Ephesos *14. 293. 511*
Epidauros *282. 290. 423*
Eresos (Lesbos) *266*
Eretria *136*
Eriza/Dudurkar (Karien) *462*
Erythrai *241. 248. 294. 329. 338*
Euromos (Karien) *302. 452. 453*
Gambreion (Mysien) *440*
Gortyn *s. Seite XXV*; *443*
Gytheion *459*
Halikarnassos *52*
Herakleia am Latmos *451. 463. 514*
Hierapytna *434. 450 (?)*
Ialysos (Rhodos) *344*
Iasos (Karien) *264. 278. 279. 460*
Ikaros/Failaka *430*
Ilion *317. 318. 337. 457. 509*
Istros *444*
Itanos (Kreta) *341. 439*
Kairo *412*
Kalaureia *347. 348*
Kandahar *321*
Keos *209. 230. 417*
Kibyra *477*
Kildara (Karien) *402*
Kimolos *257*
Kios *236*
Kirmanschah *462*
Kolophon 490. 497

Kom-el-Hisn (Ägypten) *412*
Korkyra Melaina (Korčula) *4. 7. 343*
Kos *68. 314. 406. 407. 408. 409. 429. 436. 507*
Kuwait *430*
Kyparissia *296*
Kyrene *6. 270. 272. 482*
Kyzikos *18*
Labraunda *420*
Lagina *508*
Lampsakos *458*
Laodikeia/Nihawend *462*
Larisa (Thessalien) *422. 455. 485*
Lato *496*
Lebadeia *291*
Lisos (Kreta) *313*
Lykosura *438*
Lyttos (?) *26. 336. 419*
Magnesia am Mäander *22. 500*
Malla (Kreta) *419 (?). 437*
Mantineia *213*
Megara *43*
Mesembria *346*
Milet *50. 210. 268. 269. 294. 301. 331. 332. 469. 470. 480. 489*
Mylasa *228*
Mytilene *203. 253. 254*
Naupaktos *19*
Nemea *13*
Nysa (Karien) *310. 505. 513*
Odessa *68*
Olbia *288*
Olympia *12. 16. 29. 33. 44. 49. 59. 83. 114. 201. 328. 487*
Olynth *208*
Orchomenos (Arkadien) *287. 414*
Oreos *139*
Oropos *292. 445. 510*
Paras *138. 498*
Pergamon *327. 342. 473. 488. 502*
Perge *515*
Phanagoreia *506*
Phigaleia *410*
Philae *512*
Piräus *262. 289*
Pithekussai *1*
Portogruaro *434*
Praisos (Kreta) *340*
Priene *9. 260. 261. 306*
Rhamnus *67*
Samos *15. 28. 55. 273. 309. 405. 464*
Samothrake *411*
Sardeis *425. 426. 427*
Seleukeia in Pierien *468*
Selinus *56*
Sidon *448*
Sigeion *11*
Siphnos *68*
Skepsis *276. 349*
Smyrna *68*
Soloi (Kilikien) *447*
Sparta *110. 154*
Stiris (Phokis) *472*
Stymphalos *465*
Syme *68*
Tanis (Ägypten) *412*
Tegea *73. 421*
Telos *345*
Teos *47. 280. 298. 351. 431. 435. 461. 499*
Thasos *3. 38. 115. 137*
Theangela (Karien) *277*
Theben *223. 244*
Thermos *326*
Thisbe (Boiotien) *475. 495*
Thyateira *316*
Thyrrheion *428. 476. 503*
Troizen *35*
Tylissos *71*
Xanthos *50. 117. 285. 456*

# STELLENKONKORDANZEN

Die kursiven Zahlen beziehen sich auf Nummern unserer Sammlung.


AAA 6, 1973, 375 ff.: *330*

Accame: La lega ateniese 173: *233*

Ager 40 I: *410*; 43: *414*; 67: *450*; 108: *469*; 159: *487*; 170: *502*

Agora XVII 16: *102*; XXV 1065: *34*

AM siehe MDAI(A)

American Journal of Archaeology 51, 1947, 257 ff.: *34*

American Journal of Philology 60, 1939, 452 ff.: *411*

Ancient Macedonia II. 1977, 139 ff.: *486*

Ancient Macedonian Studies in Honor of Ch. F. Edson, 1981, 285 f.: *432*

Annual of the British School at Athens 77, 1982, 79 ff.: *467*

Annuario della Scuola Archeologica di Atene 22/23, 1944/45, 9 f. Test, XII: *429*; 29/30, 1967/68, 445 ff. Nr. 2 + 2bis: *460*

Archaiologikon Deltion 16, 1960, 94 ff. Nr. A: *345*; 111, 1976 (1984), A 176 ff.: *485*

Archiv für Papyrusforschung 6, 1920, 336: *422*; 6, 1920, 341: *505*; 19, 1969, 91 ff.: 68

ASAA 29/30, 1967/68, 437 ff. Nr. 1A + A Æ.1–6: *278*; Nr. 1 A Æ. 7 ff.: *279*

Athenische Mitteilungen s. MDAI(A)

ATL I + II 1: *62*; A9: *113*; D 1–2: *92*; D 3–6: *104*; D 7: *74*; D 8: *111*; D 9: *141*; D 10: *63*; D11: *65*; D 14: *68*; D 15: *76*; D 16: *78*; D 17: *79*; D 18: *90*; D 19: *84*; D 21: *106*; D 22: *108*; D 23: *130*; T 68: *65*; T 68.a: *42*; T 69: *68*; T 70: *78*; *T 71*: *79*; T 72.e: *95*; T 73: *84*; T 74: *122*; T 75: *129*; T 76: *103*; T 77: *144*; T 78: *147*; T 78.a: *128*; T 78.b: *85*; T 78.c: *82*

BCH 39, 1915, 98 ff.: *287*; 63, 1939, 183 ff.: *235*; 95, 1971, 43 ff.: *151*; 99, 1975, 51 ff.: *330*

BE 1972, 371: *349*; 1973, 837: *460*; 1995, 525: *453*

Bernand: Inscriptions grecques d'Egypte et Nubie au Musée du Louvre, 1, 1992, 1: *412*

Bernand: La prose sur pierre dans l'Egypte hellénistique et romaine, 1992, 1: *412*

Bernand: Le Delta égyptien d'après les textes grecs, 1970, 989 ff. Ir. 1: *412*

Bernand/Bernand: Les inscriptions grecques et latines de Philae, II, 1969, 128: *512*

Bernand/Drewes/Schneider: Recueil des inscriptions de l'Ethiopie des périodes pré-axoumite et axoumite 276: *403*

Bielman 2: *239*; 5: *251*; 14: *275*; 20: *308*; 23: *322*; 24: *325*; 31: *424*; 38: *442*

Bleckmann 4: *342*; 7: *339*; 8: *337*; 45: *499*; 49: *245*; 50: *203*; 53: *229*; 57: *296*; 58: *288*

Bourguet: Le dialecte laconien 22: *410*

Brückner in Dörpfeld: Troja und Ilion Nr. 3: *457*; 449 Nr. 6: *509*; 454 ff. Nr. 15: *509*
Buck 1: *11*; 2: *52*; 3: *47*; 5: *241*; 12: *237*; 13: *136*; 14: *292*; 21: *287*; 25: *203*; 32: *422*; 40: *244*; 48: *5*; 50: *46*; 51: *116*; 56: 472; 57: *30*; 58: *48*; 59: *19*; 60: *319*; 62: *29*; 67: *326*; 68: *33*; *69*: *42*; 70: *73*; 85: *72*; 86: *257*; 93: *4*; 94: *7*; 97: *13*; 98: *56*; 103: *344*; 104.a: *8*; 116: *2*
Buckler/Robinson, Sardis VII 1, 6: *502*
Bulletin de correspondance hellénique 9, 1885, 437 ff.: *508*; 34, 1910, 249 ff.: *474*; 46, 1922, 312 ff.: *435*; 54, 1930, 245 ff.: *462*; 63, 1939, 133 ff.: *411*; 94, 1970, 638 ff. Nr. 2: *437*; 109, 1985, 807: *485*; 116, 1992, 279 ff.: *497*
Cataldi 3: *48*; 5: *51*; 7: *65*; 9: *108*; 12: *153*; 26: *146*
CEG I 2: *41*; 6: *77*; 10: *102*; 12: *101*; 83: *80*; 131: *36*; 135: *60*; 143: *4*; 145: *7*; 177: *117*; 179: *24*; 256: *31*; 265:*39*; 305: *21*; 351: *59*; 362: *13*; 367: *33*; 421: *55*; 439: *34*; 451: *1*; II 469: *98*; 820: *201*; 844: *286*; 878: *300*; 888 I: *285*
Chaniotis 5: *554*; 7: *449*; 11: *419*; 28: *450*; 37: *496*; 54: *491*; 55–56: *491*; S. 327 ff. Test. a–b: *491*
Chiron 5, 1975, 59 ff.: *322*; 13, 1983, 21 ff.: *455*; 13, 1983, 283 ff.: *498*; 15, 1985, 13 ff.: *430*; 17, 1987, 104 f.: *478*; 18, 1988, 421 ff.: *451*; 20, 1990, 19 ff.: *514*, 20, 1990, 51: *463*; 22, 1992, 159 ff.: *506*
Choix 1: *308*; 3: *405*; 4: *479*; 9: *249*; 23: *153*; 25: *208*; 26: *214*; 27: *215*; 28: *220*; 31: *137*; 32: *258*; 37: *304*; 38: *473*; 43: *37*; 53: *321*
CIDelph 3: *46*; 8: *116*; 13: *235*
CIG 2943: *513*; 3601: *509*
CIL III suppl. 14147. 5: *112*
Clairmont 2.A: *24*; 6.A.c: *41*; 10.a: *36*; 20.a: *53*; 20.A: *55*; 21.a: *60*; 32.b: *77*; 41: *102*
Classica et Mediaevalia 39, 1988, 94 ff.: *430*
Classical Philology 81, 1986, 32 ff.: *454*
Comptes rendus de l'Académie des Inscriptions et Belles-Lettres 1967, 281 ff.: *462*
Crampa: Labraunda, III 1, 5: *420*
Curty: Les parentés légendaires entre cités grecques 6: *487*
DAA 13: *31*; 76: *39*; 164: *70*; 168: *24*; 173: *24*; 306: *105*; 449 f.: *21*
Daux: Delphes 351 Anm. 2: *283*
DGE 7: *33*; 11: *42*; 13: *110*; 57: *73*; 58: *83*; 65: *114*; 71: *410*; 83: *72*; 75: *296*; 84: *71*; 85: *257*; 126: *36*; 133.1: *4*; 133.2: *7*; 144.1: *37*; 144.2: *49*; 147: *343*; 166: *56*; 193: *449*; 195: *491*; 197: *341*; 242: *297*; 288: *434*; 301: *8*; 317: *5*; 321: *46*; 322: *116*; 353: *472*; 355: *481*; 362: *30*; 363: *48*; 366: *319*; 381: *326*; 386: *417*; 413: *29*; 414: *12*; 428: *414*; 467: *244*; 590: *422*; 619: *203*; 632: *266*; 644: *299*; 665: *287*; 675: 438; 687: *10*; 703: *241*; 710: *47*; 714: *28*; 727: *50*; 730: *268*; 731: *11*; 732: *18*; 735: *269*; 740: *260A*; 741: *261*; 744: *52*; 746: *228*; 799: *237*; 804: *136*; 805: *139*; 811: *292*
Dubois: Dialecte arcadien II 146 ff.: *287*
Dubois: Inscriptions grecques dialectales de Sicile 117: *108*
Durrbach 51: *418*; 111: *491*
Ebert: Griechische Epigramme auf Sieger 33: *201*; 37: *286*; 64: *448*
Eckstein: VI. Bericht Olympia 205 ff.: *328*
Edelstein: Asclepius 423A: *290*
EG II 23: *334*; II 78 f.: *265*; II 543 ff.: *220*; II 548: *326*

Ehrenberg/Jones: Documents Illustrating the Reigns of Augustus and Tiberius[2] 316: *513*
Epigraphica 27, 1965, 110 ff.: *258*
Epigraphica Anatolica 3, 1984, 33 f.: *478*; 8, 1986, 1 ff.: *452*; 11, 1988, 104 ff. Nr. 5: *515*; 20, 1992, 127 ff.: *402*; 21, 1993, 15 ff.: *302*; 24 ff. Nr. 5: *453*
Epigraphica I 1: *38*; I 2: *115*; I 3: *68*; I 5: *245*;; I 6: *203*; I 7.: *288*; I 8.: *296*; I 10: *441*; I 11: *446*; I 21: 18; I 22: *298*; I 36: *509*; I 37: *435*; III 21: *221*; III 22: *443*; III 29: *73*; III 39: *481*
FdD III 2, 68: *315A*; III 3, 144: *333*; III 4, 75: *474*; 137: *300*; 163: *433*
FIRA[2] I 31: *475*; 36: *510*
Fouilles de Xanthos IX 156A: *285*
Gauthier: Nouvelles Inscriptions de Sardes, II, 1989, 13 ff. Nr. 1: *425*; 47 ff. Nr. 2: *426*; 81 ff. Nr. 3: *427*
Gauthier/Hatzopoulos: La loi gymnasiarchique de Beroia: *486*
Geffcken: Griechische Epigramme 125: *223*; 128: *267* 174: *423*; 178: *448*
GG 4: *36*; 6: *43*; 11: *77*; 12: *102*; 18: *4*; 20: *54*; 27: *7*
GIBM III 1, 399: *260A*; III 1, 400: *260B*; III 1, 401 f.: *306*; IV2, 1017: *248*
Greenidge/Clay: Sources for Roman History[3], S. 123: *503*
GrMBI I 15: *415*; 26: *445*; 28: *475*; 30: *465*
Günther: Das Orakel von Didyma 23 ff.: *301A*; 29 ff.: *301B*; 43 ff.: *304*; 101 ff.: *436*
GVI 7: *36*; 9: *43*; 15: *60*; 18: *77*; 20: *102*; 42: *4*; 45: *54*; 46: *101*; 47: *98*; 51.a: *3*; 73: *7*; 630: *80*
HAI 1: *23*; 2: *27*; 3: *25*; 4: *32*; 5.b: *34*; 6: *55*; 8: *62*; 9: *79*; 10: *82*; 11: *s. zu 62*; 12: *97*; 13: *100*; 14: *105*; 16: *s. zu 62*; 17: *125*; 18: *140*; 19: *145*; 20: *147*; 21: *148*; 22: *153*; 25: *202A*; 28: *204*; 29: *212*; 30: *215*; 31: *225*; 34: *232*; 39: *256*; 49: *401*; 51: *323*; 55: *404*; 56: *415*; 61: *473*
Heisserer 1 ff.: *259*; 8 ff.: *256*; 27ff.: *266*; 79 ff.: *265*; 118ff.: *253*; 143 ff.: *260A*; 145ff.: *260B*; 171ff.: *264*; 182 ff.: *273*
Hellenica s. Robert
Hermes 61, 1926, 113 ff.: *509*
Herzog: Das panhellenische Fest und die Kultlegende von Didyma: *436*
Herzog: Wunderheilungen 8 ff.: *290*
Herzog/Klaffenbach: Asylieurkunden aus Kos 4: *406*; 6: *407*; 12: *408*
Hesperia 8, 1939, 1 ff.: *202A*; 8, 1939, 5 ff.: *227*; 9, 1940, 321 ff.: *222*; 11, 1942, 287 f. Nr. 56: *404*; 12, 1943, 149 ff.: *274*; 43, 1974, 157 ff.: *221*
HGI 1: *8*; 2: *10*; 3: *11*; 4: *29*; 5: *14*; 6: *28*; 8: *20*; 10: *22*; 12: *36*; 13: *37*; 14: *42*; 15: *43*; 16: *49*; 17: *59*; 18: *52*; 19: *83*; 21: *114*; 23: *136*; 26: *117*; 29: *208*; 31: *218*; 32: *228*; 36: *233*; 39: *237*; 40: *241*; 41: *244*; 47: *248*; 51: *260A*; 52: *260B*; 53: *265*
HH[2] 2: *7*; 3: *8*; 4: *23*; 5: *14*; 6: *20. 104*; 8: *11*; 9: *29*; 10: *21*; 11: *25*; 12: *24*; 13: *32*; 14: *34*; 16: *37*; 17: *43*; 18: *36*; 19: *42*; 20: *22*; 22: *49*; 23: *47*; 24: *33*; 25: 30; 26: 53; 27: 52; 28: 60; 30: *59*; 32: *63*; 33: *62*; 34: *56*; 36: *51*; 37 A: *75*; 37 B: *720*; 38: *80*; 40: *79*; 41: *82*; 43: *s. zu 62*; 44: *48*; 45: *83*; 46: *77*; 47: *89*; 48: *s. zu 62*; 49: *92*; 50: *93*; 51: *99*; 52: *100*; 53: *97*; 54: *102*; 56: *117*; 58: 150; 59: *105*; 61: *108*; 62: *112*; 63: *114*; 64: *113*; 65: *s. zu 62*; 66.IV: *126*; 67: *127*; 68: *122*; 69: *125*; 70: *128*; 71: *133*; 72: *132*; 73: *148*; 74: *140*; 75: *144*; 76: *143*; 77: *146*; 78: *145*; 79: *151*; 81: *153*; 89: *204*; 93: *69*; 94:

*203*; 108: *225*; 109: *224*; 111: *229*; 119: *232*; 123: *260B*; 125: *237*; 126: *236*; 132: *243*; 133: *228*; 134: *247*; 135: *244*; 138: *248*; 139: *250*; 147: *247*; 154: *256*; 156: *260A*; 157: *266*; 158: *265*; 162: *311*

Hiller von Gaertringen: Historische griechische Epigramme 102: *423*; ders. bei W. Diest: Nysa ad Maeandrum S. 63: *201*; 64: *513*; 66: *223*; 78: *267*; 36: *286*

Historia 28, 1979, 88 f.: *411*

Holleaux: Études d'épigraphie et d'histoire grecques III 165 ff.: *462*; V 284 f.: *466*

I. Cret. I viii 4 (p. 56): *72*; I ix 1: *449*; I viii 6*: *332*; I xix 1: *419*; I xvi 3: *491*; I xvi 4: *491*; I xvi 17: *496*; I xviii 8: *336*; I xxiii 1: *332*; I xxx 1 (p. 307): *71*; II xvii 1: *313*; III iii 3 A: *434*; III iii 4: *450*; III iv 1: *341*; III iv 8: *439*; III vi 7: *340*; IV 20 ff.: *438*; IV 161*: *332*; IV 162: *443*

I. de Délos 89: *93*; 93: *143*: 509: *447*; 1513 und 1514: *491*

I. v. Didyma 14: *20*; 424: *304*; 479: *301B*; 480: *301A*; 492: *335*

I. v. Ephesos 2: *293*; 7: *502*; 251: *511*; 3110: *294*

I. v. Erythrai I 4: *63*; I 6: *204*; I 8: *241*; I 9: *248*; I 31: *329*; II 501: *148*; II 503: *338*

I. v. Iasos I 2: 278; I 3: 279; I 4: *460*; I 30: 264; II T 50: 273

I. v. Ilion 10: *509*; 25: *337*; 33: *317*; 34. *318*; 45: *457*

I. v. Kios *2: 236*

I. v. Lampsakos 4: *458*

I. v. Magnesia 88: *500*; 115: *22*

I. v. Mylasa I 1–3: *228*

I. v. Olympia 9: *29*; 10: *12*; 40: *326*; 52: *487*; 160: *201*; 249: *49*; 252: *33*; 253: *59*; 254–256: *83*; 259: *114*

I. v. Parion O 62: *349*

I. v. Pergamon I 5: *342*; I 13 + II p. 507: *327*; I 160 + II p. 508: *473*; II 268: *502*

I. v. Perge 12: *515*

I. v. Priene 1: *260B*; 2: *261*; 14: *306*; 15: *306*; 156: *260A*; 458: *210*; 500: *309*

I. v. Stratonikeia 505. 507. 508: *508*

IAG 3: *13*; 11: *39*; 15: *70*; 17: *201*; 21: 286; 41: *448*

IG I$^2$ I: *23*; 10: *63*; 14–15: *76*; 16: *51*; 17: *78*; 18: *61*; 19–20.1 f.: *58*; 20: *96*; 22: *65*; 24: *75*; 25: *120*; 26: *57*; 28.a: *64*; 39: *79*; 44: *81*; 45: *82*; 47: *149*; 50: *90*; 51: *99*; 52: *100*; 53: *109*; 54: *84*; 56: *85*; 57: *104*; 58: *107*; 60: *108*; 63: *113*; 65: *111*; 66: *74*; 71: *121*; 76: *123*; 81: *124*; 86: *125*; 87: *118*; 90: *122*; 91–92: *92*; 96: *129*; 97: *103*; 98- 99: *131*; 102: *90*; 105: *150*; 108: *144*; 109: *141*; 110: *140*; 115: *145*; 116: *146*; 117: *148*; 118: *747*; 126.1–7: *153*; 144: *130*; 155: *130*; 191: *62*; 248–249: *133*; 268: *127*; 283: *126*; 293: *88*; 295: *97*; 298: *135*; 302: *128*; 304.A: *142*; 306: *112*; 324: *112*; 325–331: *132*; 339: *132*; 352: *94*; 354: *91*; 355: *89*; 366: *95*; 377: *93*; 394: *24*; 397: *105*; 606: *70*; 609: *31*; 655: *39*; 761: *21*; 763: *41*; 909.1: *34*; 927: *36*; 929: *53*; 931–932: *60*; 943: *77*; 945: *102*; 1034: *54*; 1085: *80*

IG I$^3$ 1: *23*; 9: *57*; 10: *51*; 11: *58*; 12: *96*; 14: *63*; 19: *64*; 21: *65*; 31: *66*; 34: *74*; 35: *75*; 36: *120*; 37: *76*; 38: *61*; 39: *78*; 40: *79*; 45: *81*; 46: *82*; 48: *90*; 49: *84*; 52: *92*; 53: *99*; 54: *100*; 60: *103*; 61: *104*; 62: *106*; 63: *107*; 66: *108*; 67: *109*; 68: *111*; 71: *113*; 75: *118*; 76: *122*; 78: *123*; 79: *124*; 83: *125*; 86: *129*; 89: *121*; 91: *130*; 93: *131*; 98: *134*; 99: *141*; 101: *144*; 102: *140*; 104: *145*; 110: *147*; 117: *150*; 118: *146*; 119: *148*; 123: *149*; 125: *152*; 127: *153*; 156: *85*; 227: *119*; 248: *67*; 256: *86*; 257: *87*;

259: *62*; 309–310: *133*; 329: *127*; 354: *126*; 363: *88*; 364: *97*; 369: *112*; 370: *128*; 373: *135*; 375: *142*; 402: *93*; 421: *132*; 426–427: *132*; 430: *132*; 449: *94*; 458.a: *89*; 459: *89*; 460: *91*; 465: *95*
IG II² 1, 1–40: *153*; 8: *119*; 12: *134*; 14: *202A*; 15: *202A*; 16: *205*; 18: *206*; 20: *207*; 28: *211*; 31: *212*; 34: *214*; 35: *214*; 42: *216*; 43: *215*; 44: *217*; 47: *284*; 55.b: *106*; 65: *119*; 66: *130*; 96: *219*; 97: *220*; 98: *222*; 103: *225*; 105: *226*; 107: 224; 111: *231*; 112: *232*; 116: *234*; 125: *240*; 126: *238*; 127: *242*; 128: *243*; 141: *229*; 155: *217*; 174: *152*; 204: *246*; 212: *249*; 213: *250*; 226: *252*; 233: *255*; 236: *256*; 284: *251*; 329: *259*; 337: *262*; 356: *271*; 403: *247*; 523: *226*; 653: *307*; 657: *308*; 659: *305*; 666: *324*; 667: *324*; 680: *401*; 191: *404*; 682: 334; 687: 323; 686: 323; 834: *475*; 844: *424*; 1028: *494*; 1128: *245*; 1132: *315A*; 1177: *289*; 1201: *274*; 1362: *295*; 2791: *263*; 5220: *101*; 5224: *98*
IG IV 1², 68: *282*; l², 121: *290*; 2, 556: *233*; 2, 583: *267*; 2, 840: *347*; 2, 841: *348*; 1372: *423*
IG V 1, 1: *110*; 1165: *459*; 1, p. XV: *487*; 2, 118: *421*; 2, 344: *474*; 2, 419: *410*; 2, 514: *438*; 2, 1562: *33*; 1568: *114*
IG V 2, 159: *73*
IG VI, 1421: 296; 2, 343: *287*
IG VII 53: *43*; 235: *292*; 413: *510*; 2225: *475*; 2418: *244*; 2462: *223*; 3055: 291; 4135: *416*; 4263: *445*
IG IX 1² 1, 169 A: *417*; 1, 194a: *401*; 2, 241: *428*; 2, 242: *503*; 3, 609: *19*; 3, 654: *417*; 3, 656: *114*; 3, 717: *48*; 3, 718: *30*
IG IX l² 1, 3 A: *326*; l² 1, 170: *303*; l² 1, 173: *333*; l² 3, 706: *319*; 1, 32: *472*; 1, 226–230: *481*; 1, 333: *48*; 1, 334: *30*; 1, 867: *4*; 1, 868: *7*; 2, 338: *454*; 2, 517: *422*; 2, 1109: *492*
IG XI 4, 1097: *418*
IG XII 1, 677: *344*; 1, 977: *69*; 2, 1: *203*; 2, 6: *253*; 2, 526: *266*; 3, 173: *493*; 3, 183: *297*; 3, 1259: *257*; 4, 1, 68: *314*; 4, 1, 152: *429*; 4, 1, 209: *409*; 4, 1, 215 I: *406*; 4, 1, 220 I – III: *407*; 5, 109: *138*; 5, 526 + 527A + 532: *417*; 5, 594: *230*; 6, 1, 11: *405*; 7, 5: *239*; 6, 1, 350: *464*; 7, 386: *442*; 7, 506: *312*; 8 p. viii: *286*; 9, 187.A: *136*; 188: *139*
IG XII Suppl. 347, I–II: *115*
IG XIV 268: *56*
IGBulg I² 307: *346*
IGRR 1 1293: *512*; IV 179: *458*; IV 197: *509*; IV 297: *502*; IV 1028: *493*; IV 1557: *461*
IJGr I, Nr. III; *440*: II, Nr. XXXII: *443*: II, Nr. XXXVII: *481*
ILS 8763: *422*: 8766: *459*: 8995: *512*
IOSPE I² 24: *288*; 401: *339*
IPArk 9: *213*; 15: *287*; 16: *414*: 28: *410*: 34: *438*
ISE I 7: *281*; I 52: *275*; I 55: *465*; I 65: *495*; I 138: *267*; I 144: *282*; I 158: *328*; II 72: *283*; II 73: *300*; II 77: *333*; II 87: *428*: II 102: *455*: II 109: *413*; D 114: *471*; II 123: 346; II 130: *444*
Istanbuler Mitteilungen s. MDAI(I)
J 78.37: *21*; 78.43: *24*; 104.15: *42*; 104.17: *46*; 104.19: *116*; 108.2: *19*; 108.3: *30*; 108.4: *48*; 132.29: *36*; 132.38: *59*; 150.5: *13*; 168.4: *5*; 169.22: *45*; 169.30: *60*; 170.39a: *71*; 170.39b: *72*; 201.49: *33*; 201.55: *110*; 216.27: *73*; 220.6: *29*; 220.12: *12*; 234.9: *4*; 234.11: *7*; 239.1: *1*; 275.6: *37*; 275.7: *49*; 277.39: *56*; 284.10: *83*; 307.61: *3*; 308.71: *38*; 308.76: *137*; 315.1a: *2*; 342.13: *28*; 342.21: *55*; 343.32: *20*; 343.41: *10*; 344.54: *14*; 344.56: *8*; 344.58: *8*; 345.62: *47*; 356.4a: *8*; 356.4b: *8*;

358.42: *52*; 358.48a: *8*; 358.48b: *8*; 358.48c: *8*; 371.33: *114*; 371.43–44: *11*; 372.51: *18*; J[2] 446.16a: *15*; 447.G: *154*; 450.E: *44*; 456.1a: *16*; 468.14b: *26*; 478.60c: *27*
Jeppesen: Ikaros III, 82 ff.: *430*
Journal des Savants 1975, 143 f.: *285*
Journal of Hellenic Studies 68, 1948, 46 ff. Nr. 11: *479*
Journal of Roman Studies 74, 1984, 36 f.: *485*
Kaibel: Epigrammata Graeca ex lapidibus conlecta 932: *448*
Kern Tf. 40: *505*; 43: *488*
Kirchner[2] Tf. 23 Nr. 49: *211*; Tf. 23 Nr. 50: *215*; Tf. 24 Nr. 51: *219*; Tf. 26 Nr. 53: *226*; Tf. 32 Nr. 75: *307*; Tf. 33 Nr. 78: *308*; Tf. 33 Nr. 83: *324*; Tf. 34 Nr. 84: *323*
Klaffenbach: Der römisch-ätolische Bündnisvertrag vom Jahre 212 v. Chr., 1954: *428*; ders.: Die Astynomeninschrift von Pergamon, 1954: *488*
Klio 75, 1993, 131 ff.: *476*
Kretika Chronika 21, 1969, 281 ff. Nr. 2: *43*
Laronde: Cyrène 30 ff.: *270*; 66 ff.: *272*
Latysev: Inscriptiones antiquae orae septentrionalis Ponti Euxini Graecae et Latinae I[2] 402: *483*
Laum: Stiftungen in der griechischen und römischen Antike II 90: *499*; 128: *301B*
Lawton 15: *205*; 16: *206*; 17: *211*; 18: *212*; 19: *214*; 24: *232*; 27: *242*; 28: *243*; 35: *249*; 38: *258*; 84: *207*; 96: *220*; 122: *252*
LGS I 63: *438*; I 70: *416*; I 193: *440*; II 28: *246*; II 30: *262*; II 32: *247*; II 33: *289*; II 34: *295*; II 36: *305*; II 52: *347*; II 53: *348*; II 65: *292*; II 123: *297*; II 145: *344*
Li Donnici: Epidaurian Miracle Inscriptions: *290*
LSAM 10: *509*; 16: *440*; 49: *489*
LSCG 5: *123*; 12.A: *75*; 12.B: *120*; 32: 246; 34: 262; 35: 247; 36: 289; 37: 295; 39: 305; 58: 347; 59: 348; 68: *438*; 69: *292*; 73: *416*; 74: *291*; 76: *46*; 83–84: *492*; 130: *297*; 136: *344*; 178: *86*; Suppl. 11: *284*; Suppl. 41: *235*
Maier: Griech. Mauerbauinschriften 57: *343*
MDAI(A) 27, 1902, 47 ff. Nr. 71: *488*; 66, 1941, 221 ff.: *281*; 87, 1982, 140 ff.: *15*; 105, 1990, 259 ff.: *464*
MDAI(I) 15, 1965, 73 ff.: *480*
Mette: Urkunden dramatischer Aufführungen in Griechenland II A 2: *500*; VI D 1: *421*
Michel 5: *208*; 8: *203*; 9: *220*; 10: *232*; 11: *234*; 12: *248*; 13: *299*; 14: *257*; 15: *327*; 16: *450*; 18: *342*; 21: *434*: 23: *449*; 24: *472*; 21: *417*: 28: *491*; 29: *224*; 31: *487*; 33: *265*; 34: *280*; 35: *317*; 36: *309*; 37: *329*; 39: *304*; 40: *462*; 41: *422*; 44: *454*; 50: *505*; 51: *461*: 69: *475*; 87: *217*; 88: *216*; 90: *225*; 93: *229*; 104: *262*; 124: *307*; 128: *401*; 129: *334*; 130: *323*; 131: *424*; 144: *289*; 178: *348*; 187: *410*; 199: *414*; 252: *433*; 324: *237*; 336: *288*; 366: *273*; 373: *312*; 384: *442*; 401: *245*; 434: *344*; 440: *340*; 461: *264*; 467: *460*; 471: *228*; 498: *499*; 501: *241*; 520: *440*; 524: *337*; 526: *318*; 529: *458*: 550: *473*; 551: *412*; 587: *445*; 608: *404*: 610: *494*; 617: *244*; 674: *246*; 682: *305*; 686: *295*; 698: *292*; 760: *476*; 794: *297*; 914: *500*; 1009: *315B*; 1209: *260A*; 1239: *403*; 1265: *267*; 1316: *339*; 1317: *439*; 1339: *446*; 1344: *347*; 1363: *481*; 1443: *202A*; 1446: *214*; 1449: *219*; 1452: *226*; 1455: *240*; 1456: *242*; 1457: *243*; 1492: *415*; 1912: *250*
Migeotte: Emprunt 2: *255*; 9: *445*;

11: *495*; 28: *472*; 29: *481*: 41: *444*; 48: *239*; 86: *280*
Migeotte: Souscriptions 17: 404; 33: *455*
Milet I 2, 9: *210*; I 3, 135: *268*; I 3, 136: *269*; I 3, 139: *331*; I 3, 140: *332*; I 3, 142: *294*; I 3, 149: *470*; I 3, 150: *469*; I 7, 203: *489*; VI 1, S. 184 f.: *470*; S. 186 ff.: *469*; S. 200: *489*; I 6, 187: *50*; VI 3, 1039: *480*; VI 3, 1054: *487*
Milne: Greek Inscriptions [Caire], 1905, Nr. 22 186 u. 22187: *412*
ML 1: *1*; 2: *2*; 3: *3*; 4: *4*; 5: *6*; 6: *17*; 7: *8*; 8: *10*; 9: *13*; 10: *16*; 11: *21*; 12: *22*; 13: *19*; 14: *23*; 15: *24*; 16: *28*; 17: *29*; 18: *31*; 19: *32*; 20: *30*; 21: *34*; 22: *33*; 23: *35*; 24: *36*; 25: *25*; 26: *41*; 27: *42*; 28: *37*; 29: *49*; 30: *47*; 31: *51*; 32: *52*; 33: *53*; 34: *55*; 35: *60*; 36: *59*; 37: *58*; 38: *56*; 39: *62*; 40: *63*; 41: *s. Seite XXV*; 42.A: 71; 42.B: *72*; 43: *50*; 44: *75*; 45: *68*; 46: *74*; 47: *76*; 48: *77*; 49: *82*; 50: *s. zu 62*; 51: *80*; *52: 79*; 53: *67*; 54 A 1: *89*; 54 A 2: *89*; 54.B: *91*; *55: 88*; 56: *90*; 57: *83*; 58: *92*; 59: *94*; 60: *95*; 61: *97*; 62: *93*; 63.A: *99*; 63.B: *101*; 64: *100*; 65: *104*; 66: *105*; 67: *110*; 67 bis (in ML$^2$): *154*; 68: *111*; 69: *113*; 70: *119*; 71: *120*; 72: *112*; 73: *123*; 74: *114*; 75*: s. zu 62*; 76: *127*; 77: *128*; 78: *131*; 79.A: *132*; 79.B: *132*; 80: *134*; 81: *135*; 82: *136*; 83: *137*; 84: *142*; 85: *140*; 86: *145*; 87: *146*; 88: *148*; 89: *144*; 90: *147*; 91: *150*; 92: *149*; 93: *117*; 94: *153*; 95: *151*
Moggi: I sinecismi interstatali 43: *287*
Nachtergael: Les Galates en Grèce et les Sôtéria de Delphes 21: *407*; 69: *427*; 401 ff.: *314*
Newton: Ancient Greek Inscriptions in the British Museum III 1, 442: *460*
Nouveau Choix 7: *480*; 9: *275*; 16: *16*; 18: *46*; 20: *67*; 35: *448*
OGIS 1: *260B*; 2: *253*; 5: *276A*; 6: *276B*; 8: *266*; 11: *306*; 12: *306*; 13: *309*; 54: *403*: 56: *412*; 213: *301B*; 214: *304*; 218: *337*; 220: *318*; 221: *377*; 223: *329*; 224: *462*; 225: *335*; 234: *433*; 237: *460*; 245: *468*; 248: *475*; 265: *342*; 266: *327*; 437: *502*; 441: *508*; 444: *509*; 483: *488*; 654: *512*; 762: *477*
Oikonomos: Epigraphai tes Makedonias, I, 1915, 2 ff. Nr. 1: *432*
ÖJh 14, 1911, 163 ff.: *319*; 46, 1961/3, 175 ff.: *293*
Peek: Inschriften aus dem Asklepieion 23: *282*
Petrakos: Demos tou Rhamnountos 3: *325*
Petrakos: Oropos 177 f.: *292*
Pfeiffer: Kanopos-Dekret: *513*
Pfohl 103: *275*; 104: *237*; 105: *257*; 106: *258*; 107: *265*; 115: *482*; 117: *505*; 127: *297*
Phoenix 38, 1984, 102 ff.: *478*
Piccirilli 4: *309*; 18: *71*; 19: *72*; 33: *138*; 36: *210*; 48: *233*; 52: *287*
Pippidi: Histria I 487 ff.: *444*; ders.: Inscriptiones Scythiae minoris I 9: *444*
Pouilloux: Thasos 79: *286*
RC 1: *276A*; 2: *266*; 3: *280*; 4: *280*; 5: *304*; 6: *306*; 7: *309*; 9: *370*; 10–13: *377*; 14: *331*; 15: *329*; 18–20: *335*; 25: *409*; RC 30: *447*; RC 35: *431*; RC 36–37: *462*; 73–74: *505*
RDGE 2: *475*; 16: *493*; 18: *508*; 23: *510*; 33: *454*; 34: *461*; 35: *463*; 38: *466*; 40: *474*; 43: 484; 47: *502*; 48: *505*; 49: *507*; 69: *513*
Revue archéologique 1934, 39 ff. + 1935, 299 ff.: *471*; 1978, 277 ff.: *501*
Revue de philologie, de littérature et d'histoire anciennes 39, 1965, 252 ff.: *495*

Revue des études anciennes 44, 1942, 33 ff.: *491*
Revue des études grecques 59/60, 1946/47, 150: *465*; 109, 1996, 1 ff.: *456*
Reynolds: Aphrodisias and Rome 1: *478*; 2: *504*
RHE 4: *447*; 14: *462*; 20: *409*; 30–31: *422*; 62–63: *505*
Rhodes/Osborne: Greek Historical Inscriptions 6: *202A*; 8: *204*; 10: *206*; 11: *207*; 12: *208*; 13: *285*; 14: *213*; 16: *210*; 18: *211*; 20: *212*; 21: *229*; 22: *215*; 23: *216*; 24: *219*; 25: *221*; 27: *242*; 30: *223*; 31: *224*; 33: *225*; 34: *226*; 35: *227*; 39: *231*; 40: *245*; 41: *232*; 42: *233*; 44: *234*; 47: *238*; 49: *237*; 51: *239*; 53: *242*; 54: *228*; 56: *241*; 57: *244*; 58: *246*; 64: *249*; 68: *248*; 69: *240*; 70: *252*; 72: *255*; 76: *256*; 79: *258*; 82: *257*; 83: *266*; 84: *265*; 85: *253*; 86: *260*; 88: *40*; 90: *264*; 91: *262*; 93: *269*; 96: *270*; 98: *271*; 102: *290*
Rigsby 2–3: *416*; 11: *409*; 14: *406*; 25–27: *407*; 48: *408*; 135: *431*; 153: *461*; 163: *433*
Rivista di filologia e di istruzione classica 66, 1938, 253 ff.: *507*; 77, 1949, 217: *465*; 108, 1980, 33 ff.: *467*
Robert: Collection Froehner I 52: *277*
Robert: Études Anatoliennes 39 ff. zu Æ. 2 f., 18 f.: *435*; ders.: Hellenica VII, 1949, 5 ff. und 9 ff.: *462*; ders.: Monnaies antiques en Troade 16 ff.: *509*; ders.: Opera Minora Selecta V, 469 ff.: *462*
Robert/Robert: Claros I 63 ff.: *490*
SAE II: *65*; III: *58*; V: *76*
Salviat/Vatin: Inscriptions de Grèce centrale 76 ff.: *472*; 81 ff.: *291*
Sartre: Inscriptions grecques et latines de la Syrie III 2, 1184: *468*
SB 8545a: *403*; 8858: *472*
Schneider: Asoka: *321*
Schwenk 6: *258*; 27: *262*; 58: *271*
SEG 1, 366: *405*; 2, 257: *333*; 2, 579: *298*; 2, 580: *435*; 3, 18: *87*; 3, 342: *495*; 4, 661: *509*; 9, 2: *270*; 9, 3: *6*; 9, 7: *482*; 9, 76: *272*; 10, 15: *66*; 10, 210: *67*; 11, 316: *71*; 11, 1084: *275*; 11, 1107: *465*; 12, 87: *258*; 12, 314: *413*; 12, 371: *406*; 12, 373: *407*; 12, 379: *408*; 13, 239: *45*; 13, 274: *446*; 13, 382: *428*; 13, 390 + 393: *455*; 13, 521: *488*; 14, 411: *283*; 14, 530: *209*; 14, 565: *3*; 14, 604: *7*; 15, 506: *493*; 16, 386: *311*; 16, 450: *418*; 17, 196: *328*; 18, 153: *35*; 18, 289: *444*; 18, 347: *38*; 18, 570: *479*; 20, 326: *321*; 20, 411: *430*; 21, 33: *84*; 22, 407: *495*; 23, 76: *86*; 23, 253: *49*; 24, 154: *325*; 24, 188: *494*; 26, 461: *154*; 26, 475: *44*; 26, 845: *27*; 26, 1305: *298*; 26, 1306: *351*; 27, 261: *486*; 27, 455: *441*; 27, 631: *26*; 28, 60: *320*; 28, 408: *154*; 28, 423: *287*; 28, 1245B: *285*; 28, 1246: *501*; 29, 84: *205*; 29, 1076: *508*; 30, 511: *319*; 30, 1073: *467*; 30, 1376: *351*; 31, 358: *44*; 31, 416: *292*; 31, 628: *432*; 31, 984: *47*; 31, 985: *47*; 32, 10: *119*; 32, 118: *404*; 32, 119: *415*; 32, 238: *263*; 32, 558: *319*; 32, 1143: *338*; 33, 276: *275*; 33, 328: *49*; 33, 460: *455*; 33, 679: *498*; 34, 67: *240*; 34, 558: *485*; 34, 849: *203*; 34, 863: *467*; 35, 53: *205*; 35, 705: *471*; 35, 1094: *310*; 35, 1143: *260B*; 35, 1476: *430*; 35, 1521: *468*; 36, 750: *254*; 36, 752: *253*; 36, 777. *467*; 36, 973: *452*; 36, 984: *460*; 36, 1046: *480*; 37, 340: *213*; 37, 392: *138*; 37, 393: *433*; 37, 711: *467*; 37, 844: *478*; 37, 982: *269*; 37, 994: *9*; 38, 355: *465*; 38, 603: *432*; 38, 852: *138*; 38, 1227: *431*; 38, 1252: *457*; 38, 1267: *502*; 38, 1880: *270*; 38, 1885: *272*; 39, 866: *209*; 39, 1244: *490*; 39, 1283: *425*; 39, 1284: *426*;

39, 1285: *427*; 39, 1560: *430*; 40, 287: *274*; 40, 394: *350*; 40, 524: *471*; 40, 736: *464*; 40, 956: *514*; 40, 972: *420*; 40, 1312: *447*; 41, 952: *304*; 42, 994: *402*; 42, 1065: *497*; 42, 1663: *270*; 43, 227: *476*; 43, 381: *486*; 43, 707: *453*

Segre: Iscrizioni di Cos I–II ED 7: *507*

Sethe: Hieroglyphische Urkunden der griechisch-römischen Zeit II 124 ff.: *412*

SF$^{4}$ 3: *287*; 11: *299*; 12: *422*; 21: *42*; 27: *72*; 33: *56*; 34.A: *4*; 34.B: *7*; 35: *73*; 41: *449*; 44: *30*; 45: *48*; 46: *19*; 47: *5*; 48: *46*; 48: *203*; 50: *472*; 52: *29*; 55: *47*; 60: *11*; 61: *18*; 62: *52*; 66: *237*; 67: *292*

SGDI 213: *203*; 345: *422*; 413: *291*; 441: *110*; 705: *244*; 1149: *29*; 1150: *12*; 1368: *311*; 1478: *30*; 1479: *48*; 1529: *481*; 1539: *472*; 1613: *446*; 1614: *350*; 1634: *414*; 2506: *315B*; 2529: *433*; 3046: *56*; 3157: *59*; 3188: *4*; 3189: *7*; 3228: *49*; 3277: *257*; 3380: *347*; 3463: *493*; 3472: *297*; 3749: *434*; 4109: *8*; 4110: *344*; 4259: *218*; 4405: *33*; 4406: *42*; 4565: *459*; 4598: *73*; 4615: *83*; 4637: *114*; 4645: *410*; 4952: *449*; 5011: *443*; 5040: *450*; 5058: *439*; 5100: *419*; 5120: *340*; 5149: *491*; 5261: *8*; 5282: *237*; 5285: *208*; 5307: *139*; 5308: *136*; 5339: *292*; 5493: *210*; 5509: *20*; 5516: *264*; 5522: *18*; 5531: *11*; 5583: *260A*; 5611: *8*; 5632: *47*; 5633: *298*; 5655: *265*; 5686: *204*; 5687: *241*; 5689: *248*; 5698: *273*; 5726: *52*; 5736: *22*; 5753: *228*; n5: *491*; n28: *496*; n35: *50*; n37: 341; n40: *261*; n44: *296*; n50: *10*; n68: *28*

Shear 1 ff.: *320*; T 1: *334*; T 7: *324*; T 8: *324*; T 11: *308*

SHH 1: *480*; 6: *308*; 15: *334*; 16: *320*; 275: *337*; 281: *301*

Snell: Tragicorum Graecorum Fragmenta I 37 Nr. 13: *500*; 41 Nr. 11: *421*

Strack: Die Dynastie der Ptolemäer 227 ff. Nr. 38: *412*

StV II 103: *6*; 110: *29*; 111: *12*; 120: *16*; 130: *42*; 134: *63*; 139: *58*; 141: *61*; 142: *57*; 145: *76*; 146: *48*; 147: *71*; 148: *72*; 149: *51*; 150: *66*; 151: *65*; 154: *78*; 155: *79*; 159: *90*; 162: *99*; 163: *100*; 167: *109*; 174: *96*; 183: *119*; 184: *118*; 186: *121*; 187: *122*; 193: *125*; 196: *129*; 204: *138*; 205: *139*; 207: *146*; 208: *149*; 209: *153*; 207.A (in StV II$^{2}$): *148*; 218: *116*; 223: *202A*; 224: *202A*; 228: *203*; 229: *205*; 231: *208*; 232: *209*; 248: *214*; 257: *215*; 258: *216*; 259: *217*; 260: *218*; 262: *219*; 263: *220*; 267: *222*; 280: *226*; 287: *230*; 289: 231; 290: *232*; 292: *233*; 293: *234*; 295: *235*; 297: 287; 303: *238*; 309: *242*; 312: *243*; 320: *245*; 322: *248*; 328: *250*

StV III 401: *307*; 403 I: *256*; 403 II: *259*; 407: *268*; 408: *269*; 419: *275*; 428: *276A*; 429: *277*; 446: *282*; 451: *343*; 453: *294*; 456: *299*; 463: *303*; 468: *313*; 472: *319*; 476: *323*; 480: *326*; 481: *327*; 482: *332*; 486: *336*; 495: *410*; 499: *414*; 507: *418*; 508: *417*; 511: *419*; 536: *428*; 545: *429*; 549: *432*; 551: *434*; 553: *340*; 554: *341*; 555: *342*; 556: *346*; 561: *345*; 565: *495*; 584: *449*

Syll.$^{3}$ 1: *8*; 2: *11*; 3 f.: *20*; 4: *18*; 5: *5*; 6: *14*; 9: *29*; 10: *28*; 13: *23*; 22: *22*; 23.A–B: *32*; 27: *34*; 29: *25*; 31: *42*; 34: *37*; 35.Ba: *49*; 36 A: *286*; 37–38: *47*; 41: *63*; 43: *53*; 45: *52*; 47: *30*; 52: *78*; 54: *85*; 56: *72*; 58: *50*; 61: *83*; 62: *81*; 63.a: *75*; 63.b: *120*; 64: *79*; 67: *82*; 68: *s. zu 62*; 69: *70*; 70: *100*; 71: *99*; 72: *97*; 74: *105*; 75: *104*; 76: *108*; 80: *114*; 83: *123*; 84: *110*; 86: *124*; 89: *122*; 91: *92*; 96 ff.:

*132*; 104: *150*; 105: *136*; 107: *144*; 108: *140*; 109.a: *142*; 111: *145*; 112: *146*; 113: *148*; 114: *147*; 115: *151*; 116: *153*; 118: *119*; 123: *205*; 126: *204*; 128: *206*; 129: *69*; 134: *210*; 135: *208*; 136: *211*; 138: *212*; 141: *343*; 142: *214*; 144: *284*; 147: *215*; 148: *217*; 149: *216*; 150: *219*; 151: 220; 159: *225*; 163: *226*; 164: *224*; 167: *228*; 168: *241*; 172: *230*; 173: *231*; 181: *232*; 182: *233*; 184: *234*; 185: *229*; 191: *240*; 193: *239*; 194: *237*; 196: *242*; 197: *243*; 201: *244*; 204: *246*; 205: *250*; 206: *249*; 218: *288*; 228: *252*; 229: *248*; 256: *255*; 260: *256*; 261: *257*; 263: *251*; 264: *247*; 273: *268*; 277: *260A*; 278: *261*; 280: *262*; 283: *265*; 284: *338*; 286: *269*; 307: 264; 312: *273*; 318: *274*; 338: *344*; 344: *280*; 360: *339*; 366: *303*; 370: *307*; 374: *308*; 375: *305*; 386: *324*; 387: *324*; 390: *312*; 392: *311*; 398: *314*; 399: *315A*; 408: *401*; 409: *334*; 421A: *326*; 434: *323*; 435: *323*; 456: *409*; 472: *410*; 490: *414*; 491: *404*; 497: *415*; 518: *418*; 521: *442*; 522: 417; 524: *340*; 525: *443*; 526: *439*; 527: *449*; 530: *446*; 531: *350*; 535–536: *424*; 543: *422*; 544: *445*; 578: *499*; 581: *434*; 590: *436*; 591: *458*; 592: *459*; 593: *454*; 601: *461*; 611: *466*; 618: *463*; 633: *469*; 635: *416*; 643: *474*; 646: *475*; 647: *472*; 683: *487*; 684: *484*; 712: *491*; 717: *494*; 732: *503*; 741: *505*; 747: *510*; 760: *511*; 781: *513*; 952: *296*; 975: *441*; 980: *297*; 984: *295*; 993: *348*; 999: *438*; 1004: *292*; 1079: *500*; 1080: *421*; 1122: *56*; 1157: *492*; 1168: *290*; 1213: *73*; 1219: *440*

TAM I 44: *117*; II 3, 1183: *218*; V 2, 881: *316*

Taslikliogluː Trakya'da epigrafya 204 f.: *349*

Täubler: Imperium Romanum I, S. 45, 48 ff., 56, 59 ff., 124 f., 363 ff. 458: *493*; S .55: *477*

TDGIS I 11: *203*; 113: *266*; II 1.2: *46*; 2: *116*; 4: *19*; 5: *30*; 6: *48*; 10: *326*; 16: *29*; 18: *12*; 25: *56*; 35.1: *77*; 35.2: *72*; 37: *257*; 39: *73*; 43: *110*; 49: *6*; 53: *8*; 56: *344*; 60: *2*; 62: *26*; 70: *11*; 72: *18*; 73: *47*; 77: *3*; 80: *137*; 82: *136*

Tod $I^2$ 1: *10*; 2: *7*; 3: *5*; 4: *8*; 5: *29*; 6: *14*; 7: *28*; 8: *21*; 9: *20*; 10: *22*; 11: *23*; 12: *24*; 13: *31*; 14: *32*; 15.c: *34*; 16: *36*; 17: *37*; 18: *25*; 19: *42*; 20: *43*; 21: *39*; 22: *49*; 23: *47*; 24: *30*; 25: *52*; 26: *53*; 27: *59*; 28:.*60*; 29: *63*; 30: *62*; 31: *58*; 32: *51*; 33: *72*; 34: *48*; 35: *50*; 36: *s. Seite XXV*; 37: *56*; 38: *s. zu 62*; 39: *57*; 40: *75*; 41: *80*; 42: *79*; 43: *24*; 44: *82*; 45: *s. zu 34*; 46: *s. zu 62*; 47 A: *89*; 47 B: *89*; 48: *77*; 49: *83*; 50: *88*; 51: *92*; 52: *94*; 53: *95*; 54: *93*; 55: *97*; 56: *s. zu 62*; 57: *100*; 58: *99*; 59: *102*; 60: *105*; 61: *104*; 62: *110*; 63: *108*; 64: *112*; 65: *114*; 66: *113*; 67: *68*; 68: *122*; 69: *126*; 70: *127*; 71: *s. zu 62*; 72: *125*; 73: *120*; 74: *123*; 75: *128*; 76: *103*; 77: *131*; 78: *133*; 79–80: *132*; 81: *135*; 82: *136*; 83: *142*; 84: *144*; 85: *143*; 86: *140*; 87: *145*; 88: *146*; 89: *148*; 90: *147*; 91: *150*; 92: *s. zu 142*; 93: *117*; 94: *151*; 95: *151*; 96: *153*;

Tod II 101: *202A*; 102: *202B*; 103: *205*; 106: *204*; 108: *206*; 109: *207*; 110: *69*; 111: *208*; 112: *203*; 113: *210*; 114: *211*; 117: *212*; 118: *214*; 122: *216*; 123: *215*; 124: *217*; 126: *219*; 126.B: *98*; 127: *220*; 130: *223*; 131: *224*; 133: *225*; 136: *226*; 137: *227*; 138: *228*; 139: *229*; 141: *230*; 142: *231*; 144: *232*; 145: *233*; 147: *234*; 149: 236; 150: *237*; 151: *238*; 152: *239*; 154: *240*; 155: *241*; 157: *242*; 159: *243*; 160: *244*; 162: *245*; 165: *248*; 167: *249*; 168: *250*; 170:

*251*; 173: *252*; 175: *255*; 177: *256*; 179: *257*; 183: *259*; 184: *260A*; 185: *260B*; 186: *261*; 189: *262*; 190: *264*; 191: *266*; 192: *265*; 194: *267*; 195: *269*; 196: *270*; 199: *271*; 201: *253*; 203: *272*; 204: *40*
Tuchelt: Frühe Denkmäler Roms in Kleinasien, I, 1979, 141: *511*
Tusculum s. Pfohl
Tyche 4, 1989, 171 ff.: *446*
Vandoni: Feste pubbliche e privati nei documenti greci 1: *412*
Vidman: Sylloge inscriptionum religionis Isiacae et Sarapiacae 1: *262*
Walbank 9: *54*; 14: *64*; 22: *85*; 47: *119*; 64: *130*; 75: *134*; 86: *146*; 87: *147*; 90: *150*
Wiegand: Sechster vorläufiger Bericht 43: *301B*; Siebenter vorläufiger Bericht 68 f.: *301A*
Wilhelm: Neue Beiträge zur griechischen Inschriftenkunde, III 138: *343*; IV 53 ff.: *515*
Wolska-Conus: Cosmas Indicopleustès: Topographie chrétienne I 373 ff.: *403*
Zeitschrift für Papyrologie und Epigraphik 13, 1974, 197 f.: *460*; 17, 1975, 101 Nr. l: *457*
Ziebarth: Aus dem griechischen Schulwesen[2] 54 ff.: *499*